NASM
NATIONAL ACADEMY OF SPORTS MEDICINE

NASM-CPT
美国国家运动医学学会
私人教练认证指南

美国国家运动医学学会（National Academy of Sports Medicine）

〔美〕 迈克尔·A.克拉克（Micheal A. Clark） 斯科特·C.卢塞特（Scott C. Lucett）   主编
艾琳·麦吉尔（Erin McGill） 伊恩·蒙特尔（Ian Montel） 布莱恩·萨顿（Brian Sutton）

沈兆喆 JUZPLAY® 运动表现训练 译　肖月　朱筱漪 审校

第6版

人民邮电出版社
北京

图书在版编目（CIP）数据

NASM-CPT美国国家运动医学学会私人教练认证指南：第6版 / 美国国家运动医学学会等主编；沈兆喆，JUZPLAY运动表现训练译. -- 北京 : 人民邮电出版社，2019.11
ISBN 978-7-115-51625-1

Ⅰ. ①N… Ⅱ. ①美… ②沈… ③J… Ⅲ. ①教练员—认证—美国—指南 Ⅳ. ①G817.125-62

中国版本图书馆CIP数据核字(2019)第140101号

版权声明

免责声明

本书内容旨在为大众提供有用的信息。所有材料（包括文本、图形和图像）仅供参考，不能替代医疗诊断、建议、治疗或来自专业人士的意见。所有读者在需要医疗或其他专业协助时，均应向专业的医疗保健机构或医生进行咨询。作者和出版商都已尽可能确保本书技术上的准确性以及合理性，并特别声明，不会承担由于使用本出版物中的材料而遭受的任何损伤所直接或间接产生的与个人或团体相关的一切责任、损失或风险。

内 容 提 要

　　本书由美国国家运动医学学会（NASM）组织编写，是多年理论研究、培训和实践的总结之作。本书首先讲解了运动科学基础理论以及体能评估与训练方法，然后详细介绍了NASM独有的最佳运动表现训练（OPT™）模型，帮助读者学习如何合理地设计训练计划。最后，本书还介绍了运动营养学以及私人教练职业发展指导的相关内容。对于任何健身专业人士以及健身爱好者来说，本书都不容错过。

◆ 主　　编　[美]美国国家运动医学学会
　　　　　　　（National Academy of Sports Medicine）
　　　　　　　迈克尔・A.克拉克（Micheal A. Clark）
　　　　　　　斯科特・C.卢塞特（Scott C. Lucett）
　　　　　　　艾琳・麦吉尔（Erin McGill）
　　　　　　　伊恩・蒙特尔（Ian Montel）
　　　　　　　布莱恩・萨顿（Brian Sutton）
　　译　　　　沈兆喆　JUZPLAY®运动表现训练
　　责任编辑　裴　倩
　　责任印制　周昇亮

◆ 人民邮电出版社出版发行　　北京市丰台区成寿寺路11号
　　邮编　100164　电子邮件　315@ptpress.com.cn
　　网址　http://www.ptpress.com.cn
　　北京捷迅佳彩印刷有限公司 印刷

◆ 开本：700×1000　1/16
　　印张：42.75　　　　　2019年11月第1版
　　字数：1 111千字　　 2024年11月北京第7次印刷
　　　　　　　著作权合同登记号　图字：01-2017-3128号

定价：428.00元

读者服务热线：(010)81055296　印装质量热线：(010)81055316
反盗版热线：(010)81055315
广告经营许可证：京东市监广登字20170147号

目录

美国国家运动医学学会 职业行为准则

下面的职业行为准则旨在帮助美国国家运动医学学会（National Academy of Sports Medicine，NASM）的认证成员和非认证成员坚持（个人和行业）最高水平的专业和道德行为。本职业行为准则体现了为确保所有NASM成员能够尊重所有同事、专业同行及公众，并为他们提供高水平的服务所必须做出的承诺。

专业性

每位认证成员或非认证成员必须为客户提供最佳的专业服务，并在其实践中表现出良好的客户关系。每位成员应做到以下几点。

1. 完全遵守《美国国家运动医学学会职业行为准则》。
2. 以值得公众、同事和NASM尊重的方式约束自己。
3. 带着最大的尊重和尊严对待每一位同事和客户。
4. 不要对同事和客户做出虚假或贬损的假设。
5. 在所有口头、非口头交流的事务中使用正确的专业用语。
6. 提供并维护一个确保客户安全的环境，至少要求认证成员或非认证成员做到以下几点。
   a. 不得诊断或治疗疾病及损伤（基本急救除外），除非认证成员或非认证成员依法获得此类许可，并且当时以该身份工作。
   b. 不应训练确诊有疾病的客户，除非认证成员或非认证成员接受过专门的相关培训，并遵循规定的程序且由持有效执照的医疗专业人员监督，或者依法获得执照且当时以该身份工作。
   c. 在收到和审查客户签署的最新健康史问卷之前，不应该开始训练客户。
   d. 任何时候均应持有CPR（心肺复苏）和AED（自动体外除颤器）证书。
7. 认证成员或非认证成员至少在出现下列情况时，应将客户转交给合适的医生。
   a. 发现客户的健康状况或药物的使用发生了变化。
   b. 发现有未确诊的疾病、损伤或风险因素。
   c. 注意到客户在训练过程中出现异常的疼痛或不适，在训练结束进行评估后，需要专业护理。

8. 当需要营养和补充建议时，请将客户介绍给其他医疗保健专业人士，除非认证成员或非认证成员接受过专门的相关培训，或者持有相关证书，并且当时以该身份工作。
9. 保持适合健康和健身环境的个人卫生水平。
10. 衣着应干净、得体和专业。
11. 达到所有必要的继续教育要求，保持良好的信誉及有效的认证状态（请参阅《NASM–CPT认证考生手册》）。

保密性

每位认证成员或非认证成员都应遵守所有客户信息的保密性。在其职业角色中，认证成员或非认证成员应该做到以下几点。

1. 在对话、广告和其他方面保护客户的隐私，除非客户另行书面同意或由于医疗或法律程序的要求。
2. 合理取得第三方或监护人的法定许可，依法保护未成年客户或者无法自己做决定的客户的利益。
3. 以安全的方式存储和处理客户记录。

法律和道德

每位认证成员或非认证成员必须遵守适用范围内的所有法律要求。在其职业角色中，认证成员或非认证成员必须做到以下几点。

1. 遵守所有地方、州、省或联邦的法律。
2. 对其行为承担全部责任。
3. 保持准确和真实的记录。
4. 遵守和维护所有关于出版和版权的现有法规。

商业实践

每位认证成员或非认证成员在执业过程中必须诚实、正直、合法。在其职业角色中，认证成员或非认证成员应做到以下几点。

1. 有完备的责任保险。
2. 为每位客户保持充分和真实的进度记录。
3. 准确、如实告知公众所提供的服务。
4. 诚实和真实地代表所有专业资格和隶属关系。
5. 以诚实、得体和能够代表服务内容的方式做广告，而不使用具有煽动性或性暗示的语言或图片。
6. 保持准确的财务、合同、预约和税务记录，包括原始收据，至少保存4年的记录。
7. 遵守所有与禁止性骚扰相关的法律。

NASM希望每位成员都能坚持《美国国家运动医学学会职业行为准则》的全部内容。不遵守可能导致纪律处分，包括但不限于吊销或终止会员资格及认证。所有成员都有义务举报其他NASM成员的任何不道德行为或违反准则的行为。

来自 NASM 的信

我们赞扬您对帮助他人更健康地生活的奉献精神和承诺，并感谢您信任美国国家运动医学学会为您提供的教育。通过遵循本教材中介绍的技巧，您将获得所需的信息、洞察和灵感，作为健康和健身专业人士去改变世界。

超过25年来，NASM一直是健康和健身专业人士认证、继续教育和职业发展的领导权威。作为世界上最重要的健身和运动医学信息资源，NASM通过为成员提供卓越的教育计划和资格认证课程，不断提升行业标准。

科学研究和技术在不断发展，因此，为了保持竞争力，您必须坚持站在前沿。最佳运动表现训练（Optimum Performance Training™，OPT™）模型由NASM独家设计，是业内首个在人体动作科学的理论上建立的基于证据的训练体系。现在，健康和健身专业人士比以往任何时候都更有必要充分理解运动规划的所有组成部分。OPT™就是您的解决方案。通过OPT™，您将成功地朝着任何目标训练任何客户。OPT™已经过实践证明，它简单易用。

我们期待着与您合作，共同塑造健身的未来。欢迎加入NASM的大家庭！

阅读指南

本书帮助您以安全有效的方式掌握针对具体目标的训练计划设计、准确评估以及对练习的发展和修改。请花一些时间仔细阅读本指南，其中介绍了一些工具和专栏，它们将有助于完善您的学习体验。

章节目标 在每一章的开篇提出学习目标，帮助您关注所讨论的关键主题。

第1章

综合训练的科学理论基础

章节目标

学完本章，你应该能够掌握如下内容。

- ✓ 讲述私人训练行业的历史。
- ✓ 识别私人训练客户的常见特点。
- ✓ 展现出对综合练习计划设计原则的理解。
- ✓ 阐述最佳运动表现训练模型。

私人训练行业概述

没有比现在更适合考虑从事私人训练这个行业的了。根据美国劳工部

边栏 位于书页边，强调本章中介绍的关键术语的定义。关键术语在全章中均采用粗体字，以便于查询。

现今的训练计划

对于绝大多数久坐不动的成年人而言，低强度至中等强度的运动是极其安全且非常有效的。然而，如果训练强度一开始就过高，那么参与运动的人将会感到负荷过大，甚至有可能造成损伤[31]。在一项针对久坐不动人群的运动干预研究中，前6周中损伤的发生率达50%至90%[32]。过度训练造成的损伤甚至在专门针对降低运动损伤风险而设计的训练计划中也会出现。

需要注意的是，体能差并不简单是一个人爬几节楼梯就喘吁吁，或者体重超大。**体能差**是指个体可能处于肌肉不平衡、柔韧性下降、或者核心和关节稳定性差的一种状态。所有这些症状都可能会影响人体完成正常动作的能力，并最终导致受伤。

绝大多数训练计划并没有强调在**本体感受丰富**的环境下运用多种肌肉收缩方式（向心加速、离心减速和等长稳定）进行多平面（或多方向）的动作。**本体感受丰富的环境**是指对身体内在平衡和稳定机制要求高的运动环境。例如，用稳定球哑铃推和单腿下蹲，而不是传统的卧推和杠铃深蹲练习。需要注意的是，NASM建议仅在基于客户的动作能力和整体体能水平能够安全控制的本体感受环境中训练。如果客户不能以正确的姿态或

体能差 一种身体素质下降的状态，可能包括肌肉不平衡、柔韧性下降，或者核心和关节稳定性差。

本体感受 感觉身体姿势和肢体运动的所有机械感受器对中枢神经系统的累积感觉输入。

本体感受丰富的环境 一种不稳定（但可控制）的身体情况，在这种状态下进行练习会使身体利用其内部的平衡和稳定机制。

知识延伸　强调关键概念和来自最新研究的发现。

知识延伸

支持使用快速伸缩复合训练来预防损伤和提升运动表现的证据

- 奇美拉等人（Chimera et al.）（2004）在对20位健康的甲组女性运动员使用对照组设计的学期初测试和学期末测试中发现，6周的快速伸缩复合训练计划提高了髋外展肌和髋内收肌共同的激活比率，可以帮助在落地过程中控制膝关节的内翻（O形腿）和外翻（X形腿）[1]。

- 威尔克森等人（Wilkerson et al.）（2004）在有19名女性篮球运动员参加的一项准试验设计中证实，6周的快速伸缩复合训练计划改善了腘绳肌与股四头肌的比率（肌肉平衡比），事实证明，这可以提高在落地的离心减速阶段中的动态膝关节稳定性[2]。这也是导致女性运动员前交叉韧带（ACL）损伤高发的因素之一。

- 卢贝斯等人（Luebbers et al.）（2003）在一项有19名受试者参与的随机对照试验中证明，4周和7周的快速伸缩复合训练计划增加了无氧爆发力和纵跳高度[3]。

- 休伊特等人（Hewett et al.）（1996）在一项前瞻性研究中证实，将快速伸缩复合训练纳入其训练计划的女子足球运动员、篮球运动员和排球运动员减小了最大着地力，增强了股四头肌和腘绳肌之间的肌肉平衡比，并降低了前交叉韧带损伤的发生率[4]。

参考文献

（1）Chimera NJ, Swanik KA, Swanik CB, Straub SJ. Effects of plyometric training on muscle-activation strategies and performance in female athletes. *J Athl Train*. 2004; 39(1): 24–31.

（2）Wilkerson GB, Colston MA, Short NI, Neal KL, Hoewischer PE, Pixley JJ. Neuromuscular changes in female collegiate athletes resulting from a plyometric jump training program. *J Athl Train*. 2004; 39(1): 17–23.

（3）Luebbers PE, Potteiger JA, Hulver MW, Thyfault JP, Carper MJ, Lockwood RH. Effects of plyometric training and recovery on vertical jump performance and anaerobic power. *J Strength Cond Res*. 2003; 17(4): 704–709.

（4）Hewett TE, Stroupe AL, Nance TA, Noyes FR. Plyometric training in female athletes. Decreased impact forces and increased hamstring torques. *Am J Sports Med*. 1996; 24(6): 765–773.

记忆要点　强调核心概念和训练计划的设计说明。

记忆要点

鉴于肌梭和腱梭在柔韧性训练中的重要作用，有必要理解它们的功能。

技术要领 讨论各种技术的目标和步骤，同时强调有关正确技巧和安全性的提示。

技术要领 就像仰卧臀桥一样，胸部不要离地面太高（下背部过伸）。

平板支撑

准备
1. 俯卧在地面上，双脚并拢，前臂放在地面上。

动作
2. 依靠前臂与脚趾支撑，使整个身体离开地面，直至从头至脚呈一条直线。
3. 保持一定的时间，收下巴且背部平直。
4. 重复以上动作。

技术要领 如果这个版本的练习对于训练者来说太难进行，下面是一些可供选择的降阶练习。
- 采用标准俯卧撑姿势完成动作。
- 采用跪姿俯卧撑姿势完成动作。
- 将双手支撑在训练凳上且双脚放在地面完成动作。

全书中高质量的四色照片和图片有助于以有趣的方式，通过视觉刺激吸引读者对重要概念的关注。它们帮助文字描述，对视觉学习者特别有帮助。

图13.3

稳定性训练

致谢

撰稿者

唐纳德·A. 楚（Donald A. Chu），PhD，PT，ATC，CSCS

卡斯特罗谷，加利福尼亚州

迈克尔·克拉克（Micheal Clark），DPT，MS，CES，PES

米歇尔·克莱尔（Michelle Cleere），PhD

湾区，加利福尼亚州

林赛·J. 迪斯泰法诺（Lindsay J. DiStefano），PhD，ATC，PES

斯托尔斯，康涅狄格州

克里斯托弗·弗兰克尔（Christopher Frankel），MS

旧金山，加利福尼亚州

苏珊·J. 休林斯（Susan J, Hewlings），PhD，RD

库乔黑克恩，佛罗里达州

克里斯·霍夫曼（Chris Hoffmann），MS，ART，AKC，RKC，NASM-CPT，CES，PES

丽莎−米歇尔·霍夫曼（Lisa-Michelle Hoffmann），NASM-CPT，CES，PES

亚当·霍拉克（Adam Horak），MBA，BS，NASM-CPT，CES，PES

休斯敦，得克萨斯州

凯伦·贾辛斯基（Karen Jashinsky），MBA，NASM-CPT

道格拉斯·S. 卡尔曼（Douglas S. Kalman），PhD，RD，FISSN，FACN

迈阿密，佛罗里达州

唐纳德·T. 柯肯德尔（Donald T. Kirkendall），PhD

达勒姆，北卡罗来纳州

布雷特·克利卡（Brett Klika），CSCS

圣地亚哥，加利福尼亚州

克雷格·列宾森（Craig Liebenson），DC

洛杉矶，加利福尼亚州

艾琳·麦吉尔（Erin McGill），MA，NASM-CPT，CES，PES，FNS

斯科茨代尔，亚利桑那州

斯科特·卢塞特（Scott Lucett），MS，NASM-CPT，CES，PES

奥克斯纳德，加利福尼亚州

皮特·麦考尔（Pete McCall），MS，NASM-CPT，PES

圣地亚哥，加利福尼亚州

梅兰妮·L. 麦格拉思（Melanie L. McGrath），PhD，ATC

奥马哈，内布拉斯加州

马蒂·米勒（Marty Miller），DHSc，ATC，NASM-CPT，CES，PES，MMACS

棕榈滩花园，佛罗里达州

伊恩·蒙特尔（Ian Montel），NASM-CPT，CES，PES

吉尔伯特，亚利桑那州

达林·A. 帕多瓦（Darin A. Padua），PhD，ATC

教堂山，北卡罗来纳州

马修·雷亚（Matthew Rhea），PhD，CES，PEX，CSCS*D

圣乔治，犹他州

理查德·里奇（Richard Richey），MS，LMT，NASM-CPT，CES，PES

纽约市，纽约州

盖伊·莱利（Gay Riley），MS，RD，CCN，NASM-CPT

保罗·罗宾斯（Paul Robbins），MS

凤凰城，亚利桑那州

斯科特·O. 罗伯茨（Scott O. Roberts），PhD，FACSM

奇科，加利福尼亚州

梅布尔·J. 罗伯斯（Mabel J. Robles），MS，NASM-CPT，CES，PES，FNS，WFS，WLS

吉尔伯特，亚利桑那州

凯尔·斯图尔（Kyle Stull），DHSc，MS，LMT，NASM-CPT，CES，PES

奥斯汀，得克萨斯州

布莱恩·G. 萨顿（Brian G. Sutton），MS，MA，NASM-

CPT，CES，PES

钱德勒，亚利桑那州

C. 艾伦·帝奇纳尔（C. Alan Titchenal），PhD，CNS

檀香山，夏威夷州

克雷格·瓦伦西（Craig Valency），MA，CSCS

圣地亚哥，加利福尼亚州

罗伯特·温伯格（Robert Weinberg），PhD，CC-AASP

辛辛那提，俄亥俄州

埃得扎德·泽恩斯特拉（Edzard Zeinstra），PE，MSc

审稿人

布莱恩·萨顿（Brian Sutton），MS，MA，PES，CES，NASM–CPT

斯科特·O. 罗伯茨（Scott O. Roberts），PhD，FACSM

斯科特·卢塞特（Scott Lucett），MS，PES，CES，NASM–CPT

摄影

本·贝科维奇（Ben Bercovici）

总裁

In Sync Productions 公司

卡拉巴萨斯，加利福尼亚州

安东·波利加罗夫（Anton Polygalov）

摄影师

In Sync Productions 公司

卡拉巴萨斯，加利福尼亚州

罗伊·拉姆齐（Roy Ramsay）

教育技术总监

评估技术研究所

杰森·沙德里克（Jason Shadrick）

媒体设计专家

评估技术研究所

摩根·史密斯（Morgan Smith）

媒体开发人员

评估技术研究所

模特

特别感谢我们的模特，他们让所有练习看起来都很简单：克里斯蒂娜·席尔瓦（Christine Silva）、史蒂文·麦克杜格尔（Steven McDougal）、乔伊·梅斯（Joey Metz）、里昂·沙布（Rian Chab）、杰西卡·克恩（Jessica Kern）、杰夫·埃瑟森（Geoff Etherson）、莫妮卡·曼森（Monica Munson）、哈罗德·斯宾塞（Harold Spencer）、亚历克西斯·威瑟斯庞（Alexis Weatherspoon）、金·古德温（Golden Goodwin）、肖恩·布朗（Sean Brown）、莫妮卡·卡尔森（Monica Carlson）、艾莉·希拉（Allie Shira）、梅尔·穆勒（Mel Mueller）、卡梅伦·克里普斯滕（Cameron Klippsten）、迈克·蔡平（Mike Chapin）以及里克·米勒（Ric Miller）。

第 **1** 部分

人体动作科学的基础

综合训练的科学理论基础

学完本章，你应该能够掌握如下内容。

- ☑ 讲述私人训练行业的历史。
- ☑ 识别私人训练客户的常见特点。
- ☑ 展现出对综合练习计划设计原则的理解。
- ☑ 阐述最佳运动表现训练模型。

私人训练行业概述

没有比现在更适合考虑从事私人训练这个行业的了。根据美国劳工部的统计，对私人教练需求的预期增长速度将会超过所有职业的平均需求增长速度[1]。这种需求的增加，一方面是因为美国人口的老龄化，肥胖、糖尿病和各种慢性疾病的泛滥；另一方面是因为健身俱乐部依靠私人教练作为其非会费收入的最大来源[2]。除了传统的健身俱乐部市场以外，公司、医疗机构和保健机构等是私人教练需求增长最快的几个市场。

美国健身与私人训练的发展简史

20世纪50年代 20世纪50年代，被称作"健身俱乐部"或"健身房"的地方还是男性的地盘。男人们在那里使用可自由调节重量的器材进行训练，目的是增加肌肉体积（健美爱好者）、提高力量（力量举爱好者）或者增加爆发力（奥林匹克举重爱好者），或三者兼而有之（运动员）。1951年，杰克·拉兰内（Jack LaLanne）开始主持美国第一个电视健身节目，节目是《杰克·拉兰内秀》（*The Jack LaLanne Show*），于1984年停播。该节目以教授健美操为主，还兼顾介绍一些计算能量、举重训练和营养学的知识。然而鲜为人知的是，杰克·拉兰内除了开创了这个先锋式的电视节目外，1936年，他21岁时便在加利福尼亚州奥克兰市开创了其第一家健身俱乐部，发明了滑轮重量训练器械和史密斯机。这两种器械至今仍被广泛用于全球几乎所有的健身房中。

20世纪60年代　20世纪60年代，女子健身中心，或者说"塑形美体沙龙"流行开来。与之前以男性为目标客户的健身房或健身俱乐部不同，这类女子健身中心的训练重点不在于增加肌肉体积和力量，而是减重和身体局部塑形。其所使用的器械并非哑铃和杠铃，取而代之的绝大多数是"被动"式器械，例如使用"甩脂机"以"甩走"脂肪，而电子震动减肥带据说有助于"晃走"大腿的脂肪。20世纪60年代早期，美国总统约翰·肯尼迪（John F. Kennedy）将"总统青年健康委员会"（President's Council on Youth Fitness）更名为"总统身体健康委员会"（President's Council on Physical Fitness），意在不单强调儿童和青少年的身体健康，而是强调所有年龄段的人的身体健康。肯尼迪对健康和运动的公开支持产生了巨大的影响，唤起了人们对身体健康的重视，并在公众中引发了对慢跑（彼时还被称作跑步）的兴趣。1966年，俄勒冈州立大学（University of Oregon）田径队主教练比尔·鲍尔曼（Bill Bowerman）出版了《慢跑》（*Jogging*）一书，让慢跑（跑步）这项运动在美国流行兴盛起来。

1965年，乔·戈尔德（Joe Gold）在加利福尼亚州洛杉矶威尼斯海滩（Venice Beach）创立了第一家金吉姆健身中心（Gold's Gym）。阿诺德·施瓦辛格（Arnold Schwarzenegger）主演的《铁金刚》（*Pumping Iron*）就是以金吉姆首家店为背景拍摄的，所以这家店一直是健身迷和举重迷心中的神圣殿堂。1970年，乔将这家连锁健身机构出售，但金吉姆则发展成为全球最大的健身房连锁集团，至今已在全球各地拥有超过650家连锁分店。

20世纪70年代　到20世纪70年代，社会上对于加入健身俱乐部或进行户外锻炼的接受程度更高了。很快，各年龄段的男女都一起参加锻炼。健身俱乐部为人们提供了一种可以同时进行社交和健身的渠道。健身俱乐部开始为会员提供可选择的团队运动或者活动，这些运动或活动通常要求参与者在开始参加之前应具备一定水平（有时需要较高水平）的技能和耐力。健身房成为任何年龄、任何身体素质的人，在全年任何时候都能锻炼的场所。同时，健身俱乐部人群的增加也标志着当时的人们开始更注意外表，并且意识到可以通过锻炼改变自己的体型，从而提升自己的外表。

随着20世纪70年代新型健身俱乐部的稳步增加，它们成为大众寻求改善健康的信息和开始锻炼计划的理想场所。70年代，健身方面的专家被默认为是在健身房里训练时间最长、看起来最健美或最强壮的人。不幸的是，外表通常并不能体现是否具备运动科学或训练原则方面的知识。在健身俱乐部行业发展的早期，尽管缺乏具备资质的工作人员，但很多新会员还是会自己掏钱给他们认为是"专家"的人来获取训练的知识与指导。"私人训练"（personal training）这个职业也由此产生了。

尽管任何人只需具备一些基本的训练经验和知识，就有可能给出训练计划的一些基本构架，例如负荷、组数、重复次数等，但不同的人运用人体动作科学（包括功能解剖学、功能生物力学和运动行为学等）知识的情况却千差万别。在体能训练发展的早期，通常没有对新客户的既往病史、训练风险因素、**肌肉不平衡**和目标等情况进行评估与分析。这就导致所有的训练计划只是简单地模仿当时专业运动员或教练员的训练计划，这样制订的计划几乎无法满足个人客户的目标、需求和能力。

肌肉不平衡 关节周围的肌肉长度的改变。

现状：慢性疾病发病率上升

慢性疾病，例如哮喘、癌症、糖尿病和心脏病等，在美国的发病率急剧攀升。在过去的30年内，例如不良生活习惯、缺乏或不重视预防性的健康养护等因素造成慢性疾病发病率的攀升，这些因素在很大程度上是可预防的。不出人们所料，在美国，慢性疾病已经是造成死亡和残疾的第一大因素。死者中大约70%的人是由于慢性疾病引起的。慢性疾病直接或间接地对几乎每一个美国人都造成了不同程度的影响。伴随慢性疾病而来的是生活质量和健康状况的下降，随着时间的推移，最终甚至是永久性残疾和寿命的缩短。慢性疾病间接地造成生产率降低，经济增长率下降，并最终影响国民经济。事实上，据统计，美国目前每1美元的消费中，就有75美分用于医疗保健，或者说每年美国有1.7万亿美元用于治疗慢性疾病。

慢性疾病的定义是某种持续一年以上的无法治愈的疾病或不良健康状况，造成（病患者）功能受限，并需要持续地接受医护。众所周知，绝大多数的慢性疾病都是可预防的，并可以通过早期的发现、治疗和健康的生活习惯来进行控制。尽管如此，慢性疾病通常还是会导致一定程度的生理或心理伤害，而在已被确诊有一种慢性疾病的患者中，有至少25%的人在一种甚至多种日常生活活动（ADL）中已经受到了严重影响。

根据美国疾病控制与预防中心的报告，2006年6种最主要的致死原因中，有5种与慢性疾病相关[2]。在美国，57%的死亡是由心血管疾病和癌症导致的，而其中近80%的死亡可通过遵循健康的生活习惯来预防[3]。据估计，美国2010年仅心血管疾病造成的直接或间接费用就高达5 032亿美元[4]。

另一种通常伴随心血管疾病的慢性不良健康状况是肥胖，肥胖目前已成为世界性的健康问题。**肥胖**是明显超重的状态，指一个人的身体质量指数（BMI）达到30及以上，或者其体重超过其身高的建议体重至少30磅（1磅约为0.45千克，此后不再标注）[5]。20岁及以上的成年人的理想BMI应在18.5至24.9之间。**图1.1**所示是BMI的计算公式（其中1英寸约为2.54厘米，此后不再标注）。目前美国20岁以上的成年人中有66%超重，其中34%（大约7 200万人）肥胖[6]。在2至19岁的美国人中，同样存在着类似的情况，超过900万的少年儿童超重或肥胖[7]。专家预估，至2015年，将有约1/4的美国儿童超重[8]。**超重**被定义为一个人的BMI介于25至29.9，或者其体重超过其身高的建议体重25至30磅。过大的人体体重易产

肥胖 明显超重的状态，指一个人的身体质量指数达到30及以上，或者其体重超过其身高的建议体重至少30磅。

超重 指一个人的身体质量指数介于25和29.9之间，或者其体重超过其身高的建议体重25至30磅。

$$BMI = 703 \times \frac{\text{体重（磅）}}{\text{身高}^2\text{（英寸}^2\text{）}}$$

$$BMI = \frac{\text{体重（千克）}}{\text{身高}^2\text{（米}^2\text{）}}$$

图1.1

BMI的计算公式

生一系列的健康风险，包括心血管疾病、Ⅱ型糖尿病、高胆固醇、骨关节炎、某些癌症、妊娠并发症、预期寿命缩短，以及生活质量降低。

　　由于与心血管疾病和肥胖有直接的关系，胆固醇备受关注。**血脂**，又被称为胆固醇或甘油三酯，存在于血液中的高密度脂蛋白和低密度脂蛋白的蛋白质分子中，高密度脂蛋白被称为"好的胆固醇"，而低密度脂蛋白被称为"坏的胆固醇"。健康的总胆固醇水平应低于200毫克/分升，200~239毫克/分升被认为处于临界高胆固醇水平，超过240毫克/分升则被认为处于高风险水平。需要警惕的是，美国超过50%的成年人的总胆固醇值在200毫克/分升以上[9]。

　　另一个影响了将近2 300万美国人的健康问题是糖尿病[10]。**糖尿病**是指由于胰腺无法分泌胰岛素或者细胞对胰岛素产生了抗性，血液中的葡萄糖（简称为血糖）无法进入细胞。Ⅰ型糖尿病通常被称为青少年糖尿病，因为患者通常在童年时就会出现相关症状，其病因是胰腺不能分泌胰岛素。因此，血糖无法以最佳方式进入细胞，导致"多糖症"，即高血糖。

　　而Ⅱ型糖尿病则与肥胖尤其是腹部肥胖密切相关，Ⅱ型糖尿病占全部糖尿病病例的90%~95%[10]。Ⅱ型糖尿病患者通常能够分泌足量的胰岛素，但其细胞却对胰岛素产生了抗性，阻碍了胰岛素携带足够的血糖（葡萄糖）进入细胞。因此，80%的Ⅱ型糖尿病患者超重或有超重史也就不足为奇了。如果糖尿病不能得到有效控制，高血糖会导致一系列的严重后果，包括神经损伤、视力下降、肾脏损伤、性功能障碍和免疫力下降。Ⅱ型糖尿病患者曾经仅限于超重的成年人，但如今约有一半的新确诊病例是儿童[11]。

　　美国国民的寿命在不断增加。美国人口普查局的报告显示，预计65岁以上的老年人占比将会从2000年的12.4%上升到2030年的19.6%；80岁以上的老年人人数将从2000年的930万增加到2030年的1 950万。这种情况无疑会导致罹患慢性疾病和残疾的人数增加。在美国65岁以上的老年人群中，约有80%罹患至少1种慢性病，50%罹患至少2种。1/5的成年人患有经医生确诊的关节炎，而这也是导致失能的最大因素[12]。

　　2002年，世界卫生组织确认体力活动不足是慢性疾病的重要诱因之一，但不幸的是，很少有成年人能够达到每周至少5天，每天至少30分钟中等强度体力活动的推荐量[13]。体力活动已经被证明能有效降低与不良生活习惯有关的慢性疾病和机能失调的风险，例如甘油三酯和胆固醇增高、

血脂　又被称为胆固醇或甘油三酯，存在于血液中的高密度脂蛋白和低密度脂蛋白的蛋白质分子中。高密度脂蛋白被称为"好的胆固醇"，而低密度脂蛋白被称为"坏的胆固醇"。

糖尿病　因缺乏胰岛素而引起的慢性代谢障碍，导致对碳水化合物的使用减少，以及对脂肪和蛋白质的使用增加。

肥胖、糖耐受、高血压、冠心病和中风等[14]。更重要的是，一些研究已经显示，中断或大幅减少体力活动将导致罹患与生活习惯相关的慢性疾病的风险增加[15]。

与此同时，当今社会人们的每日体力活动量在不断下降[16]。人们运动得越来越少，也不再愿意花大量的业余时间用于身体活动。这在一定程度上与人们在休闲时间缺少身体活动有关，但更有可能是因为人们越来越多地将时间花在久坐行为上，例如看电视、玩计算机，并且过度使用被动的交通方式（开车、坐公交车和骑摩托车）。学校预算中也削减了体育课和课后体育活动的经费，这进一步减少了孩子们的体育活动。新的社会环境导致了人们活动得更少、更加不健康和更不功能化[17]。

2008年，联邦政府发布了迄今为止最全面的一套身体活动指南。该指南旨在提供关于带来潜在健康益处的身体活动的种类和运动量的信息（对象既包括目前健康的人群，也包括已经罹患一种或多种慢性疾病的人群）。这是第一套针对改善健康和预防疾病所需运动强度和运动量的指南，不仅适用于成年人，还适用于儿童和老年人，尤其是慢性病患者。

肌肉功能障碍和伤病率增加的证据

已经有研究显示，现在的骨骼肌疼痛比40年前更普遍了[18]。而肌肉功能障碍的一个主要原因就是身体活动不足。

下背痛

下背痛是在成人中常见的肌肉骨骼退化的主因，大约80%的成年人受其影响[19,20]。研究显示，下背痛对于在封闭环境（例如办公室）中工作的职员[21,22]和从事体力劳动（务农）的人群[23]很普遍。在静坐超过3小时的人群和发生腰椎前凸（即腰椎弧度）被改变的人群[24]中也会出现下背部痛。

膝关节损伤

据估计，美国一般人群每年发生80 000~100 000例前交叉韧带（ACL）损伤。其中大约70%为非接触性损伤[25]。除此以外，ACL损伤还很有可能诱发膝关节炎[26]。大多数ACL损伤发生在15至25岁[25]。考虑到在这个年龄段中的人缺乏活动且肥胖症发病率增加，这是意料之中的事。美国青少年可以享受丰富的自动化和科技，再加上在学校里缺乏强制性的体育教育[17]。幸运的是，研究表明，增强神经肌肉稳定性（或身体控制）可能会降低非接触性损伤的发生概率[27]。

肌肉骨骼损伤

在2003年，肌肉骨骼病症是人们去看病的第二大原因。医生接待的患者中，大约3 100万人是因为背部问题，其中包括1 000万人的下背部问题。大约1 900万人是因为膝关节问题，1 400万人是因为肩部问题，1 100万人是因为足部和踝关节问题[28]。

不恰当的坐姿导致的不自然的姿态，造成颈部、中背部和下背部、肩部和腿部的疼痛。在与工作有关的损伤中，超过40%是扭伤（韧带受伤）和拉伤（肌腱或者肌肉受伤）。与工作有关的所有损伤中，超过三分之一涉及躯干部，超过60%涉及下背部。这些与工作有关的损伤造成每名工人每次背部发病时平均停工约9天，加起来超过3 900万天活动受限。由于这些肌肉骨骼损伤而无法工作所导致的薪水损失估计超过1 200亿美元[29]。

运动训练计划应该遵循安全和有效的训练原则，解决所有与健康有关的身体素质问题。但不幸的是，针对肌肉骨骼系统的很多训练计划或者健身器材往往都以不周密的训练原则和指南为依据。安全和有效的运动训练计划的关键在于训练身体的一些重要部位，例如髋关节、上背部和下背部、颈部的稳定肌，并且所使用的训练变量（例如组数、重复次数和休息间隔等）要有恰当的进阶。运动训练计划发展肌肉骨骼系统的程度会受到潜在运动损伤风险的直接影响。肌肉骨骼系统的健康程度越差，损伤风险就越高[30]。

现今的训练计划

对于绝大多数久坐不动的成年人而言，低强度至中等强度的运动是极其安全且非常有效的。然而，如果训练强度一开始就过高，那么参与运动的人将会感到负荷过大，甚至有可能造成损伤[31]。在一项针对久坐不动人群的运动干预研究中，前6周中损伤的发生率达50%至90%[32]。过度训练造成的损伤甚至在专门针对降低运动损伤风险而设计的训练计划中也会出现。

需要注意的是，体能差并不简单是一个人爬几节楼梯就气喘吁吁，或者体重过大。**体能差**是指个体可能处于肌肉不平衡、柔韧性下降，或者核心和关节稳定性差的一种状态。所有这些症状都可能会影响人体完成正常动作的能力，并最终导致受伤。

绝大多数训练计划并没有强调在**本体感受**丰富的环境下运用多种肌肉收缩方式（向心加速、离心减速和等长稳定）进行多平面（或多方向）的动作。**本体感受丰富的环境**是指对身体内在平衡和稳定机制要求高的运动环境。例如，用稳定球哑铃卧推和单腿下蹲，而不是传统的卧推和杠铃深蹲练习。需要注意的是，NASM建议仅在基于客户的动作能力和整体体能水平能够安全控制的本体感受环境中训练。如果客户不能以正确的姿态或

体能差 一种身体素质下降的状态，可能包括肌肉不平衡、柔韧性下降，或者核心和关节稳定性差。

本体感受 感觉身体姿势和肢体运动的所有机械感受器对中枢神经系统的累积感觉输入。

本体感受丰富的环境 一种不稳定（但可控制）的身体情况，在这种状态下进行练习会使身体利用其内部的平衡和稳定机制。

技术完成练习，就应该降低练习动作的难度。

未来

　　私人训练行业的发展非常迅速，尤其是针对罹患一种或多种慢性疾病，或有肌肉骨骼问题的客户的私人训练。绝大多数需要私人训练服务的客户都是久坐不动或者整体身体功能较差的人。每日活动量下降是人们的身体姿态存在各种缺陷的主要原因[33]。与此同时，现在的客户在开始进行私人训练的时候，其身体活动能力并不能与20或30年前的客户相比。因此，如今的训练计划也不能与以前的训练计划相同。

　　健身的新思路应该是应对功能性能力需求创建训练计划，并使之成为给客户的安全的训练计划的一部分，尤其是作为私人训练计划的一部分。换句话说，训练计划必须使用安全和系统的方式，考虑到个人的目标、需求和能力。要做到这一点，最好的方法便是在设计训练计划的时候引入综合方法。NASM正是在此前提下提出综合训练和OPT™模型的科学理论基础。

小结

　　20世纪50年代，典型的健身房会员是运动员，到了70年代，健身房会员主要是参加休闲运动的人。第一批健身专家是身材健美的人，但他们并不一定具备人体动作科学和运动生理学的知识背景。他们不会个性化地制订训练计划以满足客户特定的目标、需求和能力。

　　现如今，更多的人坐在办公室工作，工作时间更长，所用工具的技术和自动化程度更高，并且日常必需的身体活动减少。这种新的环境造就了更多久坐不动的人，导致更多的人存在功能障碍，损伤的病例增加，包括慢性疾病、下背痛、膝关节损伤以及其他肌肉骨骼系统损伤。

　　现代的客户很可能是体能差的人，健身专家在为其设计训练计划的时候必须对此予以特殊考虑，应使用综合训练方法来创建安全的训练计划，该计划要考虑到每个人的功能性能力。训练计划必须注重一些因素，例如使客户具备适当的柔韧性，增强力量和耐力，在不同类型的环境中进行训练。这些因素便是NASM的OPT™模型的基础。

综合训练和OPT™模型

　　综合训练是一个概念，以一种综合的方式将所有训练方式整合成一个逐渐进阶的系统。这些训练方式包括柔韧性训练、心肺功能训练、核心训练、平衡训练、快速伸缩复合（反应性）训练，以及速度、敏捷性和快速反应训练，还有抗阻训练。

什么是OPT™模型

OPT™模型被概念化为针对结构更不平衡和更易受伤的人群制订的训练计划。它是一个程序化的过程，能够系统性地帮助客户逐步达到所有目标。OPT™模型（图1.2）的构建原则基础是渐进地、系统性地使得客户达到最佳生理、身体和运动表现，包括以下方面。

生理的益处

◆ 提高心肺效率。

◆ 增强内分泌（激素）和血清脂质（胆固醇）的有益调整。

◆ 增加代谢效率（新陈代谢）。

◆ 提高骨密度。

身体的益处

◆ 降低体脂。

◆ 增加瘦体重（肌肉）。

◆ 增加组织抗张强度（肌腱、韧带、肌肉）。

运动表现的益处

◆ 力量。

◆ 爆发力。

◆ 耐力。

◆ 柔韧性。

◆ 速度。

◆ 敏捷性。

◆ 平衡。

OPT™模型建立在人体动作科学理论基础上，其包含的每个阶段都有特定的目的，通过系统性的进阶过程来达到客户的个人目标，并兼顾其特殊需求。现在比以往任何时候都更加要求健康和健身专业人员充分理解训练计划中的所有组成部分，以及按正确的顺序进行这些部分，从而帮助其

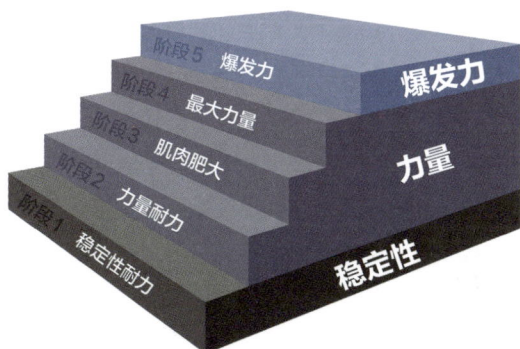

阶段5 爆发力
阶段4 最大力量
阶段3 肌肉肥大
阶段2 力量耐力
阶段1 稳定性耐力

爆发力
力量
稳定性

图1.2

OPT™模型

客户实现目标。

训练阶段

OPT™模型将训练划分为3个不同层级：稳定性、力量和爆发力（图1.2）。每个层级都包括特定的训练阶段。健康和健身专业人员必须理解每个层级和每个训练阶段背后的科学理论，才可以正确使用OPT™模型。

稳定性层级

稳定性层级只有一个训练阶段，即阶段1：稳定性耐力训练。该训练形式的重点在于增强肌肉耐力和稳定性，同时发展最佳的神经肌肉效率（协调性）。

这个训练层级的进阶基于本体感受，这就意味着为了提高训练的难度，要对人体的平衡和稳定系统引入更大的挑战（而不仅仅是增加负荷）。例如，一位客户开始可以练习俯卧撑，然后通过增加一个稳定球来进阶（图1.3）。该进阶要求神经系统以及肩和躯干的稳定肌有更高的激活水平，以在完成练习时能够保持最佳的身体姿势。

只有在人体动作系统（动力链）中恰当的关节排列（姿势）和维持这种关节排列所需的稳定性力量相结合的情况下，才能获得稳定性和神经肌肉效率[34-36]。稳定性训练就是通过本体感受丰富的练习提供必要的刺激，以获得稳定性和神经肌肉效率。其目标是提高客户保持关节稳定和维持最佳姿势的能力。

必须注意的是，稳定性训练必须先于力量训练和爆发力训练。有研究显示，稳定性不足会对肌肉发力的方式造成负面影响，增加在关节处的压力，并造成软组织承受过度的负荷，最终导致损伤[30,37-39]。

稳定性耐力训练不仅仅针对已经存在的结构性缺陷，而且是一种改变身体成分（降低体脂含量）的有效方法，因为这个阶段的练习都以高重复次数的循环方式进行（休息间隔时间短）（详见第13章）[40-42]。在本体感受丰富的环境（可控、不稳定）中进行练习，人体必须募集更多的肌肉来稳定自身。在这种情况下，有可能消耗更多的能量[40,41]。

训练阶段　将属于3个训练基石的训练进阶划分为更小的部分。

肌肉耐力　更长时间保持肌肉收缩的能力。

神经肌肉效率　神经肌肉系统使所有肌肉能够在所有运动平面上有效地协同工作的能力。

图1.3

强调本体感受的俯卧撑进阶

稳定性层级训练的目标和策略

阶段1：稳定性耐力训练

◆ 目标。
   » 提高肌肉耐力
   » 增强关节稳定性
   » 提高柔韧性
   » 增强姿势控制
   » 提高神经肌肉效率（平衡、稳定性和肌肉协调性）

◆ 训练策略。
   » 在不稳定但可控的环境（本体感受丰富的环境）中进行训练
   » 低负荷，多重复次数

力量层级

当成功完成稳定性训练之后，可以继续进行力量层级的训练。其重点是在保持稳定性耐力的同时，增加**原动肌**的力量。如果训练目标是肌肉肥大（增加肌肉体积）或最大力量（举起重负荷），也要进阶到这一训练层级。OPT™模型中的力量层级包含3个阶段。

原动肌　作为最初和主要的动力来源的肌肉。

阶段2：力量耐力训练，其目标是在增强稳定性耐力的同时，增加原动肌的力量。要完成这两种适应，就要以**超级组**（无间歇地连续进行）的方式进行具有相似关节运动的两个练习（表1.1）。第一个练习是在稳定的环境中进行的传统力量练习（例如卧推），之后的第二个练习是在一个不那么稳定（但可控）的环境中进行的稳定性练习（例如稳定球俯卧撑）。该方法背后的原则是：在第一个练习中主要锻炼原动肌，以激发原动肌的力量，然后立刻进行能够刺激稳定肌的练习。这个方法可以提高维持姿势稳定性和动态关节稳定性的能力。

超级组　连续进行的两个练习的组合，中间没有任何休息时间。

表1.1	阶段2超级组示例	
身体部位	**力量练习**	**稳定性练习**
胸部	杠铃卧推	稳定球俯卧撑
背部	坐姿绳索划船	稳定球哑铃划船
肩部	器械肩上推举	单腿哑铃推举
腿部	腿举	单腿下蹲

阶段3：肌肉肥大训练，是为以肌肉增长最大化为目标的个人（如健美爱好者）设计的。阶段4：最大力量训练，通过举起重负荷来实现使原动肌力量最大化的目标。这两个训练阶段可以被用作特殊形式的训练和力量层级训练中的进阶。

力量层级训练的目标和策略

阶段2：力量耐力训练

◆ 目标。

   » 提高稳定性耐力的同时增加原动肌的力量

   » 提高整体的训练量

   » 增强关节稳定性

   » 增加瘦体重

◆ 训练策略。

   » 中等负荷和中等重复次数（8~12）

   » 超级组：在训练计划的抗阻训练部分中，每个身体部位进行一个传统力量练习和一个稳定性练习

阶段3：肌肉肥大训练（根据客户的目标可选择的阶段）

◆ 目标。

   » 达到理想水平的肌肉肥大（增加肌肉的体积）

◆ 训练策略。

   » 大训练量、中等至高负荷，中等或低重复次数（6~12）

阶段4：最大力量训练（根据客户的目标可选择的阶段）

◆ 目标。

   » 增加运动单位的募集

   » 增加运动单位募集的频率

   » 提高峰值力

◆ 训练策略。

   » 高负荷、低重复次数（1~5），更长的休息时间

爆发力层级

只有在成功完成稳定性层级和力量层级的训练之后才可以进入爆发力层级的训练。该层级的训练强调速度和爆发力的发展。这需要通过一个训练阶段实现，即阶段5：爆发力训练。

此训练阶段的基础是一个传统力量练习（使用重负荷）和一个具有相似关节运动的爆发力练习（使用轻负荷，要求进行速度尽可能快）组成的超级组。其目标是在增强原动肌力量的同时提高**力的产生速率**（表1.2）。

力的产生速率 肌肉在最短的时间内输出最大量的力的能力。

爆发力层级训练的目标和策略

阶段5：爆发力训练

◆ 目标。

   » 增强神经肌肉效率

   » 增强原动肌力量

   » 提高力的产生速率

◆ 训练策略。
    》 超级组：在训练计划的抗阻训练部分中，每个身体部位进行一个传统力量练习和一个爆发力练习
    》 在可控范围内尽可能快地进行所有爆发力练习

表1.2	阶段5超级组示例	
身体部位	**力量练习**	**爆发力练习**
胸部	上斜哑铃推举	药球胸前传球
背部	背阔肌下拉	药球双手过头掷
肩部	哑铃过头推举	身前斜抛药球
腿部	杠铃深蹲	蹲跳

计划模板

OPT™模型的独特之处是将科学原则融合到一份可操作的训练计划中。这份训练计划是NASM研究院（the NASM Research Institute）与北卡罗来纳大学教堂山分校合作，在NASM的临床环境中，通过对真实客户的训练进行研究得到的直接结果。NASM已经研发出一套模板，为健康和健身专业人员提供指南，以创建个性化的训练计划（图1.4）。

如何使用OPT™模型

后续章节中会详细阐述在健身环境中如何使用OPT™模型，并介绍综合训练计划的必备组成部分的细节，包括以下方面。
    ◆ 体能评估。
    ◆ 柔韧性训练。
    ◆ 心肺功能训练。
    ◆ 核心训练。
    ◆ 平衡训练。
    ◆ 快速伸缩复合（反应性）训练。
    ◆ 速度、敏捷性和快速反应训练。
    ◆ 抗阻训练。
    ◆ 训练计划制订。
    ◆ 练习方式。

每个章节将会详细介绍每个组成部分是如何融入OPT™模型中以及如何实际地根据不同人的信息加以应用的。因为OPT™模型以综合训练的科学为依据，上述所有练习方式都被融入OPT™模型中的5个阶段。这与仅仅融合一般的拉伸、心肺功能和抗阻练习的传统训练方式有根本的不同。

本书的其他章节还包括以下内容。

专家姓名：

NASM

客户姓名： 日期：

目标： 阶段：

热身

练习	组数	持续时长	指导要点

核心/平衡/快速伸缩复合训练

练习	组数	次数	节奏	休息	指导要点

速度、敏捷性和快速反应训练

练习	组数	次数	节奏	休息	指导要点

抗阻训练

练习	组数	次数	节奏	休息	指导要点

冷身

练习	组数	持续时长	指导要点

指导要点：

美国国家运动医学学会

图1.4 NASM训练计划模板

◆ 运动科学和生理学。

◆ 营养。

◆ 营养补剂。

◆ 慢性疾病。

◆ 生活方式规范和行为指导。

◆ 职业发展。

所有的这些内容综合起来，相信可以为想成为有技术的、全面的健身专业人员的人提供足够的信息和工具。

小结

OPT™模型通过运用综合训练方法，帮助客户以适当的方式，安全地逐步实现他们的训练目标。其包含3个层级：稳定性、力量和爆发力。

稳定性层级的训练重点是解决肌肉的不平衡，提高关节的稳定性和改善全身的姿势。这个组成部分在大多数训练计划中会被忽视，但它对于保证神经肌肉功能来说可以说是至关重要的。这个训练层级包含一个训练阶段——阶段1：稳定性耐力训练。

力量层级包含3个训练阶段——阶段2，力量耐力训练；阶段3，肌肉肥大训练；以及阶段4，最大力量训练。力量层级的训练重点在于增强稳定性耐力的同时增加原动肌力量（阶段2），并增加肌肉体积（阶段3）或提高最大力量（阶段4）。绝大多数的传统训练计划通常都是从这一层级开始的，这样做容易造成损伤。爆发力层级是发展最大化产生力的能力所需要的针对性训练形式。该层级包含一个训练阶段——阶段5，爆发力训练。

所有的训练阶段都经过专门设计，并遵循人体动作系统的生物力学、生理学和功能性原则。这些阶段能够提供一种循序渐进的过程，易于掌握，并且能够将伤病风险降到最低，同时将训练效果最大化。此外，NASM还研发了一套训练计划模板，以指导健康和健身专业人员完成这一过程。

参考文献

（1）Bureau of Labor Statistics US Department of Labor. Occupational Outlook Handbook, 2010–11 Edition. Accessed May 14, 2010.

（2）Centers for Disease Control and Prevention. 2006 Jan 31. Physical activity and good nutrition: essential elements to prevent chronic disease and obesity. Accessed Feb 8, 2006.

（3）Hoyert DL, Kung HC, Smith BL. Deaths: preliminary data for 2003. *Natl Vital Stat Rep*. 2005; 53: 1–48.

（4）American Heart Association. Heart Disease and Stroke Statistics—2010 Update At A Glance. Accessed May 21, 2010.

（5）Must A, Spadano J, Coakley EH, Field AE, Colditz G, Dietz WH. The disease burden associated with overweight and obesity. *JAMA*. 1999; 282(16): 1523–1529.

（6）Ogden CL, Carroll MD, McDowell MA, Flegal KM. Obesity Among Adults in the United States—No Statistically Significant Change Since 2003–2004. NCHS data brief no 1. Hyattsville, MD: National Center for Health Statistics; 2007.

（7）Ogden CL, Carroll MD, Curtin LR, McDowell MA, Tabak CJ, Flegal KM. Prevalence of overweight and obesity in the United States, 1999–2004. *JAMA*. 2006; 295(13): 1549–1555.

（8）Wang Y, Beydoun MA. The obesity epidemic in the United States—gender, age, socioeconomic, racial/ethnic, and geographic characteristics: a systematic review and meta-regression analysis. *Epidemiol Rev.* 2007; 29: 6–28.

（9）American Heart Association. *Heart Disease and Stroke Statistics—2005 update.* Dallas, TX; 2004.

（10）American Diabetes Association. 2007 National Diabetes Fact Sheet. Accessed May 21, 2010.

（11）Centers for Disease Control and Prevention. National Diabetes Fact Sheet: National Estimates and General Information on Diabetes in the United States, Revised Edition. Atlanta, GA; 1998.

（12）Centers for Disease Control and Prevention. Summary health statistics for US adults: National Health Interview Survey, 2002. *Vital Health Stat 10.* 2004; 10(222). Accessed Feb 8, 2006: 11–15.

（13）American College of Sports Medicine AHA. *Physical Activity and Public Health: Updated Recommendation for Adults from the American College of Sports Medicine and the American Heart Association;* 2007.

（14）Pedersen BK, Saltin B. Evidence for prescribing exercise as therapy in chronic disease. *Scand J Med Sci Sports.* 2006; 16(Suppl 1): 3–63.

（15）Sherman SE, Agostino RBD, Silbershatz H, Kannel WB. Comparison of past versus recent physical activity in the prevention of premature death and coronary artery disease. *Am Heart J.* 1999; 138: 900–907.

（16）Centers for Disease Control and Prevention. Prevalence of physical activity, including lifestyle activities among adults—United States, 2000–2001. *MMWR Morb Mortal Wkly Rep.* 2003; 52(32): 764–769.

（17）Zack MM, Moriarty DG, Stroup DF, Ford ES, Mokdad AH. Worsening trends in adult health-related quality of life and self-rated health—United States, 1993–2001. *Public Health Rep.* 2004; 119(5): 493–505.

（18）Harkness EF, Macfarlane GJ, Silman AJ, McBeth J. Is musculoskeletal pain more common now than 40 years ago? Two population-based cross-sectional studies. *Rheumatology (Oxford).* 2005;44(7):890–895.

（19）Walker BF, Muller R, Grant WD. Low back pain in Australian adults: prevalence and associated disability. *J Manipulative Physiol Ther.* 2004; 27(4): 238–244.

（20）Cassidy JD, Carroll LJ, Cote P. The Saskatchewan Health and Back Pain Survey. The prevalence of low back pain and related disability in Saskatchewan adults. *Spine.* 1998; 23(17): 1860–1866.

（21）Volinn E. The epidemiology of low back pain in the rest of the world. A review of surveys in low- and middle-income countries. *Spine.* 1997; 22(15): 1747–1754.

（22）Omokhodion FO, Sanya AO. Risk factors for low back pain among office workers in Ibadan, Southwest Nigeria. *Occup Med (Lond).* 2003; 53(4): 287–289.

（23）Omokhodion FO. Low back pain in a rural community in South West Nigeria. *West Afr J Med.* 2002; 21(2): 87–90.

（24）Tsuji T, Matsuyama Y, Sato K, Hasegawa Y, Yimin Y, Iwata H. Epidemiology of low back pain in the elderly: correlation with lumbar lordosis. *J Orthop Sci.* 2001; 6(4): 307–311.

（25）Griffin LY, Agel J, Albohm MJ, et al. Noncontact anterior cruciate ligament injuries: risk factors and prevention strategies. *J Am Acad Orthop Surg.* 2000; 8(3): 141–150.

（26）Hill CL, Seo GS, Gale D, Totterman S, Gale ME, Felson DT. Cruciate ligament integrity in osteoarthritis of the knee. *Arthritis Rheum.* 2005; 52: 3: 794–799.

（27）Mandelbaum BR, Silvers HJ, Watanabe DS, et al. Effectiveness of a neuromuscular and proprioceptive training program in preventing anterior cruciate ligament injuries in female athletes: 2-year follow-up. *Am J Sports Med.* 2005; 33(7): 1003–1010.

（28）Centers for Disease Control and Prevention. Ambulatory care visits to physician offices, hospital outpatient departments, and emergency departments: United States, 2001–02. *Vital Health Stat 13.* 2006; 13(159): 3–8. Accessed February 8, 2006.

（29）Bureau of Labor Statistics. 2005 Dec 15. Workplace injuries and illnesses in 2004. News release. Accessed Feb 8, 2006.

（30）Barr KP, Griggs M, Cadby T. Lumbar stabilization: core concepts and current literature, Part 1. *Am J Phys Med Rehabil.* 2005; 84(6): 473–480.

（31）Watkins J. *Structure and Function of the Musculoskeletal System.* Champaign, IL: Human Kinetics, 1999.

（32）Jones BH, Cowan DN, Knapik J. Exercise, training, and injuries. *Sports Med.* 1994; 18(3): 202–214.

（33）Hammer WI. Muscle imbalance and postfacilitation stretch. In: Hammer WI, ed. *Functional Soft Tissue Examination and Treatment by Manual Methods.* 2nd ed. Gaithersburg, MD: Aspen Publishers; 1999: 429–9.

（34）Powers CM. The inuence of altered lower-extremity kinematics on patellofemoral joint dysfunction: a theoretical perspective. *J Orthop Sports Phys Ther.* 2003; 33(11): 639–646.

（35）Comerford MJ, Mottram SL. Movement and stability dysfunction—contemporary developments. *Man Ther.* 2001; 6(1): 15–26.

（36）Panjabi MM. The stabilizing system of the spine. Part I: Function, dysfunction, adaptation, and enhancement. *J Spinal Disord.* 1992; 5(4): 383–389.

（37）Paterno MV, Myer GD, Ford KR, Hewett TE. Neuromuscular training improves single-limb stability in young female athletes. *J Orthop Sports Phys Ther.* 2004; 34(6): 305–316.

（38）Hungerford B; Gilleard W, Hodges P. Evidence of altered lumbopelvic muscle recruitment in the presence of sacroiliac joint pain. *Spine.* 2003; 28(14): 1593–1600.

（39）Edgerton VR, Wolf S, Roy RR. Theoretical basis for patterning EMG amplitudes to assess muscle dysfunction. *Med Sci Sports Exerc.* 1996; 28(6): 744–751.

（40）Williford HN, Olson MS, Gauger S, Duey WJ, Blessing DL. Cardiovascular and metabolic costs of forward, backward, and lateral motion. *Med Sci Sports Exerc.* 1998; 30(9): 1419–1423.

（41）Ogita F, Stam RP, Tazawa HO, Toussaint HM, Hollander AP. Oxygen uptake in one-legged and two-legged exercise. *Med Sci Sports Exerc.* 2000; 32(10): 1737–1742.

（42）Lagally KM, Cordero J, Good J, Brown DD, McCaw ST. Physiologic and metabolic responses to a continuous functional resistance exercise workout. *J Strength Cond Res.* 2009; 23(2): 373–379.

基础运动科学

学完本章，你应该能够掌握以下内容。

☑ 明确人体动作系统的组成部分（动力链）。

☑ 解释以下系统的基本结构和功能。

◆ 神经系统。

◆ 骨骼系统。

◆ 肌肉系统。

◆ 内分泌系统。

☑ 阐述上述系统对锻炼的反应和适应。

人体动作简介

人体动作是通过人体内3个系统（神经系统、骨骼系统和肌肉系统）的功能性整合来实现的[1]。神经、肌肉和关节必须协同工作，或相互联系（形成链条），才能做出某种运动（动力学的）或人体动作。负责人体动作的这3个系统也被称为动力链[2,3]。**人体动作系统**的所有部分必须协同工作才能做出动作。如果其中一个系统不能正常运转，将会影响其他系统的工作，最终影响动作的完成[4-7]。因此，了解人体动作所涉及的系统，以及它们如何协同工作、形成动力链以产生高效的动作，这对于私人教练来说十分重要。

人体动作系统　神经系统、肌肉系统和骨骼系统的结合及相互关系。

神经系统

神经系统是人体主要器官系统之一，由神经元这一特殊细胞形成的细胞网组成。神经元可以传输和协调信号，在人体内部提供一个信息交流的网络。神经系统由两部分组成：中枢神经系统（CNS）和周围神经系统（PNS）。中枢神经系统由大脑和脊髓组成。周围神经系统只包含神经，并

神经系统　由数十亿细胞组成的集合体，专门在人体内部提供一个信息交流的网络。

将大脑和脊髓（CNS）同身体其他部分连接起来[8-11]。

神经系统的3大基本功能包括感觉功能、整合功能和运动功能[8-10]。**感觉功能**是神经系统感知内外部环境变化的能力，比如肌肉的伸展（内部）或从人行道上走到沙地上的变化（外部）。**整合功能**是神经系统分析和解读感官信息的能力，从而使人体做出正确的决定，产生适当的反应。**运动功能**是神经肌肉（或神经系统和肌肉系统）对感觉信息的反应，比如当肌肉过度伸展时会引起肌肉收缩，或当从人行道上走到沙地上时会改变走路模式[8-10]。

神经系统负责肌肉的募集、动作模式的学习和使人体内每个器官发挥正常功能。**本体感受**是身体感知相邻身体部位相对位置的能力。比如，当我们走路或跑步时，双脚会给我们关于地表类型或地势的本体感受反馈。训练本体感受能力会提高身体的平衡性、协调性和姿态，使身体无须经过有意识地思考，在任何情境下以最合适的动作适应周边环境。因此，有效的神经系统训练是非常重要的，这是为了确保形成适当的动作模式，以提高运动表现并减少受伤风险[8,10,12]。

神经系统剖析

神经元

神经系统的功能单位被称为**神经元**（**图2.1**）[8]。数十亿神经元组成神经系统的复杂结构，并让神经系统能够在内部与其自身进行信息交流，并且能够在外部与周围环境进行信息交流。神经元是一种特殊的细胞，通过电信号和化学信号处理并传输信息。神经元组成神经系统的核心，包括大脑、脊髓和周围神经节。概括而言，很多神经元的汇合就形成了人体的神经。神经元包括3个主要部分：细胞体、轴突和树突[8-10,13]。

神经元的细胞体（或胞体）包含一个细胞核和多个其他细胞器，包括溶酶体、线粒体和一个高尔基器。轴突是细胞体的圆柱形突起，向其他神经元或效应物部位（肌肉、器官）传输神经冲动。轴突是神经元的一部分，提供从大脑和脊髓到身体其他部位的信息交流。树突收集其他结构的信息，并将它传送回神经元[8-10,13]。

感觉功能 神经系统感知内外部环境变化的能力。

整合功能 神经系统分析和解读感官信息的能力，从而使人体做出正确的决定，产生适当的反应。

运动功能 神经肌肉系统对感觉信息的反应。

本体感受 感觉身体姿势和肢体运动的所有机械感受器对中枢神经系统的累积感觉输入。

神经元 神经系统的功能单位。

图2.1

神经元

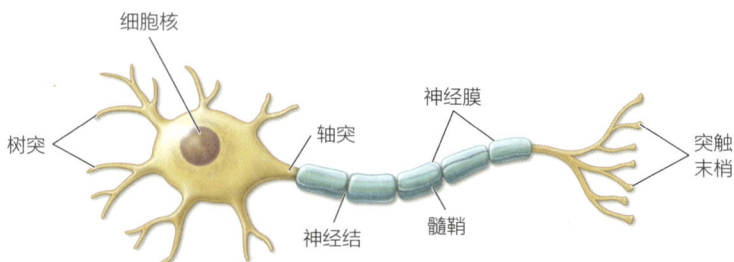

根据神经冲动传导方向的不同，神经元可以分为3个主要功能类别。**感受（传入）神经元**对触摸、声音、光和其他刺激做出反应，并将神经冲动从效应物部位（例如肌肉和器官）传送至大脑和脊髓。**中间神经元**将神经冲动从一个神经元传送至另一个神经元。**运动（传出）神经元**将神经冲动从大脑和脊髓传送至效应物部位，比如肌肉或腺体[9,13]。

这3种神经元协同工作，产生既定反应的典型例子是人体触碰热的物体。感受（传入）神经元将来自手的信号发送至大脑，告诉大脑这个物体是热的。这一信号通过中间神经元从一个神经元传送至另一个神经元。一旦大脑接收到这一信号，就会解读从感受神经元发来的这一信息（物体是热的），并通过运动神经元将恰当的信号向下传递给手部和臂部肌肉，告诉肌肉要收缩，将手从热的物体上抽回来，保护手部不受伤害。

中枢神经系统和周围神经系统

神经系统由两个相互依赖的部分组成，即中枢神经系统（CNS）和周围神经系统（PNS）[1,8-10,13]。**中枢神经系统**包括大脑和脊髓，其主要功能是协调身体所有部分的活动（**图2.2**）[1,8-10,13]。

周围神经系统由将CNS同身体其他部位以及外部环境连接起来的神经组成。PNS的神经是CNS接受感觉输入以及发起反应的途径。PNS包含12条脑神经、31对脊神经（由大脑和脊髓发出）和感受器（**图2.3**）[8-10,13]。

感受（传入）神经元 将神经冲动从效应物部位（例如肌肉和器官）通过感受器传送至大脑和脊髓。

中间神经元 将神经冲动从一个神经元传送至另一个神经元。

运动（传出）神经元 将神经冲动从大脑和脊髓传送至效应物部位。

中枢神经系统 神经系统的组成部分，包括大脑和脊髓。

周围神经系统 遍及全身的脑神经和脊神经。

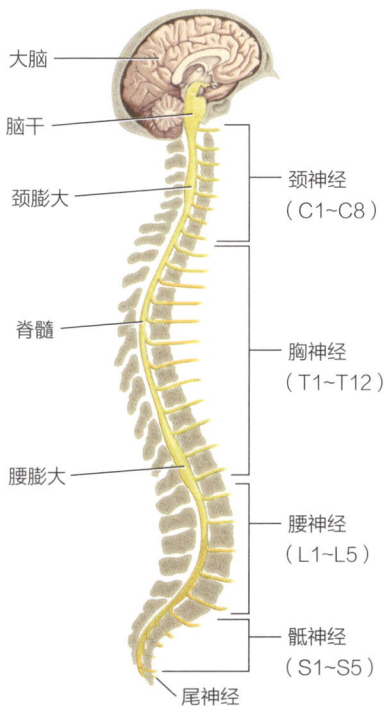

图2.2

中枢神经系统*

大脑

脑干

颈膨大

脊髓

腰膨大

颈神经
（C1~C8）

胸神经
（T1~T12）

腰神经
（L1~L5）

骶神经
（S1~S5）

尾神经

这些周围神经有两项主要功能：第一，连接神经系统，激活不同的效应物部位，比如肌肉（动作功能）；第二，周围神经将来自效应物部位的信息通过感受器传送回大脑（感觉功能），因此可以向大脑提供身体和环境之间的关系的持续更新[8-11,13]。

PNS的两个分支是躯体神经系统和自主神经系统（图2.4）。躯体神经系统由为体表区域和骨骼肌服务的神经组成，主要负责动作的随意控制。

图2.3

外周围神经系统

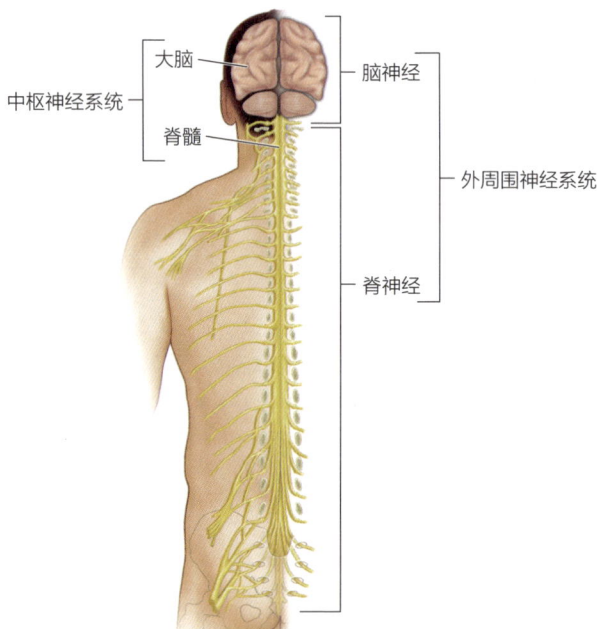

图2.4

神经系统组织

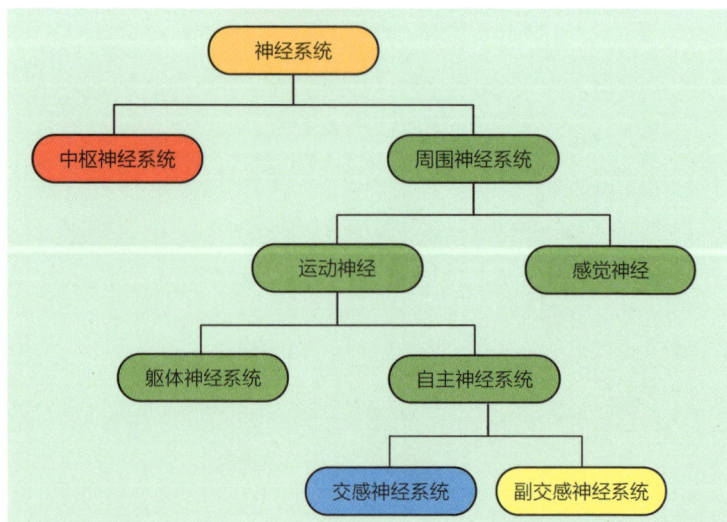

自主神经系统为身体非随意控制的系统（例如心脏、消化系统和内分泌腺）提供神经输入[9,13]。

　　自主神经系统又分为交感神经系统和副交感神经系统。在运动过程中，这两种神经系统负责在准备活动时提高兴奋程度（交感神经系统）或者在休息和恢复期间降低兴奋程度（副交感神经系统）[9,13]。

　　感受器是遍布全身的特殊结构，将环境刺激（热、光、声音、味道和动作）转换为感受信息，供大脑和脊髓用于做出反应。这些感受器分为4类：机械感受器、损伤性刺激感受器、化学感受器和光感受器。机械感受器对机械作用力（触摸和压力）做出反应，损伤性刺激感受器对疼痛做出反应（疼痛感受器），化学感受器对化学作用（嗅觉和味觉）做出反应，光感受器对光（视觉）做出反应[10,13]。本章仅介绍对私人教练来说尤为重要的机械感受器，因为此类感受器主要是与人体动作有关。

　　机械感受器是在组织内对机械压力做出反应，并通过感觉神经传输信号的特殊结构[14-19]。机械感受器能够对外力（例如触摸、压力、伸展、声波和动作）做出反应，并通过感觉神经传输神经冲动，这反过来又使我们能够察觉出触摸、声音和身体动作，同时，机械感受器还负责监控肌肉、骨骼和关节的位置（本体感受）。机械感受器位于肌肉、肌腱、韧带和关节囊之中，包括肌梭、腱梭和关节感受器[17,18,20-24]。

　　肌梭是肌肉内的感受器，与肌肉纤维平行（**图2.5**），对肌肉长度的变化及其变化速率很敏感[1,5-7,10,13,15,18,24]。当某一肌肉受到牵拉时，该肌肉内的肌梭也会被拉长，肌梭将关于其长度变化的信息经由感觉神经元传递给CNS。一旦肌梭发出的信息被传递到大脑，大脑就可以确定不同身体部

机械感受器 负责感受身体组织的变形的感受器。

肌梭 对肌肉长度的变化及其变化速率很敏感的感受器。

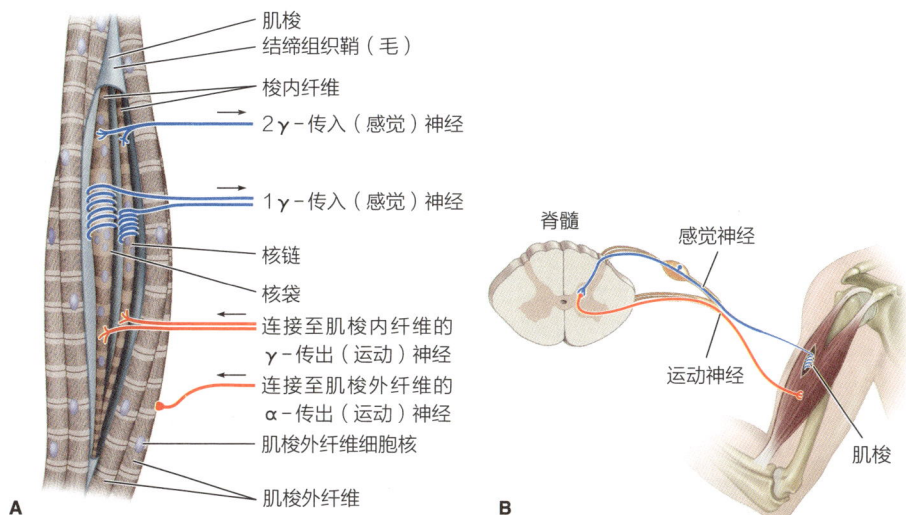

图2.5 肌梭及其功能

位的位置。

肌梭也可以通过牵张反射机制帮助调节肌肉收缩。牵张反射是身体对肌肉牵拉刺激的正常反应。当肌梭被拉长后，神经冲动会立即传送到脊髓，而收缩肌肉的反应会在1到2毫秒内收到。快速的神经反应是一个保护性机制，用以预防过度拉伸和可能导致的肌肉损伤[1,5~7,10,13,15,18,24]。人体动作是通过人体内3个系统（神经系统、骨骼系统和肌肉系统）的功能整合来实现的[1]。

腱梭（GTO）是位于骨骼肌纤维与骨骼肌肌腱的衔接部位的一种专用感受器。腱梭对肌肉张力的变化及其变化速率很敏感（图2.6）[1,5~7,10,13,15,18,24]。腱梭的激活会引起肌肉放松，从而使肌肉避免受到过大张力或损伤。

关节感受器位于关节囊内和关节囊周围，它们对关节的压力、加速或减速做出反应（图2.7）。这些感受器在关节处于极限位置时发出信号，以帮助预防损伤。如果该关节承受的压力过大，它们也可以在该关节周围的肌肉中启动反射性抑制反应（reflexive inhibitory response）[17,18,25~27]。关节感受器包括鲁斐尼氏末梢（ruffini endings）和帕西尼小体（pacinian corpuscles）。

腱梭 对肌肉张力的变化及其变化速率很敏感的感受器。

关节感受器 围绕在关节周围的感受器，对关节压力、加速和减速做出反应。

图2.6

腱梭

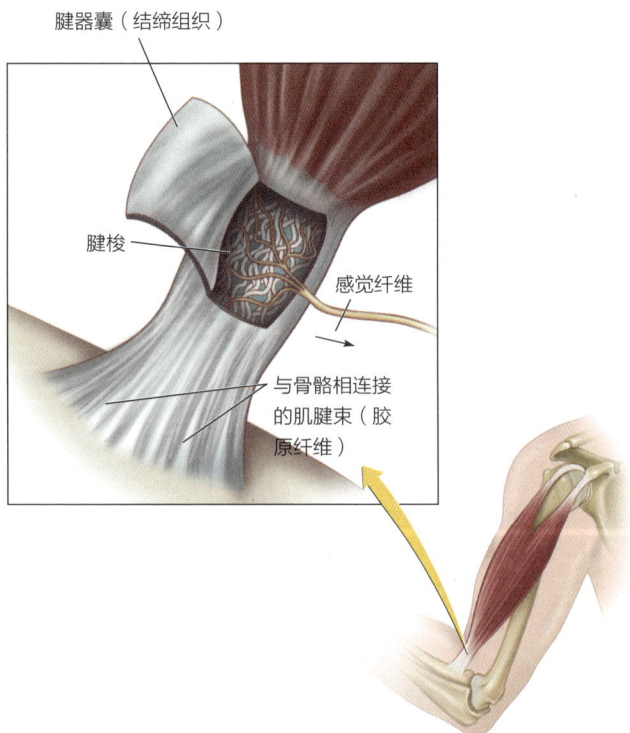

腱器囊（结缔组织）

腱梭

感觉纤维

与骨骼相连接的肌腱束（胶原纤维）

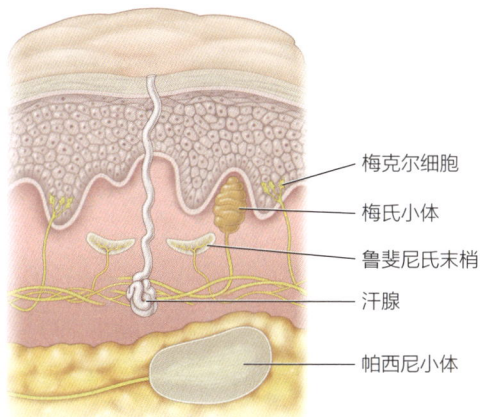

图2.7
关节感受器

梅克尔细胞

梅氏小体

鲁斐尼氏末梢

汗腺

帕西尼小体

记忆要点

鉴于肌梭和腱梭在柔韧性训练中的重要作用，有必要理解它们的功能。

身体活动和神经系统

在训练的早期阶段，运动表现的提升可能主要来自中枢神经系统改变了对动作的控制和协调的方式。这在抗阻训练中尤为突出[15]。当我们进行一项活动时，我们的感受器会不断向我们反馈肢体位置、力的产生和表现结果（即这个动作是否成功完成）。当动作不成功或者动作表现不好时，中枢神经系统会交叉参考其他感受传入，并尝试新的动作策略。有规律的训练和练习会让中枢神经系统产生适应，实现更好的动作控制。动作也会因此变得更加顺畅和准确，运动表现也会相应提高[15]。

小结

人体动作是通过人体内3个系统（神经系统、骨骼系统和肌肉系统）的功能整合实现的[1]。三者必须协同合作或相互联系（形成链条），从而做出某种运动（动力学的）或人体动作。负责人体动作的这3个系统被称为动力链。

神经系统由数十亿神经元组成，神经元可以通过两个互相依赖的系统在体内传输信号：中枢神经系统（大脑和脊髓）和周围神经系统（大脑和脊髓外延出来的神经）。神经系统收集关于人体内外部环境的信息，处理该信息，然后对其做出反应。它具有3项主要功能：感觉（感知变化）、整合（组合并解读信息）和运动（做出神经肌肉的反应）。

骨骼系统

骨骼系统 构成人体框架，包括骨骼和关节。

骨骼系统有多种重要功能，它不仅可以支撑和保护身体，进行身体动作，为身体造血和储存矿物质，还可以塑造人体的身材和外形（**图2.8**）[9,28,29]。需要说明的是，骨骼系统的生长、发育和功能化很大程度上受身体姿势、身体活动和营养状况的影响[28]。例如，营养水平较差和身体活动不足会导致骨质疏松，这对骨骼健康和人体动作都有负面的影响。骨骼系统是完成人体动作的重要部分，它与肌肉系统相互作用，共同完成相应的动作。肌肉通过肌腱连接到骨骼。**骨骼**通过肌肉和结缔组织形成接合处。这些接合处被称为**关节**[30]。关节是肌肉收缩产生动作的部位[30,31]。

骨骼 为肌肉提供附着点，保护重要器官。

关节 骨骼、肌肉和结缔组织的接合处，是动作发生的位置，也被称为关节连接。

骨骼系统分类

中轴骨骼 骨骼系统的一部分，由颅骨、胸廓和脊柱组成。

附肢骨骼 骨骼系统的一部分，包括上肢和下肢。

骨骼系统分为两大部分：中轴骨骼系统和附肢骨骼系统[9,30]。**中轴骨骼**由颅骨、胸廓和脊柱组成。中轴骨骼大约有80块骨[9]。**附肢骨骼**由上肢、下肢以及肩胛带和骨盆带组成[9]。通常认为，骨盆带要么属于中轴骨骼系统，要么属于附肢骨骼系统，实际上它是这两个系统之间的纽带[30]。附肢骨骼系统大约有126块骨。

骨骼系统共有206块骨，其中大约177块可在随意动作中使用[9,29,30]。人体中的骨可以形成300多个关节[29]。

在动作过程中，骨有两个重要的功能。首先是杠杆，当肌肉对骨头施加作用力时，骨头就会充当杠杆[28,30]。与动作有关的第二个主要功能就是

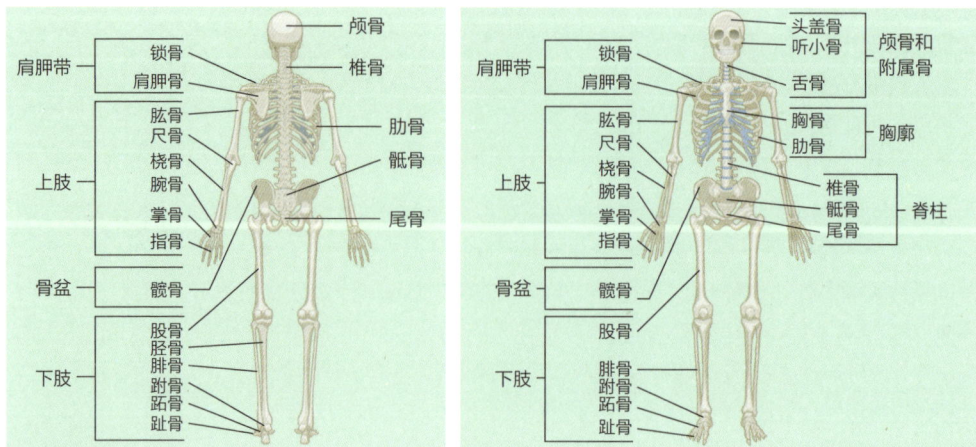

图2.8 骨骼系统

提供支撑[28]。这个功能表现为身体姿势，对于有效分配施加在身体上的作用力是很有必要的[28,31-34]。

骨骼

骨骼生长

在人的一生中，骨骼会通过一个名为重建的过程不断更新，包括吸收和生长两部分。在吸收阶段，原来的骨组织会被溶解，由名为破骨细胞的特殊细胞将其移除。在骨生长阶段，会形成新的骨组织，以代替原来的骨组织。该任务由一种名为成骨细胞的特殊细胞来完成。

在儿童至青少年阶段，新骨增加的速度会快于旧骨被移除的速度。因此，骨的体积、重量和密度都会增加。对于大多数人来说，形成新骨比移除旧骨更快的这种情况会持续至骨量达到峰值的时候，这个峰值一般出现在30岁之前[35]。

同样值得注意的是，骨重建往往沿着骨头所受应力的方向进行[29]。因此，运动和习惯性姿势会对骨骼系统的健康产生重要影响。不正确的运动技术一般会伴有不良的关节排列，就会导致骨重建过程使已经起主导作用的不良姿态更加明显。

重建 骨头吸收和生成的过程。

破骨细胞 一种可以移除骨组织的骨细胞。

成骨细胞 一种主要负责骨生成的细胞。

骨骼类型

骨骼系统有5种主要类型的骨骼（表2.1）[9]。根据其形状、大小和骨组织的面积确定其分类[28]。人体的骨头可以分为长骨、短骨、扁平骨、不规则骨和籽骨[9,28]。

长骨

长骨的特点是其主体呈长管状（骨干），两端形状不规则或膨大[9,28,30]。其形状很像光束，并略微弯曲，这对力的有效分布是很重要的（图2.9）[9,28]。长骨主要由致密的骨组织构成，以确保其有足够的强度和刚度[9,28]。然而，它们又同时有相当多的海绵状骨组织（松质骨），用于减震[9,28]。上身的长骨包括锁骨、肱骨、桡骨、尺骨、掌骨和指骨。而下身的长骨包括股骨、

表2.1	骨骼类型	
骨骼类型	**特征**	**示例**
长骨	长管状，两端是形状不规则或膨大的骨端	肱骨、股骨
短骨	长度和宽度相近，其形状有点像立方体	腕骨、跗骨
扁平骨	很薄的骨，起保护性作用	肩胛骨、髌骨
不规则骨	具有独特的形状和功能	椎骨
籽骨	很小，通常是圆形的骨头，嵌入关节囊中或在肌腱跨过关节的位置	髌骨

胫骨、腓骨、距骨和趾骨。

长骨的解剖特征

关于长骨的详细介绍能够帮助了解骨骼系统的一些特性和功能。图2.10展示了典型的长骨的横截面（本例为股骨）。

骨骺（英文的复数形式为epiphyses）是长骨的末端，主要由骨松质组成，是大部分红骨髓（参与红细胞生成）的聚集区域。它们也是骨骼生长的主要部位，在生长期间极易受到损伤。

骨干是长骨的干部。与骨骺不同，它的主要成分是骨密质（但骨干内部是空的）。骨干的主要作用是支撑。

骨骺板是连接长骨骨干和骨骺的区域。它是一层细分的软骨细胞，骨干长度的增加就在其中发生。增殖的软骨细胞像一叠硬币那样排列[29]，向骨干方向移动，同时在这一过程中不断钙化。成骨细胞最终会完成骨生长的过程。当人体进入成年阶段后，骨骺板会变硬并与骨骼融合，长骨的生长停止。在人体生长停止之前，骨骺板的损伤会导致骨头变短。然而，还没有证据表明运动会影响儿童时期的骨骼长度。相反，运动有可能使骨头更粗且更坚硬（前提是保证合理的膳食）。

骨骺 长骨的末端，主要由骨松质组成，是大部分红骨髓（参与红细胞生成）的聚集地。它们也是骨骼生长的主要部位。

骨干 长骨的干部。

骨骺板 连接骨干和骨骺的长骨区域。它是一层细分的软骨细胞，骨干长度的增加就在其中发生。

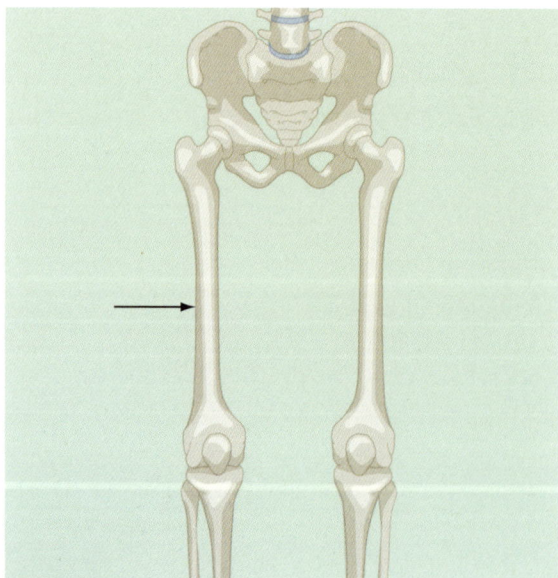

图2.9　长骨

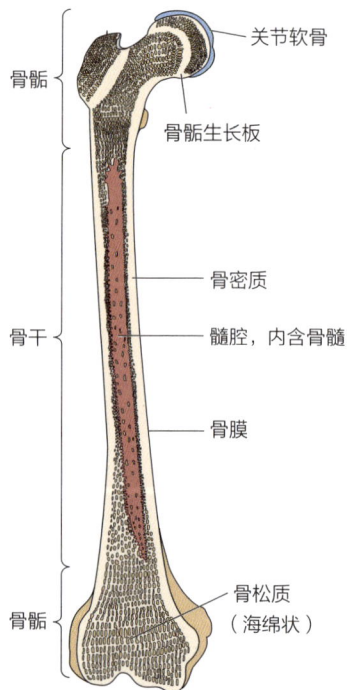

关节软骨

骨骺生长板

骨密质

髓腔，内含骨髓

骨膜

骨松质（海绵状）

骨骺

骨干

骨骺

图2.10　长骨的解剖特征

骨膜形成一层覆盖着骨头的坚韧纤维膜。骨膜包含神经、血管和制造骨骼的细胞，其内壁可以提供营养修复的物质，促进骨头直径的增长。在人体动作过程中骨膜也扮演着重要的角色，它可以为肌腱提供附着点。

骨髓腔是骨干中心的一个腔室，里面储存有富含脂肪的黄骨髓。黄骨髓主要由脂肪组织组成，也充当一种重要的能量储备。

关节（透明）软骨覆盖在关节骨（articulating bones）末端。它是一种坚硬、白色、有光泽的组织，与关节滑液一起帮助减少随意活动过程中滑膜关节的摩擦。关节（透明）软骨对关节的平滑活动十分重要。

> **骨膜** 由纤维结缔组织组成的致密膜，紧紧包裹（覆盖）除关节面外所有骨结构的表面。关节面是由滑膜覆盖的。
>
> **骨髓腔** 骨干的中央腔，存储骨髓。
>
> **关节（透明）软骨** 覆盖骨的关节表面的软骨。

短骨

短骨的长度和宽度相近，其形状似立方体（图2.11）[9,30]。短骨的主要成分为海绵状骨组织，以最大限度地减震[9,28,30]。上肢的腕骨和下肢的跗骨就属于这种类型[9,28,30]。

扁平骨

扁平骨是很薄的骨，由两层致密的骨组织围绕一层骨松质组织组成（图2.12）[9,28]。这种骨参与保护人体内部结构，并为肌肉提供宽广的附着点[28]。扁平骨包括胸骨、肩胛骨、肋骨、髂骨和颅骨[9,28,30]。

不规则骨

不规则骨具有独特的形状和功能，与其他类型的特征不符（图2.13）[9,28,30]。不规则骨包括椎骨、盆骨和某些面部骨骼[9,28,30]。

籽骨

籽骨是嵌入关节囊中的小骨头，或在肌腱跨过关节的位置可以找到它。籽骨存在于摩擦力或张力大的特定肌腱处。其作用是发挥骨骼杠杆的作

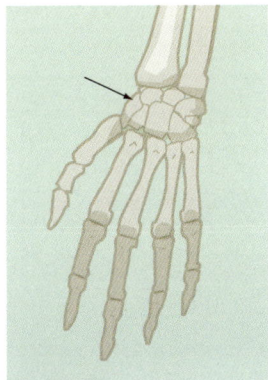

图2.11 短骨

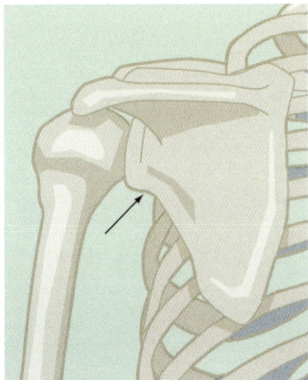

图2.12 扁平骨

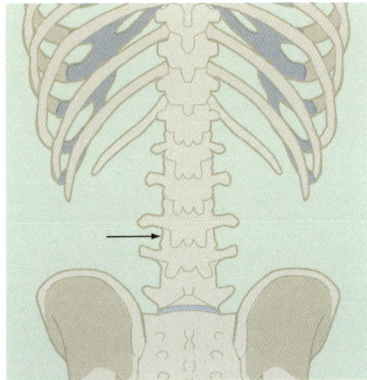

图2.13 不规则骨

用，保护关节不受损伤。

骨性标志

大部分骨都有自身特殊的结构，我们称之为体表标志[9]。这些结构对增强关节的稳定性，以及为肌肉提供附着点都十分重要[9]。下面举例讲解一些尤为重要的骨性标志。这些体表标志可以简单分为两类：凹陷和突起[9]。

凹陷

凹陷　骨头扁平或锯齿状的部分，可以作为肌肉的附着点。

凹陷指骨头扁平或锯齿状的部分[9]。常见的凹陷被称为窝。例如，位于肩胛骨上的冈上窝或冈下窝（**图2.14**）。它们分别是冈上肌和冈下肌的附着点[9]。

凹陷的另外一种形式被称为沟。这是骨头中让软组织（如肌腱）可以穿过的槽[9]。例如，位于肱骨（上臂骨）中大结节和小结节之间的结节间沟（**图2.15**）。它通常被称为肱二头肌肌腱的槽。

突起

突起　从骨头中伸出来，为肌肉、肌腱和韧带提供附着点的隆包。

突起是从骨头中伸出来的，可以让肌肉、肌腱和韧带附着的隆包[9]。一些常见的突起被称为突、髁、上髁、结节和转子[9]。椎骨上的脊突以及肩胛骨上的肩峰和喙突都是突（**图2.16**）。

髁位于股骨（大腿骨）底部的内外两侧，以及胫骨（小腿骨）顶端，形成膝关节（**图2.17**）。上髁位于肱骨的内外两侧，帮助形成肘关节（**图2.18**）。

结节位于盂肱（肩）关节的肱骨的顶部（**图2.19**）。其大结节和小结节为肩部肌肉提供附着点。

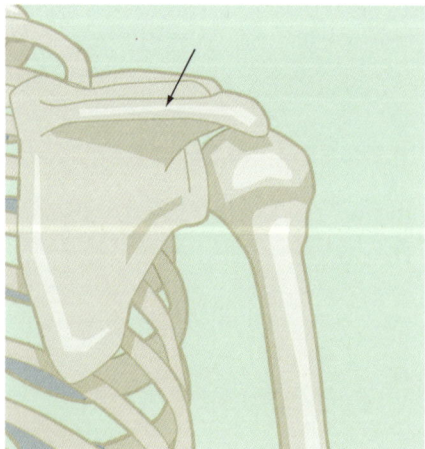

图2.14　窝

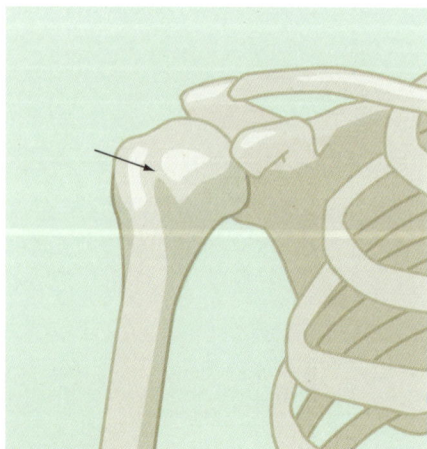

图2.15　沟

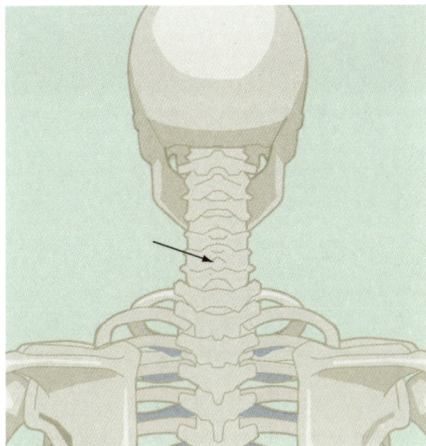

图2.16 突

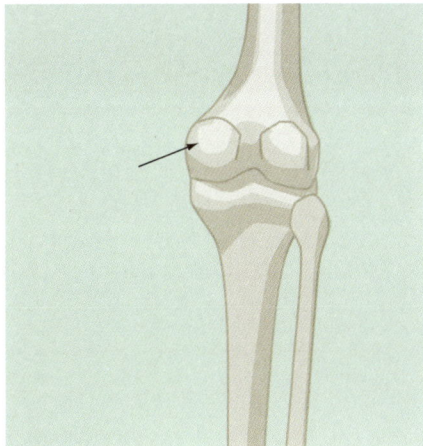

图2.17 髁

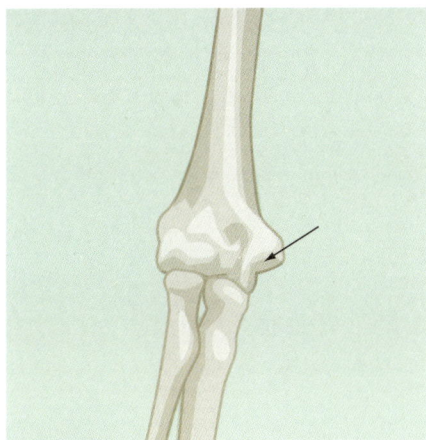

图2.18 上髁

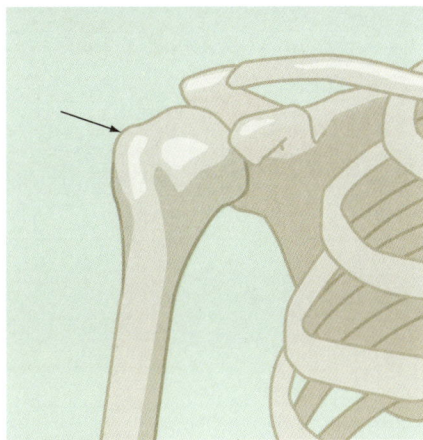

图2.19 结节

最后，转子位于股骨顶部，是臀部肌肉的附着点（图2.20）[9]。大转子俗称"臀骨"。

脊柱

脊柱由一系列形状不规则的骨头组成，这些骨头称为椎骨（图2.21）。根据在脊柱中所处的不同位置，椎骨可以分为5类（表2.2）[36]。

脊柱顶部的前7块椎骨被称为颈椎（脊柱颈段，C1~C7）。这些骨骼组成一个灵活的框架，为头部提供支撑，让头部能够自由运动。

脊柱 一系列不规则形状的骨头组成的柱状结构，也是脊髓所在地。

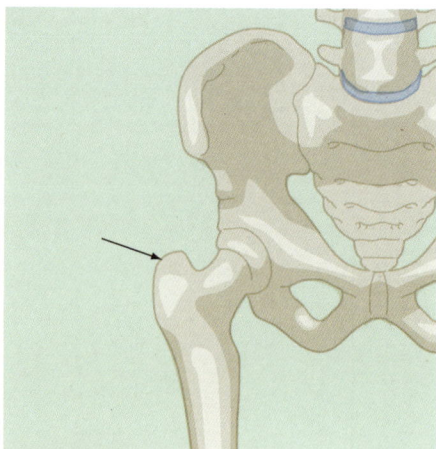

图2.20 转子

表2.2	脊柱
颈椎（C1~C7）	从脊柱顶部开始的前7块椎骨
胸椎（T1~T12）	中上背部的12块椎骨，在肋骨后方
腰椎（L1~L5）	下背部的5块椎骨，在胸椎下方
骶骨	腰椎下方的三角骨
尾骨	骶骨下方，俗称尾巴骨

　　颈椎以下的12块椎骨被称为胸椎（脊柱胸段，T1~T12），它位于中上背部。胸椎与肋骨一起运动，构成胸廓的后锚。胸椎体积比颈椎大，并且胸椎自上而下逐渐增大。

　　胸椎以下的5块椎骨是腰椎（脊柱腰段，L1~L5）。腰椎是脊柱中体积最大的骨头。这些椎骨支撑了身体的大部分重量，并附着了很多背部肌肉。腰椎是经常出现疼痛的部位，这是因为这些椎骨承受了身体的大部分重量，在所有椎骨中是受力最大的部分。

　　骶骨是一块三角骨，位于腰椎正下方。儿童会有4或5块骶椎，在成年时期，它们就会融合成为一块单独的骨。

　　脊柱的最底端是尾骨或尾巴骨，它由3至5块骨头组成，这些骨头在成年时期会融合在一起。许多肌肉与尾骨相连。

　　椎骨与椎骨之间的部分是椎间盘，它由纤维化的软骨组成，起到缓冲作用，并使背部能够活动。除了使人体直立和维持平衡之外，脊柱还有几项其他的重要功能。它可以帮助支撑头部和手臂，使其可以自由活动。它

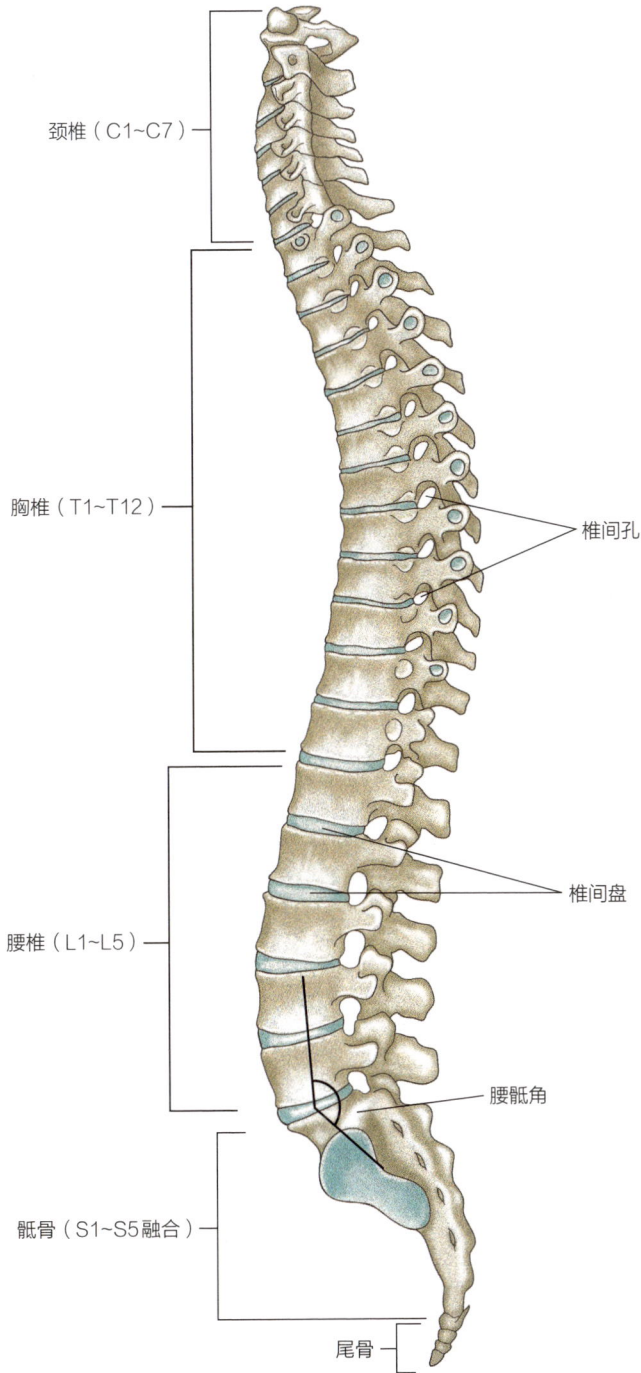

图2.21

脊柱

颈椎（C1~C7）

胸椎（T1~T12）

椎间孔

椎间盘

腰椎（L1~L5）

腰骶角

骶骨（S1~S5融合）

尾骨

还为许多肌肉、肋骨和一些器官提供附着点，并保护控制大部分身体功能的脊髓[36]。

呈最佳曲度排列的脊柱被称为中立位脊柱，这个位置是椎骨和其他结构受力最小的位置。成人的脊柱有如下3个主要的弯曲。

◆ 颈曲——颈椎后凹。

◆ 胸曲——胸椎后凸。

◆ 腰曲——腰椎后凹。

关节

关节运动学
关节的运动。

关节是两块骨相连的地方[9]。根据结构和功能（或其运动方式）的不同，可以将关节分为不同的类型[9,29,31]。关节的运动被称为**关节运动学**，分为3种主要的运动形式：滚动、滑动和转动[7,31,37]。需要强调的是，关节的运动极少（如果有的话）是孤立发生的。人体也是如此，关节运动会在功能性动作的过程中发生变化与组合[37]。

滚动指一个关节绕着另一个关节面进行滚动，如同自行车的轮胎在路面滚动一样（图2.22）。人体中的滚动示例：在下蹲动作中，股骨髁在胫骨髁上的运动就是滚动。

滑动指一个关节面在另一个关节面上滑动，如同自行车轮胎在路面上打滑（图2.23）。人体中的滑动示例：在伸膝动作中，胫骨髁在股骨髁上的运动就是滑动。

转动指一个关节面围绕另一个关节面旋转，如同拧开罐子的盖子（图2.24）。人体中的转动示例：在前臂旋前（内旋）和旋后（外旋）时，桡骨（前臂骨）头围绕肱骨末端旋转的运动就是转动。

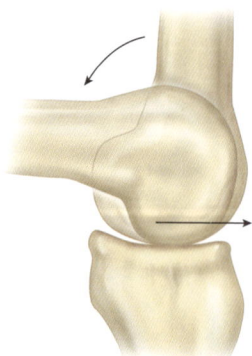

图2.22　滚动

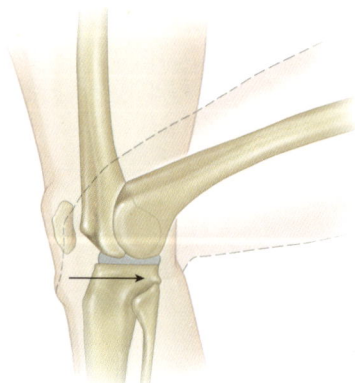

图2.23　滑动

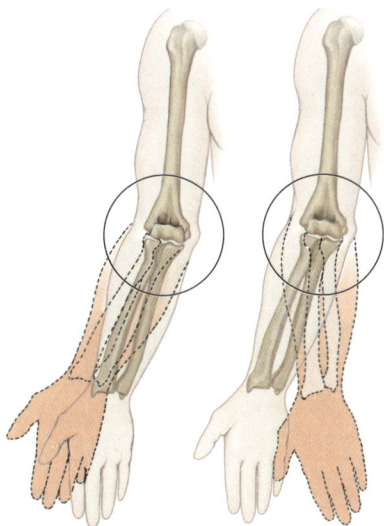

图2.24

转动

关节分类

滑膜关节是人体动作中最常见的关节。它们构成了人体中约80%的关节，并且有最强的运动能力[9,28,29,31]。所有滑膜关节都有一个滑膜囊（胶原结构）包裹着整个关节，还有一个滑膜（囊的内层）和垫在关节骨末端的透明软骨。这种结构可以增加滑膜关节的灵活性[31]。滑膜关节还有一个独特的功能，就是它可以产生滑液。滑液像鸡蛋清，其工作原理与机器润滑油类似。它是由关节囊中的滑膜分泌的，对润滑关节表面、减少磨损和滋养覆盖关节面的软骨细胞十分重要[9,28,29,31]。

人体的滑膜关节分为几类，包括滑动（平面）关节、髁状关节（髁状的或者椭圆的）、铰链关节、鞍状关节、车轴关节和球窝关节[9,28,29]。

滑动（平面）关节为非轴关节，其关节运动方式是最简单的[9,28]。其运动方向为前后或侧向。例如，足部的舟状骨和第二根、第三根楔骨，或者手部的腕骨以及（脊柱）小平面关节都是滑动关节（图2.25）[9,28,29]。

滑膜关节 通过关节囊和韧带连接在一起，与人体动作最为密切的关节。

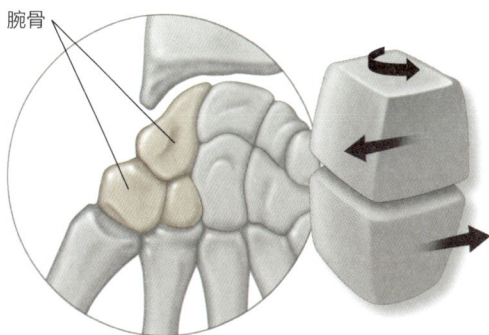

腕骨

图2.25

滑动关节

髁状关节（又称椭圆关节）名称的由来是因为一块骨头的髁突恰好放入另外一块骨头的椭圆腔内[9]。髁状关节的运动主要发生在一个平面内（如矢状面内的屈曲和伸展），其他两个平面内的运动很少（如水平面内的旋转和冠状面内的外展和内收）。髁状关节的例子就是腕部的桡骨和腕骨关节以及手指的关节（掌指关节）（图2.26）[28]。

铰链关节是一个单轴关节，这种关节几乎只能在矢状面产生运动。肘关节、趾间关节（脚趾）和踝关节都属于铰链关节（图2.27）[9,28]。

鞍状关节是以其外表命名的。这种关节中的一块骨头形似马鞍，另一块关节骨跨在两边，就好像一名骑手。人体唯一的一个鞍状关节是大拇指的腕掌关节[9,28]。这种关节的运动主要发生在两个平面（在矢状面内屈曲和伸展，冠状面内的内收和外展）以及通过一定的旋转可以进行环转运动（转圈的运动）（图2.28）[9,28]。

车轴关节的运动主要发生在一个平面（水平面上旋转，包括内旋和外旋）。这种关节包括颅骨底部（脊柱顶部）的寰枢关节和肘部的桡尺近侧关节（图2.29）[9,28]。

球窝关节是灵活性最好的关节。这种关节可以在全部3个平面内运动。肩关节和髋关节就是球窝关节（图2.30）[9,28]。

非滑膜关节的命名是因为这种关节在其接合结构中没有关节腔、纤维性结缔组织或软骨组织。这些关节几乎不会发生运动。颅骨的骨缝、胫骨和腓骨的远端关节以及耻骨联合等都属于非滑膜关节（图2.31）[9,31]。

表2.3给出了关于不同类型关节的特征和示例的详细描述。

非滑膜关节 没有关节腔、纤维性结缔组织或软骨组织的关节。

关节的功能

关节可满足肌肉骨骼系统的多种功能性要求；最重要的是，关节使人体可以运动并因此产生动作[30,31]。关节还能维持人体的稳定性，确保在进

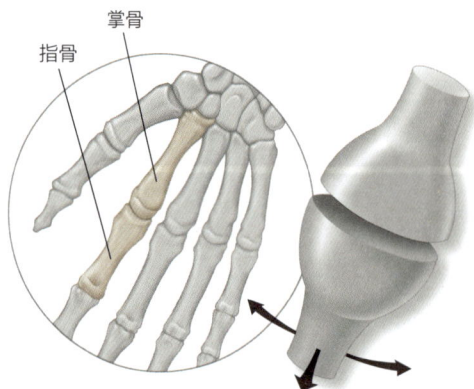

指骨　掌骨

图2.26　髁状关节

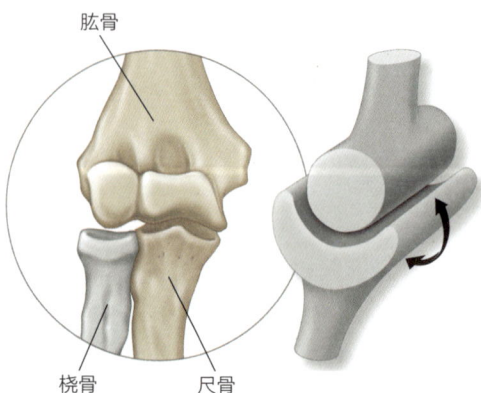

肱骨

桡骨　尺骨

图2.27　铰链关节

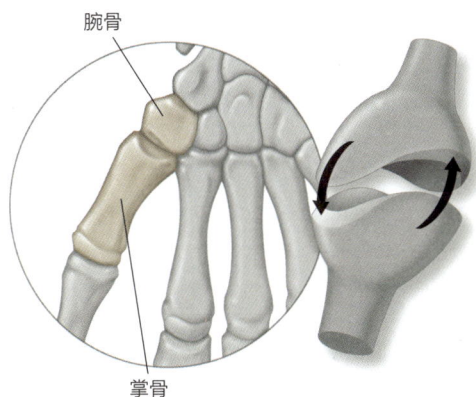

图2.28 鞍状关节

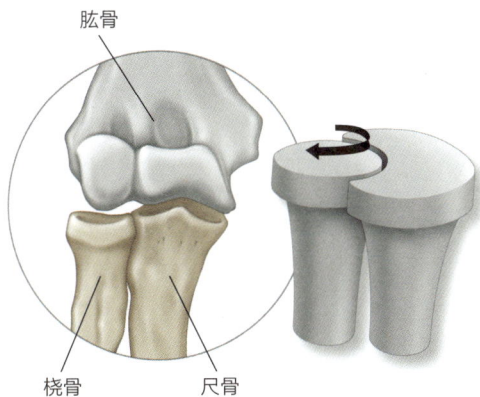

图2.29 车轴关节

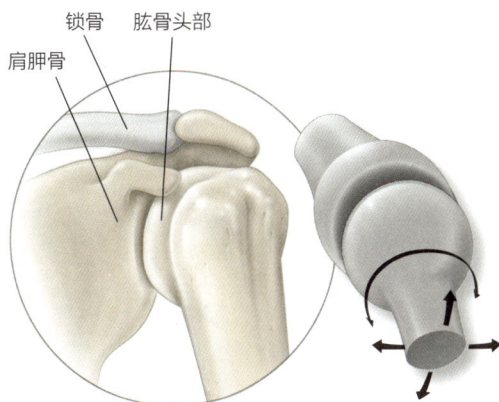

图2.30 球窝关节

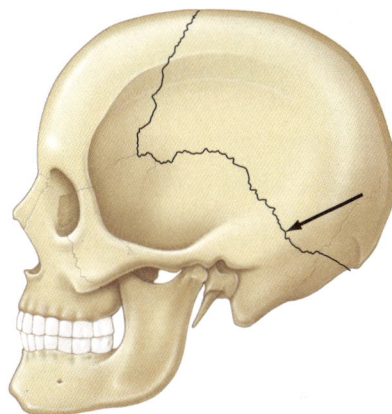

图2.31 非滑膜关节

行动作时不会发生多余的移动。

人体所有关节都是互相联系的，某一关节的运动会直接影响其他关节[7,31]。这是私人教练必须理解的一个关键概念，因为它能够帮助私人教练认识人体各项功能的运作机制，它也是动力链运动的前提[7,31]。

动力链运动的概念很容易解释。比如，两脚站立不动，接着内外转动双脚。注意膝和髋部的动作。然后，保持双脚固定，转动髋部，注意双腿膝和脚的动作。我们会发现，移动任何一个关节都必然会带动其他关节。如果明白了这一概念，就会明白什么是动力链运动。这样也能理解为什么一个关节无法正常工作就会影响其他关节[7]。

表2.3	关节的类型	
关节	特征	示例
非滑膜关节	没有关节腔和纤维性结缔组织；极少或不会发生运动	颅骨的骨缝
滑膜关节	产生滑液，有关节腔和纤维性结缔组织	膝关节
滑动关节	没有旋转轴；侧向或前后滑动	手的腕骨
髁状关节	由一块骨头的髁突恰好放入另一块骨头的椭圆腔内而形成；运动主要发生在一个平面内	膝关节
铰链关节	单轴；运动主要发生在一个平面（矢状面）内	肘关节
鞍状关节	一块骨头像马鞍一样跨在另一块骨头上；运动主要发生在两个平面（矢状面，大拇指处冠状面）内	唯一的鞍状关节：大拇指的腕掌关节
车轴关节	只有一个轴；运动主要发生在一个平面（水平面）内	桡尺关节
球窝关节	灵活性最好的关节；在所有3个平面内运动	肩关节

记忆要点

当进行动作评估、设计训练计划和监控运动技术时，理解这一概念相当重要。接下来的章节将会逐一提及。

关节结缔组织

韧带 将骨头连接在一起的主要结缔组织，它能够保持身体稳定，为神经系统提供信号输入，起到引导作用，并限制不当的关节活动。

韧带是连接骨头与骨头的纤维性结缔组织，它能够保证身体静态和动态的稳定性，并为神经系统提供信号输入（本体感受）（**图2.32**）[38,39]。韧带的主要成分是胶原蛋白，以及不同比例的弹性蛋白。胶原蛋白纤维的排列与韧带上所受作用力的方向平行。因此，它们能够帮助韧带承受张力（抗张强度）。弹性蛋白使韧带具有柔韧性或弹性回缩的能力，以承受可能出现的弯曲和扭转。但是，并不是所有的韧带都有相同数量的弹性蛋白。比如，膝关节的前交叉韧带中弹性蛋白量很少，其主要成分是胶原蛋白。因此，它更适合对抗强大的作用力，并构成膝关节的稳定结构[38,39]。最后要注意的是，韧带的特点是血管分布（或血液供应）极少，这意味着韧带在受伤之后很难被治愈或修复，并且较慢适应对身体施加的压力，比如由运动带来的压力[38-41]。

记忆要点

在安排高强度运动时要考虑所需的恢复时间及日常训练计划的结构，在此过程中务必要记得韧带修复慢的特性。第15章训练计划设计将会探讨这一问题。

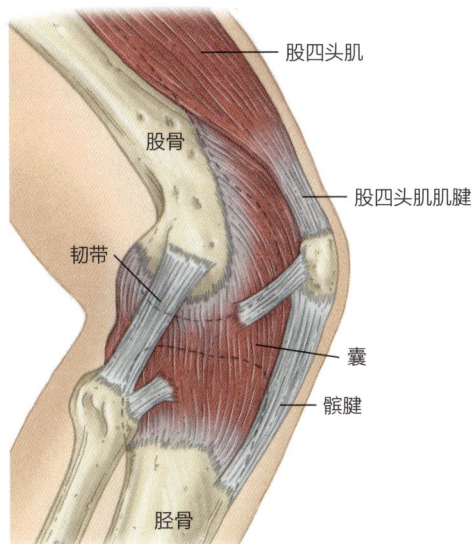

图 2.32

韧带

股四头肌

股骨

股四头肌肌腱

韧带

囊

髌腱

胫骨

运动及其对骨量的影响

同肌肉一样，骨也是活性组织，通过运动会变得更坚固。经常运动的人一般会比不运动的人有更高的骨量峰值（最大骨密度和强度）。运动有利于人体保持肌肉的力量、协调性和平衡，因此有助于预防摔倒及相关的骨折。这对老年人和患有骨质疏松的人尤为重要。

负重运动是促进骨骼强健的最佳运动方式。因为它使骨骼在工作时要对抗重力，因此使骨骼变得更强健。负重运动包括抗阻训练、走路、徒手下蹲、俯卧撑、慢跑、爬楼梯，甚至是跳舞。但游泳和骑自行车不属于负重运动，尽管这些运动有助于发展和保持强壮的肌肉，并且有益于心血管和体重控制，但它们并不是锻炼骨骼的最佳方法[35]。

小结

骨骼系统是身体的框架，由骨头和关节组成，并且可分为两大部分：中轴骨骼系统和附肢骨骼系统。骨头的种类有很多，所有的骨都有凹陷和突起这样的标志。不同的骨头通过韧带连接构成滑膜关节或非滑膜关节，支持人体的运动和稳定。不同的关节是相互关联的，一个关节的运动会影响其他关节。与肌肉一样，骨骼也是活性组织，运动能够使骨骼强健。经常运动的人比不运动的人具有更高的骨量峰值（最大骨密度和强度）。

肌肉系统

神经系统是产生动作的控制中心，骨骼系统为人体提供结构框架。但是，为了完成产生动作的循环，身体必须有一个可以由神经系统指挥的"装置"来驱动骨骼系统。这个"装置"就是肌肉系统（图2.33）。肌肉可以在神经系统的支配下产生内部张力，从而操纵人体骨骼产生动作。肌肉是人体的驱动器和稳定器。

肌肉系统 使骨骼运动的一系列肌肉。

骨骼肌的结构

骨骼肌是人体3大主要肌肉类型之一，另外两个是心肌和平滑肌。骨骼肌由独立的肌纤维组成，肌肉的英文muscle的字面意思就是多束肌纤维通过结缔组织捆扎在一起（图2.34）[30]。肌纤维束可以由外至内进一步分解为不同的层。第一层就是肌肉本身，由外层的结缔组织（即筋膜）和内层的肌外膜包裹。筋膜和肌外膜也与骨头相连，并有助于形成肌肉的肌腱[8–10,13,15,28–31,38,42]。第二层的肌纤维被称为肌束，包裹肌束的结缔组织称为肌束膜。肌束由很多独立的肌纤维组成，包裹单条肌纤维的结缔组织称为肌内膜（图2.34）[8–10,13,15,28–31,38,42]。

肌外膜 筋膜下面包裹肌肉的一层结缔组织。

肌束膜 包裹肌束的结缔组织。

肌内膜 最深的一层结缔组织，包裹单条肌纤维。

肌肉内的结缔组织在人体动作过程中扮演着十分关键的角色。它们能够将肌肉产生的力从肌肉的收缩成分（在下文中讨论）传递到骨头，从而产生运动。每一层结缔组织都从肌肉延伸出来，从而形成肌腱。

记忆要点

在安排高强度运动时要考虑所需的恢复时间及日常训练计划的结构，在此过程中务必要记得肌腱如同韧带一样，内部血管分布较少，以免出现过劳损伤。

图2.33

肌肉系统

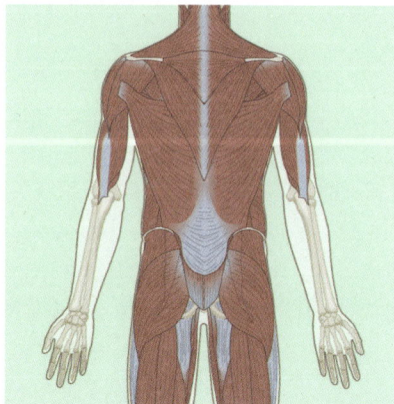

图2.34

骨骼肌的结构

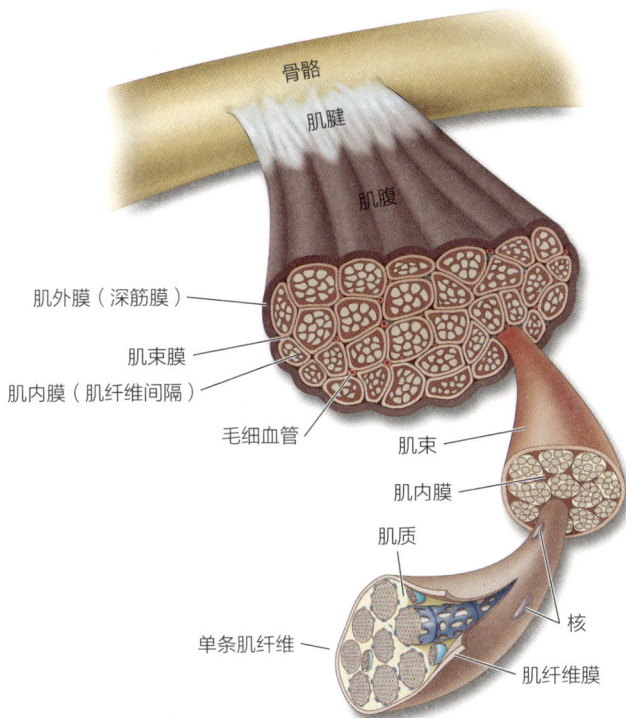

骨骼

肌腱

肌腹

肌外膜（深筋膜）

肌束膜

肌内膜（肌纤维间隔）

毛细血管

肌束

肌内膜

肌质

单条肌纤维

核

肌纤维膜

肌腱是将肌肉附着在骨头上的结构，并提供附着点，让肌肉可以施力及控制骨骼和关节[8–10,13,15,28–31,42,43]。肌腱和韧带一样，内部血管分布（血液供应）很少，这使得它们的修复和适应可能较慢[31,40,43]。

肌纤维及其收缩成分

肌纤维由质膜（肌纤维膜）包裹，其细胞成分包含叫作肌质的细胞质（内含糖原、脂质、矿物质和可结合氧气的肌红蛋白）、细胞核和线粒体（将来自食物的能量转化为细胞的能量）。与其他细胞不同，肌纤维还有一种名为肌原纤维的结构。肌原纤维由肌丝组成，肌丝是肌肉组织的实际收缩成分。这些肌原纤维称为肌动蛋白（细肌丝）和肌球蛋白（粗肌丝）。

肌动蛋白和肌球蛋白在肌原纤维中形成大量的重叠部分。这些重叠部分的基本单位称为肌小节（图2.35）。肌小节是肌肉的功能性单位，就像神经系统的神经元。它位于两条Z线之间，每条Z线代表肌原纤维的一个肌小节[8–10,13,15,28–31,38,42]。

对肌肉收缩同样重要的两种蛋白结构是原肌球蛋白和肌钙蛋白。原肌球蛋白位于肌动蛋白肌丝上，遮盖位于肌动蛋白肌丝上的肌球蛋白结合位点，以使肌肉放松时肌球蛋白无法附着在肌动蛋白上。肌钙蛋白也位于肌动蛋白肌丝上，当肌肉需要收缩时，它所发挥的重要作用是为钙和原肌球

肌腱 将肌肉附着在骨头上的结缔组织，为肌肉提供附着点，以产生力。

肌小节 肌肉的功能性单位，使肌肉产生收缩，并包含由肌动蛋白和肌球蛋白组成的重叠部分。

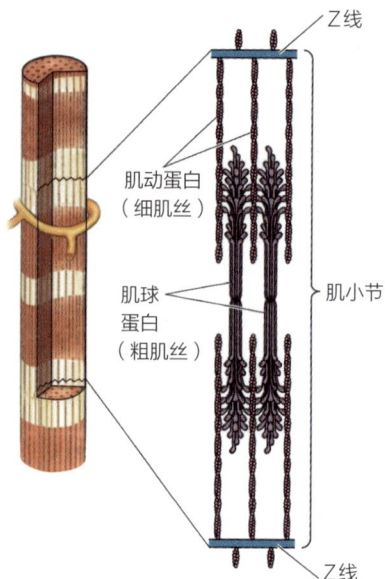

蛋白提供结合位点。

神经激活

神经激活　由神经刺激产生的肌肉收缩。

运动单位　运动神经元和由它支配的所有的肌纤维。

神经递质　跨越神经肌肉接点（神经突触），将电脉冲从神经传递至肌肉的化学信使。

　　骨骼肌只有在运动神经元刺激的作用下才会收缩。神经激活是神经系统和肌肉系统信息交流的桥梁（图2.36）。源自中枢神经系统的运动神经元经由名为神经肌肉接点的专用突触与肌纤维进行信息交流。运动神经元及其连接（支配）的肌纤维称为运动单位。运动神经元同单条肌纤维接触的点称为神经肌肉接点（从神经到肌肉）。这一接点实际上是神经和肌纤维之间的一个小间隙，通常被称为神经突触。

　　电脉冲（即动作电位）由中枢神经系统发送至神经元的轴突。当动作电位到达轴突的末端（轴突终末）时，一种名为神经递质的化学物质就被释放。

　　神经递质是化学信使，跨过神经元和肌纤维之间的神经突触，将电脉冲从神经发送至肌肉。神经递质释放后将与肌纤维上专门的感受器部位结合。神经肌肉系统使用的神经递质是乙酰胆碱（ACh）。一旦附着成功，ACh就会刺激肌纤维完成一系列的步骤来启动肌肉的收缩[8–10,13,15,28–31,38,42]。

肌丝滑行理论

　　肌丝滑行理论认为，粗肌丝和细肌丝在肌小节内滑动，缩短肌小节的长度，因而缩短肌肉长度，并产生力（表2.4；图2.37）。

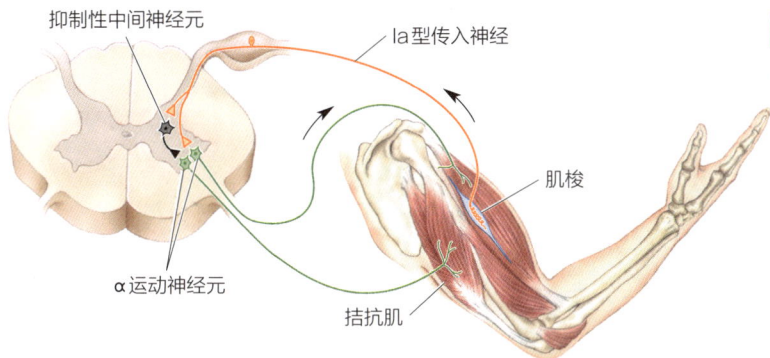

图 2.36

神经激活

抑制性中间神经元

Ia型传入神经

肌梭

α运动神经元

拮抗肌

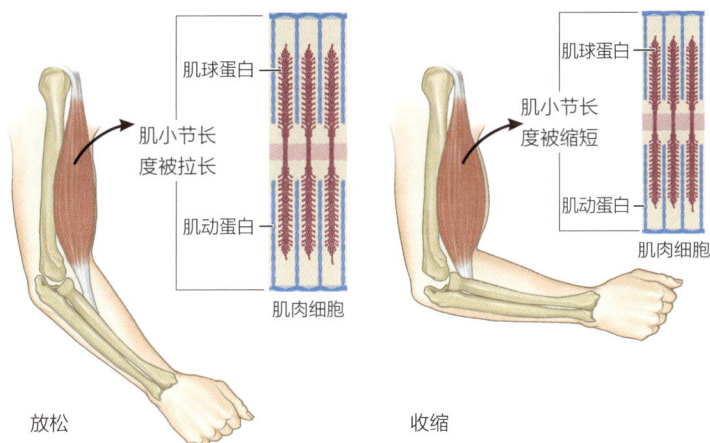

图 2.37

肌丝滑行理论

肌球蛋白

肌小节长度被拉长

肌动蛋白

肌肉细胞

放松

肌球蛋白

肌小节长度被缩短

肌动蛋白

肌肉细胞

收缩

表2.4	肌丝滑行理论
肌丝滑行理论认为肌肉收缩的过程包含以下几步 [8,10,13,42]。	
1. Z线相互靠近，造成肌小节变短。	
2. Z线相互靠拢，是因为肌球蛋白丝的头附着于肌动蛋白丝上，并且将肌动蛋白向相反方向拉过肌球蛋白丝（动力冲程），从而导致肌纤维变短。	

兴奋收缩耦联：整合所有内容

兴奋收缩耦联是神经刺激产生肌肉收缩的过程。它包括一系列的步骤，以神经信息的启动（神经激活）为开始，以肌肉收缩为结束（肌丝滑行理论）（图2.38）。

运动单位和"全或无"定律

肌肉可分为不同的运动单位，一个运动单位由一个运动神经元（神经）与它所支配的肌纤维组成。如上文所述，如果刺激足够强，就可以触

收缩初始的步骤　　　　　　　　　　　收缩结束的步骤

1 乙酰胆碱释放，与受体结合

突触末梢

2 动作电位到达T小管

肌纤维膜

T小管

运动终板

肌质网

3 肌质网释放钙离子

Ca²⁺　Ca²⁺　Ca²⁺

4 活性位点暴露，横桥结合

肌动蛋白　Ca²⁺　ADP + P

活性位点

P + ADP

肌球蛋白　原肌球蛋白

5 收缩开始

6 乙酰胆碱被乙酰化胆碱酯酶移除

7 肌质网重新捕获钙离子

Ca²⁺　Ca²⁺　Ca²⁺

8 活性位点关闭，没有横桥相互作用

细胞质

9 收缩结束

10 肌纤维放松，被动还原成静息长度

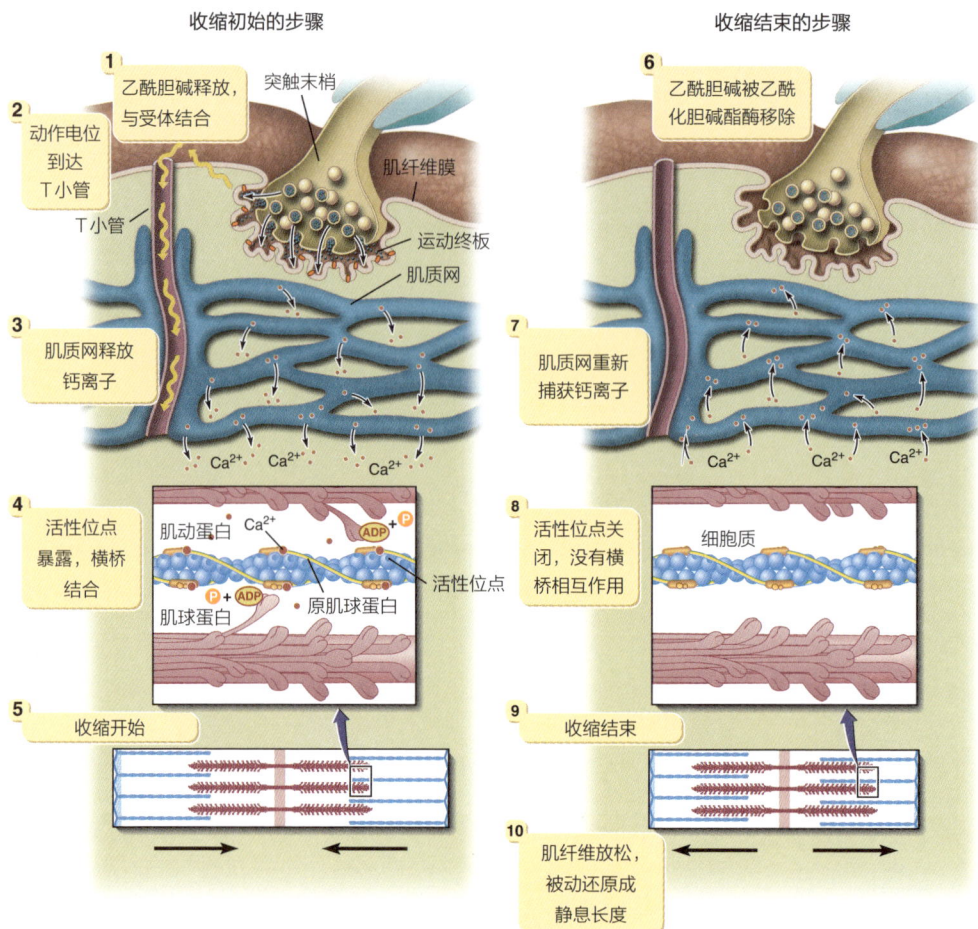

图2.38　兴奋收缩耦联

发一个动作电位，那么这个动作电位将会在整条肌纤维传播。更具体地说，它通过这条神经传播至所有的肌纤维。反之，如果刺激不够强，那么就不会出现动作电位和肌肉收缩。因此，运动单位没有能力控制所产生力的大小，它们要么最大收缩，要么完全不收缩。这就是"全或无"定律。

根据"全或无"定律，骨骼肌收缩所产生的力量取决于所募集的运动单位的大小（即该运动单位包含的肌纤维数量）和特定时间内激活的运动单位的数量。

还应了解的是，构成特定肌肉的运动单位的大小与该肌肉的功能有直接的关系。比如说，需要控制精细动作的肌肉由许多小的运动单位组成，就控制眼球运动的肌肉而言，每个运动单位只支配10至20条肌纤维，可以实现眼球动作所要求的精细控制。相反，大块肌肉和肌肉群（例如腓肠

肌）需要产生更大力、幅度更大的动作，并不要求那么精细的控制，这些肌肉的每个运动单位内支配2 000至3 000条肌纤维。

肌纤维类型

根据化学特性与力学性能的不同，肌纤维可分为Ⅰ型和Ⅱ型两种（表2.5）[8-10,13,15,28-31,38,42]。

表2.5	肌纤维类型
类型	**特征**
Ⅰ型（慢缩型）	较多的毛细血管、线粒体和肌红蛋白
	更强的氧输送能力
	直径更小
	产生的力相对较小
	不易疲劳
	长时间收缩（稳定）
	抽动速度慢
Ⅱ型（快缩型）	较少的毛细血管、线粒体和肌红蛋白
	较弱的氧输送能力
	直径更大
	产生的力相对较大
	更易疲劳
	短时间收缩（力和爆发力）
	抽动速度快

Ⅰ型（慢缩型）肌纤维含有大量的毛细血管、线粒体（将来自食物的能量转化为ATP，或细胞能量）和肌红蛋白可以提高氧运输。肌红蛋白和血红蛋白很类似，血红蛋白是红细胞中的红色物质，因此Ⅰ型肌纤维也经常被称为红肌纤维[8,10,13,42]。

Ⅱ型（快缩型）肌纤维可根据其化学特性和力学性能进一步分为Ⅱa型和Ⅱx型。它们含有较少的毛细血管、线粒体和肌红蛋白。Ⅱ型肌纤维通常也被称为白肌纤维。Ⅱx型肌纤维的氧化能力（利用氧气的能力）较弱，容易疲劳。与Ⅱx型肌纤维相比，Ⅱa型肌纤维具有更强的氧化能力，更耐疲劳[8,10,13,15,42]。Ⅱa型肌纤维也被称为中间型快肌纤维。Ⅱa型肌纤维可以几乎平等地利用有氧代谢和无氧代谢来产生能量。因此，Ⅱa型肌纤维更像Ⅰ型和Ⅱ型肌纤维的结合。

Ⅰ型肌纤维横截面（直径）较小，产生最大张力的速度较慢，耐疲劳能力更强[44-47]。为了保持稳定性和姿态控制，肌肉需要长时间收缩，在这种情况下，Ⅰ型肌纤维就非常重要。比如说，长时间克服重力保持标准姿态笔直地坐着。

Ⅱ型肌纤维横截面（直径）更大，产生最大张力的速度较快，但比Ⅰ型肌纤维更易疲劳。这类肌纤维对于肌肉需要产生大的力和爆发力的动作非常重要，例如短跑冲刺跑。

需要注意的是，所有肌肉都含有Ⅰ型肌纤维和Ⅱ型肌纤维，只是它们的比例因肌肉功能的不同而异[8,10,13,15,42]。例如，人体胫骨前肌（胫骨上的肌肉）的Ⅰ型肌纤维比例约为73%，然而腓肠肌外侧头（小腿后部的浅表肌肉）的Ⅰ型肌纤维比例大约只有49%[48,49]。

记忆要点

在制订训练计划时，对于健康和健身专业人员而言，结合具体的训练参数来满足具体的肌肉需求（稳定性、力量和爆发力）格外重要。这将在OPT™模型中进行阐释，并且在第14章中进行讨论。

作为动力来源的肌肉

肌肉为人体提供各种各样的功能，使得人体可以操纵力，并产生或减慢动作。根据不同功能，人体的肌肉可分为原动肌、协同肌、稳定肌和拮抗肌（表2.6）[7,28]。

表2.6　作为动力来源的肌肉

类型	功能	练习	所使用的肌肉
原动肌	是主要动力来源	胸部推举	胸大肌
		过头推举	三角肌
		划船	背阔肌
		深蹲	臀大肌、股四头肌
协同肌	协助原动肌	胸部推举	三角肌前束、肱三头肌
		过头推举	肱三头肌
		划船	三角肌后束、肱二头肌
		深蹲	腘绳肌
稳定肌	当原动肌和协同肌工作时提供稳定性	胸部推举	肩袖肌群
		过头推举	肩袖肌群
		划船	肩袖肌群
		深蹲	腹横肌
拮抗肌	与原动肌对抗	胸部推举	三角肌后束
		过头推举	背阔肌
		划船	胸大肌
		深蹲	腰肌

原动肌又叫主动肌，是主要的动力来源，主要负责产生某个特定动作。例如，臀大肌就是伸髋的原动肌。

协同肌在动作过程中协助原动肌。比如，在伸髋过程中，腘绳肌复合体和竖脊肌起协同臀大肌的作用。

在原动肌和协同肌进行动作模式时，稳定肌支撑身体或保持身体稳定。例如，在伸髋过程中，腹横肌、腹内斜肌和多裂肌（下背部的深层肌肉）稳定下背部及腰椎−骨盆−髋关节复合体。

拮抗肌和原动肌正好相反。例如，在伸髋过程中，腰大肌（深层的屈髋肌）与臀大肌是互相拮抗的。

对肌肉系统中所有肌肉的更详细描述参见附录D。

小结

肌肉系统是由许多单条肌纤维组成的，这些肌纤维通过肌腱附着在骨骼上。不同的肌纤维种类和排列方式会影响肌肉的运动方式。肌肉通过神经激活产生力。

神经系统通过神经元在人体内接收和传输信号。神经系统的刺激可以激活肌小节，后者产生肌肉张力。这种张力经由肌腱传递至骨骼，从而产生动作。

内分泌系统

内分泌系统是由腺体组成的系统，这些腺体分泌激素，激素进入血液，以调节身体功能，包括情绪控制、生长发育、组织功能和新陈代谢（图2.39）。内分泌系统包括宿主器官（腺体）、化学信使（激素）和靶细胞（受体细胞）。一旦腺体分泌出激素，激素就会随着血液到达旨在接收其信息的靶细胞。该靶细胞有激素特异性受体，以确保每种激素只与特定的靶细胞相结合。在激素的运输过程中，一些特殊的蛋白质会与激素结合在一起，充当激素的运输者，并以此来控制与靶细胞接触和作用的激素的数量[50]。

内分泌系统负责调节身体的多种功能，稳定身体的内部环境，其原理就像恒温器调节室内温度那样。内分泌英文endocrine的字面意思就是"激素分泌"[50]。内分泌系统产生的激素实际上会影响所有人体功能的形式，包括（但不仅限于）触发肌肉收缩、刺激蛋白质合成和脂肪合成、激活酶系统、调节生长发育和新陈代谢，以及控制身体对压力的生理和心理反应[50]。

内分泌腺

下丘脑、垂体、甲状腺和肾上腺是主要的内分泌腺。因为控制着其他内分泌腺的功能，垂体通常被称为内分泌系统中的"主腺"（master gland）。垂体有3个不同的部分或（器官的）叶：前叶、中叶和后叶。每个叶都会分泌特殊类型的激素。前叶分泌生长激素、催乳素（生产之后刺激乳汁产生）、促肾上腺皮质激素（即ACTH，刺激肾上腺）、促甲状腺激素（即TSH，刺激甲状腺）、促卵泡激素（即FSH，刺激卵巢和睾丸）和黄体化激素（即LH，刺激卵巢和睾丸）。垂体的中叶分泌促黑激素（控制皮肤色素沉着）。后叶分泌抗利尿激素（即ADH，增加通过肾脏将水分吸收到血液中的量）和催产素（在生产过程中收缩子宫，并刺激乳汁产生）。甲状腺分泌的激素用来调节人体代谢率，并影响体内其他系统的生长和功能。肾上腺分泌的激素有皮质类固醇和儿茶酚胺等，其中包括用以应对压力的皮质醇和肾上腺素。

图2.39

内分泌系统

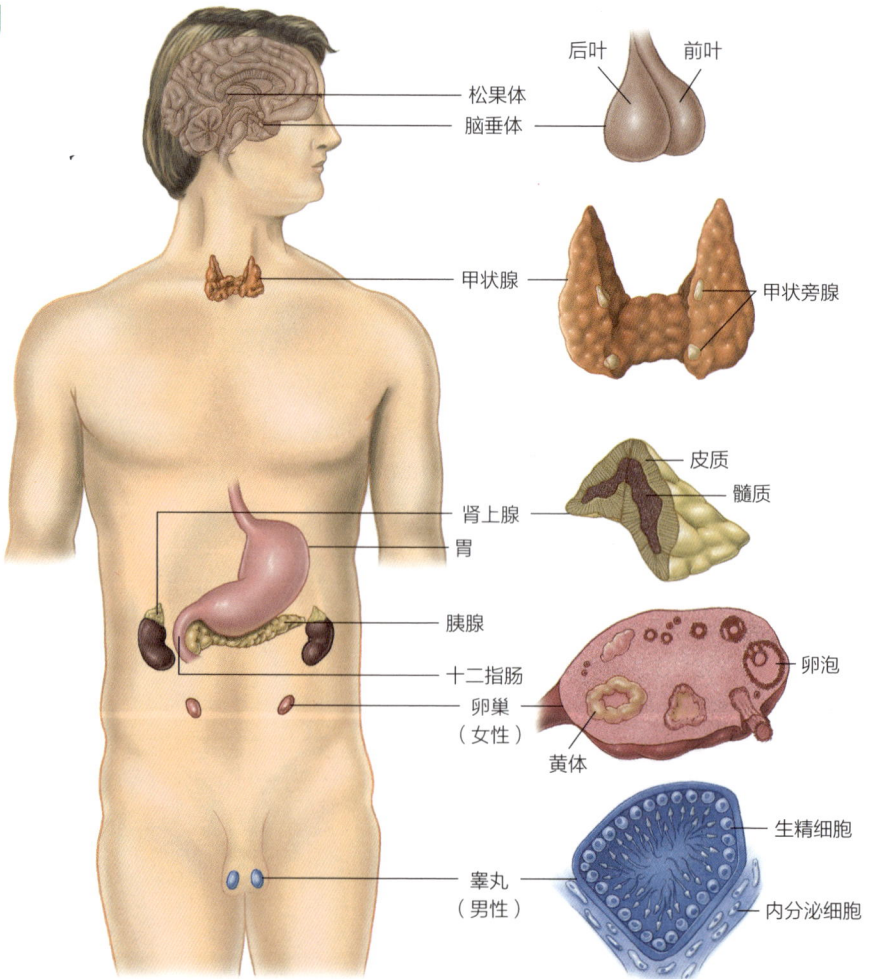

　　大部分的激素活性的控制最终都由大脑内的下丘脑和垂体来完成。它们代表着神经系统和内分泌系统之间的重要连接[51]。正如前文所述，在该区域中产生的很多激素会直接影响其他腺体的活动，因此脑垂体通常被认为是主腺[51]。然而，本章主要是关注那些会直接参与运动的腺体和激素。

胰岛素、胰高血糖素和血糖控制

　　碳水化合物，尤其是葡萄糖，是剧烈运动中主要的能量来源。碳水化合物是人体主要的能量来源，葡萄糖是大脑的主要燃料。血糖水平的任何极端波动都是十分危险的，血糖太低会抑制人体机能，而太高会损害血管系统。胰腺控制血糖，并分泌两种特殊的激素：胰岛素和胰高血糖素。

胰岛素

　　胰岛素有助于调节身体的能量和葡萄糖代谢。进食后，葡萄糖在小肠内进入血液，引起血糖水平升高。由于血液循环会经过胰腺，血糖的升高会触发胰岛素的分泌。在血液循环中，胰岛素会与靶细胞（在这个例子中是骨骼肌细胞或肝细胞）的受体结合，细胞膜对葡萄糖的通透性会提高。然后葡萄糖会从血液中扩散出去，进入细胞内部。最终结果就是血糖水平下降。因此胰岛素可以刺激肝脏、肌肉和脂肪组织内的细胞吸收血液中的葡萄糖，并将葡萄糖作为糖原储存在肝脏和肌肉中[50,51]。

胰高血糖素

　　胰高血糖素是胰腺为了调节血糖水平而分泌的两种激素之一。它的作用与胰岛素相反，通过激发从肝脏中释放所存储的糖原（糖原是葡萄糖的一种存储形式）来提高血糖水平。饭后几小时后，或者由于正常的代谢过程和身体活动，体内的血糖水平会较低。血糖水平的下降会刺激胰腺分泌胰高血糖素。与胰岛素相比，胰高血糖素具有更为特殊的作用，它刺激肝脏将存储的糖原转化为葡萄糖，然后释放到血液中。

运动的影响

　　了解运动的影响有助于理解胰岛素和胰高血糖素之间的相互关系。随着身体活动水平的增加，人体细胞对葡萄糖的吸收也会增加。这是因为细胞对胰岛素的敏感度增强；因此，胰岛素水平在身体活动过程中会降低[52]。与此同时，胰腺分泌的胰高血糖素会增加，以帮助维持血糖供给的稳定性。

肾上腺、垂体、生殖和甲状腺激素类

儿茶酚胺

　　两种儿茶酚胺（肾上腺素和去甲肾上腺素）是位于双肾顶端的肾上腺

分泌的激素。这些激素帮助身体为活动做好准备，更具体地说，它们是应激反应（战斗或逃跑反应）的一部分。在准备活动中，下丘脑（大脑的一部分）触发肾上腺分泌更多的肾上腺素。这有许多有助于维持锻炼活动特定的生理影响[51,52]。

◆ 提高心率和每搏输出量。
◆ 提高血糖水平。
◆ 将血液重新分配至工作组织。
◆ 打开气道。

睾酮和雌激素

睾酮产生于男性睾丸中，而女性的卵巢和肾上腺也能产生少量睾酮。男性分泌的睾酮比女性要多10倍[53]，睾酮主要负责男性第二性征（胡须、体毛等）的发育和增加肌肉量。雌激素主要产生于女性的卵巢中，而男性的肾上腺也能产生少量雌激素。处于生育年龄的女性的雌激素水平比男性高很多，从而出现女性的第二性征（例如胸部发育和月经周期的调节）。

不管是男性还是女性，睾酮和雌激素在人体组织生长和修复中都有十分重要的作用。睾酮值的升高象征着合成（组织生成）训练状态。雌激素有很多功能，值得一提的是，它会影响脂肪在髋部、臀部和大腿上的堆积。

皮质醇

与睾酮不同，皮质醇通常被称为分解代谢激素（与组织分解有关）。当承受压力（如运动）时，肾上腺分泌皮质醇，以分解碳水化合物、脂肪和蛋白质来保证体内能量供应。过度训练、压力过大、睡眠不好以及营养摄入不足会引起皮质醇水平的升高，并导致肌肉组织的大量分解，同时伴随着其他潜在的有害副作用[53]。

生长激素

这一激素的名称特指其最主要的功能。生长激素由大脑的垂体分泌，并受临近的下丘脑调控。生长激素的分泌受雌激素、睾酮、深睡眠和剧烈运动等若干因素的影响。生长激素主要是一种合成代谢激素，负责人体从幼儿时期到青春期的生长和发育。青春期后性激素会占主导地位。生长激素也会促进骨骼、肌肉组织和蛋白质的合成，加速脂肪燃烧，增强免疫系统。

甲状腺激素类

甲状腺位于脖颈底部、甲状软骨之下。甲状腺释放的激素主要负责人体新陈代谢。甲状腺激素的释放由脑下垂体调节。甲状腺激素负责碳水化合物、蛋白质和脂肪的代谢、基础代谢率、蛋白质合成，并且对肾上腺素、心率、呼吸频率和体温十分敏感。众所周知，甲状腺功能减退会导致人体代谢缓慢、疲惫、抑郁、对寒冷敏感和体重上升。

运动的影响

研究表明，在力量训练以及中等至剧烈的有氧运动后，睾酮和生长激素水平会升高。皮质醇也同样如此[53]。血液中皮质醇的出现往往被认为象征着训练过度。但是这种认识可能过于简单，皮质醇是在正常体育活动中维持能量水平的重要组成部分，甚至可以促进运动后人体的恢复和修复[53]。然而，高强度或长时间的耐力训练会导致皮质醇水平上升和睾酮水平下降，从而造成不利的结果。在这种情况下，分解作用（分解代谢）很可能会大于合成作用（合成代谢），导致出现过度训练的症状[52,53]。

小结

内分泌系统负责调节人体多种功能，维持身体内部环境的稳定。内分泌系统产生的激素会影响几乎所有形式的人体功能，并决定着人体在心理和生理上对压力做何反应。内分泌系统包括宿主器官（腺体）、化学信使（激素）和靶细胞（受体细胞）。一些主要的内分泌器官包含下丘脑、垂体、甲状腺和肾上腺。其他几个器官含有不连续的内分泌组织区域，能够产生激素，包括胰腺及生殖器官。训练计划对激素分泌有重大的影响。健康和健身专业人员应当熟悉相关激素对训练的反应，使训练计划策略发挥最佳效果，并避免训练过度。

参考文献

(1) Cohen H. *Neuroscience for Rehabilitation*. 2nd ed. Philadelphia: Lippincott Williams & Wilkins; 1999.

(2) Panjabi MM. 1e stabilizing system of the spine. Part 1. Function, dysfunction, adaptation, and enhancement. *J Spinal Disord*. 1992; 5: 383–389.

(3) Liebenson CL. Active muscle relaxation techniques. Part II. Clinicalapplication. *J Manipulative Physiol Ther*. 1990; 13(1): 2–6.

(4) Edgerton VR, Wolf S, Roy RR. 1eoretical basis for patterning EMG amplitudes to assess muscle dysfunction. *Med Sci Sports Exerc*. 1996; 28(6): 744–751.

(5) Clark M. Advanced Stabilization Training for performance enhancement. In: Liebenson C, ed. *Rehabilitation of the Spine*. 2nd ed. Baltimore: Williams & Wilkins; 1996: 712–727.

(6) Chaitow L. *Muscle Energy Techniques*. New York: Churchill Livingstone; 1997.

(7) Clark MA. *Integrated Training for the New Millennium*. 1ousand Oaks, CA: National Academy of Sports Medicine; 2001.

(8) Milner–Brown A. *Neuromuscular Physiology*. 1ousand Oaks, CA: National Academy of Sports Medicine; 2001.

(9) Tortora GJ. *Principles of Human Anatomy*. 9th ed. New York: John Wiley & Sons; 2001.

(10) Fox SI. *Human Physiology*. 9th ed. New York: McGraw–Hill; 2006.

(11) Brooks GA, Fahey TD, White TP, Baldwin, K. *Exercise Physiology: Human Bioenergetics and Its Application*. 4th ed. New York: McGraw–Hill; 2008.

(12) Drury DG. Strength and proprioception. *Ortho Phys Ther Clin*. 2000; 9(4): 549–561.

(13) Vander A, Sherman J, Luciano D. Human Physiology: *The Mechanisms of Body Function*. 8th ed. New York: McGraw–Hill; 2001.

(14) Biedert RM. Contribution of the three levels of nervous system motor control: Spinal Cord, Lower Brain, Cerebral Cortex. In: Lephart SM, Fu FH, eds. *Proprioception and Neuromuscular Control in Joint Stability*. Champaign, IL: Human Kinetics; 2000: 23–30.

(15) Enoka RM. *Neuromechanical Basis of Kinesiology*. 4th

ed. Champaign, IL: Human Kinetics; 2008.

（16）Rose DJ. *A Multi Level Approach to the Study of Motor Control and Learning*. 2nd ed. Upper Saddle River, NJ: Benjamin Cummings; 2005.

（17）Barrack RL, Lund PJ, Skinner HB. Knee proprioception revisited. *J Sport Rehab*. 1994; 3: 18–42.

（18）Grigg P. Peripheral neural mechanisms in proprioception. *J Sport Rehab*. 1994; 3: 2–17.

（19）Wilkerson GB, Nitz AJ. Dynamic ankle stability: mechanical and neuromuscular interrelationships. *J Sport Rehab*. 1994; 3: 43–57.

（20）Boyd IA. 1e histological structure of the receptors in the knee joint of the cat correlated with their physiological response. *J Physiol (Lond)*. 1954; 124: 476–488.

（21）Edin B. Quantitative analysis of static strain sensitivity in human mechanoreceptors from hairy skin. *J Neurophysiol*. 1992; 67: 1105–1113.

（22）Edin B, Abbs JH. Finger movement responses of cutaneous mechanoreceptors in the dorsal skin of the human hand. *J Neurophysiol*. 1991; 65: 657–670.

（23）Gandevia SC, McClosky DI, Burke D. Kinesthetic signals and muscle contraction. *Trends Neurosci*. 1992; 15: 62–65.

（24）McClosky DJ. Kinesthetic sensibility. *Physiol Rev.* 1978; 58: 763–820.

（25）Lephart SM, Rieman BL, Fu FH. Introduction to the sensorimotor system. In: Lephart SM, Fu FH, eds. *Proprioception and Neuromuscular Control in Joint Stability*. Champaign, IL: Human Kinetics; 2000: xvii–xxiv.

（26）Lephart SM, Pincivero D, Giraldo J, Fu F. 1e role of proprioception in the management and rehabilitation of athletic injuries. *Am J Sports Med*. 1997; 25: 130–137.

（27）Proske U, Schaible HG, Schmidt RF. Joint receptors and kinaesthesia. *Exp Brain Res*. 1988; 72: 219–224.

（28）Hamill J, Knutzen JM. *Biomechanical Basis of Human Movement*. 2nd ed. Baltimore, MD: Lippincott Williams & Wilkins; 2003.

（29）Watkins J. *Structure and Function of the Musculoskeletal System*. Champaign, IL: Human Kinetics; 1999.

（30）Luttgens K, Hamilton N. *Kinesiology: Scientific Basis of Human Motion*. 11th ed. New York: McGraw–Hill; 2007.

（31）Norkin CC, Levangie PK. *Joint Structure and Function: A Comprehensive Analysis*. 3rd ed. Philadelphia: FA Davis Company; 2000.

（32）Chaffin DB, Andersson GJ, Martin BJ. *Occupational Biomechanics*. New York: Wiley–Interscience; 1999.

（33）Whiting WC, Zernicke RF. *Biomechanics of Musculoskeletal Injury*. Champaign, IL: Human Kinetics; 1998.

（34）Bogduk N. *Clinical Anatomy of the Lumbar Spine and Sacrum*. 3rd ed. New York: Churchill Livingstone; 1997.

（35）National Institute of Arthritis and Musculoskeletal and Skin Diseases. Accessed May 5, 2010.

（36）National Institute of Neurological Disorders and Stroke. Accessed May 5, 2010.

（37）Hertling D, Kessler RM. *Management of Common Musculoskeletal Disorders*. Philadelphia: Lippincott Williams & Wilkins; 1996.

（38）Alter MJ. *Science of Flexibility*. 2nd ed. Champaign, IL: Human Kinetics; 1996.

（39）Gross J, Fetto J, Rosen E. *Musculoskeletal Examination*. Malden, MA: Blackwell Sciences; 1996.

（40）Nordin M, Lorenz T, Campello M. Biomechanics of tendons and ligaments. In: Nordin M, Frankel VH, eds. *Basic Biomechanics of the Musculoskeletal System*. 3rd ed. Philadelphia: Lippincott Williams & Wilkins; 2001: 102–126.

（41）Solomonow M, Baratta R, Zhou BH, et al. 1e synergistic action of the anterior cruciate ligament and thigh muscles in maintaining joint stability. *Am J Sports Med*. 1987; 15: 207–213.

（42）McComas AJ. *Skeletal Muscle: Form and Function*. Champaign, IL: Human Kinetics; 1996.

（43）Kannus P. Structure of the tendon connective tissue. *Scand J Med Sci Sports*. 2000; 10(6): 312–320.

（44）Al–Amood WS, Buller AJ, Pope R. Long–term stimulation of cat fast twitch skeletal muscle. *Nature*. 1973; 244: 225–227.

（45）Buller AJ, Eccles JC, Eccles RM. Interaction between motorneurones and muscles in respect of the characteristic speeds of their responses. *J Physiol*. 1960; 150: 417–439.

（46）Dubowitz V. Cross–innervated mammalian skeletal muscle: histochemical, physiological and biomechanical observations. *J Physiol*. 1967; 193: 481–496.

（47）Hennig R, Lomo T. Effects of chronic stimulation on the size and speed of long–term denervated and innervated rat fast and slow skeletal muscles. *Acta Physiol Scand*. 1987; 130: 115–131.

（48）Johnson MA, Polgar J, Weightman D, Appleton D. Data on the distribution of fiber types in thirty–six human muscles. *J Neurol Sci*. 1973; 18: 111–129.

（49）Green HJ, Daub B, Houston ME, 1omson JA, Fraser I, Ranney D. Human vastus lateralis and gastrocnemius muscles. A comparative histochemical analysis. *J Neurol Sci*. 1981; 52: 200–201.

（50）McArdle W, Katch F, Katch V. *Exercise Physiology: Nutrition, Energy and Human Performance*. 7th ed. Philadelphia: Lippincott Williams & Wilkins; 2010.

（51）Tortora GJ, Grabowski SR. *Principles of Anatomy and Physiology*. 8th ed. New York: HarperCollins; 1996.

（52）Wilmore JH, Costill DL. *Physiology of Sport and Exercise*. Champaign, IL: Human Kinetics; 2004.

（53）McArdle W, Katch F, Katch V. *Exercise Physiology: Nutrition, Energy and Human Performance*. 5th ed. Philadelphia: Lippincott Williams & Wilkins; 2001.

心肺系统

学完本章，你应该能够掌握如下内容。

☑ 描述心血管系统和呼吸系统的结构和功能。

☑ 解释上述系统与人体动作之间的关系。

☑ 描述心血管系统和呼吸系统如何同时工作。

☑ 阐述呼吸功能障碍对人体动作系统的影响。

心肺系统简介

　　心肺系统由两个关系密切的系统组成：一个是心血管系统，包括心脏、血管和血液；另一个是呼吸系统，包括气管、支气管、肺泡和肺。这两个系统共同工作，为人体输送充足的氧气和营养，并清除人体细胞中的代谢废物，例如身体细胞内的CO_2[1-5]。本章将关注心血管系统和呼吸系统的结构和功能，以及这两个系统各自对训练的反应和适应。

心肺系统 一个由心血管系统和呼吸系统组成的人体系统。

心血管系统

　　心血管系统由心脏、血液和血管（从心脏将血液传输至人体组织）组成（图3.1）。认识心血管系统的结构和功能对于理解人体动作系统非常必要。

心血管系统 一个由心脏、血液和血管组成的人体系统。

心脏

　　心脏是一个由肌肉组成的"泵"，它有节奏地收缩，将血液推送至人体各处。心脏位于人体胸部（胸腔）中部偏左下方，脊柱前方，胸骨后方[4]。左肺和右肺分别位于心脏两边[4]。心脏所在的位置，被称为**胸腔纵隔**[6]。成年人的心脏大约是普通成年人的拳头大小，重约300克[4,6]。

心脏 一个中空的肌肉器官，通过有节奏的收缩使血液在人体内循环。

胸腔纵隔 胸部内双肺之间的空间，包含除双肺之外的所有胸部器官。

图3.1

心血管系统

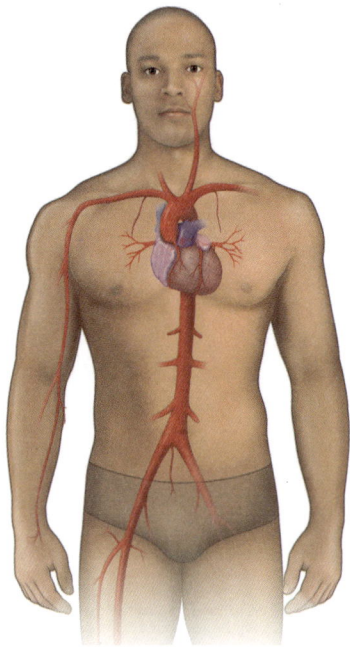

心肌是人体的3种主要的肌肉类型之一，其余两种分别是骨骼肌和平滑肌。心肌与骨骼肌相似的地方在于其肌细胞也包含呈条纹状的肌原纤维和肌小节[1-3,6]。但骨骼肌是随意肌，心肌是不随意肌，也就是说它不受意识的控制。

心肌收缩

相较于骨骼肌，心肌纤维较短，彼此之间的连接也更为紧密[1-3]。心肌的另一个特点是心肌细胞之间存在不规律间隔的暗带，也被称为闰盘。闰盘能够在收缩过程中帮助心肌细胞挤得更紧，并在细胞间产生电传导，使得心脏作为一个功能性单位整体收缩。与骨骼肌不同的是，心脏拥有自己独特的内嵌式传导系统，能够将电信号快速传导给所有心肌细胞[1-3]。一般来说，静息心率为每分钟70至80次[3,4,6]。

心脏的电传导系统由特殊的细胞组成，能够将电信号从**窦房（SA）结**经由两侧心房向下传导至两侧心室。因此，正是心脏的电传导系统在刺激无意识的心肌细胞以有规律的节奏模式进行收缩（**图3.2**）[1-4,6]。窦房结位于右心房，被称为心脏的起搏器，因为它产生导致心脏跳动的电信号。结间通路将来自窦房结的脉冲传导至**房室（AV）结**。房室结会在信号进入心室前有一个延迟。房室束通过浦肯野纤维组成的左右房室束分支将脉冲信号传导至心室，以引起心肌收缩。

窦房（SA）结　心脏组织的一个特殊区域，位于右心房，它产生确定心率的电脉冲；通常被称为心脏的起搏器。

房室（AV）结　数量较少的一种特殊的心肌纤维，位于右心房壁上，从窦房结接受心跳脉冲信号，并将其传导至心室壁。

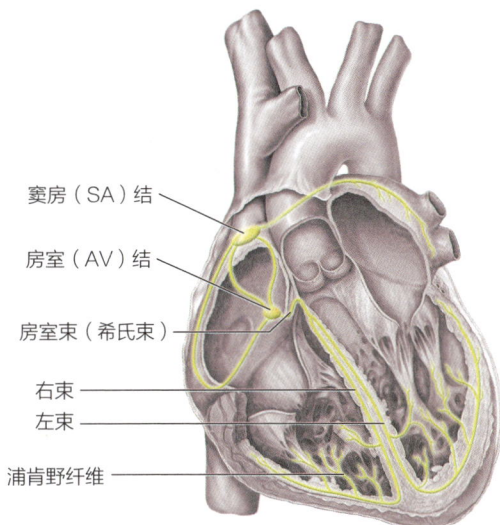

图3.2

心脏的传导系统

窦房（SA）结

房室（AV）结

房室束（希氏束）

右束

左束

浦肯野纤维

心脏的结构

心脏由4个中空的腔体组成，在两侧被划分为两个相互依赖的（但是独立的）泵。这两个泵由房间隔（隔开心房）和室间隔（隔开心室）隔开[4-6]。心脏两侧各有两个腔：一个心房和一个心室（图3.3）[1-4,6]。心脏右侧被称为肺动脉侧，因为在这一侧心脏接受从人体循环回来的O_2含量低且CO_2含量高的血液（缺氧血），将其泵到肺部后运输回左心室。心脏左侧被称为全身侧，因为这一侧将O_2含量高且CO_2含量低的血液（富氧血）输送至身体的其余部分。

心房是心脏中较小的腔体，位于心脏两侧的上部（顶部）。它们接收流回心脏的血液，起到蓄水池的作用。右心房接收从全身各处回流到心脏的缺氧血，而左心房则接收从肺部来到心脏的富氧血。

心室是心脏中较大的腔体，位于心脏两侧的下部（底部）。右心室的心室壁较薄，向外泵血的压力较低，因为右心室只需将血液输送很短的距离（至肺部）。与右心室不同，左心室的心室壁较厚，泵血的压力较高，因为左心室需要将血液输送至全身其余各处。右心室从右心房接收缺氧血，然后将其泵至肺部，进行气体交换后变成富氧血。左心室从左心房接收富氧血，然后将血液泵至全身各处。心脏的4个腔室以及连接心房和心室的主静脉和主动脉均由瓣膜分隔开，以防止血液回流或溢出至腔室。这些瓣膜包括房室瓣（三尖瓣和二尖瓣）和半月瓣（肺动脉瓣和主动脉瓣）。

心脏的功能

每次收缩泵出心脏的血量为**每搏输出量（SV）**。SV是心室舒张末期

心房 心脏上部的腔体，从血管接收血液，并将血液泵入心室。

心室 心脏下部的腔体，从相应的心房接收血液，然后将血液泵入动脉。

每搏输出量 每次收缩泵出心脏的血量。

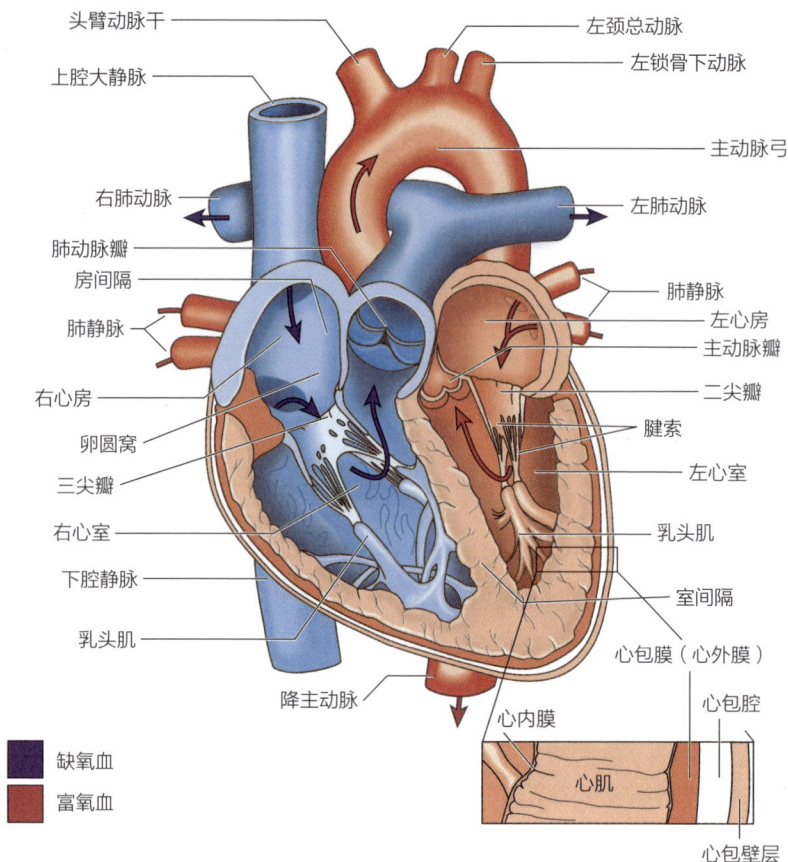

图3.3

心房和心室

头臂动脉干

上腔大静脉

左颈总动脉

左锁骨下动脉

主动脉弓

右肺动脉

左肺动脉

肺动脉瓣

房间隔

肺静脉

肺静脉

左心房

主动脉瓣

二尖瓣

右心房

卵圆窝

三尖瓣

腱索

左心室

右心室

乳头肌

下腔静脉

室间隔

乳头肌

心包膜（心外膜）

心包腔

降主动脉

心内膜

心肌

心包壁层

缺氧血

富氧血

容积（EDV）和心室收缩末期容积（ESV）的差值。EDV是指收缩前的心室充盈体积，而ESV是指射血后残留在心室的剩余血量。一般来说，EDV大约是120毫升，ESV是50毫升。那么两者之间的差值（70毫升）就是SV[1-3,5]。

心率（HR） 心脏泵血的速率。

心输出量（Q） 心率×每搏输出量，表示心脏的整体表现。

心脏跳动的频率被称为**心率（HR）**。一般来说，未经训练的成人的平均静息心率是70~80次/分（bpm）[1-3,5]。**心输出量（Q）** 就是心脏每分钟所泵出的血量（毫升血/分）。心输出量是由心率和每搏输出量共同决定的。如果一个普通人的静息心率为70次/分，每搏输出量为70毫升，那么心输出量=70次/分×70毫升/次=4 900毫升/分或4.9升/分。

在运动中监测心率，可以帮助我们很好地估算特定时间内心脏的工作量[3,7]。图3.4展示了手动监测心率的方法。另一种监测心率的方法是使用穿戴式心率监控设备，这些设备能自动记录每分钟的心跳次数。

如何手动监测心率

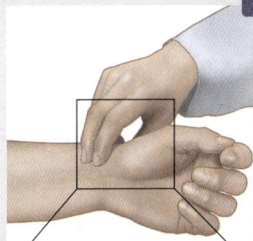

1 将食指和中指搭在手掌一面的手腕处（大概距离大拇指一侧的手腕顶端1英寸。）

尽管一些人习惯使用摸颈动脉的方式，但是NASM不建议采用这种方法来测脉率，因为按压颈动脉会减少流向大脑的血量，可能会造成晕眩或测量不准确。

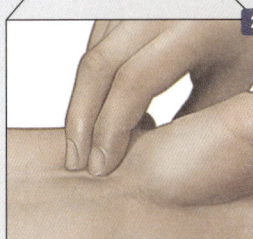

2 用食指和中指通过感觉脉搏的跳动来找到动脉。在动脉上施加压力要轻，感觉到脉搏即可。不要过度用力按压，否则可能会造成测量不准确。

3 当在静息状态下测量脉搏时，数出60秒内的心跳次数。

一些因素可能会影响静息心率，包括消化、精神活动、外部环境温度、生物节律、身体姿势和心肺功能。所以，应该在睡醒时（或者至少在你完全放松休息5分钟之后）测量静息心率。

4 当在运动过程中测量脉搏时，默数6秒内的心跳次数，然后在这个数字后面加个"0"。这就是60秒内心跳次数的估算值。或者简单地将这个数字乘以"10"，这会为健康和健身专业人员提供相同的结果。

例如，6秒内心跳次数为17，加个0就是170。即脉率为170次/分，或者17×10=170（次/分）。

图3.4

如何手动监测心率

血液

血液是维持生命的独特液体，为人体的器官和细胞提供氧气和营养，帮助调节体温、抵抗感染，并清除代谢废物[1,2,5]。血液由被称为血浆的液体和悬浮于其中的细胞组成，同时血浆中还含有葡萄糖等营养物质、激素以及凝血剂。血液中的细胞共有3种：红细胞、白细胞和血小板。红细胞将从肺部吸入的氧气运送至全身，白细胞有助于抵抗感染，血小板帮助凝血。血浆大约占血液总量的55%，剩下的45%由红细胞、白细胞和血小板

血液 在心脏、静脉、动脉和毛细血管中循环流动的液体，将营养物质和氧气运送到身体的各个部位，同时排出体内的废物。

组成。普通成年人体内含有4至6升血液[1,2,5]。血液是生命中一种重要的支持机制，它为人体动作系统提供一个内部运输、调节和保护的系统（表3.1）。

表3.1	血液的支持机制
机制	**功能**
运输	将氧和营养物质运输至组织
	从组织运出代谢废物
	将激素运输至组织和器官
	将热量带至全身
调节	调节体温和体内的酸碱平衡
保护	凝血可避免人体过度失血
	含有特殊的免疫细胞，帮助抵抗疾病

运输

血液将维持生命的氧气运输至所有的人体组织，并清除代谢废物。血液还可以将充当化学信使的激素和来自胃肠道的营养物质运输至全身多种器官和组织，同时还可以帮助将身体内部的热量转移到身体外部区域。

调节

当血液在身体内循环时，血液将内部核心的热量传递到身体外部，从而调节体温。当血液流动接近皮肤，热量随之散发到外部环境中，或者说，血液会因环境而得到降温[1-3,6]。血液对于调节体内pH水平（酸碱平衡）和维持人体细胞的含水量也至关重要[6]。

保护

血液通过其凝血机制提供保护以防止过度失血，通过凝血可以封闭受损组织，直至形成疤痕[1,2,5]。血液还含有特殊的免疫细胞，可以对抗体内的外来毒素，降低疾病风险[1-3,5]。

血管

血管在人体内形成中空管道的闭合回路，使血液可以流向和流出心脏（图3.5）。人体有3种主要的血管：动脉，将血液带离心脏；毛细血管，用于血液和人体组织交换化学物质和水分；静脉，将血液带回心脏[1,2,4-6]。

动脉

人体内最大的动脉是主动脉，它将血液从心脏运送出去[4,6]。主动脉的

血管 由中空管道形成的网络，可以让血液在全身循环。

动脉 将血液输送出心脏的血管。

毛细血管 最小的血管，在血液和组织之间进行化学物质和水分交换的场所。

静脉 将血液从毛细血管运输回心脏的血管。

图3.5

血管

从人体上部返回心脏的静脉

头和手臂

上腔大静脉

从心脏发向人体上部的动脉

肺动脉

主动脉

肺静脉

右心房

左心房

肺

右心室

左心室

肝动脉

肺

肝静脉

肝脏

门静脉

下腔静脉

脾、胃肠道

肾脏

从人体下部返回心脏的静脉

从心脏发向人体下部的动脉

腿

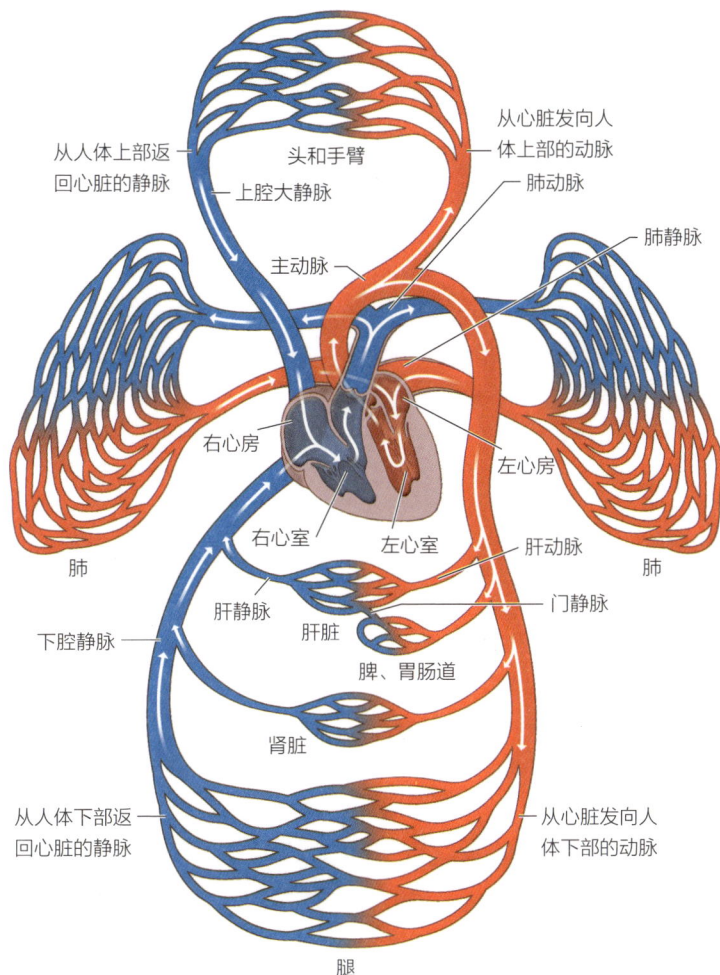

分支包含一些中等大小的动脉，包括颈动脉、锁骨下动脉、肠系膜动脉、肾动脉与髂动脉[1,2,4-6]。这些中等大小的动脉进一步分支为更小的动脉，被称作**小动脉**，并最终分支成被称作毛细血管的微小血管[1,2,4-6]。毛细血管是组织之间进行物质交换（例如氧气、营养物质、激素和代谢废物）的场所[1,2,4-6]。

小动脉 动脉的小终端分支，终止于毛细血管。

静脉

从毛细血管中回收血液的血管被称为**小静脉**[1,2,4-6]。小静脉逐渐与其他小静脉相汇合，形成静脉。静脉将全身的血液运输回心脏[1,2,4-6]。

小静脉 非常小的静脉，连接毛细血管和较大的静脉。

小结

心肺系统由心血管系统和呼吸系统组成。两者通力合作，为人体提供氧气、营养物质和保护机制，并清除代谢废物。心血管系统由心脏、血液和血管组成。心脏位于胸腔纵隔，由不随意肌组成，按照内在的节律收缩，有规律地将血液泵至全身。心脏分为4个腔：两个心房（从身体回收血液）和两个心室（将血液泵向全身），分布在心脏两侧。

心率和每搏输出量代表心脏的整体表现。心输出量是每分钟心脏跳动次数与每次跳动时泵出血液量相乘的结果。可以手动监测心率，也可以使用特定的心率监控设备。

血液作为向人体组织输送和收集必需物质的媒介，提供了一个内部运输、调节和保护的系统。将血液从心脏中运输出来的血管被称为动脉（其小分支被称为小动脉）。将血液带回心脏的血管被称为静脉（其小分支被称为小静脉）。毛细血管是最小的血管，连接小动脉和小静脉。

呼吸系统

呼吸系统 一个由器官（肺和呼吸道）组成的系统，将氧气从外部环境收集到体内，并将氧气传输至血液中。

呼吸系统（又被称为肺系统）的功能是将氧气带进肺部，并将肺部中的CO_2排出体外。呼吸系统包括呼吸道、肺和呼吸肌（图3.6）。呼吸系统的首要作用，就是使体细胞维持适当的细胞功能[9,10]。呼吸系统和心血管系统紧密合作，运输来自环境中的氧气，将氧气转移到血液中，并将二氧化碳从血液转移到肺部，最终将二氧化碳运输到外部环境中，从而实现最佳的细胞功能[10]。这整个过程是呼吸系统的整体运作过程：呼吸泵将空气吸入体内和呼出体外，呼吸道则是空气运输的通道[10]。

图3.6

呼吸系统

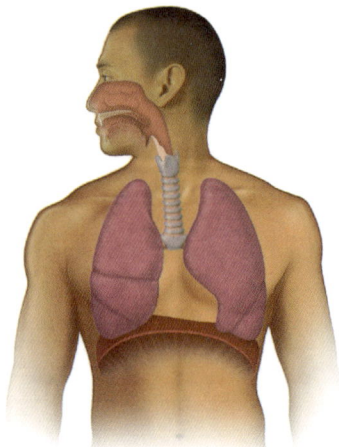

呼吸的机理

呼吸（又称为换气）是将空气吸入体内并呼出体外的过程，这个过程需要**呼吸泵**以及其所有组成部分发挥出最佳功能（表3.2）。呼吸可以划分成两个阶段：**吸气**（吸入）和**呼气**（呼出）。吸入的换气过程是主动的。这就意味着需要吸气肌主动收缩，以扩大胸腔容积，降低肺内压力（或胸腔内的压力）。当肺内压力低于大气压力（或者空气中的日常压力）的时候，气体被吸进肺部[1-3,9,10]。相反，呼气是主动或被动地放松吸气肌，以将空气排出体外的过程。

呼吸泵 由骨骼结构（骨头）和软组织（肌肉）合作，保证实现适当的呼吸机制，并在吸气时帮助血液泵回心脏。

吸气 呼吸肌群主动收缩，将气体吸入人体内的过程。

呼气 主动或被动地放松呼吸肌群，将气体排出体外的过程。

表3.2	呼吸泵的结构
骨骼	胸骨
	肋骨
	椎骨
肌肉 吸气	横隔膜
	肋间外肌
	斜角肌
	胸锁乳突肌
	胸小肌
肌肉 呼气	肋间内肌
	腹肌

吸入换气过程存在两种形式：正常静息状态呼吸（安静）和重呼吸（深且用力）。正常呼吸需要利用主要呼吸肌群（例如膈肌、肋间外肌），而重呼吸则需要额外动员次要呼吸肌群（例如斜角肌、胸小肌等）[1,2,5,6,9,11]。

呼出换气过程既可以是主动的，也可以是被动的。在正常呼吸状态下，呼出换气是被动的，是随着收缩的呼吸肌群放松而产生的。但是在重呼吸或用力呼吸的时候，呼出换气需要依赖呼吸肌群的活动来压缩胸腔，使得气体排出[1,2,5,6,9,12]。

呼吸也帮助调节血液回流至心脏。在吸气过程中，呼吸泵充当帮助血液泵回心脏的机制。在吸气过程中，胸膜腔内压下降，造成右心房内的压力降低，这有助于血液更快地回流至心脏。

呼吸道

换气的目的在于将气体吸入或排出身体。呼吸通道分为两类：导气道和呼吸道。

导气道由空气进入呼吸道之前所经过的所有通道组成（表3.3）。鼻腔、口腔、嘴、咽、喉、气管和支气管共同构成了让气体进入人体的通道（图3.7）。这些结构可以过滤、湿润（或增加水分）、加热或冷却吸入的气体，以适应人体的温度[1–3,5,7–9]。

表3.3	呼吸通道的结构
导气道	鼻腔 口腔 咽 喉 气管 左、右肺支气管 细支气管
呼吸道	肺泡 肺泡囊

图3.7

呼吸通道

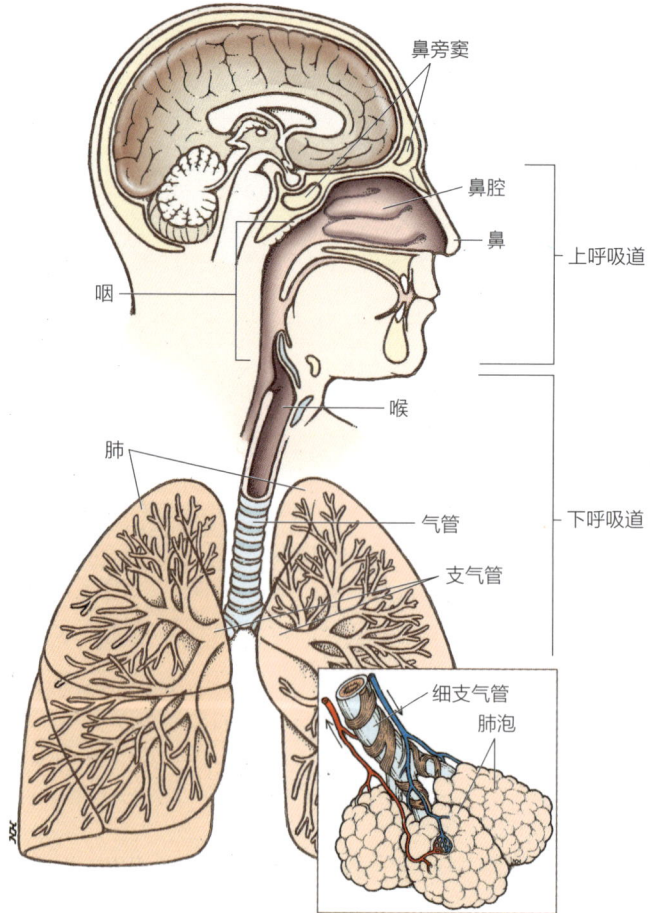

呼吸道收集从导气道吸入的气体[1,2,5,6,8]。细支气管末端是肺泡，它由成团的肺泡囊组成（图3.7）[1,2,5,6,8]。在肺泡囊中，氧气（O_2）、二氧化碳（CO_2）等气体通过名为弥散的过程被运进和运出血液[1–3,6,8]。这就是氧气从外部环境进入人体组织的过程。

弥散 氧气从外部环境进入人体组织的过程。

小结

呼吸系统从外部环境摄入氧气，并将之转移到血液中。呼吸可以划分为吸气（或吸入）和呼气（或呼出）两个阶段。吸入换气是主动的，而呼出换气则既可以主动，也可以被动（例如，在正常呼吸过程中，由于收缩的呼吸肌群放松而导致呼气）。人体有两种呼吸通道。第一种是导气道，包括气体进入呼吸道之前所经过的所有结构。这些结构可以过滤、湿润、加热或冷却吸入的气体，以适应人体的温度。第二种是呼吸道，收集从导气道导入的气体，并将氧气和二氧化碳运进或运出血液。

心肺系统的功能

心血管系统和呼吸系统共同构成了心肺系统。它们是至关重要的支持系统，为人体动作系统提供多种关键物质（例如氧气），同时将可能导致功能障碍的代谢废物排出体外。

氧气是维持生命的重要物质之一[3]。呼吸系统为人体提供了从环境摄入氧气并将之转移到血液中的手段。氧气从口鼻被吸入，通过气管和支气管，最终进入肺和肺泡囊[1–3,5,6,8]。同时，缺氧血从右心室被泵出，通过肺动脉进入肺部。肺毛细血管围绕着肺泡囊，当氧气充满肺泡囊时，氧气扩散穿过毛细血管膜并进入血液[3]。富氧血随后经过肺静脉返回左心房，然后它被泵入左心室并泵出给全身的组织。

当身体的细胞利用氧时，它们会产生需要排出体外的二氧化碳[1–3,5,6,8]。二氧化碳跟随缺氧血从组织流回心脏，并最终进入肺部。在肺泡囊中，二氧化碳从肺毛细血管弥散进入肺泡，并随着呼气排出体外[1–3,5,6,8]。简而言之，氧气和二氧化碳在人体组织、血液和肺部进行位置交换，一个进来，一个出去。

氧耗

心血管系统和呼吸系统共同工作，将氧气输送至人体组织。有效利用氧气的能力取决于呼吸系统摄入氧气的能力和心血管系统吸收氧气并将之传输至人体组织的能力[14]。人体使用氧气被称为氧耗[1–3,5,6,8,9]。

静息氧耗（VO$_2$）的值大约是3.5毫升每千克体重每分钟（3.5mL•kg^{-1}•min^{-1}），又被称为1个代谢当量或者1 MET[3,5,7,10,14-16]，计算公式如下。

$$VO_2 \approx 心输出量 × 动静脉氧差$$

耗氧量公式又被称为菲克公式（Fick equation）。根据菲克公式，耗氧量（VO$_2$）是心输出量［Q或（HR×SV）］乘以动静脉氧差（动脉血和静脉血中O$_2$含量的差值）。从菲克公式可以看出，心血管系统如何影响人体消耗氧气的能力，并且心率是决定VO$_2$的重要因素。

最大摄氧量（VO$_{2max}$）

在最大的体力消耗下，输送和利用氧气的最高速率。

最大摄氧量（VO$_{2max}$） 也许是测量心肺功能的最佳指标[3,5,7,15]。VO$_{2max}$是在最大强度运动中，输送和利用氧气的最高速率[10,14,15]。VO$_{2max}$的值从40至80mL•kg^{-1}•min^{-1}不等，对应为11至23MET[7,15]。测量VO$_{2max}$的唯一方式是在最大强度运动测试中直接测量换气量、氧耗和二氧化碳呼出量。但是，因为测量VO$_{2max}$的仪器设备非常昂贵，不易获得，所以通过次最大强度运动测试来估算或预测VO$_{2max}$是首选的方法[13,15]。一些测试可以用来预测VO$_{2max}$，包括罗克波特步行测试（Rockport Walk Test）、台阶测试（Step Test）和YMCA自行车测试[13,15]。必须要注意的是，当预测（而不是直接测试）VO$_{2max}$时，事先做了许多假设，这有可能导致高估或低估了个人的实际VO$_{2max}$[13,15]。

异常呼吸模式

正常呼吸出现困难或对正常呼吸模式的改变都会影响人体对运动的正常反应[16]。常见的异常呼吸状况与压力和焦虑有关，包括以下情况。

◆ 呼吸模式变得较浅，以次要呼吸肌群为主导，而不是膈肌。若养成这种浅呼吸（或者说上胸部式呼吸）的习惯，就会造成对次要呼吸肌群（斜角肌、胸锁乳突肌、肩胛提肌和上斜方肌等）的过度使用。

◆ 呼吸肌群在人体动作系统中也扮演着控制身体姿态的重要角色。所有的呼吸肌都直接连接到身体的颈部和颅部。呼吸肌群活动的增多和过度牵张可能会造成头疼、头晕和视线模糊。

◆ 过度呼吸（短而浅的呼吸）可能会导致二氧化碳和氧含量的改变，从而产生焦虑，并进一步引发过度呼吸反应。

◆ 肌肉内氧分不足和代谢废物的堆积会导致肌肉的疲劳和僵硬。

◆ 因不适当的呼吸造成的脊柱和胸腔的关节活动不足，会导致关节活动受限和僵硬。

上述情形都会造成功能性能力下降，可能还会引起头疼、焦虑、疲劳和不良睡眠，以及血液循环变差。健康和健身专业人员工作不要尝试去诊断出这些问题。如果客户表现出上述任何迹象，请马上将其转给医疗专业人员寻求帮助。

记忆要点

教会客户利用膈肌进行呼吸（腹式呼吸），这是帮助避免这些现象的一个方法。评估一个人的呼吸模式（"胸部呼吸者"）也有助于判断潜在的肌肉不平衡。

小结

呼吸系统从外部环境中摄取氧，并进行处理，将其输送至人体组织。当细胞利用氧气时，它们会产生二氧化碳，二氧化碳随缺氧血返回心脏和肺部，并通过呼气释放到体外。

人体对氧的利用又被称为氧耗。最大摄氧量（VO_{2max}）是在最大的体力消耗下输送和利用氧气的最高速率。普遍认为它是衡量心肺功能的最佳手段。最大摄氧量的值为11至23MET。

呼吸模式的改变会直接影响人体动作系统的组成部分，并导致进一步的功能障碍。如果呼吸模式变浅，人体将主要依靠次要呼吸肌，而不是膈肌来进行呼吸。这会对人体姿态产生不良影响，造成肌肉过度牵张，进而导致头疼、头晕和视线模糊。简而言之，浅呼吸会改变血液中的氧气和二氧化碳含量，导致人体产生焦虑和疲劳感。肌肉内氧分不足和代谢废物的堆积会使肌肉和关节僵硬。如果客户抱怨有头疼、焦虑、疲劳或睡眠质量变差，或者血液循环变差的情况，请马上将其转给医疗专业人员寻求帮助。

参考文献

（1）Fox SI. *Human Physiology*. 9th ed. New York: McGraw–Hill; 2006.

（2）Vander A, Sherman J, Luciano D. *Human Physiology: The Mechanisms of Body Function*. 9th ed. New York: McGraw–Hill; 2003.

（3）Brooks GA, Fahey TD, White TP, Baldwin, KM. *Exercise Physiology: Human Bioenergetics and Its Application*. 3rd ed. New York: McGraw–Hill; 2000.

（4）Murray TD, Pulcipher JM. Cardiovascular anatomy. In: American College of Sports Medicine, ed. *ACSM's Resource Manual for Guidelines for Exercise Testing and Prescription*. 4th ed. Baltimore, MD: Lippincott Williams & Wilkins, 2001: 65–72.

（5）Hicks GH. *Cardiopulmonary Anatomy and Physiology*. Philadelphia: WB Saunders; 2000.

（6）Tortora GJ, Nielsen M. *Principles of Human Anatomy*. 11th ed. New York: Wiley; 2008.

（7）Swain DP. Cardiorespiratory exercise prescription. In: American College of Sports Medicine, ed. *ACSM's Resource Manual for Guidelines for Exercise Testing and Prescription*. 6th ed. Baltimore, MD: Lippincott Williams & Wilkins; 2006: 448–462.

（8）Mahler DA. Respiratory anatomy. In: American College of Sports Medicine, ed. *ACSM's Resource Manual for Guidelines for Exercise Testing and Prescription*. 4th ed. Baltimore, MD: Lippincott Williams & Wilkins; 2001:74–81.

（9）Brown DD. Pulmonary responses to exercise and training. In: Garrett WE, Kirkendall DT, eds. *Exercise and Sport Science*. Philadelphia: Lippincott Williams & Wilkins; 2000: 117–132.

（10）Leech JA, Ghezzo H, Stevens D, Becklake MR. Respiratory pressures and function in young adults. *Am Rev Respir Dis*. 1983;128:17–23.

（11）Farkas GA, Decramer M, Rochester DF, De Troyer A. Contractile properties of intercostal muscles and their functional significance. *J Appl Physiol*. 1985; 59: 528–535.

（12）Sharp JT, Goldberg NB, Druz WS, Danon J. Relative contributions of rib cage and abdomen to breathing in normal subjects. *J Appl Physiol*. 1975; 39: 608–619.

（13）Guthrie J. Cardiorespiratory and health-related physical fitness assessments. In: American College of Sports Medicine, ed. *ACSM' s Resource Manual for Guidelines for Exercise Testing and Prescription*. 6th ed. Baltimore, MD: Lippincott Williams & Wilkins; 2006:297–331.

（14）Franklin BA. Cardiovascular responses to exercise and training. In: Garrett WE, Kirkendall DT, eds. *Exercise and Sport Science*. Philadelphia: Lippincott Williams & Wilkins; 2000: 107–115.

（15）*ACSM' s Resource Manual for Guidelines for Exercise Testing and Prescription*. 5th ed. Baltimore, MD: Lippincott Williams & Wilkins; 2005.

（16）Timmons B. *Behavioral and Psychological Approaches to Breathing Disorders*. New York: Plenum Press; 1994.

运动代谢与生物能学

学完本章，你应该能够掌握如下内容。

☑ 阐述人体在运动中供能的主要方式。

☑ 辨别有氧代谢和无氧代谢。

☑ 区分在不同强度和持续时间的运动中以何种供能方式为主。

☑ 理解作为能量来源的碳水化合物、脂肪和蛋白质之间的相互作用。

☑ 描述稳态训练与力竭训练的能量消耗差异。

☑ 辨别稳态训练与间歇训练的能量需求差异。

☑ 阐述在能量产生过程中基本训练引起的适应性变化。

运动代谢与生物能学介绍

我们的身体需要持续不断的能量供应才能正常运行，以维持健康和内部平衡。运动对于机体的能量供应和代谢产物清除有着独特且苛刻的要求。我们所吃的食物为细胞提供了维持生命和正常运转所需的能量。但是在食物转变为可利用的能量形式之前，必须转变为更小的单位（即底物），包括碳水化合物、蛋白质和脂肪[1-9]。能量储存在这些底物分子中，然后在细胞中以化学方式释放，并转化成名为三磷酸腺苷（ATP）的高能化合物（图4.1）。学习运动中能量代谢的作用，需要了解能量是如何供应的、在运动中使用哪些能量系统、如何能快速产生能量以及细胞如何产生ATP。本章介绍能量代谢和生物能学的基础知识，这将有助于私人教练为其客户设计安全有效的训练计划。

生物能学与代谢

能量代谢或**生物能学**是研究如何通过各种生物化学反应转化能量[6,9]。

生物能学 对人体内的能量的研究。

图4.1

能量代谢的基本概况

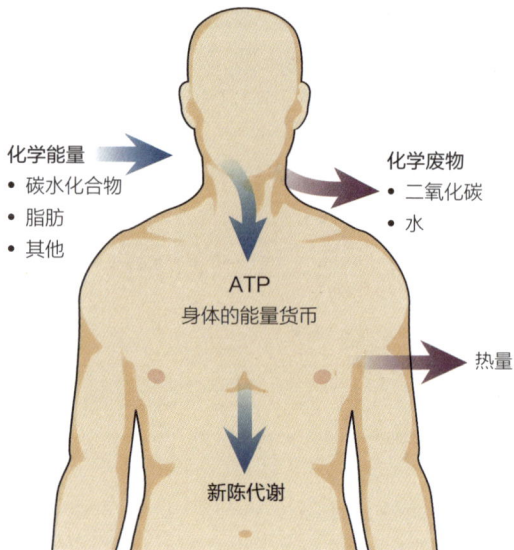

我们需要能量来维持生命，支持运动并帮助运动后的恢复。我们的终极能量来源是太阳，来自太阳的能量通过光合作用产生化学能，同时将二氧化碳转变为有机化合物，例如葡萄糖。代谢这个术语是指发生在人体内的用于维持自身的所有化学反应[6,9]。对多数生物体来说，化学能量的主要来源是碳水化合物、脂肪和蛋白质。碳水化合物、脂肪和蛋白质氧化产生的能量保证了生命所需的生物化学反应的进行。运动代谢是指运动时与人体内独特的生理变化和需求相关的生物能的变化过程[6,9]。

能量代谢的燃料

饮食为维持生命和生理活动提供了能量，但不是直接地提供。首先，食物被消化系统分解成更小的单位，被称为底物。蛋白质、碳水化合物和脂类（脂肪）组成了主要的底物，传递所有类型的细胞活动和生命需要使用的代谢能量[1-9]。碳水化合物为人体提供了所有日常活动（包括运动）所需的燃料和一种能量来源。

我们的机体需要能量的持续供应以保证正常的运行，饮食中缺乏碳水化合物会引起疲劳、精神萎靡、耐力和精力下降。碳水化合物被消化后的最终产物的主要形式是葡萄糖。葡萄糖被血液吸收并运输，随血液循环直至（在胰岛素的帮助下）进入细胞，作为可以利用或储存的能量。碳水化合物的储存形式称为糖原，是一种葡萄糖分子长链，在长时间运动或高强度运动中能够迅速分解成葡萄糖用于供能。糖原储藏在肝脏和肌肉细胞中。

另外一种重要的能量来源是脂肪，食物和身体中存在的大多数脂肪的化学形式或底物形式称为甘油三酯[5,6,9]。甘油三酯通过食物中的脂肪摄取，

代谢　人体内发生的用于维持自身的所有化学反应。在这一过程中营养物质被人体获取、运输、利用和处理。

运动代谢　运动时与人体内独特的生理变化和需求相关的生物能变化。

底物　酶作用的物质。

碳水化合物　碳、氢和氧的有机复合物，包括淀粉类、纤维素和糖类，是能量的一个重要来源。所有的碳水化合物在人体内最终分解成葡萄糖——一种单糖。

葡萄糖　人体用碳水化合物、脂肪和少量蛋白质制造的一种简单糖，是人体的主要燃料来源。

或者由人体通过其他能量来源（如碳水化合物）制造产生。当热量被摄取，但细胞或组织并没有立即需要利用它时，热量就会转化为甘油三酯并被运输至脂肪细胞进行储存。脂肪作为燃料来源的一个好处是，大多数人都拥有取之不尽的脂肪，在长时间体力活动或运动时就能够分解为甘油三酯用于供能。

第三种燃料来源是**蛋白质**。但是蛋白质极少在运动中供应大量的能量，在很多著作中都没有被认为是能量代谢的一种重要燃料[1-9]。只有在饥饿时蛋白质才成为明显的能量来源。在负能量平衡（如低热量饮食）时，氨基酸被用于支持能量产生，这被称为**糖异生**[1,6,9]。

小结

我们的身体需要持续的能量供应来正常运行以维持健康和内部平衡。我们吃的食物为细胞提供了维持生命和正常运转所需的能量。但是在食物成为可利用的能量形式之前，它必须被转变成更小的单位（被称为底物），包括碳水化合物、蛋白质和脂肪。能量储存在这些底物分子中，然后在细胞中以化学方式释放，并转化为名称为ATP的高能化合物。

生物能学研究如何通过各种生物化学反应转化能量。对大多数生物体来说，化学能量的主要来源是碳水化合物、脂肪和蛋白质。运动代谢是指运动时与人体内独特的生理变化和需求相关的生物能变化过程。

能量与做功

如前所述，细胞代谢的一种主要即时能量来源储存在**三磷酸腺苷（ATP）**分子的化学键中。当维持ATP的化学键断开时，能量被释放出来，供细胞使用（例如肌肉收缩），留下名称为**二磷酸腺苷（ADP）**的另一种分子[1-9]。能量代谢的功能之一是利用足够的自由能，将磷酸基结合到ADP分子，使ATP的储备恢复正常水平，以进行更多的工作。

能量与肌肉收缩

能量可用于肌球蛋白横桥的形成，促使肌肉收缩。横桥具有酶活性，可使ATP磷酸基脱离并释放能量。通过能量的利用，横桥扭动使肌动蛋白细丝拉向肌节中心。一旦该过程完成，就需要另一个ATP使横桥解离以复位并结合下一个肌动蛋白结合位点，并继续收缩过程。因此，在一个横桥循环中需要2个ATP[6,8,9]。当所有的ATP彻底耗尽，就没有能量能使横桥与肌动蛋白解离，此时肌肉就会僵硬。

糖原 复杂的碳水化合物分子，用于在肝脏和肌肉细胞中储存碳水化合物。当需要碳水化合物能量时，糖原转变为葡萄糖，被肌肉细胞利用。

脂肪 3个主要食物种类之一，也是人体能量来源之一。脂肪帮助人体利用某些维生素，并保持皮肤健康。它们也是人体的能量储备。在食物中有两种脂肪类型：饱和脂肪与不饱和脂肪。

甘油三酯 在食物和人体中存在的大多数脂肪的化学或底物形式。

蛋白质 通过肽键连接的氨基酸，由碳、氢、氮、氧组成，通常还含有硫。

糖异生 从非碳水化合物来源（如氨基酸）形成葡萄糖。

三磷酸腺苷 人体细胞内能量的储存以及传递单位。

二磷酸腺苷 存在于所有细胞中的一种高能化合物，能够用于合成三磷酸腺苷（ATP）。

能量与机械功

任何形式的运动都包括2个因素：强度和持续时间，图4.2说明了它们之间的关系。A点描述了在短时间内举起重物的高强度运动。400米跑的持续时间稍长，并且仍然是强度很大的活动（B点），而长跑是持续时间很长但强度较低的活动（C点）。明确一项运动在这一关系中所处的位置，将有助于明确该运动的主导供能系统。

为了进行机械功，人体需要燃料，燃料则通过化学过程产生能量。之前说过，人体需要的能量来自太阳，通过消化食物来获得。此外，严格来讲，人体并不能制造能量，而只是借助食物将太阳的能量转移至细胞中，来完成特殊的细胞功能和机械功能[6,8,9]。ATP作为一种高能分子，储存用于细胞工作和机械工作（包括运动）的能量。实际上，ATP释放的能量中只有大约40%用于细胞工作，例如肌肉收缩，其余能量则作为热量释放[6,8,9]。

三磷酸腺苷

ATP酶与ATP分子结合后，使最后一个磷酸基脱离，释放出大量自由能量，每一个ATP单位大约7.3千卡（1千卡约为4 186焦耳）[6,8,9]。磷酸基脱离后，ATP变为ADP和一个无机磷酸分子（Pi）。

$$ATP \Leftrightarrow ADP + Pi + 能量释放$$

在ATP进一步释放能量前，它必须在ADP上再次结合另一个磷酸基，这一过程称为磷酸化。细胞产生ATP有以下3种代谢途径。

1. ATP–PC系统

图4.2

能量与机械功

2. 糖酵解系统（糖酵解）

3. 氧化系统（氧化磷酸化）

ATP-PC系统

使用ATP后必须进行补充才能继续提供能量。通过将另一个高能分子磷酸肌酸（简写为PC或CP）中的磷酸转移至ADP分子（伴随着能量转移），就可以产生足够的能量来保证一个横桥循环的完成。ATP与PC被统称为磷酸原，因此，这一系统有时被称为磷酸原系统。从磷酸肌酸分子（ATP-PC系统）产生新的ATP分子的过程，是所有能量系统中最简单快速的方式（图4.3），而且不需要氧的参与（无氧）[1-9]。ATP-PC系统主要为高强度、短时间的运动或活动提供能量。这常见于使用大负荷但只重复几次的爆发力和力量训练，或者短距离冲刺项目。举例来说，在全力冲刺时，ATP与PC储备只为全部工作肌肉提供10至15秒的能量就会完全耗尽[1-3,6-9]。然而，不管活动的强度如何，这一系统在活动一开始的时候就立即被激活，因为相比其他系统，它能够非常迅速地产生能量[1-3,6-9]。

糖酵解系统

产生ATP的另外一种无氧方式是通过葡萄糖的化学分解，该过程被称为无氧糖酵解。葡萄糖或糖原首先必须转化为葡萄糖-6-磷酸才能产生能量[5,6,8,9]。有一点很重要，只有当葡萄糖或糖原转化为葡萄糖-6-磷酸时，糖酵解过程才开始进行。尽管整个糖酵解过程的目的是产生能量，但是实际上葡萄糖转化为葡萄糖-6-磷酸会消耗1个ATP分子，而糖原不会[6,9]。糖酵解的最终结果是葡萄糖或糖原分解成丙酮酸（有氧糖酵解）或乳酸（无氧糖酵解），每一个分子或单位的葡萄糖产生2个ATP，每一个分子或单位的糖原产生3个ATP[6,9]（图4.4）。

尽管该系统能够比ATP-PC系统产生更多的能量，但它也只能有限地维持30~50秒[1-3,6-9]。大多数健身练习更多地着重于这一系统，因为传统的8~12次重复正好落在这一时间范围内。

磷酸肌酸 + 二磷酸腺苷   磷酸 + 三磷酸腺苷

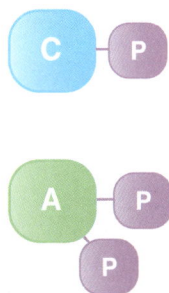

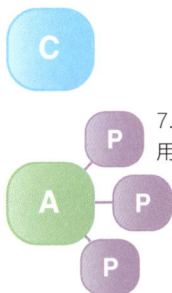

7.3千卡能量
用于肌肉收缩

图4.3

ATP-PC系统

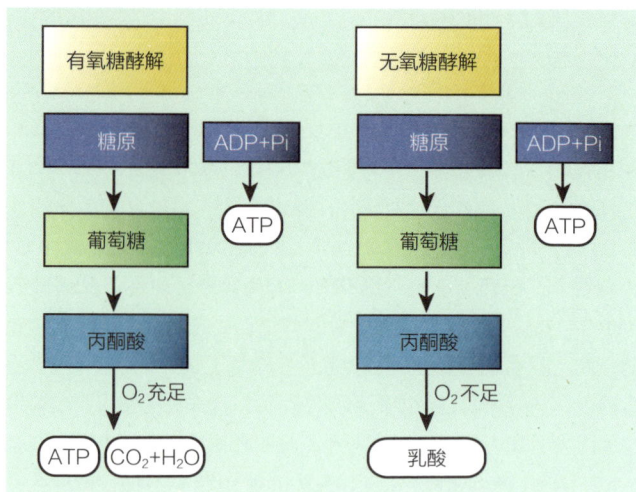

图4.4

糖酵解

氧化系统

在这3个能量系统中，最复杂的是在氧的帮助下利用底物产生ATP的过程。参与产生ATP的3个氧化过程都需要氧，因此被称为有氧过程。这3个氧化或有氧过程如下。

1. 有氧糖酵解

2. 三羧酸循环

3. 电子传递链（ETC）

不管糖酵解是有氧的还是无氧的，过程都是一样的；氧的存在只决定着最终产物丙酮酸的命运（没有氧则最终产物是乳酸），但是当氧存在时，丙酮酸转化成一种在代谢中很重要的分子，名为乙酰辅酶A（acetyl CoA）[1-9]。乙酰辅酶A的重要性在于它有助于在第二个ATP氧化产生过程（即三羧酸循环）中对底物的利用。乙酰辅酶A完全氧化能产生2个单位的ATP，以及副产品二氧化碳和氢（图4.5）。糖酵解和三羧酸循环中释放出的氢离子与其他酶结合，形成第三个氧化过程，最终提供能量使ADP氧化磷酸化形成ATP（电子传递链）。一个葡萄糖分子的完全代谢可以产生35至40个ATP，具体取决于一些条件[6,9]。

记住，脂肪也能有氧代谢。脂肪氧化代谢的第一步是β氧化过程[3-6,8,9]。β氧化的过程首先是将甘油三酯分解成更小的亚基，即游离脂肪酸（FFA），β氧化的目的是将游离脂肪酸转变为酰基辅酶A分子，后者进入三羧酸循环并最终产生更多ATP。产生ATP的数量取决于何种脂肪被氧化，比如说一分子棕榈酸产生129个ATP分子[6,9]。通过脂肪氧化，每个分子脂肪比每个分子碳水化合物产生的ATP要多得多，但脂肪氧化需要更多的氧来产生ATP；因此碳水化合物是氧化产生ATP的首选底物。

β氧化　甘油三酯分解成更小的底物，即游离脂肪酸，游离脂肪酸转化为酰基辅酶A分子进入三羧酸循环并最终产生ATP。

图4.5

氧化系统

有氧代谢概况

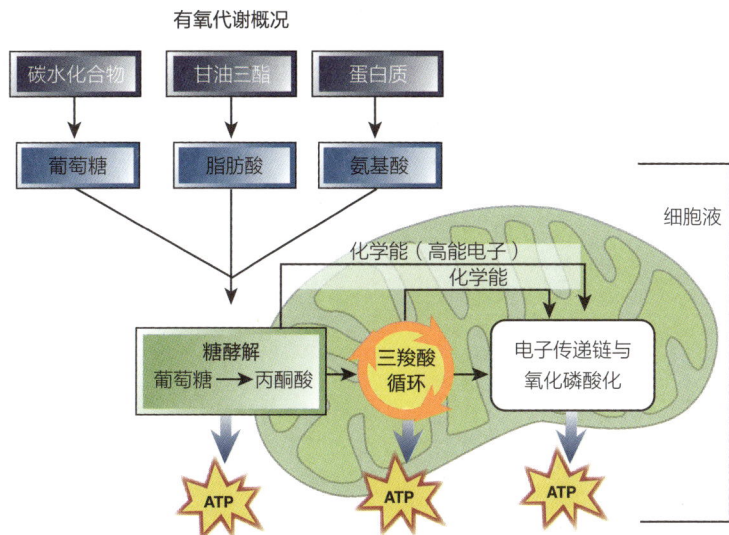

碳水化合物与脂肪的有氧代谢的最终产物是水和二氧化碳，两者都很容易被清除，相较于乳酸来说更是如此。葡萄糖和脂肪的有氧分解比葡萄糖的无氧代谢花费时间更长，比ATP-PC循环更是长得多。尽管产生ATP的速度不是它的强项，但是有氧代谢能在很长的时间内产生能量，至少可以为运动供能。这是因为每个人都具有充足的脂肪储备。

你知道吗?

乳酸与疼痛

如果对乳酸的酸性引起疼痛这一观点不理解，试一下跑几层楼，然后注意你的大腿。这种不适感正是来自于乳酸的积累。还要注意，疼痛消失得也很快，因为机体会将乳酸代谢掉。

小结

细胞代谢的一个主要能量来源储存在ATP分子的化学键中。当结合ATP的化学键断裂时，能量会被释放，用于细胞工作，剩下的另一个分子称为ADP。能量代谢的另一功能是利用足够的自由能将一个磷酸基与ADP重新结合，并使ATP水平恢复正常。

能量可用于形成肌球蛋白-肌动蛋白横桥，促使肌肉收缩。一次横桥循环中需要消耗2个ATP。当所有的ATP耗尽时，就没有能量使横桥与肌动蛋白结合点分离，肌肉将会变得僵硬。ATP释放的能量只有大约40%实际用于细胞活动（如肌肉收缩），其余作为热量被释放。

ATP使用后必须进行补充才能继续供能。细胞产生ATP有以下3种代谢途径。

1. ATP-PC 系统
2. 糖酵解系统（糖酵解）
3. 氧化系统（氧化磷酸化）

运动过程中的能量

对于运动中的能量利用，最重要的调节因素是运动强度和持续时间。记住运动强度和持续时间是负相关的。在图4.6中，x轴是最大能力下的运动持续时间，y轴是不同燃料来源所供应能量的百分比。标记"即时能量系统"的曲线代表持续时间非常短的运动（例如短跑冲刺），能量的主要来源是ATP和磷酸肌酸储备（ATP-PC系统），但仍有一小部分能量是来自无氧糖酵解和有氧代谢。随着运动持续时间的增加（至大约2分钟），能量的主要来源是葡萄糖的无氧代谢（无氧糖酵解），但同样有一部分能量来自于其他途径。当运动持续几分钟之后，葡萄糖和脂肪的氧化成为主要的能量来源。

ATP和磷酸肌酸的储备提供的能量很少，而来自碳水化合物储备的能量更多，但总量仍然有限。而对于运动来说，来自脂肪的能量供应基本上是无限的。肌糖原的能量供应也有限，当糖原储备耗尽时，运动强度开始

图4.6

运动供能

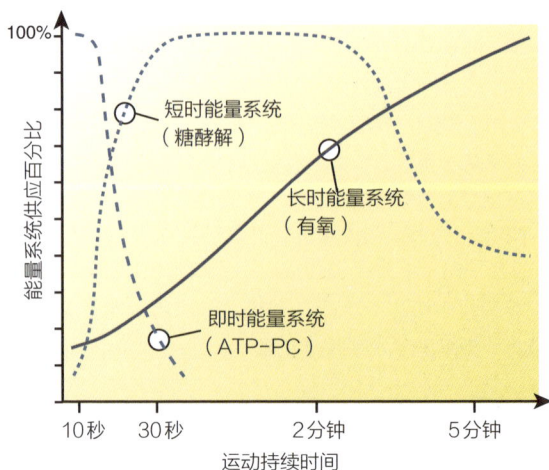

下降，因为此时主要的能量供应从糖原转为脂肪。当运动超过90分钟后，大多数肌糖原储备被耗尽。通过训练与高碳水化合物摄入的结合，能够明显增加糖原的储备，也许升高50%以上，这就使得运动员在感到疲劳或到达力竭之前能够运动得更久[1-9]。

你知道吗？

糖原与耐力

我们都听说过碳水化合物超量储备（即糖原超量储备、碳水化合物超量补偿等）可提高耐力表现。额外补充的糖原并不能让运动员在比赛中跑得更快，但它可以使运动员维持其配速更久、减速更晚。

稳态运动中的代谢

在实验室中可以间接地进行运动生物能测量，使用几种运动模式（如跑步机、功率自行车、赛艇测功仪、越野滑雪模拟器、游泳水槽），同时测量氧和二氧化碳的浓度以及呼气量；也可以测量其他生理功能，包括心率、血压、运动负荷或功率输出。用于评估运动代谢的手段通常是在稳态运动中进行测量的。顾名思义，稳态运动就是以恒定节奏（强度）进行运动。例如，稳态运动可以被描述为以4英里/时（1英里/时约为1.6千米/时，此后不再标注）的轻快节奏步行，或者每英里耗时15分钟，总共步行15分钟或者1英里（1英里约为1.6千米，此后不再标注）。

你知道吗？

第二次呼吸（Second Wind）

大多数人在慢跑、游泳或进行其他任何有氧活动时，开始的几分钟会感觉有些不适，但是这几分钟过后，运动就会进入更加舒适的节奏，先前的不适感也会消失。多数生理学家认为当运动开始转为较为舒适的感觉时，人体达到相对稳定的状态。一些人称之为达到其所谓的第二次呼吸。

就稳态运动而言，首先要做一个假设，即在跑步机上恒定配速步行时，开始几步所需的能量与结束的几步相同。要想明确人体在运动中如何供应能量，一种办法就是看在特定的运动时间内消耗了多少氧气。当站在跑步机皮带上时，能量的需求很低，在步行开始时立即快速上升（方波响应），在步行期间保持不变，然后在离开跑步机皮带时立即下降至运动前

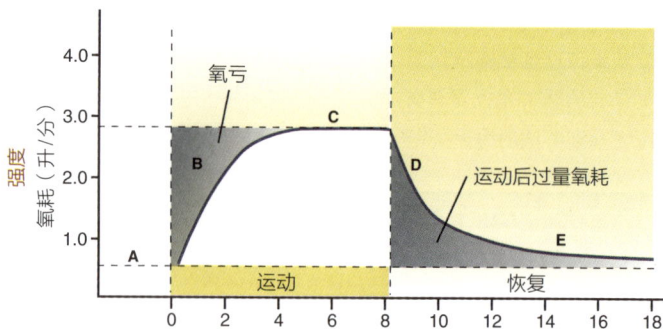

图4.7

稳态运动中的代谢

的水平。15分钟运动的整体能量需求如图4.7所示。

仰卧（躺下）静止状态时的氧耗比坐着休息时要低，坐姿的静止状态比站立时低。在踏上跑步机之前，仅仅是预期要运动就已经提高了静止状态的氧耗，但图4.7显示开始时受试者在速度设定为4英里/时的跑步机皮带上大步走（图4.7中的A段）。一站上跑步机皮带，对身体的要求立即增加，但是显示氧耗的曲线并没有呈现出能量需求的方波响应。氧耗增加相当快，几分钟后，曲线开始趋于平稳，然后在运动期间维持不变。一旦运动结束，受试者离开跑步机，氧耗短暂居高后开始快速下降，然后缓慢下降，最终恢复到基线。不管在运动中的哪个阶段，如果热量的需求超过了身体以有氧方式提供能量的能力，身体都将以无氧方式进行补偿。

人体优先选择有氧（或氧化）代谢，因为二氧化碳和水更容易被清除[1,3-6,9]。然而在刚开始运动时，有氧代谢途径太慢，无法满足最初的需求，所以人体在运动早期要依赖ATP-PC循环（导致ATP和PC水平下降，ADP和肌酸水平上升）和葡萄糖无氧代谢。未得到满足的能量需求，也就是图中氧耗曲线与代表整体能量需求的矩形之间的差异（氧耗曲线上方的阴影区域B）。随着有氧代谢产生的ATP升高，无氧代谢来源的能量越来越少。一旦到达平台期，有氧代谢产生的能量就达到运动能量的需求（图4.7中的C段）。

此例当中当受试者离开跑步机时，能量需求迅速向基线回落（D段），然后曲线变缓（E段），但是氧耗仍然保持短暂的较高水平，继续通过有氧代谢产生ATP。这一阴影区域常被称为**运动后过量氧耗或EPOC**[1-9]。ATP超出了恢复所需（仍居高的氧耗证明了这一点），这是为了帮助恢复ATP和PC基线水平，清除代谢终产物。当ATP和PC水平恢复，其他生理过程也恢复正常，氧耗将回归靠近基线，基本完成即时恢复。

运动后过量氧耗（EPOC）
运动后的人体代谢水平升高的状态。

间歇运动中的代谢

上述示例中的受试者在增加运动强度（从静止到4英里/时的步行速度）后恢复。而在间歇运动中，比如很多集体类项目，这种模式反复多次发生，并因做功的需要而发生不同的变化。当运动员必须要增加强度（比如速度从步行过渡至慢跑直至冲刺）时，大部分能量需求依靠无氧代谢提供[1,2,6~9]。当强度降低（或者运动员出现短暂疲劳），氧耗会维持在高水平但是短暂升高，试图快速恢复以准备下一轮更高强度的做功[1,2,6~9]。如果前一轮高强度做功的时间非常短，也就是说很可能由ATP-PC供能，恢复期相应地就会较短；ATP-PC循环的恢复大约需要90秒完成。如果高强度做功时间较长，恢复时间也将延长。在间歇运动中，快速恢复能力是最重要的。此外，恢复过程需要耗氧以使ATP-PC浓度恢复至正常水平，同时清除乳酸。因此，尽管比赛不是恒定配速的运动，但确实需要以无氧代谢供能为主的周期训练。

运动中能量供应的估算

呼吸商（RQ）是指呼出二氧化碳的量除以吸入氧气的量，可使用代谢分析仪在静止或稳态运动时进行测量[6,9]。在稳态运动中测量VO_2和VCO_2可计算得出RQ，可以确定碳水化合物和脂肪作为燃料的相对贡献率。在稳态运动中，RQ为1.0表示碳水化合物为代谢提供100%的燃料，RQ为0.7表示脂肪为代谢提供100%的燃料。介于0.7和1.0之间的RQ表示碳水化合物与脂肪共同为代谢提供燃料。表4.1显示了不同RQ决定的燃料贡献情况。注意，这是没有蛋白质的RQ表，因为蛋白质在运动中供能极少，可以被忽略不计。

表4.1	RQ与来自脂肪和碳水化合物的热量百分比	
RQ	**来自碳水化合物的热量（%）**	**来自脂肪的热量（%）**
0.70	0.0	100.0
0.75	15.6	84.4
0.80	33.4	66.6
0.85	50.7	49.3
0.90	67.5	32.5
0.95	84.0	16.0
1.00	100.0	0.0

燃脂区的误解

RQ的另外一个用途往往被一些运动设备商的市场营销部门所曲解，那就是所谓的燃脂区概念。其思路是低强度运动可以燃烧更多的脂肪，因为这样轻松的锻炼并不需要从碳水化合物中快速获取能量。尽管这个概念可能符合逻辑，但它是错误的。

为了证明燃脂区是谬论，需要对两种不同的运动方案进行比较。例如，一个客户参加低强度燃脂训练，以3英里/时的速度步行20分钟，其RQ为0.80。这意味着67%的能量来自脂肪，而33%的能量来自碳水化合物。进一步解释，按照此速度这个客户每分钟消耗了4.8卡，其中3.2卡（67%）来自脂肪，1.6卡（33%）来自碳水化合物。因此，在完整的20分钟内，该客户消耗的64卡来自脂肪代谢，只有32卡来自碳水化合物代谢。

如果该客户把强度加倍至6英里/时，同样步行20分钟，增加的强度将需要更多的碳水化合物供能，RQ变为0.86。这意味着54%的能量来自碳水化合物，而只有46%来自脂肪。那么，该速度导致每分钟消耗9.75卡，其中5.2卡来自碳水化合物，4.49卡来自脂肪。因此，在完整的20分钟内，该客户消耗的104卡来自碳水化合物，89卡来自脂肪。强度的增加使脂肪提供的总热量消耗增加，在同样的时间里，超过了低强度步行，大约增加了50%。因此，市场营销部门宣称的降低强度可使人进入燃脂区是完全不准确的。在这个案例中，尽管对于碳水化合物作为能量来源的依赖程度越来越高，但稍高一些的强度也会使脂肪的供能更多。

小结

尽管能量代谢非常复杂并且会令人困惑，但是对人体如何利用能量进行运动的基本理解将为运动和训练建议打下基础。运动、训练和疲劳的基本概念具有特异性。了解某项运动的具体需求几乎可以指导所有的训练决策，能使运动员和健身客户更好地利用特定的能量途径为该运动供能。事实上，人体对运动的所有反应和对训练的适应都可追溯到在运动中的主要燃料来源。了解这一点就可以消除疑虑，基于可靠的科学依据做出运动训练的建议。从能量学角度分析，人体的运动反应和训练适应都显得非常有逻辑，这使得本章所概述的训练适应更容易理解。

参考文献

（1）De Feo P, Di Loreto C, Lucidi P, et al. Metabolic response to exercise. *J Endocrinol Invest*. 2003; 26: 851–854.

（2）Gastin PB. Energy system interaction and relative contribution during maximal exercise. *Sports Med*. 2001; 31: 725–741.

（3）Glaister M. Multiple sprint work: physiological responses, mechanisms of fatigue and the influence of aerobic fitness. *Sports Med*. 2005; 35: 757–777.

（4）Grassi B. Oxygen uptake kinetics: old and recent lessons from experiments on isolated muscle in situ. *Eur JAppl Physiol*. 2003; 90(3–4): 242–249.

（5）Johnson NA, Stannard SR, Thompson MW. Muscle triglyceride and glycogen in endurance exercise: implications for performance. *Sports Med*. 2004; 34: 151–164.

（6）McArdle WD, FI Katch, VL Katch. *Exercise Physiology. Energy, Nutrition, and Human Performance*. 7th ed. Philadelphia: Lippincott Williams & Wilkins; 2010: 134–169.

（7）McMahon S, Jenkins D. Factors affecting the rate of phosphor–creatine resynthesis following intense exercise. *Sports Med*. 2002; 32(12): 761–784.

（8）Wells GD, Selvadurai H, Tein I. Bioenergetic provision of energy for muscular activity. *Paediatr Respir Rev*. 2009; 10: 83–90.

（9）Howley ET, Powers SK. *Exercise Physiology: Theory and Application to Fitness and Performance*. 7th ed. New York: McGraw Hill; 2009: 22–46.

第**5**章

人体动作科学

章节目标

学完本章，你应该能够掌握如下内容。

☑ 解释功能多平面生物力学的概念，包括基本的生物力学术语。

☑ 阐述肌肉活动和外力与人体动作的关联。

☑ 解释与运动训练相关的动作学习和动作控制的概念。

人体动作科学介绍

　　回顾第2章，动作代表着人体3个主要系统的综合功能，即神经系统（中枢神经系统和外周神经系统）、骨骼（关节）系统和肌肉系统。这些结构共同组成了人体动作系统（HMS）。尽管各部分在结构与功能上是独立的，但HMS依赖于各部分的协作来形成相互依赖的环节，即形成功能性动力链。举例来说，手臂、肩和脊柱是互相连接的部分，它们协同完成动作。如果动力链的任何一部分受伤或功能异常，整条动力链都会受累，导致运动表现欠佳。人体各部分的动作必须协调，才能实现能量和力在身体内各部分之间的高效传递（图5.1）。

　　本章着重介绍HMS如何基于动作学习和生物力学的原理内部相互协作学习和产生高效的人体运动。

生物力学

　　生物力学，或者更恰当地说，运动生物力学，是应用力学和物理原理来确定力如何影响人体运动，以及推断运动项目中如何更好地获取运动表现的研究。本章重点关注HMS产生的动作及其作用力[1,2]，并且对基础的解剖术语、运动平面、关节运动、肌肉活动、力偶、杠杆、力以及力-速度关系进行概述。

生物力学 关于作用在人体的内部和外部的力及其作用的科学。

图5.1

人体动作效率

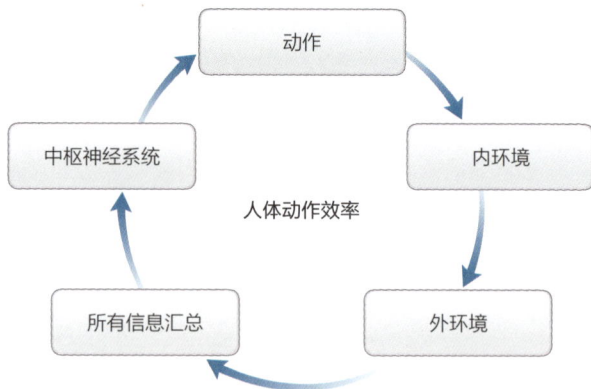

术语

对私人教练来说，理解一些生物力学研究中使用的基础术语很重要，不仅能更好地理解生物力学知识，还能在为客户评估和设计训练计划时应用所学的原理。

解剖位置

解剖位置是指描述身体的特定位置或定位的术语（图5.2），包括内侧、外侧、对侧、同侧、前、后、近端、远端、下和上。

上指参照点上方的位置。股骨（大腿骨）在胫骨（小腿骨）的上方，胸大肌（胸部肌肉）在腹直肌（腹部肌肉）的上方。

下指参照点下方的位置。跟骨（脚跟的骨）在髌骨（膝盖骨）的下方，比目鱼肌（小腿肌肉）在腘绳肌的下方。

近端指靠近身体中心或参照点的位置。膝比踝更靠近髋，腰椎（下背部）比胸骨更靠近骶骨（尾巴骨）。

远端指远离身体中心或参照点的位置。踝比膝更远离髋，胸骨比腰椎更远离骶骨。

前指在身体前面或朝向身体前面的位置。股四头肌位于大腿的前面。

后指在身体后面或朝向身体后面的位置。腘绳肌位于大腿的后面。

内侧指相对靠近身体中线的位置。髋内收肌在大腿的内侧，因为它们位于下肢靠近身体中线的一侧。胸骨比肩更靠近内侧。

外侧指相对远离身体中线或朝向身体外部的位置。耳朵位于头的外侧。

对侧指位于身体相反的一侧。右脚在左手的对侧。

同侧指位于身体相同的一侧。右脚在右手的同侧。

上 参照点上方的位置。

下 参照点下方的位置。

近端 离身体中心或参照点更近的位置。

远端 离身体中心或参照点更远的位置。

前（腹侧） 身体的前方。

后（背侧） 身体的后方。

内侧 靠近身体中线的位置。

外侧 朝向身体外部的位置。

对侧 位于身体相反的一侧。

同侧 位于身体相同的一侧。

运动平面、运动轴和关节运动

通常人体运动可以被描述为在3个维度上的运动，并且以平面和轴构

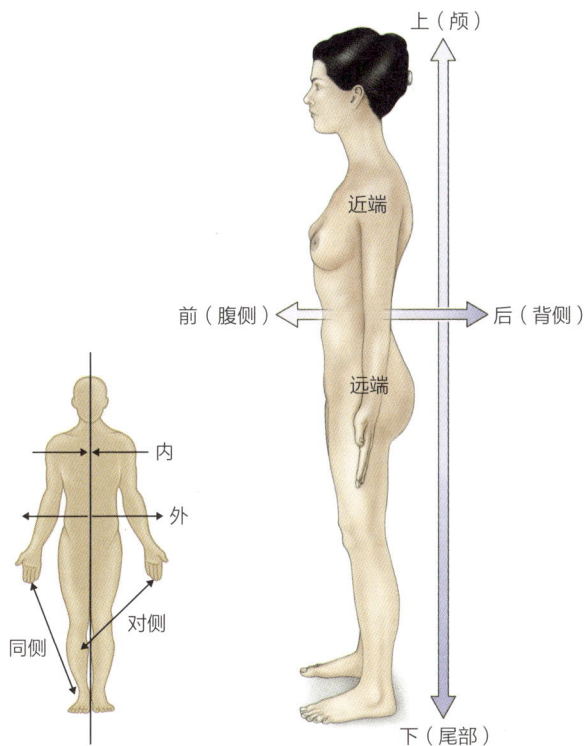

图5.2

解剖位置

上（颅）

近端

前（腹侧）← → 后（背侧）

远端

内

外

对侧

同侧

下（尾部）

成的系统为基础（图5.3）。3个想象的相互垂直的平面穿过人体，在人体的重心处交叉。它们包括矢状面、冠状面和水平面。据说运动通常多发生在某一特定的平面，它实际上是沿着平面或与平面平行。尽管运动可能以某一平面为主，但并没有严格地只发生在一个平面上的动作。一个平面上

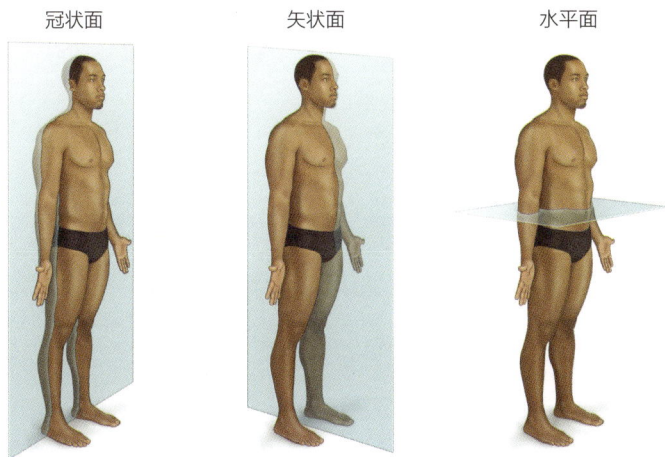

冠状面 矢状面 水平面

图5.3

运动平面

的运动围绕着与该平面垂直的轴，就像车轮围绕着车轴一样。这就是所谓的关节运动，关节运动以它们在每个平面上的运动命名（表5.1）。在运用这些原理时，切记应依据人体解剖姿势使用解剖术语。

解剖姿势 身体直立，手臂放于身体两侧，掌心向前。解剖姿势在解剖学中非常重要，因为它是解剖术语的参照姿势。解剖术语（例如前和后、内和外、内收和外展）都是以解剖姿势为准的。

表5.1	平面、运动和轴举例		
平面	**运动**	**轴**	**举例**
矢状面	屈曲/伸展	冠状轴	肱二头肌弯举 肱三头肌下压 深蹲 前弓步 提踵 走 跑 纵跳 爬楼梯
冠状面	内收/外展 侧屈 外翻/内翻	矢状轴	侧平举 侧弓步 侧滑步
水平面	内旋 外旋 左/右旋转 水平内收 水平外展	纵轴	躯干旋转 投掷 高尔夫挥杆 挥拍

矢状面

矢状面 假想将人体分为左、右两半的平面。
屈曲 相邻两个节段夹角减小的弯曲动作。

矢状面将人体分为左、右两半。矢状面运动围绕着冠状轴进行[1-3]，包括屈曲和伸展（图5.4）。屈曲是弯曲的动作，相邻两个节段的夹角减小[2,4]。

你知道吗?

矢状面屈髋

屈髋时股骨（大腿骨）与骨盆或腰椎之间的角度减小。这可发生在朝向腹部抬膝（股骨围绕骨盆转动）时。在此过程中，骨盆和脊柱是相对固定的，而股骨转动。另一种屈髋的情况是向前弯腰（像触脚尖那样）。此时骨盆和腰椎一起朝向固定的股骨转动（骨盆围绕股骨转动）。

伸展 相邻两个节段夹角增大的伸直动作。
过伸 关节伸展超过正常活动度范围。

伸展是伸直的动作，相邻两个节段的夹角增大[2,5]。注意，过伸是指关节伸直超过正常活动度的界限，常引起损伤。屈伸发生在人体的很多关

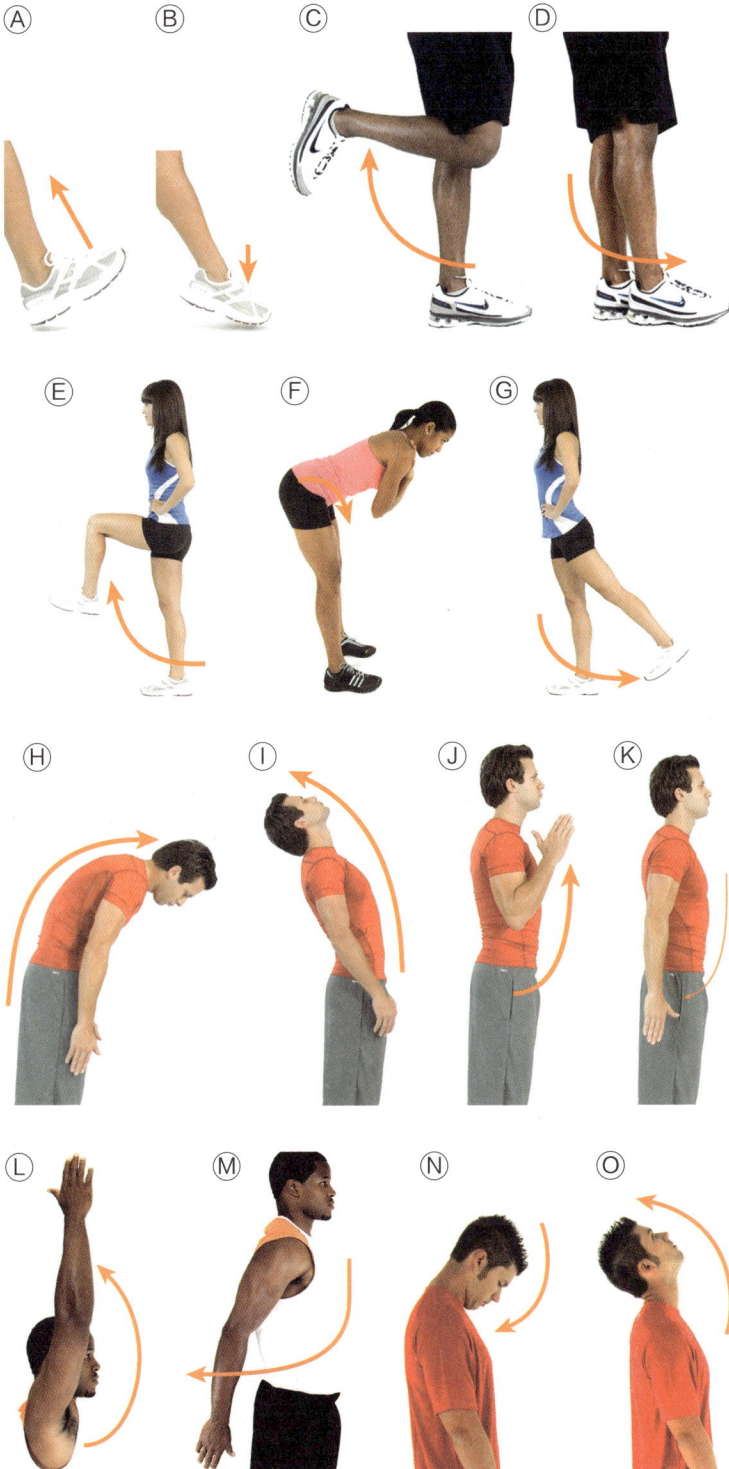

图5.4

屈曲和伸展动作
A. 踝关节背屈
B. 踝关节跖屈
C. 膝关节屈曲
D. 膝关节伸展
E. 髋关节屈曲：股骨围
   绕骨盆转动
F. 髋关节屈曲：骨盆围
   绕股骨转动
G. 髋关节伸展
H. 脊柱屈曲
 I. 脊柱伸展
 J. 肘关节屈曲
K. 肘关节伸展
L. 肩关节屈曲
M. 肩关节伸展
N. 颈部屈曲
O. 颈部伸展

节，包括脊柱、肩、肘、腕、髋、膝、足和手。在踝关节，屈也可称为背屈，伸也可称为跖屈[1,2,5]。以矢状面为主的运动举例如肱二头肌弯举、肱三头肌下压、下蹲、前弓步、提踵、走、跑、纵跳、爬楼梯和投篮。

冠状面

冠状面 假想将人体分为前、后两半的平面。

外展 冠状面上远离身体中线的运动。

内收 冠状面上靠近身体中线的运动。

冠状面将人体分成前、后两半。冠状面运动围绕着矢状轴进行[1-3]，包括四肢的内收和外展（相对于躯干）、脊柱侧屈以及足踝的内翻和外翻[1-3,5]（图5.5）。**外展**指肢端远离人体中线的运动，与伸展相似，相邻两个节段的夹角增大，但发生在冠状面上[1-3,5]。**内收**指肢端靠近人体中线的运动，像屈曲一样，相邻两个节段的夹角减小，但发生在冠状面上[1-3,5]。侧屈是指脊柱（颈椎、胸椎或腰椎）从一侧弯向另一侧或者说是向一侧弯曲[1-3,5]。内翻和外翻遵循同样的原理，但更多地特指跟骨和跗骨在冠状面上的运动[1-3,5]。冠状面的运动举例如侧平举、侧弓步和侧滑步。

图5.5

内收和外展动作
A. 足踝外翻
B. 足踝内翻
C. 髋关节外展
D. 髋关节内收
E. 躯干侧屈
F. 肩关节外展
G. 肩关节内收
H. 颈部侧屈

水平面

　　水平面将人体分成上、下两半。水平面运动围绕着长轴或纵轴进行[1-3]，包括四肢**内旋**和**外旋**，头颈左、右旋转，四肢**水平外展**和**水平内收**以及前臂的旋前、旋后（**图5.6**）[1-3]。

图5.6

旋转动作
A. 髋关节外旋
B. 髋关节内旋
C. 前臂旋后
D. 前臂旋前
E. 肩关节外旋
F. 肩关节内旋
G. 肩关节水平外展
H. 肩关节水平内收
I. 脊柱旋转
J. 颈部旋转

外旋 关节向离开人体中线的方向旋转。

水平外展 上肢或下肢在水平面上从前面向侧面运动。

水平内收 上肢或下肢在水平面上从侧面向前面运动。

肩胛骨回缩 肩胛骨内收，向中线靠拢。

肩胛骨前伸 肩胛骨外展，离开中线。

肩胛骨下抑 肩胛骨向下运动。

肩胛骨上提 肩胛骨向上运动。

对足来说，因为它是一个整体，水平面上的运动称为外展（脚尖指向外，向外旋转）和内收（脚尖指向内，向内旋转）[2]。水平面运动举例如持绳索躯干旋转、哑铃飞鸟、扔球、掷飞盘、高尔夫击球、挥拍动作。

肩胛运动

对健身专业人员来说，熟知肩胛骨的运动以保证肩关节正确运动非常重要。肩胛骨运动主要是回缩（内收）、前伸（外展）、上提和下抑（图5.7）。当两侧肩胛骨靠拢时称为肩胛骨回缩，而两侧肩胛骨相互远离时称为肩胛骨前伸。肩胛骨下抑是指肩胛骨向下方移动，而肩胛骨上提是指肩胛骨朝向耳朵方向上移。

肌肉活动

肌肉活动有3种主要类型：等张（isotonic）（离心和向心）、等长（isometric）和等速（isokinetic）（表5.2）。前缀iso代表相同或相等；后缀tonic代表张力，metric代表长度，kinetic代表运动。

◆ 等张（肌肉张力不变）

图5.7

肩胛骨动作
A. 肩胛骨回缩
B. 肩胛骨前伸
C. 肩胛骨下抑
D. 肩胛骨上提

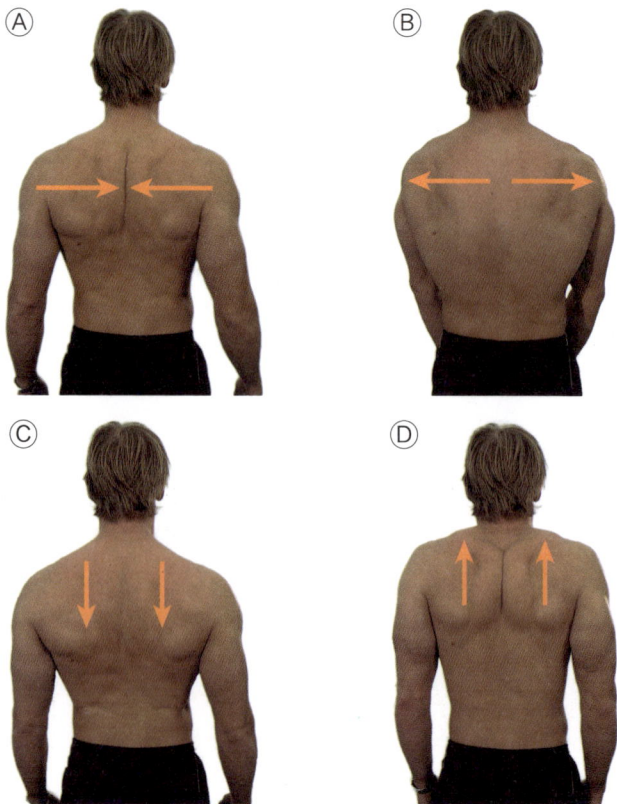

　　　» 离心
　　　» 向心
　　◆ 等长（肌肉长度不变）
　　◆ 等速（运动速度不变）

表5.2	肌肉活动方式
活动	表现
等张	力产生，肌张力增加，运动在一定的活动范围内产生
离心	移动方向与阻力方向一致 减速或减小力
向心	移动方向与阻力方向相反 加速或产生力
等长	无顺应阻力或对抗阻力的可见运动 动态稳定力
等速	动作速度固定，阻力随施加的力而变化 需要复杂的训练设备，常用于康复或运动生理实验室

等张

　　等张肌肉收缩过程中，伴随着力的产生，肌张力增加，在一定的活动范围内产生运动。等张收缩包括两个构成部分：离心阶段和向心阶段。

离心

　　离心肌肉活动发生于肌肉张力增加但同时被拉长的时候。肌肉被拉长是因为收缩力小于阻力，肌肉的总张力小于将肌肉拉长的外力。由于肌肉变长，肌动蛋白和肌球蛋白横桥被分开并重新连接，以使肌肉能被拉长[2,5]。实际上，这里说的肌肉拉长通常是指恢复静息长度，其实际长度并没有像肌肉受到拉伸时那样增加[5]。

　　离心收缩与减速意义相同，很多运动中可观察到离心收缩，例如跳起后落地，或更常见于健身房中，在抗阻训练放下重物之时。肌肉离心收缩在健身界内也被称为"反向"，反向这个词源于一个事实，即离心运动中肌肉实际上是做功的对象（因为作用力使肌肉移动），而不是肌肉在对外界做功（或肌肉使阻力移动）[2,5]。这与离心运动的方向和阻力方向一致有关[1,2,5]。

　　在功能性活动中，比如日常活动和运动中，肌肉离心收缩与向心收缩或等长收缩一样多[6]。离心收缩时，肌肉必然使作用在人体上的力减速或者减少，这可见于所有的抗阻训练练习动作中。不管是在跑步机上步行还是卧推，身体重量或者杠铃重量都必须得到减速，才能稳定以便正确地加速。

离心肌肉活动　发生于肌肉张力增加但同时被拉长的时候。

向心

向心肌肉活动 发生于肌肉力量大于阻力时，引起肌肉的缩短。

向心肌肉活动发生于收缩力大于阻力时，导致肌肉的缩短和明显的关节运动。由于肌肉缩短，肌动蛋白与肌球蛋白横桥连在一起（肌丝滑行理论），使肌肉缩短[2,5]。向心收缩与加速意义相同，在许多运动中可见，比如向上纵跳、抗阻训练练习动作中的"举起"阶段。

等长

等长肌肉活动 发生于肌肉力量与受到的阻力相等时，肌肉长度没有明显变化。

等长肌肉活动发生于收缩力等于阻力时，此时肌肉长度没有明显变化[2,5]。比如在抗阻训练中，一个人在举起和放下之间的停顿就是一种可观察到的等长收缩。

在日常活动和运动中，等长运动用于人体的动态稳定。肌肉等长收缩使肢体获得稳定以免移向错误的位置。举例来说，大腿的内收肌和外展肌在下蹲时使下肢保持动态稳定，以免过多地在冠状面和水平面上移动[5,6]；在做球上卷腹练习时，腹横肌和多裂肌（脊柱深层肌肉）使腰椎保持稳定；做哑铃卧推练习时，肩袖肌群使肩关节保持稳定。

等速

等速肌肉活动 肌肉在整个关节活动范围内以恒定速度缩短。

在**等速肌肉活动**中，肌肉在整个关节活动范围内以恒定速度缩短。等速肌肉活动需要使用昂贵复杂的设备，这些设备测量肌肉产生的力的大小并调整阻力（负荷），因此不管产生的肌张力有多大，运动始终保持恒定。换句话说，一个人越用力推或拉，他感到的阻力就越大。在整个等速收缩过程中，肌张力在整个活动范围内达到最大，这种做法被认为可以提高力量、耐力和神经肌肉效率。然而，在等速设备上能完成的动作类型相当有限，常用于康复诊所或运动生理实验室。

肌肉活动举例

以肱二头肌弯举练习为例来解释肌肉活动。如果客户在练习肱二头肌弯举，动作开始时需要肱二头肌缩短，以产生力来克服重力和所持哑铃的重量（或器械上的配重片），使肘关节屈曲，哑铃被举起向肩关节前方移动（图5.8），这是练习的向心阶段。当哑铃举至肩前方时，保持姿势。因为在保持该姿势时，肌肉的长度不再变化，但是肱二头肌仍然产生力并保持紧张，所以这被认为是练习的等长收缩阶段。当他将哑铃放下回到起始位置，肱二头肌必须被拉长（在神经系统的控制下）使哑铃重量和重力减速，这是练习的离心阶段（图5.9）。

第二个帮助说明肌肉活动的例子是下蹲练习。从站姿开始，客户下蹲，髋、膝和踝关节屈曲（图5.10）。这是一个离心肌肉活动的例子，客户处在抗阻训练的"下降"阶段。此外，当客户下蹲时，臀肌和股四头肌机械性地被拉长，同时使身体重量和重力减速。如果客户在最低位置保持不动，没有明显的关节运动，此时就会发生等长肌肉活动。最后，当客户回到初始位置（上升阶段），就会发生向心肌肉活动，臀肌和股四头肌收缩（图5.11）。

肌肉的功能解剖

对肌肉传统的看法就是它们向心收缩做功并且主要是在一个平面上运动。然而，为了更好地理解动作，设计有效的训练、体能恢复和损伤预防计划，有必要考虑在所有运动平面上和所有肌肉活动（离心、等长和向心）中的肌肉功能。此外，多块肌肉在神经系统的直接控制下协同工作，产生力、稳定身体、减小力。很少有肌肉独自工作的情况。

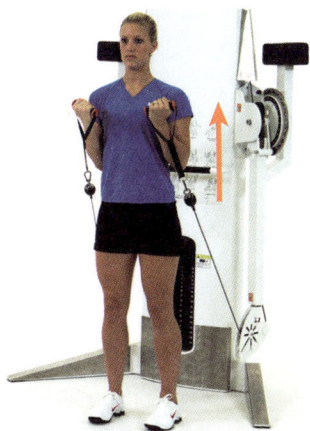

图5.8　肱二头肌弯举向心阶段

图5.9　肱二头肌弯举离心阶段

图5.10　下蹲离心阶段

图5.11　下蹲向心阶段

功能解剖理解得越好，运动计划才能越有针对性。如果不能很好地了解HMS肌肉在3个运动平面中的协同功能，通常会导致最佳运动表现的欠缺以及肌肉发展的不平衡（HMS肌肉的详细描述见附录D）。

肌力

力　一个物体对另一个物体的作用，导致其中一个物体的加速或减速。

力的定义是两个实体或机体之间的相互作用，导致物体的加速或减速[1,2,7]。力的特征是大小（多少）和方向（移动的方向）[1,2,7]。HMS旨在操纵来自多个方向的不同大小的力，以有效地产生动作。健身专业人员必须理解HMS如何控制这些相关的力，以及如何影响动作。

长度-张力关系

长度-张力关系　肌肉的静息长度和在此长度时肌肉产生的张力。

长度-张力关系是指肌肉静息长度和肌肉在此静息长度下产生的张力[2,8-13]。肌小节中的肌动蛋白丝和肌球蛋白丝重叠程度最大时的肌肉长度即为最佳肌肉长度（**图5.12**）。此时，肌球蛋白能够与肌动蛋白之间有最多的连接，则该肌肉有可能产生最大的肌力。如果肌肉拉长超过最佳长度并刺激它，就会减少肌球蛋白和肌动蛋白的重叠，产生的力就减小（**图5.12**）。同样，如果肌肉缩短得太多，然后刺激它，就会使肌球蛋白和肌动蛋白处于极限重叠的状态，肌丝之间无法进一步移动，减小其力的输出（**图5.12**）[2,8-13]。

对私人教练来说，理解长度–张力关系很重要，因为如果肌肉的长度改变，例如关节排列错误（不良姿势），它们就不能产生所需的力来保证有效的动作。如果HMS的其中一个组成部分（神经、骨骼或肌肉）没有正常工作，就会直接影响人体动作的效率。

肌力-速度曲线

肌力–速度曲线是指肌肉在不同收缩速度下产生张力的能力的关系（**图5.13**）。当向心肌肉活动的速度增加时，肌肉产生力的能力下降。普遍

图5.12

长度–张力关系

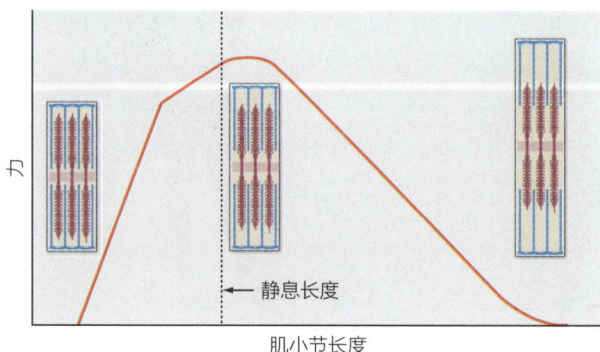

力

→ 静息长度

肌小节长度

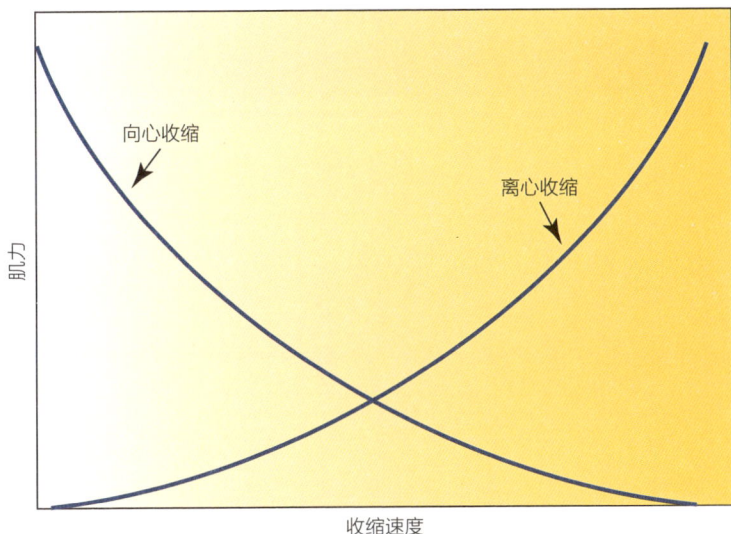

图 5.13
肌力 – 速度曲线

认为这是因为肌动蛋白丝的重叠会阻碍与肌球蛋白形成横桥。相反，在离心肌肉活动的情况下，肌肉活动速度增加，产生力的能力就增加。普遍认为这是利用肌肉内部及其周围结缔组织的弹性成分的结果[1,5,7,14]。

力偶关系

　　肌肉通过其结缔组织（肌腱）将所产生的力传递至骨骼。由于肌肉是成群募集的，多块肌肉将力传递至各自所附着的骨头，在关节处产生动作[15-18]。产生围绕关节的动作的这种肌肉协同活动也被称为**力偶**[4,5]。参与力偶的肌肉对它们所连接的一块或多块骨头提供分散的拉力。其原因是每块肌肉都有不同的附着点，朝不同的角度拉，对相应的关节产生了不同的力。因这些作用力所产生的动作取决于关节的结构和所有参与肌肉的合力（**图 5.14**，**表 5.3**）[2,5]。

力偶　肌群共同移动，产生围绕关节的动作。

表 5.3　　常见的力偶

肌肉	产生的动作
腹内斜肌和腹外斜肌	躯干旋转
上斜方肌和前锯肌下部	肩胛骨上回旋
臀大肌、股四头肌和小腿后侧肌肉	在步行、跑步、爬楼梯等过程中产生的伸髋和伸膝
腓肠肌、腓骨长肌和胫骨后肌	足踝跖屈
三角肌和肩袖	肩关节外展

　　然而，所产生的每一个动作实际上都必须包括所有的肌肉活动形式

图5.14

力偶关系

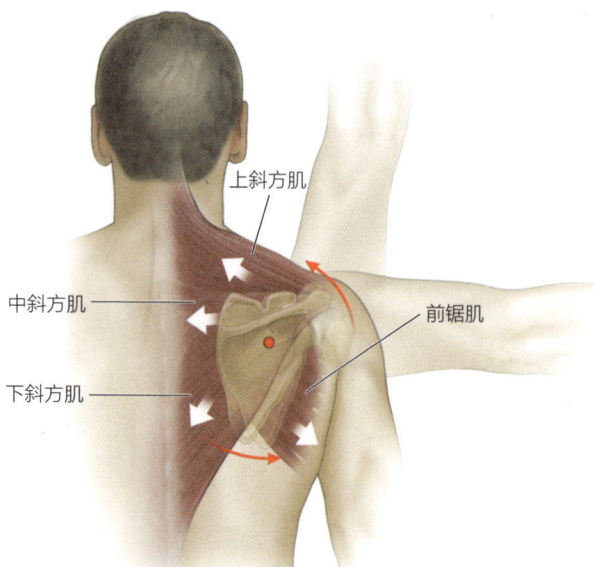

（离心、等长、向心）和所有的功能（原动肌、协同肌、稳定肌和拮抗肌），以确保正确的关节运动，同时避免不必要或不需要的运动。因此，所有肌肉一致地工作产生所需要的动作，被称为在力偶下工作[2]。为保证HMS正确地运动，它必须呈现正确的力偶关系，而只有当肌肉处于恰当的长度–张力关系以及具有正确的关节运动时才会实现。恰当的长度–张力关系、力偶关系和关节运动学的共同作用，才能实现正确的感觉运动整合，并最终产生正确高效的动作[2]。

肌肉杠杆和关节运动学

HMS产生力的大小不仅取决于运动单位的募集和肌肉大小，还取决于关节的杠杆系统。肌肉骨骼系统由骨头、肌肉、肌腱和韧带组成，它们共同形成一系列的杠杆和滑轮，对外部物体产生作用力。骨骼肌借助肌腱附着于骨头，使骨骼在可动的关节处弯曲，从而产生动作。关节运动是由肌肉牵拉着骨头而引起的，肌肉并不能主动地推。肌肉在骨骼上的特殊附着点将决定肌肉能产生多大的力。比如，股四头肌可以比手部肌肉产生更大的力。

大多数运动利用了杠杆原理。杠杆包括一根刚性的"杆"，它围绕固定的支点（枢轴点）转动。在人体中，支点就是关节轴，骨骼就是杠杆，肌肉产生运动（动力），阻力可能是身体某部位的重量或物体（例如杠铃和哑铃）的重量[1]。

杠杆分为3类，具体取决于支点、动力和阻力的位置关系（图5.15）。第一类杠杆的支点在中间，就像跷跷板。点头动作就是第一类杠杆的例子，

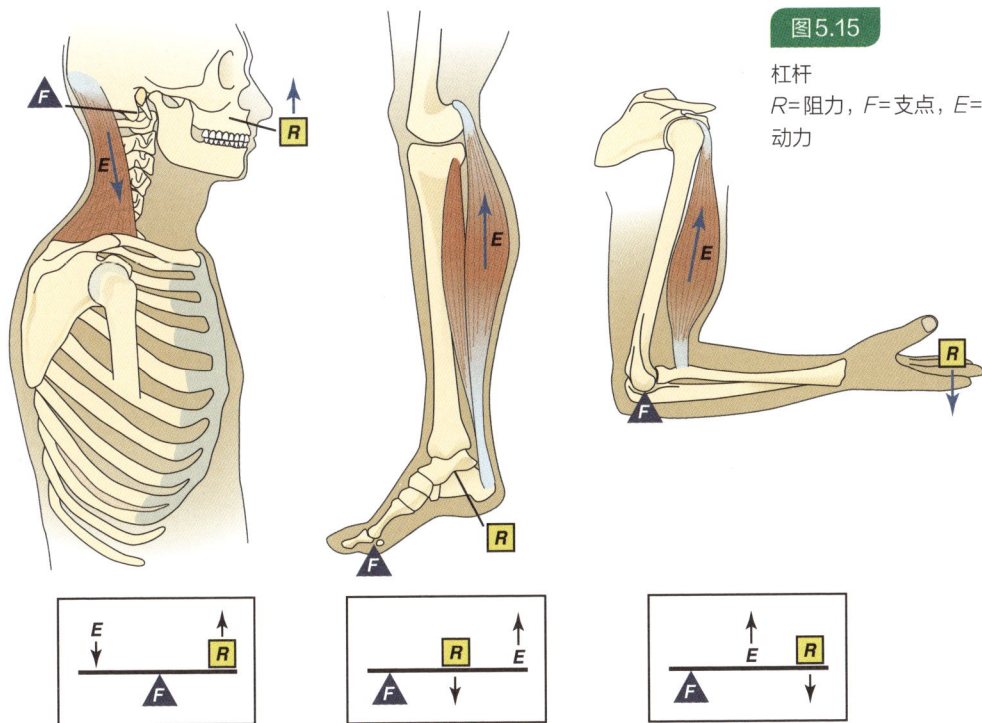

图5.15

杠杆
R=阻力，F=支点，E=
动力

脊柱的顶端即支点（关节轴）。第二类杠杆的阻力位于中间（支点和动力分别在两侧），就像手推车上的货物。在全身俯卧撑或提踵动作中，身体就是按照第二类杠杆在工作。以提踵为例，跖骨球是支点，身体重量是阻力，动力来自于小腿肌肉。第三类杠杆的动力位于阻力和支点之间。动力移动的距离较短，并且动力必须始终比阻力大。人体的大多数肢体按照第三类杠杆运作[7]。以前臂作为第三类杠杆的示例：在肱二头肌弯举练习中，支点是肘关节，动力来自肱二头肌，负荷（例如哑铃）在手中。

　　结合HMS的原理和杠杆的概念，骨骼充当杠杆臂，在肌力作用下使负荷移动。这种围绕轴进行的运动称为旋转运动，它意味着杠杆（骨骼）围绕轴（关节）旋转[1,2,5]。这种关节的转动作用常称为力矩[1,2,5]。

　　在抗阻训练中，运用力矩是为了帮助我们转动关节。因为神经肌肉系统最终负责操纵肌力，HMS（对于任何既定运动）的杠杆力取决于肌肉对阻力的杠杆作用。我们要知道重物至关节中心的距离，以及肌肉附着点和拉力线（通过肌腱施加张力的方向）至关节的距离，这两个距离之间的差异将决定肌肉操作运动的效率[1,2,5]。由于我们不能改变附着点或肌肉通过肌腱施加拉力的作用线，最容易改变关节力矩大小的方法就是改变阻力的位置。换句话说，重力距离旋转点（关节）越近，它所产生的力矩越小（图5.16）。重力距离旋转点越远，它所产生的力矩越大。

旋转运动　骨骼围绕关节的运动。

力矩　产生旋转的力。常用力矩单位是牛顿·米。

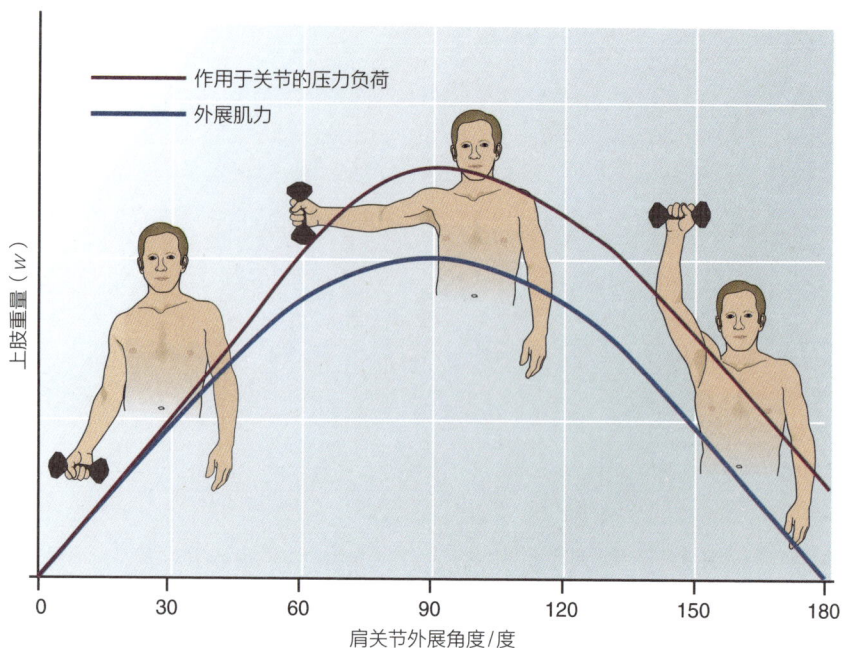

作用于关节的压力负荷

外展肌力

上肢重量（w）

肩关节外展角度/度

图5.16　负荷与力矩关系

举例来说，手持哑铃，手臂在身体一侧向外伸直（肩外展），重物距离肩关节中心大约24英寸。肩关节外展的原动肌是三角肌，如果它的附着点距离关节中心约2英寸，差值就达到22英寸（11倍多）。然而，如果重物向关节中心靠近，移至肘关节位置，阻力距离关节中心大约12英寸，差值只有10英寸或5倍多。实质上，负荷减少了一半。

很多人练习哑铃侧平举（将哑铃在身体一侧举起）会无意中弯曲肘关节，并使哑铃靠近肩关节。私人教练可以利用这个原理，在练习过于苛刻时，通过减少作用在HMS上的力矩来降低练习难度，或者通过增加力矩，对HMS提出更高要求，从而提高练习难度。

小结

生物力学研究着眼于人体内部和外部的力如何影响人体的运动。为了理解人体并就此进行有效的沟通，私人教练必须熟悉各种解剖位置的术语。同样重要的是，要了解人体在矢状面、冠状面和水平面上如何运动，以及每个平面上的关节运动。

肌肉运动有3种类型：等张、等长（稳定）、等速。应当充分研究各个肌肉，探讨其功能以及不同肌肉之间如何相互协同。此外，等速肌肉活动以恒定的速度发生，需要昂贵而复杂的设备。

　　肌肉受到来自多个方向的外力影响，为了抵消这些影响，肌群以力偶方式产生相应的力，使骨骼和关节移动。然而，可以产生的力大小取决于杠杆作用（或被移动的负荷距离关节有多远）。杠杆作用直接影响着旋转运动和力矩。

动作行为

　　动作行为是 HMS 对内部环境和外部环境刺激的反应。动作行为研究神经系统、骨骼系统和肌肉系统如何利用来自内部环境和外部环境的感官信息进行交互，从而产生熟练的动作。

　　动作行为是对动作控制、动作学习和动作发展的综合研究[19]（图5.17）。**动作控制**是对姿势和动作的研究，包括中枢神经系统使用参与动作的结构和机制来透彻理解并整合感官信息与以前的经验[16,17]。动作控制关心的是哪些中枢神经系统参与了动作行为而产生动作[16]。**动作学习**是通过练习和经验来利用这些过程，导致动作能力发生相对永久的变化以产生熟练的动作[20]。最后，**动作发展**的定义是在整个生命周期内，动作行为随着时间而发生的变化[21]。这里我们只简要讨论一下动作控制和动作学习。

动作控制

　　为了以有条理且高效的方式移动，HMS 必须对其自身各部分实现精确的控制。这种对各部分的控制是一个囊括神经、骨骼和肌肉以产生适当的动作反应的综合过程。此过程（以及对这些动作的学习）称为动作控制，主要内容是中枢神经系统使用参与动作的结构和机制，整合内部和外部的感官信息与以前的经验，产生熟练的动作反应。动作控制关注参与动作行为的神经结构，以及它们如何产生动作[16,20,22,23]。

肌肉协同效应

　　动作控制中最重要的概念之一是肌肉作为群组被中枢神经系统募集（或**肌肉协同效应**）[15,16–18]。它使肌肉和关节以功能单位来运作，从而简化了人体运动[9]。借助正确动作模式（正确的技术动作）的练习，这些协同

动作行为 对内部环境和外部环境刺激的动作反应。

动作控制 中枢神经系统如何整合内部和外部感官信息与以前的经验，从而产生动作反应。

动作学习 通过练习和经验整合动作控制过程，使动作能力发生相对永久的变化以产生熟练的动作。

动作发展 在整个生命周期内，动作行为随着时间而发生的变化。

肌肉协同效应 中枢神经系统募集肌群产生动作。

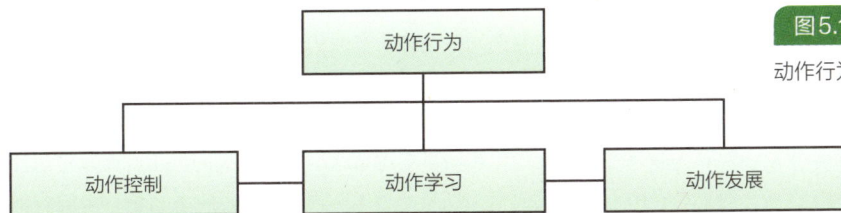

图5.17

动作行为

效应会更加流畅和自动化（表5.4）。

表5.4	常见的肌肉协同效应
练习	肌肉协同效应
下蹲	股四头肌、腘绳肌、臀大肌
肩上推举	三角肌、肩袖、斜方肌

本体感受

机械感受器（在第2章讨论过）共同向神经系统反馈一种被称为**本体感受**的感官信息。本体感受利用来自机械感受器（肌梭、腱梭和关节感受器）的信息，提供与肌肉与关节发力和受力情况有关的身体姿势、动作和感觉等信息[17]。本体感受是一种重要的信息来源，神经系统利用它收集环境信息以产生最高效的动作[24]。研究显示，本体感受在受伤后会改变。这对私人教练是有意义的，因为80%的成人有过下背痛的经历，而每年估计有8万至10万人发生前交叉韧带（ACL）损伤。这意味着目前许多健身俱

本体感受　感觉身体姿势和肢体运动的所有机械感受器对中枢神经系统的累积感觉输入。

乐部的会员的本体感受可能由于过去的损伤而有所改变。这也为核心训练和平衡训练提供了理论依据，这些训练有助于提高本体感受能力，从而增强姿势控制并减少组织过度负荷。

感觉运动整合

感觉运动整合是神经系统收集并解读感官信息，选择并进行正确的动作反应的能力[2,16,24 30]。其定义说明神经系统是动作的终极指挥。只要传入的感官信息是高质量的，感觉运动整合就会有效[2,27-29]。使用不正确的姿态进行训练，将会使错误的感官信息传递至中枢神经系统，导致动作代偿和潜在的损伤。因此正确地设计训练计划并鼓励客户始终以正确的技术进行训练是非常重要的。例如，客户做推胸时一直圆肩和耸肩，将导致肌肉长度-张力关系改变（改变了肌肉长度），力偶关系改变（错误的肌肉募集模式），以及关节运动改变（错误的关节运动），最终会导致肩撞击综合征或其他肩部损伤。

感觉运动整合　神经系统和肌肉系统协作收集、解读信息和进行动作。

动作学习

动作学习是通过练习和经验的整合动作控制过程，导致产生熟练动作的能力发生相对永久的变化[2,16,19]。动作学习的研究着眼于如何学习并记住动作，以备将来使用。例如骑自行车、投掷棒球、弹钢琴，甚至做一个下蹲动作。在这些动作中，正确的练习和经验将使个人有效完成动作的能力永久改变。为了使某个动作反复完成，必须使用感官信息和感觉运动整合来帮助HMS发展此动作模式的永久性神经表征，这个过程称为反馈。

反馈

反馈是指使用感官信息和感觉运动整合来帮助HMS发展动作模式的永久性神经表征。反馈使动作更高效，这是通过两种形式的反馈实现的：内部（感觉）反馈和外部（补充）反馈。

反馈　使用感官信息和感觉运动的整合来帮助人体动作系统进行动作学习。

内部反馈

内部反馈（或感觉反馈）人体借助长度-张力关系（姿势）、力偶关系、关节运动学，利用感官信息反应性地监察动作和环境的过程。内部（感觉）反馈充当一个向导，指引HMS在动作中产生适当的力、速度和幅度。因此，重要的是，要指导客户在训练中采用正确的姿势，确保传入正确的感觉反馈信息，以实现最佳的感觉运动整合，获得理想的结构效率和功能效率。

内部反馈　人体利用感官信息反应性地监察运动和环境的过程。

外部反馈

外部反馈是指来自外部的信息，包括私人教练、录像带、镜子或心率监测器，以帮助补充内部反馈[16,31]。外部反馈为客户提供了另一种信息来源，客户与内部感觉对照联系，能够判断现有的动作模式是"好"还是"坏"。

外部反馈的两种主要形式是结果回馈和表现回馈（图5.18）[16,19,20,30,31]。在动作完成以后使用结果回馈，告知客户进行的结果。结果回馈的有效运用，需要私人教练和客户的同时参与。举例来说，私人教练告诉客户其深蹲看上去是"好的"，然后询问客户是否能"感到"或"看到"好的姿态。通过让客户参与结果回馈，他们能增强意识，并补充其他的感觉反馈形式，提升更有效的训练技巧。可以在每次重复后，或重复几次后，或一组

图5.18

外部反馈的形式

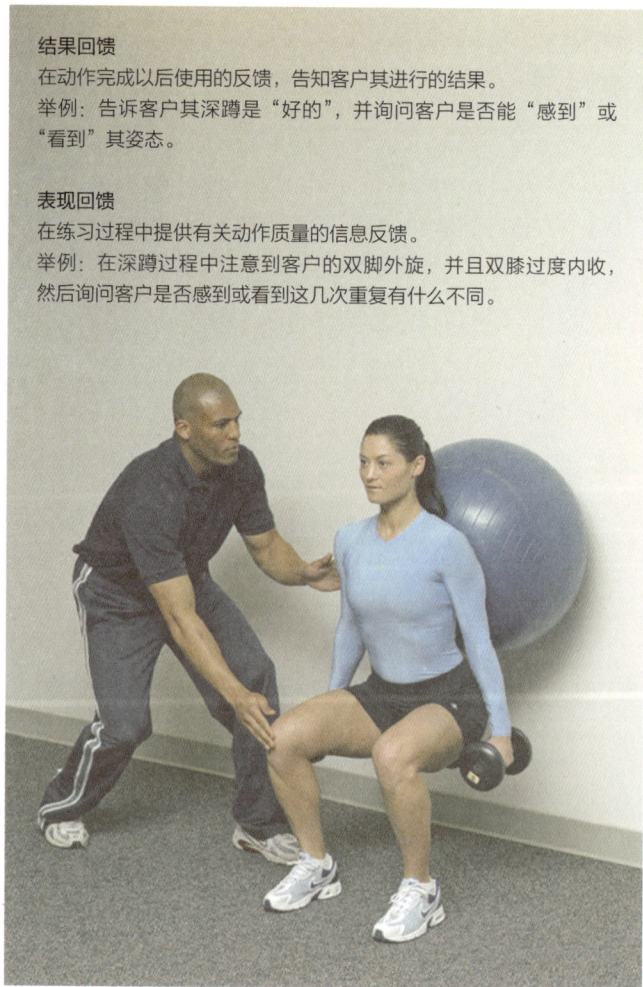

结果回馈
在动作完成以后使用的反馈，告知客户其进行的结果。
举例：告诉客户其深蹲是"好的"，并询问客户是否能"感到"或"看到"其姿态。

表现回馈
在练习过程中提供有关动作质量的信息反馈。
举例：在深蹲过程中注意到客户的双脚外旋，并且双膝过度内收，然后询问客户是否感到或看到这几次重复有什么不同。

练习结束时使用结果回馈。随着客户逐渐熟悉要求的动作（练习）技术，私人教练提供结果回馈的频率可以降低。结果回馈的使用也能提高神经肌肉的效率[31]。

表现回馈在练习过程中提供有关动作质量的信息反馈。举例来说，在深蹲过程中注意到客户的双脚外旋，双膝过度内收，然后询问客户在这几次重复中是否感到或看到什么不同。表现回馈让客户参与到自己的感官过程中，当客户变得更加熟练以后，就不用那么频繁地提供表现回馈[31]。

这些外部反馈形式能辨别运动表现中的错误，帮助提高将来运动表现的效果。它们也是训练动机的重要组成部分。此外，它们为客户补充了感官输入，帮助建立正确动作的意识[16,19,20,31]。重要的是，不要让客户变得依赖外部反馈，特别是对私人教练的依赖，因为这会降低他们对内部反馈的敏感性，或者说内部动机降低[16,19,20,31]。过度使用外部反馈会对感觉运动整合和动作学习产生负面作用，并最终影响动作模式。

小结

HMS（动力链）中的每个系统都是相互依存的。整条动力链中的所有环节和过程必须合作，从内部环境和外部环境中收集信息，来建立和学习动作（或动作行为）。人体利用本体感受、感觉运动整合及肌肉协同效应来建立有效的动作（动作控制）。然后，重复性练习，还有内部反馈和外部反馈，使得这些有效动作能够重复产生（动作学习）。

参考文献

（1）Hamill J, Knutzen JM. *Biomechanical Basis of Human Movement*. 2nd ed. Baltimore, MD: Lippincott Williams & Wilkins; 2003.

（2）Norkin CC, Levangie PK. *Joint Structure and Function: A Comprehensive Analysis*. 2nd ed. Philadelphia: FA Davis Company; 1992.

（3）Kendall FP, McCreary EK, Provance PG. *Muscles: Testing and Function*. 4th ed. Baltimore: Lippincott Williams & Wilkins; 1993.

（4）Gambetta V. Everything in balance. *Train Cond*. 1996; 1(2): 15–21.

（5）Luttgens K, Hamilton N. *Kinesiology: Scientific Basis of Human Motion*. 9th ed. Dubuque, IA: Brown & Bench–mark Publishers; 1997.

（6）Gray GW. *Chain Reaction Festival*. Adrian, MI: Wynn Marketing; 1996.

（7）Enoka RM. *Neuromechanical Basis of Kinesiology*. 2nd ed. Champaign, IL: Human Kinetics; 1994.

（8）Milner–Brown A. *Neuromuscular Physiology*. Thousand Oaks, CA: National Academy of Sports Medicine; 2001.

（9）Fox SI. *Human Physiology*. 5th ed. Dubuque, IA: Wm C Brown Publishers; 1996.

（10）Vander A, Sherman J, Luciano D. *Human Physiology: The Mechanisms of Body Function*. 8th ed. New York: McGraw–Hill; 2001.

（11）Hamill J, Knutzen JM. *Biomechanical Basis of Human Movement*. Baltimore: Williams & Wilkins; 1995.

（12）Watkins J. *Structure and Function of the Musculoskeletal System*. Champaign, IL: Human Kinetics; 1999.

（13）Luttgens K, Hamilton N. *Kinesiology: Scientific Basis of Human Motion*. 9th ed. Dubuque, IA: Brown & Benchmark Publishers; 1997.

（14）Fleck SJ, Kraemer WJ. *Designing Resistance Training Programs*. 2nd ed. Champaign, IL: Human Kinetics; 1997.

（15）Brooks VB. *The Neural Basis of Motor Control*. New York: Oxford University Press; 1986.

（16）Rose DJ. *A Multi Level Approach to the Study of Motor Control and Learning*. Needham Heights, MA: Allyn & Bacon; 1997.

（17）Newton RA. Neural systems underlying motor control. In: Montgomery PC, Connolly BH, eds. *Clinical Applications for Motor Control*. Thorofare, NJ: SLACK, Inc; 2003. 53–78.

（18）Kelso JAS. *Dynamic Patterns. The Self-Organization of Brain and Behavior*. Cambridge, MA: The MIT Press; 1995.

（19）Schmidt RA, Lee TD. *Motor Control and Learning: A Behavioral Emphasis*. 3rd ed. Champaign, IL: Human Kinetics; 1999.

（20）Schmidt RA, Wrisberg CA. *Motor Learning and Performance*. 2nd ed. Champaign, IL: Human Kinetics; 2000.

（21）Gabbard C. *Lifelong Motor Development*. San Francisco: Pearson Benjamin Cummings; 2008.

（22）Coker CA. *Motor Learning and Control for Practitioners*. Boston: McGraw–Hill; 2004.

（23）Magill RA. *Motor Learning and Control: Concepts and Applications*. Boston: McGraw–Hill; 2007.

（24）Ghez C, Krakuer J. Movement. In: Kandel E, Schwartz J, Jessel T, eds. *Principles of Neuroscience*. 4th ed. New York: Elsevier Science; 2000. 654–679.

（25）Biedert RM. Contribution of the three levels of nervous system motor control: spinal cord, lower brain, cerebral cortex. In: Lephart SM, Fu FH, eds. *Proprioception and Neuromuscular Control in Joint Stability*. Champaign, IL: Human Kinetics; 2000. 23–29.

（26）Boucher JP. Training and exercise science. In: Liebension C, ed. *Rehabilitation of the Spine*. Baltimore: Williams & Wilkins; 1996. 45–56.

（27）Janda V, Va Vrova M. Sensory motor stimulation. In: Liebension C, ed. *Rehabilitation of the Spine*. Baltimore: Williams & Wilkins; 1996. 319–328.

（28）Gagey PM, Gentez R. Postural disorders of the body axis. In: Liebension C, ed. *Rehabilitation of the Spine*. Baltimore: Williams & Wilkins; 1996. 329–340.

（29）Drury DG. Strength and proprioception. *Ortho Phys Ther Clin*. 2000; 9(4): 549–561.

（30）Grigg P. Peripheral neural mechanisms in proprioception. *J Sport Rehab*. 1994; 3: 2–17.

（31）Swinnen SP. Information feedback for motor skill learning: a review. In: Zelaznik HN, ed. *Advances in Motor Learning and Control*. Champaign, IL: Human Kinetics; 1996. 37–60.

第**2**部分

评估、训练概念与计划设计

第6章

体能评估

学完本章，你应该能够掌握如下内容。

☑ 阐释综合体能评估的组成部分及其理论基础。

☑ 了解如何使用健康史问卷，然后针对体能评估对客户的整体风险进行分级。

☑ 了解姿势的重要性，其与动作观察的关联，以及如何评估姿势。

☑ 了解如何进行与健康相关的全面体能评估，获得有关客户的主观及客观信息，并利用收集到的信息设计训练计划。

体能评估概述

2008年，美国联邦政府为美国国民发布了第一版体育活动指南。《2008年美国国民身体活动指南》提醒大家注意成年人体育活动不足的问题日益严重，而扭转这种趋势的进展甚微[1]。体育活动不足会使成年人面临各种慢性疾病、失能，甚至肌肉骨骼疼痛的不必要风险，而每周只需2.5小时的中度有氧运动就能大大降低这种风险，并带来显著的健康益处。《2008年美国国民身体活动指南》的其中一项最重要的目标在于宣传一个事实：即使运动量不大，定期的体育运动也能够预防、治疗，有时甚至能治愈初级保健医师遇到的最常见的40多种慢性疾病，同时减少医疗费用的支出，提升数百万美国国民的生活质量和生命长度。不幸的是，仅仅31%的美国成年人能够利用业余时间进行有规律的身体活动（定义为每周进行3次至少持续20分钟的剧烈的身体活动，或者每周进行5次至少30分钟的中低强度的身体活动）[2]。

毋庸置疑，想要让美国成年人进行有规律的中高强度身体活动和训练，还有许多工作要做。向所有美国国民传达的另一则重要的消息是，虽然有些风险（主要是肌肉骨骼的损伤）与身体活动和训练有关，但是身体活动所带来的好处远远大于这些风险。为了尽可能降低损伤风险，《2008

年美国国民身体活动指南》提出一条建议：降低起点、循序渐进；这同样也是NASM所推崇的原则。

私人教练应该在普通大众运动健康指导原则上更进一步，能够为更广泛的客户设计与其相适应的安全有效的训练方案。任何一名健身专业人员（包括私人教练）在为客户设计个性化训练方案之前，必须尽可能确保这种训练所带来的潜在的好处大于其潜在的风险。为了实现上述基本目标，私人教练必须首先在每一名客户开始训练之前与其完成一份健康或医疗的筛查问卷，根据筛查结果对客户的身体活动及训练的整体风险进行分级，并最终确定客户在开始进行其训练方案之前还要完成哪些体能评估或健康评估。

只有在理解客户的目标、需求及能力后，才可以设计出个性化、系统化的综合体能评估。这就要求私人教练知道客户希望从训练计划获得什么，客户为了成功实现其目标对计划有什么需求，以及客户进行综合计划中要求的任务的能力（生理结构以及运动功能方面）如何。为具体某个人（或一群人）制订合理训练方案所必须了解的信息来自恰当的体能评估。本章接下来的部分将会重点讨论健身专业人员需要了解的体能评估的各个组成部分。

定义

全面的体能评估包含一系列手段，以帮助健身专业人员确定客户当下的健康及体能水平。一旦确定客户的健康及体能水平的基线，私人教练就可以为该客户建议最适合的练习。有一系列的体能测试及手段供私人教练来确定客户基准的体能水平。具体的测试取决于客户个人的健康及体能目标、教练的经验、正在进行的训练计划的类型，以及可用的体能评估设备。

体能评估让私人教练与客户之间可以不断地进行信息沟通，保证随时监督并评估训练方案的既定目标完成情况，确保客户能够达到个人所期望的健康目标。体能评估使健身专业人员能够持续跟踪客户的需求、功能性能力，以及训练所带来的生理影响，使客户能够获得个性化训练方案所带来的所有益处。

私人教练们必须明白的一点是：健康和体能评估在任何情况下都不是为了诊断医疗或健康问题，而是为了对客户的身体结构与功能性状态进行观察与记录。此外，NASM所提供的体能评估同样不能代替医疗健康检查。如果客户在参加健康检查之后被确认为高风险，或者出现潜在健康问题的迹象或者症状，或者在任何观察或训练中有极度困难或疼痛的表现，那么私人教练应该将客户介绍给其医生或者具有资质的医疗保健服务机构，以确定其根本原因（表6.1）。

表6.1	健康和健身专业人员的指导原则
禁止	**允许**
医疗诊断	从医师、物理治疗师、注册营养师等专家那里获取关于训练或健康的指导； 遵循全国通行的医疗疾病的运动处方的指南； 筛查客户的训练限制； 通过筛查程序确认客户潜在的风险因素； 将感觉到困难或疼痛或出现其他症状的客户介绍给具有资质的医疗人员
开具治疗处方	设计个性化、系统化的渐进式训练方案； 将客户介绍给具有资质的医疗人员，获得医疗运动处方
开具饮食处方	依据食物金字塔，向客户介绍一些具有普适性的健康饮食信息； 将客户介绍给具有资质的营养师或者营养学家，制订具体的膳食计划
对任何类型的损伤/疾病提供治疗	将客户介绍给具有资质的医师，进行损伤或者疾病的治疗； 通过训练帮助客户提升整体健康水平； 协助客户遵从医师或者物理治疗师的医疗建议
为客户提供康复服务	在客户离开康复中心之后，为其设计训练计划； 提供康复之后的服务
为客户提供心理咨询服务	为客户提供指导； 提供一般性的信息； 将客户介绍给具有资质的顾问或者治疗师

体能评估提供什么信息

全面的体能评估提供一系列主观和客观信息，其中包括训练前的健康筛查、静息状态下的生理指标（例如心率、血压、身高、体重），以及一系列帮助确定客户体能水平的指标（与健康相关的体能测试）。除了记录静息状态下的生理指标以及体能测试结果之外，私人教练也应该花时间与其所有的新客户讨论以往的运动经验、当前的目标以及喜爱或者讨厌的练习等方面问题。在全面的体能评估中获得的所有信息可以帮助私人教练基于客户的个体需求和目标设计出安全有效的训练方案（图6.1）。

记忆要点

记住，你为客户设计的计划质量完全取决于评估的准确程度！对客户信息了解得越全面，训练方案的个性化程度也就越高。这可以保证训练计划的安全性与有效性，并因此帮助私人教练创造出更大的价值。

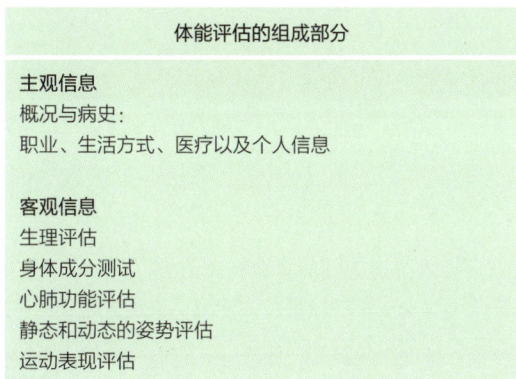

体能评估的组成部分
主观信息 概况与病史： 职业、生活方式、医疗以及个人信息 **客观信息** 生理评估 身体成分测试 心肺功能评估 静态和动态的姿势评估 运动表现评估

图6.1

体能评估的组成部分

小结

　　私人教练的首要责任是提供安全且高效的训练指导与措施，并且帮助客户成功达到个人的健康以及体能目标。为了实现上述目标，私人教练需要全面了解每一名客户的个人以及职业背景，例如其身体能力、健康状况、目标以及期望。全面的体能评估提供了系统地收集有关客户的主观信息及客观信息的方法，这些信息能够确保设计出并执行安全高效的训练计划。体能评估的意图不是进行医疗诊断或者取代任何医疗检查，但是私人教练应该具备足够的知识，在必要时知道何时将客户介绍给具有资质的医疗保健机构。

体能评估中提供的主观信息

　　从潜在客户那里收集的主观信息可以为健康和健身专业人员提供关于职业、生活方式和医疗背景等个人历史的反馈信息。

训练前的健康状况筛查

　　在允许新客户进行任何身体活动（包括体能测试）之前，私人教练都应该完成训练前的健康状况筛查。训练前的健康状况筛查包括病史问卷（例如接下来讨论的PAR–Q问卷）以及对慢性疾病风险因素和出现的任何疾病征兆或症状的综述。一旦完成所有相关信息的收集，就可以根据下面的分级表格分析新客户的风险等级[3]。

低风险	没有任何心血管疾病、肺部疾病或者代谢疾病的征兆或者症状，并且最多只有1个心血管风险因素
中等风险	没有任何心血管疾病、肺部疾病或者代谢疾病的征兆或者症状，但至少有2个心血管风险因素
高风险	拥有一种或者多种心血管疾病、肺部疾病或者代谢疾病的征兆或者症状

你知道吗?

心血管疾病的风险因素包括吸烟、血脂异常、空腹血糖异常、肥胖和久坐的生活方式。

在收集并评估训练前的健康状况筛查信息，并确定客户的风险等级后，私人教练就可以决定是继续进行体能测试，还是建议客户接受进一步的医疗评估。此外，如果客户不需要进一步的医疗评估，健康状况筛查的结果就可以帮助私人教练制订安全有效的训练方案。

身体活动准备问卷

收集客户的相关背景信息可以帮助私人教练确定客户是否有任何医疗、健康或者身体状况会限制或者约束其练习量或练习类型。为了收集此类信息，最简单的方式之一就是使用调查问卷（图6.2）[3]。身体活动准备问卷（PAR-Q）旨在以客户对特定健康史问题的回答为基础，确定客户训练的安全性以及训练中可能存在的风险[3,4]。PAR-Q问卷的主要目的是甄别那些心血管疾病（CVD）风险较高的客户，他们需要进一步的医疗评估才可以确定是否开始训练。当客户在PAR-Q问卷的回答选项中有一个或者多个"是"的时候，私人教练就应该在开始训练计划之前先将客户介绍

图6.2

身体活动准备问卷（PAR-Q）示例

| 问题 |
| 1. 您的医生是否说过您有心脏方面的问题，并且只能在医生的建议下进行身体活动？　□是　□否 |
| 2. 当您身体活动时是否感觉胸口疼痛？　□是　□否 |
| 3. 在过去的一个月中，您在没有进行身体活动的情况下是否出现过胸口疼痛？　□是　□否 |
| 4. 您是否因头晕而失去平衡，或者您是否曾出现失去意识的情况？　□是　□否 |
| 5. 您是否有一些会随身体活动而恶化的骨骼或者关节疾病？　□是　□否 |
| 6. 您的医生目前是否对您的血压或者心脏状况开具任何的药物处方？　□是　□否 |
| 7. 您是否知道自己有任何其他不适宜参加身体活动的原因？　□是　□否 |

如果您对以上问题的答案有一个或者多个"是"，在参加身体活动之前请咨询您的医生，并且告诉您的医生对哪些问题回答了"是"。在完成医疗评估之后，向您的医生咨询哪种类型的活动适合您目前的情况。

给医师做进一步的医疗筛查。

一般健康史

健康史是关于身体或者健康的一组医疗信息，反映关于个人历史的相关事实，包括个人经历、所属群体特点、职业以及一般生活方式（身体、心理、情绪、社会关系、性生活，有时还会涉及信仰方面）的数据。私人教练应当重点关注的两个方面是关于客户的职业和一般生活方式特征的回答。

职业

收集关于客户职业的信息可以帮助私人教练确定客户日常的动作模式，以及平日里通常的热量消耗水平。收集此类信息可以帮助私人教练初步了解一些重要的线索，比如客户的肌肉骨骼结构及功能、潜在健康限制及生理限制，以及可能影响训练计划的安全性和有效性的限制因素。图6.3是经典提问的示例，每一个问题都提供了相关的信息。

久坐

如果客户在一天中长时间坐着，就意味着客户的髋部长期处于屈曲状态，这会导致屈髋肌群（股直肌、阔筋膜张肌、髂腰肌）过紧，也会使人体动作系统中发生姿势不平衡的状况。此外，如果客户长期坐着，特别是在电脑前，会使肩部与头部在重力的持续影响下出现疲劳，这同样会导致姿势不平衡，包括圆肩和头部前倾。还有一点，久坐说明在日常生活中的热量消耗少，心肺功能可能较差。

重复性动作

重复性动作是指可能导致肌肉骨骼损伤和功能障碍的持续性动作。重复性动作会导致出现使肌肉与关节负荷过大，这会导致身体组织损伤，并最终造成动力链的功能障碍，像建筑工人或者油漆工这种需要大量手臂举

问题
1. 您现在的职业是什么？
_____
2. 您现在的职业是否需要久坐？　□是　□否
3. 您现在的职业是否需要长时间重复动作？（如果是，请说明。）　□是　□否
_____
4. 您现在的职业是否需要您穿高跟鞋（礼服鞋）？　□是　□否
5. 您现在的职业是否导致您有焦虑的情况（精神压力）？　□是　□否

图6.3

示例问题：客户职业

过头或非正常姿势的工种尤其如此[5]。长时间手臂高举过头的工作会导致肩颈酸痛，这可能是背阔肌紧张和肩袖肌群力量薄弱所致。这种不平衡导致在活动中无法实现肩部的正常活动或稳定性。

礼服鞋

穿高跟鞋会使足踝长期处于跖屈状态，引起腓肠肌、比目鱼肌以及跟腱紧张，导致背屈活动度减小、足踝过度内旋等姿势不平衡，最终导致足弓的扁平化[6]。

精神压力

精神压力或者焦虑会导致静息心率升高，血压升高，静息与运动时的呼吸加快。此外，还会引起非正常（或功能障碍）的呼吸模式，使颈部、肩部、胸部以及下背部肌肉群产生姿势或者肌肉骨骼不平衡，以上因素的综合进一步导致姿势变形以及人体动作系统的功能障碍[7,8]。更为详细的信息见第3章（异常呼吸模式）。

生活方式

生活方式或者个人生活的问题主要是关于客户日常生活方式的活动与习惯，可能会包括关于吸烟、饮酒、训练和睡眠等习惯，以及娱乐休闲的活动和爱好。典型问题的示例见图6.4。

娱乐休闲

在体能评估中，娱乐休闲主要指客户在工作环境之外（也可以称为闲暇时间）的体育活动情况。通过了解客户的娱乐休闲活动，私人教练可以更好地设计出适合客户需求的训练方案。例如，许多客户喜欢在闲暇时间打高尔夫、滑雪、打网球或者参加其他各种体育活动，可以结合适当的运动训练，确保客户能够以最佳的人体动作系统效率的方式进行训练，并且避免诱发伤病。

图6.4

示例问题: 客户生活方式

问题
1.您是否会参加任何娱乐休闲活动（打高尔夫、打网球、滑雪等）？（如果是，请说明。） □是 □否
2.您是否有任何爱好（阅读、园艺、清洗汽车等）？（如果是，请说明。） □是 □否

爱好

爱好是指客户可能喜欢定期参与的活动，但不一定是体育运动。例如，园艺、清洗汽车、打牌、阅读、看电视、打游戏。在许多实例中，常见的爱好类型并不涉及任何体育活动，但是在设计运动训练计划的时候仍然要将它们考虑进去。

病史

了解客户的病史（图6.5）是非常重要的一项工作，因为它能向私人教练提供已知或者潜在的慢性疾病的信息，例如冠心病、高血压或糖尿病[3]。此外，病史还能提供一些关于客户过去以及当下健康状况的信息，包括过往或最近的伤病、手术或其他慢性疾病。

过往伤病史

所有过往或最近的伤病都应该详细记录并且被充分地讨论，以决定是建议练习还是必须介绍给医生。过往的肌肉骨骼伤病史还可以作为对未来身体活动中有可能出现的肌肉骨骼伤病的有力预测依据[9]。伤病对人体动作系统运作的影响已有详细记载，尤其是以下几种伤病。

1. 踝关节扭伤：踝关节扭伤会使得神经对臀中肌和臀大肌的控制能力下降。这导致下肢在许多功能性活动中受限，最终导致伤病[10-14]。
2. 涉及韧带的膝关节损伤：膝关节的伤病同样会引起神经对稳定髌骨（膝盖骨）的肌肉的控制能力下降，并导致伤病恶化。不是通过接

图6.5

问题		
1. 您是否有任何疼痛或者伤病（踝关节、膝关节、髋关节、背部、肩关节等）？（如果是，请说明。）	□是	□否
2. 您是否做过什么手术？（如果是，请说明。）	□是	□否
3. 医生是否曾诊断您患有任何慢性疾病，例如冠心病、冠状动脉疾病、高血压（血压过高）、胆固醇过高，或者糖尿病？（如果是，请说明。）	□是	□否
4. 您现在是否在服用任何药物？（如果是，请列出药物名称。）	□是	□否

示例问题：客户病史

触造成的膝关节伤病（非接触性损伤）往往是由于踝关节或者髋关节的功能障碍引起的，例如踝关节扭伤。膝关节处于踝关节与髋关节之间，如果踝关节与髋关节出现功能障碍，就会导致膝关节的动作和作用力分布有所改变。长此以往，就会导致伤病恶化[15-31]。

3. 下背部伤病：下背部的伤病会引起神经对核心稳定肌群的控制能力下降，导致脊柱的稳定性变差。这会进一步影响上肢和下肢的功能[32-39]。

4. 肩部伤病：肩部的伤病会影响神经对肩袖肌群的控制能力，导致肩关节在许多功能性活动中不稳定[40-48]。

5. 其他伤病：因人体动作系统不平衡引发的伤病，包括腘绳肌反复拉伤、腹股沟拉伤、髌腱炎（跳跃者膝）、足底筋膜炎（脚后跟和足底的疼痛）、胫骨后肌肌腱炎（胫骨应力综合征）、肱二头肌肌腱炎（肩部疼痛）和头痛。

过往手术史

外科手术会对人体造成创伤，并且其对人体动作系统的功能以及运动的安全性和有效性所产生的影响与伤病类似。私人教练常常需要面对的较常见手术包括以下方面。

◆ 足踝手术。
◆ 膝关节手术。
◆ 背部手术。
◆ 肩关节手术。
◆ 剖腹产手术（剖开腹壁，取出婴儿）。
◆ 阑尾切除手术（剖开腹壁，切除阑尾）。

在上述手术中，如果没有适当的复健，手术所引起的疼痛和炎症势必会改变神经对受影响肌肉和关节的控制[49,50]。

慢性疾病

据统计，有超过75%的美国成年人每周大多数日子里参加中低强度体育活动的时间少于30分钟[51]。没有积极训练或身体活动量勉强达到最低标准的人群罹患慢性疾病的风险会大幅增加[51,52]。慢性疾病包括以下几种。

◆ 心血管疾病、冠心病、冠状动脉疾病或充血性心脏衰竭。
◆ 高血压（血压过高）。
◆ 高胆固醇或者其他血脂异常。
◆ 中风或者外周动脉疾病。
◆ 肺部或者呼吸问题。
◆ 肥胖。
◆ 糖尿病。

◆ 癌症。

药物

大多数向私人教练寻求体能及运动训练建议的客户可能正在接受医师或者其他医疗专家的治疗，也可能正在服用一种或者多种处方类药物。作为私人教练，不应该对执业医师或者其他保健机构以任何形式为客户合法开具处方的药物的使用方法和效果进行管理、规定或指导。但是私人教练要随时和客户的医生或者医疗专业人士保持沟通，以便能够及时了解客户的健康信息和目前正在服用的药物。

表6.2简单概括了一些主要的药品种类，表6.3描述了它们所产生的生理影响。这些表格是为了简单介绍药品，并非要提供关于药品或者其效果的结论性证据。有关药品的更多完整信息，请联系医疗专业人员或者查阅《医师案头参考》（*Physician's Desk Reference*，PDR）。

表6.2	常见药品分级
药品	**基本功能**
比特布洛克（β受体阻滞剂）	一般用作降压药（高血压），也有可能用来治疗心律失常（心律不齐）
钙通道阻滞剂	一般用来治疗高血压与心绞痛（胸口疼痛）
硝酸盐类	一般用来治疗高血压以及充血性心脏衰竭
利尿剂	一般用来治疗高血压、充血性心脏衰竭以及外周性水肿
支气管扩张药物	一般用来治疗或者预防哮喘及其他肺部疾病患者出现的支气管平滑肌痉挛
血管舒张药	用于治疗高血压以及充血性心脏衰竭
抗抑郁药	用于治疗各类精神疾病以及情绪障碍

表6.3	药品对心率及血压的影响	
药品	**心率**	**血压**
比特布洛克	↓	↓
钙通道阻滞剂	↑	↓
	↔或↓	
硝酸盐类	↑	↔
	↔	↓
利尿剂	↔	↔
		↓
支气管扩张药物	↔	↔
血管舒张药	↑	↓
	↔或↓	
抗抑郁药	↑或↔	↔或↓

↑，上升；↔，没有影响；↓，下降

小结

私人教练通过收集包括职业、生活方式以及医疗背景等有关客户个人历史的主观信息，可以了解客户日常体育活动水平与健康状况。身体活动准备问卷（PAR-Q）可以筛查出很可能患有心血管疾病，并因此需要在开始训练前介绍给医生的客户。通过问答可以收集有关客户的身体结构与功能的重要信息，这些信息可用来帮助评估客户的慢性疾病风险因素、运动能力和日常的动作模式。

有关娱乐休闲及爱好的问题反映了客户在闲暇时间的活动。必须结合适当的针对性训练方案来提高人体动作系统的效率，并且降低受伤风险。有久坐习惯的客户可能无法采用与那些经常参与运动人群同样的训练。

了解客户的病史对于保证训练的安全性、有效性及趣味性非常重要。过往的伤病会影响人体动作系统的功能，因此需要向客户详细了解。而外科手术的影响与伤病类似，因为手术会引起疼痛和炎症，如果没有适当的复健，势必会影响神经对受影响肌肉和关节的控制。了解客户的慢性疾病情况同样重要，有久坐习惯的客户特别容易患有慢性疾病。最后，许多寻求个人训练服务的客户或许正在服用一种或多种处方类药品，因此私人教练有必要了解一些常见药品及其对训练的影响。然而，必须注意的一点是，私人教练不能管理、规定或者指导任何处方类药品的使用及效果。如果私人教练对其客户正在使用的药品有任何疑问，都应及时咨询客户的医生或者医疗专业人员。

体能评估中提供的客观信息

在体能评估中收集的客观信息包括静息状态以及运动状态下的生理指标（例如血压、心率）、静息状态下的身体数据（例如身高、体重、体脂百分比和身体围度）以及特定的体能指标（例如肌肉耐力、柔韧性和心肺功能）。在体能评估中收集的客观信息也可以作为基准，与几周、几个月甚至几年之后的评估数据进行比较。此外，当后续数据与基准数据进行比较时，理想情况下，与健康相关的各类体能指标都会有明显的提高，从而证明训练方案的效果。客观信息的类别包括以下几种。

- ◆ 生理指标。
- ◆ 身体成分评估。
- ◆ 心肺功能评估。
- ◆ 静态姿势评估。
- ◆ 动作评估（动态姿势）。
- ◆ 运动表现评估。

心率与血压评估

　　静息心率（HR）与血压（BP）的评估是客户整体心肺健康水平及体能状态的敏感指标。通过初次测量以及后续多次测量客户的HR和BP，私人教练能够收集有价值的信息，帮助设计、跟踪和进阶客户的训练计划。例如，静息心率是相当好的整体心肺功能指标，而运动心率则是客户的心肺系统对于运动的反应和适应性的非常具有说服力的指标。

脉搏

　　心脏的每次收缩使血液在动脉中流动或搏动，形成一次脉搏。将一根或者两根手指搭在动脉上，心脏每次收缩或者跳动，手指就可以感觉到一波血流或一次脉搏。动脉血管有规律地收缩和舒张，有节奏地推动血液在全身循环。与此同时，心脏收缩和舒张，将血液泵向动脉并流向静脉。因此，脉搏率也被称为心率。

　　人体有7个脉搏点，或者说有7个部位的动脉非常靠近皮肤，因此可以感觉到脉搏；最常用于测量脉搏的两个部位是桡动脉与颈动脉。

　　可以在手腕内侧（桡动脉，优先选择）或者颈部靠近气管一侧（颈动脉，测量时需小心）测量心率。为了准确测量，最好教授客户如何在晨起时记录自己的静息心率。要求客户连续3个早晨测量其静息心率，然后取平均值。

桡动脉脉搏

　　轻轻地将两根手指搭在手臂右侧的大拇指指根上方的位置，找到桡动脉，如图6.6所示。一旦感觉到脉搏，数出60秒内的脉搏次数。连续3天记录60秒内的脉搏次数，并取其平均值。需要注意以下几点。

◆ 触摸要轻柔。

◆ 测量时客户必须处于平静状态。

◆ 为保证测量结果的准确性，所有3次测量都必须在每天早上的同一时间进行。

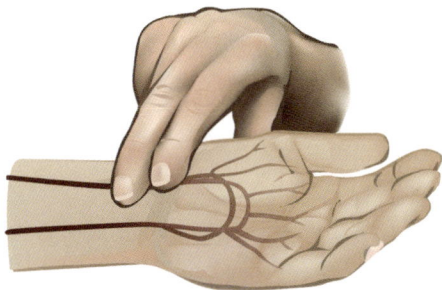

图6.6

桡动脉

颈动脉脉搏

轻轻地将两根手指搭在喉咙一侧的颈部，找到颈动脉，如图6.7所示。一旦感觉到脉搏，数出60秒内的脉搏次数。连续3天记录60秒内的脉搏次数，并取其平均值。需要注意以下几点。

- ◆ 触摸要轻柔。
- ◆ 按压过重会降低心率和血压，导致读数不准，可能还会头晕和昏倒[3]。
- ◆ 测量时客户必须处于平静状态。
- ◆ 为保证测量结果的准确性，所有3次测量都必须在每天的相同时间进行。

静息心率是会出现波动的。正如第3章中所讨论的内容，典型的静息心率为每分钟70至80次。但是，男性的平均静息心率为每分钟70次，女性的平均静息心率为每分钟75次[3]。

私人教练可以利用客户的静息心率计算出其目标心率区间（THR），客户在进行心肺功能练习的时候应达到THR（表6.4）。计算THR有两种最为常见的方法：最大心率百分比法（直接百分比计算法）或者心率储备百分比法（卡佛内方法，Karvonen Method）。

表6.4	目标心率训练区间
训练区间	**目的**
一区间	建立有氧耐力基础与促进恢复
二区间	增强有氧耐力与无氧耐力
三区间	建立高强度运动能力

直接百分比计算法（最大心率法）

客户的估算最大心率（HR_{max}）的计算公式是用220减去其年龄（220-年龄）。确定客户的HR_{max}后，用客户在进行心肺功能训练时应达到的适当

图6.7

颈动脉

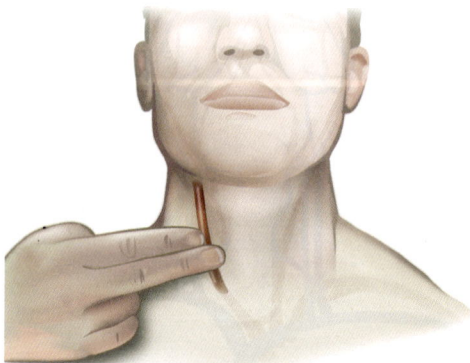

强度（65%~95%）乘以估算的HR_{max}，就可以计算出THR。

一区间	最大心率 × 0.65
	最大心率 × 0.75
二区间	最大心率 × 0.76
	最大心率 × 0.85
三区间	最大心率 × 0.86
	最大心率 × 0.95

以上计算结果应与本章后面讨论的心肺功能评估结果结合起来，才能确定客户开始训练时的心率区间。然而，训练强度或许一开始需要低于65%（例如40%~55%），具体取决于客户最初的身体状况[3]。

心率储备（HRR）方法

心率储备（HRR）方法也被称为卡佛内方法，是以客户的预估最大心率与静息心率之间的差值为基础来确定训练强度的方法。

因为在动态练习中的心率与摄氧量呈线性关系，所以最为常见和普遍接受的方法是，以特定耗氧量百分比为基础来选择预定的训练心率或者目标心率（THR），以确定训练强度。心率储备（HRR）方法计算公式为：

目标心率＝[（最大心率－静息心率）× 所需的强度]＋静息心率

与直接百分比方法一样，以上计算结果应与本章后面讨论的心肺功能评估结果结合起来，才能确定客户开始训练时的心率区间。在第8章中将会更详细地讨论直接百分比方法与心率储备方法。

血压

血压（BP）是在心脏将血液挤压出去后，循环的血液对血管壁产生的压力。血压的测量分为两个部分。第一个读数（有时称为上压）为收缩压，它代表心脏收缩后在动脉系统内的压力。第二个读数（或者下压）为舒张压，它代表心脏舒张并且填充血液时在动脉系统内的压力。血压的读数示例为120/80。在这一读数中，120为收缩压，80为舒张压。血压的测量读数始终由这两部分的读数组成。依据美国心脏协会（American Heart Association）的标准，健康人类理想的收缩压≤120毫米汞柱（mmHg），理想的舒张压≤80毫米汞柱。

血压评估

测量血压的仪器为无液血压计，它由一条充气臂带、一块压力刻度表、一个装有阀门的充气囊以及一个听诊器组成。在测量记录血压的时候，让客户采用尽量舒服的坐姿，将臂带调整到适合客户手臂的尺寸，缠在肘关节上方，如图6.8所示。接下来，将戴着臂带的手臂放在可支撑的椅子上（或者用自己的手臂支撑），并且使用尽可能小的压力将听诊器放在手臂的肱动脉上。接着向臂带内快速充气直至比无法在腕部感受到脉搏

图6.8

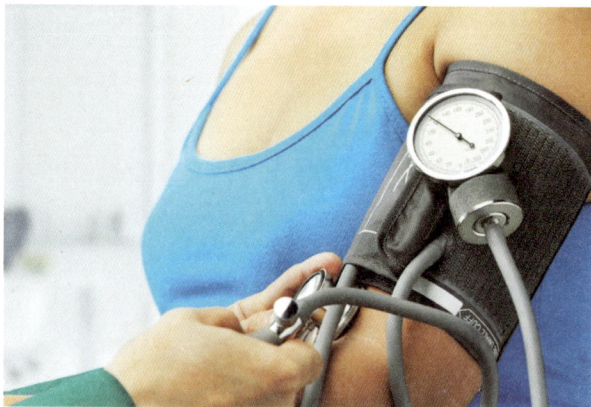

放置血压计的正确位置

时的压值高出20~30毫米汞柱。然后以每秒2毫米汞柱的速率释放压力，同时仔细监听脉搏。当听到第一次脉搏时，读数就是收缩压。当听不到脉搏的时候，读数就是舒张压。为了增加测量的可靠性，可以在对侧的手臂上重复上述过程[3]。我们强烈建议任何人（包括私人教练）在对任何客户进行血压评估之前都要先参加血压评估的专业课程。

身体成分

身体成分是指在体重中脂肪与无脂肪组织的相对比例，更为常见的称呼为"体脂率"。无脂肪组织的重量被定义为除存储脂肪之外的体重，包括肌肉、骨骼、水分、结缔组织、器官组织和牙齿，而脂肪重量包括所有的必需脂肪（对于正常身体运作至关重要）以及非必需脂肪（存储脂肪或者脂肪组织）。身体成分评估的好处包括以下方面。

◆ 确定客户是否存在体脂水平极高或极低的健康风险。
◆ 帮助客户理解体脂的意义。
◆ 监测身体成分的变化。
◆ 帮助客户和运动员估算健康的体重。
◆ 协助制订训练计划。
◆ 用作一种激励工具（适用于某些客户）。
◆ 监控与慢性疾病有关的身体成分的变化。
◆ 评估营养与所选练习的效果。

现在，并没有一个普遍接受的全年龄段体脂率标准，因为大多数的身体成分学术研究只使用小样本统计，研究对象通常是年轻的成年人。这些研究证明男性的正常体脂率范围是10%~20%，女性的正常体脂率为20%~30%[53]。以这些研究为基础，男性的建议体脂为15%，女性的建议体脂率为25%，更详细的讨论见表6.5与表6.6[53]。

表6.5	男性与女性的建议体脂率
男性	**女性**
必需体脂：3%~5%	必需体脂：8%~12%
运动员：5%~13%	运动员：12%~22%
建议体脂率（34岁及以下）：8%~22%	建议体脂率（34岁及以下）：20%~35%
建议体脂率（35~55岁）：10%~25%	建议体脂率（35~55岁）：23%~38%
建议体脂率（56岁及以上）：10%~25%	建议体脂率（56岁及以上）：25%~38%

表6.6 活跃的男性与女性的建议体脂率（%）

男性	不建议	低	中	高
青年	<5	5	10	15
中年	<7	7	11	18
老年	<9	9	12	18
女性	**不建议**	**低**	**中**	**高**
青年	<16	16	23	28
中年	<20	20	27	33
老年	<20	20	27	33

身体成分评估

有许多方法可用于估算身体成分，这些方法的成本、准确度和所需的技术方法各异。

1. 皮褶测量：使用卡尺来估计皮下脂肪量。
2. 生物电阻测量法：使用便携式仪器通过身体传导电流来估算脂肪。这种评估方法基于一个假设：含水量高的身体组织比含水量低的组织（例如脂肪组织）在传导电流时的电阻更小。
3. 水下称重一般被称为静水称重，在运动生理学实验室中一直是用于确定身体成分的最常用技术。被统称为瘦体重的骨骼、肌肉和结缔组织在水中会下沉，而体脂在水中会浮起，这个事实就是静水称重背后的主要原理。从本质上说，比较一个人在自然状态下的体重与水下的体重，就可以确定体脂。因为骨骼与肌肉密度比水更大，与瘦体重比例较小的人相比，瘦体重比例较大的人在水下会相对更重，并且最终的体脂率更低。体脂含量较高的人在水中的重量就会相对较轻，因此会得出更高的体脂率。

皮褶测量

绝大多数的私人教练并没有可随意支配的运动生理实验室，所以用皮褶卡尺测量的方法将是我们重点讨论的方法。皮褶厚度（SKF）是对皮下脂肪组织厚度的间接测量。该方法假设存在于身体皮下区域的脂肪量与身体脂肪总量呈相对固定的比例关系，在大多数情况下，该假设是成立的。对使用皮褶估算身体成分的建议包括以下方面。

- ◆ 与熟练使用SKF评估的人一起训练，并且经常比较自己的结果与他们的结果。
- ◆ 在每个部位至少进行两次测量，并且每个部位的测量误差必须在1至2毫米以内，并取平均值。
- ◆ 先松开卡尺的卡口，再将它移开测量部位。
- ◆ 在定位解剖标志时要严谨。
- ◆ 不要在运动之后立即测量SKF。
- ◆ 提前向客户介绍测试流程。
- ◆ 避免对过度肥胖的客户测量SKF。

记忆要点

使用皮褶卡尺来评估体脂可能会造成十分尴尬的局面，尤其在测量超重人群的时候。在这种情况下，皮褶测量的结果偏低；因此，使用该方法来评估体脂就不那么合适了。可以改为使用生物电阻测量（如果可行）、围度测量、称重，甚至可以用衣服的合身程度来评估客户的减重以及减脂进程。

计算体脂率

美国国家运动医学学会使用德尔林公式［Durnin formula，有时候被称为德尔林－沃莫斯利公式（Durnin–Womersley formula）］来计算客户的体脂率[54]。选择这一公式的原因是其简单的上半身四点测试过程。德尔林公式所采用的四个皮褶测量部位如下。

1. 肱二头肌：手臂前侧肱二头肌上方的竖向皱褶，在肩部至肘部的中间位置（图6.9）。
2. 肱三头肌：在上臂后侧的竖向皱褶，手臂自然下垂在身体侧面。这一皮褶同样要在肩部至肘部的中间位置（图6.10）。
3. 肩胛下角：1~2厘米长，呈45度角的斜向皮褶，位于肩胛骨下角下方（图6.11）。
4. 髂嵴：在髂嵴上方和腋窝线内侧取45度角的斜向皮褶（图6.12）。

所有的皮褶测量都应在身体的右侧进行。在测量完4个部位之后，将4个测量结果相加，在德尔林－沃莫斯利体脂率计算表（表6.7）内找到相应的性别与年龄类别。例如，某40岁女性客户的皮褶测量结果总和为40，其体脂率是28.14%（或者四舍五入为28%）。

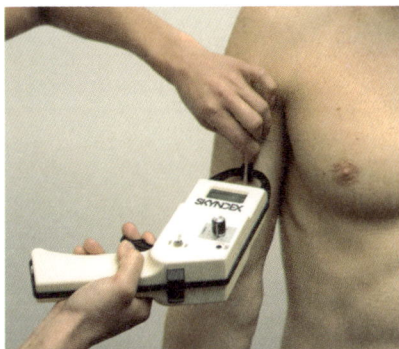

图6.9 肱二头肌的测量

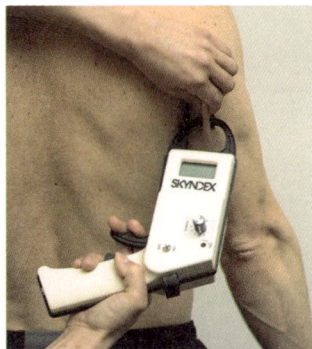

图6.10 肱三头肌的测量

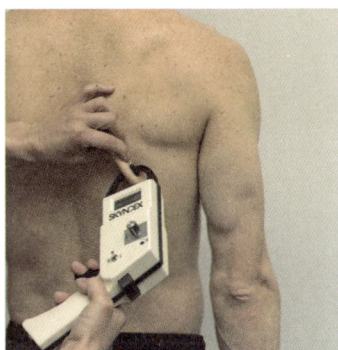

图6.11 肩胛下角的测量

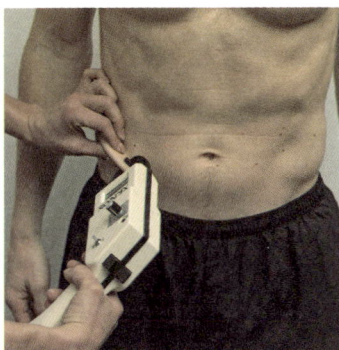

图6.12 髂嵴的测量

表6.7 德尔林-沃莫斯利体脂率（%）计算

皮褶测量结果总和	男性					女性				
	≤19	20~29	30~39	40~49	≥50	≤19	20~29	30~39	40~49	≥50
5	-7.23	-7.61	-1.70	-5.28	-6.87	-2.69	-3.97	0.77	3.91	4.84
10	0.41	0.04	5.05	3.30	2.63	5.72	4.88	8.72	11.71	13.10
15	5.00	4.64	9.09	8.47	8.38	10.78	10.22	13.50	16.40	18.07
20	8.32	7.96	12.00	12.22	12.55	14.44	14.08	16.95	19.78	21.67
25	10.92	10.57	14.29	15.16	15.84	17.33	17.13	19.66	22.44	24.49
30	13.07	12.73	16.17	17.60	18.56	19.71	19.64	21.90	24.64	26.83
35	14.91	14.56	17.77	19.68	20.88	21.74	21.79	23.81	26.51	28.82
40	16.51	16.17	19.17	21.49	22.92	23.51	23.67	25.48	28.14	30.56
45	17.93	17.59	20.41	23.11	24.72	25.09	25.34	26.96	29.59	32.10
50	19.21	18.87	21.53	24.56	26.35	26.51	26.84	28.30	30.90	33.49

续表

皮褶测量结果总和	男性					女性				
	≤19	20~29	30~39	40~49	≥50	≤19	20~29	30~39	40~49	≥50
55	20.37	20.04	22.54	25.88	27.83	27.80	28.21	29.51	32.09	34.75
60	21.44	21.11	23.47	27.09	29.20	28.98	29.46	30.62	33.17	35.91
65	22.42	22.09	24.33	28.22	30.45	30.08	30.62	31.65	34.18	36.99
70	23.34	23.01	25.13	29.26	31.63	31.10	31.70	32.60	35.11	37.98
75	24.20	23.87	25.87	30.23	32.72	32.05	32.71	33.49	35.99	38.91
80	25.00	24.67	26.57	31.15	33.75	32.94	33.66	34.33	36.81	39.79
85	25.76	25.43	27.23	32.01	34.72	33.78	34.55	35.12	37.58	40.61
90	26.47	26.15	27.85	32.83	35.64	34.58	35.40	35.87	38.31	41.39
95	27.15	26.83	28.44	33.61	36.52	35.34	36.20	36.58	39.00	42.13
100	27.80	27.48	29.00	34.34	37.35	36.06	36.97	37.25	39.66	42.84
105	28.42	28.09	29.54	35.05	38.14	36.74	37.69	37.90	40.29	43.51
110	29.00	28.68	30.05	35.72	38.90	37.40	38.39	38.51	40.89	44.15
115	29.57	29.25	30.54	36.37	39.63	38.03	39.06	39.10	41.47	44.76
120	30.11	29.79	31.01	36.99	40.33	38.63	39.70	39.66	42.02	45.36
125	30.63	30.31	31.46	37.58	41.00	39.21	40.32	40.21	42.55	45.92
130	31.13	30.82	31.89	38.15	41.65	39.77	40.91	40.73	43.06	46.47
135	31.62	31.30	32.31	38.71	42.27	40.31	41.48	41.24	43.56	47.00
140	32.08	31.77	32.71	39.24	42.87	40.83	42.04	41.72	44.03	47.51
145	32.53	32.22	33.11	39.76	43.46	41.34	42.57	42.19	44.49	48.00
150	32.97	32.66	33.48	40.26	44.02	41.82	43.09	42.65	44.94	48.47
155	33.39	33.08	33.85	40.74	44.57	42.29	43.59	43.09	45.37	48.93
160	33.80	33.49	34.20	41.21	45.10	42.75	44.08	43.52	45.79	49.38
165	34.20	33.89	34.55	41.67	45.62	43.20	44.55	43.94	46.20	49.82
170	34.59	34.28	34.88	42.11	46.12	43.63	45.01	44.34	46.59	50.24
175	34.97	34.66	35.21	42.54	46.61	44.05	45.46	44.73	46.97	50.65
180	35.33	35.02	35.53	42.96	47.08	44.46	45.89	45.12	47.35	51.05
185	35.69	35.38	35.83	43.37	47.54	44.86	46.32	45.49	47.71	51.44
190	36.04	35.73	36.13	43.77	48.00	45.25	46.73	45.85	48.07	51.82
195	36.38	36.07	36.43	44.16	48.44	45.63	47.14	46.21	48.41	52.19
200	36.71	36.40	36.71	44.54	48.87	46.00	47.53	46.55	48.75	52.55

身体成分评估的另一项好处是能够大概估算出一个人的体重有多少来自于脂肪，有多少来自于瘦体重。下面的公式概括了如何计算一个人的脂肪重量和瘦体重。

1. 体脂率 × 身体总重量＝脂肪重量
2. 身体总重量－脂肪重量＝瘦体重

例如，如果上文所述的40岁女性体重为130磅，她的脂肪重量与瘦体重的计算如下。

1. 0.28（体脂率）×130磅（总体重）＝36磅（脂肪重量）
2. 130磅（总体重）－36磅（脂肪重量）＝94磅（瘦体重）

围度测量

围度是身体各个部位（例如手臂、大腿、腰部和臀部）的周长。围度方法同时受到脂肪和肌肉的影响，因此不能用于准确估计一般人群的肥胖程度。

围度测量的一些用法和好处包括以下方面。

◆ 适用于肥胖的客户。
◆ 适用于数据的比较与体现进度。
◆ 适用于评估脂肪的模式与分布。
◆ 成本低廉。
◆ 容易记录。
◆ 技术性误差小。
◆ 用于测量腰围。
◆ 用于计算腰臀比（WHR）。

围度测量也可以作为以改变其身体成分为目标的客户的另一个反馈来源。测量目的是评估身体围度的变化。采用围度测量时最重要的考量因素是一致性。要记住，在使用围度测量的时候要确保皮尺收紧并且水平地围绕在所测量区域上。

1. 颈部：环绕喉结（图6.13）。
2. 胸部：环绕乳头连线（图6.14）。
3. 腰部：测量腰部最窄的位置，处在胸腔下侧与髋骨上侧。如果腰部没有明显最窄的位置，那么直接测量肚脐的位置（图6.15）。

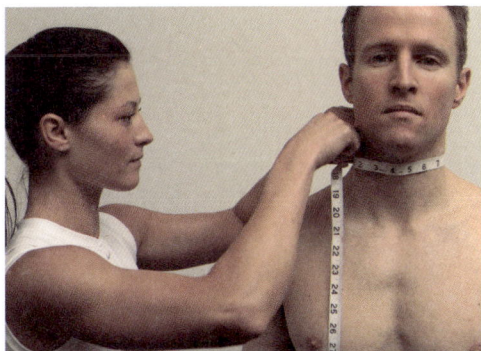

图6.13 颈部围度测量

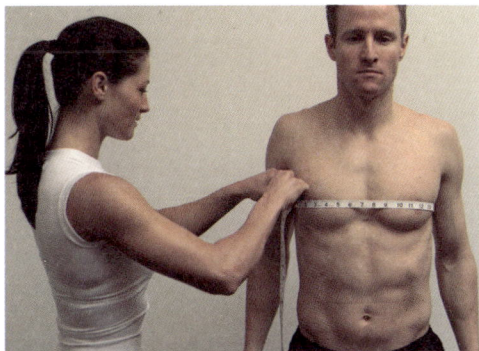

图6.14 胸部围度测量

4. 臀部：双脚并拢，测量臀部围度最大的位置（图6.16）。

5. 大腿：为了标准化测量，测量髌骨以上10英寸的位置（图6.17）。

6. 小腿：在膝与踝之间最粗的部位测量小腿的围度（图6.18）。

7. 肱二头肌：肱二头肌围度最大的位置，测量时要确保手臂伸展且手掌向前（图6.19）。

腰臀比

腰臀比是临床应用最多的围度测量之一。因为慢性疾病和在腰腹部分囤积的脂肪之间存在关系，所以腰臀比是非常重要的[3]。用腰围数值除以臀围数值可以计算出腰臀比，步骤如下。

1. 测量腰部最窄部位的围度，要求客户不要收腹。

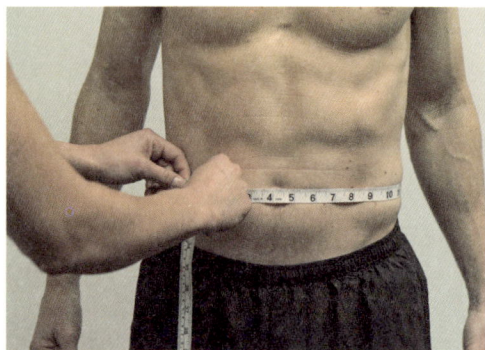

图6.15　腰部围度测量

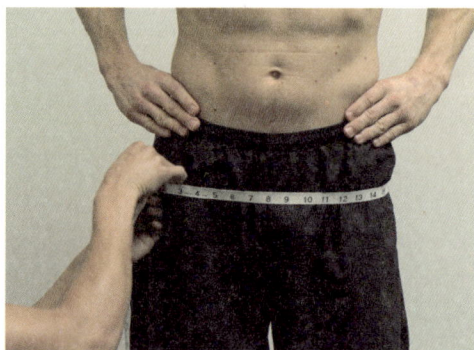

图6.16　臀部围度测量

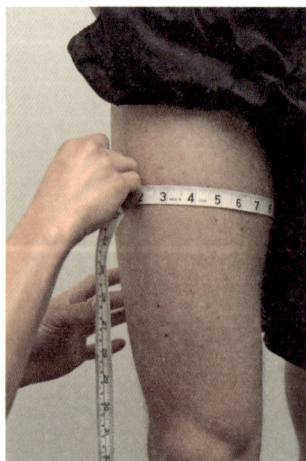

图6.17　大腿围度测量

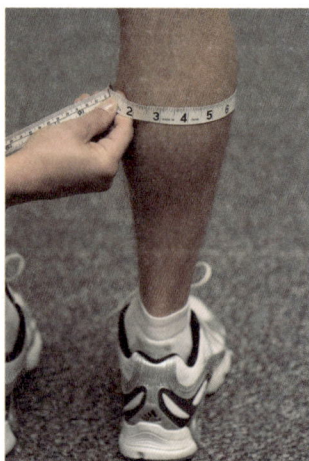

图6.18　小腿围度测量

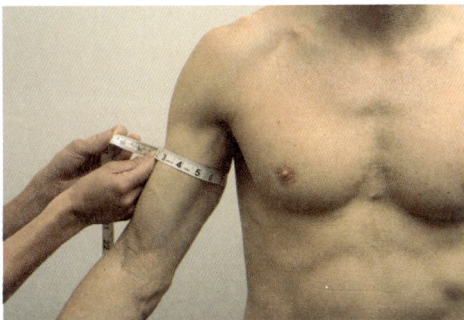

图6.19

肱二头肌围度测量

2. 测量臀部最大部位的围度。

3. 用腰围数值除以臀围数值，计算出腰臀比。

4. 例如，如果某客户的腰围为30英寸，臀围为40英寸，那么该客户的腰臀比为30除以40，即0.75。

如果女性的腰臀比大于0.8，男性的腰臀比大于0.95，就可以认为他们有罹患多种疾病的风险。

身体质量指数（BMI）

身体质量指数（BMI）是建立在一个人的体重与其身高应成正比这一概念基础上的粗略评估。过高的BMI往往意味着疾病风险率的增加，特别是当同时存在腰围过大的问题时。虽然BMI的意图并非对身体脂肪进行评估，但是这是确定客户的体重与身高是否相符的快速简单的方法。BMI的计算方法是用体重（以千克为单位）除以身高（以米为单位）的平方；或者用体重（以磅为单位）除以身高（以英寸为单位）的平方再乘703。

$$BMI = 体重（千克）/身高^2（米^2）$$
$$BMI = [体重（磅）/身高^2（英寸^2）] \times 703$$

BMI在22~24.99范围内时，疾病的风险最低（表6.8）。科学证据显示，当BMI为25或以上时，疾病的风险就会增加。虽然研究证明过早死亡与罹患疾病的风险随着BMI的升高而增加，但是体重过轻也同样面临风险[55,56]。

记忆要点

因为测量较为方便且具有一致性，所以BMI是判断超重与肥胖的最广泛使用的方法。BMI是对普通人群进行筛查的实用工具，但它也有一个不足之处，就是无法区分脂肪重量与瘦体重。在使用BMI对运动员或者健美人士等肌肉质量较大的人群进行评估时，可能会错误地将他们归类为中至高风险人群。

表6.8	身体质量指数分级	
BMI	**疾病风险**	**分级**
<18.6	较高	过轻
18.6~21.99	低	正常
22.0~24.99	很低	正常
25.0~29.99	较高	超重
30~34.99	高	肥胖
35.0~39.99	很高	二级肥胖
≥40	极高	三级肥胖

小结

　　客观信息（如心率、血压和身体成分）为私人教练提供了一系列可测量的数据，用于监控客户的变化。对客户的体脂、围度、腰臀比或者身体质量指数进行评估与再评估，或许可以对客户产生激励的作用。许多客户都想甩掉体脂，因此，能够测试初始体脂率是非常重要的。皮褶卡尺是在健身房中最方便的体脂率测量方法之一。在测量时，一致性（部位和方式）是最重要的。用皮褶厚度估测客户的体脂率有几个步骤：使用皮褶卡尺测量4个部位，将4个部位的测量值相加，然后在德尔林-沃莫斯利体脂率计算表内找到相应的性别与年龄类别。

　　围度测量与腰臀比是评估身体围度变化的另外两个反馈来源。同样，测量中的一致性是关键。女性的腰臀比大于0.8，男性的腰臀比大于0.95，就可以认为他们有罹患多种疾病的风险。最后，BMI是判断客户的体重与其身高的关系是否处在正常范围内的好办法。当一个人的BMI超过25时，出现与肥胖相关的健康问题的机会就有可能增加。

心肺功能评估

　　心肺功能评估帮助私人教练为客户确定安全有效的起始训练强度与合适的心肺训练方式。测试心肺（心脏与肺部）系统能力最有效的方法是心肺运动测试（CPET），这种测试也被称为最大摄氧量测试（VO_{2max}）。然而，最大摄氧量测试往往并不具备可操作性，因为这种测试设备要求高、耗时长，并且客户不一定愿意做最大强度的运动。因此，次最大强度运动测试往往是确定心肺功能和体能的首选方法。

　　次最大强度运动测试可以用来预测或估算VO_{2max}。此类测试与VO_{2max}测试类似，但两者的不同之处在于次最大强度运动测试会在一定的心率强度或者时间范围内停止测试。事实证明，有多种次最大强度运动测试能够可靠有效地预测VO_{2max}，并且这些测试往往可以采取不同的方法（跑步/步行测试、功率自行车以及台阶测试）。所有这些测试都可以使用；但是在选择的时候要考虑空间和设备的制约，以及具体的测试对象（例如老年人和儿童）。YMCA 3分钟台阶测试与罗克波特步行测试是广泛使用的两种评估心肺功能效率的次最大强度运动测试。

YMCA 3分钟台阶测试

该测试的设计是在3分钟内以固定节奏左右腿交替在台阶上蹬踏，达到次最大运动强度，并据此评估一个人的心肺功能水平。

第一步：进行3分钟的台阶测试，让客户以每分钟96步的节奏在高度为12英寸的台阶上蹬踏3分钟。重要的是，客户要以正确的节奏进行台阶测试。使用节拍器或者简单地发出"上、上、下、下"的节奏指令，可以帮助客户在蹬踏时保持正确的节奏。

第二步：在完成测试后的5秒之内，开始测量客户的60秒静息心率，并记录为恢复期脉搏。

第三步：在以下其中一个类别中找到记录下来的恢复期脉搏。

男性	18~25	26~35	36~45	46~55	56~65	>65
很好	50~76	51~76	49~76	56~82	60~77	59~81
良好	79~84	79~85	80~88	87~93	86~94	87~92
高于平均水平	88~93	88~94	88~92	95~101	97~100	94~102
平均水平	95~100	96~102	100~105	103~111	103~109	104~110
低于平均水平	102~107	104~110	108~113	113~119	111~117	114~118
差	111~119	114~121	116~124	121~126	119~128	121~126
很差	124~157	126~161	130~163	131~159	131~154	130~151
女性	18~25	26~35	36~45	46~55	56~65	>65
很好	52~81	58~80	51~84	63~91	60~92	70~92
良好	85~93	85~92	89~96	95~101	97~103	96~101
高于平均水平	96~102	95~101	100~104	104~110	106~111	104~111
平均水平	104~110	104~110	107~112	113~118	113~118	116~121
低于平均水平	113~120	113~119	115~120	120~124	119~127	123~126
差	122~131	122~129	124~132	126~132	129~135	128~133
很差	135~169	134~171	137~169	137~171	141~174	135~155

第四步：使用相应的类别来确定客户开始时的运动方案。

很差/差	一区间（65%~75%的最大心率）
低于平均水平	一区间（65%~75%的最大心率）

平均水平/高于平均水平	二区间（76%~85%的最大心率）
良好	二区间（76%~85%的最大心率）
很好	三区间（86%~95%的最大心率）

第五步：用220减去客户的年龄（220−年龄），确定客户的最大心率。然后用最大心率乘下列数字，以确定每一个区间的心率范围。

一区间	最大心率 × 0.65
	最大心率 × 0.75
二区间	最大心率 × 0.76
	最大心率 × 0.85
三区间	最大心率 × 0.86
	最大心率 × 0.95

请参阅第8章（心肺功能训练），了解在具体的阶段性训练方案中如何正确使用这3个区间。

罗克波特步行测试

该测试同样用来确定心肺功能训练的起始点。然后，根据能力水平会对这个起始点进行相应的调整。一旦确定起始点，请参照"心肺功能训练"章节制订具体的训练方案策略。

第一步：记录客户的体重。然后让客户在跑步机上用可控的速度尽可能快地步行1英里。记录客户的完成时间。完成后马上测量客户在1英里处的心率（每分钟心跳次数）。之后将数据代入以下公式算出摄氧量（VO_2）数值[57]。

$$132.853-（0.076\ 9 × 体重）-（0.387\ 7 × 年龄）+（6.315 × 性别）-$$
$$（3.264\ 9 × 时间）-（0.156\ 5 × 心率）= VO_2 数值$$

其中：

◆ 体重的单位为磅
◆ 性别：男性=1，女性=0
◆ 时间的单位为分钟，并且精确至0.01分钟
◆ 心率为每分钟跳动次数
◆ 年龄的单位为年

第二步：在以下相应类别中找到VO_2数值。

男性					
年龄	心率区间				
	差	一般	平均水平	良好	很好
20~24	32~37	38~43	44~50	51~56	57~62
25~29	31~35	32~36	43~48	49~53	54~59
30~34	29~34	35~40	41~45	46~51	52~56

续表

男性

年龄	心率区间				
	差	一般	平均水平	良好	很好
35~39	28~32	33~38	39~43	44~48	49~54
40~44	26~31	32~35	36~41	42~46	47~51
45~49	25~29	30~34	35~39	40~43	44~48
50~54	24~27	28~32	33~36	37~41	42~46
55~59	22~26	27~30	31~34	35~39	40~43
60~65	21~24	25~28	29~32	33~36	37~40

女性

年龄	心率区间				
	差	一般	平均水平	良好	很好
20~24	27~31	32~36	37~41	42~46	47~51
25~29	26~30	31~35	36~40	41~44	45~49
30~34	25~29	30~33	34~37	38~42	43~46
35~39	24~27	28~31	32~35	36~40	41~44
40~44	22~25	26~29	30~33	34~37	38~41
45~49	21~23	24~27	28~31	32~35	36~38
50~54	19~22	23~25	26~29	30~32	33~36
55~59	18~20	21~23	24~27	28~30	31~33
60~65	16~18	19~21	22~24	25~27	28~30

第三步：使用相应的类别来确定客户开始时的运动方案。

差	一区间（65%~75%的最大心率）
一般	一区间（65%~75%的最大心率）
平均水平	二区间（76%~85%的最大心率）
良好	二区间（76%~85%的最大心率）
很好	三区间（86%~95%的最大心率）

第四步：用220减去客户的年龄（220−年龄），确定客户的最大心率。然后用最大心率乘下列数字，以确定每一个区间的心率范围。

一区间	最大心率 × 0.65
	最大心率 × 0.75
二区间	最大心率 × 0.76
	最大心率 × 0.85
三区间	最大心率 × 0.86
	最大心率 × 0.95

请参阅第8章（心肺功能训练），了解在具体的阶段性训练方案中如何正确使用这3个区间。

你知道吗？

卡佛内公式

一旦确定了客户的心肺功能水平基准，就可以用卡佛内公式（HRR）替代直接百分比计算法（220−年龄）来确定适当的练习强度（一、二或三区间）。

> ### 小结
>
> 　　有很多基于心肺功能评估结果来确定心率区间的方法。一旦确定了客户的能力水平，就可以选择特定的训练方案。3分钟台阶测试与罗克波特步行测试是两种普遍使用的确定心肺功能训练起始点的方法。

姿势与动作评估

姿势的重要性

　　神经肌肉效率是神经系统与肌肉系统正常连接并产生最佳动作的能力。良好的姿势会实现最优的神经肌肉效率，从而帮助产生更为安全有效的动作[58-64]。良好的姿势能够保证身体肌肉在适当的长度－张力关系下最优地协调，这是力偶高效运作的必要条件[58-64]。这样就可以产生合理的关节运动，并且有效地吸收作用力并分配作用力，减轻关节所承受的额外压力[58-64]。换言之，良好的姿势也会帮助肌肉维持合适的长度，让肌肉协同工作，确保关节的适当运动，使力量的产生最大化，并且降低受伤的风险。

　　良好的姿势能够有助于身体产生最大的功能性力量。否则，身体可能会退化或出现姿势不良、运动模式变形和肌肉不平衡的情况。这些功能障碍会导致一些常见的伤病，例如足踝的扭伤、肌腱炎和下背痛。然而，快速的静态姿势观察就可以确定整体姿势的任何严重偏差。

观察静态姿势

　　静态姿势就是一个人在站立时所呈现的形态，可以认为这就是人运动的基础。这可以体现关节排列是否正确。静态姿势同样为肢体功能提供了基础和平台。无论在任何结构中，薄弱的基础都会间接导致在系统中的其他地方出现问题。

　　静态姿势评估一直是识别肌肉不平衡的基础手段。静态姿势评估或许无法具体指出问题是否属于结构性问题，或者问题是否源自不良的肌肉募集方式及由此带来的肌肉不平衡。但是，静态姿势评估可以明确指出需要进一步评估的问题区域，以确定最棘手的问题，这可以针对错误动作成因和低效的神经肌肉等问题制订训练的策略。

常见变形模式

　　从每个人在静态站姿中呈现的形态就可以推断出他长期以来如何运用自己的身体。有趣的是，身体倾向于以特定的模式代偿，或者肌肉之间存在的特殊关系来代偿。早在20世纪70年代，扬达（Janda）就已经对这些模式进行了研究和描述[65]。弗洛伦斯（Florence）和亨利·肯德尔（Henry Kendall）采用不同的方法在做类似的研究，尝试通过原动肌–拮抗肌间的关系解决这些姿势偏差。弗洛伦斯·肯德尔的一名学生雪莉·谢尔曼（Shirley Sahrmann）继续了他们的工作[59]。

扬达定义了3种基本的代偿模式[65]。当然，这并不意味着不存在其他代偿。他只是提出，静态姿势的变化或偏差会有连锁效应，而且往往是以某种特定的模式表现出来。在静态姿势评估中，我们会评估3种姿势变形模式，包括旋前变形综合征、下交叉综合征和上交叉综合征。

- ◆ 旋前变形综合征：旋前变形综合征往往表现为足旋前（扁平足），并且双膝内收和内旋（X形腿）（图6.20和表6.9）。

表6.9　旋前变形综合征概要

被缩短的肌肉	被拉长的肌肉	关节力学特性的改变	可能出现的伤病
腓肠肌	胫骨前肌	增加：	足底筋膜炎
比目鱼肌	胫骨后肌	膝关节内收	胫骨后肌肌腱炎（外胫炎）
腓骨肌群	股内侧肌	膝关节内旋	髌腱炎
髋内收肌	臀中肌/臀大肌	足旋前	下背痛
髂胫束	髋外旋肌	足外旋	
屈髋肌群		减少：	
股二头肌（短头）		踝关节背屈	
		踝关节内翻	

- ◆ 下交叉综合征：下交叉综合征往往表现为骨盆前倾（塌腰）（图6.21和表6.10）。

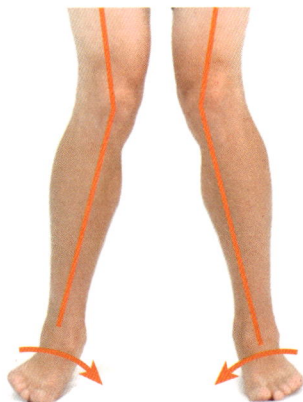

图6.20

旋前变形综合征

图6.21

下交叉综合征

表6.10　下交叉综合征概要

被缩短的肌肉	被拉长的肌肉	关节力学特性的改变	可能出现的伤病
腓肠肌	胫骨前肌	增加：	腘绳肌拉伤
比目鱼肌	胫骨后肌	腰椎伸展	膝前部疼痛
屈髋肌群	臀大肌		下背痛
髋内收肌	臀中肌	减少：	
背阔肌	腹横肌	髋关节伸展	
竖脊肌	腹内斜肌		

◆ 上交叉综合征：上交叉综合征往往表现为头部前伸和圆肩（图6.22和表6.11）。

表6.11　上交叉综合征概要

被缩短的肌肉	被拉长的肌肉	关节力学特性的改变	可能出现的伤病
上斜方肌	深层颈屈肌	增加：	头痛
肩胛提肌	前锯肌	颈部伸展	肱二头肌肌腱炎
胸锁乳突肌	菱形肌	肩胛骨前伸/上提	肩袖撞击综合征
斜角肌	中斜方肌		胸廓出口综合征
背阔肌	下斜方肌	减少：	
大圆肌	小圆肌	肩关节伸展	
肩胛下肌	冈下肌	肩关节外旋	
胸大肌/胸小肌			

图6.22

上交叉综合征

静态姿势评估

在详细的静态姿势评估中涉及许多要素。这里讨论的静态姿势观察只是理想评估的一个简化版本，理想的评估需要由医生或者物理治疗师来进行。

一般来说，需要检查关节中立位与排列、左右对称、肌肉张力的平衡性，以及特定的姿势变形。要从多个位置（前面、后面、侧面）观察保持负重姿势（站立）的客户，这很重要。健身专业人员应该在整体姿势中寻找严重的偏差。

动力链检查点

姿势评估需要观察动力链（人体动作系统）。为了周密安排此观察，NASM设计了动力链检查点，让私人教练能够以有条理的方法系统性地观察身体。动力链检查点关注的是主要的关节区域，包括以下几种。

1. 足踝。
2. 膝。
3. 腰椎–骨盆–髋关节复合体（LPHC）。
4. 肩。
5. 头与颈椎。

前视图（图6.23）

◆ 足踝：朝正前方且相互平行，没有扁平足或者外旋。

◆ 膝：与脚尖处在同一条直线上，没有内收或者外展。

◆ LPHC：骨盆是水平的，双侧髂前上棘在同一水平面。

动力链检查点，前视图

- ◆ 肩：水平，没有耸肩或者圆肩。
- ◆ 头：中立位，没有倾斜或者旋转。

侧视图（图6.24）

- ◆ 足踝：中立位，腿与足底垂直。
- ◆ 膝：中立位，没有屈曲或过伸。
- ◆ LPHC：骨盆中立位，没有前倾（腰椎伸展）或后倾（腰椎屈曲）。
- ◆ 肩：正常的背部曲线，没有过度圆肩。
- ◆ 头：中立位，没有过度伸展（向前"伸出"）。

后视图（图6.25）

- ◆ 足踝：双脚的脚跟竖直并且互相平行，没有过度的旋前。
- ◆ 膝：中立位，没有内收或者外展。
- ◆ LPHC：骨盆是水平的，双侧髂后上棘在同一水平面内。
- ◆ 肩/肩胛骨：水平，没有耸肩或者圆肩（肩胛骨的内侧缘应该基本平行，并且间距3至4英寸）。
- ◆ 头：中立位，没有倾斜或者旋转。

观察动态姿势

姿势通常被认为是静止的（或没有运动的）。然而，为了满足运动的需求，姿势每天都在不断改变。因此，一旦完成静态姿势评估，就应进行动态姿势评估。从动态姿势评估所得出的结果应进一步证实在静态姿势评

图6.24 动力链检查点，侧视图

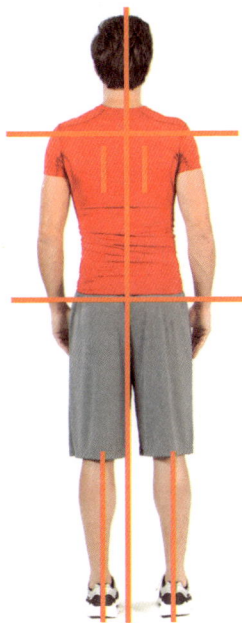

图6.25 动力链检查点，后视图

估中的观察结果。此外，或许能够在动态姿势评估中发现未能在静态姿势评估中发现的身体问题。因此，动态姿势评估（观察动作）是了解客户整体功能状态的最为快捷的方式。因为姿势也具备动态的特性，这些观察显示出在其自然动态环境中的姿势变形及潜在的过度激活和激活不足的肌肉。

动作观察除了提供有关肌肉与关节相互作用的重要信息，还可提供下蹲、推、拉和平衡等基本功能的信息。在观察过程中应寻找影响客户训练结果（在健身环境内外）及可能导致受伤的不平衡因素，包括解剖、生理和生物力学方面的不平衡。考虑到大多数健身专业人员可用于观察的时间有限，采用系统化的评估流程是非常重要的。

过头深蹲评估

目的 评估客户的动态柔韧性、核心力量、平衡以及整体神经肌肉的控制能力。有证据支持使用过渡动作评估，例如过头深蹲[66]。当评估流程标准化时，过头深蹲测试对于评估下肢动作模式是可靠且有效的。过头深蹲测试的结果可以反映进行起跳落地任务时下肢的动作模式[67]。在过头深蹲测试中出现膝外翻（X形腿）是受到了髋外展肌和髋外旋肌力量下降[68]、髋内收肌活跃度增加[69]和踝关节背屈受限[69,70]的影响。这些观察和分析结果表明，在这项过渡动作评估中观察到的动作功能障碍可能是相关关节活动度、肌肉激活及整体神经肌肉控制能力被改变的结果，在某一些假设中，这些因素都指向伤病风险更高的人群。

评估流程

姿势

1. 客户双脚与肩同宽站立，脚尖指向身体的正前方。双脚与踝关节应处于中立位。在这项评估中最好不穿鞋子，以便更好地同时观察脚和踝关节。

2. 让客户将双臂举过头顶，肘关节完全伸展。举起的双臂应该处在身体两侧的对称位置（图6.26和图6.27）。

动作

1. 指导客户下蹲至大约一把椅子的高度，然后回到起始姿势。

2. 重复动作5次，从各个角度（正面和侧面）观察动作。

检查点

1. 从前面观察双脚、双踝与双膝（图6.28）。双脚应始终保持指向正前方，双膝与双脚应在一条直线上。

图6.26　过头深蹲评估起始姿势，前视图

图6.27　过头深蹲评估起始姿势，侧视图

2. 从侧面观察LPHC、肩和颈椎（图6.29）。手臂与躯干应该在一条直线上且与胫骨平行。

代偿：前视图

1. 足：双脚是否变平和/或向外旋（图6.30和图6.31）？

2. 膝：双膝是否向内扣（内收以及内旋）（图6.32）？

图6.28 过头深蹲评估结束姿势，前视图

图6.29 过头深蹲评估结束姿势，侧视图

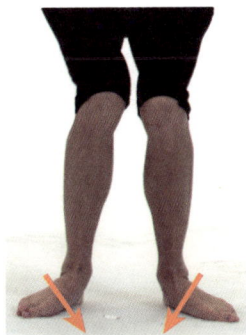

图6.30 双脚变平

图6.31 双脚向外旋转

代偿：侧视图

3. LPHC：

    a. 有没有塌腰（图6.33）？

    b. 躯干是否过度前倾（图6.34）？

4. 肩：双臂是否向前落下（图6.35）？

图6.32　膝内扣（膝外翻）

图6.33　塌腰

图6.34　躯干过度前倾

图6.35　手臂向前落下

当进行评估的时候，详细记录下所发现的所有问题（图6.36）。然后，参照表6.12，确定可能过度激活和激活不足的肌肉，需要针对这些肌肉安排纠正性的柔韧性练习和强化练习，以提高客户的动作质量、降低伤病的风险并且提升运动表现。

表6.12	过头深蹲检查点			
视图	检查点	代偿	可能过度激活的肌肉	可能激活不足的肌肉
侧视图	LPHC	躯干过度前倾	比目鱼肌 腓肠肌 屈髋肌群 腹部肌群	胫骨前肌 臀大肌 竖脊肌
		塌腰	屈髋肌群 竖脊肌 背阔肌	臀大肌 腘绳肌 深层核心稳定肌群（腹横肌、多裂肌、横突棘肌、腹内斜肌、骨盆底肌）
	肩	手臂向前落下	背阔肌 大圆肌 胸大肌/胸小肌	中/下斜方肌 菱形肌 肩袖肌群
前视图	足	向外旋转	比目鱼肌 腓肠肌外侧头 股二头肌（短头）	腓肠肌内侧头 内侧腘绳肌 股薄肌 缝匠肌 腘肌
	膝	膝内扣（膝外翻）	髋内收肌 股二头肌（短头） 阔筋膜张肌 股外侧肌	臀中肌/臀大肌 股内侧肌斜行纤维部分

记忆要点

对于某些客户（如老年客户）来说，单腿下蹲这一动作可能非常难以完成。在这种情况下，可以使用其他支撑来辅助完成这个动作，也可以采用单腿平衡来评估动作代偿和在相对不稳定的环境中控制身体的能力。

视图	动力链检查点	动作观察	
前视图	足 膝	• 变平/向外旋转 • 膝内扣（膝外翻）	□是
侧视图	LPHC 肩	• 躯干过度前倾 • 塌腰 • 手臂向前落下	□是 □是 □是

图6.36

过头深蹲检查点

单腿下蹲评估

目的　这个过渡动作评估也可以评估动态柔韧性、核心力量、平衡以及整体神经肌肉的控制能力。有证据支持使用单腿下蹲可以作为过渡动作评估[66]。当操作流程标准化时，单腿下蹲测试对于评估下肢动作模式是可靠且有效的。膝外翻（X形腿）已被证明会受到多个因素的影响，包括髋关节外展肌和髋关节外旋肌的力量下降[68]、髋关节内收肌活跃度增加[66]和踝关节背屈受限[66,70]。这些结果表明，在这项过渡动作评估中观察到的动作功能障碍可能是相关关节活动度、肌肉激活及整体神经肌肉控制能力被改变的结果。

评估流程

姿势

1. 客户采用站姿，双手放在两边髂骨上，两眼盯着正前方的一个物体。
2. 脚尖应指向正前方，脚、踝、膝和腰椎–骨盆–髋关节复合体应处于中立位（图6.37）。

动作

1. 让客户下蹲至舒适的高度，然后回到起始姿势。
2. 在换腿前进行5次重复。

检查点

从正前方观察膝关节。膝始终应与脚呈一条直线（对齐第二与第三脚趾）（图6.38）。

图6.37　单腿下蹲起始姿势

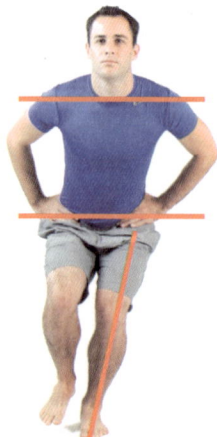

图6.38　单腿下蹲结束姿势

代偿

膝：膝关节是否向内扣（内收以及内旋）（图6.39）？

与过头深蹲评估一样，详细记录所发现的所有问题（图6.40）。然后参照表6.13，确定可能过度激活和激活不足的肌肉，需要针对这些肌肉安排纠正性的柔韧性练习和强化练习，以提高客户的动作质量、降低伤病的风险并且提升运动表现。

表6.13	单腿下蹲检查点		
检查点	代偿	可能过度激活的肌肉	可能激活不足的肌肉
膝	膝内扣（膝外翻）	髋内收肌 股二头肌（短头） 阔筋膜张肌 股外侧肌	臀中肌/臀大肌 股内侧肌斜行纤维部分

推的评估

目的　与过头深蹲和单腿下蹲相同，通过观察推这个动作来评估动作效率和潜在的肌肉不平衡。

评估流程

姿势

指导客户站立，收腹、双腿前后分开，足尖向前（图6.41）。

动作

1. 从侧面观察，指导客户将手柄向前推出，之后回到起始姿势。

图6.39　膝内扣（膝外翻）

视图	动力链检查点	动作观察	
前视图	膝	• 膝内扣 （膝外翻）	□右 □左

图6.40　单腿下蹲检查点

图6.41　推的评估，起始姿势

图6.42　推的评估，结束姿势

2. 在客户可控制的前提条件下进行20次重复。腰椎与颈椎应当保持中立位，肩部保持水平（图6.42）。

代偿

1. LPHC：是否出现塌腰（图6.43）？
2. 肩：肩部是否耸起（图6.44）？
3. 头：头部是否前伸（图6.45）？

记录下你所有的发现（图6.46）。参照表6.14，确定可能过度激活和激活不足的肌肉，需要针对这些肌肉安排纠正性的柔韧性练习和强化练习，以提高客户的动作质量、降低伤病的风险并且提升运动表现。

图6.43　塌腰

图6.44　耸肩

动力链检查点	动作观察	
LPHC	• 塌腰	□是
肩	• 耸肩	□是
头	• 头部前伸	□是

图6.45 头部前伸   图6.46 推的评估检查点

表6.14 推的评估检查点

检查点	代偿	可能过度激活的肌肉	可能激活不足的肌肉
LPHC	塌腰	屈髋肌群 竖脊肌	深层核心稳定肌群
肩	耸肩	上斜方肌 胸锁乳突肌 肩胛提肌	中/下斜方肌
头	头部前伸	上斜方肌 胸锁乳突肌 肩胛提肌	深层颈屈肌

你知道吗?

推的评估选项

　　虽然最好采用站姿进行这项评估,以更好地判断客户的功能状态,但是也可以使用固定器械完成这项评估。

拉的评估

　　目的:评估在拉的过程中的动作效率和潜在的肌肉不平衡。

　　评估流程

　　姿势

　　指导客户站立,收腹、双腿前后分开(分开距离与肩宽大致相同),足尖向前（图6.47）。

动作

1. 从侧面观察，指导客户将手柄拉向身体，之后回到起始姿势。与推的评估类似，腰椎与颈椎应当保持中立位，肩部保持水平（图6.48）。

2. 在客户可控制的前提条件下进行20次重复。

代偿

1. LPHC：有没有塌腰（图6.49）？

2. 肩：肩部是否耸起（图6.50）？

3. 头：头部是否前伸（图6.51）？

图6.47 拉的评估，起始姿势

图6.48 拉的评估，结束姿势

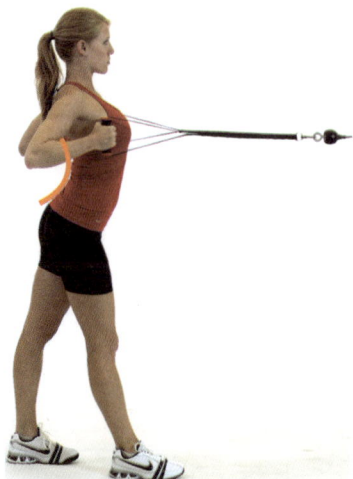

图6.49 塌腰

图6.50 耸肩

动力链检查点	动作观察	
LPHC	• 塌腰	□是
肩	• 耸肩	□是
头	• 头部前伸	□是

图6.51　头部前伸

图6.52　拉的评估检查点

记录下你所有的发现（图6.52）。参照表6.15，确定可能过度激活和激活不足的肌肉，需要针对这些肌肉安排纠正性的柔韧性练习和强化练习，以提高客户的动作质量、降低伤病的风险并且提升运动表现。

表6.15　拉的评估检查点

检查点	代偿	可能过度激活的肌肉	可能激活不足的肌肉
LPHC	塌腰	屈髋肌群 竖脊肌	深层核心稳定肌群
肩关节	耸肩	上斜方肌 胸锁乳突肌 肩胛提肌	中/下斜方肌
头部	头部前伸	上斜方肌 胸锁乳突肌 肩胛提肌	深层颈屈肌

小结

姿势是指动力链的所有部分的对齐和功能。其主要目的是通过保持结构效率来克服在身体上的作用力。动力链需要恒定的姿势平衡。良好的姿势能使身体处于最佳的神经肌肉效率状态，并且关节力线正确，以及在整条动力链上实现有效的作用力分布。良好的姿势也会让身体产生高水平功能性力量。否则，身体可能会退化或产生姿势变形。动态姿势观察检查基

你知道吗？

拉的评估选项

与推的评估一样，拉的评估也可以通过固定器械进行。

本的动作，并提供关于肌肉与关节的交互影响的关键信息。其目的是找出解剖、生理和生物力学方面的不平衡。

运动表现评估

运动表现评估可针对寻求提高其运动表现的客户使用。这些评估将测试上肢的稳定性和肌肉耐力、下肢的敏捷性以及整体力量。基本的运动表现评估包括俯卧撑测试、戴维斯测试（Davies test）、沙克技巧测试（Shark Skill Test）、卧推力量测试和深蹲力量测试。

俯卧撑测试

目的　测试上半身的肌肉耐力，主要是负责推的肌肉。

评估流程

姿势

1. 客户或运动员从俯卧撑的起始位置（踝、膝、髋、肩和头部在一条直线上）开始，降低身体并用胸部触碰同伴置于胸部下方的拳头。重复此动作60秒或直至力竭，不允许代偿（塌腰、头部前伸）。该评估的一个变式是用跪姿完成俯卧撑。另外，根据客户的情况可以尝试将评估的要求改为让胸部触碰地面（比触碰拳头难度更大）。无论进行哪种方法，在后续的再评估流程中都要确保使用同样的步骤（图6.53）。
2. 记录同伴报告的有效触碰次数。
3. 训练一段时间之后再次进行评估时，客户或者运动员应该能够完成更多的次数。

戴维斯测试

目的　测试上肢的敏捷性和稳定性[71]。该评估可能不适合肩关节稳定性不足的客户或运动员。

图6.53

俯卧撑测试

评估流程

姿势

1. 用胶带在地面上标注出两个相隔36英寸的点。

2. 指导客户采用俯卧撑姿势，双手分别放在标志点上（图6.54）。

动作

1. 指导客户快速地移动其右手去触碰左手（图6.55）。

2. 左右手交替互碰，进行15秒。

3. 重复3轮测试。

4. 未来再次测试时可以衡量触碰次数的增长情况。

5. 将双手触碰的总次数记录在记录表（图6.56）中。

沙克技巧测试

目的　测试下肢的敏捷性以及神经肌肉控制。（该测试可以看成单腿下蹲的进阶，因此，它并不一定适合所有客户。）

图6.54

戴维斯测试起始姿势

图6.55

戴维斯测试动作

两点间距离	测试轮次	时间	重复次数
36英寸	1	15秒	
36英寸	2	15秒	
36英寸	3	15秒	

图6.56

戴维斯测试记录表

评估流程

姿势

让客户双手放在两边髋骨上，并且单脚站立在九宫格的中间格子里。

动作

1. 指导客户按照预先设计的模式跳进每一个格子，并且每次都回到中间的格子里。每次测试的模式要保持不变（图6.57）。
2. 双脚分别试练习一轮。
3. 每只脚分别测试两次（一共进行4次测试），同时计时。
4. 记录完成时间（表6.16）。

表6.16	沙克技巧测试观测结果				
测试轮次	方向	时间/秒	犯规次数	总罚时（犯规次数×0.1）	总时间（时间+总罚时）
练习	右				
	左				
一	右				
	左				
二	右				
	左				

5. 每出现一次下面的错误就加0.10秒的时间。
　 i. 抬起的那一条腿触碰地面。
　 ii. 任何一只手离开髋骨。

图6.57

沙克技巧测试

iii. 跳错格子。

iv. 没有回到中间的格子。

上肢力量评估：卧推

目的　该评估旨在估算上半身推力肌群的最大肌力。该测试也可以用来确定卧推的训练强度。这是一项高级评估（以专项力量为目标），因此适用的客户可能不多。一般而言，私人教练没有必要对那些以一般体能和减重为目标的客户进行该项评估。

评估流程

姿势

让客户仰卧在长凳上。双脚应当指向正前方。下背部应当处在中立位（图6.58）。

动作

1. 指导客户使用较轻的阻力（能够轻松进行8至10次）进行热身。

2. 休息1分钟。

3. 增加10至20磅（5%至10%的初始重量），进行3至5次重复。

4. 休息2分钟。

5. 重复第3步与第4步，直到客户在进行第2至10次重复时出现无法完成的情况，通常采用3至5次重复以获得更准确的结果。

6. 使用附录中的一次重复最大肌力估算表来估算出最大肌力。

图6.58　卧推力量评估

下肢力量评估：深蹲

目的　该评估旨在估算深蹲的最大肌力和整体的下肢力量。该测试也可以用来确定深蹲的训练强度。这是一项高级评估方法（以专项力量为目标），因此适用的客户可能不多。一般而言，私人教练没有必要对那些以一般体能和减重为目标的客户进行该项评估。

评估流程

姿势

双脚与肩同宽分开，足尖指向正前方，双膝与脚趾对齐。下背部处在中立位（图6.59）。

动作

1. 指导客户使用较轻的阻力（能够轻松进行8至10次）进行热身。

2. 休息1分钟。

3. 增加30至40磅（10%至20%的初始重量），进行3至5次重复。

4. 休息2分钟。

5. 重复第3步与第4步，直到客户在进行第2至10次重复时出现无法完成的情况，通常采用3至5次重复以获得更准确的结果。

6. 使用附录中的一次重复最大肌力估算表来估算出最大肌力。

图6.59 深蹲力量评估

记忆要点

在卧推和深蹲评估中，都要确保被评估者在进行动作时尽量不会出现动作代偿！

实施体能评估

评估参数

体能评估为整套训练模板建立基础。它帮助私人教练选择合适的柔韧性、心肺功能、核心、平衡、爆发力和力量训练的练习。下面列举了几个客户示例，以及在其第一步评估中获取的相关主观信息。根据这些主观信息，每个示例中也列出了可供私人教练选择的相应客观信息评估，以确保针对这些客户的特定目标及需求对训练计划进行个性化设计。

客户1：丽塔

基本信息

年龄	38
职业	秘书。她每天有大量的时间要使用计算机和打电话。丽塔上班的时候被要求穿着正装。
生活方式	她有两个孩子（6岁和9岁）。喜欢徒步、园艺，以及跟她的孩子们一起做运动。
病史	曾经出现过下背痛的症状（大概2个月前），但现在没有。在计算机前工作时偶尔会感到颈部"紧张"。丽塔生第二个孩子时是剖腹产。现在她的整体健康状况良好，并且没有服用任何药物。
目标	减少身体脂肪量并且"变得更结实"。减少颈部的"紧张"，使自己能够持续进行休闲活动并且保持"整体健康"。

丽塔的客观信息评估建议

◆ 体脂率测量。
◆ 围度测量。
◆ 静息心率。
◆ 血压。
◆ 台阶测试或者罗克波特步行测试。
◆ 过头深蹲评估。
◆ 单腿下蹲或者单腿平衡。
◆ 推的评估（时间允许的情况下）。
◆ 拉的评估（时间允许的情况下）。

客户2：罗恩

基本信息

年龄	72
职业	退休企业行政主管
生活方式	喜爱与自己的妻子旅行，远足，打高尔夫，做木工，并且与他的7个孙儿玩耍。
病史	做过心脏搭桥手术（10年前），一共有3个支架。服用降低胆固醇的药物。在打完高尔夫之后会出现下背部以及肩部的疼痛。
目标	罗恩体重170磅，不考虑再改变其身体成分。他想变得更健康，增加整体力量，减轻他肩背部疼痛以更轻松地打高尔夫和与孙儿们玩耍。

罗恩的客观信息评估建议

◆ 从罗恩的医师处获得其健康证明及许可。

◆ 静息心率。

◆ 血压。

◆ 3分钟台阶测试或者罗克波特步行测试。

◆ 过头深蹲评估。

◆ 辅助性单腿下蹲或者单腿平衡。

◆ 推的评估（时间允许的情况下）。

◆ 拉的评估（时间允许的情况下）。

客户3：布莱恩

基本信息

年龄	24
职业	半职业足球运动员
生活方式	他经常旅行，以参加各种足球比赛。他喜欢每周进行三到四次的抗阻训练，每周专项练习5天，并且每周至少参加两次有组织的比赛。
病史	三年前他因左膝前交叉韧带撕裂而接受手术治疗，并且在膝关节手术之后曾经两次扭伤过左脚踝。6个月前最后一次踝关节扭伤后接受了物理治疗，现在已经康复并可以继续比赛。在大部分时间里，他的膝关节与踝关节都没给他带来任何麻烦，只是在比赛和专项训练之后偶尔会出现酸痛。他最近进行了身体检查，又可以参加比赛了，他的医师已经出具了他的健康证明。
目标	他希望提高自己的柔韧性、速度、心肺功能以及腿部力量，从而提高其整体运动表现。他同时希望能够降低伤病的风险。在因伤停练的这段时间，他的体脂率有所增加，因此他希望能够降低自己的体脂率。

布莱恩的客观信息评估建议

◆ 体脂率测量。

◆ 3分钟台阶测试或者罗克波特步行测试。

◆ 过头深蹲评估。

◆ 单腿下蹲评估。

◆ 戴维斯测试。

◆ 沙克技巧测试。

◆ 下肢力量评估：深蹲。

填写训练计划模板

显然，应填写客户的姓名，以妥善保存客户的记录。必须记录日期，以跟踪客户的训练进度，以及在哪一天进行了什么训练（图6.60）。

"阶段"一栏表示客户正处在OPT™模型中的哪一个阶段。这一栏也

专家姓名：布莱恩·萨顿　　　　　　　　　　　　　NASM

客户姓名：约翰·史密斯			日期：5/01/13

目标：减脂			阶段：1 稳定性耐力

热身

练习	组数	持续时长	指导要点

核心/平衡/快速伸缩复合训练

练习	组数	次数	节奏	休息	指导要点

速度、敏捷性和快速反应训练

练习	组数	次数	节奏	休息	指导要点

抗阻训练

练习	组数	次数	节奏	休息	指导要点

冷身

练习	组数	持续时长	指导要点

指导要点：

美国国家运动医学学会

图6.60　在训练计划模板中呈现评估结果

可以提醒我们该阶段的关键变量有哪些（我们将在下面的章节进行详细介绍）。

参考文献

（1）US Department of Healthand Human Services (USDHHS). Physical Activity Guidelines Advisory Committee Report, 2008. Washington, DC: USDHHS; 2008.

（2）National Center for Health Statistics. *Chartbook on Trends in the Health of Americans. Health, United States, 2008.* Hyattsville, MD: Public Health Service; 2008.

（3）American College of Sports Medicine. *ACSM's Guidelines for Exercise Testing and Prescription.* 8th ed. Philadelphia: Lippincott Williams & Wilkins; 2010.

（4）Thomas S, Reading J, Shephard RJ. Revision of the Physical Activity Readiness Questionnaire (PAR-Q). *Can J Sports Sci.* 1992; 17: 338–345.

（5）Van der Windt DAWM, homas E, Pope DP, et al. Occupational risk factors for shoulder pain: a systematic review. *Occup Environ Med.* 2000; 57: 433–442.

（6）MedlinePlus. Accessed September 15, 2010.

（7）Janda V. Muscles and cervicogenic pain syndromes In: Grant R, ed. *Physical Therapy of the Cervical and Thoracic Spine.* Edinburgh: Churchill Livingstone; 1988:153–166.

（8）Leahy PM. Active release techniques: logical soft tissue treatment. In: Hammer WI, ed. *Functional Soft Tissue Examination and Treatment by Manual Methods.* Gaithersburg, MD: Aspen Publishers; 1999: 549–559.

（9）Kucera KL, Marshall SW, Kirkendall DT, Marchak PM, Garrett WE Jr. Injury history as a risk factor for incident injury in youth soccer. *Br J Sports Med.* 2004; 39: 462–466.

（10）Bullock–Saxton JE. Local sensation changes and altered hip muscle function following severe ankle sprain. *Phys Ther.* 1994; 74: 17–31.

（11）Brown CN, Padua DA, Marshall SW, Guskiewicz KM. Hip kinematics during a stop–jump task in patients with chronic ankle instability. *J Athl Train.* 2011; 46(5): 461–467.

（12）Guskiewicz K, Perrin D. Effect of orthotics on postural sway following inversion ankle sprain. *J Orthop Sports Phys Ther.* 1996; 23: 326–331.

（13）Nitz A, Dobner J, Kersey D. Nerve injury and grades II and III ankle sprains. *Am J Sports Med.* 1985; 13: 177–182.

（14）Wilkerson G, Nitz A. Dynamic ankle stability: mechanical and neuromuscular interrelationships. *J Sport Rehab.* 1994; 3: 43–57.

（15）Barrack R, Lund P, Skinner H. Knee proprioception revisited. *J Sport Rehab.* 1994; 3: 18–42.

（16）Beard D, Kyberd P, O'Connor J, Fergusson C. Reflex hamstring contraction latency in ACL deficiency. *J Orthop Res.* 1994; 12: 219–228.

（17）Boyd I. The histological structure of the receptors in the knee joint of the cat correlated with their physiological response. *J Physiol.* 1954; 124: 476–488.

（18）Corrigan J, Cashman W, Brady M. Proprioception in the cruciate deficient knee. *J Bone Joint Surg Br.* 1992; 74B: 247–250.

（19）DeCarlo M, Klootwyk T, Shelbourne D. ACL surgery and accelerated rehabilitation. *J Sport Rehab.* 1997; 6: 144–156.

（20）Ekholm J, Eklund G, Skoglund S. On the reflex effects from knee joint of the cat. *Acta Physiol Scand.* 1960; 50: 167–174.

（21）Feagin J. The syndrome of the torn ACL. *Orthop Clin North Am.* 1979; 10: 81–90.

（22）Fredericson M, Cookingham CL, Chaudhari AM, Dowdell BC, Oestreicher N, Sahrmann SA. Hip abductor weakness in distance runners with iliotibial band syndrome. *Clin J Sport Med.* 2000; 10: 169–175.

（23）Hewett TE, Lindenfeld TN, Riccobene JV, Noyes FR. The effect of neuromuscular training on the incidence of knee injury in female athletes. A prospective study. *Am J Sports Med.* 1999; 27: 699–706.

（24）Ireland ML, Willson JD, Ballantyne BT, Davis IM. Hip strength in females with and without patellofemoral pain. *J Orthop Sports Phys Ther.* 2003; 33: 671–676.

（25）Irrgang J, Harner C. Recent advances in ACL rehabilitation: clinical factors. *J Sport Rehab.* 1997; 6: 111–124.

（26）Irrgang J, Whitney S, Cox E. Balance and proprioceptive training for rehabilitation of the lower extremity. *J Sport Rehab.* 1994; 3: 68–83.

（27）Johansson H. Role of knee ligaments in proprioception and regulation of muscle stiffness. *J Electromyogr Kinesiol.* 1991; 1: 158–179.

（28）Johansson H, Sjölander P, Sojka P. A sensory role for the cruciate ligaments. *Clin Orthop Relat Res.* 1991; 268: 161–178.

（29）Johansson H, Sjölander P, Sojka P. Receptors in the knee joint ligaments and their role in the biomechanics of the joint. *Crit Rev Biomed Eng.* 1991; 18: 341–368.

（30）Nyland J, Smith S, Beickman K, Armsey T, Caborn D. Frontal plane knee angle affects dynamic postural control strategy during unilateral stance. *Med Sci Sports Exerc.* 2002; 34: 1150–1157.

（31）Powers C. The influence of altered lower–extremity kinematics on patellofemoral joint dysfunction: a theoretical perspective. *J Orthop Sports Phys Ther.* 2003; 33: 639–646.

（32）Bullock–Saxton JE, Janda V, Bullock MI. Reflex activation of gluteal muscles in walking. An approach to restoration of muscle function for patients with low back pain. *Spine.* 1993; 18: 704–708.

（33）Hodges P, Richardson C, Jull G. Evaluation of the relationship between laboratory and clinical tests of transversus abdominis function. *Physiother Res Int.* 1996; 1: 30–40.

（34）Hodges PW, Richardson CA. Inefficient muscular stabilization of the lumbar spine associated with low back pain. A motor control evaluation of transversus abdominis. *Spine*. 1996; 21: 2640–2650.

（35）Hodges PW, Richardson CA. Contraction of the abdominal muscles associated with movement of the lower limb. *Phys Ther*. 1997; 77: 132–144.

（36）Janda V. Muscles and motor control in low back pain: assessment and management. In: Twomey L, ed. *Physical Therapy of the Low Back*. New York, NY: Churchill Livingstone; 1987: 253–278.

（37）Lewit K. Muscular and articular factors in movement restriction. *Manual Med*. 1985; 1: 83–85.

（38）O'Sullivan P, Twomey L, Allison G, Sinclair J, Miller K, Knox J. Altered patterns of abdominal muscle activation in patients with chronic low back pain. *Aust J Physiother*. 1997; 43: 91–98.

（39）Richardson C, Jull G, Toppenberg R, Comerford M. Techniques for active lumbar stabilization for spinal protection. *Aust J Physiother*. 1992; 38: 105–112.

（40）Broström L–Å, Kronberg M, Nemeth G. Muscle activity during shoulder dislocation. *Acta Orthop Scand*. 1989; 60: 639–641.

（41）Glousman R. Electromyographic analysis and its role in the athletic shoulder. *Clin Orthop Relat Res*. 1993; 288: 27–34.

（42）Glousman R, Jobe F, Tibone J, Moynes D, Antonelli D, Perry J. Dynamic electromyographic analysis of the throwing shoulder with glenohumeral instability. *J Bone Joint Surg Am*. 1988; 70A: 220–226.

（43）Hanson ED, Leigh S, Mynark RG. Acute effects of heavy– and light–load squat exercise on the kinetic measures of vertical jumping. *J Strength Cond Res*. 2007; 21: 1012–1017.

（44）Howell S, Kraft T. The role of the supraspinatus and infraspinatus muscles in glenohumeral kinematics of anterior shoulder instability. *Clin Orthop Relat Res*. 1991; 263: 128–134.

（45）Kedgley A, Mackenzie G, Ferreira L, Johnson J, Faber K. In vitro kinematics of the shoulder following rotator cuff injury. *Clin Biomech (Bristol, Avon)*. 2007; 22: 1068–1073.

（46）Kronberg M, Broström L–Å, Nemeth G. Differences in shoulder muscle activity between patients with genera- lized joint laxity and normal controls. *Clin Orthop Relat Res*. 1991; 269: 181–192.

（47）Yanagawa T, Goodwin C, Shelburne K, Giphart J, Torry M, Pandy M. Contributions of the individual muscles of the shoulder to glenohumeral joint stability during abduction. *J Biomech Eng*. 2008; 130: 21–24.

（48）Yasojima T, Kizuka T, Noguchi H, Shiraki H, Mukai N, Miyanaga Y. Differences in EMG activity in scapular plane abduction under variable arm positions and loading conditions. *Med Sci Sports Exerc*. 2008; 40: 716–721.

（49）Graven–Nielsen T, Mense S. The peripheral apparatus of muscle pain: evidence from animal and human studies. *Clin J Pain*. 2001; 17: 2–10.

（50）Mense S, Simons D. *Muscle Pain. Understanding Its Nature, Diagnosis, and Treatment*. Philadelphia, PA: Williams & Wilkins; 2001.

（51）Lambert E, Bohlmann I, Cowling K. Physical activity for health: understanding the epidemiological evidence for risk benefits. *Int J Sports Med*. 2001; 1: 1–15.

（52）Pate R, Pratt M, Blair S, et al. Physical activity and public health: a recommendation from the Centers for Disease Control and Prevention and the American College of Sports Medicine. *JAMA*. 1995; 273: 402–407.

（53）Going S, Davis R. Body composition. In Roitman JL (Ed.): *ACSM's Resource Manual for Guidelines for Exercise Testing and Prescription*. 4th ed. Philadelphia: Lippincott Williams & Wilkins; 2001: 396.

（54）Durnin JVGA, Womersley J. Body fat assessed from total body density and its estimation from skinfold thickness measurements on 481 men and women aged 16–72 years. *Br J Nutr*. 1974; 32: 77–97.

（55）Stevens J. The effect of age on the association between body–mass index and mortality. *N Engl J Med*. 1998; 338: 1–7.

（56）American College of Sports Medicine. Position stand; appro–priate intervention strategies for weight loss and prevention for weight regain in adults. *Med Sci Sports Exerc*. 2001; 33: 2145–56.

（57）American College of Sports Medicine. *ACSM's Resource Manual for Guidelines for Exercise Testing and Prescription*. 3rd ed. Baltimore: Williams & Wilkins; 1998.

（58）Sahrmann SA. *Diagnosis and Treatment of Movement Impairment Syndromes*. St. Louis: Mosby; 2002.

（59）Sahrmann SA. Posture and muscle Imbalance. Faulty lumbo–pelvic alignment and associated musculoskeletal pain syndromes. *Orthop Div Rev Can Phys Ther*. 1992; 12: 13–20.

（60）Kendall FP, McCreary EK, Provance PG. *Muscles: Testing and Function*. 4th ed. Baltimore: Williams & Wilkins; 1993.

（61）norkin C, Levangie P. *Joint Structure and Function*. 2nd ed. Philadelphia, PA: FA Davis Company; 1992.

（62）Janda V. Muscle strength in relation to muscle length, pain and muscle imbalance. In: Harms–Rindahl K, ed. *Muscle Strength*. Churchill–Livingston, New York, NY, 1993: 83–91.

（63）Powers CM, Ward SR, Fredericson M, Guillet M, Shellock FG. Patellofemoral kinematics during weight– bearing and non–weight–bearing knee extension in persons with lateral sub–luxation of the patella: a preli- minary study. *J Orthop Sports Phys Ther*. 2003; 33: 677–685.

（64）Newmann D. *Kinesiology of the Musculoskeletal System: Foundations for Physical Rehabilitation*. St. Louis: Mosby; 2002.

（65）Janda V. Muscles and motor control in cervicogenic disorders. In: Grant R, ed. *Physical Therapy of the Cervical and Thoracic Spine*. St. Louis, MO: Churchill Livingstone; 2002: 182–199.

（66）Zeller B, McCrory J, Kibler W, Uhl T. Differences in kinematics and electromyographic activity between men and women during the single–legged squat. *Am J Sports Med*. 2003; 31: 449–456.

（67）Buckley BD, higpen CA, Joyce CJ, Bohres SM, Padua DA. Knee and hip kinematics during a double leg squat predict knee and hip kinematics at initial contact of a jump landing task. *J Athl Train*. 2007; 42: S81.

（68）Ireland ML, Willson JD, Ballantyne BT, Davis IM. Hip strength in females with and without patellofemoral pain. *J Orthop Sports Phys Ther*. 2003; 33: 671–676.

（69）Vesci BJ, Padua DA, Bell DR, Strickland LJ, Guskiewicz KM, Hirth CJ. Influence of hip muscle strength, flexibility of hip and ankle musculature, and hip muscle activation on dynamic knee valgus motion during a double–legged squat. *J Athl Train*. 2007; 42: S83.

（70）Bell DR, Padua DA. Influence of ankle dorsiflexion range of motion and lower leg muscle activation on knee valgus during a double–legged squat. *J Athl Train*. 2007; 42: S84.

（71）Goldbeck T, Davies GJ. Test–retest reliability of a closed kinetic chain upper extremity stability test: a clinical field test. *J Sport Rehab*. 2000; 9: 35–45.

柔韧性训练概念

学完本章，你应该能够掌握如下内容。
- ☑ 解释肌肉不平衡对人体动作系统（动力链）的影响。
- ☑ 为使用综合柔韧性训练计划提供科学依据。
- ☑ 能区分不同类型的柔韧性技术。
- ☑ 示范并指导特定条件下的柔韧性技术。

柔韧性训练简介

一旦收集了在"体能评估"一章中提到的评估数据，就应该继续完成计划设计模板的剩余部分，重点应转向设计训练方案。在最佳运动表现训练（OPT™）计划模板中，下一步需要完成的是热身部分。在设计热身方案时，应该考虑到柔韧性的组成部分和心肺训练需求。为了安全有效地达到最佳的运动训练效果，大部分客户将需要一些柔韧性训练，而这将是本章的重点。

柔韧性训练的现有概念

当今社会，几乎所有人都被不平衡的姿势困扰，其中很大一部分的原因是久坐不动的生活方式、科技的进步和重复的动作。办公室工作要求长时间坐在座位上，这导致与工作相关的职业伤害大幅增加，比如下背痛、颈部疼痛和腕管综合征，同时，也导致肥胖人口比例的上升。越来越多的人将柔韧性训练视为预防和治疗各种神经肌肉损伤的重要手段。若没有良好的柔韧性水平和足够的关节活动范围，客户受伤的危险系数就增加，而且在错误得到纠正之前，他们可能无法实现自己的体能目标[1-4]。私人教练一定要理解柔韧性训练的原则，才能够设计合适的综合训练计划[1-3]。

知识延伸

柔韧性不足与受伤的风险有关吗？

多项研究已经发现了关节活动范围（ROM）、肌肉紧张或柔韧性不足与受伤风险之间的关联。然而，查阅文献也可以找到得出相反结论的研究。为了得到确切的结论，还需要更多高质量研究。

- 维特洛夫等人（Witvrouw et al.）（2003）在一项针对146名男子足球运动员的前瞻性研究中发现，根据统计结果，随着股四头肌和腘绳肌紧张程度的增加，足球运动员受伤的风险会加大[1]。
- 维特洛夫等人（2001）在一项前瞻性研究中发现，腘绳肌和股四头肌的柔韧性下降会显著加剧运动人群的髌腱炎[2]。
- 斯波克等人（Cibulka et al.）（1998）在对100名非特异性下背痛患者进行的横向研究中证实了单侧髋关节旋转的不对称[3]。
- 克纳皮克等人（Knapik et al.）（1991）报告，女大学生运动员的力量和柔韧性的不平衡与下肢伤病密切相关[4]。
- 马非（Maffey）和埃默里（Emery）（2007）报告称没有一致的证据支持髋内收肌的紧张会增加腹股沟拉伤的风险，但是同样建议在得出结论之前，还需要更多的研究[5]。

参考文献

（1）Witvrouw E, Danneels L, Asselman P, D' Have T, Cambier D. Muscle flexibility as a risk factor for developing muscle injuries in male professional soccer players. A prospective study. *Am J Sports Med*. 2003; 31(1): 41-46.

（2）Witvrouw E, Bellemans J, Lysens R, Danneels L, Cambier D. Intrinsic risk factors for the development of patellar tendinitis in an athletic population. A two-year prospective study. *Am J Sports Med*. 2001; 29(2): 190-195.

（3）Cibulka MT, Sinacore DR, Cromer GS, Delitto A. Unilateral hip rotation range of motion asymmetry in patients with sacroiliac joint regional pain. *Spine*. 1998; 23(9): 1009-1015.

（4）Knapik JJ, Bauman CL, Jones BH, Harris JM, Vaughan L. Preseason strength and flexibility imbalances associated with athletic injuries in female collegiate athletes. *Am J Sports Med*. 1991; 19(1): 76-81.

（5）Maffey L, Emery C. What are the risk factors for groin strain injury in sport? A systematic review of the literature. *Sports Med*. 2007: 37(10): 881-894.

柔韧性 能使关节达到最大活动度的所有软组织的正常伸展性。

延展性 被拉长或被拉伸的能力。

动态活动范围 综合了柔韧性和神经系统高效控制此活动范围的能力。

什么是柔韧性训练？

柔韧性就是指关节在其完整活动范围内移动的能力。关节活动范围（ROM）取决于关节周围的所有软组织的正常**延展性**[1]。软组织的一个重要特性是，只有在整个关节活动范围内保持最优动作控制的情况下，软组织才会实现高效的伸展能力。在整个关节活动范围内的最优动作控制被称为**动态活动范围**。动态活动范围综合了柔韧性和神经系统高效控制此活动范围的能力。很多因素都能影响柔韧性，包括以下方面。

◆ 基因。

◆ 结缔组织的弹性。

◆ 关节周围的肌腱或皮肤的构成。

◆ 关节的结构。

◆ 拮抗肌群的力量。

◆ 身体成分。

◆ 性别。

◆ 年龄。

◆ 活动水平。

◆ 旧伤或者现有的健康问题。

◆ 重复性动作（超负荷模式）。

神经肌肉效率是神经系统募集正确的肌肉（原动肌、拮抗肌、协同肌和稳定肌）产生力（向心）、减小力（离心）以及在所有3个平面内动态地稳定（等长）身体结构的能力。

例如，在进行绳索下拉练习时，背阔肌（原动肌）必须能够向心地加快肩关节的伸展、内收和内旋，中斜方肌、下斜方肌和菱形肌（协同肌）使肩胛骨向下旋转。同时，在整个运动过程中，肩袖肌群（稳定肌）必须稳定盂肱关节（肩关节）。如果这些肌肉（力偶）没有高效地协同发力，代偿就会随之而来，导致肌肉不平衡、关节活动改变和可能的损伤。

为了实现最佳的神经肌肉效率，人体必须在所有3个运动平面中都拥有良好的柔韧性。这样才能够实现有效完成日常活动所需的自由度，例如弯腰系鞋带或者伸手拿橱柜上层的碟子（**表7.1**）。总之，柔韧性需要延展能力，伸展能力需要动态活动范围，而动态活动范围则需要神经肌肉效率。接受综合（全面）的柔韧性训练为整条动力链的高效运行提供了保证。

柔韧性训练必须采用多方面的方法，它整合了各种柔韧性技术，以求在所有运动平面内达到最佳的软组织延展能力（**表7.1**）。为了更好地理解综合柔韧性，首先要复习一些重要的概念，包括人体动作系统、肌肉不平衡和神经肌肉效率。

人体动作系统概要

人体动作系统（HMS），也称为动力链，由肌肉系统、骨骼系统和神经系统组成。HMS中每一个组成部分的最优对位和功能都是科学合理的训练计划的基石。如果HMS中一个或者多个部分的位置异常，没有实现正常的功能，就会导致可预测的功能障碍模式[5-8]。这些功能障碍的模式被称为**姿势变形模式**，将导致神经肌肉效率下降和组织超负荷（**图7.1**）[5]。

神经肌肉效率 神经肌肉系统支配原动肌、拮抗肌和稳定肌协同工作，在所有3个运动平面中产生力、减小力以及动态地稳定整个动力链的能力。

姿势变形模式 肌肉不平衡的可预测模式。

图7.1

姿势变形模式

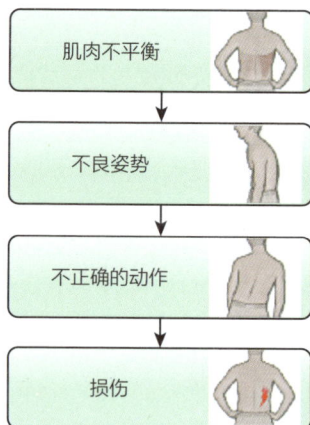

肌肉不平衡

↓

不良姿势

↓

不正确的动作

↓

损伤

表7.1	多个平面的柔韧性	
肌肉	运动平面	动作
背阔肌	矢状面	必须有良好的延展能力，以确保正常的肩关节屈曲
	冠状面	必须有良好的延展能力，以确保正常的肩关节外展
	水平面	必须有良好的延展能力，以确保正常的肱骨外旋
股二头肌	矢状面	必须有良好的延展能力，以确保正常的屈髋和伸膝
	冠状面	必须有良好的延展能力，以确保正常的髋关节内收
	水平面	必须有良好的延展能力，以确保正常的髋关节和膝关节的内旋
腓肠肌	矢状面	必须有良好的延展能力，以确保正常的踝关节背屈
	冠状面	必须有良好的延展能力，以确保正常的跟骨内翻
	水平面	必须有良好的延展能力，以确保正常的股骨内旋

姿势变形模式（较差的静态或动态姿势）表现为结构完整性的缺失，其原因是HMS的一个或多个部分的功能下降[5-7]。结构完整性的缺失会导致长度–张力关系的改变（肌肉长度改变）、力偶关系的改变（肌肉活性改变）和关节运动能力的改变（关节运动改变）。私人教练必须清楚了解这几种姿势变形，具体内容可复习"体能评估"一章（第6章）。只有所有组成部分（肌肉系统、骨骼系统和神经系统）都以最佳状态运作并且相互依赖，才能实现HMS的最高的神经肌肉效率。HMS的最终目标是保持体内稳态（或动态姿势平衡）。

相对柔韧性 身体在功能动作模式中寻找最小阻力路径的倾向性。

柔韧性差会导致**相对柔韧性**的变化（或动作模式的改变），它是HMS在功能动作模式中寻找最小阻力路径的过程[9]。最常见的相对柔韧性例子就是人们做深蹲时的双脚向外旋转（**图7.2**）。大多数人的小腿肌肉过紧，而踝关节又无法达到以恰当的力学来进行深蹲所需的背屈角度。当加大双脚之间的距离，并且双脚向外旋转后，使用良好的技巧完成深蹲时在踝关节处所需要的背屈角度就有可能减小了。第二个例子就是，当人们进行过头肩推举时,其腰椎过度伸展(塌腰)(图7.3)。若一个人的背阔肌紧张,其肩关节在矢状面的屈曲幅度会减少(不能直接将手臂举过头),因此身体只能借助腰椎来弥补肩关节活动范围的不足,使他能够将负荷完全推过头顶。

肌肉不平衡

肌肉不平衡是特定关节周围肌肉的长度改变(图7.4和图7.5),其中部分肌肉过度激活(迫使发生代偿),部分肌肉激活不足(允许发生代偿)[5,7]。第6章已讨论过以动作代偿形式表现出来的这些肌肉不平衡。

肌肉不平衡是由多种因素造成的[1,9],包括以下方面。

肌肉不平衡 关节周围肌肉长度的改变。

图7.2 深蹲时双脚向外旋转

图7.3 过头肩推举时腰椎过伸

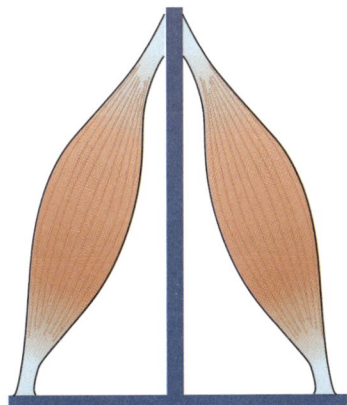

图7.4 肌肉平衡

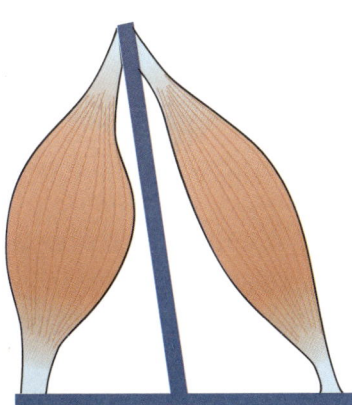

图7.5 肌肉不平衡

◆ 姿态性压力。

◆ 情绪紧张。

◆ 重复性动作。

◆ 累积性创伤。

◆ 不合理的训练技术。

◆ 核心力量不足。

◆ 神经肌肉效率不足。

肌肉不平衡可能是交互抑制改变、协同主导、关节运动功能障碍和神经肌肉控制下降的原因，也可能是其结果（图7.6）。下面将介绍这些概念。

交互抑制改变

交互抑制 一块肌肉的收缩与其拮抗肌的放松同时发生，使动作可以发生。

交互抑制改变 肌肉抑制的概念，由紧张的原动肌抑制其功能拮抗肌而引起。

交互抑制是一种自然发生的现象，它使动作可以发生。交互抑制被定义为一块肌肉的收缩与其拮抗肌的放松同时发生。例如，在肱二头肌弯举过程中的屈肘动作，肱二头肌主动收缩，同时肱三头肌（拮抗肌）放松，使得这个动作可以发生。然而，**交互抑制改变**是由于紧张的原动肌减少了对其功能拮抗肌的神经刺激[1,5–7,10–16]。例如，紧张的腰大肌（屈髋肌）会减少对臀大肌（伸髋肌）的神经刺激。交互抑制改变也会改变力偶关系，产生协同主导，并导致形成错误的动作模式、较差的神经肌肉控制和关节运动功能障碍。

协同主导

协同主导 协同肌接管力量较弱或受到抑制的原动肌的功能时发生的一种神经肌肉现象。

协同主导是指协同肌接管力量较弱或受到抑制的原动肌的功能时发生的一种神经肌肉现象[7]。例如，如果腰大肌紧张，它会导致臀大肌的交互抑制改变，进而导致髋伸展的协同肌（腘绳肌和大收肌）增大输出的力，以补偿力量弱化的臀大肌。协同主导的后果就是错误的动作模式，导致关节运动功能障碍，并最终引起损伤（例如腘绳肌的拉伤）。

图7.6

肌肉不平衡

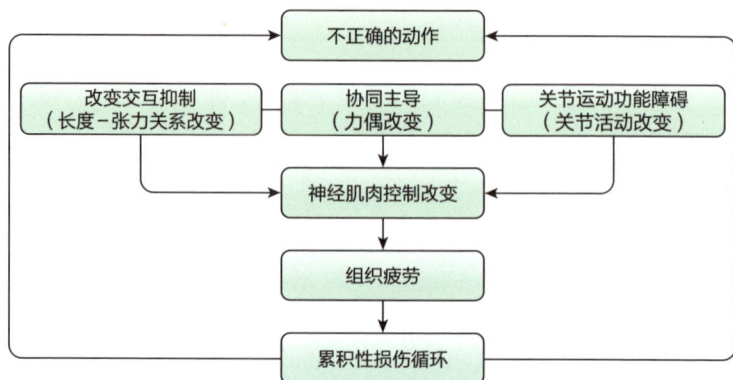

关节运动功能障碍

关节运动能力指关节的运动。关节运动功能障碍是指在生物力学和神经肌肉方面导致关节运动改变的功能障碍[5-8]。关节运动改变可能是由长度-张力关系和力偶关系引起的，这会影响关节并降低动作效率。例如，深蹲时双脚外旋（双脚转向外侧）的幅度过大就会迫使胫骨（小腿骨）和股骨（大腿骨）也外旋。这个姿势改变了膝和髋的肌肉的长度-张力关系，使臀大肌处于缩短状态，降低了臀大肌产生力的能力。此外，股二头肌（腘绳肌的组成部分）和梨状肌（髋外旋肌）变成协同主导，改变力偶关系和理想的关节运动，增加膝关节和下背部所承受的压力[17]。长此以往，关节运动功能障碍所产生的压力将会导致疼痛，并且会进一步改变肌肉的募集和关节的力学机制[5-7]。

> **关节运动能力** 身体关节的运动。
>
> **关节运动功能障碍** 在关节处的作用力改变，导致肌肉活动异常和在关节处的神经肌肉信息传输受损。

神经肌肉效率

如前文所述，神经肌肉效率是指神经肌肉系统合理募集肌肉产生力（向心）、减小力（离心）以及在所有3个运动平面内动态地稳定（等长）整条动力链的能力。因为神经系统是该原理背后的控制因素，所以我们有必要提到，位于肌肉和肌腱中的机械感受器（或感受器）有助于决定肌肉的平衡或不平衡。机械感受器包括肌梭和腱梭。

肌梭

第2章提到，肌梭是肌肉主要的感受器官，由平行于肌纤维的细小纤维构成。要记住，肌梭对肌肉长度的变化及变化速率很敏感[5,18-25]。肌梭的功能就是帮助阻止肌肉拉伸得太长或者太快。然而，当关节一侧的肌肉被拉长（在对侧的肌肉缩短）时，被拉长肌肉中的肌梭也被拉伸。该信息被传导至大脑和脊髓，刺激肌梭，使被拉长肌肉的肌纤维收缩。这往往会导致一些微小的肌肉抽搐或者紧绷感[1,5,6]。

腘绳肌是解释这种反应的一个很好的例子，骨盆向前倾时（图7.7），髂前上棘（骨盆的前部）向下移动，坐骨（骨盆底部的后部，腘绳肌的起点）向上移动。如果腘绳肌的附着点向上运动，那么两个附着点之间的距离就会增加，腘绳肌就被拉长。这个例子中，腘绳肌不需要被静态地拉伸，因为它已经处于拉伸的状态。如果已经被拉长的肌肉继续被拉伸，这块肌肉中的肌梭的兴奋度会增加，并进一步产生收缩（抽搐）反应。在这种情况下，缩短的屈髋肌有助于创造骨盆的向前旋转，从而造成腘绳肌被拉长。相反，屈髋肌需要被拉伸[17]。（在本章后面的内容中会再讨论这一点。）

另一个例子就是在深蹲练习中出现膝内收和膝内旋（X形腿）。激活不足的肌肉是臀中肌（髋的外展肌和外旋肌），过度激活的肌肉包括内收

图7.7

向前旋转的骨盆对腘绳肌的影响

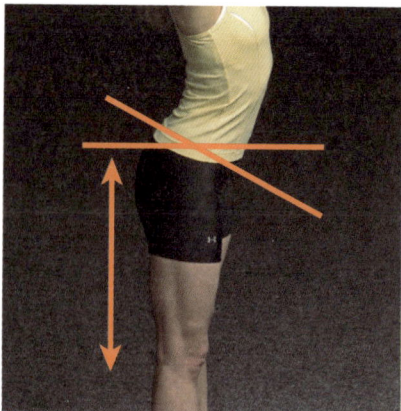

肌（大腿内侧）和阔筋膜张肌（屈髋肌和髋内旋肌）。因此，不需要拉伸臀中肌，而是要拉伸髋内收肌和阔筋膜张肌。在这种情况下，它们过度激活会将股骨拉成过度内收和内旋。

腱梭

如第2章所述，腱梭位于肌腱结（即肌肉与肌腱连接的位置），对肌肉张力的变化及变化速率很敏感[5,18-25]。当兴奋时，肌梭会使肌肉放松，从而保护肌肉避免因承受过大的应力而造成损伤。长时间的腱梭刺激对同一块肌肉内的肌梭有抑制作用。这种神经肌肉现象被称为**自主抑制**，当感受张力的神经冲动大于引起肌肉收缩的神经冲动时，就会发生自主抑制[14]。使用术语"自生"来描述这种现象，是因为收缩的肌肉是被它自己的感受器所抑制。

自主抑制 当感受张力的神经冲动大于引起肌肉收缩的神经冲动时发生的过程，这个过程对肌梭起抑制作用。

记忆要点

自主抑制是在柔韧性训练中使用的主要原理之一，尤其适用于静态拉伸（长时间保持拉伸）的情况。保持拉伸会导致肌肉产生张力，这种张力会刺激腱梭，压倒被拉伸肌肉中的肌梭的活动，进而放松过度激活的肌肉，达到肌肉组织的最佳拉伸长度。总之，拉伸应该持续足够的时间（大约30秒）以使腱梭能够抑制来自肌梭的信号。

小结

柔韧性训练能够降低肌肉不平衡、关节功能障碍和过劳损伤的风险。

重要的是，应该在所有3个平面（矢状面、冠状面和水平面）中都能保持适当的活动范围，而这些可以通过综合柔韧性训练方法来实现。动力链中的每一个环节都要处于合理的位置，避免姿势变形模式（不良姿势）和组织过度受力。人体动作系统的适应能力会因柔韧性的局限而下降，会使身体以不同的模式运动，导致相对柔韧性变差（错误的动作模式）。

肌肉不平衡是由长度-张力关系、力偶关系和关节运动能力的改变而引起的。这些不平衡可能源自不良姿势、训练技术不合理或者原有的伤病。这些肌肉不平衡会导致交互抑制改变、协同主导和关节运动功能障碍，而这些问题反过来又会导致神经肌肉控制能力下降，并可能造成损伤。

柔韧性训练的科学依据

柔韧性训练是所有训练项目中的关键组成部分[1,5]。使用它的原因包括以下几种。

- ◆ 纠正肌肉不平衡。
- ◆ 增加关节活动范围。
- ◆ 减少肌肉的过度紧张。
- ◆ 减轻关节压力。
- ◆ 提高肌肉肌腱连接部位的延展性。
- ◆ 保持所有肌肉的正常功能长度。
- ◆ 提高神经肌肉效率。
- ◆ 改善身体功能。

超负荷模式

肌肉不平衡在当今社会是普遍存在的，而且很多时候是由**超负荷模式**造成的。超负荷模式是一直重复相同的运动模式（例如投掷棒球、长距离的跑步和骑自行车），长此以往，就给身体造成了异常的压力。有些健身房会员重复使用相同的训练计划，这也有可能会导致超负荷模式，并给身体造成异常的压力。

超负荷模式不一定与训练有直接的关系。例如，装货的码头工人整天都在重复性地举起和放下货物，很容易出现超负荷模式。即使长时间坐在计算机前工作也有重复性动作的压力。

超负荷模式　一直重复相同的运动模式，给身体带来异常的压力。

累积性损伤循环

不良姿势和重复性动作会导致身体结缔组织出现功能障碍[1,5,26–28]。身体将这种功能障碍视为一种损伤，因此，身体就会开启一个修复的过程，这个过程叫作累积性损伤循环（图7.8）[5,28]。

图7.8

累积性损伤循环

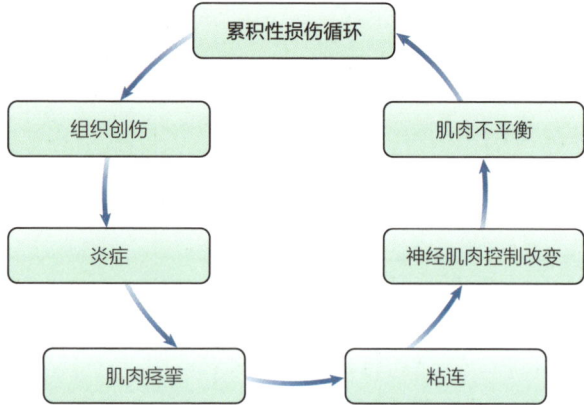

身体组织的任何创伤都会导致炎症。炎症反过来激活身体的疼痛感受器，使身体开启保护机制，增加肌肉张力或引起肌肉痉挛。肌肉特定部位的肌梭的活动增强会产生微小的痉挛，而痉挛会造成软组织内部开始形成粘连（或结节）（图7.9）。这些粘连进而形成一种薄弱、无弹性的基质（不能被拉伸），使软组织的正常弹性减小，导致长度-张力关系改变（导致交互抑制改变）、力偶关系改变（导致协同主导）和关节运动功能障碍（导致关节运动改变）[1,5,28]。如果不进行处理，这些粘连在软组织

图7.9

肌筋膜粘连

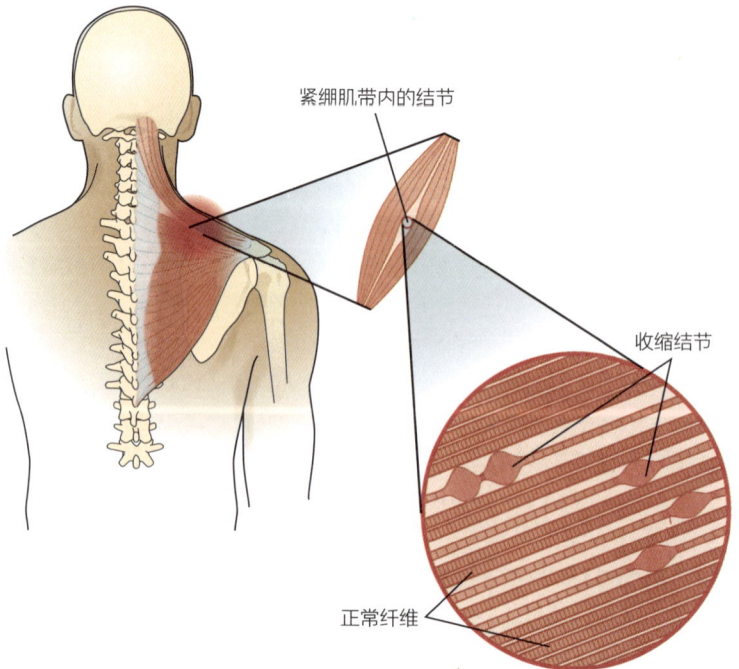

紧绷肌带内的结节

收缩结节

正常纤维

内部会开始形成永久性结构改变。戴维斯定律（Davis's law）已证实了这一点。

戴维斯定律指出，软组织会沿着应力线复制[1,5,29]。如果软组织是由无弹性胶原基质以不规则的方式进行再复制（或重建）的，就意味着软组织通常与肌肉纤维的走向不一样。如果肌肉纤维被拉长，这些无弹性结缔组织纤维就像路障一样，阻碍肌肉纤维的正常移动，使得正常组织的延展能力被改变，并导致相对柔韧性变差[9]。

如果肌肉长期维持在缩短状态（比如每天久坐时的屈髋肌群），其神经肌肉效率就会降低（由于长度-张力关系和力偶关系的改变）。这也就会影响关节运动（踝关节、膝关节、髋关节和腰椎）并改变动作模式（导致协同主导）。无弹性胶原基质会沿着改变动作模式所产生的应力线形成。由于肌肉长时间处于缩短的状态，并且以不同于预期功能的模式来移动，所以新形成的无弹性结缔组织会沿着这种改变后的模式形成，降低肌肉以正确方式伸展和移动的能力。因此，有必要运用综合柔韧性训练方案来恢复整个软组织的正常延展能力[30,31]。

对于私人教练来说，通过综合体能评估和柔韧性训练方案来解决客户的肌肉不平衡问题是至关重要的。如果私人教练忽视了上述方案的这些阶段，直接让他们的客户开始抗阻训练或者心肺训练，就将会增加关节和肌肉的压力，因为客户会继续采用不合理的力学和错误的募集模式。

> **戴维斯定律** 指出软组织会沿着应力线复制。

小结

柔韧性训练的益处包括改善肌肉不平衡、增加关节活动范围和肌肉延展能力、缓解肌肉过度紧张和关节压力、提升神经肌肉效率和功能。以重复方式进行训练（或者其工作要求身体不停地重复某一动作）的人通常会有超负荷模式的风险，对身体造成压力，并可能导致损伤。不良姿势和重复性动作可能会造成结缔组织的功能障碍，激发累积性损伤循环。组织创伤会带来炎症，进而导致微小的痉挛，并降低软组织的正常弹性。

软组织以随机方式重建自身，其无弹性胶原基质通常与肌肉纤维方向不同。如果肌肉纤维被拉长，这些无弹性的结缔组织就会像路障一样，改变正常的结缔组织延展能力，并导致相对柔韧性变差。通过全面的体能评估和柔韧性训练方案来解决肌肉不平衡的问题，恢复整个软组织的正常延展能力，对于健身专业人员来说是至关重要的。

柔韧性连续体

为了更好地体会到其中的益处并明白方案设计的考虑因素，私人教练需要理解不同类型的柔韧性训练。像其他训练形式一样，柔韧性训练应遵循系统性的训练进阶过程，这个过程叫作综合柔韧性连续体。在OPT™模型中的柔韧性训练分为3个阶段：纠正、主动和功能（图7.10）[1,10,14,32,33]。此外，需要重点说明的是，柔韧性技术只应用于那些在评估过程中发现的过度激活（紧张）的组织。

纠正柔韧性

纠正柔韧性训练旨在增加关节活动范围、改善肌肉不平衡和纠正改变的关节活动。纠正柔韧性训练使用自我肌筋膜放松（泡沫轴）技巧和静态拉伸技术。自我肌筋膜放松利用自主抑制原理来使肌肉放松，而静态拉伸则利用自主抑制或交互抑制来增加肌肉的长度，具体利用哪种原理取决于进行拉伸的方式。纠正柔韧性训练适合OPT™模型中的稳定性层级（第一阶段）。

主动柔韧性

主动柔韧性训练使用自我肌筋膜放松技术和主动分离式拉伸技术。主动分离式拉伸旨在提高软组织的延展能力并利用交互抑制来提高神经肌肉效率。主动分离式拉伸让原动肌和协同肌能够在整个活动范围内移动肢体，同时功能性的拮抗肌被拉伸[14,34,35]。比如，仰卧直腿抬高使用屈髋肌和股四头肌抬高腿，并在没有支撑的情况下保持该姿势，同时，作为拮抗肌的腘绳肌被拉伸。主动柔韧性训练适合OPT™模型中的力量层级（第二、第三和第四阶段）。

功能柔韧性

功能柔韧性训练使用自我肌筋膜放松技巧和动态拉伸技术。动态拉伸要求以最佳的神经肌肉控制实现在整个活动范围内综合的、多平面的软组织延展能力，或者动作基本上没有代偿[14]。因此，如果客户在训练中进行动态拉伸的时候出现了代偿，那么他们必须降级回到主动柔韧性或者纠正柔韧性训练。功能柔韧性训练适合OPT™模型中的爆发力层级（第五阶段）

图7.10

综合柔韧性连续体

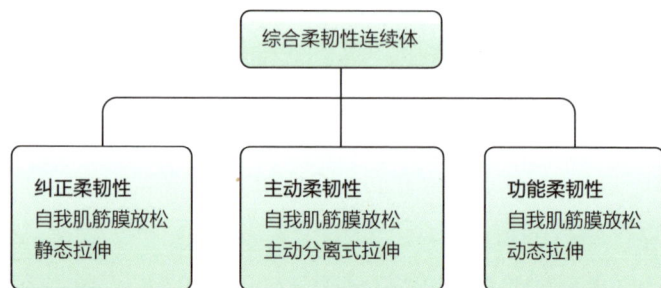

或者运动竞赛开始之前。需要记住的重要一点是，所有功能动作都会在3个平面内发生，而损伤则最常出现在水平面中。如果相应的软组织未能在整个活动范围内伸展，损伤的风险就会大幅增加[2,36]。应优先选择那些可以提高多平面软组织延展能力，并且对神经肌肉控制要求较高的练习。

知识延伸

应选用哪一种拉伸？全部——以循序渐进的综合方式

最好的柔韧性训练方案综合多种拉伸形式，以满足客户的需求。每一种类型的拉伸都对神经肌肉系统产生不同的效果，可以结合起来使用，以安全有效地提高客户的柔韧性。练习类型的选择以评估的结果、训练方案的目标和使用拉伸练习的时间（是训练前还是训练后）为依据。

自我肌筋膜放松（SMR）

它用于改善肌肉不平衡，减少扳机点（肌肉内的结节）和抑制过度激活的肌肉。这种方法在训练前后都可以使用。

- 侯等人（Hou et al.）[1]在对119名患者进行的随机分组对照试验中发现，缺血性压迫疗法能够迅速缓解疼痛和抑制扳机点的敏感性。
- 汉腾等人（Hanten et al.）[2]在对40名成人进行的随机分组对照试验中发现，由缺血性压迫和持续拉伸构成的家庭治疗方案被证明可有效降低颈部和上背部疼痛患者的扳机点敏感性和疼痛程度。

静态拉伸

它用于纠正肌肉不平衡和拉长过度活跃（紧张）的肌肉。这种方法在训练前后都可以使用。有力的证据表明，每天进行静态拉伸会增加被拉伸肌肉的柔韧性。

- 迪科斯特等人（Decoster et al.）[3]对包含1 338名受试者的28项随机分组对照试验进行系统性回顾后发现了相当有力的证据，证明不同持续时间和频率的静态拉伸可以增加腘绳肌的柔韧性。
- 福特等人（Ford et al.）[4]在对35名腘绳肌柔韧性下降的受试者进行的随机分组对照试验中，让受试者完成持续时间为30至120秒的静态拉伸（一个对照组没有拉伸）。5周后，所有4个拉伸组的腘绳肌柔韧性都增加了，并且保持30秒拉伸和保持120秒拉伸的效果相同。
- 里德（Reid）和麦克奈尔（McNair）[5]在对43名男性进行的随机对照试验中发现，试验组每天进行30秒腘绳肌静态拉伸，在6周后，试验组的腘绳肌柔韧性比对照组平均提高10度。
- 波特等人（Porter et al.）[6]在对94名受试者进行的随机对照试验中证明，持续性拉伸（3分钟，每天3次）和间歇性拉伸（5组，每组拉伸20秒，每天2次）都能增加跟腱的柔韧性，并减轻疼痛。

主动拉伸

主动拉伸运用交互抑制来增加软组织的延展性。有中等程度的证据表明，各种形式的主动拉伸能够增大关节活动范围并提高肌肉柔韧性。

- 麦迪格（Maddig）和哈默（Harmer）[7]在对30名业余运动员进行的随机分组对照试验中发现，主动分离式拉伸对于增大腘绳肌的活动范围是有效的。
- 古罗安等人（Guroian et al.）[8]在一项随机分组对照试验中发现，静态拉伸和主动分离式拉伸对于老年人增大活动范围和提高柔韧性都是有效的。

动态拉伸

在良好的神经肌肉控制的前提下，功能性动态拉伸能够增加柔韧性。如果客户运动控制良好，可以考虑运用动态拉伸来预防损伤。

- 雪莉（Sherry）和贝斯特（Best）[9]在对24名运动员随机分组进行的两种康复训练方案效果的前瞻性研究中显示，要求稳定性、本体感受和肌肉拉长同时发生的动态功能动作（渐进性灵活性和躯干稳定性）能够改善患者的功能疗效。

参考文献

（1）Hou C-R, Tsai L-C, Cheng K-F, Chung K-C, Hong C-Z. Immediate effects of various therapeutic modalities on cervical myofascial pain and trigger-point sensitivity. *Arch Phys Med Rehabil*. 2002; 83: 1406-1414.

（2）Hanten WP, Olson SL, Butts NL, Nowicki AL. Effectiveness of a home program of ischemic pressure followed by sustained stretch for treatment of myofascial trigger points. *Phys Ther*. 2000; 80: 997-1003.

（3）Decoster LC, Cleland J, Altieri C, Russell P. The effects of hamstring stretching on range of motion: a systematic literature review. *J Orthop Sports Phys Ther*. 2005: 35(6): 377-387.

（4）Ford GS, Mazzone MA, Taylor K. The effect of 4 different durations of static hamstring stretching on passive knee-extension range of motion. *J Sport Rehabil*. 2005; 14(?): 95-107.

（5）Reid DA, McNair PJ. Passive force, angle, and stiffness changes after stretching of hamstring muscles. *Med Sci Sports Exerc*. 2004: 36(11): 1944-1948.

（6）Porter D, Barrill E, Oneacre K, May BD. The effects of duration and frequency of Achilles tendon stretching on dorsiflexion and outcome in painful heel syndrome. *Foot Ankle Int*. 2002; 23(7): 619-624.

（7）Maddig TR, Harmer P. Active-isolated stretching is not more effective than static stretching for increased hamstring ROM. *Med Sci Sports Exerc*. 2002; 34(5) p S151.

（8）Guroian L, Walsh C, Diaz L, Marra A, Wygand J, Otto R. The effects of active isolated stretching on flexibility and function in older adults. *Med Sci Sports Exerc*. 2008; 40(5): S373.

（9）Sherry MA, Best TM. A comparison of 2 rehabilitation programs in the treatment of acute hamstring strains. *J Orthop Sports Phys Ther*. 2004; 34(3): 116-125.

小结

柔韧性训练应该循序渐进、系统化，并且以评估为基础。柔韧性训练分为3个阶段：纠正、主动和功能。纠正柔韧性训练利用自我肌筋膜放松和静态拉伸来改善肌肉不平衡和改变关节活动。主动柔韧性训练通过自我肌筋膜放松和主动分离式拉伸来增强软组织延展能力并提高神经肌肉效率。功能柔韧性训练运用自我肌筋膜放松和动态拉伸（结合在完整活动范围内的多平面动作）来增强软组织延展能力并提高神经肌肉效率。

拉伸技术

　　如前所述，合理的拉伸能够提高柔韧性并且可以视为一种连续体。柔韧性连续体就包括不同拉伸形式，例如，纠正柔韧性练习使用自我肌筋膜放松技术和静态拉伸技术；主动柔韧性练习使用自我肌筋膜放松技术和主动分离式拉伸技术；功能柔韧性练习使用自我肌筋膜放松技术和动态拉伸技术（表7.2）。每一种拉伸技术都会刺激神经系统的感受器，这些感受器反过来又影响着肌肉的延展性。

表7.2	柔韧性体系内的拉伸示例	
柔韧性类型	拉伸类型	示例
纠正柔韧性	自我肌筋膜放松（SMR）	SMR：腓肠肌/比目鱼肌
		SMR：髋内收肌
		SMR：背阔肌
	静态拉伸	腓肠肌静态拉伸
		髋内收肌静态拉伸
		背阔肌静态拉伸
主动柔韧性	自我肌筋膜放松（SMR）	SMR：髋内收肌
		SMR：背阔肌
		SMR：胸椎
	主动分离式拉伸	站姿髋内收肌主动拉伸
		稳定球背阔肌主动拉伸
		扶墙胸肌主动拉伸
功能柔韧性	自我肌筋膜放松（SMR）	SMR：腓肠肌/比目鱼肌
		SMR：阔筋膜张肌/髂胫束
		SMR：背阔肌
	动态拉伸	囚徒深蹲
		多平面弓步
		弹力带横向走
		药球上举和伐木

自我肌筋膜放松

　　自我肌筋膜放松是一种侧重于人体神经系统和筋膜系统（包绕或者分隔肌肉组织的纤维组织）的拉伸技术。在粘连或者"结节"处适当地施力，使弹性肌纤维从聚集成一团的状态（导致粘连）变得沿肌肉或者筋膜的方向伸直。适当的压力（利用泡沫轴等工具施加）会刺激腱梭，并产生自主抑制，降低肌梭的兴奋度，放松过度紧张（张力）的深层肌肉。或者说，适当的压力（类似于按摩）让肌肉内的结节散开，并有助于放松不必要的肌肉紧张。

　　使用自我肌筋膜放松的关键是要找到痛点（代表过度紧张的肌肉部分），然后在痛点保持至少30秒的压力。这将增加腱梭的活动，减少肌梭的活动，从而触发自主抑制响应。根据客户有意识放松的能力不同，按压的时间可能会更长。这个过程通过复原软组织的本体感受机制，让身体恢复到其最佳功能水平[37]。建议在拉伸之前应先进行自我肌筋膜放松，因为消除肌筋膜粘连（结节）才有可能通过拉伸技术来提高组织拉长的能力。另外，在放松活动中也可以使用自我肌筋膜放松。

自我肌筋膜放松

比目鱼肌/腓肠肌（小腿）

准备

1. 将泡沫轴放在小腿中部下方。
2. 右腿放在左腿上，以增加压力（可选）。

动作

3. 缓慢滚动小腿区域，找到最疼痛的点。
4. 一旦确定，压迫该点直到不适感减轻（至少30秒）。

阔筋膜张肌/髂胫束

准备

1. 侧卧，将泡沫轴压在髋关节的前侧。上面的腿与下面的腿交叉，上面的脚触地。

动作

2. 从髋关节缓慢滚动至膝关节外侧，找到最疼痛的点。
3. 一旦确定，压迫该点直到不适感减轻（至少30秒）。

自我肌筋膜放松 续

髋内收肌

准备

1. 俯卧，其中一条大腿屈曲并外展，将泡沫轴放在大腿内侧的腹股沟区域。

动作

2. 在大腿内侧缓慢滚动，寻找最疼痛的点。

3. 一旦确定，压迫该点直到不适感减轻（至少30秒）。

梨状肌

准备

1. 坐在泡沫轴上，髋关节后侧压住泡沫轴。一只脚交叉在对侧膝关节上方。

动作

2. 向着交叉腿的髋关节倾斜。在髋关节后侧缓慢滚动，找到最疼痛的点。

3. 一旦确定，压迫该点直到不适感减轻（至少30秒）。

背阔肌

准备

1. 侧卧在地板上，离地板最近的手臂向外伸出，大拇指朝上。

2. 将泡沫轴放在手臂下方（腋下区域）。

动作

3. 前后缓慢移动，找到最疼痛的点。

4. 一旦确定，压迫该点直到不适感减轻（至少30秒）。

静态拉伸

静态拉伸 被动地把肌肉拉到紧张的程度，并保持拉伸至少30秒的过程。

静态拉伸是被动地把肌肉拉到紧张的程度，并保持至少30秒的拉伸过程[1,2,11]。这是目前在健身界最常见的传统拉伸形式。它结合了低强度的拉力和较长的持续时间[14,38]。

通过长时间让肌肉保持拉伸状态，腱梭受到刺激，并对肌梭产生抑制作用（自主抑制）。这样就会使肌肉放松，并提供更好的肌肉延展性（表7.3）[5,39]。另外，在保持拉伸的同时收缩其拮抗肌就可以交互抑制被拉伸的肌肉，让它得以放松，加强拉伸的效果。例如，在进行跪姿屈髋肌拉伸的同时，客户可以收缩伸髋肌群（臀大肌）来交互抑制屈髋肌群（腰大肌、股直肌），使这些肌肉可以被拉得更长。另外一个例子就是在进行腘绳肌拉伸的同时收缩股四头肌。

表7.3	静态拉伸概要		
拉伸类型	作用机制	关键变量	举例
静态拉伸	自主抑制或交互抑制（取决于如何进行拉伸）	1~3组 每次拉伸保持30秒	• 腓肠肌拉伸 • 跪姿屈髋肌拉伸 • 站姿髋内收肌拉伸 • 扶墙胸肌拉伸

应在训练前后使用静态拉伸来减少紧张肌肉的肌梭活动。各种拉伸技术的详细说明如下。

知识延伸

拉伸会使力量下降吗？

最近有研究者称，训练或者赛前的静态拉伸可能会降低肌肉力量和削弱运动表现。这一领域的研究还在发展，但已经有几项研究发现静态拉伸可能降低肌肉的最大力量和爆发力，并且这种影响的持续时间达10分钟之久[1-5]。这自然已经引起了运动专家和健康专家之间的争论。患者和客户在运动之前是否应该停止拉伸？拉伸不利于运动表现吗？

这些问题没有明确的答案。越来越多的证据表明静态拉伸可能会降低力量和爆发力。但是只讨论短期（急性）静态拉伸又是相对局限的。然而，很多研究同样发现，有规律的长期（慢性）的拉伸计划能提高纵跳、肌肉力量、爆发力和平衡能力[6-11]。

此外，没有确凿的证据表明静态拉伸对那些已知运动受限和柔韧性不平衡的患者和客户有同样的效果。最后，极少证据可以证明拉伸会影响整体运动表现（比如，尽管股四头肌最大力量下降，但是没有证据表明这会导致足球运动员无法以最大速度踢球）。因此，体育活动前的拉伸可能还是有好处的。目前对于运动前使用拉伸的建议如下。

- 保持30秒急性静态拉伸可能会降低力量和爆发力。因此，运动员和其他一些需要最大肌力或爆发力活动（例如，跳高、冲刺或力量举）的人可能在赛前不愿做静态拉伸，除非存在肌肉不平衡的状况。如果要进行静态拉伸，一定要注意只能拉伸目标（紧张和过度激活的）肌肉，并且在完成之后应该进行主动分离式拉伸或动态拉伸，以增加运动神经元的兴奋性。
- 对于大多数患者或客户来说，活动前的静态拉伸作为循序渐进式综合训练计划的一部分可以用于纠正肌肉不平衡，增加关节活动范围。
- 使用主动拉伸和动态拉伸没有损失力量和爆发力的风险。如果客户没有肌肉不平衡的情况，体育活动前进行这两种拉伸是最合适的。

参考文献

（1）Fowles JR, Sale DG, MacDougall JD. Reduced strength after passive stretch of the human plantarflexors. *J Appl Physiol*. 2000; 89: 1179-1188.

（2）Knudson D, Noffal G. Time course of stretch-induced isometric strength deficits. *Eur J Appl Physiol*. 2005; 94: 348-351.

（3）Kokkonen J, Nelson AG, Cornwell A. Acute muscle stretching inhibits maximal strength performance. *Res Q Exerc Sport*. 1998; 69: 411-415.

（4）Marek SM, Cramer JT, Fincher AL, et al. Acute effects of static and proprioceptive neuromuscular facilitation stretching on muscle strength and power output. *J Athl Train*. 2005; 40: 94-103.

（5）Power K, Behm D, Cahill F, Carroll M, Young W. An acute bout of static stretching: effects on force and jumping performance. *Med Sci Sports Exerc*. 2004; 36: 1389-1396.

（6）Shrier I. Does stretching improve performance? A systematic and critical review of the literature. *Clin J Sport Med*. 2004; 14(5): 267-273.

（7）Hunter JP, Marshall RN. Effects of power and flexibility training on vertical jump technique. *Med Sci Sports Exerc*. 2002; 34(3): 478-486.

（8）Gajdosik RL, Vander Linden DW, McNair PJ, Williams AK, Riggin TJ. Effects of an eight-week stretching program on the passive-elastic properties and function of the calf muscles of older women. *Clin Biomech (Bristol, Avon)*. 2005; 20(9): 973-983.

（9）Kokkonen J, Nelson AG, Eldredge C, Winchester JB. Chronic static stretching improves exercise performance. *Med Sci Sports Exerc*. 2007; 39(10): 1825-1831.

（10）Wilson GJ, Elliott BC, Wood GA. Stretch shorten cycle performance enhancement through flexibility training. *Med Sci Sports Exerc*. 1992; 24(1): 116-123.

（11）LaRoche DP, Lussier MV, Roy SJ. Chronic stretching and voluntary muscle force. *J Strength Cond Res*. 2008; 22(2): 589-596.

静态拉伸

腓肠肌静态拉伸

准备

1. 面对墙或者稳定的物体站立。
2. 一条腿向后伸，保证膝盖和脚在一条直线上，足跟着地。

动作

3. 肚脐往脊椎方向缩紧。
4. 后脚保持平放在地面上，脚尖指向正前方。不要让后脚的足弓变平。
5. 屈臂，身体向前倾，靠近墙壁。保持臀肌与股四头肌紧张，确保足跟不离地。
6. 保持30秒。

技术要领

臀肌和股四头肌一定要被激活，保持膝关节完全伸展。这样将增强腓肠肌的拉伸效果。

站姿阔筋膜张肌静态拉伸

技术要领

在拉伸过程中，确保臀肌收缩。使用"交互抑制"原理让阔筋膜张肌可以拉得更长。

准备

1. 两腿前后交错站立，前腿略微弯曲，后腿伸直。
2. 后腿向外旋转。

动作

3. 肚脐往脊椎方向缩紧。
4. 收紧臀肌，同时向后旋转骨盆。
5. 慢慢向前移动身体，直到被拉伸侧的髋关节前部达到中等紧张的程度。
6. 进阶姿势：与后腿同侧的手臂举起并伸向对侧，同时保持骨盆的位置。
7. 如图，保持向侧面弯曲的姿势，慢慢向后转身。
8. 保持30秒。
9. 换另一侧后重复上述动作。

静态拉伸 *续*

跪姿屈髋肌静态拉伸

准备

1. 跪下，前后腿均屈膝呈90度角。
2. 以腰大肌为拉伸目标，后腿的髋关节向内旋转或以股直肌为拉伸目标，保持髋关节中立位。

动作

3. 肚脐往脊椎方向缩紧。
4. 收紧被拉伸侧的臀肌，同时向后旋转骨盆。
5. 慢慢向前移动身体，直到髋关节前部达到中等紧张的程度。
6. 进阶姿势：如图，举起手臂，向对侧弯曲，并向后旋转。
7. 保持30秒。

技术要领　尤其是在地面比较硬的情况下，在膝关节下方放一块泡沫垫（图中未标出）可以提升客户的舒适度。

静态拉伸 *续*

站姿髋内收肌静态拉伸

双脚的距离一定要宽于肩，才能保证最好的拉伸效果。这个拉伸动作也可以采用跪姿或者坐在稳定球上进行，以降低保持静态弓步姿势所带来的难度。

准备

1. 双腿开立，双脚间距宽于肩。一条腿向后伸展，直到后腿的脚趾与另一只脚的脚跟对齐。双脚的脚尖都应该指向正前方。

动作

2. 肚脐往脊椎方向缩紧，向后旋转骨盆。
3. 缓慢地向一侧移动（侧弓步），直到伸直腿的腹股沟区域感受到拉伸。
4. 保持30秒。

跪姿背阔肌静态拉伸

准备

1. 跪在稳定球前面。
2. 一只手臂放在球上，大拇指朝上。

动作

3. 肚脐往脊椎方向缩紧。
4. 向后旋转骨盆。
5. 通过向前滚动球，慢慢地伸直手臂。
6. 保持30秒。

技术要领　如果拉伸造成肩关节有挤压感，在进行拉伸时让手掌向下放在球上。为了增加拉伸幅度，将伸出去的手臂朝着身体方向略微内收。

静态拉伸 *续*

扶墙胸肌静态拉伸

准备

1. 面对一个物体站立，并且扶住上肢的肩关节和肘关节呈90度角。

动作

2. 肚脐往脊椎方向缩紧。

3. 身体慢慢前倾，直到肩前部和胸部区域感受到拉伸。

4. 保持30秒。

技术要领

拉伸过程中避免耸肩。这是相对柔韧性变差的表现，会降低拉伸的效果。

上斜方肌/斜角肌静态拉伸

准备

1. 以最佳姿势站立。

动作

2. 肚脐往脊椎方向缩紧。

3. 被拉伸侧的肩胛骨回缩并下抑。

4. 收下巴，头部缓慢侧屈，将耳朵尽量拉向同侧肩部。

5. 保持30秒。

6. 换另一侧重复上述动作。

技术要领　与扶墙胸肌拉伸一样，保持拉伸侧的肩部在下方，并通过下抑拉伸侧的肩胛骨来使其回缩。为了达到这个效果，可以将拉伸侧的手臂放在背后。

主动分离式拉伸

主动分离式拉伸 使用原动肌和协同肌动态地让关节在一定活动范围内移动的过程。

主动分离式拉伸是使用原动肌和协同肌动态地让关节在一定活动范围内移动的过程[14,33]。这种形式的拉伸增加了运动神经元的兴奋度，导致被拉伸肌肉的交互抑制。仰卧股二头肌主动拉伸就是一个主动分离式拉伸的很好的例子[1,14]。股四头肌使膝关节伸展。这从两个方面加强股二头肌的拉伸效果。第一，这样可以增加股二头肌的长度。第二，股四头肌的收缩引起腘绳肌的交互抑制（降低了神经刺激和肌梭活动），让腘绳肌可以拉长。

只要动作姿势正确，主动分离式拉伸可以作为活动前的热身（例如体育比赛或者高强度运动之前）。如果一个人有肌肉不平衡的问题，应先针对评估过程中确定的紧张肌肉或者过度激活的肌肉进行自我肌筋膜放松和静态拉伸，然后再进行主动分离式拉伸。一般来说，每种拉伸进行5至10次重复，每次保持1至2秒。各种主动分离式拉伸的具体描述见表7.4。

表7.4   主动分离式拉伸概要

拉伸类型	作用机制	关键变量	举例
主动分离式拉伸	交互抑制	1至2组 每次拉伸保持1至2秒，重复5至10次	• 仰卧股二头肌主动拉伸 • 跪姿股四头肌主动拉伸 • 站姿髋内收肌主动拉伸 • 扶墙胸肌主动拉伸

主动分离式拉伸

腓肠肌主动拉伸加旋前和旋后

拉伸的时候要确保运动主要来自髋关节的内旋和外旋，这样才能实现膝关节旋转以及足踝的内外翻。

准备

1. 站在墙壁或者稳固的支撑物旁边。
2. 一条腿向前作为支撑，身体前倾，用上肢扶住支撑物。

动作

3. 肚脐往脊椎方向缩紧。
4. 后脚保持踩在地上，另一侧髋关节屈曲。
5. 缓慢移动髋关节，可控地带动下肢进行有控制的旋前和旋后。
6. 保持1至2秒，重复5至10次。

仰卧股二头肌主动拉伸

准备

1. 仰卧在地板上，双腿平放。
2. 被拉伸侧的髋关节屈曲、内收、略微内旋，并保持膝关节屈曲。
3. 将对侧的手放在被拉伸侧的膝关节下方。

动作

4. 肚脐往脊椎方向缩紧。
5. 用手支撑膝关节，同时伸直膝关节。
6. 保持1至2秒，重复5至10次。

技术要领　髋关节内收和内旋能够增强对股二头肌短头的拉伸效果。

主动分离式拉伸 续

站姿阔筋膜张肌主动拉伸

和静态拉伸一样，在进入拉伸时，确保臀肌收缩。这将有助于加强伸髋与屈髋肌群的神经肌肉效率。

准备

1. 双腿前后交错站立，前腿微曲，后腿伸直。
2. 后腿外旋。

动作

3. 肚脐往脊椎方向缩紧，手臂上举过头。
4. 收紧臀肌，同时向后旋转骨盆。
5. 如图，向前跨步，直到被拉伸侧的髋关节前部达到中等紧张的程度，躯干侧弯并向后旋转。
6. 保持1至2秒，重复5至10次。

跪姿屈髋肌主动拉伸

准备

1. 跪姿，前后腿屈膝呈90度。
2. 以腰大肌为拉伸目标，后腿的髋关节向内旋转，或以股直肌为拉伸目标，保持髋关节中立位。

动作

3. 肚脐往脊椎方向缩紧，手臂上举过头。
4. 收紧后腿的臀肌，同时后倾骨盆。
5. 缓慢向前移动身体，直到后侧髋关节达到中等紧张的程度，躯干侧弯并向后旋转。
6. 保持1至2秒，重复5至10次。

技术要领　后腿的髋关节向内旋转主要是能拉伸腰肌，因为腰肌能够向心式地屈曲和外旋髋关节。

主动分离式拉伸 *续*

站姿髋内收肌主动拉伸

技术要领

开始拉伸时，要确保髋关节保持水平位置。

准备

1. 双腿开立，双脚间距宽于肩。双脚的脚尖都应该指向正前方。

动作

2. 肚脐往脊椎方向缩紧，向后旋转骨盆。

3. 缓慢地向一侧移动（侧弓步），直到伸直腿的腹股沟区域感受到拉伸。

4. 保持1至2秒，重复5至10次。

稳定球背阔肌主动拉伸

准备

1. 跪在稳定球前面。

2. 一只手臂放在球上，大拇指朝上。

动作

3. 肚脐往脊椎方向缩紧。

4. 保持核心可控，将球滚出，直至感受到舒服的拉伸。

5. 保持拉伸1至2秒，重复5至10次。

6. 换另一侧，重复上述动作。

技术要领 务必在拉伸前骨盆后倾，这样会让背阔肌的起止点进一步被拉开，增强拉伸的效果。

主动分离式拉伸 *续*

扶墙胸肌主动拉伸

技术要领

开始拉伸时肩胛骨要回缩。这将交互抑制胸大肌和胸小肌，增强拉伸效果。

准备

1. 面对一个物体站立，并且扶住物体，上肢的肩关节和肘关节呈90度角。

动作

2. 肚脐往脊椎方向缩紧。

3. 身体慢慢前倾，直到肩前部和胸部区域感受到轻微的拉伸。

4. 保持1至2秒，重复5至10次。

上斜方肌/斜角肌主动拉伸

技术要领

如果感觉有刺痛沿着手臂传导到手指，就减小拉伸的活动范围，这将减轻神经受到的压迫。拉伸过程中，还应确保头部保持中立位。头部不要前伸。

准备

1. 以最佳姿势站立。

动作

2. 肚脐往脊椎方向缩紧。

3. 收下巴，头部缓慢侧屈，将耳朵尽量拉向同侧肩部，同时后收和下沉同侧的肩关节。

4. 保持1至2秒，重复5至10次。

动态拉伸

动态拉伸利用肌肉产生的力和身体的动量让关节可以在全范围内活动（表7.5）。动态拉伸利用交互抑制的概念来提高软组织的延展能力。一个人可以使用3至10个动态拉伸练习，进行每组10次重复。摆髋、药球旋转和弓步行走都是很好的动态拉伸动作示例[1,4]。只要动作姿势正确，同样建议将动态拉伸作为体育运动前的热身。如果一个人有肌肉不平衡的问题，对于评估过程中确定的紧张肌肉或者过度激活的肌肉，应先进行自我肌筋膜放松和静态拉伸，然后再进行动态拉伸。建议客户在开始强度较大的动态拉伸计划之前，拥有良好的软组织延展能力、核心稳定性和平衡能力。

动态拉伸 肌肉的主动伸展，利用肌肉产生的力和身体的动量让关节可以在全范围内活动。

表7.5　动态拉伸概要

拉伸类型	作用机制	关键变量	举例
动态拉伸	交互抑制	1至2组 重复10至15次 3至10个练习动作	• 囚徒深蹲 • 多平面弓步触地 • 单腿下蹲触地 • 弹力带横向走 • 药球上举和伐木

动态拉伸

囚徒深蹲

准备

1. 自然位站立，双手置于头后。

动作

2. 肚脐往脊椎方向缩紧。
3. 身体下降到半蹲姿势，控制好身体，避免出现代偿。（脚趾朝向正前方，膝关节和脚趾对齐。）
4. 伸展髋、膝和踝关节，并重复完成。
5. 重复10次。

技术要领

升级动作：在伸展髋、膝和踝关节后增加一个提踵动作。

动态拉伸 续

多平面弓步触地

准备

1. 自然位站立，双手放在髋关节两侧，并且双脚朝向正前方。

动作

2. 肚脐往脊椎方向缩紧。

3. 保持全身各关节力线对齐，向前跨一步（矢状面），并且重心下降呈弓步，同时向前伸手。

4. 使用髋部和大腿的肌肉将身体上推，回到起始姿势。

5. 重复10次。

6. 换对侧腿重复。

7. 升级到侧弓步（冠状面）伸手触地，随后是转身弓步伸手触地（水平面）。

单腿下蹲触地

准备

1. 以最佳姿势单腿站立，抬起的腿和站立腿保持并行。想象抬起的腿放在一本假想的电话簿上（腿离地高度相当于电话簿厚度）。

动作

2. 肚脐往脊椎方向缩紧。

3. 以可控的方式下蹲，屈曲踝、膝和髋关节，同时对侧的手伸向站立腿的脚趾。

4. 在保持收腹的同时臀肌发力，回到起始姿势。

5. 重复10次。

6. 换对侧腿重复。

技术要领
确保膝关节和第二、第三脚趾对齐。避免下蹲腿的膝关节内扣。

动态拉伸 *续*

弹力带横向走

技术要领

确保脚趾始终朝向正前方，并且跨步时足不能外八。此练习可以非常有效地提高臀中肌与核心肌群的激活程度。

准备

1. 双脚与髋以同样的宽度站立，膝关节微屈，双脚朝向正前方。
2. 将弹力带缠在小腿上。

动作

3. 肚脐往脊椎方向缩紧。
4. 双脚保持朝向正前方，向侧面走10小步，不允许膝关节向内扣。
5. 朝对侧方向重复。

药球上举和伐木

准备

1. 双脚与髋以同样的宽度站立，膝关节微屈，双脚朝向正前方。
2. 双手抓住药球，肘关节保持完全伸展。

动作

3. 肚脐往脊椎方向缩紧。
4. 从最佳姿势开始，从躯干向外发起旋转动作，将药球从低位举到高位。
5. 在动作幅度的末端，可使髋关节以后脚为轴转动。
6. 重复10次。
7. 对侧重复相同的动作。

技术要领

在练习这两个姿势（上举和伐木）的过程中都允许髋关节旋转。这将改善LPHC的关节运动。

小结

每种柔韧性训练都包含着特定的拉伸技术。纠正柔韧性练习使用自我肌筋膜放松和静态拉伸；主动柔韧性练习使用自我肌筋膜放松和主动分离式拉伸；功能柔韧性练习使用自我肌筋膜放松和动态拉伸。自我肌筋膜放松对过度紧张的肌肉施以至少30秒适当（相对柔和）的压力。施加的力可以引起自主抑制，降低肌梭的兴奋度，并缓解肌肉的过度紧张。这些拉伸技术既适用于运动前的准备活动，也适用于运动后的放松。静态拉伸被动地将肌肉拉伸至紧张状态，并保持该状态至少30秒。运动前使用静态拉伸可以减轻紧张肌肉的过度激活，增加活动范围。然而，在涉及爆发力动作或者最大力量的某些活动之前，需要谨慎使用静态拉伸。在运动后，也可以使用静态拉伸来让肌肉恢复到其最佳静息长度。主动分离式拉伸利用原动肌和协同肌动态地让关节在其活动范围内移动。这种拉伸可以作为活动前的热身（5至10次重复，每次保持1至2秒）。动态拉伸使用肌肉产生的力和动量让关节可以在全范围内移动。这种拉伸也可以作为活动前的热身。

有争议的拉伸

虽然拉伸和柔韧性训练有很多好处，但是某些形式的拉伸会导致损伤。柔韧性训练和其他身体活动一样，充满了不同程度的损伤风险。虽然大部分拉伸都非常安全（前提是进行时保持正确的姿势和技术），但是仍有一些存在争议的拉伸可能有潜在的危险。

1. 反向跨栏式拉伸（图7.11）：这个拉伸被认为对膝关节内侧（内侧副韧带）施加了很大的压力，会导致疼痛，使膝盖（髌骨）承受很大压力。膝关节和背部有过疼痛的人不能使用这个动作。大部分健康专家认为，大部分患者或客户都不应该进行这个拉伸动作。

2. 犁式拉伸（图7.12）：瑜伽中的一个常见姿势。由于这是一个倒置姿势（头比髋关节低），这种拉伸会对颈部和脊柱造成很大的压力。

图7.11

反向跨栏式拉伸

如果进行该拉伸的技巧不够准确，就很可能造成脊柱损伤。颈部和背部有伤病史的患者和客户不应该进行该拉伸，因为它会给这些结构带来很大的压力。高血压患者同样应该避免这个姿势。另外，很多瑜伽教练会阻止女性在月经期进行反转式的拉伸（虽然没有研究显示女性在月经期做这些动作会对身体造成负面影响）。

3. 肩倒立（图7.13）：另外一个常见的瑜伽姿势，也是一个倒置的拉伸。和犁式拉伸一样，这个姿势也给颈部、肩部和脊柱带来很大的压力。患有高血压，或者颈部或脊柱有伤病史，或者没有使用正确技术的人，都应该避免这个姿势。

4. 直腿触脚尖（图7.14）：最常见的腘绳肌拉伸方法之一。这个姿势

图7.12

犁式拉伸

图7.13

肩倒立

图7.14

直腿触脚尖

给下背部的椎骨和软骨盘带来很大的压力。有椎间盘突出或者腿后侧神经疼病史的客户或患者均应避免这样的拉伸。另外，柔韧性比较差的客户可能会在该拉伸过程中试图过度伸展膝关节，这样会给膝关节的韧带造成很大的压力。

5. 弓式拉伸股四头肌（图7.15）：这个拉伸旨在拉伸股四头肌和屈髋肌。这个姿势对髌骨和膝关节前侧的其他组织造成很大的压力。膝关节有伤病史的客户或患者均应避免这个拉伸动作。由于在该拉伸过程中髌骨对膝关节内部造成很大的压力（压紧）（可能导致软骨的损伤），大部分医疗保健专家不推荐任何人进行这个练习。

图7.15

弓式拉伸股四头肌

既然这些拉伸有危险性，为什么还有人使用它们呢？在特定的运动项目或者活动中需要部分这些动作（例如，反向跨栏式拉伸模仿了跨栏运动员跨过栏架的动作）。其他则是在武术、体操或瑜伽中使用的传统姿势。然而，对于大部分客户来说，可以使用更安全的姿势来拉伸目标肌肉。因此，所有客户都要适当地了解拉伸技术和姿势的知识，用最安全的练习来实现训练方案的目标。

柔韧性训练在修正动作代偿中的应用

如前所述，必须纠正一些常见的动作代偿，以确保训练方案的安全性和有效性。恰当的柔韧性是解决这些问题的第一步。表7.6列出了在评估过程中常见的与过度活跃和不够活跃的肌肉有关的代偿，以及相应的纠正策略（柔韧性练习和力量练习）。本书后面的章节会对示例力量练习提供适当的说明，实施这些练习有助于强化在每个动作代偿中激活不足肌肉的力量。

填写训练计划模板

体能评估后，模板中的柔韧性部分就可以填写了。在模板中，根据客户的需求来选择柔韧性训练的形式。从热身部分开始，填写需要解决的问题（图7.16）。对于初级客户和需要矫正姿势不平衡的客户，在训练课前后（以及休息日在家时）可以使用纠正柔韧性练习（自我肌筋膜放松和静态拉伸）。务必参照本章中针对姿势变形模式的柔韧性训练指引（表7.6）。纠

表7.6　代偿、肌肉不平衡和纠正策略

视图	检查点	代偿	可能过度激活的肌肉	可能激活不足的肌肉	SMR和静态拉伸示例	力量练习示例
前面观	脚	向内外旋转	比目鱼肌，腓肠肌外侧头，股二头肌（短头）	腓肠肌内侧头，内侧腘绳肌，股薄肌，缝匠肌，腘肌	SMR: 腓肠肌/比目鱼肌，SMR: 股二头肌（短头），腓肠肌静态拉伸，仰卧股二头肌静态拉伸	单腿平衡触地
	膝	膝内扣（膝外翻）	髋内收肌，股二头肌（短头），阔筋膜张肌，股外侧肌	臀中肌/臀大肌，股内侧肌	SMR: 髋内收肌，SMR: 阔筋膜张肌/髂胫束，仰卧股二头肌静态拉伸，站姿阔筋膜张肌静态拉伸	弹力带横向走
侧面观	LPHC	躯干过度前倾	比目鱼肌，腓肠肌，屈髋肌群（阔筋膜张肌、股直肌、腰肌），腹部肌群（腹直肌、腹外斜肌）	胫骨前肌，臀大肌，竖脊肌	SMR: 腓肠肌/比目鱼肌，SMR: 股四头肌，腓肠肌静态拉伸，跪姿屈髋肌静态拉伸	四足跪姿抬起手臂/对侧的腿，稳定球靠墙深蹲
		塌腰	屈髋肌群（阔筋膜张肌、股直肌、腰肌），竖脊肌，背阔肌	臀大肌，腘绳肌，深层核心稳定肌群（腹横肌、多裂肌、横突棘肌、腹内斜肌、盆底肌）	SMR: 股四头肌，SMR: 背阔肌，跪姿屈髋肌静态拉伸，稳定球靠背阔肌静态拉伸	四足跪姿抬起手臂/对侧的腿，稳定球靠墙深蹲
	上身	手臂向前落下	背阔肌，大圆肌，胸大肌/胸小肌	中/下斜方肌，菱形肌，肩袖（冈上肌、冈下肌、小圆肌、肩胛下肌）	SMR: 胸椎，SMR: 背阔肌，稳定球背阔肌静态拉伸，扶墙胸肌静态拉伸	深蹲划船
		耸肩（推/拉评估）	上斜方肌，胸锁乳突肌，肩胛提肌	中/下斜方肌	SMR: 上斜方肌（Thera Cane深度按摩棒），上斜方肌/斜角肌静态拉伸	稳定球眼镜蛇式
		头部前伸（推/拉评估）	上斜方肌，胸锁乳突肌，肩胛提肌	颈深屈肌	SMR: 上斜方肌（Thera Cane深度按摩棒），上斜方肌/斜角肌静态拉伸	收下巴（在所有练习过程中保持头部在中立位）

LPHC即腰椎–骨盆–髋关节复合体。

专家姓名：布莱恩·萨顿　　　　　　　　　　　　　　NASM

| 客户姓名：约翰·史密斯 | | | 日期：5/01/13 | |
| 目标：减脂 | | | 阶段：1 稳定性耐力 | |

热身				
练习	组数	持续时长		指导要点
自我肌筋膜放松：小腿三头肌、髂胫束、髋内收肌	1	30秒		每个疼痛区域保持30秒
静态拉伸：小腿三头肌、屈髋肌群、髋内收肌	1	30秒		每次拉伸保持30秒

核心/平衡/快速伸缩复合训练					
练习	组数	次数	节奏	休息	指导要点

速度、敏捷性和快速反应训练					
练习	组数	次数	节奏	休息	指导要点

抗阻训练					
练习	组数	次数	节奏	休息	指导要点

冷身				
练习	组数	持续时长		指导要点

指导要点：

美国国家运动医学学会

图7.16　OPT™模板

正柔韧性训练将在OPT™模型的第一个阶段（稳定性耐力训练）中使用。

在柔韧性体系训练中循序渐进地练习（根据客户的实际能力），经过一段时间后，可以在OPT™模型中的力量层级和爆发力层级实施主动柔韧性（自我肌筋膜放松和主动分离式拉伸）和功能柔韧性（自我肌筋膜放松和动态拉伸）练习。柔韧性技巧都可用作很好的热身和放松方式，尤其是自我肌筋膜放松和静态拉伸。在模板上，填写放松部分，像填写热身部分那样，填写要实施的拉伸形式和需要解决的问题。

参考文献

（1）Alter MJ. *Science of Flexibility*. 2nd ed. Champaign, IL: Human Kinetics; 1996.

（2）Bandy WD, Irion JM, Briggler M. The effect of time and frequency of static stretching on flexibility of the hamstring muscles. *Phys Ther*. 1997; 77(10): 1090–1096.

（3）Clanton TO, Coupe KJ. Hamstring strains in athletes: diagnosis and treatment. *J Am Acad Orthop Surg*. 1998; 6(4): 237–248.

（4）Condon SA. Soleus muscle electromyographic activity and ankle dorsiflexion range of motion during four stretching procedures. *Phys Ther*. 1987; 67: 24–30.

（5）Chaitow L. *Muscle Energy Techniques*. New York: Churchill Livingstone; 1997.

（6）Janda V. Muscle spasm—a proposed procedure for differential diagnosis. *Man Med*. 1999; 6136–6139.

（7）Liebenson C. Integrating Rehabilitation into chiropractic practice (blending active and passive care). In: Liebenson C, ed. *Rehabilitation of the Spine*. Baltimore: Williams & Wilkins; 1996: 13–44.

（8）Poterfield J, DeRosa C. *Mechanical Low Back Pain: Perspectives in Functional Anatomy*. Philadelphia: WB Saunders; 1991.

（9）Gossman MR, Sahrman SA, Rose SJ. Review of length-associated changes in muscle: experimental evidence and clinical implications. *Phys Ther*. 1982; 62: 1799–1808.

（10）Halbertsma JPK, Van Bulhuis AI, Goeken LNH. Sport stretching: effect on passive muscle stiffness of short hamstrings. *Arch Phys Med Rehabil*. 1996; 77(7): 688–692.

（11）Holcomb WR. Improved stretching with proprioceptive neuromuscular facilitation. *J Natl Strength Cond Assoc*. 2000; 22(1): 59–61.

（12）Moore MA, Kukulka CG. Depression of Hoffmann reflexes following voluntary contraction and implications for proprioceptive neuromuscular facilitation therapy. *Phys Ther*. 1991; 71(4): 321–329.

（13）Moore MA. Electromyographic investigation of muscle stretching techniques. *Med Sci Sports Exerc*. 1980; 12: 322–329.

（14）Sady SP, Wortman M, Blanke D. Flexibility training: ballistic, static, or proprioceptive neuromuscular facilitation? *Arch Phys Med Rehabil*. 1982; 63(6): 261–263.

（15）Sherrington C. *The Integrative Action of the Nervous System*. New Haven, CT: Yale University Press; 1947.

（16）Wang RY. Effect of proprioceptive neuromuscular facilitation on the gait of patients with hemiplegia of long and short duration. *Phys Ther*. 1994; 74(12): 1108–1115.

（17）Bachrach RM. Psoas dysfunction/insufficiency, sacroiliac dysfunction and low back pain. In: Vleeming A, Mooney V, Dorman T, Snijders C, Stoeckart R, eds. *Movement, Stability and Low Back Pain*. London: Churchill Livingstone; 1997: 309–317.

（18）Cohen H. *Neuroscience for Rehabilitation*. 2nd ed. Philadelphia: Lippincott Williams & Wilkins; 1999.

（19）Liebenson C. Active rehabilitation protocols. In: Liebenson C, ed. *Rehabilitation of the Spine*. Baltimore: Williams & Wilkins; 1996: 355–390.

（20）Milner-Brown A. *Neuromuscular Physiology*. Thousand Oaks, CA: National Academy of Sports Medicine; 2001.

（21）Fox SI. *Human Physiology*. 5th ed. Dubuque, IA: Wm C Brown Publishers; 1996.

（22）Vander A, Sherman J, Luciano D. *Human Physiology: The Mechanisms of Body Function*. 8th ed. New York: McGraw-Hill; 2001.

（23）Enoka RM. *Neuromechanical Basis of Kinesiology*. 2nd ed. Champaign, IL: Human Kinetics; 1994.

（24）McClosky DJ. Kinesthetic sensibility. *Physiol Rev*. 1978; 58: 763–820.

（25）Grigg P. Peripheral neural mechanisms in proprioception. *J Sports Rehab*. 1994; 3: 2–17.

（26）Janda V. Muscles and cervicogenic pain syndromes In: Grant R, ed. *Physical Therapy of the Cervical and Thoracic Spine*. Edinburgh: Churchill Livingstone; 1988: 153–166.

（27）Lewitt K. *Manipulation in Rehabilitation of the Locomotor System*. London: Butterworth; 1993.

（28）Leahy PM. Active release techniques: Logical soft tissue treatment. In: Hammer WI, ed. *Functional Soft Tissue Examination and Treatment by Manual Methods*. Gaithersburg, MD: Aspen Publishers; 1999: 549–559.

（29）Spencer AM. *Practical Podiatric Orthopedic Procedures*. Cleveland: Ohio College of Podiatric Medicine; 1978.

（30）Woo SLY, Buckwalter JA. *Injury and Repair of the Musculoskeletal Soft Tissues*. Park Ridge, IL: American Academy of Orthopedic Surgeons; 1987.

（31）Zairns B. Soft tissue injury and repair—biomechanical aspects. *Int J Sports Med*. 1982; 3: 9–11.

（32）Beaulieu JA. Developing a stretching program. *Physician Sports Med*. 1981; 9: 59–69.

（33）Evjenth O, Hamburg J. *Muscle Stretching in Manual Therapy—A Clinical Manual*. Alfta, Sweden: Alfta Rehab; 1984.

（34）Tannigawa M. Comparison of the hold–relax procedure and passive mobilization on increasing muscle length. *Phys Ther*. 1972; 52: 725–735.

（35）Voss DE, Ionla MK, Meyers BJ. *Proprioceptive Neuro-muscular Facilitation*. 3rd ed. Philadelphia: Harper and Row; 1985.

（36）Akeson WH, Woo SLY. The connective tissue response to immobility: biochemical changes in periarticular connective tissue of the immobilized rabbit knee. *Clin Orthop Relat Res*. 1973; 93: 356–362.

（37）Barnes JF. Myofascial release. In: Hammer WI, ed. *Functional Soft Tissue Examination and Treatment by Manual Methods*. 2nd ed. Gaithersburg, MD: Aspen Publishers; 1999: 533–547.

（38）Sapega A, Quedenfeld T, Moyer R. Biophysical factors in range of motion exercises. *Phys Sports Med*. 1981; 9: 57–65.

（39）Etnyre BR, Abraham LD. Gains in range of ankle dorsiflexion using three popular stretching techniques. *Am J Phys Med*. 1986; 65: 189–196.

第8章

心肺功能训练

学完本章，你应该能够掌握如下内容。

✔ 定义并阐述与心肺功能训练相关的内容。

✔ 阐述不同的生理系统对心肺功能训练的反应和适应。

✔ 阐述与心肺功能相关的健康益处。

✔ 阐述针对表面健康人群制订安全有效的心肺功能训练计划的最新指引和建议。

✔ 阐述如何运用个性化的方法针对不同的客户设计和实施心肺功能训练计划。

✔ 指导客户如何安全有效地进行心肺功能练习。

章节目标

心肺功能训练

心肺功能反映人体循环系统和呼吸系统在持续体力活动过程中将富氧血提供给骨骼肌的能力。心肺功能是与健康相关的5个身体素质之一，其余的身体素质包括肌肉力量、肌肉耐力、柔韧性和身体成分。心肺功能对于人体的健康和参与一般的日常生活活动（ADL）时不会过度疲劳的能力至关重要。在设计体育活动和运动训练计划时，应该以提高与健康相关的每一个关键身体素质为目标；然而，从预防慢性疾病、提高健康水平和生活质量的角度来说，在设计和实施任何运动训练计划的过程中，在分配时间和资源时均应对心肺功能训练予以最优先的考虑，因为心肺功能与一系列的健康益处紧密相关。

综合心肺功能训练是一种规划训练计划的方法，它能系统化地帮助客户循序渐进地完成不同练习阶段，通过对心肺系统施加压力，使其达到生理适应、身体适应和运动表现适应的最佳水平。私人教练在设计和实施心肺功能练习计划的时候，经常犯的一个错误是没有考虑"进度（rate of

心肺功能 人体循环系统和呼吸系统在持续体力活动过程中将富氧血提供给骨骼肌的能力。

综合心肺功能训练 心肺训练计划系统化地帮助客户循序渐进地完成不同练习阶段，通过对心肺系统施加压力，达到生理适应、身体适应和运动表现适应的最佳水平。

progression)。为了帮助客户最高效地利用时间和能量来实现其个人的健康目标和体能目标，进度至关重要。此外，若无法针对每个客户去仔细考虑和跟踪其进度，就有可能出现因进度过快而导致伤病，或因进度过慢而让客户失去兴趣的情况。因此，应用OPT™模型的原则来设计心肺功能训练计划，将确保客户最大限度地发挥其潜力，达到其生理适应、身体适应和运动表现适应的最佳水平。

心肺功能的健康益处

有规律地参加身体活动和锻炼的益处数不胜数。每个人都可以通过适量中等强度的练习获得多种与健康有关的益处，较高强度的锻炼或者中等强度和高强度之间的组合甚至还可以带来更大的好处。在整个生命过程中保持有规律的身体活动，就可以通过运动表现来预测死亡和身体功能障碍，这是最可靠的指标之一。事实上，研究已经证实，一个人的心肺功能水平是其发病率和死亡率的最有力的预测指标之一[1-3]。换句话说，心肺功能差与各种原因导致的过早死亡风险的显著增加是相关的。相反，心肺功能水平的提升则与各种原因导致的过早死亡情况的减少是相关的[1-3]。

心肺功能训练

训练计划的设计应符合每个客户的特定需求和目标。更进一步说，初始的训练处方应该反映出：客户的初始体能水平，体能评估结果，以及客户对于练习是否存在任何明显的风险因素或健康限制因素。每堂训练课都应包括以下几个阶段。

◆ 热身阶段。
◆ 体能训练阶段。
◆ 冷身阶段。

热身阶段

一般性热身 低强度练习，包括的动作不一定与后续将要进行的较剧烈的练习相关。

针对性热身 低强度练习，包括的动作模仿后续将要进行的较剧烈的练习中所包含的动作。

热身一般被描述为"让身体准备好参加身体活动"。它可以是一般性的或者专项性的活动[4,5]。**一般性热身**中的动作不一定包括特定于后续将要进行的体育活动的动作。（例如，在举重训练前，通过在跑步机上行走或者骑固定自行车来热身。）**针对性热身**中的动作则更近似地模仿实际活动中的动作，往往被称为动态拉伸。（例如，在举重训练前的自重深蹲和俯卧撑。）热身的益处见表8.1[4-7]。

热身中的心肺功能部分一般持续5至10分钟，由全身动作、动态的心肺练习或者肌肉动作组成（远低于体能训练的预期训练强度阈值）。热身的目的是提高心率和呼吸率，提高组织的温度，并使训练者在心理上为更高的训练强度做好准备。

表8.1	热身的益处和作用
益处	**作用**
提高心率和呼吸率	提高心肺系统进行工作的能力 增加血流量，激活肌肉组织 提高氧交换能力
提高组织温度	提高肌肉收缩速度 提高拮抗肌收缩和放松的效率 提高新陈代谢率 提高软组织的延展能力
为练习做更好的心理准备	提高个人精神层面的准备程度

建议的热身活动

NASM建议，热身的心肺功能部分持续5至10分钟，以中低强度进行。但根据客户的目标和目的不同，上述建议可以进行调整，例如延长或缩短分配给热身阶段的时间，或者根据已知或怀疑客户在医疗、健康或身体方面存在的限制，调整活动内容。

对于有久坐习惯、有医疗或健康限制的新客户，或者之前运动经验有限的客户来说，可能需要将其专用训练的时间分配至少一半给热身活动，起码在训练初期应该如此。表8.2提供了在OPT™模型的稳定性层级（阶段1）中使用柔韧性练习和心肺功能练习为热身活动的示例。一旦客户理解与热身阶段有关的练习动作的技术要领和方法，包括自我肌筋膜放松（滚泡沫轴）和静态拉伸，那么他们就已准备好进入热身的心肺功能体能训练部分。

表8.2	稳定性层级客户的热身	
内容	**举例**	**时长**
自我肌筋膜放松	腓肠肌/比目鱼肌 髋内收肌 阔筋膜张肌 背阔肌	每块肌肉30秒
静态拉伸	腓肠肌/比目鱼肌 髋内收肌 阔筋膜张肌 背阔肌	每块肌肉30秒
心肺功能练习	跑步机 固定自行车 踏步机 划船机 椭圆机	5至10分钟

注：NASM建议，有肌肉骨骼不平衡现象的受训者先进行自我肌筋膜放松，以抑制过度激活的肌肉，然后通过静态拉伸拉长过度激活的肌肉。这将有助于在进行热身的心肺功能部分时减少动作代偿现象。

至关重要的是，私人教练要全面地理解安全有效的动态和静态热身活动。私人教练应该在新客户开始每节训练课前，向其解释所引入的每一个新练习或新方法所带来的好处，然后示范每一个新练习，强调安全性及正确的技术要领，最后是观察客户进行每一个新练习，以帮助其保证正确的姿势和技术要领。只有当客户表现出已完全理解自我肌筋膜放松（滚泡沫轴）和静态拉伸的必需技术要领，以及心肺功能相关练习器械的操作之后，才能开始进行在健身专业人员的训练课之前的热身。在这之后才能有更多的训练时间去进行训练计划的其他内容。

表8.3是升级到OPT™模型的力量层级（阶段2、阶段3和阶段4）的客户的热身示例。力量层级客户将针对在评估过程中确定为紧张或过度激活的肌肉使用自我肌筋膜放松和主动分离式拉伸，然后再进行热身的心肺功能部分。

表8.3　力量层级客户的热身

内容	举例	时长/重复次数
自我肌筋膜放松	腓肠肌/比目鱼肌 髋内收肌 阔筋膜张肌 背阔肌	每块肌肉30秒
主动分离式拉伸	腓肠肌/比目鱼肌 髋内收肌 阔筋膜张肌 背阔肌	每块肌肉1至2秒，重复5至10次
心肺功能练习	跑步机 固定自行车 踏步机 划船机 椭圆机	5至10分钟

表8.4是升级到OPT™模型的爆发力层级（阶段5）的客户的热身示例。爆发力层级客户将利用自我肌筋膜放松和动态拉伸来完成其热身。请记住，可以用循环方式（进行完一个练习再进行下一个练习）进行动态拉伸，因此不需要再进行额外的心肺热身活动。

需要强调的是，热身期应让身体为活动做好准备。因此，重要的是要监控客户进行选定的热身活动的强度，以确保他们在真正开始其计划的训练部分之前不会过度疲劳。活动保持适度的持续时间和强度水平将有助于保证适当的热身。

表8.4	爆发力层级客户的热身	
内容	**举例**	**时长/重复次数**
自我肌筋膜放松	腓肠肌/比目鱼肌 髋内收肌 阔筋膜张肌和髂胫束 背阔肌	每块肌肉30秒
动态拉伸	摆髋：一侧至另一侧 囚徒深蹲 弓步旋转 弹力带横向走 药球上举和伐木 单腿下蹲触地	每侧重复10次

体能训练阶段

人们做心肺功能练习的原因可能有很多种，包括燃烧热量来减重，释放压力，提高健康水平，或者一大堆其他原因[8–13]。有一点很重要，就是私人教练应该让客户知道，低强度的心肺功能练习一般会给健康带来好处，但与更高强度的训练相比，它可能不会让体能有显著的提升[13]。在这两种情况下，心肺功能练习都会对身体健康和心理健康有深远的影响[8–16]。这些好处是对心肺功能训练的多种生理适应的结果。

心肺功能训练的益处包括以下方面。

◆ 更强壮和更高效的心脏。

◆ 提高泵血的能力（增加心输出量）。

◆ 降低心脏疾病的风险。

◆ 降低静息心率。

◆ 降低在各种身体活动强度下的心率。

◆ 提高肺通气量（更高效的呼吸）。

◆ 更强壮的呼吸肌（例如膈肌）。

◆ 通过负重有氧运动增厚关节软骨和骨骼。

◆ 提高氧传输能力。

◆ 降低胆固醇水平。

◆ 降低动脉血压。

◆ 改善血液稀释并降低血栓形成的风险。

◆ 改善燃料供应（提高利用脂肪酸的能力，节省肌糖原储存）。

◆ 提高肌肉利用氧的能力。

◆ 提高警觉性。

◆ 减少抑郁和焦虑的倾向。

◆ 提高放松和睡眠的能力。

◆ 提高抗压能力。

◆ 增加瘦体重。

◆ 提高代谢率。

◆ 降低肥胖或糖尿病风险。

每个人对有氧训练的适应能力可能都不同，但如果考虑到个人能力并适当地进行有氧训练，则对健康和体能的许多方面都会有积极的影响。

冷身阶段

冷身活动能够让身体从训练中平稳过渡到安静状态。大体上说，冷身就是热身的对立面。这部分经常被忽视，并被认为不如其他组成部分重要[6]。但是，适当地利用冷身活动可以显著影响客户的整体健康。冷身活动的最重要的目标是降低心率和呼吸率，逐步地降低身体温度，使肌肉回归其最佳长度–张力关系，防止下肢静脉积血（这可能会导致头晕或昏厥），让生理系统恢复到接近基准状态。充分的心肺功能放松时间为5至10分钟[17]。放松的益处如下[6,4,7,17,18]。

◆ 降低心率和呼吸率。

◆ 逐渐地降低体温。

◆ 让肌肉回归至其最佳长度–张力关系。

◆ 防止下肢静脉积血。

◆ 使生理系统恢复到接近基准状态。

建议的冷身活动

在从安静状态过渡到稳态心肺功能练习的过程中，身体会经历多种且往往非常剧烈的生理变化，具体取决于活动的强度及持续时间。例如，一些心肺功能练习的反应包括心率和收缩压的线性升高，以及每搏输出量的增加（高达40%至60%的最大量），然后，这些指标将进入一个平台期，心输出量将从安静状态的大约5升/分增加到剧烈运动过程中的20至40升/分。此外，在静息状态，只有15%至20%的循环血液到达骨骼肌，但是在高强度的剧烈运动中，增加到高达80%至85%的心输出量。在练习过程中，血液从肾脏、肝脏、胃和肠等主要器官分流出来，并被重新引导到皮肤，以促进散热。随着运动的开始，血浆量也会减少，若继续运动，血压会升高，从而使得水分从血管腔隙转移至细胞间隙。在长时间的运动中，血浆量将会降低10%至20%。正因为运动会产生以上变化及许多其他生理变化，很容易看出为何冷身活动是非常重要的。冷身活动有助于逐渐将对运动的生理反应恢复至接近基准水平。

柔韧性训练也应该被包括在冷身活动中。包括纠正性拉伸（自我肌筋膜放松和静态拉伸）在内的柔韧性训练已经被证明可以有效地拉长肌肉，使其恢复最佳的长度–张力关系，促进实现最佳的关节活动范围。

一开始，私人教练必须在热身和冷身活动过程中仔细地观察新客户，以确定所进行的活动是适当、安全且有效的。同样重要的是，客户也必须理解热身和冷身阶段的重要性。表8.5列出了建议的冷身活动。

表8.5	建议的冷身活动	
内容	**举例**	**时长**
心肺功能练习	跑步机 固定自行车 踏步机 划船机 椭圆机	5至10分钟
自我肌筋膜放松	腓肠肌/比目鱼肌 髋内收肌 阔筋膜张肌 背阔肌	每块肌肉30秒
静态拉伸	腓肠肌/比目鱼肌 髋内收肌 阔筋膜张肌 背阔肌	每块肌肉30秒

1. 在热身中使用的静态拉伸应该仅用于被确定为紧张或过度激活的肌肉。每次拉伸应该在最大限度的活动范围处保持20至30秒。
2. 在放松的过程中，静态拉伸应该用于让肌肉回归至正常的静息长度，重点关注在训练中使用的主要肌肉。

记忆要点

　　不管目标如何，在一个运动计划开始时始终先进行动作评估，比如过头深蹲和/或单腿下蹲测试（在第6章中讨论过）。这些评估有助于确定在热身过程中需要被拉伸的肌肉。如果肌肉过度激活或紧张，可能会阻碍或改变正确的动作，并因此需要被纠正，以完善动作。

小结

　　心肺功能是与健康有关的最重要的体能之一。高水平的心肺功能健康与疾病风险和死亡率的降低密切相关。在心肺功能训练之前应该安排热身活动，之后则应安排放松活动。热身将会使身体为体育活动做好准备，它可以是一般性热身，也可以是特定于某个活动的针对性热身。一般来说，热身的心肺功能部分应该以中低强度持续5至10分钟。而5至10分钟的放松则为身体提供从运动恢复到安静稳定状态的必要转换。柔韧性练习在热身和放松中同样非常重要，可以使肌肉回归至其最佳静息长度。

心肺功能训练的一般准则

首先，私人教练需要明白并且重视一个事实：任何人对心肺功能练习的反应和适应都不是完全相同的。换言之，即使在年龄、体能、健康情况都相似的人群中，每个人对练习的生理反应和感知反应都是非常不一样的。因此，建议包括心肺功能练习在内的所有练习都针对个体而制订，并且应始终遵守FITTE原则（图8.1）[19]。FITTE代表频率（frequency）、强度（intensity）、时间（time）、类型（type）和乐趣（enjoyment）。

频率

频率 在一定时间范围内的训练课次数。

频率指在一定时间范围（通常表示为每周）内的训练课次数。对于一般健康需求的人群（表8.6），推荐的活动频率为每天保证少量时间[20]。对需要提升体能水平的人群，推荐的活动频率为每周3至5天的较高强度运动（表8.7）[20]。

表8.6	一般有氧活动建议			
频率	**强度**	**时间**	**类型**	**乐趣**
至少每周5天	40%至60%的VO_2R 或 55%至70%的HR_{max}	每周150分钟	中等强度有氧活动（例如快走）	最初要选择对技能或身体素质要求很低的耐力活动
至少每周3天	约为60%的VO_2R 或多于70%的HR_{max}	每周75分钟	较高强度有氧活动（例如跑步）	最初要选择对技能要求很低的较高强度的耐力活动
每周3至5天	中高强度组合，即中等强度与高强度的有氧（心肺功能）活动的任何组合			

VO_2R=摄氧量储备；HR_{max}=最大心率。资料来源：Haskell WL, Lee IM, Pate RR, Powell KE, Blair SN, FranklinBA, Macera CA, Heath GW, Thompson PD, Bauman A. Physical activity and public health updated recommendation for adults from the American College of Sports Medicine and the American Heart Association. *Circulation*. 2007; 116; 1081-1093.

图8.1

FITTE 要素

F 频率
I 强度
T 时间
T 类型
E 乐趣

表8.7	相对强度		
分级	VO$_2$R 或 HRR 的占比/%	HR$_{max}$ 的占比/%	RPE（6~20）
很轻松	<20%	<35%	<10%
轻松	20%~39%	35%~54%	10%~11%
中等	40%~59%	55%~69%	12%~13%
难	60%~84%	70%~89%	14%~16%
很难	约85%	约90%	17%~19%
最大强度	100%	100%	20%

强度

强度指特定活动对人体生理刺激的程度。在心肺功能训练的应用中，有多种方法可以建立和监测强度，包括计算心率、输出功率，或计算最大摄氧量（VO$_{2max}$）或摄氧量储备（VO$_2$R）[19]。对一般健康需求的人群（表8.6），推荐中等强度[19,20]。中等强度一般代表低于60% VO$_2$R 的强度范围，足以使心率和呼吸频率上升，但不会使未经训练的、看起来健康的普通成年人感到疲劳或呼吸困难。换句话说，客户在这种强度的练习过程中应当可以轻松地聊天。整体提升身体素质和体能则一般需要较高的强度，即高于60% VO$_2$R。然而，两种强度的任何组合都将达到提升健康的目的。

规定运动强度的方法

峰值 VO$_2$ 方法

评价心肺功能的传统黄金指标是 VO$_{2max}$，即每千克体重每分钟摄入的最大氧气量。换句话说，VO$_{2max}$ 是个体在高强度练习中所能使用的最大氧气量。一旦确定 VO$_{2max}$，建立练习训练强度的其中一个常见方法就是让客户以 VO$_{2max}$ 的百分比作为锻炼标准。然而，准确测量 VO$_{2max}$ 往往是不切实际的，因为这需要客户尽最大努力完成心肺功能练习，同时还需要先进的设备监测客户的通气反应（吸入的 O$_2$ 和呼出的 CO$_2$）。因此，越来越多的私人教练倾向于通过次最大强度运动测试来估算 VO$_{2max}$。

VO$_2$ 储备方法

VO$_2$R 是建立练习训练强度的另一个方法。根据美国国家运动医学学会最近的声明，VO$_2$R 也是目前的首选方法。我们需要先计算出 VO$_{2max}$，再通过一条简单的公式来计算 VO$_2$R。公式如下。

$$目标VO_2R=（VO_{2max}-VO_{2rest}）× 期望的强度 +VO_{2rest}$$

其中，VO$_{2max}$ 可以通过次最大强度运动测试进行估算或直接测量，VO$_{2rest}$ 通常是预测的（按 1 MET 或 3.5mL O$_2$·kg^{-1}·min^{-1} 估算，其中 3.5mL

强度 特定活动对人体生理刺激的程度。

最大摄氧量（VO$_{2max}$） 在最大的体力消耗下，输送和利用氧气的最高速率。

摄氧量储备（VO$_2$R） 最大摄氧量与静息摄氧量之差。

$O_2 \cdot kg^{-1} \cdot min^{-1}$ 表示每千克体重每分钟摄入的氧气量为3.5mL）。

例如，一名25岁客户的期望训练强度为70%至85%。若这名25岁客户的 VO_{2max} 为3.5mL $O_2 \cdot kg^{-1} \cdot min^{-1}$（普遍认为这是平均值），则计算公式如下。

$$（35 - 3.5）\times 0.70 + 3.5 = 25.55（mL\ O_2 \cdot kg^{-1} \cdot min^{-1}）$$

和

$$（35 - 3.5）\times 0.85 + 3.5 = 30.28（mL\ O_2 \cdot kg^{-1} \cdot min^{-1}）$$

NASM将相对强度重新划分为从"很轻松"到"最大强度"的6个渐进阶段，并给出了每个渐进级别相应的摄氧量储备（VO_2R）或心率储备（HRR）和主观疲劳感觉（RPE）（表8.7）。美国运动医学会（ACSM）建议的相对训练强度为40%或50%至85%的 VO_2R 或HRR，其中50%的 VO_2R 或HRR是训练大多数成年人的强度阈值，而40%的 VO_2R 或HRR则很可能是训练体能较差的人的强度阈值。HRR和主观疲劳感觉分级将在下文中详细讨论。

峰值代谢当量（MET）方法

一个代谢当量（即1 MET）等于3.5mL $O_2 \cdot kg^{-1} \cdot min^{-1}$，或相当于成年人的静息代谢率（RMR）。MET用于将身体活动的能量消耗描述为静息代谢率的倍数。MET值可用于将运动强度与能量消耗关联起来。例如，某身体活动的MET值为4，比如速度较慢的慢跑，即需要的能量为静息（如安静地坐着）时消耗的能量的4倍。有许多的资源可供私人教练用于描述常见的活动及其平均MET值。

峰值最大心率（MHR）方法

计算最大心率（HR_{max}）是在心肺功能训练中确定训练强度的另一个方法。虽然测量客户的实际最大心率对于私人教练来说是不切实际的（因为它要求测试客户的最大能力），但是，有很多式子可以估算 HR_{max}。可以说，估算 HR_{max} 的最常用式子是220－年龄。然而，这个公式用作设计心肺功能训练的工具并不合适，因为即使在年龄相同的人中，最大心率的差异也很大。威廉·哈斯克尔（William Haskell）博士曾说过，"该式子不可用作指导训练的教条"[21]。用数学式子推算出的最大心率与实际最大心率之间存在每分钟 ±（10~12）次的误差[22]。因此，私人教练不应使用该式子或任何其他式子的结果作为绝对正确的参照值。然而，这个式子非常简单易用，可以作为衡量心肺训练强度的初级手段。

心率储备（HRR）方法

心率储备（HRR）方法，也被称为卡佛内方法，是基于客户的预测最大心率和静息心率之差来确定训练强度的方法。

由于心率和摄氧量在动态练习中呈线性关系，基于给定的氧耗百分比选择一个预定的训练或目标心率（THR）是最常见且普遍接受的建立运动训练强度的方法。心率储备（HRR）方法的定义如下。

$$THR=（HR_{max}-HR_{rest}）× 期望的强度 + HR_{rest}$$

例如，一名25岁客户期望的训练强度为最大心率的85%。如果该25岁客户的静息心率为40bpm（这被认为是非常好的），那么计算公式如下。

$$220 - 25（年龄）= 195\ HR_{max}$$

$$195 - 40（HR_{rest}）= 155$$

$$155 × 85\% = 132$$

$$132 + 40 = 172（bpm）$$

因此，该客户的目标心率为每分钟172次。

主观疲劳感觉分级方法

主观疲劳感觉方法是用于表达和验证客户在训练过程中感受到的难度的方法。在使用主观疲劳感觉（RPE）方法时，一个人主观地评价所感知的训练难度。它以个人在身体活动中体验到的身体感觉为基础，包括心率增加、呼吸频率增加、出汗增加和肌肉疲劳。客户应基于自己对训练难度的整体感觉报告其主观评价，包括整体疲劳感，而不只是身体某个部位的疲劳程度，例如，在跑步机测试时双腿很累。虽然RPE量表反映的是主观的评价，但如果客户准确报告其疲劳级别，RPE的确可以在身体活动过程中提供较为准确的实际心率值。中等强度的活动为6~20伯格指数（Borg scale）（图8.2）中的"有点难"（12~14）。

6	根本没用力
7	极其轻松
8	
9	很轻松
10	
11	轻松
12	
13	有点难
14	
15	难（重）
16	
17	很难
18	
19	极难
20	最大努力（力竭）

图8.2

主观疲劳感觉
（伯格指数）

对话测试方法

通气阈值（T_{vent}） 在逐级的运动中通气量增加与氧气摄取不成比例的点，意味着从以有氧能量供应为主转为以无氧能量供应为主。

直到最近，对话测试一直是衡量运动训练强度的一个非正式方法。人们一直认为，如果客户在运动中因为呼吸太困难而不能进行简单的谈话，那么他们的训练强度就可能太高了。现在，大量的研究已经证实，客户在功率自行车和跑步机上训练时，对话测试、VO_2、通气阈值（T_{vent}）和心率存在关系[23,24]。因此，对话测试可以帮助私人教练和客户监控运动强度，而不必依靠测量心率或VO_{2max}。规定运动强度的方法见表8.8。

表8.8	规定运动强度的方法
方法	**公式**
峰值VO₂	目标$VO_2 = VO_{2max} \times$ 期望的强度
VO₂储备（VO₂R）	目标$VO_2R = (VO_{2max} - VO_{2rest}) \times$ 期望的强度 $+ VO_{2rest}$
峰值MET×（% MET）	目标$MET = (VO_{2max}/3.5mL\ O_2 \cdot kg^{-1} \cdot min^{-1}) \times$ 期望的强度占比
峰值心率（HR）	目标$HR (THR) = HR_{max} \times$ 期望的强度占比
心率储备（HRR）	目标心率$(THR) = (HR_{max} - HR_{rest}) \times$ 期望的强度占比 $+ HR_{rest}$
主观疲劳感觉（RPE）	6~20分量表
对话测试	在活动过程中说话的能力可以反映运动强度和通气阈值

时间

时间 一个人参加特定活动的时间长度。

时间指参加活动或运动训练课的时间长度，通常以分钟为单位。根据目前关于身体活动的最新的公众健康指南（《2008年美国国民身体活动指南》），为了保证身体的健康，成年人每周应进行2小时30分钟（150分钟）的中等强度的有氧活动（例如快走），或每周1小时15分钟（75分钟）的高强度有氧活动（例如跑步），或等量的中高强度混合的有氧活动[20]。

类型

类型 一个人参加的体育活动的类型或模式。

类型指所选择活动的模式或类别。需要注意的是，任何活动或练习必须满足3个条件才可被认为是"有氧"运动。被认为是有氧运动的练习模式应该是有节奏的，使用大肌肉群，并且本质上是连续的运动。有利于提高心肺功能的一些建议练习模式包括以下几种。

- ◆ 跑步。
- ◆ 行走。
- ◆ 在心肺训练器械上训练。
- ◆ 游泳。
- ◆ 骑自行车（室内或室外）。

乐趣

乐趣是指客户通过参加特定练习或活动获得愉悦感的程度。不幸的是，运动处方的这一组成部分往往被忽视，或者没有得到认真的考虑。在为客户选择特定的练习模式时，若不考虑客户的性格特点、以往的训练经验以及其他爱好，则客户坚持训练的概率显著下降。如果活动模式或运动训练计划在总体上对于客户而言没有乐趣，那么客户极有可能不会坚持该训练计划，因而无法达到其个人的健康目标和体能目标。客户一般更倾向于坚持有趣和富有挑战性的训练计划，而非单调乏味的训练计划。

乐趣　通过进行体育活动获得愉悦感的程度。

建议

《2008 年美国国民身体活动指南》是目前由美国政府发布的最新和最全面的一套指南，旨在帮助 6 岁及以上的美国人通过适当的身体活动和锻炼来提高他们的健康水平。该指南基于科学证据，建议成年人每周进行 150 分钟中等强度的活动（如快走）来帮助提高他们的整体健康和体能，降低患多种慢性疾病的风险。该指南还建议，如果成年人每周进行 300 分钟以上的中等强度运动，或每周 150 分钟以上的高强度运动，他们甚至将获得更大的健康益处。

表8.6列出的指导原则是适用于所有成年人的体育活动指南，特别是目前久坐不动或先前锻炼经验极少的人群。如果客户无法达到建议的心肺功能训练的最低标准，即每周至少 5 天、总时间 150 分钟（即每周 5 次、一次 30 分钟）的中等强度的有氧活动，他们可以进行少量多次的训练，例如每次 10 分钟，直至完成每周累计 150 分钟的训练时间。

小结

FITTE 指导原则有助于制订合适的计划，并量化其变量。建议如下。

- 频率：指在一定时间范围（通常表示为每周）内的训练课次数。对于一般健康需求的人群，推荐的活动频率为每天少量时间。对于需要提升体能水平的人群，频率为每周 3 至 5 天的较高强度运动。
- 强度：指训练或活动的难度，或者在训练过程中完成了多少内容。对一般的健康需求，首选中等强度，即低于 60% 的 VO_{2max}。整体提升身体素质和体能则一般需要较高的强度，即高于 60% 的 VO_{2max}。确定和监控训练强度的方法有很多种。
- 时间：指参加活动或运动训练课的时间长度，通常以分钟为单位。成人应每周累计进行 2 小时 30 分钟（150 分钟）的中等强度的有氧活动（如快走），或每周 1 小时 15 分钟（75 分钟）的高强度的有氧活动（如跑步），或等量的中高强度混合的有氧活动。

◆ 类型：指所选择活动的模式或类别。需要注意的是，任何活动或练习必须满足3个条件才可被认为是"有氧"运动。被认为是有氧运动的练习模式应该是有节奏的，使用大肌肉群，并且本质上是连续的运动。

◆ 乐趣：指客户通过参加特定练习或活动获得愉悦感的程度。不过，私人教练在制订运动处方时往往忽视这一要素的重要性。计划及其活动应该与客户的个性、喜恶相吻合。

心肺功能训练方法

心肺功能训练与其他形式的训练一样，都应遵从特异性原则。根据特异性原则，身体会逐渐适应被施加的压力水平，而后需要采用更大的或不同的压力水平以提升将来的身体适应水平。

训练阶段

过度训练 训练频率、训练量或训练强度过大导致疲劳（缺乏适当的休息和恢复也会导致疲劳）。

阶段性训练的目的是保证心肺功能训练计划以有组织的方式推进，从而确保持续适应并减少过度训练和伤病的风险。心肺功能训练的3个不同阶段使用3个心率训练区域（表8.9），类似于在OPT™模型中看到的3个训练层级。每个阶段都有助于为后续阶段打下坚实的心肺功能基础。

表8.9	训练区间		
训练区间	心率百分比	主观疲劳感觉	活动举例
一区间	65%~75%	12~13	行走或慢跑
二区间	76%~85%	14~16	团体健身课程或动感单车
三区间	86%~95%	17~19	短跑

第一阶段

第一阶段旨在帮助表面上健康的久坐客户提高心肺功能水平，采用65%至75%的最大心率作为目标心率，或达到主观疲劳感觉量表中的12至13分（一区间）。如果采用对话测试方式来监测训练强度，客户应当可以在活动过程中保持对话。在第一阶段中，客户从较慢的心率开始，并将在一区间内的连续锻炼时间逐步增加到30至60分钟（图8.3）。如果客户从未有过运动的经历，那么客户开始时可能在一区间只训练5分钟，或者将心率百分比降低至表8.6中的一般健康活动建议值。若客户在训练中保持一区间心率至少30分钟，且每周训练两三次，则该客户已经具备了开始第二阶段训练的能力。然而，初级客户可能需要2至3个月的时间才可以

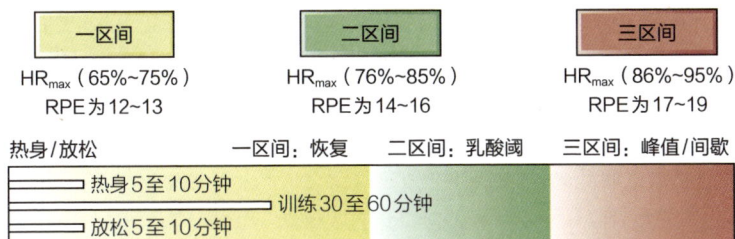

一区间	二区间	三区间
HR~max~（65%~75%）	HR~max~（76%~85%）	HR~max~（86%~95%）
RPE为12~13	RPE为14~16	RPE为17~19

图8.3

第一阶段训练参数

热身/放松　　　　　一区间：恢复　　二区间：乳酸阈　　三区间：峰值/间歇

热身5至10分钟
训练30至60分钟
放松5至10分钟

达到这一要求。第一阶段训练还可以帮助客户更好地满足OPT™模型中的稳定性层级训练的肌肉耐力要求。

第二阶段

　　第二阶段专门为低到中等心肺功能水平且已准备好开始较高强度训练的客户设计（图8.4）。该阶段的重点是提升负荷（速度、坡度和难度），以帮助客户在一区间和二区间之间调整心率。第二阶段的训练有助于将心肺功能提升到OPT™模型的力量层级中3个不同子阶段所需的水平。

　　第二阶段开始引入间歇训练，即在整个训练过程中的强度有所变化。第二阶段的训练计划示例如下。

1. 在一区间做5至10分钟的热身。
2. 开始1分钟的二区间间歇练习（图8.4）。在这一分钟内，逐渐增加负荷，使心率升高到二区间的范围，并在这一分钟剩余的时间内保持该心率。有些客户可能要耗费45秒才达到该心率，这意味着客户仅维持15秒的心率上限，然后就要减小负荷（速度、坡度或难度），并回到一区间范围。
3. 在1分钟的间歇练习后，回到一区间并保持3分钟。
4. 如果客户有充足的时间，并且心率能够恢复到一区间，即可重复上述间歇训练。间歇练习最重要的是在两次间歇之间让心率恢复到一区间。

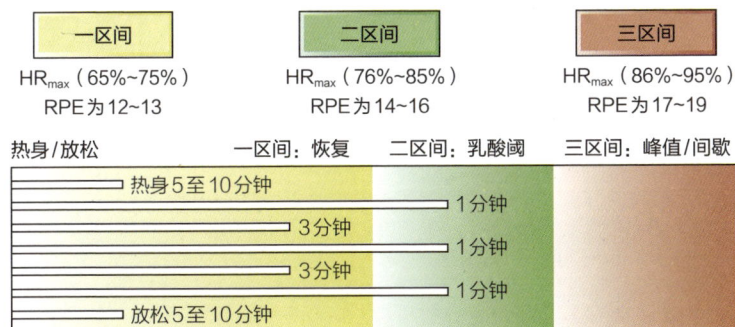

一区间	二区间	三区间
HR~max~（65%~75%）	HR~max~（76%~85%）	HR~max~（86%~95%）
RPE为12~13	RPE为14~16	RPE为17~19

图8.4

第二阶段训练参数

热身/放松　　　　　一区间：恢复　　二区间：乳酸阈　　三区间：峰值/间歇

热身5至10分钟
1分钟
3分钟
1分钟
3分钟
1分钟
放松5至10分钟

在第一次训练的过程中，需要频繁地提出问题，以决定是否需要有所调整。例如，客户的心率是否上升至二区间？很容易吗？他能否保持该心率？如果能保持，又能保持多久？（另外，一定要给客户足够大的压力，并且增加负荷的速度不宜太慢。）基于这些问题的答案，开始为客户建立更准确的且调整过的训练区间。

1. 如果客户不能在1分钟内使心率提升到二区间，则让他尽可能达到最大心率85%。

2. 将这个数字减去9%，得到客户的重新调整区域的下限。

3. 例如，如果预测的85%的HR_{max}是每分钟150次（bpm），但客户在1分钟的推举中只能将心率上升至145bpm，则现在应将145bpm视为客户的85% HR_{max}。

4. 145减145的9%（145的9%是13，145−13=132）。因此，132bpm是该客户的76% HR_{max}。

5. 如果客户的心率进入重新调整后的二区间，而且之后也能够进入该区间，则应当慢慢增加客户在该区间内的训练时间。

6. 如果客户的心率高于预测的二区间，并且客户最后仍然可以恢复到一区间，那么在该区间原定的每分钟心率次数上增加几次，然后增加训练时间。

在第二阶段中，重要的一点是与第一阶段的训练日相互交替。这就意味着交替每次的训练内容。图8.5所示是一个月度训练计划，每周进行3天的训练。从周一的第一阶段训练开始。然后，在周三升级到第二阶段，在周五又恢复到第一阶段。下一周则从第二阶段的训练开始，依此类推。轮换各个阶段，以保持训练的平衡。这种交替安排在第三阶段中将会变得非常重要。这个月度训练计划只是一个通用指南，可根据客户当天的训练安排（如有的话）进行更改。

作为一般性原则，刚开始时，间歇练习的时间相对较短，如之前示范的运动休息比例（难易比例）为1∶3（例如在1分钟间歇练习之后是3分钟恢复）。当客户的身体机能得到提升后，第二阶段计划可以升级使用1∶2，甚至最终到1∶1的运动休息比例。此外，通过有规律的训练，每次间歇练习的持续时间可以逐渐增加。

图8.5

月度训练计划

周次		1							2							3							4					
星期	一	二	三	四	五	六	日	一	二	三	四	五	六	日	一	二	三	四	五	六	日	一	二	三	四	五	六	日
阶段1																												
阶段2																												
阶段3																												
阶段4																												
阶段5																												
心肺功能	S1		S2		S1			S2		S1		S2			S1		S2		S1			S2		S1		S2		
柔韧性	X		X		X			X		X		X			X		X		X			X		X		X		

S1 = 第一阶段 S2 = 第二阶段

第三阶段

此阶段面向高级客户，其拥有中高水平的心肺功能基础，将使用心率区间一、二和三。此阶段的重点是进一步提升负荷（速度、坡度和难度），以帮助客户在各区间之间调整心率（图8.6）。第三阶段的训练增强在OPT™模型的爆发力层级所需要的能量系统的能力。具体的训练流程如下。

1. 将心率保持在一区间，进行10分钟的热身。

2. 每60秒提升一次负荷，直至到达三区间。这将要求至少用2分钟慢慢地经过二区间。

3. 将心率维持在三区间1分钟后，下调负荷。这1分钟的休息时间是帮助衡量进步的重要时刻。

4. 在开始三区间的间歇练习之前，将客户的负荷下调至其开始训练课时的水平。在这一分钟里，客户的心率会下降。

月度训练计划

5. 经过几周的训练后，客户的心肺功能提升，因此下调负荷时心率下降的速度会更快。心率下降速度越快，说明心脏越强健。

6. 如果客户在1分钟休息时间内无法下降到适宜的心率，则认为客户已经疲劳，并且即将进入过度训练的状态。解决方法是在训练课的余下时间中保持在一区间或二区间。其根本原因是客户休息不充分，无法完成当天的练习类型（可能是前一天的训练太过疲劳、睡眠不足，或营养摄入不足）。监测心率是避免过度训练的重要手段。

7. 如果心率在1分钟休息时间内回到正常范围，则再次让身体超负荷，将心率提升至下一个区间（三区间），并维持1分钟。

8. 在这一分钟后，回到一区间，并保持5至10分钟，如有需要，可重复。

在这一级别的训练中，关键是要轮换所有3个阶段。计划中有低强度日（第一阶段）、中等强度日（第二阶段）和高强度日（第三阶段），有助于最大限度地降低过度训练的风险。图8.7所示的月度训练计划只是一个通用指南，可根据客户当天的训练安排（如有的话）进行更改。

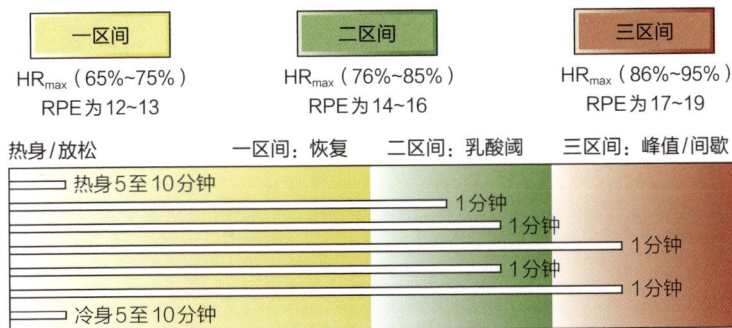

图8.6

第三阶段训练参数

一区间	二区间	三区间
HR$_{max}$（65%~75%）	HR$_{max}$（76%~85%）	HR$_{max}$（86%~95%）
RPE为12~13	RPE为14~16	RPE为17~19

热身/放松　　一区间：恢复　　二区间：乳酸阈　　三区间：峰值/间歇

热身5至10分钟
1分钟
1分钟
1分钟
1分钟
1分钟
冷身5至10分钟

三区间内的间歇练习的持续时间在开始时应相对较短，为30至60秒。随着客户的整体身体机能提升，第三阶段的计划可参照第二阶段的难度进阶模式，降低运动休息比例，并增加高强度间歇练习的持续时间。然而，在二区间和三区间中的间歇练习的频率和持续时间应根据客户的需求、目标、能力和对高强度活动的承受力而具体调整。

循环训练

另一种有益的心肺功能训练形式是循环训练。循环训练可以实现相近的健身效果，并且不需要花费很长的时间即可实现。对于训练客户来说，这是一种效率非常高的方法，并且我们会进行详尽的介绍，因为它涉及心肺功能训练。

循环训练可以包含一系列力量练习，在进行完一个练习之后，休息尽可能短的时间，马上进行下一个练习。以下为稳定性、力量和爆发力的循环训练示例。

稳定性	力量	爆发力
1. 稳定球哑铃卧推	1. 哑铃卧推	1. 药球胸前传球
2. 稳定球哑铃划船	2. 器械划船	2. 药球双手过头掷
3. 单腿肩胛骨外展	3. 坐姿哑铃过头推举	3. 药球勺式抛
4. 单腿哑铃弯举	4. 站姿杠铃弯举	4. 蹲跳
5. 稳定球哑铃肱三头肌伸展	5. 器械肱三头肌下压	5. 休息
6. 蹬台阶并保持平衡	6. 多平面弓步	
7. 休息	7. 休息	

有一些研究就能量消耗、力量和提高身体素质等方面对循环负重训练和传统的耐力训练（例如跑步机训练、越野滑雪、慢跑和骑自行车）进行了比较，并有如下发现[25-29]。

◆ 在提高体能水平或对其贡献方面，循环训练和传统形式的心肺功能训练具有相同的好处[25,28,29]。

◆ 循环训练可提高运动后的代谢率及力量水平[25-27]。

图8.7

月度训练计划

周次	1							2							3							4						
星期	一	二	三	四	五	六	日	一	二	三	四	五	六	日	一	二	三	四	五	六	日	一	二	三	四	五	六	日
阶段1																												
阶段2																												
阶段3																												
阶段4																												
阶段5																												
心肺功能	S1		S2		S3			S2		S1		S3			S1		S2		S3			S2		S1		S3		
柔韧性	K		K		K			K		K		K			K		K		K			K		K		K		

S1 = 第一阶段　　S2 = 第二阶段

在安排循环训练计划时，也可整合传统的训练内容，比如柔韧性和心肺功能。

初级客户（稳定性层级）

5~10分钟	热身：柔韧性（自我肌筋膜放松和静态拉伸）
5~10分钟	心肺功能训练第一阶段
15~20分钟	循环负重训练
5~10分钟	心肺功能训练第一阶段
5~10分钟	冷身：柔韧性（自我肌筋膜放松和静态拉伸）

中级客户（力量层级）

5~10分钟	热身：柔韧性（自我肌筋膜放松和主动分离式拉伸）
5~10分钟	心肺功能训练第二阶段
15~20分钟	循环负重训练
5~10分钟	心肺功能训练第二阶段
5~10分钟	冷身：柔韧性（自我肌筋膜放松和静态拉伸）

在力量层级，客户从健身专业人员那里获得正确的指导以后，就可以独立完成热身和冷身活动。如此一来，便能有更多时间放在心肺功能训练和循环训练上。

高级客户（爆发力层级）

5~10分钟	热身：柔韧性（自我肌筋膜放松和动态拉伸）
5~10分钟	心肺功能训练第三阶段
15~20分钟	循环负重训练
5~10分钟	心肺功能训练第三阶段
5~10分钟	冷身：柔韧性（自我肌筋膜放松和静态拉伸）

与力量层级类似，只要客户从健身专业人员那里获得了正确指导，就可以独立完成热身和冷身活动。

心肺功能训练中要考虑的姿态问题

任何形式的心肺功能训练都涉及动作，都必须遵守与柔韧性训练和抗阻训练一样的动力链技术原则。对于初级客户来说，选择适当的心肺功能训练形式同样重要，并需遵循如下原则。

圆肩和/或头部前伸（上交叉综合征）的客户

健身专业人员必须密切留意以下动力链的偏误。

- ◆ 在使用固定自行车、跑步机和椭圆机时，仔细观察肩关节是否向前扣呈圆肩、头部是否前伸。
- ◆ 在使用踏步机和跑步机时，观察手柄的握法（手是否过度向上或者向下翻转），不良姿势会导致肩部耸起和被拉向前，以及头部前引。如果可能的话，使用器械时不要借助双手来增加稳定性，从而增加对于热量的消耗并提高平衡性。

◆ 在有电视的环境中，要注意客户有没有为了看电视而过度伸颈（向上看）或头偏向一侧。

骨盆前倾和塌腰（下交叉综合征）的客户

健身专业人员必须密切留意以下动力链的偏误。

◆ 刚开始不宜使用自行车或踏步机训练，因为这要求髋关节持续处在屈曲状态，使屈髋肌群缩短的情况更严重。如果要使用这些器械，就应在训练前后针对屈髋肌群采用纠正柔韧性技术。

◆ 为了避免步幅过大，跑步机设定的速度应保持在可控范围内。否则髋关节无法充分合理伸展，可能导致下背部过度伸展（反弓），这样会对下背部造成更大的压力。因此应在训练前后针对屈髋肌群采用纠正柔韧性技术。

双脚向外旋转和/或膝内扣（旋前变形综合征）的客户

健身专业人员必须密切留意以下动力链的偏误。

◆ 使用涉及下肢的所有有氧器械都会要求踝关节有适当的柔韧性。要强调对小腿、髋内收肌、股二头肌（短头）、髂胫束和阔筋膜张肌的泡沫轴放松和静态拉伸。

◆ 使用需要爬坡的跑步机和踏步机（或有氧运动课程）最初对于客户来说可能过于极端，特别是要求客户抓住扶手并加快速度。如果采用这些方式，更要强调上述柔韧性练习，并且将器械设定的配速保持在可控的范围内。

小结

不同的心肺功能训练计划对心肺系统和肌肉系统有不同的要求，最终会影响客户的适应性和目标。心肺功能阶段训练是由分别使用不同的心率训练区间的3个训练阶段组成的体系。一区间是预测HR_{max}的65%至75%，训练的对象是初级客户，也可作为高级客户的恢复区间。二区间的心率范围是预测HR_{max}的76%至85%，训练的对象是升级到OPT^{TM}模型的力量层级的客户。三区间是用年龄预测的HR_{max}的86%至95%，针对已升级到OPT^{TM}模型的爆发力层级的客户。这些心率区间对应3个训练阶段，这帮助我们确定心肺功能活动应选择哪个区间及持续多长时间。

专家姓名：布莱恩·萨顿 〈NASM〉

客户姓名：约翰·史密斯	日期：5/01/13
目标：减脂	阶段：1 稳定性耐力

热身

练习	组数	持续时长	指导要点
自我肌筋膜放松：小腿三头肌、髂胫束、髋内收肌	1	30秒	每个疼痛区域保持30秒
静态拉伸：小腿三头肌、屈髋肌群、髋内收肌	1	30秒	每次拉伸保持30秒
跑步机	1	5至10分钟	快走转慢跑

核心/平衡/快速伸缩复合训练

练习	组数	次数	节奏	休息	指导要点

速度、敏捷性和快速反应训练

练习	组数	次数	节奏	休息	指导要点

抗阻训练

练习	组数	次数	节奏	休息	指导要点

冷身

练习	组数	持续时长	指导要点

指导要点：

美国国家运动医学学会

图8.8 OPT™模板

循环训练计划由一系列的抗阻训练构成，在进行完一个练习之后，休息尽可能短的时间，马上进行下一个练习。因此，循环训练可以在较短的时间内实现类似的健身效果。在负重训练的过程中完成心肺功能练习也是一个好方法。

由于训练中必然要完成一定的动作，因此监控进行心肺功能活动的客户所有动力链的检查点就非常重要。对于那些表现出上交叉综合征的客户，应观察其是否存在肩部耸起、被拉向前及头部前伸的问题，尤其是在使用器械的时候。有下交叉综合征的人可能会过度伸展其下背部并减小髋关节伸展。这些客户最好不要使用自行车和踏步机，并强调屈髋肌的拉伸。有旋前变形综合征的客户可能需要暂时限制有氧器械的使用频率，并强调对下肢进行泡沫轴滚动和静态拉伸。

填写训练计划模板

本章中的信息可帮助完成OPT™模板的第一部分（图8.8）。在这里填写将用于热身的理想心肺功能训练形式。如果在锻炼中将要使用循环负重训练方案，客户应仍然在自我肌筋膜放松和静态拉伸后进行某种形式的心肺功能练习，作为热身的一部分。

参考文献

（1）Lee DC, Sui X, Ortega FB, et al. Comparisons of leisure-time physical activity and cardiorespiratory fitness as predictors of all-cause mortality in men and women. *Br J Sports Med*. 2010 Apr 23. [Epub ahead of print].

（2）Wei M, Kampert JB, Barlow CE, et al. Relationship between low cardiorespiratory fitness and mortality in normal-weight, over-weight, and obese men. *JAMA*. 1999; 282(16): 1547–1553.

（3）Blair SN, Kohl HW, Paffenbarger RS Jr, Clark DG, Cooper KH, Gibbons LW. Physical fitness and all-cause mortality: a prospective study of healthy men and women. *JAMA*. 1989; 262: 2395–2401.

（4）Alter MJ. *Science of Flexibility*. 2nd ed. Champaign, IL: Human Kinetics; 1996.

（5）Kovaleski JE, Gurchiek LG, Spriggs DH. Musculoskeletal injuries: risks, prevention and care. In: American College of Sports Medicine, ed. *ACSM's Resource Manual for Guidelines for Exercise Testing and Prescription*. 3rd ed. Baltimore: Williams & Wilkins; 1998. 480–487.

（6）Brooks GA, Fahey TD, White TP. *Exercise Physiology: Human Bioenergetics and Its Application*. 2nd ed. Mountain View, CA: Mayfield Publishing Company; 1996.

（7）Karvonen J. Importance of warm-up and cool-down on exercise performance. *Med Sports Sci*. 1992; 35: 182–214.

（8）Pate RR, Pratt MM, Blair SN, et al. Physical activity and public health: a recommendation from the Centers for Disease Control and Prevention and the American College of Sports Medicine. *JAMA*. 1995; 273: 402–407.

（9）Lambert EV, Bohlmann I, Cowling K. Physical activity for health: understanding the epidemiological evidence for risk benefits. *Int Sport Med J*. 2001; 1(5): 1–15.

（10）Blair SN, Wei M. Sedentary habits, health, and function in older women and men. *Am J Health Promot*. 2000; 15(1): 1–8.

（11）Blair SN, Kohl HW, Barlow CE, Paffenbarger RS Jr, Gibbons LW, Macera CA. Changes in physical fitness and all-cause mortality. A prospective study of healthy and unhealthy men. *JAMA*. 1995; 273(14): 1093–1098.

（12）Blair SN. Physical inactivity and cardiovascular disease risk in women. *Med Sci Sports Exerc*. 1996; 28(1): 9–10.

（13）Smolander J, Blair SN, Kohl HW 3rd. Work ability, physical activity, and cardiorespiratory fitness: 2-year results from Project Active. *J Occup Environ Med*. 2000; 42(9): 906–910.

（14）American College of Sports Medicine. *ACSM's Guidelines for Exercise Testing and Prescription*. 5th ed. Philadelphia: Williams& Wilkins; 1995.

（15）Wei M, Schwertner HA, Blair SN. The association between physical activity, physical fitness, and type 2 diabetes mellitus. *Compr Ther*. 2000; 26(3): 176–182.

（16）Andreoli A, Monteleone M, Van Loan M, Promenzio L,

Tarantino U, De Lorenzo A. Effects of different sports on bone density and muscle mass in highly trained athletes. *Med Sci Sports Exerc*. 2001; 33(4): 507–511.

(17) Carter R 3rd, Watenpaugh DE, Wasmund WL, Wasmund SL, Smith ML. Muscle pump and central command during recovery from exercise in humans. *J Appl Physiol*. 1999; 87(4): 1463–1469.

(18) Raine NM, Cable NT, George KP, Campbell IG. The influence of recovery posture on post–exercise hypo–tension in normotensive men. *Med Sci Sports Exerc*. 2001; 33(3): 404–412.

(19) American College of Sports Medicine. *ACSM's Guidelines for Exercise Testing and Prescription*. 8th ed. Philadelphia: Wolters Kluwer Williams & Wilkins; 2010.

(20) US Department of Health and Human Services (USDHHS). Physical Activity Guidelines Advisory Committee Report, 2008. Washington, DC: USDHHS; 2008.

(21) Kolata G. Maximum heart rate theory challenged. New York, NY: *New York Times*; April 24, 2001.

(22) Visich PS. Graded exercise testing. In: Ehrman JK, Gordon PM, Visich PS, Keteyan SJ, eds. *Clinical Exercise Physiology*. Cham–paign, IL: Human Kinetics; 2003: 79–101.

(23) Persinger R, Foster C, Gibson M, Fater DC, Porcari JP. Consistency of the talk test for exercise prescription. *Med Sci Sports Exerc*. 2004; 36(9): 1632–1636.

(24) Foster C, Porcari JP, Anderson J, et al. The talk test as a marker of exercise training intensity. *J Cardiopulm Rehabil Prev*. 2008; 28(1): 24–30.

(25) Kaikkonen H, Yrlama M, Siljander E, Byman P, Laukkanen R. The effect of heart rate controlled low resistance circuit weight training and endurance training on maximal aerobic power in sedentary adults. *Scand J Med Sci Sports*. 2000; 10(4): 211–215.

(26) Jurimae T, Jurimae J, Pihl E. Circulatory response to single circuit weight and walking training sessions of similar energy cost in middle–aged overweight females. *Clin Physiol*. 2000; 20(2): 143–149.

(27) Burleson MA, O'Bryant HS, Stone MH, Collins MA, Triplett–McBride T. Effect of weight training exercise and treadmill exercise on post–exercise oxygen consumption. *Med Sci Sports Exerc*. 1998; 30(4): 518–522.

(28) Gillette CA, Bullough RC, Melby CL. Postexercise energy expenditure in response to acute aerobic or resistive exercise. *Int J Sport Nutr*. 1994; 4(4): 347–360.

(29) Weltman A, Seip RL, Snead D, et al. Exercise training at and above the lactate threshold in previously untrained women. *Int J Sports Med*. 1992; 13: 257–263.

第 9 章

核心训练概念

学完本章，你应该能够掌握如下内容。

- ☑ 理解核心肌群的重要性。
- ☑ 了解稳定系统与动作系统间的区别。
- ☑ 论述核心训练的重要性。
- ☑ 为任何训练层级的客户设计核心训练计划。
- ☑ 进行、描述和指导各种核心训练练习。

核心训练简介

核心训练是近些年来非常流行的健身方向，并且已经成为私人教练使用的一种常见训练手段。核心训练的目标是要均衡地强化稳定、对齐（使身体在正确的力线上）和移动身体躯干的深层与浅层肌群，尤其是腹部和背部的肌肉。长期以来，物理治疗师为患有下背部问题的患者开具核心训练的处方。近些年来，核心训练在运动员中流行起来，用于帮助提高其运动表现。在健身俱乐部中，私人教练将核心训练融入客户的训练计划中，以帮助实现平坦的小腹和更强壮的下背部等目标。核心力量弱是低效动作的内在基本问题，可能会导致可预见的损伤模式[1-6]。但是，精心设计的核心训练方案能够帮助客户提高神经肌肉控制、稳定性、肌肉耐力、力量及核心爆发力。

本章内容讨论核心训练的重要性，以及如何设计核心训练并将它纳入客户的训练计划。我们会在接下来的章节中讨论平衡性训练和快速伸缩复合（反应性）训练，以及如何将这几种训练方法整合到训练计划中，以提高整体的功能效率。

核心肌群

私人教练必须对功能性解剖有基本的理解，这样才能够理解核心训练的原则。**核心**被定义为组成腰椎–骨盆–髋关节复合体（LPHC）的结构，其中包括腰椎、骨盆带、腹部和髋关节[7-9]。核心是身体的重心（COG）所在，也是所有动作的起始点[10-13]。在整个人体动作系统（动力链）中，强壮、高效的核心是维持适当肌肉平衡的必要条件（图9.1）。

　　人体运动系统中的神经肌肉效果是由LPHC肌肉中的最佳肌肉长度（长度–张力关系）、募集模式（力偶关系）和关节活动（关节运动学）决定的。这些因素同样可以在动态的动作过程当中实现高效的加速、减速和稳定性，并且预防可能出现的损伤（图9.2）[14,15]。

　　核心肌群被划分为局部稳定系统、全身稳定系统和动作系统。为了维持核心稳定性，需要局部稳定系统、全身稳定系统和动作系统的神经肌肉控制，以确保在正确的时间以合适的力量有序且协调地激活所有系统。

核心　构成腰椎–骨盆–髋关节复合体的结构，包括腰椎、骨盆带、腹部以及髋关节。

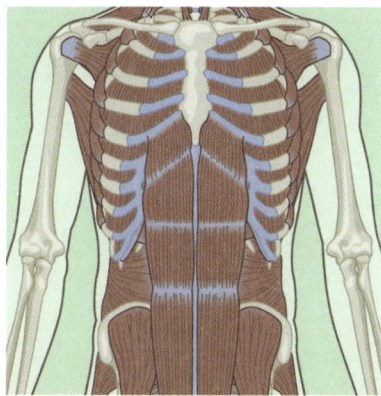

图9.1

核心肌群

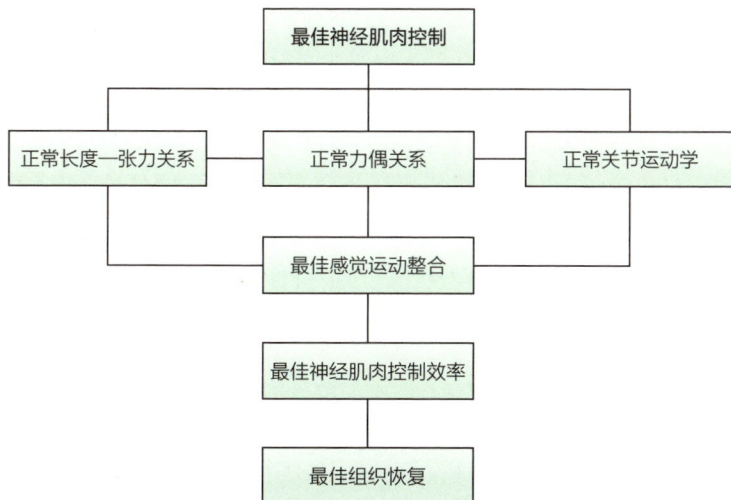

图9.2

人体动作效率

局部稳定系统

　　局部核心稳定肌是直接附着在椎骨上的肌肉。这些肌肉主要由肌梭密度很高的Ⅰ型肌纤维（慢肌纤维）构成（表9.1）。核心稳定肌群主要负责椎间与节间的稳定性，并起到限制脊柱相邻椎体之间的过度压缩力、剪切力或者旋转力的作用。另外，核心稳定肌群可以为椎体与椎体之间提供支撑。因为这些肌肉有着高密度的肌梭，所以它们也有助于本体感受与姿态控制[16]。组成局部稳定系统的主要肌肉包括腹横肌、腹内斜肌、多裂肌、盆底肌、横膈膜。这些肌肉通过增加腹内压（腹腔内部的压力）和在胸腰筋膜（下背部的结缔组织）中产生张力维持椎间的稳定，从而增加脊柱刚度，改善节间神经肌肉控制[17-20]。

表9.1 核心肌肉		
局部稳定系统	全身稳定系统	动作系统
腹横肌	腰方肌	背阔肌
腹内斜肌	腰大肌	屈髋肌群
多裂肌	腹外斜肌	腘绳肌
盆底肌	部分腹内斜肌	股四头肌
横膈膜	腹直肌	
	臀中肌	
	髋内收肌	
	• 大收肌	
	• 长收肌	
	• 短收肌	
	• 股薄肌	
	• 耻骨肌	

全身稳定系统

　　全身稳定系统的肌肉从骨盆连接到脊柱。这些肌肉的作用是在上肢和下肢之间传递负荷，在骨盆和脊柱之间提供稳定性，同时在功能动作的过程中提供核心的稳定性和离心控制（表9.1）。组成全身稳定系统的主要肌肉包括腰方肌、腰大肌、腹外斜肌、部分腹内斜肌、腹直肌、臀中肌和髋内收肌[21]。

动作系统

　　动作系统包括将脊柱和/或骨盆连接到四肢的肌肉。这些肌肉主要负责在动态动作的过程中产生向心力和离心减速（表9.1）。组成动作系统的主要肌肉包括背阔肌、屈髋肌群、腘绳肌和股四头肌[22]。

在每个系统中的所有肌肉一起提供整个核心（LPHC）的动态稳定性和神经肌肉控制。在功能活动中，这些肌肉在所有运动平面中产生力（向心收缩）、减小力（离心运动）并提供动态稳定性。这些肌肉各自都无法单独有效地实现LPHC的动态稳定性，正是它们协同的、互相依赖的工作才让它们能够增强稳定性和神经肌肉控制。

从内到外地探讨这几个系统（局部稳定系统→全身稳定系统→动作系统）有助于更好地理解这些肌肉如何稳定LPHC。换句话说，先训练动作系统的肌肉，后训练全身与局部稳定系统的肌肉，这种做法从人体结构和生物力学的角度来看都是不合理的。这样做就像建造空中楼阁。必须首先打好地基，为建造房子的其余部分提供一个稳定的平台。一个人首先要保持稳定，才能高效地移动。

合理训练稳定系统的重要性

有些活跃的人已发展了动作系统中的力量、爆发力和肌肉耐力，这让他们能够进行功能性活动。但是，少数人为了追求适当发展椎间稳定性而发展局部稳定肌肉[1,23–25]。身体的核心稳定系统必须以最高的效率运作，才能有效地利用在原动肌中发展的力量、爆发力和耐力。如果核心的动作系统肌肉非常强壮，而局部稳定系统较弱，那么动力链就会出现不平衡，无法适当地传递和利用力量。这样就会导致代偿、协同主导以及低效的动作[1,23–25]。例如在做弓步、深蹲、过头推举时过度伸展脊柱（图9.3）。

较弱的核心是产生低效动作的根本原因，并可能导致可预测的损伤模式[1,23–25]。这导致缺乏稳定性和单节椎体出现不希望的移动，从而增加对整个LPHC的压力，可能导致下背痛和损伤[26]。

图9.3

低效率核心

小结

核心被定义为组成腰椎-骨盆-髋关节复合体（LPHC）的结构，其中包括腰椎、骨盆带、腹部和髋关节。核心是所有动作的起始点，也是身体的重心所在。在动作过程中，如果核心不稳定，那么在整条动力链中的稳定性、力的减少、力的产生以及力的传递就无法达到最佳水平。

高效的核心是在整个人体动作系统中维持肌肉平衡的必要条件。人体运动系统中的神经肌肉效率都是由LPHC肌肉中的最佳肌肉长度（长度-张力关系）、募集模式（力偶关系）和关节活动（关节运动学）决定的。这些因素可以在动态的动作过程中实现高效的加速、减速和稳定性，并且预防可能出现的损伤。

核心肌群划分为局部稳定系统、全身稳定系统和动作系统。局部核心稳定肌是直接附着在椎骨上的肌肉，这些肌肉有助于提供椎体之间的支撑。全身稳定系统的肌肉从骨盆连接到脊柱，这些肌肉的作用是在上肢和下肢之间传递负荷，在骨盆和脊柱之间提供稳定性。动作系统包括将脊柱和/或骨盆连接到四肢的肌肉。这些肌肉主要负责在动态动作的过程中产生向心力和离心减速。以上3个系统从里到外协同工作（局部稳定系统→全身稳定系统→动作系统）。如果核心的动作系统肌肉非常强壮，而局部稳定系统较弱，那么动力链就会产生不平衡，无法正确地传递和利用力量，这样就可能会导致代偿、协同主导以及低效的动作。

核心稳定性训练的科学依据

研究人员发现，患有慢性下背痛的人（大约80%的美国成年人）出现了某些肌肉或者肌肉群的激活程度下降的现象，这些肌肉包括腹横肌、腹内斜肌、盆底肌、多裂肌、横膈膜和深层竖脊肌[1,24,25,27-32]。患有下背痛的人往往还会有背伸肌群弱[33]以及肌肉耐力下降等问题[34,35]。躯干肌肉软弱本身已经成为下背痛的一个独立风险因素[36]。

许多研究也肯定了核心训练在下背痛的预防和康复中所起到的重要作用。核心稳定性训练使多裂肌（深层脊椎肌肉）重新恢复其大小、激活程度和耐力[37]。此外，包括了特定核心稳定性训练的运动计划往往比单纯的人工治疗、单独的传统医疗手段或其他常见的运动计划更有效地帮助急性和慢性LBP患者减少疼痛，并改善其功能[3,37,38]。患有下肢疼痛[5]、髋内收肌（大腿内侧）长期疼痛[39]、腘绳肌拉伤[40]、髂胫束综合征（跑步膝）[41]和下背痛[5]的客户与运动员在完成旨在提高核心（LPHC）肌肉的力量和神经肌肉控制的主动式康复计划之后，降低了受伤概率，同时也降低了损伤复发率，并提升了运动表现。

除此之外，正确运用核心训练计划可以减轻疼痛，并且有助于提升功能及运动表现。关于局部稳定系统（腹部"吸入"）[7,42]和全身动作系统（支撑）[16]的神经机械激活的具体说明已经证明在核心训练连续体过程中会优先激活这些特定的肌肉。下一节将讨论腹部"吸入"和支撑。

此外，传统的下背部过度伸展练习因缺乏合理的腰椎–骨盆–髋关节复合体稳定性，已经被证明会使得椎间盘承受的压力增大到危险级别。这些没有支撑的练习可能会损害支撑椎体的韧带，从而导致在椎体中让脊神经通过的开口变窄[43–45]。因此，私人教练在训练核心的时候应该结合系统化的、循序渐进的方法，保证稳定脊椎的肌肉（局部稳定系统）得到强化，然后才训练移动脊椎和四肢的肌肉群（动作系统）。

腹部"吸入" 通过把肚脐往脊柱方向收紧来募集局部核心稳定肌的一种策略。

支撑 在同时收缩腹部、腰部和臀部的肌肉的时候发生。

知识延伸

下背痛与低效的核心

■ 亨格福德等人（Hungerford et al.）[1]在一项对14名临床确诊患有背部疼痛的男性的横向研究中发现，在支撑腿的屈髋过程中，腹横肌、腹内斜肌、多裂肌、臀大肌都有延迟反应的现象，提示腰椎 – 骨盆 – 髋关节复合体的稳定性策略有所改变。

■ 埃贝比奇勒等人（Ebenbichler et al.）[2]发现，在单腿站立平衡动作中，罹患下背痛的人的控制效率和效果均不及健康人。

■ 霍奇斯（Hodges）与理查德森（Richardson）[3]报告，在手臂与腿部动作过程中，腹横肌的收缩速度较慢与下背痛有很大的相关性。

■ 海德斯等人（Hides et al.）[4]证实，急性背部疼痛的康复并不能自动恢复多裂肌的正常围度。

■ 海德斯等人（Hides et al.）[5]证实，下背痛患者会出现多裂肌萎缩的情况。

参考文献

（1）Hungerford B, Gilleard W, Hodges P. Evidence of altered lumbopelvic muscle recruitment in the presence of sacroiliac joint pain. *Spine*. 2003; 28(14): 1593-1600.

（2）Ebenbichler GR, Oddsson LI, Kollmitzer J, Erim Z. Sensory-motor control of the lower back: implications for rehabilitation. *Med Sci Sports Exerc*. 2001; 33: 1889-1898.

（3）Hodges PW, Richardson CA. Delayed postural contraction of transversus abdominis in low back pain associated with movement of the lower limb. *J Spinal Disord*. 1998; 11(1): 46-56.

（4）Hides JA, Richardson CA, Jull GA. Multifidus muscle recovery is not automatic after resolution of acute, first-episode low back pain. *Spine*. 1996; 21(23): 2763-2769.

（5）Hides JA, Stokes MJ, Saide M, Jull GA, Cooper DH. Evidence of lumbar multifidus wasting ipsilateral to symptoms in subjects with acute/subacute low back pain. *Spine*. 1994; 19: 165-177.

你知道吗?

　　肌电图（EMG）是一种测试肌肉中神经的电传导功能的过程。EMG测试能够确定肌肉或者肌群在进行不同的动作或者练习时激活程度的差异。

腹部"吸入"

　　研究已证实，当在活动之前就开始收紧腹部时，在骨盆稳定和腹横肌处于激活状态时的肌电图（EMG）活跃度是增加的[31,46,47]。

　　研究也发现，被适当激活的腹横肌会在胸腰筋膜中产生张力，有助于增加脊柱的刚度，并且压缩骶髂关节，增加稳定性[48,49]。这些发现使其他研究人员进一步了解及证明腹横肌对脊柱稳定性及下背痛的重要作用。

　　在做腹部"吸入"时，要将肚脐正下方的区域拉向脊柱，并且颈椎保持在中立位。在核心训练的过程中保持脊椎的中立位有助于改善姿势、肌肉平衡及稳定性。如果收紧腹部时发现有头部前伸的情况，这时胸锁乳突肌（大块的颈部肌肉）被优先募集，这会增加颈椎的压力，并且可能导致骨盆的不稳定与肌肉不平衡，这是"骨盆-视觉反射"（pelvo-ocular reflex）所导致的结果。这一反射对于在动作中维持眼睛平视非常重要[50]。如果胸锁乳突肌被过度激活并且伸展颈椎上部，那么骨盆将会向前旋转，重新与眼睛对齐。这会导致肌肉不平衡，并且降低骨盆的稳定性[51]。

支撑

　　支撑被称为全身肌肉的协同收缩，比如腹直肌、腹外斜肌、腰方肌，有意识地收缩/紧绷全身的肌肉群。支撑也可以被称为通过有意识地收缩来"全身用力"或者绷紧全身肌肉。研究显示，相较于传统的下背痛训练方法，在一起收缩时，全身肌肉与局部肌肉的肌力会为下背痛患者创造最大的好处[51]。支撑的焦点是全身躯干的稳定性，而不是节段脊椎的稳定性，这意味着全身肌肉在获得适当的耐力训练后能够稳定脊椎。

　　两个策略（腹部"吸入"与支撑）在核心训练计划中都可以使用，帮助重新训练运动控制局部稳定系统、全身稳定系统和动作肌肉组织，并帮助重新训练这些肌肉的力量和耐力[7,51,52]。研究证明，局部稳定系统（腹部"吸入"）[7,52]与全身稳定系统（支撑）[51]是核心训练时优先激活的特定肌肉。

核心训练原则

　　全面的核心训练计划应该是系统的、循序渐进的、功能性的，并且强调所有相关肌肉都应参与运动，重点是力的产生（向心）、力的减小（离心）以及动态稳定性（等长）（表9.2）。核心训练计划应该有规律地使用运动平面、活动范围、训练方式（弹力带、稳定球、药球、BOSU球、阿瑞克斯平衡软踏等）、身体姿势、控制量、进行速度、反馈量及特定急性变量（组数、重复次数、强度、节奏、频率）（表9.2）。

表9.2 核心训练参数	
变量	**练习选择**
• 运动平面 　• 矢状面 　• 冠状面 　• 水平面 • 活动范围 　• 全范围 　• 部分范围 　• 范围边界	• 进阶 　• 从易到难 　• 从简单到复杂 　• 从已知到未知 　• 从稳定到不稳定 • 系统性 　• 稳定性 　• 力量 　• 爆发力
• 阻力形式 　• 绳索 　• 弹力带 　• 药球 　• 腕力健身球 　• 哑铃 　• 壶铃	• 活动/专项目标 • 综合性 • 挑战本体感受 　• 稳定球 　• BOSU球 　• 锐步（Reebok）核心板 　• 半泡沫轴 　• 阿瑞克斯（Airex）平衡软踏 　• 振动棒
• 身体姿势 　• 仰卧 　• 俯卧 　• 侧卧 　• 跪姿 　• 半跪姿 　• 站姿 　• 交错站姿 　• 单腿站立 　• 非稳定平面上进阶式站姿	• 基于最新的科学
• 运动速度 　• 稳定性 　• 力量 　• 爆发力	
• 持续时间 • 频率 • 反馈量 　• 健身专业人员的提示 　• 运动知觉意识	

当设计一个核心训练方案的时候，私人教练应创造本体感受丰富的训练条件（可控但不稳定的训练环境），选择合适的练习来产生最大的训练反应。与传统的躯干练习相比，在不稳定的环境（例如稳定球）中进行的核心练习已被证明可以更有效地激活局部和全身稳定系统[53,54]。就像表9.2中列出的一样，从基本的动作技能到专项性的核心练习必须是安全而又富有挑战性的，并且它可以在多感官的环境中锻炼身体的多个平面。

你知道吗?

不建议在表面上看上去健康的成年人参加的中等强度的训练计划中使用负重腰带。负重腰带或许可以提高一个人的心率和收缩压，但往往会让使用者产生一种感觉自己可以举起更重的负荷的错误的安全感。相反，私人教练需要教授其客户正确的练习技术，以及正确地激活核心肌群（身体自己的负重腰带）。

知识延伸

支持使用核心稳定性训练的证据

- 科西奥-利马等人（Cosio-Lima et al.）[1]在一项30名受试者参与的随机对照试验中证实，与传统的地面练习相比，为期5周的稳定球训练计划能够增加腹部和背部的伸肌力量，并提高单腿的平衡能力。

- 米尔斯（Mills）和汤顿（Taunton）[2]在一项36名受试者参与的随机对照试验中证实，受试者在完成为期10周的脊椎稳定性的针对性训练方案后，与进行等量的传统非针对性的腹部练习的对照组相比较，前者的敏捷性与平衡性得到了提高。

- 维拉-加西亚等人（Vera-Garcia et al.）[3]在一项单一受试研究中发现，在不稳定平面上进行腹部练习能够提升肌肉的激活水平，因此认为提高对动作控制系统的要求能够有助于稳定脊柱。

- 哈恩等人（Hahn et al.）[4]在对35名女性受试者进行的随机对照试验中证实，在为期10周的训练过程中，传统地面练习与稳定球练习大幅提升了核心力量。

- 奥沙利文等人（O' Sullivan et al.）[5]在一项随机临床试验中证实，接受稳定性的针对性练习的下背痛患者在最初及之后1至3年的随访中均报告其疼痛与功能性得到了一定的改善。

参考文献

（1）Cosio-Lima LM, Reynolds KL, Winter C, et al. Effects of physioball and conventional floor exercises on early phase adaptations in back and abdominal core stability and balance in women. *J Strength Cond Res*. 2003; 17(4): 721-725.

（2）Mills JD, Taunton JE. The effect of spinal stabilization training on spinal mobility, vertical jump, agility and balance. *Med Sci Sports Exerc*. 2003; 35(5 Suppl): S323.

（3）Vera-Garcia FJ, Grenier SG, McGill SM. Abdominal muscle response during curl-ups on both stable and labile surfaces. *Phys Ther*. 2003; 80(6): 564-594.

（4）Hahn S, Stanforth D, Stanforth PR, Philips A. A 10 week training study comparing resistaball and traditional trunk training. *Med Sci Sports Exerc*. 1998; 30(5): 199.

（5）O'Sullivan PB, Twomey L, Allison GT. Evaluation of specific stabilizing exercises in the treatment of chronic low back pain with radiological diagnosis of spondylosis and spondylolisthesis. *Spine*. 1997; 22(24): 2959-2967.

小结

患有慢性下背痛的客户的核心肌肉的激活程度较低，并且稳定性、耐力较差。在脊椎与骨盆缺乏稳定性的情况下盲目进行传统的腹部及下背部练习可能会引起腰椎－骨盆－髋关节复合体中的异常发力，这会导致组织负荷过大，甚至引起损伤。然而，腹部"吸入"或者支撑能够帮助骨盆与脊椎在核心训练及其他功能活动中保持稳定。此外，在核心训练中要保持颈椎在中立位，这样做可以改善姿势、肌肉平衡状况以及稳定性。

设计核心训练计划

核心训练的目标是发展最佳的神经肌肉效率、稳定性（椎体间与腰椎骨盆的稳定性——局部与全身稳定系统）和功能性力量（动作系统）。神经系统适应性成为计划的重点，而不是追求绝对力量的增长。通过运用多感官训练环境和多种训练方式（球、弹力带及平衡器械）提高本体感受要求比增加外部阻力更重要。应强调动作质量，而不是数量，并且训练计划的重点应该放在功能上。

下面是综合性核心训练计划的一个示例。训练者开始时已经达到最高的等级，能够维持稳定性和最佳的神经肌肉控制（动作协调）。一旦掌握了上一个等级的练习，并表现出椎体间的稳定性和腰椎骨盆的稳定性，训练者就可以升级到计划中的下一个等级。例如，当一名训练者在进行各种练习的时候，能够通过收紧腹部保证椎体间的稳定性。该训练者在进行功能动作模式（深蹲、弓步、上台阶、单腿动作、推、拉等）的时候，脊椎能够不产生过度位移（单独或协同出现的屈曲、伸展、侧屈、旋转），保持脊椎与骨盆稳定。核心训练计划的关键在于实现以下功能结果。同时要注意进行顺序，这非常重要！

1. 椎体间的稳定性。
2. 脊椎骨盆的稳定性。
3. 动作的效率。

核心训练的层次

在OPT™模型中的训练分为3层：稳定性、力量和爆发力（图9.4）。合理的核心训练计划同样遵循这样的系统性进程。

核心稳定性训练

在核心稳定性训练阶段（阶段1）中，练习只涉及很少的脊柱和骨盆移动。这些练习旨在提高神经肌肉效率和椎体间的稳定性，在练习过程中首先要注意收紧腹部，然后是支撑[3,55]。一般来说，训练者在这一层的核心训练应该花4周时间。

在这一层的训练示例包括以下几种。

◆ 仰卧军步抬腿。
◆ 仰卧臀桥。
◆ 俯卧眼镜蛇式。
◆ 平板支撑。

图9.4

OPT™模型

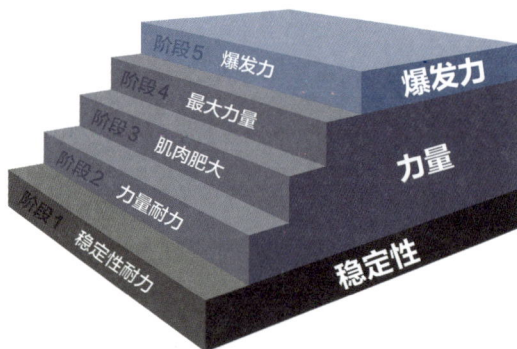

核心稳定性练习

仰卧军步抬腿

在整个训练过程中确保腹部收紧，并且骨盆保持中立位。如骨盆旋转或者腹部突出，则表明缺乏局部核心稳定的神经肌肉控制能力。

准备

1. 仰卧在地面上，屈膝，双脚平放在地面上，脚趾朝向正前方，双臂放在身体两侧。

动作

2. 一只脚抬离地面，在能够控制的情况下尽量抬高，保持收紧腹部。
3. 保持1至2秒。
4. 慢慢放下。
5. 对侧腿重复同样动作。

仰卧臀桥

技术要领

在臀桥动作中，不要抬髋过高（下背部过伸），否则会使腰椎承受过大的压力。确保在结束姿势时，膝、髋和肩呈一条直线，并且臀部肌肉完全收紧。

准备

1. 仰卧在地面上，屈膝，双脚平放在地面上，与肩同宽，脚趾朝向正前方。

动作

2. 抬高骨盆离开地面，直至膝、髋、肩呈一条直线。
3. 慢慢将骨盆降向地面。
4. 重复以上动作。

核心稳定性练习 *续*

俯卧眼镜蛇式

准备

1. 俯卧在地面上。

动作

2. 激活臀部肌肉，并且夹紧肩胛骨。

3. 胸部抬离地面，同时拇指朝向上方，双臂向外侧旋转，如图。

4. 保持1至2秒。

5. 慢慢让身体回到地面，保持收下巴。

6. 重复以上动作。

技术要领　就像仰卧臀桥一样，胸部不要离地面太高（下背部过伸）。

平板支撑

准备

1. 俯卧在地面上，双脚并拢，前臂放在地面上。

动作

2. 依靠前臂与脚趾支撑，使整个身体离开地面，直至从头至脚呈一条直线。

3. 保持一定的时间，收下巴且背部平直。

4. 重复以上动作。

技术要领　如果这个版本的练习对于训练者来说太难进行，下面是一些可供选择的降阶练习。

• 采用标准俯卧撑姿势完成动作。

• 采用跪姿俯卧撑姿势完成动作。

• 将双手支撑在训练凳上且双脚放在地面完成动作。

核心力量

在核心力量训练（阶段2、阶段3和阶段4）中，练习动作涉及更多脊柱在全活动范围内动态的向心动作与离心动作，同时训练者要进行在核心稳定性训练中所学到的技巧（收紧腹部与支撑）。在这一层的针对性、速度和神经要求也有所升级。一般来说，训练者在这一层的核心训练应该花4周时间。这些练习旨在提高整条动力链的动态稳定性、向心力量（力的产生）、离心力量（力的减小）以及神经肌肉效率。在这一层的练习包括以下几种。

- ◆ 稳定球卷腹。
- ◆ 背部伸展。
- ◆ 反向卷腹。
- ◆ 背部伸展。

核心力量练习

稳定球卷腹

技术要领

在进行练习时务必要收下巴。这样能够减小颈椎肌群所承受的压力。

准备

1. 仰卧在稳定球上（稳定球在下背部下方），屈膝90度。双脚与肩同宽，平放在地面上，脚趾朝向正前方。允许背部沿球的曲线伸层。双臂交叉放于胸前或者双手放在耳朵/头部后方。

动作

2. 慢慢向前卷起上半身，让肩胛骨抬离球面。
3. 慢慢降低上半身到球上，回到初始姿势。
4. 重复以上动作。
5. 进阶动作：作为长杠杆练习进行（双臂举过头顶）。

核心力量练习 *续*

背部伸展

技术要领

确保在练习的结束姿势中，踝、膝、髋、肩和耳朵在一条直线上。不要让下背部过伸。

准备

1. 趴在背肌椅上，双腿伸直，双脚与肩同宽，脚趾朝向正前方。
2. 将大腿靠在衬垫上，双臂交叉放于胸前或者双手放在耳后。

动作

3. 激活臀部肌肉，收下巴，肩胛骨向后收。
4. 慢慢向地面降低上半身，至活动范围的边界。
5. 抬起上半身到中立姿势，并保持收下巴，肩胛骨向后收并向下压。
6. 重复以上动作。

反向卷腹

准备

1. 仰卧在长凳上，髋与膝屈曲呈90度，双脚悬空，双手抓住稳定的物体作为支撑。

动作

2. 将髋部抬离长凳，同时让膝关节靠向胸部。
3. 慢慢降低髋部，回到初始姿势。
4. 重复以上动作。

技术要领　在进行该练习时不要摆动双腿。一旦从起始姿势时抬起了下肢，在整个动作过程中要保持双腿稳定。摆动双腿会加大动量，增加损伤的风险，并且降低练习的效果。

核心力量练习 *续*

绳索转体

准备

1. 双脚与肩同宽站立，膝关节微微弯曲，脚趾朝向正前方。
2. 双手在胸部正前方握住绳索把手，肩胛骨向后收并向下压。

动作

3. 使用腹部与臀部肌群朝离开配重架的方向旋转身体。让后脚转动，以达到三关节伸展（踝跖屈、膝伸展和髋伸展）。
4. 慢慢回到起始姿势。
5. 重复以上动作。

技术要领 为了减轻下背部的压力，务必要后腿绕枢轴旋转，进入三关节伸展的状态。
- 髋伸展。
- 膝伸展。
- 踝跖屈（伸展）。

这同样确保了伸展下肢的肌肉（臀大肌、股四头肌、腓肠肌和比目鱼肌）的合理神经肌肉效率。

核心爆发力

在核心爆发力训练（阶段5）中，练习旨在提高核心肌群的力量产生效率。这些形式的练习可以帮助客户为动态稳定性做好准备，并以从功能性角度来看更实用的速度产生力。在这一层的练习包括以下几种。

◆ 转身胸前传球。
◆ 稳定球上拉掷药球。
◆ 身前斜抛药球。
◆ 双手过顶投掷药球。

核心爆发力练习

转身胸前传球

准备

1. 双脚与肩同宽站立，脚趾朝向正前方。
2. 双手持药球（其重量为体重的5%至10%）。

动作

3. 使用腹部的肌肉及髋部让身体爆发式地旋转90度。随着身体的转动，后腿旋前并使其进入三关节伸展（髋伸展、膝伸展和踝跖屈）。
4. 后侧手臂发力并伸展，将药球掷出。
5. 在可控制的情况下尽可能快地接球并重复以上动作。

> **技术要领**　训练者在进行核心爆发力训练之前必须已经具备足够的稳定性（核心稳定性）以及力量（核心力量）。若缺乏足够的稳定性和力量，进行爆发力练习会导致动作代偿和肌肉不平衡，最终导致损伤。

稳定球上拉掷药球

准备

1. 仰卧在稳定球上（稳定球在下背部下方），屈膝90度。双脚平放在地面上，脚趾朝向正前方。
2. 双臂伸直，持药球（其重量为体重的5%至10%）举过头顶。

动作

3. 迅速向前卷腹，将药球掷向墙壁或者同伴。
4. 当球出手时，让双臂继续挥动到最大限度。
5. 接球并重复以上动作。

> **技术要领**　重要的是，训练者在进行该练习之前，其背阔肌需要足够的延展能力，以减小对下背部与肩部的压力。

核心爆发力练习 *续*

身前斜抛药球

准备

1. 面对墙壁或者同伴站立，双脚与肩同宽，膝关节微微弯曲，脚趾朝向正前方。
2. 如图，双手持药球（其重量为体重的5%至10%）。

动作

3. 以下手投球的方式将球抛向墙壁或者同伴。
4. 以捞球的方式接球。
5. 在可控情况下尽可能快地重复动作。
6. 可以在同一侧连续进行该练习，也可以两侧交替进行。

技术要领 重要的是，在保证正确动作技术的前提下，所有的核心爆发力练习都是越快越好。

双手过顶投掷药球

准备

1. 如图，双手持药球（其重量为体重的5%至10%）举过头顶站立。

动作

2. 快速将球掷向地面，让双臂继续挥动到最大限度。
3. 重复以上动作。

技术要领 为了让该练习更容易进行，可以使用无弹性药球，或者练习时靠近墙，使药球可以从墙上弹开。

小结

核心肌群在功能性活动中帮助保护脊椎免受有害的力。核心训练计划旨在增强LPHC的稳定性、力量、爆发力、肌内耐力和神经肌肉控制。核心训练计划必须是系统的、循序渐进的、特定于活动或者目标的、综合性的，并且本体感受丰富的。

合理的核心训练计划与OPT^{TM}模型的系统进阶是一致的：稳定性、力量与爆发力。在核心稳定性训练（阶段1）中，重点是LPHC的稳定性。它增强稳定系统的功能。在核心力量训练（阶段2、阶段3和阶段4）中，脊椎在全活动范围内动态地移动，这个等级的练习对针对性、速度和神经系统的要求更高。这些练习能够提高整体动力链的神经肌肉效率。核心爆发力训练（阶段5）提高LPHC（动作系统）肌群产生力的速度。

实施核心训练计划

实施核心训练计划要遵循OPT^{TM}模型的进阶系统（图9.4）。例如，如果某客户处在训练的稳定性层级（阶段1），选择核心稳定性练习。处在训练的力量层级（阶段2、阶段3和阶段4）的客户，应当选择核心力量练习。处在训练的爆发力层级（阶段5）的客户，选择核心爆发力练习（表9.3）。

填写训练计划模板

填写训练计划模板（图9.5）时，要先找到标签为"核心/平衡/快速伸缩复合训练"的部分。然后，可以参考表9.3，根据客户所处的训练阶段（阶段1~5）选择适当的核心练习类型（稳定性、力量或爆发力）、适当的核心练习数量，以及适当的关键变量（组数、重复次数等）。

表9.3	设计核心训练计划							
核心系统	OPT^{TM}层级	阶段	练习	练习数量	组数	重复次数	节奏	休息
稳定	稳定性	1	核心稳定性	1~4	1~4	12~20	慢（4/2/1）	0~90秒
动作	力量	2, 3, 4	核心力量	0~4[a]	2~3	8~12	中速	0~60秒
动作	爆发力	5	核心爆发力	0~2[b]	2~3	8~12	在可控的前提下尽可能快	0~60秒

a：在以肌肉肥大和绝对力量为目标的训练中，核心训练是可选的（但推荐进行核心训练）。

b：因为一般在该计划的动态热身部分中进行核心练习，并且该计划的抗阻训练部分包含核心爆发力练习，所以在这一阶段的训练中或许没有必要将核心训练拆分出来。

专家姓名：布莱恩·萨顿 　 NASM

客户姓名：约翰·史密斯	日期：5/01/13
目标：减脂	阶段：1 稳定性耐力

热身

练习	组数	持续时长	指导要点
自我肌筋膜放松：小腿三头肌、髂胫束、髋内收肌	1	30秒	每个疼痛区域保持30秒
静态拉伸：小腿三头肌、屈髋肌群、髋内收肌	1	30秒	每次拉伸保持30秒
跑步机	1	5至10分钟	快走转慢跑

核心/平衡/快速伸缩复合训练

练习	组数	次数	节奏	休息	指导要点
仰卧臀桥	2	12	慢	0秒	
俯卧眼镜蛇式	2	12	慢	0秒	

速度、敏捷性和快速反应训练

练习	组数	次数	节奏	休息	指导要点

抗阻训练

练习	组数	次数	节奏	休息	指导要点

冷身

练习	组数	持续时长	指导要点

指导要点：

美国国家运动医学学会

图9.5 OPT™模板

参考文献

（1）Hodges PW, Richardson CA. Inefficient muscular stabilization of the lumbar spine associated with low back pain. A motor control evaluation of transversus abdominis. *Spine*. 1996; 21: 2640–2650.

（2）Nadler SF, Malanga GA, Bartoli LA, Feinberg JH, Prybicien M, Deprince M. Hip muscle imbalance and low back pain in athletes: influence of core strengthening. *Med Sci Sports Exerc*. 2002; 34: 9–16.

（3）O;Sullivan PB, Phyty GD, Twomey LT, Allison GT. Evaluation of specific stabilizing exercise in the treatment of chronic low back pain with radiologic diagnosis of spondylolysis or spondylolis–thesis. *Spine*. 1997; 22: 2959–2967.

（4）Hewett TE, Paterno MV, Myer GD. Strategies for enhancing proprioception and neuromuscular control of the knee. *Clin Orthop Relat Res*. 2002 Sep;(402): 76–94.

（5）Leetun DT, Ireland ML, Willson JD, Ballantyne BT, Davis IM. Core stability measures as risk factors for lower extremity injury in athletes. *Med Sci Sports Exerc*. 2004; 36: 926–934.

（6）Nadler SF, Moley P, Malanga GA, Rubbani M, Prybicien M, Feinberg JH. Functional deficits in athletes with a history of low back pain: a pilot study. *Arch Phys Med Rehabil*. 2002; 83: 1753–1758.

（7）Arokoski JP, Valta T, Airaksinen O, Kankaanpaa M. Back and abdominal muscle function during stabilization exercises. *Arch hys Med Rehabil*. 2001; 82: 1089–1098.

（8）Bergmark A. Stability of the lumbar spine. A study in mechanical engineering. *Acta Orthop Scand Suppl*. 1989; 230: 1–54.

（9）Kibler WB, Sciascia A, Dome D. Evaluation of apparent and absolute supraspinatus strength in patients with shoulder injury using the scapular retraction test. *Am J Sports Med*. 2006; 34: 1643–1647.

（10）Gracovetsky S, Farfan H. The optimum spine. *Spine*. 1986; 11: 543–573.

（11）Gracovetsky S, Farfan H, Heuller C. The abdominal mechanism. *Spine*. 1985; 10: 317–324.

（12）Panjabi MM. The stabilizing system of the spine. Part I: function, dysfunction, adaptation, and enhancement. *J Spinal Disord*. 1992; 5: 383–389.

（13）Panjabi MM, Tech D, White AA. Basic biomechanics of the spine. *Neurosurgery*. 1980; 7: 76–93.

（14）Barr KP, Griggs M, Cadby T. Lumbar stabilization: core concepts and current literature, Part 1. *Am J Phys Med Rehabil*. 2005; 84: 473–480.

（15）Sahrmann S. *Diagnosis and Treatment of Movement Impairment Syndromes*. St. Louis: Mosby; 2002.

（16）McGill SM. Low back stability: from formal description to issues for performance and rehabilitation. *Exerc Sport Sci Rev*. 2001; 29: 26–31.

（17）Richardson CA, Jull GA, Hodges PW, Hides JA. *Therapeutic Exercise for Spinal Segment Stabilization in Low Back Pain: Scientific Basis and Clinical Approach*. London: Churchill Livingstone; 1999.

（18）Crisco JJ 3rd, Panjabi MM. The intersegmental and multisegmental muscles of the lumbar spine. A biomechanical model comparing lateral stabilizing potential. *Spine*. 1991; 16: 793–799.

（19）Hodges PW. Is there a role for transversus abdominis in lumbo–pelvic stability? *Man Ther*. 1999; 4: 74–86.

（20）O'Sullivan PB, Beales DJ, Beetham JA, et al. Altered motor control strategies in subjects with sacroiliac joint pain during the active straight–leg–raise test. *Spine*. 2002; 27: E1–8.

（21）Comerford MJ, Mottram SL. Movement and stability dysfunction—contemporary developments. *Man Ther*. 2001; 6: 15–26.

（22）Newmann D. *Kinesiology of the Musculoskeletal System: Foundations for Physical Rehabilitation*. St. Louis: Mosby; 2002.

（23）Ferreira PH, Ferreira ML, Hodges PW. Changes in recruitment of the abdominal muscles in people with low back pain: ultrasound measurement of muscle activity. *Spine*. 2004; 29: 2560–2566.

（24）Hodges PW, Richardson CA. Neuromotor dysfunction of the trunk musculature in low back pain patients. In: *Proceedings of the International Congress of the World Confederation of Physical Therapists*. Washington, DC; 1995.

（25）Hodges PW, Richardson CA. Contraction of the abdominal muscles associated with movement of the lower limb. *Phys Ther*. 1997; 77: 132–134.

（26）Janda V. Muscle weakness and inhibition (pseudoparesis) in back pain syndromes. In: Grieve GP, ed. *Modern Manual Therapy of the Vertebral Column*. New York: Churchill Livingstone, 1986: 197–201.

（27）Hodges PW, Richardson CA, Jull G. Evaluation of the relationship between laboratory and clinical tests of transverse abdominus function. *Physiother Res Int*. 1996; 1: 30–40.

（28）O'Sullivan PE, Twomey L, Allison G, Sinclair J, Miller K, Knox Altered patterns of abdominal muscle activation in patients with chronic low back pain. *Aus J Physiother*. 1997; 43(2): 91–98.

（29）Richardson CA, Jull G. Muscle control–pain control. What exercises would you prescribe? *Man Med*. 1995; 1: 2–10.

（30）O'Sullivan PB, Twomey L, Allison GT. Altered abdominal muscle recruitment in patients with chronic back pain following a specific exercise intervention. *J Orthop Sports Phys Ther*. 1998; 27: 114–124.

（31）Richardson CA, Snijders CJ, Hides JA, Damen L, Pas MS, Storm J. The relation between the transverse abdominis muscle, sacroiliac joint mechanics and low back pain. *Spine*. 2002; 27: 399–405.

（32）Hodges P, Richardson C, Jull G. Evaluation of the relationship between laboratory and clinical tests of transversus abdominis function. *Physiother Res Int*. 1996; 1: 30–40.

（33）Iwai K, Nakazato K, Irie K, Fujimoto H, Nakajima H. Trunk muscle strength and disability level of low back pain in collegiate wrestlers. *Med Sci Sports Exerc*. 2004; 36: 1296–1300.

（34）McGill SM. *Low Back Stability: Myths and Realities in Low Back Disorders: Evidence Based Prevention and Rehabilitation*. Cham–paign, IL: Human Kinetics; 2002.

（35）Jørgensen K, Nicolaisen T. Trunk extensor endurance: determination and relation to low–back trouble. *Ergonomics*. 1987; 30: 259–267.

（36）Lee J, Hoshino Y, Nakamura K, Kariya Y, Saita K, Ito K. Trunk muscle weakness as a risk factor for low back pain. A 5–year prospective study. *Spine*. 1999; 24: 54–57.

（37）Hides JA, Jull GA, Richardson CA. Long–term effects of specific stabilizing exercises for first–episode low back pain. *Spine*. 2001; 26: E243–248.

（38）Yílmaz F, Yílmaz A, Merdol F, Parlar D, Sahin F, Kuran B. Efficacy of dynamic lumbar stabilization exercise in lumbar microdiscectomy. *J Rehabil Med*. 2003; 35: 163–167.

（39）Hölmich P, Uhrskou P, Ulnits L, et al. Effectiveness of active physical training as treatment for long–standing adductor–related groin pain in athletes: randomised trial. *Lancet*. 1999; 353: 439–443.

（40）Sherry MA, Best TM. A comparison of 2 rehabilitation programs in the treatment of acute hamstring strains. *J Orthop Sports Phys Ther*. 2004; 34: 116–125.

（41）Fredericson M, Cookingham CL, Chaudhari AM, Dowdell BC, Oestreicher N, Sahrmann SA. Hip abductor weakness in distance runners with iliotibial band synd–rome. *Clin J Sport Med*. 2000; 10: 169–175.

（42）Karst GM, Willett GM. Effects of specific exercise instructions on abdominal muscle activity during trunk curl exercises. *J Orthop Sports Phys Ther*. 2004; 34: 4–12.

（43）Beim G, Giraldo JL, Pincivero DM, Borror MJ, Fu FH. Abdominal strengthening exercises: a comparative EMG study. *J Sports Rehabil*. 1997; 6: 11–20.

（44）Ashmen KJ, Swanik CB, Lephart SM. Strength and flexibility characteristics of athletes with chronic low back pain. *J Sports Rehabil*. 1996; 5: 275–286.

（45）Norris CM. Abdominal muscle training in sports. *Br J Sports Med*. 1993; 7(1): 19–27.

（46）Cresswell AG, Grundstrom H, Thorstensson A. Obser–vations on intra–abdominal pressure and patterns of abdominal intra muscular activity in man. *Acta Physiol Scand*. 1992; 144: 409–418.

（47）Hides, J, Wilson S, Stanton W, et al. An MRI investigation into the function of the transversus abdominis muscle during "drawing–in" of the abdominal wall. *Spine*. 2006; 31(6): 175–178.

（48）Hodges PW, Richardson CA. Feedforward contraction of transversus abdominis is not influenced by the direction of arm movement. *Exper Brain Res*. 1997; 114: 362–370.

（49）Hodges PW, Richardson CA. Relationship between limb movement speed and associated contraction of the trunk muscles. *Ergonomics*. 1997; 40: 1220–1230.

（50）Lewit K. Muscular and articular factors in movement restriction. *Man Med*. 1985; 1: 83–85.

（51）McGill SM. Low back stability: from formal description to issues for performance and rehabilitation. *Exerc Sport Sci Rev*. 2001; 29(1): 26–31.

（52）Kibler WB, Chandler TJ, Livingston BP, Roetert EP. Shoulder range of motion in elite tennis players. Effect of age and years of tournament play. *Am J Sports Med*. 1996; 24(3): 279–285.

（53）Carter JM, Beam WC, McMahan SG, Barr ML, Brown LE. The effects of stability ball training on spinal stability in sedentary individuals. *J Strength Cond Res*. 2006; 20: 429–435.

（54）Behm D, Leonard A, Young W, Bonsey W, MacKinnon S. Trunk muscle electromyographic activity with unstable and unilateral exercises. *J Strength Cond Res*. 2005; 19: 193–201.

（55）Ng JK, Kippers V, Richardson CA, Parnianpour M. Range of motion and lordosis of the lumbar spine: relia–bility of measurement and normative values. *Spine*. 2001; 26: 53–60.

第10章

平衡性训练概念

章节目标

学完本章，你应该能够掌握如下内容。

- ✅ 定义平衡能力，并描述其在运动表现以及损伤风险中的作用。
- ✅ 探讨平衡性训练的重要性。
- ✅ 为各种体能水平的训练者设计循序渐进的平衡性训练计划。
- ✅ 在设计平衡性训练计划时，理解并整合研究成果中具有代表性的原理。
- ✅ 进行、描述和指导各种平衡性训练练习。

平衡的核心概念

平衡 身体处在均衡和静止的状态，意味着没有直线或者角度性的位移。

动态平衡 在各种条件下移动或者改变方向而不会摔倒的能力。

无论是篮球场上的跑动、稳定球上的训练，还是下楼梯，所有这些功能动作的关键都是维持平衡以及姿态控制的能力。**平衡**的基本定义是身体处在均衡和静止的状态，这意味着没有直线或者角度性的位移。例如，一名体操运动员维持手倒立的姿势，没有倒下，那么就可以说该运动员处在平衡状态或者正在保持平衡。**动态平衡**是指在各种条件下移动和改变方向而不会摔倒的能力（例如在不平坦的地面上跑步）。速度、耐力、柔韧性和力量等神经肌肉能力对动态平衡有很大的影响。综合运动表现模式（**图10.1**）显示，能够恰当地减少力和稳定，才能够最佳地产生力。在正确的关节、正确的时间和正确的运动平面中减小力的能力要求最佳的动态稳定性和神经肌肉效率。糟糕的平衡能力往往与损伤风险联系在一起[1-3]。因此，私人教练一定要明白，获得和保持适当的平衡对于所有客户都是至关重要的。

平衡的实现需要依靠内部和外部因素以让身体重心保持在支撑面的上方。平衡经常被认为只是一个静态的过程，但是平衡也是一个涉及多重神经通路的动态过程。维持身体姿势均衡（平衡）是一个综合过程，需要最佳肌肉平衡（长度-张力关系和力偶关系）、关节动力学（关节运动学），以及使用视觉输入、前庭（内耳）输入和本体感受输入的神经肌肉效率。

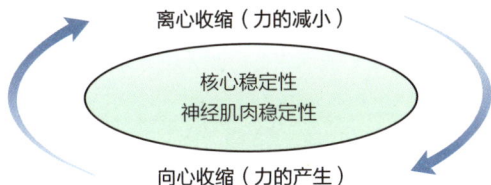

离心收缩（力的减小）

核心稳定性
神经肌肉稳定性

向心收缩（力的产生）

图10.1

综合运动表现模式

平衡性训练的科学依据

研究显示，特定的动力链不平衡（例如长度–张力关系、力偶关系和关节运动学的改变）会导致平衡性的改变和神经肌肉效率降低[4-13]。在练习前后及练习过程中的动力链变化会进一步影响动作质量，并且产生有缺陷的动作模式。有缺陷的动作模式会改变肌肉激活的正常次序，这会扰乱特定的功能性动作模式，并且降低神经肌肉效率[3,14,15]。原动肌的激活可能会变慢，而协同肌与稳定肌代替原动肌，并被过度激活（协同主导）。缺陷动作模式的多重影响会导致不正常的关节压力，这会影响动力链的结构完整性，可能导致疼痛和关节功能障碍，并且进一步降低神经肌肉效率[6]。

研究显示，关节功能障碍会导致肌肉被抑制[6,16,17]。关节功能障碍会导致关节损伤、肿胀，以及阻断从关节、韧带和肌肉机械感受器向中枢神经系统的感觉输入，这就会导致临床上明显的本体感受障碍（图10.2）[18]。已经证明，在发生踝关节扭伤、膝关节韧带损伤和下背痛后，对中枢神经系统的感觉反馈有所改变[6,8,9,19-24]。私人教练务必要理解关节功能障碍的后果，因为80%的美国成年人在其生活的某个时候会经历一次下背痛的发作[25,26]，并且估计每年有80 000到100 000个前交叉韧带（ACL）损伤病例[27]，另有1 100万个因足踝关节问题而去问诊的病例[28]。因此，肌肉不平衡、关节功能障碍、疼痛和肿胀都会使平衡能力受到影响。因为大部分

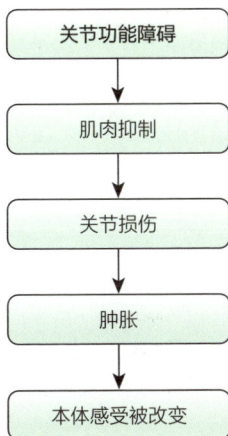

关节功能障碍

↓

肌肉抑制

↓

关节损伤

↓

肿胀

↓

本体感受被改变

图10.2

关节功能障碍的影响

来寻求私人教练帮助的客户都会有不同程度的神经肌肉效率下降，所以理解平衡及如何设计满足客户需求的平衡训练是当务之急。

合理训练平衡机制的重要性

平衡性训练应该强调个人的稳定极限（平衡阈值）。一个人的稳定极限是指其在没有失去重心控制的前提下离开支撑面的距离。这一阈值需要在增强本体感受（不稳定，但可控）的多平面环境中训练，用功能性动作来提高动态平衡和神经肌肉效率。运用合理的进阶（地面、平衡木、半泡沫轴、泡沫垫和平衡盘）、正确的技术要领和多种速度在本体感受丰富的环境中训练功能性动作，可以最大化促进对中枢神经系统的感觉输入，使神经系统能够选择合理的动作模式。

我们鼓励私人教练实施循序渐进的系统化训练计划，帮助客户发生长期持续的改变。传统的训练计划设计往往制订出并不完善的训练计划，无法对人体动作系统的本体感受机制形成挑战。平衡性训练弥补了传统训练的这种缺陷，因为平衡性训练的重点是在多感官的不稳定环境中进行功能性动作模式的训练[29,30]。将平衡训练的设计和实施纳入训练计划对于发展、改善和恢复动态平衡与最佳神经肌肉效率所需的肌肉激活模式的协同性和同步性至关重要[29–32]。

小结

平衡是所有功能性动作以及最佳力量产生模式的关键，并有助于避免损伤。平衡并不是孤立的，而且既存在于静态也存在于动态。平衡是通过一个综合的、动态的过程实现的，这个过程需要最佳的肌肉关系、关节动力学以及神经肌肉效率。神经肌肉控制不佳的人很可能有特定的动力链不平衡。这会影响动作质量，形成有缺陷的动作模式，进而导致神经肌肉效率的降低。这可能导致出现协同主导，引起关节功能障碍和其他身体部位的疼痛。关节功能障碍造成肌肉被抑制，影响平衡能力，进而导致组织负荷过大和损伤。大多数健身客户有神经肌肉效率下降以及平衡性方面的问题，他们能够从平衡性训练计划中受益。由此可见，有效的平衡能力对于健康人群和受伤人群都是必需的。

平衡性训练应挑战个人在正常支撑面之外的稳定能力。在多感官环境中进行训练将对神经系统在正确的时间和正确的运动平面内激活正确的肌肉提出更高的要求。平衡训练的进阶应使用不稳定的环境，同时客户要能够在这样的环境中安全地控制动作。

平衡性训练的益处

与客户有效地沟通并实施平衡性训练计划是非常有益的，作为私人教练必须理解这一点。平衡性训练计划往往用于帮助预防下肢的损伤，因为它能提高多种人群（包括健康和积极运动的客户）的平衡能力。

平衡性训练对于损伤的益处

研究显示，进行那些需要平衡的练习动作能够降低足踝扭伤与其他下肢损伤的概率[2,3,33,34]。平衡性训练经常会作为预防前交叉韧带（ACL）损伤的综合训练方案的一部分，并且研究显示它确实能够降低ACL损伤的概率[35-38]。此外，最近的一项系统性综述表明，在快速伸缩复合训练或力量练习之外还包括平衡练习的综合性损伤预防计划对改善下肢生物力学的能力有极大的作用[39]。我们有理由相信，提高这些能力可以降低下肢损伤（如ACL损伤）的风险。

平衡性训练对于平衡能力的益处

一些研究表明，健康、积极运动的人在完成平衡性训练计划之后，成功地提高了平衡能力。依据最近的一项系统性综述[40]，一天至少10分钟，每周3天，共4周的平衡性训练计划就能够提高静态平衡与动态平衡的能力。

知识延伸

平衡性训练对于平衡能力以及损伤康复的益处

- 科瓦奇等人（Kovacs et al.）[1]在一项对44名竞技花样滑冰运动员进行的前瞻性随机对照试验中发现，当陆上训练计划中结合平衡性训练，而不是传统训练（只有柔韧性和力量训练）时，对姿势控制有显著的积极影响。
- 埃默里等人（Emery et al.）[2]总结出，使用晃动板的家庭平衡性训练计划能够使青少年的静态与动态平衡能力都得到提高。
- 吉奥夫茨多等人（Gioftsidou et al.）[3]进行了一项独特的研究，比较在足球训练课之前或之后进行单腿平衡性训练计划的效果。平衡性训练计划导致两个试验组的提高，而对照组则没有变化。而且研究显示，在足球训练课之后进行平衡性训练计划比在训练课之前进行平衡练习更有益处。

- 米歇尔等人（Michell et al.）[4]调查了在为期8周的平衡性训练计划中使用运动凉鞋对踝关节稳定和踝关节功能不稳定的受试者的影响。他们的结果表明，无论受试者在平衡性训练计划中是否使用运动凉鞋，两组受试者都能够提高其姿势稳定性。
- 埃默里等人（Emery et al.）[5]发现，使用平衡性训练进行热身和在家中使用晃动板进行平衡性训练，能够降低高中篮球运动员急性损伤的风险。
- 迪斯泰法诺等人（DiStefano et al.）[6]对10岁的足球运动员实施了一个包含静态和动态平衡性训练的综合损伤预防计划，发现青少年运动员的动态平衡能力有所提高。
- 索力嘉德等人（Soligard et al.）[7]证实，包含平衡练习的综合损伤预防计划能够降低青少年女子足球运动员的所有损伤风险，包括疲劳性损伤和其他严重的损伤。

参考文献

（1）Kovacs EJ, Birmingham TB, Forwell L, Litchfield RB. Effect of training on postural control in figure skaters: a randomized controlled trial of neuromuscular vs. basic off-ice training programs. *Clin J Sport Med*. 2004; 14(4): 215-224.

（2）Emery CA, Cassidy JD, Klassen TP, Rosychuk RJ, Rowe BH. Effectiveness of a home-based balance-training program in reducing sports-related injuries among healthy adolescents: a cluster randomized controlled trial. *Can Med Assoc J*. 2005; 172(6): 749-754.

（3）Gioftsidou A, Malliou P, Pafis G, Beneka A, Godolias G, Maganaris CN. The effects of soccer training and timing of balance training on balance ability. *Eur J Appl Physiol*. 2006; 96(6): 659-664. Epub 2006 Jan 17.

（4）Michell TB, Ross SE, Blackburn JT, Hirth CJ, Guskiewicz KM. Functional balance training, with or without exercise sandals, for subjects with stable or unstable ankles. *J Athl Train*. 2006; 41(4): 393-398.

（5）Emery CA, Rose MS, McAllister JR, Meeuwisse WH. A prevention strategy to reduce the incidence of injury in high school basketball: a cluster randomized controlled trial. *Clin J Sport Med*. 2007; 17(1): 17-24.

（6）DiStefano LJ, Padua DA, DiStefano MJ, Marshall SW. Influence of age, sex, technique, and exercise program on movement patterns after an anterior cruciate ligament injury prevention program in youth soccer players. *Am J Sports Med*. 2009; 37(3): 495-505.

（7）Soligard T, Myklebust G, Steffen K, et al. Comprehensive warm-up programme to prevent injuries in young female footballers: cluster randomised controlled trial. *BMJ*. 2008; 337: a2469.

小结

平衡性训练能够有效地帮助多种类型的人群（包括正常健康和积极运动的人群）通过提高平衡能力而降低损伤率。

设计平衡性训练计划

平衡练习是任何综合性训练计划中不可或缺的组成部分，因为平衡练习能够保证整个人体动作系统的最佳神经肌肉效率。平衡性训练的练习必须是系统化且循序渐进的。私人教练必须遵循特定的计划指导原则，合理地选择练习标准及详细的计划变量（表10.1）。通过反复接触各种多感官环境可以提高平衡能力和神经肌肉效率[31,32]。

表10.1	平衡性训练参数	
练习选择	变量
• 安全	• 运动平面
• 循序渐进	• 矢状面
• 从易到难	• 冠状面
• 从简单到复杂	• 水平面
• 从稳定到不稳定	• 身体姿势
• 从静止到动态	• 双腿/稳定
• 从慢到快	• 单腿/稳定
• 从双臂/双腿到单臂/单腿	• 双腿/不稳定
• 从睁眼到闭眼	• 单腿/不稳定
• 从已知到未知（认知任务）	
• 本体感受挑战	
• 地面	
• 平衡木	
• 半泡沫轴	
• 泡沫垫[a]	
• 平衡盘[a]	
• 晃动板[a]	
• BOSU球	

a: 这些工具有多种形状和尺寸，可以根据合理的进度来选择使用。

平衡性训练的主要目的是通过创造可控的不稳定性，不断提升客户对其稳定极限的意识（或运动知觉）。可控的不稳定性的示例有很多，可以是让一名65岁的客户站在地面上保持单腿平衡，也可以是让一名25岁的运动员站在平衡盘上保持单腿平衡。

记忆要点

现在，市场上有很多种挑战个人平衡能力的训练形式，它们都是非常有用的工具。但是，为了确保平衡性训练的安全性和有效性，训练者必须从自己可以安全控制的环境开始，并系统性地进阶（地面、平衡木、半泡沫轴、泡沫垫以及平衡盘）。

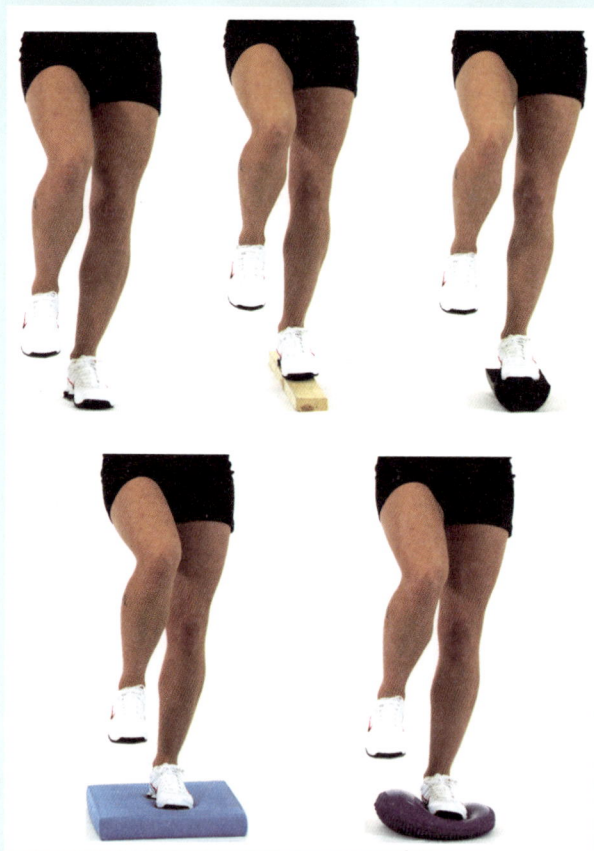

如果不遵循合理的进阶，可能导致动作代偿和没有正确进行练习，从而降低练习的效果，增加损伤的风险。

平衡性训练的层级

在美国国家运动医学学会的OPT™模型中有3个训练层级——稳定性、力量和爆发力（图10.3）。合理的平衡性训练计划遵循同样的系统性进阶。通过改变练习所要求的接触面、视觉条件和身体姿势或动作，就可以

图10.3

OPT™模型

在所有3个层级中进阶或退阶（表10.1）。接触面的难度变化就是从稳定的平面（地面）转向不稳定的平面（例如半泡沫轴、泡沫垫、平衡盘）。在练习过程中睁开眼睛会比较容易，而闭上眼睛，或者转动头部看多个目标，或者同时要进行认知任务则比较难。移动对侧肢体、躯干或双臂也使平衡练习更具挑战性，而双腿站姿则比单腿的练习难度更低。必须注意的是每次只需改变一种变量。遵循这样的进阶策略能让私人教练很容易为任何年龄或体能水平的每个客户选择适合的练习。

平衡–稳定性练习

平衡–稳定性练习只涉及很少的关节活动；它们旨在改善反射性的（无意识的）关节稳定性收缩，以提高关节的稳定性。在平衡–稳定性练习中，身体处在不稳定的环境中，所以身体的反应是学会在正确的时间收缩正确的肌肉，以保持平衡。该层级的练习示例包括以下几种。

- ◆ 单腿平衡站立。
- ◆ 单腿平衡站立并伸展。
- ◆ 单腿髋关节内外旋转。
- ◆ 单腿上举和伐木。
- ◆ 单腿抛接。

平衡－稳定性练习

单腿平衡站立

准备

1. 双脚与肩同宽站立，脚趾朝向正前方，髋应保持中立位。

动作

2. 沿着支撑腿抬起一条腿，保持最佳的关节排列，包括髋和肩要保持水平。

3. 保持一定的时间（一般为5至20秒）。

4. 换另一条腿并重复上述动作。

技术要领

在进行包括该练习在内的所有平衡练习时，务必让支撑腿的臀部肌肉收紧，以维持下肢的稳定。

单腿平衡站立并伸展

技术要领

在进行平衡练习时要保持两髋高度持平，这样能够降低对腰椎－骨盆－髋关节复合体的压力。

准备

1. 双脚与肩同宽站立，脚趾朝向正前方。两髋高度持平，并在中立位。

动作

2. 沿着支撑腿抬起一条腿。

3. 将抬起的腿移动到身体前方，保持几秒。

4. 回到起始姿势并重复以上动作。

5. 作为进阶，可以将抬起的腿伸向身体侧面，然后伸向身体后方。

平衡－稳定性练习 *续*

单腿髋关节内外旋转

准备

1. 双脚与肩同宽站立，脚趾朝向正前方，髋应保持中立位。

动作

2. 抬起一条腿，同时保持最佳的关节排列，包括髋部和肩部要保持水平。

3. 慢慢地将抬起腿的髋关节向内和向外旋转，每个结束姿势都保持几秒。

4. 换另一条腿并重复上述动作。

| 技术要领 | 在进行该练习的时候，务必旋转支撑腿的髋关节，而不是旋转脊柱。这样能够减轻对脊柱的压力，并且增强对腰椎－骨盆－髋关节复合体的控制。 |

平衡−稳定性练习 续

单腿上举和伐木

准备

1. 双手持药球站立，双脚与肩同宽，脚趾朝向正前方，髋应保持中立位。

动作

2. 抬起一条腿，同时保持最佳的关节排列，包括髋部和肩部要保持水平。

3. 如图，斜向举起药球，直至药球高过头顶。

4. 慢慢回到起始姿势并重复以上动作。

技术要领 在进行平衡练习的时候，确保支撑腿的膝关节与足尖始终在一条直线上。

平衡－稳定性练习 续

单腿抛接

准备

1. 双手持药球站立，双脚与肩同宽，脚趾朝向正前方，髋应保持中立位。

动作

2. 抬起一条腿，同时保持最佳的关节排列，包括髋部和肩部要保持水平。

3. 如图，将药球抛给训练同伴或者教练，同时保持最佳的姿势排列。

4. 重复以上动作。

技术要领　有以下几种方法可以增加该练习的难度。

- 教练可以从不同高度抛掷药球以及抛过身体中轴线。
- 增加两人之间的距离。
- 提高每次掷球的速度。

平衡-力量练习

　　平衡-力量练习涉及支撑腿在全活动范围内的动态离心动作与向心动作。这些动作要求在活动范围中程的动态控制，以及在活动范围末端的等长稳定性。在这一层次中的每个练习对专项性、速度和神经的要求都有所提高。力量练习旨在提高整个人体动作系统的神经肌肉效率。在这一层次的练习示例包括以下几种。

- ◆ 单腿下蹲。
- ◆ 单腿下蹲触脚尖。
- ◆ 单腿罗马尼亚硬拉。
- ◆ 多平面上台阶至平衡。
- ◆ 多平面弓步至平衡。

平衡－力量练习

单腿下蹲

准备

1. 双脚与肩同宽站立，脚趾朝向正前方，髋应保持中立位。

动作

2. 沿着支撑腿抬起一条腿。保持最佳的关节排列，包括髋和肩要保持水平。

3. 像坐进椅子那样慢慢地下蹲，屈曲髋关节、膝关节与踝关节。下蹲至出现第一个动作代偿之前的位置，保持几秒。

4. 慢慢站直身体，同时收缩臀部肌肉。

5. 重复上述动作。

技术要领　如前所述，要确保膝关节与足尖始终保持在同一直线上，并且膝关节没有移动到第二和第三脚趾的内侧或外侧。这样能够减小对膝关节的压力。

单腿下蹲触脚尖

准备

1. 双脚与肩同宽站立，脚趾朝向正前方，髋应保持中立位。

动作

2. 沿着支撑腿抬起一条腿。

3. 像坐进椅子那样慢慢地下蹲，支撑腿对侧的手伸向支撑腿的脚尖。

4. 通过使用腹部肌肉与臀部肌肉慢慢站直身体。

5. 重复上述动作，然后换腿。

技术要领

如果练习者无法触碰自己的足尖，让其先尝试触碰自己的膝关节，再到胫骨，然后到脚尖。

平衡－力量练习 *续*

单腿罗马尼亚硬拉

准备

1. 双脚与肩同宽站立，脚趾朝向正前方，髋应保持中立位。

动作

2. 沿着支撑腿抬起一条腿。

3. 从腰部开始弯曲，支撑腿对侧的手慢慢向下伸向支撑腿的脚尖。务必保持脊椎处于中立位，避免拱起背部。

4. 通过使用腹部肌肉与臀部肌肉慢慢站直身体。

5. 重复上述动作。

技术要领 在进行该练习的时候可以采用与单腿下蹲触脚尖一样的进阶策略。

1. 触碰膝关节。

2. 触碰胫骨。

3. 触碰脚尖。

平衡－力量练习 *续*

多平面上台阶至平衡

准备

1. 双脚与肩同宽，站立在跳箱或平台前面，脚趾朝向正前方，髋应保持中立位。

动作

2. 一条腿踏在跳箱上，脚趾保持朝向正前方，并且膝关节在脚趾的正上方。

3. 前脚的脚跟下蹬发力，站直身体，单腿支撑并保持平衡。

4. 保持几秒。

5. 将抬起的腿放回地面，然后用对侧腿做相同动作，脚趾与膝关节保持对齐。

6. 重复上述动作。

7. 作为进阶，可以使用相同的步骤从侧面登上跳箱（冠状面）或者加上转身90度（水平面）。

技术要领

确保支撑腿的髋关节在动作的结束姿势能够充分伸展，这样能够确保最大限度地募集臀部肌群。

平衡－力量练习 *续*

多平面弓步至平衡

准备

1. 双脚与肩同宽站立，脚趾朝向正前方，髋应保持中立位。

动作

2. 向前弓步，脚趾朝向正前方，并且膝关节在脚趾正上方。
3. 用前腿的脚跟蹬地呈后腿单腿站立姿势，用后腿支撑并保持平衡。
4. 重复上述动作。
5. 作为进阶，可以使用相同的步骤向侧面弓步（冠状面）或者加上转身90度（水平面）。

技术要领

在进行弓步时，确保步长不要太大，特别是屈髋肌群过紧时。否则，脊椎会被迫过度伸展，增加对下背部的压力。

平衡－爆发力练习

平衡-爆发力练习旨在培养正确的减速能力，让身体从动态减速至可控的静止姿势，以及提高离心力量、动态神经肌肉效率和反应性关节稳定的水平。在这一层次的练习示例包括以下几种。

◆ 多平面跳跃至稳定支撑。
◆ 多平面单腿跳上跳箱至稳定支撑。
◆ 多平面单腿跳下跳箱至稳定支撑。

平衡－爆发力练习

多平面跳跃至稳定支撑（矢状面、冠状面和水平面）

准备

1. 双脚与肩同宽站立，脚趾朝向正前方，髋应保持中立位。

动作

2. 沿着支撑腿抬起一条腿。

3. 向前跳跃（矢状面），用对侧脚落地，稳定后保持3至5秒。

4. 向后跳跃（矢状面），用对侧脚落地，回到起始姿势，稳定后保持3至5秒。

5. 作为进阶，可以使用相同的步骤侧向跳跃（冠状面）或者转身一定的角度跳跃（水平面）。

技术要领

对于所有平衡－爆发力练习，都要确保落地轻盈，以保证高效地吸收通过组织的力，并且膝关节与第二和第三脚趾保持对齐。

平衡－爆发力练习 *续*

多平面单腿跳上跳箱至稳定支撑

准备

1. 站在跳箱或平台前面，双脚与肩同宽，脚趾朝向正前方，髋应保持中立位。

动作

2. 沿着支撑腿抬起一条腿。

3. 如图，跳起来并用一条腿落在跳箱上面，保持3至5秒。

4. 重复上述动作。

5. 作为进阶，使用相同的步骤在冠状面与水平面进行跳跃。

平衡－爆发力练习 续

多平面单腿跳下跳箱至稳定支撑

准备

1. 站在跳箱或平台上面，双脚与肩同宽，脚趾朝向正前方，髋应保持中立位。

动作

2. 沿着支撑腿抬起一条腿。

3. 跳下跳箱并用一条腿落地，保持脚趾朝向正前方，并且膝关节在脚趾正上方。保持3至5秒。

4. 重复上述动作。

5. 作为进阶，使用相同的步骤在冠状面与水平面进行跳跃。

技术要领

再次重申，落地时膝关节与脚趾对齐，并且落地要尽可能轻盈！

小结

精心设计的平衡性训练计划旨在保证整个人体动作系统的最佳神经肌肉效率。平衡性训练计划必须是系统性的、循序渐进的，要遵循特定的计划指导原则，合理地选择练习标准及详细的计划变量。设计合理的平衡性训练计划遵循与OPT™模型相同的系统性进阶——稳定性、力量和爆发力3个训练层级。平衡-稳定性练习没有涉及很多关节活动。它们提升关节稳定性。在平衡-力量练习的过程中，支撑腿在全活动范围内做动态运动。这些练习要求在关节活动度末端具备更精准的能力、更快的速度、更多的神经参与以及更好的等长稳定性。它们提高了整个人体动作系统的神经肌肉效率。平衡-爆发力练习可以提高离心力量、动态神经肌肉效率和反应性的关节稳定。

实施平衡性训练计划

实施平衡性训练计划要遵循OPT™模型的进阶系统。例如，如果某客户处在训练的稳定性层级（阶段1），则选择平衡-稳定性练习。处在训练的力量层级（阶段2、阶段3和阶段4）的客户，应当选择平衡-力量练习。处在训练的爆发力层级（阶段5）的高级客户，选择平衡-爆发力练习（表10.2）。

填写训练计划模板

填写训练计划模板（图10.4）时，要先找到标签为"核心/平衡/快速伸缩复合训练"的部分。然后，可以参考表10.2，根据客户所处的训练阶段（阶段1~5）选择适当的平衡练习类型（稳定性、力量或爆发力）、适当的平衡练习数量以及适当的关键变量。

表10.2 设计平衡性训练计划

OPT™层级	阶段	练习	练习数量	组数	重复次数	节奏	休息
稳定性	1	平衡稳定性	1~4	1~3	12~20 6~10（SL）	慢	0~90秒
力量	2，3，4	平衡力量	0~4[a]	2~3	8~12	中	0~60秒
爆发力	5	平衡爆发力	0~2[b]	2~3	8~12	保持控制（落地姿势保持3至5秒）	0~60秒

a：对于该训练层级的某些目标（肌肉肥大和最大力量），可能不需要平衡练习。虽然我们建议使用，但平衡训练在这些训练阶段中是可选的。

b：因为平衡练习在该计划的动态柔韧性部分中就可以进行，而该计划的目标是爆发力，所以平衡训练在该训练阶段中并不是必要的。虽然我们建议使用，但平衡训练是可选的。

SL，单腿。

专家姓名：布莱恩·萨顿

| 客户姓名：约翰·史密斯 | | | 日期：5/01/13 | |
| 目标：减脂 | | | 阶段：1 稳定性耐力 | |

热身

练习	组数	持续时长	指导要点
自我肌筋膜放松：小腿三头肌、髂胫束、背阔肌	1	30秒	每个疼痛区域保持30秒
静态拉伸：小腿三头肌、屈髋肌群、背阔肌	1	30秒	每次拉伸保持30秒
跑步机	1	5至10分钟	快走转慢跑

核心/平衡/快速伸缩复合训练

练习	组数	次数	节奏	休息	指导要点
仰卧臀桥	2	12	慢	0秒	
俯卧眼镜蛇式	2	12	慢	0秒	
单腿平衡伸展	2	12	慢	0秒	

速度、敏捷性和快速反应训练

练习	组数	次数	节奏	休息	指导要点

抗阻训练

练习	组数	次数	节奏	休息	指导要点

冷身

练习	组数	持续时长	指导要点

指导要点：

美国国家运动医学学会

图10.4 OPT™模板

参考文献

（1）McGuine TA, Greene JJ, Best T, Leverson G. Balance as a predictor of ankle injuries in high school basketball players. *Clin J Sport Med.* 2000; 10(4): 239–244.

（2）McGuine TA, Keene JS. The effect of a balance training program on the risk of ankle sprains in high school athletes. *Am J Sports Med.* 2006; 34(7): 1103–1111. Epub 2006 Feb 13.

（3）Olsen OE, Myklebust G, Engebretsen L, Holme I, Bahr R. Exercises to prevent lower limb injuries in youth sports: cluster randomised controlled trial. *BMJ.* 2005; 330(7489): 449.

（4）Edgerton VR, Wolf S, Roy RR. Theoretical basis for patterning EMG amplitudes to assess muscle dysfunction. *Med Sci Sports Exerc.* 1996; 28(6): 744–751.

（5）Janda V. Muscle weakness and inhibition (pseudoparesis) in back pain syndromes. In: Grieve GP, ed. *Modern Manual Therapy of the Vertebral Column.* New York: Churchill Livingstone, 1986:197–201.

（6）Lewit K. Muscular and articular factors in movement restriction. *Man Med.* 1985; 1: 83–85.

（7）Janda V, Vavrova M. Sensory Motor Stimulation Video. Brisbane, Australia: Body Control Systems; 1990.

（8）Hodges PW, Richardson CA. Neuromotor dysfunction of the trunk musculature in low back pain patients. In: *Proceedings of the International Congress of the World Confederation of Physical Therapists.* Washington, DC; 1995.

（9）Hodges PW, Richardson CA. Inefficient muscular stabilization of the lumbar spine associated with low back pain. *Spine.* 1996; 21(22): 2640–2650.

（10）O'Sullivan PE, Twomey L, Allison G, Sinclair J, Miller K, Knox J. Altered patterns of abdominal muscle activation in patients with chronic low back pain. *Aus J Physiother.* 1997; 43(2): 91–98.

（11）Borsa PA, Lephart SM, Kocher MS, Lephart SP. Functional assessment and rehabilitation of shoulder proprioception for glenohumeral instability. *J Sports Rehabil.* 1994; 3: 84–104.

（12）Janda V. *Muscle Function Testing.* London: Butterworth; 1983.

（13）Janda V. Muscles, Central nervous system regulation, and back problems. In: Korr IM, ed. *Neurobiologic Mechanisms in Manipulative Therapy.* New York: Plenum Press; 1978:27–41.

（14）Liebenson C. Integrating rehabilitation into chiropractic practice (blending active and passive care). In: Liebenson C, ed. *Rehabilitation of the Spine: A Practioner's Manual.* Baltimore: Williams & Wilkins; 1996:165–191.

（15）Sahrmann S. Diagnosis and treatment of muscle imbalances and musculoskeletal pain syndrome. Continuing Education Course. St. Louis; 1997.

（16）Rowinski MJ. Afferent neurobiology of the joint. In: Gould JA, ed. *Orthopedic and Sports Physical Therapy.* St. Louis: Mosby; 1990: 49–63.

（17）Warmerdam ALA. Arthrokinetic therapy; manual therapy to improve muscle and joint function. Course manual. Marshfield, WI; 1996.

（18）Fahrer H, Rentsch HU, Gerber NJ, Beyler C, Hess CW, Grünig B. Knee effusion and reflex inhibition of the quadriceps. A bar to effective retraining. *J Bone Joint Surg Br.* 1988; 70: 635–639.

（19）Solomonow M, Barratta R, Zhou BH. The synergistic action of the ACL and thigh muscles in maintaining joint stability. *Am J Sports Med.* 1987; 15: 207–213.

（20）Jull G, Richardson CA, Hamilton C, Hodges PW, Ng J. *Towards the Validation of a Clinical Test for the Deep Abdominal Muscles in Back Pain Patients.* Gold Coast, Queensland: Manipulative Physiotherapists Association of Australia; 1995.

（21）Ross SE, Guskiewicz KM, Yu B. Single-leg jump-landing stabilization times in subjects with functionally unstable ankles. *J Athl Train.* 2005; 40(4): 298–304.

（22）Ross SE, Guskiewicz KM. Examination of static and dynamic postural stability in individuals with functionally stable and unstable ankles. *Clin J Sport Med.* 2004; 14(6): 332–338.

（23）Wikstrom EA, Tillman MD, Schenker SM, Borsa PA. Jump-landing direction influences dynamic postural stability scores. *J Sci Med Sport.* 2008; 11(2): 106–111. Epub 2007 Jun 1.

（24）Wikstrom EA, Tillman MD, Chmielewski TL, Cauraugh JH, Borsa PA. Dynamic postural stability deficits in subjects with self-reported ankle instability. *Med Sci Sports Exerc.* 2007; 39(3): 397–402.

（25）Walker BF, Muller R, Grant WD. Low back pain in Australian adults: prevalence and associated disability. *J Man Physiol Ther.* 2004; 27(4): 238–244.

（26）Cassidy JD, Carroll LJ, Cote P. The Saskatchewan Health and Back Pain Survey. The prevalence of low back pain and related disability in Saskatchewan adults. *Spine.* 1998; 23(17): 1860–1866.

（27）Griffin LY, Agel J, Albohm MJ, et al. Noncontact anterior cruciate ligament injuries: risk factors and prevention strategies. *J Am Acad Orthop Surg.* 2000; 8(3): 141–150.

（28）Centers for Disease Control and Prevention. Ambulatory care visits to physician offices, hospital outpatient departments, and emergency departments: United States, 2001–2002. *Vital Health Stat.* 13 2006; 13(159). Accessed Feb 8, 2006.

（29）Tippet S, Voight M. *Functional Progressions for Sports Rehabilitation.* Champaign, IL: Human Kinetics; 1995.

（30）Voight M, Cook G. Clinical application of closed kinetic chain exercise. *J Sport Rehabil.* 1996; 5(1): 25–44.

（31）Lephart SM. Re-establishing proprioception, kinesthesia, joint position sense, and neuromuscular control in rehabilitation. In: Prentice WE, ed. *Rehabilitation Techniques in Sports.* 2nd ed. St. Louis: Mosby; 1993: 118–137.

（32）Guskiewicz KM, Perrin DM. Research and clinical applications of assessing balance. *J Sport Rehabil.* 1996; 5: 45–63.

（33）Wedderkopp N, Kaltoft M, Holm R, Froberg K. Comparison of two intervention programmes in young female players in European handball—with and without ankle disc. *Scand J Med Sci Sports*. 2003; 13(6): 371–375.

(34) Cumps E, Verhagen E, Meeusen R. Efficacy of a sports specific balance training programme on the incidence of ankle sprains in basketball. *J Sports Sci Med*. 2007; 6: 212–219.

(35) Soligard T, Myklebust G, Steffen K, et al. Comprehensive warm-up programme to prevent injuries in young female footballers: cluster randomised controlled trial. *BMJ*. 2008; 337: a2469. doi: 10.1136/bmj.a2469 (Published 9 December 2008).

(36) Hewett TE, Lindenfeld TN, Riccobene JV, Noyes FR. The effect of neuromuscular training on the incidence of knee injury in female athletes: a prospective study. *Am J Sports Med*. 1999; 27: 699–706.

(37) Gilchrist J, Mandelbaum BR, Melancon H, et al. A randomized controlled trial to prevent noncontact anterior cruciate ligament injury in female collegiate soccer players. *Am J Sports Med*. 2008; 36(8): 1476–1483.

(38) Mandelbaum BR, Silvers HJ, Watanabe DS, et al. Effectiveness of a neuromuscular and proprioceptive training program in preventing anterior cruciate ligament injuries in female athletes: 2-year follow-up. *Am J Sports Med*. 2005; 33; 1003–1010.

(39) Padua DA, DiStefano LJ. Sagittal plane knee biomechanics and vertical ground reaction forces are modified following ACL injury prevention programs: a systematic review. *Sports Health*. 2009; 1(2): 165–173.

(40) DiStefano LJ, Padua DA, Clark MA. Evidence supporting balance training in healthy individuals: a systematic literature review. *J Strength Cond Res*. 2009; 23(9): 2718–2731.

快速伸缩复合（反应性）训练概念

学完本章，你应该能够掌握如下内容。

☑ 定义快速伸缩复合（反应性）训练并描述其用途。

☑ 探讨快速伸缩复合训练的重要性。

☑ 为各种体能水平的客户设计快速伸缩复合训练计划。

☑ 进行并指导各种快速伸缩复合训练的练习。

快速伸缩复合训练的原则

快速伸缩复合训练也被称为跳跃训练或反应性训练，是利用爆发性的动作（例如弹跳、单脚跳和双脚跳等）来发展肌肉爆发力的练习形式。在快速伸缩复合训练这种训练形式中，一个人对地面的反应是使自己产生比正常的地心引力更大的作用力，然后利用该作用力以更快的动作速度或速率来弹起身体。反应性训练指的是客户在快速伸缩复合训练过程中遇到的反应刺激源，在上述情况下，就是指地面。因此，反应性训练和快速伸缩复合训练这两个术语在本章中可互换使用。

私人教练一定要明白，客户在进行快速伸缩复合练习之前，必须拥有足够的核心力量、关节稳定性和活动范围，并且具备高效的平衡能力。总体来说，快速伸缩复合训练不适合患有特定慢性疾病或存在功能受限或其他健康问题的人群。本章的目的是讨论快速伸缩复合训练的重要性，以及设计和进行快速伸缩复合训练并将其纳入客户现有训练计划所使用的方法。

什么是快速伸缩复合训练

为了提高功能活动中的运动表现，必须强调肌肉在最短时间内输出最大的力（即**力的产生速率**）的能力。日常活动和体育运动的成功取决于产生肌肉力量的速度。动作速度和反应性神经肌肉控制是肌肉发展和神经控制的结果；肌肉发展通过训练实现，神经控制则通过学习实现。那么，关

力的产生速率 肌肉在最短的时间内输出最大的力的能力。

键就是在进行训练的过程中的肌肉超负荷及快速动作。

快速伸缩复合（反应性）训练 使用的练习要求产生快速且非常有力的动作，在这些动作所涉及的爆发性向心肌肉收缩之前要进行离心肌肉活动[1]。换句话说，有一个"上腔"阶段或加载阶段，即离心肌肉活动抑制或减缓身体的向下运动（减速），然后立即是爆发性的向心肌肉的收缩[1]。这些类型的爆发性肌肉收缩可以在实际场景中看到，例如篮球运动中的抢篮板。观察优秀篮球运动员准备跳起争球，就会看到他们的准备姿势是屈曲踝关节、膝关节和髋关节，使得身体稍微降低。他们甚至会垂下双臂来帮助起跳。在一个相当浅的位置，球员就会逆转这个向下的动作，并迅速让自己从地面弹起，伸展其踝关节、膝关节和髋关节，并且手臂向上伸展。他们所能摸到的高度是由垂直速率（或者说他们有多快离开地面）决定的。这就是快速伸缩复合训练的本质，它利用了"综合运动表现模式"中被称为拉长-缩短周期"的肌肉特征（**图11.1**）。综合运动表现模式说明，为了精确地移动，首先要加载作用力（离心），然后稳定（等长），最后卸下作用力或加速（向心）。

快速伸缩复合训练的3个阶段

快速伸缩复合训练有3个阶段，包括离心或加载阶段、缓冲或过渡阶段、向心或卸载阶段[2]。

离心阶段

快速伸缩复合训练的第一阶段可以被归类为离心阶段，但也可以称之为减速、加载、沉降、反向动作或上腔阶段[3]。这一阶段通过在激活之前预先拉长肌肉来增加肌梭活跃度[4]。在这个加载阶段，势能储存在肌肉的弹性成分之中，就像拉长橡皮筋一样。

缓冲阶段

本阶段包括动态稳定性，并且是在离心肌肉活动（加载或减速阶段）结束和向心收缩（卸载或力的产生阶段）开始之间的时段[5]。缓冲阶段有时被称为过渡阶段，也指离心和向心收缩之间的机电延迟。在此期间，肌肉必须从克服作用力转变为在预期方向施力[6]。过长时间的缓冲阶段会导致弹性势能的损失，无法达到最佳的神经肌肉效率[7]。从离心加载到向心收缩的快速转换会导致更有力的反应[5,6]。

快速伸缩复合（反应性）训练 产生快速且非常有力的动作的练习，这些动作涉及离心肌肉活动，紧接着是爆发性的向心肌肉活动。

综合运动表现模式 为了高效地移动，必须首先减速（离心），稳定（等长），然后加速（向心）。

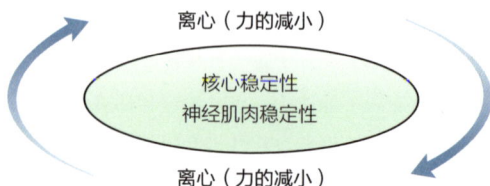

图11.1

综合运动表现模式

离心（力的减小）

核心稳定性
神经肌肉稳定性

离心（力的减小）

向心阶段

向心阶段（或卸载阶段）在缓冲阶段之后立即发生，这一阶段包括向心收缩[5,6,8]。在肌肉收缩的离心阶段之后会使肌肉表现增强，这同橡皮筋在被拉长之后再释放的道理是一样的。

快速伸缩复合训练的重要性

快速伸缩复合训练提高神经肌肉系统的兴奋性、敏感性和反应能力，并增加力的产生速率（爆发力）、运动单位募集、激活频率（频率编码）以及运动单位同步性。快速伸缩复合训练可被视作一种进阶性的练习，一旦客户具备了足够的整体力量基础、良好的核心力量和平衡稳定能力后，就可以将其放入整体训练计划中。足够的等长稳定力量（通过核心练习、平衡性练习与阻力稳定性练习）可以减少离心肌肉活动和向心收缩之间的时间，从而缩短与地面接触的时间，进而减少在进行快速伸缩复合训练时的组织超负荷与潜在的损伤风险。同时，快速伸缩复合训练也会利用人体的本体感受机制的刺激和弹性特点，在最短时间内产生最大力的输出。

在功能性活动过程中发生的所有动作模式都会涉及一系列重复的拉长-缩短周期（离心和向心收缩）。拉长-缩短周期要求神经肌肉系统在离心肌肉活动之后迅速并高效地做出反应，以产生向心收缩，并向适当方向施加必要的作用力（或加速）。该活动的目的在于产生必要的力来有效地改变物体质量中心的移动方向[9]。因此，"切步或变向"等功能性活动需要以快速伸缩复合训练为重点的练习，以帮助每位客户为特定活动的功能性需求做好准备。

快速伸缩复合训练可以按照合乎生物力学的方式，以从功能角度而言更加适合的速度来训练特定的动作模式。它可以更好地强化肌肉、肌腱和韧带的功能性力量，以满足日常活动和体育运动的需求。快速伸缩复合训练的最终目标是减少各种肌肉活动（离心减速、等长稳定和向心加速）的反应时间[10]。这也是致使个人动作速度加快的原因。

肌肉运动的速度受神经肌肉协调性的影响。这意味着身体只会在神经系统设定的速度范围内进行活动[9]。快速伸缩复合训练可以提高神经肌肉效率，提高中枢神经系统设定的速度范围。任何活动的最佳反应表现取决于产生肌肉力量的速度。

快速伸缩复合训练是在传统训练计划中经常被忽视的另一个计划设计元素。很多人往往认为快速伸缩复合训练很危险，有可能会增加受伤的风险。然而，快速伸缩复合训练有其系统化的进阶顺序，让客户可以首先进行要求略低的练习，并根据其适应程度逐步升级到要求更高的练习。这与任何其他训练方式均无差别。如果为客户制订了级别过高的练习，客户并不具备正确进行练习的能力，于是产生代偿动作。这会导致协同主导（协同肌补偿较弱的原动肌）和错误的动作模式。若将快速伸缩复合训练放在合适的方案计划中，有适当的进阶安排，它对于在任何能力水平上实现任何活动的最佳表现都会是一个重要的组成部分。

例如，一名60岁的女性和一名25岁的男性专业运动员可能并不都需要进行最大力量的训练。然而，他们都需要稳定性、力量和耐力，以及快速产生力的能力，以高效完成日常活动。因此，为了避免摔倒或战胜对手，反应能力和产生足够力的能力是最重要的。训练的特殊性原则表明两位客户都需要在速度更加有针对性的训练环境中进行训练[11]。每次重复或动作的速度使用较快的节奏，与在日常生活或与体育相关的活动中看到的动作速度相类似。

知识延伸

支持使用快速伸缩复合训练来预防损伤和提升运动表现的证据

- 奇美拉等人（Chimera et al.）（2004）在对20位健康的甲组女性运动员使用对照组设计的学期初测试和学期末测试中发现，6周的快速伸缩复合训练计划提高了髋外展肌和髋内收肌共同的激活比率，可以帮助在落地过程中控制膝关节的内翻（O形腿）和外翻（X形腿）[1]。
- 威尔克森等人（Wilkerson et al.）（2004）在有19名女性篮球运动员参加的一项准试验设计中证实，6周的快速伸缩复合训练计划改善了腘绳肌与股四头肌的比率（肌肉平衡比），事实证明，这可以提高在落地的离心减速阶段中的动态膝关节稳定性[2]。这也是导致女性运动员前交叉韧带（ACL）损伤高发的因素之一。
- 卢贝斯等人（Luebbers et al.）（2003）在一项有19名受试者参与的随机对照试验中证明，4周和7周的快速伸缩复合训练计划增加了无氧爆发力和纵跳高度[3]。
- 休伊特等人（Hewett et al.）（1996）在一项前瞻性研究中证实，将快速伸缩复合训练纳入其训练计划的女子足球运动员、篮球运动员和排球运动员减小了最大着地力，增强了股四头肌和腘绳肌之间的肌肉平衡比，并降低了前交叉韧带损伤的发生率[4]。

参考文献

（1）Chimera NJ, Swanik KA, Swanik CB, Straub SJ. Effects of plyometric training on muscle-activation strategies and performance in female athletes. *J Athl Train*. 2004; 39(1): 24-31.

（2）Wilkerson GB, Colston MA, Short NI, Neal KL, Hoewischer PE, Pixley JJ. Neuromuscular changes in female collegiate athletes resulting from a plyometric jump training program. *J Athl Train*. 2004; 39(1): 17-23.

（3）Luebbers PE, Potteiger JA, Hulver MW, Thyfault JP, Carper MJ, Lockwood RH. Effects of plyometric training and recovery on vertical jump performance and anaerobic power. *J Strength Cond Res*. 2003; 17(4): 704-709.

（4）Hewett TE, Stroupe AL, Nance TA, Noyes FR. Plyometric training in female athletes. Decreased impact forces and increased hamstring torques. *Am J Sports Med*. 1996; 24(6): 765-773.

小结

反应能力和快速产生力的能力对于运动中的整体功能和安全是很关键的。快速伸缩复合训练使用的练习要求产生快速且非常有力的动作，在这些动作所涉及的爆发性向心肌肉收缩之前要先做离心肌肉活动。快速伸缩复合训练可以提高功能上与速度相关的动态稳定能力、减小力量和产生力的能力。

神经系统仅以被训练过的速度募集肌肉。如果没有训练快速募集肌肉，当要求快速反应的时候，神经系统将不能适当地做出反应。快速伸缩复合训练的最终目标是减少肌肉活动的反应时间（或增加力的产生速率）。然而，只有当受训者具备足够的整体力量、柔韧性、核心力量和平衡能力时，才可以在训练中加入快速伸缩复合训练。这重申了在设计客户训练方案的快速伸缩复合训练部分时采用渐进式系统化方法的重要性。

设计快速伸缩复合训练计划

快速伸缩复合训练的设计参数

快速伸缩复合训练计划是所有综合训练计划中的重要组成部分。计划必须系统化且循序渐进。客户在升级到快速伸缩复合训练之前，必须展示出适当水平的整体力量、核心力量和平衡能力。健康和健身专业人员必须遵循特定的计划指导原则，合理地选择练习标准及详细的计划变量（图11.2）。而且在进行快速伸缩复合训练时，客户必须穿着支撑性良好的鞋子，并选择合适的训练地面，比如草地、篮球场或塑胶跑道。

快速伸缩复合训练的层级

NASM的OPT™模型中有3个训练层级：稳定性、力量和爆发力（图11.3）。

快速伸缩复合训练稳定性练习

在快速伸缩复合训练–稳定性训练中，练习只涉及很少的关节活动。它们旨在建立最佳的落地力学机制、姿势排列和反应性神经肌肉效率（动态动作中的协调性）。当练习者在这些练习中落地时，应该保持落地姿势（或保持稳定）3至5秒。在此期间，练习者应当完成必要的调整，以改正错误的姿势，然后再重复练习。该层级的练习示例包括以下几种。

◆ 蹲跳至稳定支撑。
◆ 跳上跳箱至稳定支撑。

图11.2

快速伸缩复合训练的计划设计参数

练习选择
- 安全
- 穿着支撑性良好的鞋子
- 在适当训练表面上进行
  - 草地
  - 篮球场
  - 塑胶跑道表面
  - 橡胶跑道表面
- 在适当监督下进行
- 循序渐进
  - 从易到难
  - 从简单到复杂
  - 从已知到未知
  - 从稳定到不稳定
  - 从自重到负重
  - 特定于活动

变量
- 运动平面
  - 矢状面
  - 冠状面
  - 水平面
- 活动范围
  - 全范围
  - 部分范围
- 阻力类型
  - 药球
  - 腕力健身球
- 器械类型
  - 胶带
  - 锥筒
  - 跳箱
- 肌肉活动
  - 离心
  - 等长
  - 向心
- 运动速度
- 持续时间
- 频率
- 动作幅度

图11.3

OPT™模型

阶段5　爆发力
阶段4　最大力量
阶段3　肌肉肥大
阶段2　力量耐力
阶段1　稳定性耐力

爆发力
力量
稳定性

◆ 跳下跳箱至稳定支撑。
◆ 多平面跳跃至稳定支撑。

快速伸缩复合训练－稳定性训练

蹲跳至稳定支撑

准备

1. 双脚与肩同宽站立，脚趾朝向正前方。髋应保持中立位，膝关节在足中部的正上方，双臂放在身体两侧。

动作

2. 像要坐进椅子那样略微下蹲。
3. 向上跳起来，双臂伸过头顶。
4. 轻轻落地，踝关节、膝关节和髋关节稍微屈曲，保持最佳关节排列，并且双臂回到身体两侧。稳定支撑并保持这一姿势3至5秒。
5. 重复以上动作。

技术要领

在起跳之前和落地瞬间，都要确保膝关节始终与脚尖对齐。不能让双脚过度向外转或膝关节向内扣。在起跳时和落地时还要保持膝关节不要超过脚尖，从侧面可以观察这一点。

快速伸缩复合训练 – 稳定性训练 *续*

跳上跳箱至稳定支撑

准备

1. 站在跳箱或平台前，双脚与肩同宽，脚尖和膝关节朝向正前方。

动作

2. 像要坐进椅子那样略微下蹲。

3. 摆臂，向上跳并落在跳箱顶部，保持脚尖朝向正前方，并且膝关节在脚尖正上方，保持这一姿势3至5秒。

4. 屈曲踝关节、膝关节和髋关节，轻轻落地。注意：髋关节和膝关节的屈曲幅度比上一个练习更深。不要让腿部笔直地"插式"落地。

5. 走下跳箱，然后重复以上动作。

6. 作为进阶，在冠状面上侧向跳上跳箱顶部。

7. 作为冠状面跳上跳箱的进阶，进行在水平面上的动作，即落地前在空中转体90度。

技术要领 调整跳箱的高度，以符合进行此练习的人的身体能力。

快速伸缩复合训练－稳定性训练 *续*

跳下跳箱至稳定支撑

准备

1. 站在跳箱或平台上，双脚与肩同宽，脚尖朝向正前方。

动作

2. 以前未接触过快速伸缩复合训练的客户应当尝试"踏出"跳箱然后落到地面，但要求双脚同时落地，并保持脚尖和膝关节朝向正前方。屈曲踝关节、膝关节和髋关节，轻轻落地。核心和关节稳定性有较高水平的客户可以从跳箱上跳下。保持这一落地姿势3至5秒。

3. 重新踏上跳箱，重复以上动作。

4. 作为进阶，在冠状面上进行练习。

5. 作为冠状面跳下跳箱的进阶，进行在水平面上的动作，即落地前在空中转体90度。

技术要领 客户在最初进行此练习时，尝试确保从规定高度踏出跳箱和下落。从跳箱上跳下则使用了不同的变量和训练量或训练强度，所以可以作为一个进阶练习。确保客户轻盈且安静地落在地上，以保证身体组织内正确的力传递。不要让客户腿部笔直地"插式"落地。

快速伸缩复合训练－稳定性训练 续

多平面跳跃至稳定支撑

准备

1. 双脚与肩同宽站立，脚尖朝向正前方。

动作

2. 像要坐进椅子那样略微下蹲。

3. 在可控的范围内向前跳（跳远），并尽可能远。

4. 轻轻落地，膝关节和髋关节保持屈曲，不要倒在地上。保持最佳的关节排列，并保持这一姿势3至5秒。

5. 回到起始姿势，重复以上动作。

6. 作为进阶，在冠状面上进行练习，向侧面跳。

7. 作为侧跳的进阶，进行水平面跳跃，即在落地前转体90度。

快速伸缩复合训练–力量训练

在快速伸缩复合训练–力量训练中，练习涉及更多在关节全活动范围内的动态离心动作和向心动作。在这一层级中的每个练习对专门性、速度和神经的要求都有所提高。这些练习的目的是提高动态关节稳定性、离心力量、力的产生速率和整个人体动作系统的神经肌肉效率。这些练习需要重复进行（在地面上花费较短时间，然后重复练习）。在这一层级的练习示例包括以下几种。

◆ 蹲跳。
◆ 团身跳。
◆ 踢臀跳。
◆ 爆发式上台阶。

快速伸缩复合训练–力量训练

蹲跳

准备

1. 双脚与肩同宽站立，脚尖朝向正前方。

动作

2. 像要坐进椅子那样略微下蹲。
3. 向上跳起来，双臂伸过头顶。
4. 轻轻落地，保持最佳的关节排列，使用重复性（中等速度）节奏重复规定的次数。

技术要领

落地时，确保踝关节、膝关节和髋关节略微屈曲并朝向正前方，这也是起跳的姿势。这会确保最佳的关节力学和肌肉募集。以重复性（中等速度）节奏进行该练习。

快速伸缩复合训练－力量训练 *续*

团身跳

准备

1. 双脚与肩同宽站立，脚尖朝向正前方。

动作

2. 像要坐进椅子那样略微下蹲。

3. 向上跳起来，将两膝带向胸部。尝试让大腿与地面平行。

4. 轻轻落地，在落地时保持最佳的关节排列，保持双脚、膝关节和髋关节朝向正前方。

5. 尝试将跳跃维持在一个小区域内，这样身体就不会过度向前、向后或向侧面移动。想象是在一个固定的点上重复跳跃。重复规定的次数。

技术要领　现在，该练习的动态程度已经变得更高，正确的关节排列和落地机制对于最大化产生力和预防损伤都更为重要。

快速伸缩复合训练－力量训练 *续*

踢臀跳

准备

1. 双脚与肩同宽站立，脚尖朝向正前方。

动作

2. 像要坐进椅子那样略微下蹲。

3. 向上跳，将脚跟带向臀部肌肉，避免塌腰。

4. 轻轻落地，保持最佳的关节排列，使用重复性（中等速度）节奏重复规定的次数。

技术要领

重要的是，练习者的股四头肌需要有足够柔韧性才可以确保正确进行。当脚跟踢向臀部肌肉时，过度紧绷的股四头肌可能会导致塌腰。

爆发式上台阶

准备

1. 站在跳箱或平台前面，双脚前后错开，脚尖朝向正前方，一只脚踏在跳箱上面。

动作

2. 用力蹬踏在跳箱上的腿，将踝关节、膝关节和髋关节推至完全伸展状态。

3. 在空中交换双腿，用对侧脚落在跳箱上。

4. 重复以上动作。

技术要领

在跳跃的起跳和落地阶段，都要确保膝关节总是与脚尖对齐。

快速伸缩复合训练-爆发力训练

在快速伸缩复合训练-爆发力训练中，练习涉及在综合性功能性动作过程中使用的全部类型的肌肉活动和力-速度关系。这些练习旨在进一步提升力的产生速率、离心力量、反应性力量、反应性关节稳定、动态神经肌肉效率和最佳水平的发力[9,10]。进行这些练习时越快越好，爆发性越强越好。在这一层级的练习示例包括以下几种。

◆ 滑冰步（也被称为滑冰跳）。
◆ 单腿爆发式上台阶。
◆ 本体感受快速伸缩复合训练。

快速伸缩复合训练-爆发力训练

滑冰步

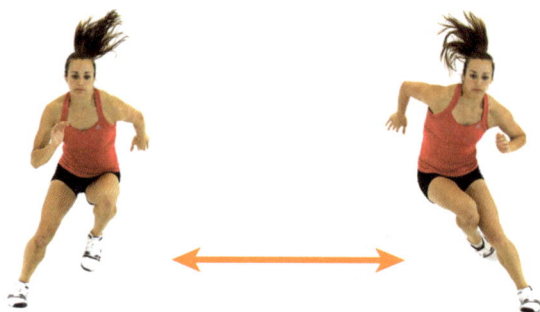

技术要领

此练习开始时可以是尽可能快地单脚侧向起跳，并换对侧脚落地，然后升级练习，增加用对侧手伸展的动作，使练习（滑冰动作）更加完整。

准备

1. 双脚与肩同宽站立，脚尖朝向正前方。

动作

2. 快速侧向蹬地，用对侧脚落地，在连续侧向跳跃动作的过程中，保持最佳的关节排列。
3. 在可控的范围内尽可能快地重复规定的次数或时间。

快速伸缩复合训练－爆发力训练 *续*

单腿爆发式上台阶

准备

1. 站在跳箱或平台前面，双脚前后错开，脚尖朝向正前方，一只脚踏在跳箱上面。

动作

2. 用力蹬踏在跳箱上的腿，伸展踝关节、膝关节和髋关节，达到最大的垂直高度。

3. 用同一条腿落在跳箱上，保持身体重量在前侧大腿上，保持最佳的关节排列。对侧脚回到地面。

4. 重复以上动作，在可控的范围内跳得尽可能高、尽可能快。

技术要领

必须让客户知道一只脚落在跳箱上，另一只将会继续落在地面上，这样在落地阶段中，双腿呈前后错开姿势。如此一来，客户必须在心理上做好以这个独特姿势落地缓冲的准备。

快速伸缩复合训练－爆发力训练 续

本体感受快速伸缩复合训练

准备

1. 双脚与肩同宽站立，脚尖朝向正前方。

动作

2. 前后、侧向或斜向地用双腿或单腿跳过场地界线、锥筒、跨栏或其他工具。

3. 轻轻落地，保持最佳的关节排列，接触地面的时间要短。

4. 重复以上动作，在可控的范围内尽可能快速。

技术要领

如果没有锥筒或跨栏，也可以在地上用胶条贴出X形，并以跳进不同的象限作为练习方式。

小结

快速伸缩复合训练计划旨在增强神经肌肉效率，增加力的产生速率，提高功能性离心力量。为此，训练计划应该具有以下特点。

◆ 遵循关于训练的量、强度、频率或持续时间的具体计划指导原则。

◆ 适当的练习选择标准。考虑年龄、体重、性别、练习目标、体能水平等。

◆ 适当的计划变量。要考虑器械的可用性、适当性以及安全性。

在进行快速伸缩复合训练之前，客户必须具备适当水平的全身力量、核心力量和平衡性。

适当的快速伸缩复合训练计划要遵循与OPT™模型相同的系统化进阶：训练的稳定性、力量和爆发力层级。快速伸缩复合训练的稳定性层级中的练习涉及较少关节活动。它们旨在提高落地力学、姿势排列和反应性神经肌肉效率。当进行快速伸缩复合训练-稳定性练习时，保持落地姿势3至5秒，并在重复练习之前进行必要的调整，以改正错误的姿势。在快速伸缩复合训练的力量层级中，练习会涉及更多全活动范围的动作，对专门性、速度和神经的要求都有所提高。这些动作会进一步提高动态关节稳定性、力的产生速率和离心神经肌肉效率。快速伸缩复合训练-力量训练应利用重复（中等速度）的节奏。快速伸缩复合训练的爆发力层级中的练习要进行得尽可能快速和具有爆发性。它们旨在提升力的产生速率、离心力量、反应性力量、反应性关节稳定、动态神经肌肉效率和最佳水平的发力。

设计快速伸缩复合训练计划

快速伸缩复合训练设计参数

实施快速伸缩复合训练计划时，应当遵循OPT™模型的进阶系统。例说，如果某客户处在训练的稳定性层级（阶段1），选择快速伸缩复合训练-稳定性训练。处在训练的力量层级（阶段2、阶段3和阶段4）的客户，应当选择快速伸缩复合训练-力量训练。处在训练的爆发力层级（阶段5）的高级客户，选择快速伸缩复合训练-爆发力训练。健身专业人员可以酌情考虑使用之前的训练层级中的动作，以适应客户的需求和目标。

填写训练计划模板

填写训练计划模板（图11.4）时，要先找到标签为"核心/平衡/快速伸缩复合训练"的部分。然后，可以参考表11.1，根据客户所处的训练阶段（阶段1~5）选择适当的快速伸缩复合训练类型（稳定性、力量或爆发

专家姓名：布莱恩·萨顿　　　NASM

客户姓名：约翰·史密斯		日期：5/01/13
目标：减脂		阶段：1 稳定性耐力

热身

练习	组数	持续时长	指导要点
自我肌筋膜放松：小腿三头肌、髂胫束、背阔肌	1	30秒	每个疼痛区域保持30秒
静态拉伸：小腿三头肌、屈髋肌群、背阔肌	1	30秒	每次拉伸保持30秒
跑步机	1	5至10分钟	快走转慢跑

核心/平衡/快速伸缩复合训练

练习	组数	次数	节奏	休息	指导要点
仰卧臀桥	2	12	慢	0秒	
俯卧眼镜蛇式	2	12	慢	0秒	
单腿站立平衡伸展	2	12	慢	0秒	
蹲跳至稳定支撑	2	5	慢	90秒	保持落地姿势3至5秒

速度、敏捷性和快速反应训练

练习	组数	次数	节奏	休息	指导要点

抗阻训练

练习	组数	次数	节奏	休息	指导要点

冷身

练习	组数	持续时长	指导要点

指导要点：

美国国家运动医学学会

图11.4　OPT™模板

力）、适当的快速伸缩复合训练数量，以及适当的关键变量。

表11.1		设计快速伸缩复合训练计划						
OPT™层级	阶段	练习	练习数量	组数	重复次数	节奏	休息
稳定性	1	快速伸缩复合训练–稳定性训练	0~2[a]	1~3	5~8	控制（保持稳定姿势3至5秒）	0~90秒
力量	2，3，4	快速伸缩复合训练–力量训练	0~4[b]	2~3	8~10	中速（重复）	0~60秒
爆发力	5	快速伸缩复合训练–爆发力训练	0~2[c]	2~3	8~12	尽可能快	0~60秒

a：如果客户没有适当的整体力量、核心力量和平衡能力，快速伸缩复合训练可能不适用于此阶段。

b：对于该训练层级中某些阶段的目标（肌肉肥大和最大力量），可能不需要平衡练习。

c：因为在此训练阶段的抗阻训练部分会进行快速伸缩复合训练–爆发力训练，可能没有必要将快速伸缩复合训练拆分出来。

参考文献

（1）Chu DA. Jumping into Plyometrics. 2nd ed. Champaign, IL: Human Kinetics; 1998.

（2）Chmielewski TL, Myer GD, Kauffman D, Tillman SM. Plyometric exercise in the rehabilitation of athletes: physiological responses and clinical application. *J Orthop Sports Phys Ther*. 2006; 36: 308–319.

（3）Lundin PE. A review of plyometric training. *Natl Strength Conditioning Assoc J*. 1985; 73: 65–70.

（4）Kubo K, Kanehisa H, Kawakami Y, Fukunaga T. Influence of static stretching on viscoelastic properties of human tendon structures in vivo. *J Appl Physiol*. 2001; 90: 520–527.

（5）Wilk KE, Voight ML, Keirns MA, Gambetta V, Andrews JR, Dillman CJ. Stretch–shortening drills for the upper extremities: theory and clinical application. *J Orthop Sports Phys Ther*. 1993; 17: 225–239.

（6）Voight ML, Wieder DL. Comparative reflex response times of vastus medialis obliquus and vastus lateralis in normal subjects and subjects with extensor mechanism dysfunction. An electromyographic study. *Am J Sports Med*. 1991; 19: 131–137.

（7）Wilson GJ, Wood GA, Elliott BC. Optimal stiffness of series elastic component in a stretch–shorten cycle activity. *J Appl Physiol*. 1991; 70: 825–833.

（8）Ishikawa M, Niemelä E, Komi PV. Interaction between fascicle and tendinous tissues in short–contact stretch–shortening cycle exercise with varying eccentric intensities. *J Appl Physiol*. 2005; 99: 217–223.

（9）Voight M, Draovitch P. Plyometrics. In: Albert M, eds. *Eccentric Muscle Training in Sports and Orthopedics*. New York: Churchill Livingstone; 1991: 45–73.

（10）Voight M, Brady D. Plyometrics. In: Devies GL, ed. *A Compendium of Isokinetics in Clinical Usage*. 4th ed. Onalaska WI: S&S Publishers, 1992. 226–240.

（11）Allman FL. *Sports Medicine*. New York: Academic Press; 1974.

第 12 章

速度、敏捷性和快速反应训练

学完本章，你应该能够掌握如下内容。

☑ 定义并描述速度、敏捷性和快速反应训练及其目的。

☑ 讨论速度、敏捷性和快速反应训练对于不同人群的重要性。

☑ 为各种体能水平的客户设计速度、敏捷性和快速反应训练计划。

☑ 进行、描述并指导各种速度、敏捷性和快速反应训练的练习。

速度、敏捷性和快速反应训练概念

速度、敏捷性和快速反应（SAQ）训练的计划组成部分与快速伸缩复合（反应性）训练类似，即一个人对地面的反应是使自己产生比正常的地心引力更大的作用力，然后利用该作用力以更高的动作速度或速率来弹起身体。在本书中使用的术语速度（speed）是指用移动的距离除以时间计算所得的速度或速率（例如直线前进的速度）。敏捷性（agility）是指快速改变身体动作方向、节奏或速度的能力。快速反应（quickness）是指对刺激做出反应并合理地改变身体动作的能力。

SAQ训练让客户可以提高加速、减速以及在所有运动平面上的较高速度的加速和减速动作（如跑步、切步和变向等）过程中稳定全身的能力。

此外，SAQ训练可进一步帮助神经系统更高效地响应或反应对其提出的要求，并在力学运用正确的情况下加强肌肉募集和协调性[1]。

速度

速度是尽可能快地将身体向一个预定方向移动的能力。它由步频和步幅共同决定[2,3]。**步频**是在一定时间（或距离）内的步数。它可以通过适当的核心力量、快速伸缩复合训练和技术来提高。**步幅**指迈出一步所覆盖的距离。尽管速度的某些方面依赖于遗传因素，但它也是一项可以通过如OPT™模型[4]中所见的综合训练来学习的技能。动作速度的大小是相对

速度 尽可能快将身体向一个预定方向移动的能力。

步频 在一定时间（或距离）内迈步的次数。

步幅 迈出一步所覆盖的距离。

的，且因人群特点而异。动作速度应根据人群的不同而分别处理，包括表观健康的人和有慢性疾病的人，或者由于爆发力和力的产生速率不足（尤其是下肢）而导致功能受限的人。

正确的冲刺力学

正确的冲刺力学让客户能够通过生物力学效率来最大限度地提高力的产生，从而在最短的时间内实现最大的动作速率。冲刺技术有两个前侧力学和后侧力学。前侧力学涉及踝关节、膝关节和髋关节适当同步地三重屈曲。要提高前侧力学，就要提高稳定性，降低制动力和增加向前驱动力。后侧力学涉及踝关节、膝关节和髋关节适当同步地三重伸展。要提高后侧力学，推进阶段就要更强有力，该阶段包括髋-膝关节伸展、臀部肌肉收缩和后臂助力。前侧力学和后侧力学同步完成向地面施力、进入步态周期的恢复阶段以及高效地推动身体前进的过程。当进行针对前侧力学或后侧力学的练习时，关键是要让骨盆保持中立位，以促进发展正确的活动范围和发力（表12.1）。

前侧力学　在冲刺过程中前腿和骨盆的恰当排列，包括踝关节背屈、膝关节屈曲、髋关节屈曲和骨盆中立位。

后侧力学　在冲刺过程中后腿和骨盆的恰当排列，包括踝关节跖屈、膝关节伸展、髋关节伸展和骨盆中立位。

表12.1	跑步动作中的动力链检查点
身体姿势	**说明**
足/踝	当脚落地时，足应以背屈姿势朝向正前方。 足部的过度变平或外旋将会对动力链的其余部分产生异常的压力，并降低整体表现
膝关节	双膝关节必须保持朝向正前方。 如果运动员在支撑阶段表现出股骨的过度内收和内旋，则会减小发力并导致劳损
腰椎-骨盆-髋关节复合体（LPHC）	在加速过程中，身体应稍微前倾。 在最大速度过程中，LPHC应保持中立位，没有过度伸展或屈曲，除非是为了伸手去探某一物体
头部	头部应与LPHC保持成一直线，LPHC应同腿部保持一条直线。 头部和颈部不应代偿或进入伸展状态，除非必须追踪一个物体（比如球），因为这会影响LPHC的姿势（骨盆-视觉反射）

敏捷性

敏捷性指在保持正确姿势的情况下，快速启动（或加速）、制动（或减速和稳定）和改变方向的能力[5]。敏捷性要求高水平的神经肌肉效率，在以不同速度变换方向时，能够将人体的重心维持在其支撑面上。敏捷性训练可以增强离心神经肌肉协调、动态柔韧性、动态姿势控制、功能性核心力量和本体感受。恰当的敏捷性训练也有助于预防损伤，因为它让身体

敏捷性　在保持正确姿势的情况下，快速地加速、减速、稳定和改变方向的能力。

能够在所有运动平面中更有效地控制离心力，还可提高结缔组织的结构完整性。敏捷性训练的正确技术要领应遵循**表12.1**中的指导原则。

快速反应

快速反应　在功能性活动中，以最大的发力速率，在全部运动平面上，从所有身体姿势做出反应并改变身体姿势的能力。

快速反应（或反应时间）是指在功能性活动中，以最大的发力速率，在全部运动平面上，从所有身体姿势做出反应并改变身体姿势的能力。快速反应包括评估视觉、听觉或动觉的刺激，并尽可能快地提供适当的身体反应（比如击打棒球或突然转向，以避免被车撞）的能力。快速反应训练正确的技术要领应遵循**表12.1**中的指导原则。

非运动员群体的速度、敏捷性和快速反应

尽管速度、敏捷性和快速反应训练已经在运动员中得到广泛应用，并被普遍认为是提高运动成绩的方法，但SAQ计划的组成部分也可以帮助表观健康的久坐型成人，以及那些有医疗或健康局限性的人显著提高其健康水平。像在OPT™模型中看到的那样，当安全有效地运用这种训练时，在神经肌肉、生物力学和生理方面的更高要求可以帮助减轻体重、提高协调性、提高动作熟练程度和预防损伤。除此之外，不同的人群都会觉得SAQ训练有趣且令人精神振奋，这样可以提高训练的完成度、坚持性和有效性。

通常针对非运动员群体的训练是更常见的稳态、中等强度模式（比如在跑步机上步行）。与之不同的是，SAQ训练要求身体的不同生理系统更好地整合。一个人必须加速、减速和改变方向，以相对高的速度对多种可预测和不可预测的刺激做出反应。因此，SAQ训练可以为非运动员群体的生理系统提供独特的挑战，促进发展持续的反应和适应。从儿童至老年人，SAQ训练带来的快速适应都对其神经肌肉、生理、生物力学的能力的发展、维持和提高至关重要。因为SAQ训练对生理能力的要求更高，在开始SAQ训练计划之前，私人教练有必要对客户进行大量评估，研究客户的运动经验、动作质量、健康史和损伤情况。而且，SAQ训练应当在全面的热身程序之后进行。

青少年的SAQ训练计划

儿童不断生长、发育和成熟，直至成年早期。从出生开始，孩子们自然就会逐渐发展出更强的神经肌肉能力，这是与其身体和心理成熟程度相匹配的。在早期阶段，大部分这种发展是天生的，比如说，从爬行到站立，从站立到走路，从走路到跑步。一旦孩子培养出基本的移动能力，其超越这一阶段的进步速率和幅度往往取决于与外部环境的互动[6]。为了继续有效地发展，环境必须能够对孩子的生理系统产生挑战；换言之，他们

必须通过外部措施来学习如何适应和运用适当的动作模式。

青少年的SAQ训练是广泛接触各种生理、神经肌肉和生物力学要求的有效途径，促使生理能力得到进一步的发展。今天，大部分青少年仅花费极少的时间（如果有的话）进行全身性的、非系统化的体育活动（玩耍），而这些活动恰恰有助于培养SAQ技能[7]。研究已发现，青少年SAQ训练可以减少运动损伤的可能性[6-10]，提高青少年日后参与体育运动的可能性[11,12]，并提高其身体素质[13,14]。

青少年人群的SAQ活动示例

红绿灯

1. 参与者沿着指定区域的基线肩并肩排成一条直线，该区域至少长20码（1码约为0.91米，此后不再标注）。
2. 选出一名参与者扮演"交通灯"，开始时要站在场地另一端。
3. "交通灯"要背对其他参与者，并喊"绿灯"。
4. 在喊出绿灯时，所有参与者都尽可能快地向"交通灯"方向移动。
5. "交通灯"依旧背对其他人，大喊"红灯"，并立即转身。
6. 听到红灯时，参与者要停止动作并保持不动。
7. 如果"交通灯"看见有人动，就要叫他们回到场地出发点重新开始。
8. 在任意停顿时间后重复上述过程，直到有参与者能够伸手摸到"交通灯"。
9. 然后，这名参与者成为"交通灯"。

跟着蛇走

1. 指导者或教练以任意S形在地上放5至10根跳绳（或一根长绳）。
2. 参与者在绳子的一侧排队，双脚分别放在绳子两侧。他们首先要跟随绳子的形状从头行进到尾，然后再倒退回到起点。
3. 可以对参与者计时，以创造出竞争氛围。

用于减重的SAQ训练

研究已经发现，由短时间、重复性的高强度活动组成的间歇性训练可以非常有效地提高多种与健康相关的因素。高强度、短时间的计划与中等强度且持续较长时间的训练计划相比较，就功能性能力、肌肉力量、减脂和减重以及其他代谢适应性而言，两者的结果相当，甚至前者更优[15-20]。SAQ训练中高强度、短时间的练习使其成为适合非运动员群体的间歇性训练形式的有效选择。除运动员可以利用SAQ练习来提高其运动专项技能，想减重的客户也可以受益于SAQ练习中更大的训练强度和多样化的动作。练习的多样性可以增加训练计划的趣味性，对参与者更有吸引力，使参与者更容易坚持，从而带来影响更为深远的益处[21]。在以减重为目标设计SAQ计划时，首要重点应该是保持心率适当上升，以提高脂肪氧化和热量消耗。这可以通过采用小循环形式的SAQ训练实现。然而，在减重客户开始SAQ训练计划之前，关键是要对其进行全面的评估，并基于客户能力和体能水平，保持适当的训练强度。

减重人群的SAQ循环训练

循环训练1

A. 跳绳：30秒（使用不同的步法）。

B. 休息20秒。

C. 锥筒滑步：30秒。

    a. 将8个锥筒排成一条直线，两两相隔30英寸。

    b. 参与者面对锥筒排队。

    c. 参与者降低重心，用侧滑步移进和移出锥筒，不能碰到锥筒。

    d. 参与者首先面向锥筒练习，然后背向锥筒。

    e. 在该练习站点的规定时间内重复上述活动。

    f. 也可以采用其他步法，例如向前跑、向后跑以及跨过锥筒等。

D. 休息20秒。

E. 任意3个敏捷梯训练：30秒（见"敏捷梯训练"）。

循环训练2

A. 5–10–5训练：30秒（见"5–10–5训练"）。

B. 休息20秒。

C. 改版方形训练：30秒（见"改版方形训练"）。

D. 休息20秒。

E. 同伴镜像训练：30秒。

    a. 将两个锥筒隔开10码放好。

    b. 两个参与者面对面站在锥筒中间。

    c. 指定其中一个参与者为"领导人"，另一个为"镜子"。

    d. 保持在两个锥筒中间，领导人以不同的方式移动，如滑步、跳跃、下蹲、转身等。

    e. 镜子要模仿领导人的动作，不能落后。

    f. 每次完成练习之后，领导人和镜子调换身份。

老年人的SAQ训练

对于老年人来说，SAQ训练的一项主要功能就是预防随着年龄增长而降低的骨密度、协调能力和肌肉爆发力。这有助于预防损伤并提高生活质量[22,23]。尽管某些生理能力、神经肌肉能力和生物力学能力在衰老过程中会不可避免地下降，但最近的研究已经确认，通过适当的运动干预可以尽量减少这些能力的损失。骨质减少（或者骨密度降低）通常与衰老过程有关，女性尤其如此。这种情况会增加骨折和诸如骨质疏松等其他急性或慢

你知道吗？

高强度的间歇性训练可以比长时间、低至中等强度的耐力训练燃烧更多的皮下脂肪[20]。

性骨骼疾病发生的可能性。有研究已经证实，正确进行那些要求提高骨骼系统负荷程度的训练计划（例如，SAQ训练中的练习），可以安全有效地减缓并有可能抵消老年人的骨质流失[24,25]。

动作的信心和熟练度对老年人群来说很关键，可以帮助预防摔倒，并保持日常生活中的活动。安全有效的动作所要求的协调能力往往会由于使用不足而随着年龄消失[26]。为了维持并提高这些能力，老年人群定期训练协调技能是很重要的。基于SAQ的计划已经被证实可以提高协调能力和动作信心，从而减少摔倒或其他运动相关损伤的可能性[27,28]。

肌肉减少症（或者与年龄有关的骨骼肌肉量减少）不利于老年人维持身体的功能性能力。研究发现，抗阻训练和基于SAQ的干预措施可以帮助减缓并抵消这一过程。那些与SAQ训练中的练习相近、要求增加动作速度和发力速率的干预措施，尤其有助于减缓和抵消肌肉减少症[29-31]。

为老年人设计SAQ计划时，私人教练必须特别注意确保参与者的安全。练习应集中于日常生活所必需的活动，比如从凳子上站起来、上楼梯、发现地面障碍物等。

你知道吗?

髋部骨密度损失10%就可导致髋部骨折风险增加2.5倍[32]。

老年人的SAQ训练

跨过不同尺寸的锥筒/跨栏

1. 在10至15码长的线上，每隔24英寸放置各种尺寸的锥筒、跨栏和其他物体。
2. 参与者以身体侧面朝向这一行物体排队，并跨过每一个物体，按顺序走下去，然后返回起点。
3. 可以为参与者计时。

起立走8字形

1. 参与者在开始时坐在椅子上。
2. 两个锥筒放在椅子的正前方，第一个距离椅子10至15英尺（1英尺约为30.48厘米，此后不再标注），第二个放在第一个后面，距离椅子20至25英尺。
3. 听教练的口令，参与者尽可能快地站起来。
4. 参与者尽可能快地移动到第一个锥筒的左边，然后移至第二个锥筒的右边，与此同时转身回到椅子，完成绕锥筒走的8字形。
5. 参与者以相反方向重复上述的8字形，最后坐在椅子上结束。
6. 为参与者计时。

小结

同快速伸缩复合训练一样，速度、敏捷性和快速反应训练强调指定一些练习模式，提高一个人在受到各种刺激时，在适当的位置和方向上快速、有效地产生相对高速率动作的能力。SAQ训练计划所提出的生理要求、神经肌肉要求和生物力学要求对运动员和非运动员客户都很有益。这些益处可体现于人在一生中发展、提高和维持身体素质和功能性能力的过程中。

SAQ训练和计划策略

在客户的整体训练计划中应谨慎地安排SAQ练习。需要强调的是，表12.2中所列出的计划指导原则仅仅是建议，应该根据训练的所有组成部分（核心、平衡、快速伸缩复合和阻力）的总训练量予以考量。随着对运动速率和反应的要求提高，损伤风险也会增加。SAQ训练计划的安全性和成功取决于客户的核心、平衡和反应能力。私人教练将训练内容与客户的实际能力匹配得越好，训练计划就越安全有效。所有的练习在进行时都应该保证精确的技术要领和动力链控制，将损伤风险降到最低。

表12.2		设计SAQ计划			
OPT™层级	阶段	SAQ练习	组数	重复次数	休息
稳定性	1	4至6个练习，结合有限的横向惯性和不可预测性，比如"锥筒滑步"和"敏捷梯训练"	1~2	每个练习2至3次	0~60秒
力量	2，3，4	6至8个练习，允许较大的横向惯性，但有限的不可预测性，比如"5-10-5训练""T形训练""方形训练""起立走8字形"	3~4	每个练习3至5次	0~60秒
爆发力	5	6至10个练习，允许最大的横向惯性和不可预测性，比如"改版方形训练""同伴镜像训练"和计时的训练	3~5	每个练习3至5次	0~90秒

SAQ速度梯训练

一进

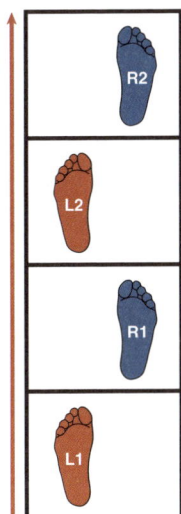

两进

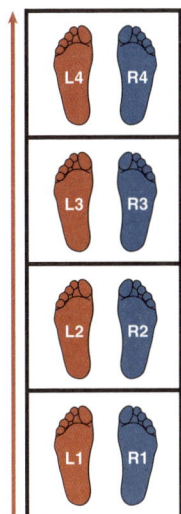

侧滑步

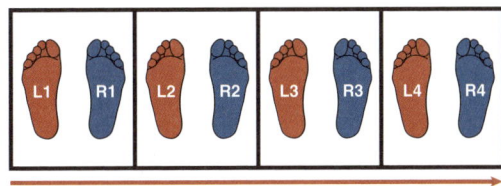

进-进-出-出

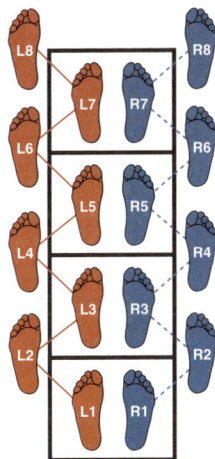

进-进-出（之字步）

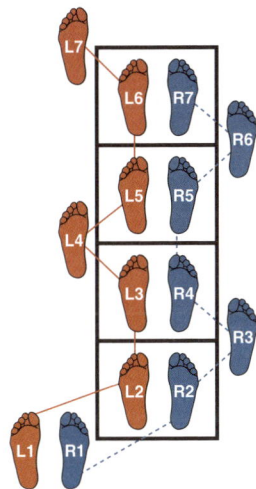

阿里滑步

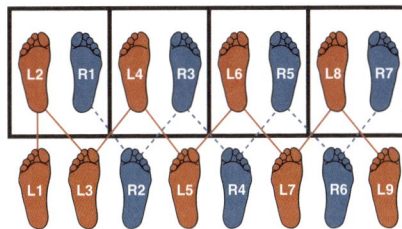

SAQ 锥筒练习

5-10-5 训练

2. 冲刺

3. 冲刺　　　　1. 冲刺

10 码

改版方形训练

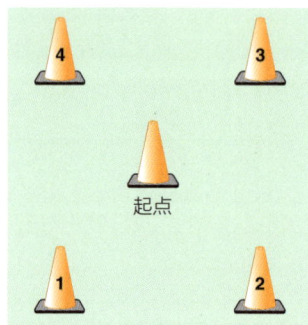

4　　　3

起点

1　　　2

对于这个训练来说，客户从中间的锥筒开始。教练大声喊出某一个锥筒的编号，客户快速移动至相应的锥筒，然后返回中间，等待教练喊出下一个编号。

T 形训练

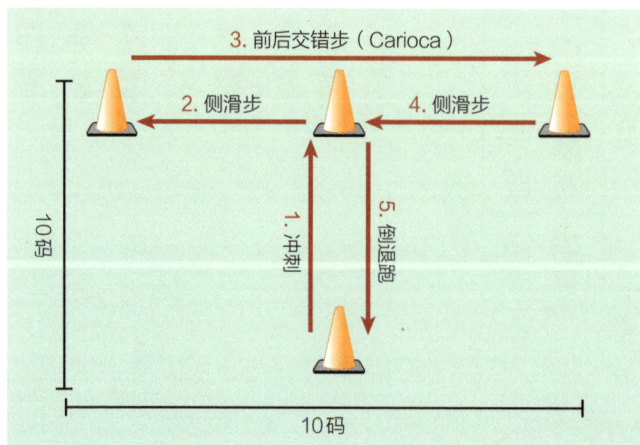

3. 前后交错步（Carioca）

2. 侧滑步　　　　4. 侧滑步

10 码

1. 冲刺　　　5. 倒退跑

10 码

SAQ锥筒练习 *续*

方形训练

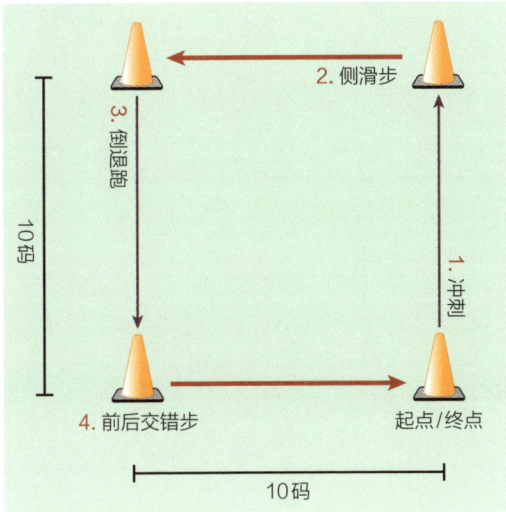

2. 侧滑步

3. 倒退跑

1. 冲刺

10码

4. 前后交错步

起点/终点

10码

L.E.F.T.训练

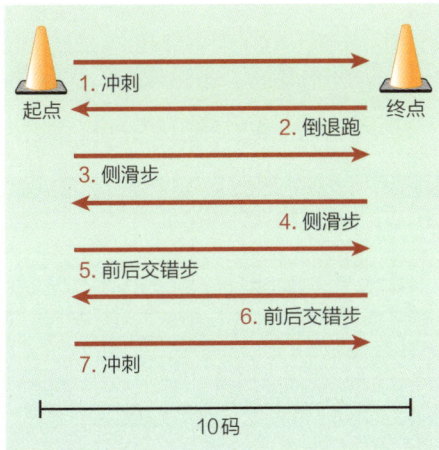

起点

1. 冲刺

终点

2. 倒退跑

3. 侧滑步

4. 侧滑步

5. 前后交错步

6. 前后交错步

7. 冲刺

10码

填写训练计划模板

如前所述，运动员和非运动员群体都可以使用SAQ训练，这种训练并非仅仅以提高运动成绩为目标的运动员的专属训练。运动表现的提高与个人的需求有关。图12.1是一份训练计划模板，以及在综合性的OPT™训练计划中实施SAQ训练时，对速度、敏捷性和快速反应训练的安排。如果计划中包含速度、敏捷性和快速反应训练，可以参考表12.2，选择适当的练习类型、适当的练习数量及特定于客户所处训练阶段（阶段1~5）的关键变量。

图12.1

填写模板中的SAQ部分

专家姓名：布莱恩·萨顿			∧NASM
客户姓名：约翰·史密斯			日期：5/01/13
目标：减脂			阶段：1 稳定性耐力

热身			
练习	组数	持续时长	指导要点
自我肌筋膜放松：小腿三头肌、髂胫束、背阔肌	1	30秒	每个疼痛区域保持30秒
静态拉伸：小腿三头肌、屈髋肌群、背阔肌	1	30秒	每次拉伸保持30秒
跑步机	1	5至10分钟	快走转慢跑

核心/平衡/快速伸缩复合训练					
练习	组数	次数	节奏	休息	指导要点
仰卧臀桥	2	12	慢	0秒	
俯卧眼镜蛇式	2	12	慢	0秒	
单腿站立平衡伸展	2	12	慢	0秒	
蹲跳至稳定支撑	2	5	慢	90秒	保持落地姿势3至5秒

速度、敏捷性和快速反应训练				
练习	组数	重复	休息	指导要点
锥筒滑步	1	2	60秒	
一进、两进、进－进－出－出、阿里滑步	1	2	60秒	

抗阻训练					
练习	组数	次数	节奏	休息	指导要点

冷身			
练习	组数	持续时长	指导要点

指导要点：

然而，由于其独特性和通用性，SAQ训练也可以独立于综合训练计划，作为一次单独的训练。在这种情况下，计划的训练量通常会更高，具体取决于客户的能力、目标和体能水平。

小结

计划制订的指导原则必须根据训练中所有组成部分的总训练量来予以考量。客户的核心、平衡和反应能力将决定计划是否成功和安全。在进行练习时需要依靠精确的技巧和动力链控制来尽量减少损伤的风险。在计划编制中可以使用各种速度梯训练、锥筒训练和其他需要速度、敏捷性和快速反应的训练。

参考文献

（1）Brown LE, Ferrigno VA, Santana JC. *Training for Speed, Agility, and Quickness*. Champaign, IL: Human Kinetics; 2000.

（2）Luhtanen P, Komi PV. Mechanical factors influencing running speed. In: Asmussen E, Jorgensen K, eds. *Biomechanics: VI-B*. Baltimore, MD: University Park Press, 1978: 23–29.

（3）Mero A, Komi PV, Gregor RJ. Biomechanics of sprint running. *Sports Med.* 1992; 13(6): 376–392.

（4）Salonikidis K, Zafeiridis A. The effects of plyometric, tennis–drills, and combined training on reaction, lateral and linear speed, power, and strength in novice tennis players. *J Strength Cond. Res* 2008; 22(1): 182–191.

（5）Parsons LS, Jones MT. Development of speed, quickness and agility for tennis athletes. *Strength Cond J.* 1998; 20: 14–19.

（6）Drabik J. *Children and Sports Training*. Island Pond, VT: Stadion Publishing; 1996.

（7）Sokolove M. *Warrior Girls*. New York, NY: Simon & Schuster; 2008.

（8）Etty Griffin LY. Neuromuscular training and injury prevention in sports. *Clin Orthop Relat Res.* 2003; 409: 53–60.

（9）Olsen OE, Myklebust G, Engebretsen L, Holme I, Bahr R. Exercises to prevent lower limb injuries in youth sports: cluster randomised control group. *BMJ.* 2005; 330: 449.

（10）Ortega FB, Ruiz JR, Castillo MJ, Sjöström M. Physical fitness in childhood and adolescence: a powerful marker of health. *Int J Obes (Lond).* 2008; 32: 1–11.

（11）Wrotniak BH, Epstein LH, Dorn JM, Jones KE, Kondilis VA. The relationship between motor proficiency and physical activity in children. *Pediatrics.* 2006; 118(6): e1758–1765.

（12）Janz K, Dawson J, Mahoney L. Increases in physical fitness during childhood improve cardiovascular health during adolescence: the Muscatine Study. *Int J Sports Med.* 2002; 23 (Suppl 1): 15–21.

（13）Balciunas M, Stonkus S, Abrantes C, Sampaio J. Long term effects of different training modalities on power, speed, skill, and anaerobic capacity in young male basketball players. *J Sports Sci Med.* 2006; 5: 163–170.

（14）Ruiz JR, Rizzo NS, Hurtig–Wennlöf A, Ortega FB, Wärnberg J, Sjöström M. Relations of total physical activity and intensity to fitness and fatness in children: the European Youth Heart Study. *Am J Clin Nutr.* 2006; 84(2): 299–303.

（15）Gibala MJ, Little JP, van Essen M, et al. Short–term sprint interval versus traditional endurance training: similar initial adaptations in human skeletal muscle and exercise performance. *J Physiol.* 2006; 575: 901–911.

（16）Iaia FM, Hellsten Y, Nielsen JJ, Fernström M, Sahlin K, Bangsbo J. Four weeks of speed endurance training reduces energy expenditure during exercise and maintains muscle oxidative capacity despite a reduction in training volume. *J Appl Physiol.* 2009; 106: 73–80.

（17）Schmidt D, Biwer C, Kalscheuer L. Effects of long versus short bout exercise on fitness and weight loss in over–weight females. *J Am Coll Nutr.* 2001; 20(5): 494–501.

（18）Talanian JL, Galloway SD, Heigenhauser GJ, Bonen A, Spriet LL. Two weeks of high intensity aerobic interval training increases the capacity for fat oxidation during exercise in women. *J Appl Physiol.* 2007; 102: 1439–1447.

（19）Tjønna AE, Lee SJ, Rognmo Ø, et al. Aerobic interval training versus continuous moderate exercise as a treatment for the metabolic syndrome: a pilot study. *Circulation.* 2008; 118: 346–354.

（20）Trembley A, Simaneau J, Bouchard C. Impact of exercise intensity on body fatness and skeletal muscle metabolism. *Metabolism.* 1994; 43(7): 814–818.

（21）Jakicic JM, Wing RR, Butler BA, Robertson RJ. Prescribing exercise in multiple short bouts versus one continuous bout: effects on adherence, cardiorespiratory fitness, and weight loss in overweight women. *Int J Obes Relat Metab Disord*. 1995; 19(12): 893–901.

（22）Liu-Ambrose TY, Khan KM, Eng JJ, Lord SR, Lentle B, McKay HA. Both resistance and agility training reduce back pain and improve health-related quality of life in older women with low bone mass. *Osteoporos Int*. 2005; 16(11): 1321–1329.

（23）Bean J, Kiely D, Herman S, et al. The relationship between leg power and physiological performance in mobility-limited people. *J Am Geriatr Soc*. 2002; 50(3): 461–467.

（24）Heinonen A, Kannus P, Sievänen H, et al. Randomised controlled trial of effect of high-impact exercise on select risk factors for osteoporotic fractures. *Lancet*. 1996; 348(9038): 1343–1347.

（25）Iwamoto J, Takeda T, Ichimura S. Effect of exercise training and detraining on bone mineral density in postmenopausal women with osteoporosis. *J Orthop Sci*. 2001; 6(2): 128–132.

（26）Laroche DP, Knight CA, Dickie JL, Lussier M, Roy SJ. Explosive force and fractionated reaction time in elderly low- and high-active women. *Med Sci Sports Exerc*. 2007; 39(9): 1659–1665.

（27）Liu-Ambrose T, Khan KM, Eng JJ, Janssen PA, Lord SR, McKay HA. Resistance and agility training reduce fall risk in women aged 75 to 85 with low bone mass: A 6-month randomized, controlled trial. *J Am Geriatr Soc*. 2004; 52(5): 657–665.

（28）Sundstrup E, Jakobsen MD, Andersen JL, et al. Muscle function and postural balance in lifelong trained male footballers compared with sedentary men and youngsters. *Scand J Med Sci Sports*. 2010; 20(Suppl 1): 90–97.

（29）Newton RU, Hakkinen K, Hakkinen A, McCormick M, Volek J, Kraemer WJ. Mixed-methods resistance training increases power and strength of young and older men. *Med Sci Sports Exerc*. 2002; 34(8): 1367–1375.

（30）Porter MM. Power training for older adults. *Appl Physiol Nutr Metab*. 2006; 31: 87–94.

（31）Bean JF, Herman S, Kiely DK, et al. Increased velocity exercise specific to task (InVEST) training: a pilot study exploring effects on leg power, balance, and mobility in community-dwelling older women. *J Am Geriatr Soc*. 2004; 52: 799–804.

（32）Klotzbuecher CM, Ross PD, Landsman PB, Abbott TA 3rd, Berger M. Patients with prior fractures have an increased risk of future fractures: A summary of the literature and statistical synthesis. *J Bone Miner Res*. 2000; 15: 721–739.

第 13 章

抗阻训练概念

章节目标

学完本章，你应该能够掌握如下内容。

☑ 描述一般适应综合征的各个阶段。

☑ 定义和描述适应性原则和专项性原则。

☑ 定义稳定性、肌肉耐力、肌肉肥大、力量和爆发力。

☑ 列出并定义力量训练系统的各个阶段。

抗阻训练简介

完成OPT™模型的最后一步是规划训练计划中的抗阻训练部分。OPT™模型的抗阻训练部分要求根据每一位客户的评估结果和目标，填写针对每一个身体部位（胸、背、肩、腿等）的合适的练习、组数、重复次数、节奏（重复的速度）和休息间隔（每个练习的组间休息时长）。私人教练需要理解抗阻训练的科学和原则，以便有效地设计出量身定制的安全、适当的抗阻训练。本章探讨为不同客户设计和进行抗阻训练计划时所涉及的一些最重要的概念。本章的重点包括适应的原则、通过抗阻训练获得渐进式力量的适应、用于增强力量的训练体系以及具体的抗阻训练进阶。

适应性原则

人体有许多独特的素质，其中之一就是适应和调整其功能以满足需求的能力（图13.1）[1-6]。人体对运动刺激的反应和适应能力也许是训练和体能的最重要概念之一。某种形式的适应是大多数运动训练计划的主要目标。无论目标是提升气质，还是与健康或运动表现有关，抗阻训练都已被证实可以产生一系列令人满意的效果（表13.1）。

图13.1

抗阻训练的适应原则

适应是以下两者共同作用的结果

+

专项性原则

表13.1	抗阻训练的适应性好处	
生理	**身体**	**运动表现**
提高心血管效率	增加组织（肌肉、肌腱、韧带）的抗张强度	增强神经肌肉控制（协调性）
有益的内分泌（激素）和血脂（胆固醇）适应	增加肌纤维横截面积	提高耐力
增加骨密度	减少体脂	增强力量
提高代谢效率（新陈代谢）		增强爆发力

一般适应综合征

一般适应综合征 用来描述人体对压力的反应和适应的术语。

　　人体动作系统的最佳状态是生理平衡状态或体内稳态。**一般适应综合征**（general adaptation syndrome，GAS）用来描述人体对压力的反应和适应。本章中，对人体施加的压力是指在抗阻训练过程中要举起的重量。这种适应的一般模式最早由加拿大医生汉斯·塞利（Hans Selye）提出，他指出可以将训练（包括抗阻训练）看作一种好的压力，并称之为"良性压力"，随着时间的推移，人体动作系统可以适应这种压力，并因而能够在多种条件下维持内环境稳定的状态。为了让适应可以发生，人体必须面对压力源或能创造出反应需求的某种形式的压力（表13.2）。塞利概述了对压力做出反应的3个阶段[6]。

◆ 警戒。
◆ 抵抗。
◆ 疲惫。

表13.2	一般适应综合征
阶段	**反应**
警戒	对压力源的初始反应，例如增加对身体必要部位的氧气和血液供应
抵抗	提高适应压力源的功能性能力，例如增加运动单位的募集
疲惫	长时间、难以承受的压力源产生疲劳，并导致系统崩溃或损伤

警戒阶段

警戒是对压力源的初始反应。警戒反应激活身体内的一系列生理和心理的保护进程。抗阻训练计划的初始阶段，作用于骨骼、关节、肌肉、结缔组织和神经系统的力量逐渐增大，身体被迫去尝试并适应这种变化。在抗阻训练的警戒阶段会出现许多生理反应，包括工作肌肉的氧气和血液供应增加、神经募集增加。起初，身体可能只是非常低效地响应在抗阻训练过程中对其提出的要求。但是随着时间的推移，利用渐进式超负荷的原则，身体能够逐渐提高其满足要求的能力[6]。

想想身体对不习惯的练习或训练量突增的典型反应。在进行新的训练后，肌肉在随后的2到3天内会出现典型的**延迟性肌肉酸痛**（DOMS）[7]。在DOMS期间，若尝试重复或升级诱发酸痛的练习，将会受到导致酸痛的因素的限制。这可以被认为是"警戒"。大多数专家都认为，为了最大限度地减少DOMS，渐进式训练计划需要从低强度开始，并逐步增加负荷[7]。

警戒　对压力源的初始反应。

延迟性肌肉酸痛　在高强度练习或不习惯的体育活动之后的24到72小时会感觉到疼痛或不适。

抵抗阶段

在**抵抗**阶段，身体会提高其适应压力源的功能性能力。在重复的训练课之后，人体动作系统将会提高其有效募集肌纤维以及将氧气和血液分配到身体合适部位的能力。一旦适应已出现，身体就需要增加更大的压力或负荷来做出新的响应，并达到更高的体能水平[6]。

私人教练通常都能理解这种适应，但并没有正确地利用它，他们仅仅控制客户所使用的重量，而这实际上只是对身体增加压力的众多方式之一。第14章将讨论改变关键变量（组数、重复次数、强度、休息时间、练习选择等）以优化适应过程的重要性，最终目标是实现最佳适应，同时避免崩溃或疲惫。

以不习惯的练习为例，一旦DOMS消失，之后的训练会产生越来越轻的酸痛感，因此运动表现会渐渐提高。这就是"抵抗"。运动表现将继续提高，直至达到一个新的运动表现阶段；如果一直保持相同的训练水平，运动表现将会保持在这一阶段。

抵抗　身体提高其适应压力源的功能性能力。

疲惫阶段

长时间的压力或不可承受的压力会导致**疲惫**或不适。如果压力太大，以至于任何一个生理系统都不能应付，它就会导致崩溃或损伤，例如会出现以下问题[6]。

疲惫　长时间的压力或不可承受的压力会导致身体系统疲惫或不适。

- ◆ 应力性骨折。
- ◆ 肌肉拉伤。
- ◆ 关节痛。
- ◆ 情绪低落。

然后，许多此类损伤的发生可能导致累积性损伤循环的开始。

避免掉进疲惫阶段的陷阱，这是使用基于科学和实践设计出来的OPT™模型（系统、渐进的训练计划）的最主要原因之一。和其他形式的训练一样，抗阻训练必须在不同阶段进行循环，逐渐增加对人体动作系统施加的阻力，但也允许充分的休息和恢复时间。专门描述这一方法的术语是**周期化**，即将训练计划拆分为更小的渐进阶段。关于训练周期化（OPT™模型）的更多信息见第14章。

周期化　训练计划拆分为更小的渐进阶段。

在上述举例当中，如果持续增加阻力是为了对特定的肌肉或肌肉群施以压力，以增加其大小或力量，则可能导致肌肉、关节或结缔组织的损伤；如果阻力增加得过快，或没有安排充足的休息和恢复时间就特别容易出现这种损伤。与训练相关的损伤更容易发生在结缔组织（例如肌腱、韧带），这是因为对结缔组织的血液供应较少[8]。身体内不同组织（肌纤维与结缔组织）对压力有其自己的潜在适应能力。因此，训练计划应提供不同的强度和压力，优化每种组织的适应，从而确保实现最佳效果。根据所使用的训练技术，适应可以更具体地应用于人体动作系统的某些方面，这是专项性原则的基础。

你知道吗?

过度训练综合征常常出现在运动员或训练超出身体恢复能力的健身爱好者身上。当一个人进行了大量训练，但没有合理地休息和恢复时，就会出现一些有害的副作用。这些副作用包括运动表现水平下降、疲劳、改变激素水平、睡眠质量差、生殖障碍、免疫力下降、食欲不振和情绪失调[9]。

专项性原则：SAID原则

专项性原则（SAID原则）　身体将适应对它施加的具体要求的原则。

专项性原则通常指的是SAID（Specific Adaptation to Imposed Demands，针对强加需求的特殊适应性）原则，是指身体会特别地适应对其施予的要求类型。例如，如果某人重复举起较重的重量，他就会产生更高水平的最大力量。反之，如果某人多次重复举起较轻的重量，他就会发展更高水平的肌肉耐力。

依据专项性原则，训练计划要反映出期望的结果。当将专项性原则运用于任何训练计划时，重要的一点是要记住，身体由多种组织组成，这些组织可能对同一个刺激做出不同的反应。为了让专项性原则成为一种安全有效的工具，必须恰当地使用它。

请记住Ⅰ型肌纤维和Ⅱ型肌纤维在功能上的区别。Ⅰ型肌纤维（或慢肌纤维）的直径较小，产生最大张力的速度较慢，并且更耐疲劳。Ⅰ型肌纤维对于需要长时间收缩的肌肉很重要，这些肌肉负责稳定性、耐力和姿势控制。Ⅱ型肌纤维（或快肌纤维）的直径比Ⅰ型肌纤维更大，可以快速产生最大张力，并且比Ⅰ型肌纤维更容易疲劳。Ⅱ型肌纤维对于产生需要力量和爆发力的动作（例如冲刺）的肌肉很重要。为了以更高强度进行训练，需要恰当的姿势稳定性。因此，组织需要以不同的方式进行训练，才能为更高水平的训练做好准备。这就是周期化训练和OPT™模型背后的具体目的（图13.2）。

在训练过程中发生的适应程度与训练计划在力学、神经肌肉和代谢方面的专项性直接相关[3,5]。为了帮助客户有效地实现计划目标，私人教练应持续地评估是否需要修改练习程序，以满足实际的训练目标。记住，身体只有在有需要适应的理由时才会适应。

◆ **力学的专项性**指的是要求身体承受的重量和完成的动作[3,5]。为了发展腿部的肌肉耐力，在进行腿部练习时，需要较小的重量和高重复次数。为了发展胸部的最大力量，在胸部练习过程中必须使用大的重量。

◆ **神经肌肉的专项性**指的是收缩的速度和练习的选择[10–12]。为了提高稳定性，需要在可控的不稳定环境中以较慢速度进行胸部练习（图13.3）。为了提高力量水平，需要在较稳定的环境中用更大的重量来进行练习，从而将更多的重点放在原动肌上（图13.4）。为了提高爆发力水平，必须以快速伸缩复合训练来进行小重量、高速度的肌肉收缩（图13.5）。

◆ **代谢的专项性**指的是对身体提出的能量要求。为了发展耐力，训练需要延长每轮练习的时间，最大限度地缩短组间的休息时间。耐力训练主要使用有氧途径为身体提供能量。为了发展最大力量或爆发力，训练需要更长的休息时间，以确保每轮练习都保持高强度。主要通过无氧途径为身体提供能量[13,14]。

私人教练需要记住很重要的一点：客户的训练计划应旨在满足客户日

力学的专项性 要求身体承受的重量和完成的动作。

神经肌肉的专项性 收缩的速度和练习的选择。

代谢的专项性 对身体提出的能量要求。

图13.2

OPT™模型

图13.3

稳定性训练

图13.4

力量训练

图13.5

爆发力训练

常生活和健康目标的具体要求。后面的示例对以减脂为目标的客户运用了专项性概念[15-18]。

1. 从力学角度而言，以站姿（与坐姿和卧姿比较）进行动作，并使用中等重量时，身体会燃烧更多的热量。例如，以站姿绳索划船与坐姿器械划船进行比较。

2. 从神经肌肉的观点来看，在可控的不稳定环境中使用更多肌肉，并且时间更长的情况下，身体会燃烧更多的热量。例如，以单腿哑铃肩上推举与坐姿器械肩上推举进行比较。

3. 从代谢角度而言，当尽量缩短休息时间，无法完全恢复时，身体会燃烧更多的热量。例如，让客户以组间没有间歇的循环方式进行抗阻训练。

在对减脂训练计划运用专项性原则时，客户在进行大部分练习时应采用站姿，并使用中等重量。客户在每个练习的过程中还应该募集和使用尽可能多的肌肉，并且严格监控组间休息时间，以消耗更多的热量。

小结

精心设计的综合训练计划应使以下要素达到最佳水平。

◆ 柔韧性。
◆ 耐力。
◆ 神经肌肉控制。
◆ 身体成分的改变。
◆ 力量。
◆ 爆发力。

为了获得最佳训练结果，身体必须适应特定的要求和压力。适应压力的能力被称为一般适应综合征。对压力的反应有3个阶段：警戒（即身体内保护过程的初始激活）、抵抗（即功能性能力的提升，以适应压力源）和疲惫（即对系统来说过大且导致损伤的压力）。为避免损伤，适应性训练计划必须包含谨慎且系统规划（周期化）的不同阶段的循环，同时有充足的休息和恢复时间。适应性训练计划有以下益处。

◆ 生理。
　》 提高心血管效率。
　》 有益的内分泌（激素）和血脂（胆固醇）适应。
　》 增加骨密度。
　》 提高代谢效率（新陈代谢）。
◆ 身体。
　》 增加组织（肌肉、肌腱、韧带）的抗张强度。
　》 增加肌纤维横截面积。
　》 减少体脂。
◆ 运动表现。
　》 增强神经肌肉控制（协调性）。
　》 提高耐力。
　》 增强力量。
　》 增强爆发力。

训练适应的类型和客户的目标应决定（或者指导）训练计划的设计。可以使用不同的力量类型和不同的力量训练体系来为客户设计个性化且系统化的训练计划。此外，身体内的组织对不同的压力源做出各自的反应，如专项性原则或针对强加需求的特殊适应性（即SAID原则）中所见。训练计划应提供各种不同的强度和压力，以优化各组织的适应，从而确保最好的结果。在训练过程中发生的适应程度与训练计划在力学、神经肌肉和代谢方面的专项性直接相关。

抗阻训练的渐进性适应

适应的概念清楚表明，某些类型的变化将基于对身体的压力而发生。抗阻训练计划旨在引起身体的变化，进而产生各种适应。无论目标是要增强肌肉耐力、力量、肌肉肥大、爆发力，还是要减脂并提高整体健康水平，抗阻训练都是所有健身计划的重要组成部分。这将帮助客户获得最佳的健康状态和长寿。随着客户力量和耐力的提高，他们能够训练更长时间才到达疲惫阶段（一般适应综合征），长此以往，这会导致身体发生更大的变化和适应。因抗阻训练而发生的主要适应包括稳定性、肌肉耐力、肌肉肥大、肌肉力量和爆发力。

稳定性

稳定性是人体动作系统在所有动作过程中提供最佳动态关节支撑，以维持正确姿势的能力。换句话说，稳定性就是以大小合适的力，在适当的运动平面上，在正确的时间激活正确的肌肉。这需要高水平的肌肉耐力来优化原动肌的募集，以增加向心力的产生和减小离心力。在可控的不稳定环境中重复进行练习能提高身体稳定和平衡自身的能力[19-21]。相反，如果没有在可控的不稳定环境中进行练习，客户将不会获得同等水平的稳定性，其稳定性甚至可能会变得更差[21-23]。研究显示，稳定性不足会对肌肉力量的产生有负面影响[24]。稳定性是重要的训练适应，因为它提高了动力链在动作过程中维持LPHC和关节的稳定的能力，让双臂和双腿能够更高效地工作。

肌肉耐力

肌肉耐力　长时间产生和维持力量的能力。

肌肉耐力是长时间产生和维持力量的能力。提高肌肉耐力是所有健身计划中必不可少的组成部分。发展肌肉耐力有助于提高核心和关节的稳定性，这是增强肌肉肥大、最大力量、爆发力的基础。核心的肌肉耐力训练重点是募集负责姿势稳定的肌肉，即Ⅰ型肌纤维。

研究显示，采用高重复次数的抗阻训练方案是提高肌肉耐力的最有效方式[25-27]。此外，周期化训练计划也可以增强局部肌肉耐力[26,28,29]，先前未经训练的人在经过初始训练取得成效后，多组周期化训练提高肌肉耐力的效果比单组训练更好[26]。坎波斯等人（Campos et al.）[25]发现，先前未经训练的男性受试者在为期8周的高重复次数训练（2组，每组20至28次重复，1分钟组间休息，从每周2天开始）中能增加局部肌肉耐力和肌肉肥大。然而马克斯等人（Marxet al.）[26]发现，经过最初12周的训练后，受试者接受每组多达15次重复的多组训练，每周4次，持续6个月，其结果是体脂显著下降，局部肌肉耐力增加，同时瘦体重显著增加。

肌肉肥大

肌肉肥大是骨骼肌纤维的增大，这是肌肉被募集以提高张力水平所产生的反应[30]。肌肉肥大的特征在于由肌原纤维蛋白（肌丝）增加引起的单条肌纤维的横截面积增加。尽管未经训练的客户在多周（4至8周）内可见的肥大迹象可能不明显，但无论使用什么训练强度，该过程都会在训练的早期阶段开始[31–33]。

使用中低重复次数范围和渐进超负荷的抗阻训练方案会导致肌肉肥大。采用多组数的结构性渐进抗阻训练计划将帮助青少年和老年人增加肌肉肥大[25,28,34–37]。克雷默等人（Kraemer et al.）[4]证实，采用为期24周，每周3天，每天3组，每组8至12次重复的训练方案可增强肌肉肥大并改善身体成分。因此，使用中低重复次数和逐渐提高负荷的渐进式抗阻训练计划将会导致老年人增强肌肉肥大。

> 肌肉肥大 骨骼肌纤维的增大，以克服来自大量张力的作用力。

力量

力量是神经肌肉系统产生内部张力（在拉动骨骼的肌肉和结缔组织中）去克服外部阻力的能力。无论外部阻力要求神经肌肉系统产生稳定性、耐力、最大力量还是爆发力，肌肉的内部张力都是产生力的原因。内部张力的大小是力量适应的结果。训练产生的力量或内部张力的具体形式以客户使用的训练类型和强度为基础（专项性原则）。

> 力量 神经肌肉系统产生内部张力去克服外部阻力的能力。

传统的抗阻训练计划侧重于发展单一肌肉的最大力量，强调单一运动平面（通常是矢状面）[3]。由于所有的肌肉都会在全部3个平面（矢状面、冠状面和水平面）内以不同的速度向心、等长和离心地工作，训练计划的设计应该采用渐进式方法，强调合适的练习选择、所有的肌肉活动和重复节奏。在第15章中将更详细地讨论这些内容。

由于肌肉在中枢神经系统的控制下工作，力量不仅仅被认为是肌肉的一项功能，还应该是激活神经肌肉系统的一个结果。初级水平的客户运用结构化、渐进式抗阻训练计划能快速增加力量。力量增加的原因之一是所募集的运动单位数量增加，在训练计划的初期尤其如此[38–40]。使用更重的负荷会提高对神经的要求，并募集更多的肌纤维，直至达到募集平台期，之后，力量的继续增加则是肌肉肥大的结果[41–44]。

我们不能孤立地谈论力量。力量建立在稳定性的基础之上，而这需要肌肉、肌腱和韧带准备好承受在初始训练阶段后为增加力量所要求的负荷水平。而稳定性训练的设计要考虑到 I 型肌纤维的特征（收缩速度慢、低张力输出、耐疲劳），力量训练的设计则需要与 II 型肌纤维的特征相匹配（收缩速度快、高张力输出、易疲劳）。因此需要改变训练的关键变量（组数、重复次数、强度等）来利用每一种肌纤维的具体特征。力量的增加大部分在抗阻训练的最初12周内发生，其原因是神经的募集增加和肌肉肥大[26,29,34,45-48]。中级和高级的举重运动员会觉得有必要按照合理的周期时间表来执行在训练量和强度方面要求更为苛刻的训练计划。

爆发力

爆发力 神经肌肉系统在最短时间内产生最大肌力的能力。

爆发力是神经肌肉系统在最短时间内产生最大肌力的能力。这可以由力乘以速度的简单等式来表示[49]。爆发力适应建立在稳定性和力量适应的基础之上，以日常生活和体育运动中可以看见的现实的力和速度来运用。爆发力–抗阻训练的重点是让神经肌肉系统尽可能快地产生力（力的产生速率）。

力或速度的增加都会让爆发力增大。爆发力训练可以采用增加重量（力）的方法来实现（如力量适应中所见），或者通过增加重量移动的速率（速度）来实现[42,50-57]。爆发力训练通过增加被激活的运动单位的数量、运动单位间的同步以及激活运动单位的速度，可以提高力的产生速率[42,58,59]。一般适应综合征和专项性原则都要求，为了使这一类型的适应训练的效果最大化，必须以尽可能快的方式（可控）移动轻负荷和重负荷。因此，以超级组形式使用这些训练方法可以产生必要的适应，增强身体募集大量运动单位和增加激活速率（速度）的能力[50-57]。早期的等速研究工作也强调了运动速度的重要性，证明以高速度进行的训练可以导致在训练速度以及所有动作速度低于训练速度的情况下有更好的运动表现。

小结

抗阻训练计划产生的生理变化可引起各种力量适应。力量是神经肌肉系统产生内部张力克服外部作用力的能力。传统意义上，抗阻训练计划侧重于发展单条肌肉的最大力量，而现代训练计划强调合适的练习选择、所有的肌肉活动、多运动平面和重复节奏。训练适应可以被划分为稳定性、肌肉耐力、肌肉肥大、肌肉力量和爆发力。

以前从未接触过抗阻训练的客户发展力量适应应从稳定性开始。要实现稳定性适应，最好使用高重复次数、低到中等的运动量和低到中等的强度，并且以挑战身体稳定性的姿势来进行。

肌肉耐力是一种长时间产生和维持力量的能力。研究显示，采用高重复次数的抗阻训练方案是提高肌肉耐力的最佳方式。

肌肉肥大是骨骼肌纤维的增大，这是抗阻训练所导致的张力增加所引起的反应。抗阻训练方案使用低到中等重复次数范围和渐进式超负荷，从而实现肌肉肥大。

力量是神经肌肉系统产生内部张力（在拉动骨骼的肌肉和结缔组织中）去克服外部阻力的能力。所产生力量的具体形式视客户使用的训练类型和强度而定（专项性原则）。一般而言，力量适应采用低到中等重复次数、中高训练量和中高强度的训练方案。使用较大重量和较大的训练量可以提高运动单位的功能，同时对肌肉施加压力，以增加肌肉的大小或力量。

爆发力是神经肌肉系统在最短时间内产生最大肌力的能力。力（重量）或速度（移动重量的速度）的增加都会导致爆发力增大。为了使这一类型的适应训练的效果最大化，必须以尽可能快且可控的方式移动轻负荷和重负荷。

抗阻训练体系

大多数的抗阻训练计划最初是由力量举运动员、奥林匹克举重运动员和健美人士设计的。许多这一类抗阻训练计划在今天依然很流行，原因是有很好的市场营销或"健身房科学"，而不是因为事实证明它们能比其他形式的训练计划更科学地提高稳定性、力量和爆发力。研究显示，遵循系统化的综合训练计划并控制关键训练变量，可最大限度提高力量、神经肌肉效率、肌肉肥大和运动表现[4,27,28]。

可用于设计抗阻训练计划的训练体系有许多种，效果各不相同。本章将介绍目前在健身业内最常用的几种训练体系（表13.3）。

表13.3	抗阻训练体系
类型	**定义**
单组	每个练习只进行一组
多组	每个练习进行多组
金字塔	每组练习的重量递增或递减
超级组	快速连续进行两个练习，并尽量缩短休息时间
递减组	进行一组至失败，然后减掉少量负荷后，继续进行这一组练习
循环训练	一个接一个地进行一系列练习，并尽量缩短休息时间
交替心肺训练	循环训练的一种变化，在整个循环中，每一组都使用不同的练习（上身或下身）
分化训练	在不同的日子分别训练不同身体部位的一种训练程序
垂直负载	按从上至下的顺序一个接一个地进行OPT™模型中的练习
水平负载	进行一个练习（或身体部位）的所有组，然后才开始下一个练习（或身体部位）

单组式体系

顾名思义，在单组式体系中，每个练习只做1组。通常建议每周进行两次单组式训练，以促进肌肉质量的充分发展和维持[60]。虽然多组式训练被认为更有利于高级客户提高力量和肌肉肥大，但单组式体系已被证明对初级水平的客户具有同样的益处[61-65]。

我们鼓励私人教练探索单组式训练的益处和选择，以进一步定制个性化的计划设计选项。单组式训练体系往往给人负面的印象，被认为不能提供足够的刺激去产生适应。然而，如果我们回顾人体动作系统运作的生理学知识，就会知道这种印象并不正确[65]。事实上，大多数初级客户可以遵循单组式训练计划，让结缔组织和神经系统实现适当的适应，然后再接触要求更高的训练体系。鼓励客户避免尝试举起超出自身能力的重量，从而避免协同主导（协同肌过度代偿较弱的原动肌）和损伤。

多组式体系

多组式体系就是每个练习要进行多组。依据客户的目标和需求，选择阻力（负荷）、组数和重复次数[66]。多组式训练对新手和高级客户都适用，但是已有研究显示，多组训练对于高级客户的效果优于单组式体系[29,66,67]。进一步的提高就要增加训练量（组数、重复次数和强度），但是必须恰当地控制，以避免过度训练[5]。

金字塔体系

金字塔体系包含升级和降级方法，即每组练习递增重量或每组练习递减重量（图13.6）。在"先轻后重体系"中，开始时一般使用可以进行10至12次重复的较轻的负荷，随后每组递增阻力，直到客户只能完成1至2次重复，通常在4至6组内达到这个程度。该体系也可以很容易地改为只有2至4组或更高重复次数（12至20次）的计划。而"先重后轻体系"的

图13.6

金字塔体系

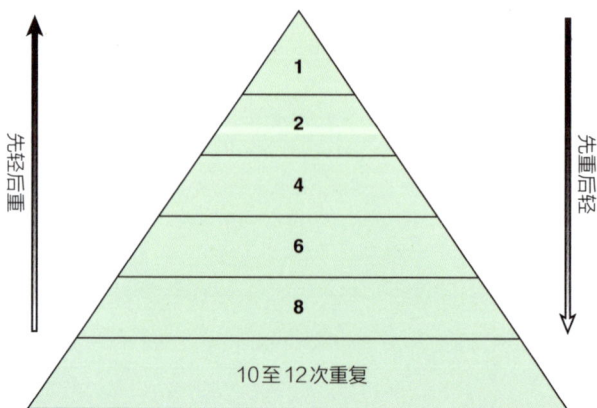

（金字塔从上到下各层：1，2，4，6，8，10至12次重复）

（左侧箭头向上：先轻后重；右侧箭头向下：先重后轻）

方向正好相反，开始时一般使用可以进行1至2次重复的较重的负荷（开始前充分热身），然后递减负荷，并增加重复次数，做4至6组。

超级组体系

超级组体系是由一个接一个快速连续进行的两个练习组成的。超级组体系有多种变式。

第一种变式是针对同一肌群连续进行两个练习。例如，在完成卧推练习后立即进行俯卧撑，让胸部肌肉疲劳。因为训练量相对较大，用这种方式完成两个练习将增强肌肉耐力和肌肉肥大。这种类型的超级组可以用两组、三组或更多组（巨人组）练习来训练目标肌群。使用的组数越多，肌肉的疲劳程度就越大，对肌肉耐力的要求越高。

第二种变式是针对相互拮抗的两个肌群（例如胸和背，或股四头肌和腘绳肌）连续进行两个练习。用这种方式进行超级组训练，在每一组中都可以对目标肌群施加较大的负荷。这是因为原动肌在工作时，拮抗肌在恢复，反之亦然。

典型的超级组训练用每组8至12次重复，组间或练习之间没有休息时间；然而，也可以使用任意重复次数。超级组体系深受健美人士的欢迎，对肌肉肥大和肌肉耐力也有益处。

递减组体系

递减组体系是在健美人士中非常流行的一种抗阻训练体系。这种技巧让客户在达到通常会终止练习的条件之后可以继续进行该组练习。递减组体系的方法是进行一组练习至失败，然后减去较小比例的负荷（5%至20%），并继续进行该组练习，再完成较少的重复次数（通常2至4次）。这个过程可以重复数次（通常每组减少2至3次负荷）。一组练习失败后，不休息，接着进行连续3次递减负荷，这种做法可称为三重递减。递减组被认为是一种高级的抗阻训练方式，适合有经验的举重运动员。

循环训练体系

循环训练体系由按照顺序依次进行的一系列练习组成，并且每个练习间的休息时间要尽量短（图13.7）。循环训练计划的典型关键变量包括低到中等的组数（1至3组）、中到高的重复次数（8至20次）、练习之间的休息时间短（15至60秒）；但是，可以通过改变这些变量来增加期望的效果[68,69]。循环训练对于那些时间有限和想改变身体成分的人来说是很好的训练体系[68,69]。

交替心肺训练体系

交替心肺训练体系是由循环训练体系演变而来的，在一个循环中上半

图13.7

循环训练范例

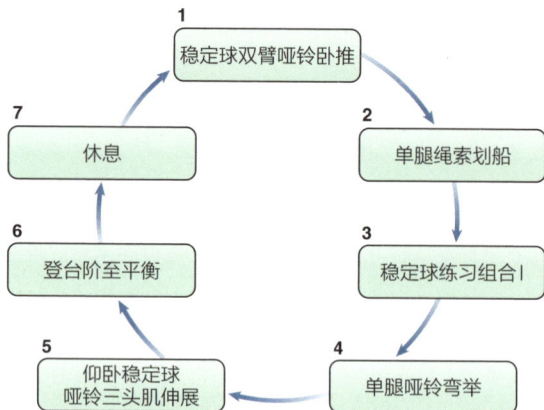

身和下半身交替练习。这个训练体系通过重新分配上肢和下肢的血液流量，有可能改善血液循环。每个序列中的练习数量随训练计划的目标而变化。每个练习进行8至20次重复，具体取决于期望的适应和所使用的OPT™模型训练阶段。该体系对于融入综合性多维度计划和改变身体成分都有很大益处[38,70]。针对3种主要适应的范例如表13.4所示。

表13.4	交替心肺训练体系：训练范例	
第1组：稳定性	**第2组：力量**	**第3组：爆发力**
1. 稳定球哑铃卧推	1. 卧推	1. 药球胸前传球
2. 稳定球下蹲	2. 杠铃深蹲	2. 蹲跳
3. 单腿绳索划船	3. 坐姿划船	3. 双手过顶投掷药球
4. 登台阶至平衡	4. 罗马尼亚硬拉	4. 爆发式上台阶
5. 单腿哑铃肩上推举	5. 坐姿哑铃肩上推举	5. 身前斜抛药球

分化训练体系

分化训练体系是指将身体划分成几个部分，在不同的日子分别进行训练。许多健美人士、增肌人士和力量型（足球、铅球等项目）运动员都使用分化训练体系。健美运动员一般会在同一天对同一个部位进行多个练习，以实现最佳的肌肉肥大。通过将身体划分为不同的部分，在不同的日子分别进行训练，每次训练所分配的时间就可以进行更大的训练量。表13.5列举了几种不同的分化训练范例。这些范例程序的任何变式都可以使用，但其中有些程序的重点是恢复时间。当身体各部分的训练超过一周一次时，需要考虑训练量和训练强度。

程序	训练日	训练的身体区域
表13.5 分化训练体系：训练范例		
2天	星期一 星期四	胸、肩、肱三头肌 背、肱二头肌、腿
3天	星期一 星期三 星期五	胸、肩、肱三头肌 腿 背、肱二头肌
4天	星期一和星期四 星期二和星期五	胸、肩、肱三头肌 背、肱二头肌、腿
5天	星期一 星期二 星期三 星期四 星期五	胸 腿 背 肩 臂
6天	星期一和星期五 星期二和星期六 星期三和星期日	胸、肩、肱三头肌 腿 背、肱二头肌

垂直负载和水平负载

垂直负载是NASM所使用的抗阻训练体系，遵循OPT™模型。它按照模型中从上到下的顺序推进训练，每组练习都改变所训练的身体部位（表13.6）。我们看一下OPT™模型就会知道，抗阻训练部分包含以下练习。

1. 全身练习。

2. 胸。

3. 背。

4. 肩。

5. 肱二头肌。

6. 肱三头肌。

7. 腿。

在垂直负载训练中，客户首先进行第一个练习（全身练习），完成要求的重复次数，然后下一组改为胸部练习，完成要求的重复次数。在胸部练习之后，客户要进行背部练习，依此顺序直到完成所有练习。完成之后，客户重新从第一个练习（全身练习）开始，再次按顺序进行全部练习，直至完成规定的组数。同时也可以尽量缩短组间休息时间，按循环训练的方式进行。

这种垂直负载训练体系非常有利于每个身体部位最大限度地恢复，同时最大限度地减少花在休息上的时间。例如，进行每个练习都要用1分钟，当客户完成一组回到胸部练习时已经过去了7至10分钟，这对于三磷酸腺

垂直负载 在训练中每组练习都改变所训练的身体部位，先训练上肢，再训练下肢。

苷（ATP）/磷酸肌酸（PC）的完全恢复时间应该是充足的。即使过去了7至10分钟，但客户一直在保持运动，并已按照训练计划将每个练习都进行了一组。

表13.6	垂直负载				
练习	组数	重复次数	节奏	休息	指导要点
全身					完成第一个身体部位的练习后再开始下一组
胸					
背					
肩					
肱二头肌					
肱三头肌					
腿					

水平负载 完成一个练习或身体部位的所有组数，然后才开始下一个练习或身体部位。

水平负载指的是完成一个练习或身体部位的所有组数，然后才开始下一个练习或身体部位（表13.7）。例如，如果要求进行三组胸部练习和3组背部练习，即客户先进行所有3组胸部练习，然后才开始3组背部练习。因此，练习的进展被认为是水平跨过模板的。这种方法最常用于健康俱乐部环境，并且适用于需要长时间组间休息的最大力量和爆发力训练[71-74]。

表13.7	水平负载				
阻力					
练习	组数	重复次数	节奏	休息	指导要点
全身					完成练习的所有组数之后再进行下一个练习
胸					
背					
肩					
肱二头肌					
肱三头肌					
腿					

水平负载训练体系的缺点是需要花大量的时间休息，而休息的时间往往比训练本身所花的实际时间更长。如果监控组间休息时间并将其限制在30至90秒，那么水平负载可以被视作一种代谢进阶。如果同样的肌群被迫在最低恢复水平的情况下工作，则会在肌肉中导致与新陈代谢及肌肉肥大相关的适应有更快的发展[14,75,76]。

小结

· OPT™模型采用循序渐进的系统化方法，让私人教练能够通过改变关键变量，实现多种目标，让所有客户获得同样的好处。采用多种训练体系来设计抗阻训练计划，可以实现不同的效果。

在单组式体系中，每个练习只做1组，通常每组8至12次重复。该体系已被证明有利于初级客户提高力量和肌肉肥大。多组式体系就是每个练习要进行多组，依据客户的目标和需求，可以调整阻力、组数和重复次数。该体系对于高级客户的效果优于单组式体系。

金字塔体系包含升级和降级方法，即每组练习递增重量或每组练习递减重量。超级组体系使用一个接一个快速连续进行的两个练习。该体系在健美人士中很流行，用于增强肌肉肥大和肌肉耐力。

循环训练体系由一个紧接一个进行的一系列练习组成，休息时间要尽量短。这对于那些时间有限和想改变身体成分的人来说是很好的训练体系。交替心肺训练体系是循环训练的另一个变式，在一个循环中上半身和下半身交替练习（或数量不同）。分化训练体系是指将身体划分成几个部分，在不同的日子分别进行训练，使每次训练所分配的时间可以完成更大的训练量。当身体各部分的训练超过一周一次时，应考虑恢复时间、训练量和强度。

垂直负载和水平负载是按照模板上垂直或水平的顺序进行练习。在垂直负载训练中，客户按顺序进行每一个练习，直至完成所有练习，然后，再次按顺序进行全部练习，直至完成规定的组数。同时也可以按循环训练的方式进行，尽量缩短练习之间的休息时间，让每个身体部位得到最大限度的恢复，并最大限度地减少花在休息上的时间。在水平负载训练中，完成一个练习或身体部位的所有组数，然后才开始下一个练习或身体部位。

抗阻训练

全身练习描述

全身–稳定性练习

稳定球下蹲，弯举至肩上推举

准备

1. 如图，双脚与肩同宽站立，脚尖朝向正前方，膝关节处于第二、第三脚趾的上方。将球放在下背部区域。

动作

2. 身体下降至深蹲姿势，下肢保持正确的力线。

3. 身体完全直立呈站立姿势，同时收紧臀肌和股四头肌。

4. 站稳后，屈肘并将哑铃上举过头直至双臂完全伸展。

5. 慢慢回到起始姿势并重复以上动作。

6. 退阶

   减少活动范围。

7. 进阶

   a. 双臂交替。

   b. 单臂。

   c. 单腿。

技术要领

在进行任何形式的稳定球下蹲时，尝试用球来引导完成下蹲的动作（就像坐进椅子），而不是依靠球来支撑（向后倾，靠在球上）。

抗阻训练 续

多平面台阶平衡，弯举至肩上推举

准备

1. 双脚与肩同宽，站在跳箱前面。

动作

2. 一条腿踏上跳箱，脚和膝保持朝向正前方。

3. 脚跟下压，站直，单腿站立并保持平衡。

4. 另一条腿屈髋屈膝。

5. 平衡后，屈肘并将哑铃上举过头直至双臂完全伸展。

6. 慢慢让哑铃回到起始位置。

7. 对侧腿回到地面，踏下跳箱。

8. 用另一条腿重复上述动作。

9. 退阶。

省去平衡。

10. 进阶。

　a. 冠状面。

　b. 水平面。

技术要领 在进行肩上推举时，确保下背部没有反弓。这可能预示着背阔肌紧张和深层核心稳定肌群力量薄弱。

抗阻训练 *续*

全身 - 力量练习

弓步至双臂哑铃肩上推举

准备

1. 开始时双脚与肩同宽。
2. 两手持哑铃于胸前（掌心朝向身体）。

动作

3. 弓步向前，到达稳定姿势时确保前脚脚尖朝向正前方，膝关节在第二、第三脚趾上方。
4. 双膝应屈曲90度，前脚应平放在地面上，后脚脚跟离地。
5. 从这个姿势开始，前脚蹬离地面，回到站立姿势。
6. 将哑铃上举过头，直至双臂完全伸展。
7. 放下哑铃并重复上述动作。

| 技术要领 | 当完成任何下蹲和弓步动作时，要确保脚尖朝向正前方，并且膝关节与脚趾对齐。这将确保正确的关节力学（关节运动学）和最佳力量的产生（通过适当的长度-张力关系和力偶关系），增加练习的益处并降低风险。 |

抗阻训练 *续*

下蹲，弯举接双臂肩上推举

准备

1. 开始时双脚与肩同宽站立，脚尖朝向正前方，膝关节处于第二、第三脚趾的上方。

动作

2. 在安全可控的情况下，下蹲尽可能低，保持下肢关节排列正确。

3. 在任何代偿发生之前，激活臀肌，并站起来至完全直立姿势。

4. 稳定后，屈肘并将哑铃上举过头，直至双臂完全伸展，掌心朝外。

5. 慢慢让哑铃回到起始位置并重复上述动作。

全身 – 爆发力练习

双臂借力推举

准备

1. 双脚与肩同宽站立。

2. 两手持哑铃于肩部高度。

动作

3. 像做肩上推举那样快速将哑铃上举。

4. 同时，双腿呈前后错开的站立姿势。后腿应保持三关节伸展（踝关节跖屈、膝关节伸展、髋关节伸展），前腿略微弯曲。

5. 在回到起始姿势时保持最佳的关节排列，然后重复上述动作。

> **技术要领** 在进阶到爆发力练习之前，必须建立良好的稳定性（稳定性层级训练）和原动肌力量（力量层级训练）。

抗阻训练 续

杠铃高翻

准备

1. 下蹲，让身体靠近杠铃杆，双脚平放在地面上。

2. 双臂完全伸展，以略大于肩宽的握距握紧杠铃杆。

3. 肩膀在杠铃杆的正上方或略前倾越过杠铃杆，骨盆保持中立位。

动作

4. 伸髋伸膝，发起第一阶段提拉，直接提起杠铃（杠铃杆保持靠近胫骨），双肘完全伸展。

5. 通过爆发式地伸展髋、膝和踝关节，继续向上移动杠铃。

6. 到达最大踝关节跖屈时，耸肩，屈臂并用双臂拉杠铃。

7. 在杠铃下方旋转肘关节前，将杠铃杆拉得尽可能高。

8. 当肘部移到杠铃下方时，手腕伸展。

9. 肘部朝向前方。

10. 将杠铃杆架在肩部前侧，保持躯干直立。

11. 屈髋屈膝，以吸收杠铃的重量。

技术要领 这只是对杠铃高翻的简单描述和图示。杠铃高翻是一个高阶的爆发力练习，在练习之前要有正确的指导。

抗阻训练 *续*

胸部练习描述

胸部－稳定性练习

稳定球哑铃卧推

准备

1. 如图，仰卧躺在稳定球上。

2. 维持桥式姿势，收缩臀肌，保持肩、髋、膝关节在同一个高度水平。

3. 双脚与肩同宽，脚尖朝向正前方。

4. 双手分别持哑铃于胸部高度。

动作

5. 伸展肘部并收缩胸部，将两个哑铃直接向上举起，然后并拢。

6. 保持。

7. 屈肘，慢慢让哑铃回到靠近身体的位置。

8. 退阶

   在长凳上的哑铃卧推。

9. 进阶

   a. 双臂交替。

   b. 单臂。

技术要领　　为了保持正确的关节排列，耳朵、肩、髋和膝都应在一条线上。

抗阻训练 *续*

俯卧撑

准备

1. 如图，呈俯卧撑准备姿势。

2. 肚脐往脊椎方向收紧，收紧臀肌。

动作

3. 保持骨盆中立位，屈肘，肩胛骨回缩并下抑，让身体慢慢向地面下降。

4. 伸展肘部和收缩胸部，推回到起始姿势。头部不可向前伸出。

5. 退阶

　　a. 跪姿。

　　b. 双手在长凳上，双脚在地面上。

　　c. 双手在墙上，双脚在地面上。

6. 进阶

　　a. 下肢在稳定球上。

　　b. 双手在药球上。

　　c. 双手在稳定球上。

技术要领　在进行俯卧撑时常见的代偿是塌腰（腹部向地面下降）。这表明深层核心稳定肌群力量薄弱，需要进行退阶练习。

胸部 – 力量练习

平板哑铃卧推

技术要领　在进行卧推时，肩关节的活动范围（肘关节能下降多少高度）将由所举起（控制）的负荷和组织的延展能力决定。关键是进行过程中必须保持控制并且没有代偿。

准备

1. 仰卧于平板凳上，屈膝，双脚平放在地面上。

2. 双手分别握住一个哑铃，保持在胸部高度。

动作

3. 伸展肘部并收缩胸部，将两个哑铃直接向上举起，然后并拢。

4. 保持。

5. 屈肘，让肩胛骨回缩并下抑，慢慢让哑铃回到靠近身体的位置。

抗阻训练 续

杠铃卧推

准备

1. 仰卧于平板凳上，双脚平放在地面上，脚尖朝向正前方。
2. 双手以略大于肩宽的握距握住杠铃杆。

动作

3. 屈肘，让杠铃慢慢朝胸部下降，避免塌腰和头部离开长凳。
4. 伸展肘部并收缩胸部，回推杠铃直到双肘完全伸展。

胸部 - 爆发力练习

双臂药球胸前传球

准备

1. 面对墙壁或同伴，以双脚平行的姿势站立。
2. 双手持药球（其重量为体重的5%至10%），屈肘，球放于胸部高度。

动作

3. 伸展肘部并收缩胸部，尽可能用力地将球朝正前方推出去并放手，不允许耸肩。
4. 尽可能快地接球并重复上述动作。

技术要领 如果没有条件（场地、器械）进行药球爆发力练习，也可以使用弹力带和绳索来进行该练习。但是一定要相应地调整重量或阻力，使得练习者能可控地快速进行动作，并且没有代偿。

抗阻训练 续

转身胸前传球

准备

1. 站立，转身90度，以身体侧面对墙壁或同伴。
2. 双手持药球（其重量为体重的5%至10%），屈肘，球放于胸部高度。

动作

3. 用腹部肌肉、髋部和臀部肌肉，快速、爆发式地将身体转向墙壁。
4. 转身时，后腿旋转，并让后腿呈三关节伸展（踝跖屈、膝伸展和髋伸展）。
5. 如图，伴随上半身运动，用后面的手臂伸展并发力。
6. 在可控的情况下尽可能快地接球并重复上述动作。

抗阻训练 *续*

背部练习描述

背部 – 稳定性练习

站姿绳索划船

准备

1. 面向绳索拉力器站立，脚尖朝向正前方。

2. 握住绳索手柄，双臂在胸部高度伸展。

动作

3. 双膝微屈，屈肘且肩胛骨后缩和下降，进行绳索划船。

4. 避免头部前伸或耸肩。

5. 保持。

6. 伸展肘部，双臂慢慢回到起始姿势。

7. 退阶

   坐姿。

8. 进阶

   a. 双腿，双臂交替。

   b. 双腿，单臂。

   c. 单腿，双臂。

   d. 单腿，双臂交替。

   e. 单腿，单臂。

技术要领 在进行划船时，通过肩胛骨回缩和下抑发起动作，不允许耸肩。

稳定球哑铃划船

准备

1. 以俯卧姿势开始，稳定球位于腹部下方。

2. 保持脚尖朝下，双腿完全伸直。

3. 双手各持一个哑铃，双臂在身前完全伸展。

动作

4. 收紧臀肌和股四头肌。

5. 屈肘，肩胛骨回缩和下抑进行哑铃划船。

6. 保持。

7. 伸展肘部，让哑铃慢慢返回地面。

8. 退阶

   跪姿，身体压在球上。

9. 进阶

   a. 双臂交替。

   b. 单臂。

技术要领　以俯卧姿势进行该练习可能会让人不舒服。如果遇到超重的客户，建议以坐姿或站姿进行这些练习。

抗阻训练 *续*

背部 - 力量训练

坐姿绳索划船

准备

1. 坐姿，面对绳索拉力器，双脚与肩同宽，脚尖朝向正前方。

2. 握住绳索手柄，双臂伸展。

动作

3. 屈肘，将手柄拉向躯干，进行绳索划船。

4. 拇指朝向腋窝，保持肩胛骨回缩和下抑。

5. 避免头部前伸。

6. 保持。

7. 伸展肘部，双臂慢慢回到起始姿势。

技术要领 为了增加练习的效果和减少损伤的风险，在整个进行练习的过程中都应保持躯干固定。在进行划船时屈曲或伸展躯干会带来冲量，这会降低练习的效果并对下背部造成压力。

抗阻训练 *续*

坐姿背阔肌下拉

准备

1. 坐直，双脚平放在地面上，脚尖朝向正前方。

动作

2. 屈肘，肩胛骨回缩和下抑，将手柄拉向身体。不要弓背，避免头部前伸或耸肩。

3. 在活动度末端保持。

4. 伸展肘部，慢慢让配重片回到起始位置。

技术要领　不建议在进行背阔肌下拉时将绳索拉到颈部后方，这会对肩关节和颈椎造成压力。如果使用杠铃（而不是图示中的绳索）做背阔肌下拉练习，杠铃杆应在头部前面经过，下降至大约肩部高度。

抗阻训练 *续*

背部－爆发力练习

上拉掷药球

准备

1. 稳定球放在下背部下方，屈膝90度，双脚平放在地面上，脚尖朝向正前方。
2. 双手持药球（其重量为体重的5%至10%），举过头顶，双臂伸展。

动作

3. 使用腹肌，快速向前卷腹。
4. 保持肘部伸直，向正前方掷出药球。
5. 当球出手时，让双臂继续拉动至身体两侧。
6. 整个练习过程中保持收下巴。
7. 在可控的情况下，尽可能快地重复上述动作。

> **技术要领**　为了减少对肩部和下背部的压力，重要的是在进行背部爆发力练习之前，背阔肌需要达到最佳延展能力。

双手过顶掷

准备

1. 如图，双手持药球（其重量为体重的5%至10%），举过头顶。

动作

2. 将药球快速掷向地面，让双臂继续挥动到最大限度。
3. 重复上述动作。

抗阻训练 *续*

肩部练习描述

肩部 - 稳定性练习

哑铃单腿肩胛骨外展

准备

1. 双手持哑铃垂在身体两侧，掌心朝向身体。

2. 如图，一条腿抬起，离开地面。

动作

3. 双臂在身前以45度同时抬起，拇指向上，直至双手到达大约眼睛高度。

4. 在整个练习过程中，避免塌腰（腰椎过伸）。

5. 保持。

6. 双臂慢慢回到身体两侧，重复上述动作。

7. 退阶

　　a. 双腿。

　　b. 坐姿。

8. 进阶

　　a. 单腿，双臂交替。

　　b. 单腿，单臂。

　　c. 本体感受方式。

技术要领　　在肩胛骨平面进行肩部练习可以降低冈上肌在肱骨头和肩峰喙突弓之间受到撞击的风险。

抗阻训练 *续*

坐姿稳定球军式推举

准备

1. 坐在稳定球上，保持脚尖朝向正前方，双脚与髋同宽。

2. 双手握住哑铃，保持在肩部高度。

动作

3. 将哑铃举过头顶，直到双臂完全伸展，掌心朝前。

4. 保持。

5. 慢慢让哑铃返回起始位置并重复上述动作。

6. 退阶

   坐在平板凳上。

7. 进阶

   a. 双臂交替。

   b. 单臂。

   c. 站姿。

技术要领　坐在稳定球上进行练习会让某些人感觉不舒服。当这些客户进行练习时，可能需要健康和健身专业人员扶住稳定球，以提供额外的支持（精神与身体层面）。

抗阻训练 *续*

肩部－力量练习

坐姿哑铃肩上推举

准备

1. 坐在平板凳上，双脚平放在地面上，脚尖朝向正前方。

2. 如图，双手各握一个哑铃。

动作

3. 伸展肘部，直接将双臂举过头顶。避免头部前伸或塌腰。

4. 慢慢回到起始姿势并重复上述动作。

技术要领 在进行肩上推举时，确保颈椎保持在中立位（头稍微往后）。不允许头往前倾，否则会对颈部后面的肌肉和颈椎产生过大压力。

抗阻训练 *续*

器械坐姿肩上推举

准备

1. 坐在器械上，双脚朝向正前方。
2. 根据身材对器械进行必要调整。
3. 选择合理的配重。
4. 保持收下巴。

动作

5. 将重量推举过头顶，直到双臂完全伸展。
6. 保持。
7. 屈肘，肩胛骨回缩并下抑，慢慢让配重片回到起始位置。

肩部 - 爆发力练习

身前斜抛药球

准备

1. 面对墙壁或者同伴站立，双脚与肩同宽，双膝微屈，脚尖朝向正前方。
2. 如图，双手持药球（其重量为体重的5%至10%）。

动作

3. 用下手动作将球抛向墙壁或同伴。
4. 用捞起的动作接住球。
5. 在可控的情况下尽可能快地重复上述动作。
6. 可以在身体一侧连续进行该练习或身体两侧交替进行。

技术要领　如果没有同伴，你可以将球抛向墙壁来进行该练习。

抗阻训练 *续*

过顶后抛药球

准备

1. 如图，背对墙壁站立，双手持球进入半蹲姿势。

动作

2. 爆发式地跳离地面，伸展双臂过头顶。

3. 将药球抛向墙壁。

4. 在手臂经过耳朵前将球放开，不允许背部过伸。

5. 可控且稳定地落地，避免所有的代偿。

肱二头肌练习描述

肱二头肌 – 稳定性练习

单腿哑铃弯举

准备

1. 单腿站立，双臂伸展，垂在身体两侧，双手各持一个哑铃。

动作

2. 双肘屈曲并旋后，进行肱二头肌弯举。

3. 慢慢让哑铃回到起始位置。

4. 退阶
   双腿。

5. 进阶
   a. 双臂交替。
   b. 单臂。
   c. 本体感受方式。

技术要领 练习过程中保持肩胛骨回缩，以确保合适的肩胛骨稳定性，将重点更多地放在肱二头肌上。

抗阻训练 *续*

单腿杠铃弯举

准备

1. 如图，单腿站立，双手持杠铃。

动作

2. 双肘屈曲，肩胛骨保持回缩，进行杠铃弯举。

3. 将杠铃弯举至胸部高度。

4. 伸展肘部，让杠铃慢慢回到起始位置。

5. 退阶

   双腿。

6. 进阶

   本体感受方式。

技术要领 为了减少对肘关节的压力，握距不要太窄或太宽。为了确定握距，伸展肘部，让双手自然垂在身体两侧，掌心朝前。双手在身体两侧的位置就应该是双手握住杠铃时的位置。

肱二头肌 - 力量练习
坐姿双臂哑铃弯举

准备

1. 坐在平板凳上，双脚平放在地面上，脚尖朝向正前方。

2. 双手各持一个哑铃，双臂垂在身体两侧。

动作

3. 肘关节屈曲和旋后，进行肱二头肌弯举。

4. 在整个练习过程中，保持肩胛骨回缩。

5. 让哑铃慢慢回到起始位置。

抗阻训练 *续*

器械弯举

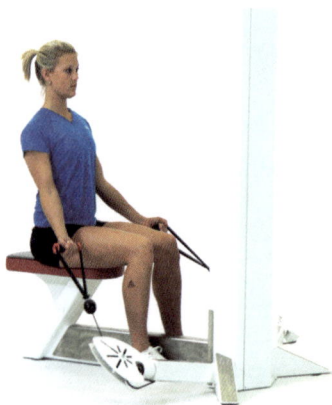

准备

1. 坐在器械上。
2. 根据身材对器械进行必要的调整。
3. 选择合理的配重。

动作

4. 肘关节屈曲，同时肩胛骨回缩，进行肱二头肌弯举，避免头部前伸。
5. 弯举至活动度末端。
6. 伸展肘部，让配重片慢慢回到起始位置。

技术要领　进行肱二头肌弯举时，保持躯干直立的姿态很重要。不允许身体过度屈曲或伸展，否则属于作弊。

抗阻训练 *续*

肱三头肌练习描述

肱三头肌 – 稳定性练习

仰卧稳定球哑铃肱三头肌伸展

技术要领
当以仰卧姿势进行稳定球练习时，要确保头部舒服地放在球上，这将减小对颈椎的压力。

准备

1. 仰卧在稳定球上，稳定球位于两侧肩胛骨中间。
2. 收紧臀肌，肩、髋和膝关节保持在同一高度，以维持桥式姿势。
3. 双脚与肩同宽，脚尖朝向正前方。

动作

4. 伸展肘部，直到双臂完全伸直。
5. 屈曲肘部，让哑铃慢慢回到起始位置。
6. 退阶
   在平板凳上。

7. 进阶
   a. 双臂交替。
   b. 单臂。

俯卧稳定球哑铃肱三头肌伸展

技术要领
为了保持最佳的关节排列，要确保踝、膝、髋、肘、肩和耳呈一条直线，并在整个练习的过程中保持。

准备

1. 采用俯卧姿势，稳定球位于腹部下方。
2. 脚尖保持朝向下方，双腿完全伸直，并且腹部收紧。
3. 双手各持一个哑铃，肘部屈曲，肩胛骨回缩并下抑。

动作

4. 保持肩胛骨回缩的姿势，伸展肘部，直至与身体两侧平行。
5. 保持。
6. 屈曲肘部，让哑铃慢慢回到起始位置。

7. 退阶
   站姿，用绳索。
8. 进阶
   a. 双臂交替。
   b. 单臂。

抗阻训练 *续*

肱三头肌 - 力量练习
拉力器屈臂下压

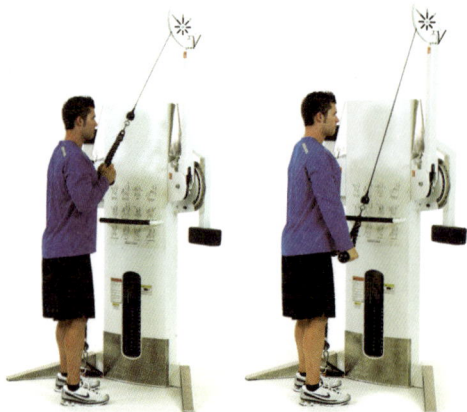

准备

1. 双脚与肩同宽站立，脚尖朝向正前方，膝关节微屈。
2. 抓住绳索手柄，肘部屈曲。
3. 保持肩胛骨回缩并下抑。

动作

4. 收缩肱三头肌，双手向地面压，直到双臂完全伸展。
5. 保持。
6. 慢慢回到起始姿势。
7. 重复上述动作。

技术要领　进行拉力器屈臂下压时用绳索可以让手肘循其自然活动路径活动，而不是让双手很近地固定在杠铃杆上，这可以帮助减少进行练习时代偿的风险。

仰卧平板凳杠铃肱三头肌伸展

技术要领

与杠铃弯举相似，两手握距太窄会增加对肘部的压力。保持握距接近肩宽，有助于减小对肘部的压力和减少代偿。

准备

1. 仰卧在平板凳上。
2. 双脚平放在地面上，脚尖朝向正前方。
3. 如图，两手握住杠铃杆，肘部屈曲。

动作

4. 伸展肘部，直到双臂完全伸直。
5. 保持。
6. 屈肘，慢慢向额头降低杠铃。
7. 重复上述动作。

抗阻训练 *续*

腿部练习描述

腿部 – 稳定性练习

稳定球下蹲

技术要领

稳定球下蹲是教客户正确下蹲的极佳办法，其目标是让客户最终升级到无球下蹲。

准备

1. 双脚与肩同宽站立，脚尖朝向正前方，膝关节在第二、第三脚趾上方。双手持哑铃，垂在身体两侧。
2. 将球放在墙上，背部靠着球。
3. 理想情况下，双脚保持在膝关节下方。有些人由于踝关节背屈角度不足（小腿紧张），可将双脚稍微往前移一点。

动作

4. 慢慢地开始下蹲，屈膝屈髋，脚尖保持朝前（像要坐进椅子），保持膝关节与脚趾对齐，激活腹肌。
5. 允许骨盆靠后，在稳定球下方，以维持脊柱的中立位。
6. 保持挺胸，将压力放在脚后跟，不要只依靠稳定球来提供支撑。
7. 为了重新站起来，收紧臀部肌肉，并在伸展膝关节时通过脚后跟施加压力。
8. 站直，直到髋关节和腿部完全伸展，避免下背部和下肢出现代偿动作。
9. 退阶
   a. 减少活动范围。
   b. 扶着稳定的支撑物。
10. 进阶

    无球下蹲。

抗阻训练 续

多平面登台阶至平衡

准备

1. 站在跳箱前面，双脚朝向正前方。双手持哑铃，垂在身体两侧。

动作

2. 一条腿踏上跳箱，保持脚尖朝向正前方，并且膝在足弓正上方。

3. 脚后跟蹬地并站直，保持单腿平衡。

4. 另一条腿屈髋屈膝，并且踝背屈。

5. "悬浮"腿回到地面并踏下跳箱，保持最佳的关节排列。

6. 用另一条腿重复上述动作。

7. 退阶

　a. 省略平衡。

　b. 降低跳箱高度。

8. 进阶

　a. 冠状面登台阶。

　b. 水平面登台阶。

技术要领

弓步是极好的下肢力量练习；然而，许多人的柔韧性和稳定性不足，无法正确进行该练习。登台阶是很好的弓步退阶练习，直至培养出适当的柔韧性和稳定性能力来正确进行弓步。

抗阻训练练习 *续*

腿部 - 力量练习

腿举（髋部雪橇）

技术要领

确保双脚与髋同宽或与肩同宽，站在平台上，脚尖朝向正前方，膝关节与脚趾在同一直线上。这将减小对膝、髋和下背部的压力。

准备

1. 站在器械上。
2. 根据身材对器械进行必要的调整。
3. 双脚与肩同宽，脚尖朝向正前方，膝关节在第二、第三脚趾正上方。

动作

4. 慢慢下蹲至安全可控的深度。在整个动作过程中保持下肢的最佳排列。
5. 在任何代偿动作出现前，激活臀肌并通过脚后跟施压，伸髋伸膝，回到起始姿势。

抗阻训练 续

杠铃深蹲

准备

1. 双脚与肩同宽站立，脚尖朝向正前方，膝关节在第二、第三脚趾正上方。

2. 将杠铃放在颈后的肩上，双手以略大于肩宽的握距握住杠铃杆。

动作

3. 慢慢开始下蹲，屈膝屈髋，保持脚尖朝向正前方，不允许膝关节向内移动。

4. 保持挺胸，并通过脚后跟施压。

5. 下蹲到安全可控的深度，同时维持理想的姿势。

6. 为了重新站起来，收紧臀肌并通过脚后跟施加压力，同时伸展膝和髋关节。

7. 站起来，直到髋关节和腿部完全伸展。避免下背部和下肢出现代偿动作。

技术要领 应该下蹲到什么程度呢？仅仅下蹲至可控且没有代偿动作的深度。假设没有代偿动作的出现，随着柔韧性和稳定力量的增强，活动范围也会增加。

抗阻训练 续

腿部–爆发力练习

蹲跳

准备

1. 双脚与肩同宽站立，脚尖朝向正前方。

动作

2. 略微下蹲。

3. 向上跳离地面，伸展双臂过头顶。

4. 落地时让手臂回到身体两侧。

5. 以可控的方式用足弓轻盈地着地，脚尖和膝关节指向正前方。在可控的情况下尽可能快地重复上述动作。

团身跳

准备

1. 双脚与肩同宽站立，脚尖朝向正前方。

动作

2. 向上跳离地面，在空中提膝靠向胸部。

3. 以可控的方式用足弓轻盈地着地，脚尖朝向正前方，并且膝关节在足弓上方。

4. 在可控的情况下尽可能快地重复上述动作。

技术要领 进行爆发力练习时，请确保用跖骨球后面的部分（不是跖骨球或脚后跟）落地。这将确保脚与下肢有恰当的力的分布，提高力的产生能力。

填写训练计划模板

本章包含的信息为私人教练提供了针对各种客户的需求设计安全有效的抗阻训练计划的基本素材。本章中的信息和第15章中的信息让私人教练可以正确完成OPT™计划模板的抗阻训练部分。应按照图13.8中的范例完成模板。

专家姓名：布莱恩·萨顿

客户姓名：约翰·史密斯			日期：5/01/13	
目标：全身			阶段：1 稳定性耐力	

热身

练习	组数	持续时长	指导要点
自我肌筋膜放松：小腿三头肌、髂胫束、背阔肌	1	30秒	每个疼痛区域保持30秒
静态拉伸：小腿三头肌、屈髋肌群、背阔肌	1	30秒	每次拉伸保持30秒
跑步机	1	5至10分钟	快走转慢跑

核心/平衡/快速伸缩复合训练

练习	组数	次数	节奏	休息	指导要点
仰卧臀桥	2	12	慢	0秒	
俯卧眼镜蛇式	2	12	慢	0秒	
单腿平衡伸展	2	12	慢	0秒	
蹲跳至稳定	2	5	慢	90秒	保持落地姿势3至5秒

速度、敏捷性和快速反应训练

练习	组数	次数	休息	指导要点
可选				
可选				

抗阻训练

练习		组数	次数	节奏	休息	指导要点
全身	稳定球下蹲，弯举至肩上推举	2	12	慢	0	垂直负载
胸	稳定球哑铃卧推	2	12	慢	0	
背	站姿绳索划船	2	12	慢	0	
肩	哑铃单腿肩胛骨外展	2	12	慢	0	
肱二头肌	单腿哑铃弯举	2	12	慢	0	
肱三头肌	仰卧稳定球哑铃肱三头肌伸展	2	12	慢	0	
腿	登台阶至平衡：矢状面	2	12	慢	90秒	

冷身

练习	组数	持续时长	指导要点
跑步机（可选）	1	5至10分钟	快走；逐渐降低速度
SMR：小腿三头肌、髂胫束、背阔肌	1	30秒	每个疼痛区域保持30秒
静态拉伸：小腿三头肌、屈髋肌群、背阔肌	1	30秒	每次拉伸保持30秒

指导要点：

美国国家运动医学学会

图13.8 完成后的模板的抗阻训练部分

参考文献

（1）Fleck SJ, Schutt RC. Types of strength training. *Clin Sports Med*. 1985; 4: 159–167.

（2）Stone MH, Collins D, Plisk S, Haff G, Stone ME. Training principles: evaluation of modes and methods of resistance training. *Strength Cond J*. 2000; 22(3): 65–76.

（3）Tan B. Manipulating resistance training program variables to optimize maximum strength in men: a review. *J Strength Cond Res*. 1999; 13(3): 289–304.

（4）Kraemer WJ, Nindl BC, Ratamess NA, et al. Changes in muscle hypertrophy in women with periodized resistance training. *Med Sci Sports Exerc*. 2004; 36: 697–708.

（5）Kraemer WJ, Ratamess NA. Physiology of resistance training. *Orthop Phys ier Clin North Am*. 2000; 9(4): 467–513.

（6）Selye H. *The Stress of Life*. New York, NY: McGraw-Hill; 1976.

（7）Cheung K, Hume P, Maxwell L. Delayed onset muscle soreness: treatment strategies and performance factors. *Sports Med*. 2003; 33(2): 145–164.

（8）Kannus P. Structure of the tendon connective tissue. *Scand J Med Sci Sports*. 2000; 10: 312–320.

（9）Meeusun R, Duclos M, Gleeson M, Rietjens G, Steinacker J, Urhausen A. Prevention, diagnosis and treatment of the Overtraining Syndrome: ECSS Position Statement 'Task Force.' *Eur J Sport Sci*. 2006; 6(1): 1–14.

（10）Hakkinen K. Neuromuscular adaptation during strength training, aging, detraining and immobilization. *Crit Rev Phys Med*. 1994; 6: 161–198.

（11）McEvoy KP, Newton RU. Baseball throwing speed and base running speed: the effects of ballistic resistance training. *J Strength Cond Res*. 1998; 12(4): 216–221.

（12）Gabriel DA, Kamen G, Frost G. Neural adaptations to resistive exercise: mechanisms and recommendations for training practices. *Sports Med*. 2006; 36: 133–149.

（13）Harmer AR, McKenna MJ, Sutton JR, et al. Skeletal muscle metabolic and ionic adaptations during intense exercise following sprint training in humans. *J Appl Physiol*. 2000; 89(5): 1793–1803.

（14）Parra J, Cadefau JA, Rodas G, Amigó N, Cussó R. The distribution of rest periods affects performance and adaptations of energy metabolism induced by high-intensity training in human muscle. *Acta Physiol Scand*. 2000; 169: 157–165.

（15）Ogita F, Stam RP, Tazawa HO, Toussaint HM, Hollander AP. Oxygen uptake in one-legged and two-legged exercise. *Med Sci Sports Exerc*. 2000; 32(10): 1737–1742.

（16）Williford HN, Olson MS, Gauger S, Duey WJ, Blessing DL. Cardiovascular and metabolic costs of forward, backward, and lateral motion. *Med Sci Sports Med*. 1998; 30(9): 1419–1423.

（17）Heus R, Wertheim AH, Havenith G. Thuman energy expenditure when walking on a moving platform. *Eur J Appl Physiol Occup Physiol*. 1998; 77(4): 388–394.

（18）Lagally KM, Cordero J, Good J, Brown DD, McCaw ST. Physiologic and metabolic responses to a continuous functional resistance exercise workout. *J Strength Cond Res*. 2009; 23(2): 373–379.

（19）Behm DG, Anderson K, Curnew RS. Muscle force and activation under stable and unstable conditions. *J Strength Cond Res*. 2002; 16: 416–422.

（20）Cosio-Lima LM, Reynolds KL, Winter C, Paolone V, Jones MT. Effects of physioball and conventional floor exercises on early phase adaptations in back and abdominal core stability and balance in women. *J Strength Cond Res*. 2003; 17: 721–725.

（21）Heitkamp HC, Horstmann T, Mayer F, Weller J, Dickhuth HH. Gain in strength and muscular balance after balance training. *Int J Sports Med*. 2001; 22: 285–290.

（22）Bellew JW, Yates JW, Gater DR. The initial effects of low-volume strength training on balance in untrained older men and women. *J Strength Cond Res*. 2003; 17: 121–128.

（23）Cressey EM, West CA, Tiberio DP, Kraemer WJ, Maresh CM. The effects of ten weeks of lower-body unstable surface training on markers of athletic performance. *J Strength Cond Res*. 2007; 21: 561–567.

（24）Edgerton VR, Wolf SL, Levendowski DJ, Roy RR. Theoretical basis for patterning EMG amplitudes to assess muscle dysfunction. *Med Sci Sport Exerc*. 1996; 28(6): 744–751.

（25）Campos GE, Luecke TJ, Wendelin HK, et al. Muscular adaptations in response to three different resistance-training regimens: specificity of repetition maximum training zones. *Eur J Appl Physiol*. 2002; 88: 50–60.

（26）Marx JO, Ratamess NA, Nindl BC, et al. Low-volume circuit versus high-volume periodized resistance training in women. *Med Sci Sports Exerc*. 2001; 33: 635–643.

（27）Rhea MR, Alvar BA, Burkett LN, Ball SD. A meta-analysis to determine the dose response for strength development. *Med Sci Sports Exerc*. 2003; 35: 456–464.

（28）Kraemer WJ, Ratamess NA. Fundamentals of resistance training: progression and exercise prescription. *Med Sci Sports Exerc*. 2004; 36: 674–688.

（29）Hass CJ, Garzarella L, de Hoyos D, Pollock ML. Single versus multiple sets in long-term recreational weight-lifters. *Med Sci Sports Exerc*. 2000; 32: 235–242.

（30）Abernathy PJ, J ü rimäe J, Logan PA, Taylor AW, hayer RE. Acute and chronic response of skeletal muscle to resistance exercise. *Sports Med*. 1994; 17(1): 22–38.

（31）Kraemer WJ, Fleck SJ, Evans WJ. Strength and power training: physiological mechanisms of adaptation. *Exerc Sport Sci Rev*. 1996; 24: 363–397.

（32）Mayhew TP, Rothstein JM, Finucane SD, Lamb RL. Muscular adaptation to concentric and eccentric exercise at equal power levels. *Med Sci Sport Exer*. 1995; 27: 868–873.

（33）Staron RS, Karapondo DL, Kraemer WJ, et al. Skeletal muscle adaptations during early phase of heavy-resistance training in men and women. *J Appl Physiol*. 1994; 76: 1247–1255.

（34）Brandenburg JP, Docherty D. The effects of accentuated eccentric loading on strength, muscle hypertrophy, and neural adaptations in trained individuals. *J Strength Cond Res*. 2002; 16: 25–32.

（35）Häkkinen K, Alen M, Kraemer WJ, et al. Neuromuscular adaptations during concurrent strength and endurance training versus strength training. *Eur J Appl Physiol*. 2003; 89: 42–52.

（36）Häkkinen K, Kraemer WJ, Newton RU, Alen M. Changes in electromyographic activity, muscle fibre and force production characteristics during heavy resistance/power strength training in middle–aged and older men and women. *Acta Physiol Scand*. 2001; 171: 51–62.

（37）McCall GE, Byrnes WC, Fleck SJ, Dickinson A, Kraemer WJ. Acute and chronic hormonal responses to resistance training designed to promote muscle hypertrophy. *Can J Appl Physiol*. 1999; 24(1): 96–107.

（38）Moritani T, deVries HA. Neural factors versus hypertrophy in the time course of muscle strength gain. *Am J Phys Med*. 1979; 58: 115–130.

（39）Gabriel DA, Kamen G, Frost G. Neural adaptations to resistive exercise: mechanisms and recommendations for training practices. *Sports Med*. 2006; 36: 133–149.

（40）Coburn JW, Housh TJ, Malek MH, et al. Neuromuscular responses to three days of velocity–specific isokinetic training. *J Strength Cond Res*. 2006; 20: 892–898.

（41）Finer JT, Simmons RM, Spudich JA. Single myosin molecule mechanics: piconewton forces and nanometre steps. *Nature*. 1994; 368: 113–119.

（42）Sale DG. Neural adaptation to resistance training. *Med Sci Sports Exerc*. 1988; 20(5 Suppl): S135–145.

（43）Sale DG. Neural adaptation in strength and power training. In: Jones NL, McCartney N, McComas AJ, eds. *Thuman Muscle Power*. Champaign, IL: Human Kinetics; 1986: 289–307.

（44）McCall GE, Byrnes WC, Dickinson A, Pattany PM, Fleck SJ. Muscle fiber hypertrophy, hyperplasia, and capillary density in college men after resistance training. *J Appl Physiol*. 1996; 81: 2004–2012.

（45）Kraemer WJ, Mazzetti SA, Nindl BC, et al. Effect of resistance training on women's strength/power and occupational performances. *Med Sci Sports Exerc*. 2001; 33: 1011–1025.

（46）Chilibeck PD, Calder AW, Sale DG, Webber CE. A comparison of strength and muscle mass increases during resistance training in young women. *Eur J Appl Physiol Occup Physiol*. 1998; 77: 170–175.

（47）Peterson MD, Rhea MR, Alvar BA. Maximizing strength development in athletes: a meta–analysis to determine the doseresponse relationship. *J Strength Cond Res*. 2004; 18: 377–382.

（48）Rhea MR, Alderman BL. A meta–analysis of periodized versus nonperiodized strength and power training programs. *Res Q Exerc Sport*. 2004; 75: 413–422.

（49）Enoka RM. *Neuromechanics of Human Movement*. 3rd ed. Champaign, IL: Human Kinetics; 2002.

（50）Bobbert MA, Van Soest AJ. Effects of muscle strengthening on vertical jump height: a simulation study. *Med Sci Sports Exerc*. 1994; 26: 1012–1020.

（51）Newton RU, Kraemer WJ, Häkkinen K, Humphries BJ, Murphy AJ. Kinematics, kinetics, and muscle activation during explosive upper body movements. *J Appl Biomech*. 1996; 12: 31–43.

（52）Cronin J, McNair PJ, Marshall RN. Force–velocity analysis of strength–training techniques and load: implications for training strategy and research. *J Strength Cond Res*. 2003; 17: 148–155.

（53）Hoffman JR, Ratamess NA, Cooper JJ, Kang J, Chilakos A, Faigenbaum AD. Comparison of loaded and unloaded jump squat training on strength/power performance in college football players. *J Strength Cond Res*. 2005; 19: 810–815.

（54）Newton RU, Häkkinen K, Häkkinen A, McCormick M, Volek J, Kraemer WJ. Mixed–methods resistance training increases power and strength of young and older men. *Med Sci Sports Exerc*. 2002; 34: 1367–1375.

（55）Wilson GJ, Newton RU, Murphy AJ, Humphries BJ. The optimal training load for the development of dynamic athletic performance. *Med Sci Sports Exerc*. 1993; 25: 1279–1286.

（56）Wilson GJ, Murphy AJ, Walshe AD. Performance benefits from weight and plyometric training: effects of initial strength level. *Coaching Sport Sci. J* 1997; 2: 3–8.

（57）Ebben WP, Watts PB. A review of combined weight training and plyometric training modes: complex training. *Strength Cond*. 1998; 20: 18–27.

（58）Sale DG, MacDougall JD, Upton AR, McComas AJ. Effect of strength training upon motoneuron excitability in man. *Med Sci Sports Exerc*. 1983; 15(1): 57–62.

（59）Brown HS, Stein RB, Yemm R. Changes in firing rate of human motor units during linearly changing voluntary contractions. *J Physiol (Lond)*. 1973; 230: 371–390.

（60）Marx JO, Kraemer WJ, Nindl BC, et al. The effect of periodization and volume of resistance training in women (abstract). *Med Sci Sports Exerc*. 1998; 30(5): S164.

（61）Kraemer WJ, Ratamess N, Fry AC, et al. Influence of resistance training volume and periodization on physiological and performance adaptations in collegiate women tennis players. *Am J Sports Med*. 2000; 28(5): 626–633.

（62）Starkey DB, Pollock ML, Ishida Y, et al. Effect of resistance training volume on strength and muscle thickness. *Med Sci Sports Exerc*. 1996; 28: 1311–1320.

（63）Jacobson BH. Comparison of two progressive weight training techniques on knee extensor strength. *Athl Train*. 1986; 21: 315–319.

（64）Reid CM, Yeater RA, Ullrich IH. Weight training and strength, cardiorespiratory functioning and body composition of men. *Br J Sports Med*. 1987; 21: 40–44.

（65）[No authors listed] American College of Sports Medicine position stand. The recommended quantity and quality of exercise for developing and maintaining cardiorespiratory and muscular fitness in healthy adults. *Med Sci Sports Exerc*. 1990; 22: 265–274.

（66）Stone MH, Plisk SS, Stone ME, Schilling BK, O'Bryant

HS, Pierce KC. Athletic performance development: volume load—1 set vs. multiple sets, training velocity and training variation. *Strength Cond J.* 1998; 20(6): 22–31.

(67) Rhea MR, Alvar BA, Ball SD, Burkett LN. Three sets of weight training superior to 1 set with equal intensity for eliciting strength. *J Strength Cond Res.* 2002; 16: 525–529.

(68) Haltom RW, Kraemer R, Sloan R, Hebert EP, Frank K, Tryniecki JL. Circuit weight training and its effects on postexercise oxygen consumption. *Med Sci Sports Exerc.* 1999; 31(11): 1613–1618.

(69) Harber MP, Fry AC, Rubin MR, Smith JC, Weiss LW. Skeletal muscle and hormonal adaptations to circuit weight training in untrained men. *Scand J Med Sci Sports.* 2004; 14(3): 176–185.

(70) Fleck SJ, Kraemer WJ. *Designing Resistance Training Programs.* 2nd ed. Champaign, IL: Human Kinetics; 1997.

(71) Ahtiainen JP, Pakarinen A, Alen M, Kraemer WJ, Häkkinen K. Short vs. long rest period between the sets in hypertrophic resistance training: influence on muscle strength, size, and hormonal adaptations in trained men. *J Strength Cond Res.* 2005; 19: 572–582.

(72) Kraemer WJ. A series of studies—the physiological basis for strength training in American football: fact over philosophy. *J Strength Cond Res.* 1997; 11: 131–142.

(73) Richmond SR, Godard MP. The effects of varied rest periods between sets to failure using the bench press in recreationally trained men. *J Strength Cond Res.* 2004; 18: 846–849.

(74) Robinson JM, Stone MH, Johnson RL, et al. Effects of different weight training exercise/rest intervals on strength, power, and high intensity exercise endurance. *J Strength Cond Res.* 1995; 9: 216–221.

(75) McCall GE, Byrnes WC, Fleck SJ, Dickinson A, Kraemer WJ. Acute and chronic hormonal responses to resistance training designed to promote muscle hypertrophy. *Can J Appl Physiol.* 1999; 24: 96–107.

(76) Ratamess NA, Falvo MJ, Mangine GT, Hoffman JR, Faigenbaum AD, Kang J. The effect of rest interval length on metabolic responses to the bench press exercise. *Eur J Appl Physiol.* 2007; 100: 1–17.

第14章

综合训练计划设计和最佳运动表现训练（OPT™）模型

章节目标

学完本章，你应该能够掌握如下内容。

☑ 定义并描述最佳运动表现训练（OPT™）模型中的关键训练变量。

☑ 描述OPT™模型中的各个阶段。

☑ 为训练的每个阶段设计训练计划。

训练计划设计简介

　　运动训练计划通常很大程度上以其设计者过去的经验为基础。例如，由具有健美、力量举或者奥林匹克举重的训练背景的人所设计的训练计划往往与那些只有团队运动经验的人或退役运动员所制订的计划大相径庭。尽管经验在任何行业（包括私人训练）中永远都是一项重要的素质，但经验并不是唯一需要具备的，甚至对于某些情况来说并不是最重要的素质。设计安全、有效的训练计划需要一系列的技能，包括从教育中获得的知识、个人运动兴趣、与客户有效沟通的能力以及与其他经验更丰富的教练合作的经验，当然还包括自己过往的经验。

　　私人教练需要具备将运动训练知识、经验和技能适当结合起来，才有能力针对不同的客户设计出综合训练计划。至少，私人教练应该能够充满信心地回答有关其所有客户的以下问题。

　　　◆ 哪些练习最适合我的客户？

　　　◆ 哪些练习对于我的客户来说是禁忌？

　　　◆ 我的客户适宜进行什么强度的练习？

　　　◆ 我的客户适合做多少个练习？

　　　◆ 我应该让我的客户进行多少组练习，每组重复多少次？

◆ 我的客户应该每周训练多少次？

如果没有足够的教育和知识背景来回答上述问题，私人教练可能会为客户设计出不合适、低效率甚至是不安全的训练计划。为了帮助私人教练（尤其是刚进入这个行业的新人）基于客户的个人需求设计安全有效的训练计划，NASM推荐使用一个基于科学的结构化计划设计模型。训练计划应该采用有条理的方法来改善身体、生理、心理和运动表现的适应性。为了实现一致的优越效果，最好的方法是遵循结构化、周期化的训练计划[1-12]。有证据显示，包括（但不限于）柔韧性训练、核心训练、平衡训练、快速伸缩复合训练、速度/敏捷性/快速反应训练、抗阻训练和心肺功能训练在内的多元化训练计划可以降低损伤风险，并提升运动表现[13-30]。

训练计划设计

训练计划设计，就是创建一个有针对性的系统或计划来实现特定的目标。训练计划的作用就是提供一个途径，帮助客户实现其健康和健身目的。为了能够有效地创建运动训练途径，带领客户取得成功，私人教练需要理解以下关键概念。

训练计划设计　创建一个具有针对性的系统或计划，帮助个体实现特定的目标。

关键变量

◆ 有哪些关键变量？

◆ 它们如何影响所需要的适应？

◆ 它们对整体训练计划有何影响？

OPT™模型（有计划的健身训练——周期化）

◆ 稳定性、力量和爆发力的生理适应、身体适应和运动表现适应必须如何以一种有计划且循序渐进的方式为随后的每一个适应建立适当的基础？为什么？

OPT™模型中的5个训练阶段

◆ 这些阶段如何促进特定的适应？

◆ 每个阶段的关键变量有哪些？

应用

◆ 如何选择正确的练习？

◆ 如何选择正确的关键变量？

◆ 如何以系统化的方式针对具有不同目标的不同群体应用上述两点？

使用OPT™模型设计训练计划

NASM将最佳运动表现训练（OPT™）模型设计为有计划、系统化、周期化的训练计划（图14.1）。OPT™模型的目的是同时提高所有功能性的能力，例如柔韧性、核心稳定性、平衡、力量、爆发力和心肺耐力。OPT™计划已经极为成功地帮助了来自不同群体的客户减少体脂，增加瘦

图14.1

OPT™模型

体重和力量，并提高身体运动表现和整体健康水平。本章将阐述如下内容的更多细节：健身训练（或周期化）的关键变量是什么，它们与OPT™模型有何关联，OPT™模型中的5个训练阶段是什么，以及如何针对特定的目标或不同的客户应用OPT™模型。

小结

私人教练必须有能力以结构化、循序渐进的方式使用关键变量和练习，为不同客户设计训练计划。结构化、基于科学的计划设计模型让设计过程更加安全和有效。OPT™模型为私人教练提供了一个成熟的系统，只需将客户的个人情况对号入座，就可以设计出相应的训练计划。训练计划设计就是要创建一个有针对性的系统或计划来实现特定的目标。为此，私人教练必须理解关键变量、OPT™模型及其训练阶段，以及如何应用它们。

训练的关键变量

关键变量 训练计划的重要组成部分，用于指定每个练习的执行方式。

关键变量是训练计划设计中最根本的组成部分。关键变量将决定对身体施加的压力量，并最终决定身体将会产生的适应。

身体会对其本身所承受的要求产生特定的适应（也被称为"专项性原则"）。在训练计划中应用的关键变量将决定这些要求和所实现的适应。OPT™模型提供了一个框架，有助于指导训练计划设计，并通过为所有5个训练阶段分别预先指定具体的关键变量，实现有计划的系统化进展，以引起所期望的适应[2-15,9-12,31-40]。总体来说，关键变量是训练计划设计的基础。为了确保综合训练计划正确地发展和进阶，私人教练必须理解关键训练变量。本章将解释每个关键变量，以及它们与OPT™模型的关系。

> **记忆要点**
>
> 训练的关键变量
> - 重复次数
> - 组数
> - 训练强度
> - 重复节奏
> - 休息间隔
> - 训练量
> - 训练频率
> - 训练时长
> - 练习选择

重复次数

一次**重复**是指某个具体练习的一次完整动作。大部分"重复"将涉及3种肌肉活动：向心、等长和离心（并不一定按照这个顺序）[41-43]。

例如，在肱二头肌弯举中可以看到这些肌肉活动。一次重复包括朝着与阻力相反的方向举起哑铃（向心收缩），停顿所指定的任意时间（等长收缩），然后顺着阻力方向将哑铃降低至起始位置（离心收缩）。

可以看到这些活动的另一个示例是深蹲。以站姿开始，一次重复包括向地面降低身体（顺着阻力方向，离心收缩），停顿所指定的任意时间（等长收缩），然后重新站起来（与阻力的方向相反，向心收缩）至起始姿势。

重复次数是计算在一定时间内进行的动作次数的一个指标。因此，重复次数也可以用于计算肌肉承受张力的时间（肌张力时间）。例如，在深蹲练习中，如果离心动作部分持续4秒，随后是2秒的等长停顿和1秒的向心动作，那么每次重复中肌肉承受张力的时间就等于7秒。

OPT™模型中的每个训练阶段都有其特定的目标，因此需要特定的重复次数来实现这些目标。在规定的一个组中要进行的重复次数取决于客户的训练能力、练习强度和具体的训练阶段。私人练习教练一定要牢记：所有关键变量之间都相互依赖。这意味着对某个训练变量的具体运用将影响其余的变量。例如，练习的强度越大，或者负荷越重，相应进行的重复次数就越少[39,44]。

研究显示，特定重复次数范围的训练会产生特定的适应。因此，根据个人的目标和训练阶段，有可能定义具体的重复次数范围[7,32,39,44-49]。

重复（或"rep"） 一个练习的一次完整动作。

◆ 肌肉耐力和稳定性最好通过以一次最大重复（1RM）的50%至70%的强度进行12至20次重复来实现。

◆ 肌肉肥大（肌肉增长）最好通过以1RM的75%至85%的强度进行6至12次重复来实现。

◆ 如果需要最大力量适应，重复次数的范围是1至5次，强度为1RM的85%至100%。

◆ 爆发力适应要求以1RM的30%至45%的强度或相当于体重的10%的负荷进行1至10次重复。

OPT™模型使用特定的、变化的重复次数，以系统化的方式来产生需要的训练适应。初始阶段的重复次数较多，帮助建立恰当的结缔组织（肌腱、韧带）力量、稳定性和肌肉耐力，这些素质对于初级客户来说尤为重要。然而，很多高级客户经常犯的错误是，他们不使用低重复次数期与高重复次数期有规划地交替的训练计划。较高强度的训练只能持续较短的时间，才可以避免过度训练的风险[47,50]。利用OPT™模型让私人教练能够通过系统性的训练方法来预防过度训练，并采用有计划的休息间隔来产生特定的效果。

组数

组 由连续的重复次数构成。

组是由连续的重复次数构成[41–43]。其他关键变量（例如重复次数、训练强度、练习的数量、训练水平和恢复能力）的数量和客户的训练状态决定客户个体的训练组数[41,45–49,51]。

组数、重复次数和强度之间成反比关系。以较低的强度进行较高的重复次数时，进行的组数通常较少（耐力适应）；而以较高的强度进行较低的重复次数时，则进行的组数较多（力量和爆发力适应）[42–49]。

◆ 1至3组，12至20次重复，1RM的50%至70%的强度，最有利于发展肌肉耐力和稳定性。

◆ 3至5组，6至12次重复，1RM的75%至85%的强度，最有利于刺激肌肉肥大适应。

◆ 4至6组，1至5次重复，1RM的85%至100%的强度，最有利于最大力量适应。

◆ 3至6组，1至10次重复，1RM的30%至45%的强度（如果使用配重），或者10%的自身体重（如使用药球），最有利于爆发力适应。

训练强度

训练强度 个人的努力与其最大努力相比较的程度，通常以百分比表示。

在设计综合训练计划的时候，**训练强度**是需要考虑的最重要的关键变量之一。训练强度被定义为个人的努力与其最大努力相比较的程度[7,39,42,43,45]。

训练阶段、个人的训练目标以及客户的训练状态将决定练习的组数和重复次数。而要进行的组数和重复次数则决定了强度，具体取决于个人的特定训练目标。

◆ 要发展肌肉耐力和稳定性，最好用1RM的50%至70%的训练强度。

◆ 要实现肌肉肥大，最好以1RM的75%至85%强度进行训练。

◆ 最大力量适应需要以1RM的85%至100%强度进行训练。

◆ 要实现爆发力（高速度）适应，在使用传统的负重训练时，最好是1RM的30%至45%；在使用药球时，最好是大约10%的自身体重。

在不稳定的环境中进行训练（如在OPT™模型的稳定性阶段中所见）也可以提升训练强度，因为它需要募集更多的运动单位[52-55]，由此导致在练习中消耗更多的能量[56-59]，并实现神经肌肉效率的最佳发展。同时，改变休息间隔和重复节奏等其他关键变量也可以改变训练强度。简而言之，训练强度不仅与外部阻力有关。综合训练计划必须侧重于使用全面的方法来促进持续的适应。

重复节奏

重复节奏指进行每次重复的速度。这是一个重要的训练变量，可以通过对它的调节实现特定的训练目标，例如耐力、肌肉肥大、力量和爆发力[39,41-43]。因为动作以不同的速度发生，为了通过训练获得最佳效果，私人教练必须选择合适的动作速度（例如，耐力训练要用慢节奏，爆发力训练需要快节奏）。

重复节奏 进行每次重复的速度。

◆ 发展肌肉耐力和稳定性最好用慢重复节奏。例如，4秒离心活动，2秒等长保持和1秒向心收缩（4/2/1）。

◆ 增强肌肉肥大最好用中等的重复节奏。例如，2秒离心活动，0秒等长保持和2秒向心收缩（2/0/2）。

◆ 增强最大力量适应最好使用安全可控的快节奏或爆发式的节奏。记住，因为在最大力量训练中要使用较重的负荷，实际的动作速度可能会比较慢，但客户需要尽全力来做练习。

◆ 增强爆发力适应最好使用安全可控的快节奏或爆发式的节奏。

OPT™模型特别强调重复节奏的方案，因为它对承受压力的组织的功能性适应有显著的影响。通过在最初的稳定性训练阶段中强调较慢速度下的离心和等长肌肉活动，能够对结缔组织（以及稳定肌肉）提出更多要求，并帮助神经系统更好地为功能性动作做好准备。这种技巧对于为后续更专项的力量和爆发力训练建立适宜的结构性和功能性基础来说非常重要。

休息间隔

休息间隔是指组间或练习间恢复的时间，对训练计划的结果有着显著的影响[39,41-43]。进行每个练习都需要能量。在训练过程中利用的主要能量类型取决于训练阶段、强度、练习模式以及训练目标。

休息间隔 组间用于恢复的时间。

◆ 发展肌肉耐力和稳定性最好使用相对较短的休息时间，一般是0至90秒。然而，如果客户能力不足，在有需要时也可延长休息时间[60]。

◆ 增强肌肉肥大最好使用较短的休息时间，其范围往往是0至60秒。然而，根据负荷、训练量和客户当前的体能水平，可能会需要更长的休息时间[60]。

◆ 增强最大力量适应最好使用相对长的休息时间，一般是3至5分钟，具体取决于客户的体能水平和训练强度。

◆ 增强爆发力适应也需要相对长的休息时间，一般是3至5分钟，具体取决于客户的体能水平。

动态抗阻训练和等长训练都会大量减少三磷酸腺苷（ATP）和磷酸肌酸（PC）的供应[61-63]。补充这两种能源物质的能力对于实现最佳运动表现和获得所需的适应至关重要。通过根据训练计划的目标来调节休息间隔，可以重新获得能量供应。休息间隔[64]如下。

◆ 20至30秒将让ATP和PC大约恢复50%。

◆ 40秒将让ATP和PC大约恢复75%。

◆ 60秒将让ATP和PC大约恢复85%至90%。

◆ 3分钟将让ATP和PC大约恢复100%。

组间休息间隔将决定在下一组练习之前的能量来源补充程度[39,65]。休息间隔越短，ATP和PC的补充就越少，因此能够为下一组练习提供的能量就越少[60]。对于初级的新客户来说，这有可能导致疲劳，从而引起募集的运动单位减少，最终造成神经肌肉控制、力的产生和稳定性降低[66]。因此，组间休息不充分会造成运动表现下降，可能导致动作模式改变，并最终产生损伤。随着客户水平的提升，可以通过调整组间休息间隔来增加训练强度，促进更好的适应，对于以增强稳定性、耐力和肌肉肥大为目标的训练更是如此。

反过来，如果组间或练习间休息间隔过长，潜在的效果包括神经肌肉活动减少和体温降低。如果此时要求初级客户进行一轮高强度练习，有可能会增加损伤的风险。而对于高级客户，如果反复使用较大的重量，则有必要用较长的休息间隔。适宜的休息时间应该建立在训练计划的目标上[7,39,60]。在规定适宜的休息间隔时，需要考虑几个因素。

刚开始一份训练计划的人可能会对较长的休息时间做出更好的反应，直到其适应了训练计划的要求。较长的休息时长也能确保掌握正确的练习技术。通过降低客户体验到的疲劳程度，客户就能更加准确地进行每一个练习。达到高级训练水平或更高体能水平的客户可能对较短的休息时间的反应更好，但这仍取决于训练阶段和客户的目标。

记忆要点

适当的休息间隔的考虑因素如下。

- 训练经验
- 训练强度
- 对短时间休息的承受能力
- 肌肉量
- 整体体能水平
- 训练目标
- 营养状态
- 恢复能力

表14.1总结了发展肌肉耐力、肌肉肥大、最大力量和爆发力的恰当关键变量（组数、重复次数、强度、重复节奏和休息时间）。

表14.1	训练计划设计总表					
适应	重复次数	组数	强度		节奏	休息时间
肌肉耐力/稳定性	12至20	1至3	1RM的50%至70%		慢（4/21）	0至90秒
肌肉肥大	6至12	3至5	1RM的75%至85%		中（2/0/2）	0至60秒
最大力量	1至5	4至6	1RM的85%至100%		快/爆发式	3至5分钟
爆发力	1至10	3至6	1RM的30%至45%或不超过10%的体重		快/爆发式	3至5分钟

训练量

训练量是在特定时间段内进行的训练总量[7,39,41]。所有的训练都会有累积效应，所以要规划和控制训练量，以防过度训练，这是非常重要的。每个人的训练量都会有所不同，并由如下因素决定。

- 训练阶段。
- 目标。
- 年龄。
- 训练能力或训练状态。
- 恢复能力。
- 营养状态。
- 损伤史。
- 生活压力。

为了从综合训练计划中获得最佳结果，该计划必须能够提供符合较长时期的规划的适宜的训练量。需要记住的最重要的一个训练理念是，训练

训练量 在特定时间段内进行的训练总量。

量和训练强度总是成反比。换句话说，任何人都不能在过长的时间内一直安全地进行大量高强度练习[67,68]。例如，当某个练习使用的负荷超过其最大负荷的90%时，极少有人的训练量可以超过每个练习30次重复（6组，每组5次重复）；但当使用最大负荷的60%进行训练时，客户可以比轻松地进行每个练习36至60次重复（3组，每组12至20次）。初级水平的新客户是个例外，他们进行每个练习的总重复次数也许只有12至20次（每个练习1组）。

训练阶段和训练目标将决定重复次数、组数、强度、休息间隔和重复节奏，而这些综合起来将决定训练量[7,32,39,43]。研究显示，大训练量可以产生细胞层面（肌肉肥大、减脂）适应（表14.2）[39,43,48,49]。相反，高强度训练结合低训练量可以产生更好的神经层面（最大力量、爆发力）适应（表14.2）[39,44,50,53]。

表14.2	训练量适应	
大量（低/中强度）	**小量（高强度）**
增加肌肉横截面积	提高力的产生速率
改善血脂血清指标 （改善胆固醇和甘油三酯水平）	增加运动单位募集
提高代谢率	提高运动单位同步

训练频率

训练频率 在一定时间段内（通常指1周）的训练课次数。

训练频率是指在一定时间段内（通常指1周）的训练课次数。关于每个身体部分每周必须进行多少次训练才会获得最佳效果，目前仍存在较大的争议。每个身体部分每周的训练课次数由很多因素决定，包括训练目标、年龄、整体健康状况、训练能力、营养状态、恢复能力、生活方式以及其他压力源[32,37,42,43]。

新客户可以从每周2次的全身训练开始。但对于有训练经验的、有特定肌肉肥大目标的健美运动员，可以采用分化训练方式每周进行6次训练，每个身体部分每周2次大训练量训练。具体的训练目标决定了训练计划的设计。关于训练频率的研究揭示，对于发展力量来说，每周3至5次训练是最佳训练频率。其他研究显示，每周至少1至2次训练足以保持在其他训练阶段获得的身体、生理和运动表现方面的进步[69-71]。

训练时长

训练时长 从训练开始至训练结束的时间范围，或者一个训练阶段所花费的时间长度。

训练时长有以下两个重要的含义。

1. 从训练开始至训练结束的时间范围。

2. 一个训练阶段（或训练期）所花费的时间长度（周数）。

对于一次训练来说，训练时长是重复次数、组数、练习数量和休息间隔组成的函数。超过90分钟（不包括热身和放松）的训练计划会让人快速降低能量水平。这会造成激素和免疫系统反应的变化，这些变化对训练计划会产生负面影响，并且增加轻微感染的风险，尤其是上呼吸道感染的风险[72-75]。

训练阶段的训练时长由客户身体能力水平、目标和对训练计划的遵从性决定。一般来说，一个训练阶段持续4周，因为这一般是人体适应刺激所需的时间。4周之后，就要提升训练刺激，使得身体能够实现更进一步的适应[76-78]。

练习选择

练习选择是在训练计划设计中为了最好地实现所需适应而选择练习的过程。练习选择对于训练计划的结果来说有巨大的影响[39,41]。人体动作系统是一个具有高度适应性的系统，能够非常容易地适应训练的要求（专项性原则）。因此，应该针对训练目标选择练习（表14.3）[75]。

练习选择 为客户的训练计划选择适当的练习的过程。

表14.3	练习选择体系	
训练适应	**训练层级**	**练习选择**
耐力/稳定性	稳定性层级	全身；多关节或单关节；可控制的不稳定
力量	力量层级	全身；多关节或单关节
爆发力	爆发力层级	全身；多关节（爆发式）

OPT™模型使用来自综合训练的所有组成部分（核心、平衡、快速伸缩复合和抗阻训练）的练习，根据使用这些练习时主要追求的适应对其进行分类。例如，OPT™模型的阶段1（稳定性）中使用的练习被称为稳定性层级练习，因为这些练习的使用和进阶是为了产生稳定性适应。类似地，阶段2至阶段4中使用的练习被称为力量层级练习，而阶段5中使用的练习被称为爆发力层级练习（表14.3）。

根据练习所涉及的关节数量、进行的动作和目标适应，可以将练习简单地划分为3种不同的类型（表14.4）[75]。

1. 单关节：这种练习强调单独地针对某一个大肌群或者某一个关节（例如肱二头肌弯举、肱三头肌下压、提踵等）。
2. 多关节：这些练习使用两个或三个关节（例如深蹲、弓箭步、上台阶、推胸和划船）。
3. 全身：这些练习包括多关节动作（例如上台阶至平衡接过头推举、下蹲至双臂推举、杠铃翻）。

OPT™模型让私人教练可以有效地为每个客户选择合适的练习。完成体能评估并检查具体的训练目标，可以帮助健身专业人员在正确规划的综合训练计划中实施这些练习。

表14.4	练习选择——示例		
层级	全身	多关节	单关节
稳定性	上台阶至平衡接过头推举	稳定球哑铃卧推 稳定球哑铃划船 站姿过头推举	单腿哑铃弯举
力量	下蹲至弯举接过头举	卧推 坐姿器械划船 器械肩上推举	站姿双臂哑铃弯举
爆发力	双臂借力推举	双臂药球胸前传球 药球上拉抛掷 身前斜抛药球	不适用

例如，为了最好地发展稳定性，可以将传统的练习进阶到更加不稳定的环境，比如站立（双脚站立、前后分腿站、单脚站立），或者从稳定的环境到不稳定的环境（泡沫垫、稳定球、BOSU球等）。研究显示，在不稳定的环境中进行练习，对于稳定性目标和核心稳定肌的训练效果更好[16,79,80]。需要注意的是，NASM仅推荐在以客户的动作能力可以安全控制的本体感受（不稳定）环境中训练。以下是稳定性练习的几个示例。

◆ 稳定球推胸。
◆ 单腿绳索划船。
◆ 半泡沫轴单腿哑铃肩上推举。
◆ 单腿下蹲。

为了发展最佳力量，使用全身练习和多关节练习已被证明是最有效的[81]。以下是力量练习的几个示例。

◆ 卧推。
◆ 划船（器械、坐姿绳索、杠铃）。
◆ 肩上推举（坐姿杠铃、坐姿哑铃、器械）。
◆ 深蹲/腿举。

为了最好地发展爆发力，可以在功能性动作模式中进行快速伸缩复合训练和爆发式力量训练练习[82-94]。以下是爆发力练习的几个示例。

◆ 双手过顶掷药球。
◆ 药球胸前传球。
◆ 伐木式投掷。
◆ 蹲跳。
◆ 团身跳。
◆ 双臂借力推举。
◆ 杠铃翻。

所有被选中的练习都可以通过系统化的方式进阶或退阶（表14.5）。

表14.5	进阶体系	
稳定性体系	下半身	上半身
地面	双腿，稳定	双臂
↓	↓	↓
平衡木	前后分腿站，稳定	双臂交替
↓	↓	↓
半泡沫轴	单腿，稳定	单臂
↓	↓	↓
泡沫垫[a]	双腿，不稳定	单臂加躯干旋转
↓	↓	
平衡盘[a]	前后分腿站，不稳定	
↓	↓	
晃动板[a]	单腿，不稳定	
↓		
BOSU球		

a：这些工具有多种形状和尺寸，可以根据合适的进度来选择使用。

小结

　　为客户设计安全有效的训练计划是私人教练的首要任务。训练计划应该是个性化的，可以满足每个客户的需求和目标。因此，重要的是要使用一个基于科学的系统化进阶式训练模型。OPT™模型为健身专业人员提供所有必需的工具，以正确使用关键变量（组数、重复次数等）、科学概念和练习来设计训练计划。

　　关键变量决定了对身体施加的压力量，并最终决定身体会产生何种适应。在设计训练计划的时候应该考虑的关键变量如下。

◆ 重复次数：练习的强度越大，应进行的重复次数越少。

◆ 组数：低强度、高重复次数时进行的组数通常会较少（耐力适应），而高强度、低重复次数时进行的组数通常会较多（力量和爆发力适应）。

◆ 训练强度：应在决定组数和重复次数之后确定。改变其他变量（例如环境稳定性、休息时间和重复节奏）可以改变训练强度。

◆ 重复节奏：肌张力时间不同就会产生不同的效果。比如，强调低速的离心活动和等长活动，就会对结缔组织的要求更高。

◆ 休息间隔：会对训练计划的结果产生显著的影响。通过根据训练计划的目标来调节休息间隔，可以重新获得能量供应。休息间隔越短，ATP和PC得到的补充就越少，因此下一组练习可用的能量也越少。为了避免休息时间过长或过短，要考虑以下因素：训练经验、训练强度、对短时间休息的承受能力、整体体能水平、训练目标、营养状态和恢复能力。

◆ 训练量：规划并控制训练量，以避免过度训练。训练量总是和训练强度成反比。

◆ 训练频率：每周3至5次训练最有利于提高力量，每周1至2次训练就足以保持在其他阶段中实现的进步。

◆ 训练时长：超过90分钟的训练计划可能造成负面效果，并有可能增加轻微感染（尤其是上呼吸道感染）的风险。一般来说，一个训练阶段持续4周。

◆ 练习选择：练习应该针对特定的训练目标，并遵循练习选择体系的原则。

周期化和OPT™模型（有计划的健身训练）

理解如何通过调整关键变量来设计安全、有效的训练计划是非常重要的，也是所有的私人教练开始这项职业并取得成功的知识基础。OPT™模型以周期化的概念为基础。正如在第13章（抗阻训练）中所讨论的，周期化是一种系统性的计划设计方法，使用一般适应综合征和专项性原则来调整对身体施加的压力量和压力类型，以产生适应和预防损伤。周期化（即有计划的健身训练）在定期计划的时间段（周、月等）内改变训练计划的重点，以产生最佳的适应。周期化包括两个主要的目标。

1. 将训练计划拆分成不同的训练期（或者阶段）。
2. 在每个训练期（或者阶段）中训练不同形式的力量，以控制训练总量，并预防损伤[39,75,95]。

你知道吗？

波动周期让客户可以在一周中以不同强度进行训练，当达到某个体能水平时，就可以实现多种适应。例如，客户可以在周一进行稳定性练习，周三进行力量练习，而周五进行爆发力练习。详见瑞亚等人（Rhea et al.）所著的参考文献[11]。

训练计划

为了实现周期化的目标，训练计划应该是一个包含长期目标和短期目标的具体计划。所谓的**训练计划**是指健身专业人员用于满足客户目标的具体计划。它将决定要使用的训练形式，训练需要的时间有多长，多长时间修改一次，以及要进行哪些特定练习。OPT™模型中训练计划的长期部分被称作"年度计划"，而短期部分则被称为"月计划"和"周计划"。提供训练计划可以帮助客户系统地了解未来何时实现其目标。

年度计划是以1年为周期规划的训练计划（图14.2）。年度计划允许健康和健身专业人员为客户提供一张蓝图（或地图），具体地展示OPT™训练计划如何制订一个月又一个月的长期进度，以实现预期的目标。这会让客户比较清晰地了解私人教练计划如何帮助客户实现其目标，以及需要花多长时间去实现目标。在图14.2中，最左边一列表示周期或主要的力量适应，第二列中显示构成每个具体训练适应的OPT™模型阶段。

年度训练计划中的每个月可以进一步划分，这就形成了月计划（图14.3）。月计划显示了每天的特定训练内容，为客户展示一周中每一天具体需要进入OPT™模型的哪一个阶段（训练类型），以及什么时候进行重新评估。月计划还告诉客户必要的心肺训练要求。

每个月计划还说明了周计划，即某个特定的周中，客户应该进行什么内容的练习（图14.3）。周计划让客户知道该周使用哪些阶段来训练。

大部分有关周期化的文献都提到要将训练计划划分成特定的循环周

训练计划 健身专业人员为了实现客户的目标而创建的具体计划，其中详细规定训练的形式、训练时长、未来的变化，以及要进行的具体练习。

年度计划 时间跨度为1年的总体训练计划，显示客户何时进展到不同阶段。

月计划 时间跨度为1个月的总体训练计划，显示每一周中的每一天需要进行哪个阶段的练习。

周计划 时间跨度为1周的具体训练计划，并显示这一周中的每一天需要进行哪些练习。

	阶段	1月	2月	3月	4月	5月	6月	7月	8月	9月	10月	11月	12月
稳定性	1												
力量	2												
	3												
	4												
爆发力	5												
心肺功能													

图14.2 年度计划

周	1							2							3							4						
星期	一	二	三	四	五	六	日	一	二	三	四	五	六	日	一	二	三	四	五	六	日	一	二	三	四	五	六	日
阶段1																												
阶段2																												
阶段3																												
阶段4																												
阶段5																												
心肺功能																												
重新评估																												

图14.3 月计划或周计划

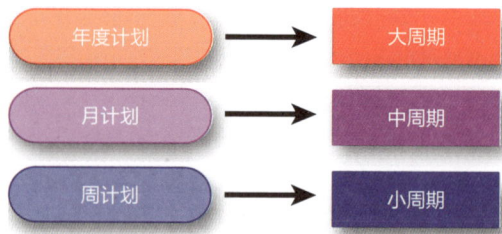

图14.4

周期化循环

期，相应的术语为大周期、中周期和小周期（图14.4）。其实很容易理解，大周期就是最大的周期，一般来说涵盖一年的训练期（即年度计划）。大周期划分为中周期，其时间跨度一般为1至3个月（即月计划）。然后，每个中周期又划分为小周期，其时间跨度一般为一周（即周计划）[96]。

　　周期化被证明是一种有效的训练计划设计方式，适用于许多与体能相关的目标，但时至今日，它仍未在所有私人教练的实践中普及起来。周期化在年度训练计划中规定在特定时间里重复使用不同的训练形式，以引发身体的不同适应（稳定性、力量和爆发力）。通过有意识地循环不同的训练期（或者训练阶段），就可以通过改变关键变量来调整训练量。同时，通过在任意既定的计划中控制与时间相关的训练量，周期化可以实现最高水平的适应，并最大限度地减少过度训练，而这正是周期化的最主要益处，因为过度训练将导致疲劳，以及最终的损伤[2-9,11,12,33,34,37,45]。

知识延伸

有哪些证据可以支持有规划、周期化的综合训练计划？

　　逐渐地增加训练量并逐渐降低训练强度的训练计划被证明对于增强肌肉耐力是最有效的[1]。

　　一个为期9个月的周期化抗阻训练被证明更有利于提高大学女子网球运动员的力量和运动表现[2]。

　　每天都调整训练计划被证明可以比每4周调整一次更好地引起力量的提升[3]。

　　与非周期化训练计划相比较，有计划的综合力量训练计划被证明对于身体、生理和运动表现方面的提高效果更好[4]。

　　在综合训练计划中的有计划调整被证明非常关键，因为这些调整在训练期内产生了持续适应，并预防了损伤[5]。

　　一项比较周期化训练和非周期化训练对身体的影响的研究显示，周期化训练产生了更好的力量和爆发力适应[6]。

参考文献

（1）Rhea MR, Phillips WT, Burkett LN, et al. A comparison of linear and daily undulating periodized programs with equated volume and intensity for local muscular endurance. *J Strength Cond Res*. 2003; 17: 82-87.

（2）Kraemer, WJ, Hakkinen K, Triplett-McBride NT, et al. Physiological changes with periodized resistance training in women tennis players. *Med Sci Sports Exerc*. 2003; 35: 157-168.

（3）Rhea MR, Phillips WT, Burkett LN, Stone WJ, Ball SD. A comparison of daily and undulating periodized programs with equated volume and intensity for strength. *J Strength Cond Res*. 2002; 16: 250-255.

（4）Kraemer WJ, Ratamess NA. Fundamentals of of resistance training: progression and exercise prescription. *Med Sci Sports Exerc*. 2004; 36(4): 674-688.

（5）Tan B. Manipulating resistance training program variables to optimize maximum strength in men: a review. J Strength Cond Res. 1999;13:289-304.

（6）Rhea MR, Alderman BL. A meta-analysis of periodized versus nonperiodized strength and power training programs. *Res Q Exerc Sport*. 2004; 75: 413-422.

小结

有计划的健身训练（即周期化）按定期计划的时间间隔调整训练计划的重点，以改变对身体的压力，从而产生适应并预防损伤。训练计划要明确使用何种训练形式，训练需要的时间有多长，多长时间修改一次，以及要进行哪些特定的练习。年度计划以1年为周期安排训练计划，说明客户何时处于什么阶段。年度计划可进一步拆分为月计划，详细说明每次训练的具体日期，向客户准确列出当月每天需要进行哪种类型的训练。周计划是客户当周要进行的具体训练计划和练习内容。

OPT™模型

在传统的周期化模型中可以看到的不同训练期（或训练阶段）包括一个准备期（术语为解剖适应）、一个肌肉肥大期、一个最大力量期和一个爆发力期。而OPT™模型将这些阶段简化为稳定性、力量和爆发力。在基于阶段的训练模型中看到的OPT™模型包括5个不同的训练阶段（表14.6）。这些阶段帮助所有客户系统性地逐步实现稳定性、力量和爆发力这3种主要适应。我们应将OPT™模型想象成一段楼梯，引导客户完成不同的适应层级。这一段训练的旅程中，我们会沿着楼梯上上下下，停在不同的楼梯，进入不同的高度，这具体取决于客户的目标、需求和能力。本节将详细介绍OPT™模型中的各个训练阶段。

表14.6	OPT™模型概要表		
层级	具体适应	使用的阶段	进阶方法
稳定性	• 耐力 • 稳定性	1	本体感觉（可控的不稳定）
力量	• 力量耐力 • 肌肉肥大 • 最大力量	2 3 4	训练量/负荷
爆发力	• 爆发力	5	速度/负荷

稳定性

OPT™模型中，第一个训练层级的重点是稳定性（或解剖适应）这个主要的适应，目的是让身体为随后更高层级训练的要求做好准备。这个时期对于所有初级客户来说都非常重要。而在力量和爆发力的训练期后，也有必要循环回到这一层，以保持高水平的核心和关节稳定性。此外，它让身体可以在之前较高强度的训练后得到积极性的休息。稳定性训练的重点包括以下方面。

◆ 改善肌肉不平衡的情况。

◆ 提高核心肌群的稳定性。

◆ 通过让肌肉、肌腱、韧带和关节为即将到来的训练要求做好准备，避免组织过度负荷。

◆ 提高整体的心肺功能和神经肌肉状态。

◆ 建立起正确的动作模式和练习技术。

上述目标是通过低强度、高重复次数的训练计划来实现的，强调核心和关节的稳定性（而非增加手臂和腿部的力量），并且其中的练习将会逐步挑战身体稳定性要求（或本体感受），而不是使用多少重量。

在这个时期，进阶（或增加训练强度）的主要手段是增加练习的本体感受要求。换句话说，这些练习变得越来越不稳定，挑战客户保持合理的平衡和姿势的能力。这种训练形式已经被证实对于健康人群[80]、老年人[97]和不健康人群[98-101]提高神经肌肉效率极为有效。稳定性训练的另一个重要作用是，它能够帮助巩固特定活动的力量适应（例如单脚站立踢球、上楼梯，或者走路）[79]。

OPT™模型中的稳定性训练期包括一个训练阶段：稳定性耐力训练。

稳定性耐力训练（阶段1）

稳定性耐力训练旨在创造最佳水平的稳定力量和姿势控制（表14.7）。尽管这是OPT™模型中的第一个训练阶段，但是如前所述，在阶段2至阶段5的高强度训练期之间，循环完成这个训练阶段也是很重要的。这将实现适当的恢复并维持高水平的稳定性，从而确保力量、爆发力或两者的最佳适应。这个阶段的进阶重点是增加练习的本体感受（可控的不稳定），而不仅仅是增加负荷。此训练阶段的重点是以下方面。

◆ 增加稳定性。
◆ 提高肌肉耐力。
◆ 增强核心肌群的神经肌肉效率。
◆ 提高肌肉间和肌肉内的协调性。

表14.7	阶段1：稳定性耐力训练							
	重复次数	组数	重复节奏	% 强度	休息间隔	频率	训练时长	练习选择
柔韧性	1	1~3	30秒保持	N/A	N/A	3~7次/周	4~6周	SMR和静态拉伸
核心	12~20	1~4	慢速4/2/1	N/A	0~90秒	2~4次/周	4~6周	1~4个核心–稳定性练习
平衡	12~20 6~10（SL）	1~3	慢速4/2/1	N/A	0~90秒	2~4次/周	4~6周	1~4个平衡–稳定性练习
快速伸缩复合*	5~8	1~3	落地后保持3~5秒	N/A	0~90秒	2~4次/周	4~6周	0~2个快速伸缩复合–稳定性练习
SAQ*	2~3	1~2	中等	N/A	0~90秒	2~4次/周	4~6周	4~6个练习，结合有限的水平惯性和不可预测性
抗阻	12~20	1~3	4/2/1	50%~70%	0~90秒	2~4次/周	4~6周	1~2个稳定性进阶练习

*如果客户的核心稳定性和平衡性不足，那么在发展这些能力之前，此训练阶段中可能不会包含快速伸缩复合练习。
N/A=不适用；SL=单腿；SMR=自我肌筋膜放松。

除了提高本体感受要求以外，还可以通过调整训练量（组数、重复次数）和训练强度（重量、练习选择、运动平面），以及通过缩短休息时间来升级关键变量。该类别客户通常会在此训练阶段停留4周。这段时间可以帮助客户为力量耐力阶段（阶段2）的要求做好准备。

力量

OPT™模型的第二个训练层级主要关注力量适应，包括力量耐力、肌肉肥大和最大力量。其目的是在保持稳定性的同时，增加对身体施加的负荷以增加肌肉体积和力量。这个训练期对于想要增加热量消耗、肌肉体积、肌肉力量和骨密度的任何人来说都是必要的进程。力量训练期的重点如下。

◆ 提高核心肌群在较重负荷及更大的活动范围内稳定骨盆和脊柱的能力。
◆ 提高肌肉、肌腱、韧带和关节承受负荷的能力。
◆ 增加训练量。
◆ 通过消耗ATP-PC和糖酵解能量系统来提高代谢的要求，以诱发肌肉中的细胞变化（体重减轻或肌肉肥大）。

专家姓名：布莱恩·萨顿　　　　　　　　　　　　　　　　　　NASM

客户姓名：约翰·史密斯	日期：5/01/13
目标：全身	阶段：1 稳定性耐力

热身

练习	组数	持续时长	指导要点
SMR：小腿三头肌、髂胫束、背阔肌	1	30秒	每个疼痛区域保持30秒
静态拉伸：小腿三头肌、屈髋肌群、背阔肌	1	30秒	每次拉伸保持30秒
跑步机	1	5~10分钟	快走转慢跑

核心/平衡/快速伸缩复合训练

练习	组数	次数	节奏	休息	指导要点
仰卧臀桥	2	15	慢	0	
俯卧眼镜蛇式	2	15	慢	0	
单腿平衡伸展	2	8	慢	0	每条腿伸展8次
蹲跳至稳定支撑	2	5	慢	90分钟	保持落地姿势3至5秒

速度、敏捷性和快速反应训练

练习	组数	次数	休息	指导要点
可选				
可选				

抗阻训练

练习		组数	次数	节奏	休息	指导要点
全身	稳定球下蹲，弯举接肩上推举	2	15	慢	0	垂直负载
胸	俯卧撑	2	15	慢	0	
背	站姿绳索划船	2	15	慢	0	
肩	单腿肩胛骨外展	2	15	慢	0	
肱二头肌	单腿肱二头肌弯举	2	15	慢	0	
肱三头肌	仰卧稳定球哑铃臂屈伸	2	15	慢	0	
腿	上台阶至平衡	2	15	慢	90秒	

冷身

练习	组数	持续时长	指导要点
跑步机（可选）	1	5~10分	快走
SMR：小腿三头肌、髂胫束、背阔肌	1	30秒	每个疼痛区域保持30秒
静态拉伸：小腿三头肌、屈髋肌群、背阔肌	1	30秒	每次拉伸保持30秒

指导要点：

◆ 提高运动单位募集的数量和频率以及运动单位的同步性（最大力量）。

OPT™模型中的力量训练期由3个阶段组成：力量耐力训练（阶段2）、肌肉肥大训练（阶段3）和最大力量训练（阶段4）。

力量耐力训练（阶段2）

力量耐力训练是一种混合训练形式，有助于增加稳定性耐力、肌肉肥大和力量。这种训练形式需要使用超级组，在一个较稳定的练习（例如卧推）后紧接着进行具有类似生物力学运动的稳定性练习（例如稳定球俯卧撑）。因此，对于每个身体部位根据关键变量所进行的每一组练习，实际上进行了两个或两组练习。在这个训练阶段可以提高训练量（表14.8）。

表14.8	阶段2：力量耐力训练							
	重复次数	组数	重复节奏	%强度	休息间隔	频率	训练时长	练习选择
柔韧性	5~10	1~2	保持1~2秒	N/A	N/A	3~7次/周	4周	SMR和主动拉伸*
核心	8~12	2~3	中等	N/A	0~60秒	2~4次/周	4周	1~3个核心–力量练习
平衡	8~12	2~3	中等	N/A	0~60秒	2~4次/周	4周	1~3个平衡–力量练习
快速伸缩复合	8~10	2~3	重复	N/A	0~60秒	2~4次/周	4周	1~3个快速伸缩复合–力量练习
SAQ†	3~5	3~4	快速	N/A	0~60秒	2~4次/周	4周	6~8个练习，允许较大的水平惯性，但有限的不可预测性
抗阻	8~12	2~4	（力量）2/0/2（稳定性）4/2/1	70%~80%	0~60秒	2~4次/周	4周	1个力量练习和1个稳定性练习做超级组

注：每个抗阻训练练习都是一个超级组，在一个力量层级练习后紧接着一个稳定性层级练习。
*根据客户的情况，在这个训练阶段可能仍然需要使用静态拉伸（随后是主动分离式拉伸）。
† SAQ在这个训练阶段是可选的（但推荐使用）。
N/A=不适用；SMR=自我肌筋膜放松。

与阶段1相类似，可以通过提高本体感受要求、训练量（组数、重复次数）和训练强度（重量、练习选择和运动平面）和缩短休息间隔来逐步进阶。该类别客户通常会在此训练阶段停留4周。

肌肉肥大训练（阶段3）

肌肉肥大训练专门针对最大限度实现肌肉增长，重点是大训练量，休息时间尽量短，迫使发生导致肌肉体积整体增加的细胞变化（表14.9）。

如果客户的目标是增加瘦体重并提高整体运动表现，并且已顺利完成OPT™模型的阶段1和阶段2，就可以升级关键变量。因为此训练阶段的目标主要是肌肉肥大，健身专业人员将会希望在计划中增加训练量和训练强度。该类别客户通常会在此训练阶段停留4周，然后循环回到阶段1或阶段

专家姓名：布莱恩·萨顿　　　　　　　　　　　　　　　　　　NASM

客户姓名：约翰·史密斯		日期：5/01/13
目标：全身		**阶段：2 力量耐力**

热身

练习	组数	持续时长	指导要点
SMR：小腿三头肌、髂胫束、背阔肌	1	30秒	每个疼痛区域保持30秒
静态拉伸：小腿三头肌、屈髋肌群、背阔肌	1	10次重复	每次拉伸保持1~2秒
跑步机	1	5~10分钟	快走转慢跑

核心/平衡/快速伸缩复合训练

练习	组数	次数	节奏	休息	指导要点
稳定球卷腹	2	10	中等	0	
反向卷腹	2	10	中等	0	
单腿下蹲	2	10	中等	0	
蹲跳	2	10	中等	60秒	

速度、敏捷性和快速反应训练

练习	组数	次数	休息	指导要点
可选				
可选				

抗阻训练

练习		组数	次数	节奏	休息	指导要点
全身	*可选*					
胸	卧推	2	12	中等	0	超级组
	俯卧撑		12	慢	60秒	
背	坐姿绳索划船	2	12	中等	0	超级组
	稳定球哑铃划船		12	慢	60秒	
肩	站姿哑铃肩上推举	2	12	中等	0	超级组
	单腿肩胛骨外展		12	慢	60秒	
肱二头肌	*可选*					
肱三头肌	*可选*					
腿	腿举	2	12	中等	0	超级组
	上台阶至平衡		12	慢	60秒	

冷身

练习	组数	持续时长	指导要点
跑步机（*可选*）	1	5~10分钟	快走
SMR：小腿三头肌、髂胫束、背阔肌	1	30秒	每个疼痛区域保持30秒
静态拉伸：小腿三头肌、屈髋肌群、背阔肌	1	30秒	每次拉伸保持30秒

指导要点： 抗阻训练可分为2天、3天或4天的分化训练。例如，3天分化训练：第1天（胸/背），第2天（腿），第3天（肩/肱二头肌/肱三头肌）

美国国家运动医学学会

2，或者进阶至阶段4或阶段5。

表14.9　阶段3：肌肉肥大训练

	重复次数	组数	重复节奏	%强度	休息间隔	频率	训练时长	练习选择
柔韧性	5~10	1~2	保持1~2秒	N/A	N/A	3~7次/周	4周	SMR和主动拉伸*
核心†	8~12	2~3	中等	N/A	0~60秒	3~6次/周	4周	0~4个核心–力量练习
平衡†	8~12	2~3	中等	N/A	0~60秒	3~6次/周	4周	0~4个平衡–力量练习
快速伸缩复合†	8~10	2~3	重复	N/A	0~60秒	3~6次/周	4周	0~4个快速伸缩复合–力量练习
SAQ†	3~5	3~4	快速	N/A	0~60秒	2~4次/周	4周	6~8个练习，允许较大的水平惯性，但有限的不可预测性
抗阻	6~12	3~5	2/0/2	75%~85%	0~60秒	3~6次/周	4周	每个身体部位2~4个力量练习

*根据客户的情况，在这个训练阶段中可能仍然需要使用静态拉伸。
†由于目标是肌肉肥大，核心、平衡、快速伸缩复合和SAQ在这个训练阶段中是可选的（但推荐使用）。也可以在非抗阻训练日中进行这些部分的训练。
N/A=不适用；SMR=自我肌筋膜放松。

最大力量训练（阶段4）

最大力量训练阶段重点是增加对身体组织所施加的负荷（表14.10）。最大强度可以提升以下方面。

表14.10　阶段4：最大力量训练

	重复次数	组数	重复节奏	%强度	休息间隔	频率	训练时长	练习选择
柔韧性	5~10	1~2	保持1~2秒	N/A	N/A	3~7次/周	4周	SMR和主动拉伸*
核心†	8~12	2~3	中等1/1/1	N/A	0~60秒	2~4次/周	4周	0~3个核心–力量练习
平衡†	8~12	2~3	中等1/1/1	N/A	0~60秒	2~4次/周	4周	0~3个平衡–力量练习
快速伸缩复合†	8~10	2~3	重复	N/A	0~60秒	2~4次/周	4周	0~3个快速伸缩复合–力量练习
SAQ†	3~5	3~4	快速	N/A	0~60秒	2~4次/周	4周	6~8个练习，允许较大的水平惯性，但有限的不可预测性
抗阻	1~5	4~6	X/X/X	85%~100%	3~5分钟	2~4次/周	4周	1~3个力量练习

*根据客户的情况，在这个训练阶段中可能仍然需要使用静态拉伸。
†由于目标是最大力量，核心、平衡、快速伸缩复合和SAQ在这个训练阶段中是可选的（但推荐使用）。也可以在非抗阻训练日中进行这些部分的训练。
N/A=不适用；SMR=自我肌筋膜放松。

专家姓名：布莱恩·萨顿　NASM

客户姓名：约翰·史密斯	日期：5/01/13
目标：全身	阶段：3 肌肉肥大

热身

练习	组数	持续时长	指导要点
SMR：小腿三头肌、髂胫束、背阔肌	1	30秒	每个疼痛区域保持30秒
静态拉伸：小腿三头肌、屈髋肌群、背阔肌	1	10次重复	每次拉伸保持1~2秒
跑步机	1	5~10分钟	快走转慢跑

核心/平衡/快速伸缩复合训练

练习	组数	次数	节奏	休息	指导要点
稳定球卷腹	2	12	中等	0	
反向卷腹	2	12	中等	0	
单腿罗马尼亚硬拉	2	12	中等	0	
蹲跳	2	10	中等	60秒	

速度、敏捷性和快速反应训练

练习	组数	次数	休息	指导要点
可选				
可选				

抗阻训练

练习		组数	次数	节奏	休息	指导要点
全身	可选					
胸	卧推	3	10	中等	60秒	
背	背阔肌下拉	3	10	中等	60秒	
肩	器械肩上推举	3	10	中等	60秒	
肱二头肌	站姿双臂哑铃弯举	3	10	中等	60秒	
肱三头肌	绳索下压	3	10	中等	60秒	
腿	腿举	3	10	中等	60秒	

冷身

练习	组数	持续时长	指导要点
跑步机（可选）	1	5~10分钟	快走
SMR：小腿三头肌、髂胫束、背阔肌	1	30秒	每个疼痛区域保持30秒
静态拉伸：小腿三头肌、屈髋肌群、背阔肌	1	30秒	每次拉伸保持30秒

指导要点： 抗阻训练可分为2天、3天或4天的分化训练。例如，3天分化训练：第1天（胸/背），第2天（腿），第3天（肩/肱二头肌/肱三头肌）

美国国家运动医学学会

◆ 更多运动单位的募集。

◆ 力的产生速率。

◆ 运动单位同步性。

最大力量训练还被证明有助于增强在阶段5中使用的爆发力训练。因为此训练阶段的首要目标是最大力量，私人教练必须增加训练强度（重量）和训练量（组数）。由于客户使用更重的负荷进行训练，休息间隔可能也需要更长。该类别客户通常会在此训练阶段停留4周，然后循环回到阶段1或阶段2，或者进阶至阶段5。

爆发力

第三个训练层级是爆发力，其目的是提高力的产生速率（或者肌肉的收缩速度）。这种形式的训练使用在之前的训练阶段中所获得的稳定性适应和力量适应，并以身体在日常生活和运动中将体验到的更加现实的速度和力量去运用这些发展起来的适应。

爆发力训练在健身环境中并不是常见的练习，但是在合理规划的训练计划中因其可行性和目的性而占有一席之地。爆发力或者功率被简单地定义为力乘以速度（$P=F \times v$）。因此，力或速度的增加都会使爆发力增加。通过如渐进式力量训练那样增加负荷（力），或增加移动负荷的速度都可以提高爆发力。综合的效果是在日常活动和体育赛事中获得更好的力的产生速率。

为了发展最佳水平的爆发力，应该进行使用重负荷（85%至100%）和以高速度使用轻负荷（30%至45%）的训练。爆发力训练的重点是增加被激活的运动单位的数量、它们之间的同步性以及它们被激发的速度，从而提高力的产生速率[29,102-105]。

OPT™模型中的爆发力训练层包括一个训练阶段：阶段5（爆发力训练）。

爆发力训练（阶段5）

爆发力训练阶段既要关注力，也要关注速度，它们是提高爆发力的两个因素（表14.11）。这是通过结合每个身体部位的力量练习和爆发力练习来完成的（例如，进行一个杠铃卧推加药球胸前传球的超级组）。

训练强度的范围对于刺激不同的生理变化来说非常重要。85%至100%被称为传统力量练习的强度。这些练习和负荷通过提高功率计算公式（力乘以速度）中的力来提高爆发力。而30%至45%的强度范围用于速度练习，例如快速深蹲，要求使用较轻的负荷尽可能快地进行深蹲。10%的强度用于投掷和释放药球的药球训练。最后这两种训练形式影响功率计算公式（力乘以速度）中的速度。通过重负荷结合爆发式动作，以及低阻力结合高速动作，都可以加强功率输出[93,102-105]。

专家姓名：布莱恩·萨顿

NASM

客户姓名：约翰·史密斯	日期：5/01/13

目标：全身	阶段：4 最大力量训练

热身

练习	组数	持续时长	指导要点
SMR：小腿三头肌、髂胫束、背阔肌	1	30秒	每个疼痛区域保持30秒
静态拉伸：小腿三头肌、屈髋肌群、背阔肌	1	10次重复	每次拉伸保持1~2秒
跑步机	1	5~10分钟	快走转慢跑

核心/平衡/快速伸缩复合训练

练习	组数	次数	节奏	休息	指导要点
绳索转体	2	8	中等	0	
背部伸展	2	8	中等	0	
上台阶至平衡	2	8	中等	60秒	

速度、敏捷性和快速反应训练

练习	组数	次数	休息	指导要点
可选				
可选				

抗阻训练

练习		组数	次数	节奏	休息	指导要点
全身	杠铃翻	4	5	爆发式	3分钟	
胸	卧推	4	5	爆发式	3分钟	
背	背阔肌下拉	4	5	爆发式	3分钟	
肩	坐姿哑铃肩上推举	4	5	爆发式	3分钟	
肱二头肌	可选					
肱三头肌	可选					
腿	杠铃深蹲	4	5	爆发式	3分钟	

冷身

练习	组数	持续时长	指导要点
跑步机（可选）	1	5~10分钟	快走
SMR：小腿三头肌、髂胫束、背阔肌	1	30秒	每个疼痛区域保持30秒
静态拉伸：小腿三头肌、屈髋肌群、背阔肌	1	30秒	每次拉伸保持30秒

指导要点：抗阻训练可分为2天、3天或4天的分化训练。例如，3天分化训练：第1天（胸/背），第2天（腿），第3天（肩/肱二头肌/肱三头肌）

美国国家运动医学学会

表14.11	阶段5：爆发力							
	重复次数	组数	重复节奏	%强度	休息间隔	频率	训练时长	练习选择
柔韧性	10~15	1~2	控制	N/A	N/A	3~7次/周	4周	SMR和动态拉伸3~10个练习
核心*	8~12	2~3	X/X/X	N/A	0~60秒	2~4次/周	4周	0~2个核心-爆发力练习
平衡*	8~12	2~3	控制	N/A	0~60秒	2~4次/周	4周	0~2个平衡-爆发力练习
快速伸缩复合*	8~12	2~3	X/X/X	N/A	0~60秒	2~4次/周	4周	0~2个快速伸缩复合-爆发力练习
SAQ†	3~5	3~5	X/X/X	N/A	0~90秒	2~4次/周	4周	6~10个练习，允许最大的水平惯性和不可预测性
抗阻	1~5（S）8~10（P）	3~5	X/X/X（S）X/X/X（P）	85%~100%（力量）最大为10% BW，或者30%~45% 1RM（爆发力）	每对练习间1~2分钟循环间3~5分钟	2~4次/周	4周	1个超级组（力量加爆发力）

*由于在该计划的抗阻训练部分中使用了核心-爆发力、平衡-爆发力和快速伸缩复合-爆发力练习，所以可能没有必要在计划的抗阻训练部分之前进行这些练习。可以将这些练习作为动态柔韧性热身的一部分，或在非抗阻训练日进行这些练习。

†SAQ练习可以在非抗阻训练日进行。

BW=体重；N/A=不适用；1RM=最大肌力；SMR=自我肌筋膜放松；X/X/X=在可控情况下尽可能快。

　　因为此训练阶段的目标主要是爆发力，私人教练需要通过增加训练量（组数）、训练强度（重量）和速度来进阶。该类别客户通常会在此训练阶段停留4周，然后循环回到阶段1或阶段2。

小结

　　传统的周期化模型中的不同训练层次包括解剖适应、肌肉肥大、最大力量和爆发力。在OPT™模型中，这些层次被简化为稳定性、力量和爆发力。然后又进一步拆分成五个不同的训练阶段。

　　第一层是稳定性，对所有初学者来说都至关重要，目的是让身体为随后更高的训练层级的要求做好准备。对于高级客户来说，这一层可以让他们在之前较高强度的训练后得到积极性的休息。它包括低强度、高重复次数的训练，强调核心和关节的稳定性。稳定性层级中的练习逐渐增加对本体感受的挑战。稳定性层级包含一个训练阶段：阶段1（稳定性耐力训练）。这个阶段的重点是提高核心稳定性和所有主要肌肉的耐力。此阶段通常持续4周。

　　第二层是力量，目的是增加力量耐力、肌肉体积和最大力量。OPT™模型中的力量训练期包括三个阶段：阶段2，即力量耐力训练；阶段3，即

专家姓名：布莱恩·萨顿

NASM

客户姓名：约翰·史密斯	日期：5/01/13

目标：全身	阶段：5 爆发力

热身

练习	组数	持续时长	指导要点
SMR：小腿三头肌、髂胫束、背阔肌	1	30秒	每个疼痛区域保持30秒
动态拉伸：弹力带行走、多平面弓箭步、药球上举和伐木	1	10次重复	

核心/平衡/快速伸缩复合训练

练习	组数	次数	节奏	休息	指导要点
转身胸前传球	2	8	快	0	
单腿跳至稳定支撑	2	8	中等	60秒	

速度、敏捷性和快速反应训练

练习	组数	次数	休息	指导要点
可选				
可选				

抗阻训练

练习		组数	次数	节奏	休息	指导要点
全身	可选					
胸	卧推	4	5	爆发式	0	超级组
	药球胸前传球		10		2分钟	
背	背阔肌下拉	4	5	爆发式	0	超级组
	伐木式投掷		10		2分钟	
肩	站姿哑铃肩上推	4	5	爆发式	0	超级组
	药球勺式抛		10		2分钟	
肱二头肌	可选					
肱三头肌	可选					
腿	杠铃深蹲	4	5	爆发式	0	超级组
	蹲跳		10		2分钟	

冷身

练习	组数	持续时长	指导要点
跑步机（可选）	1	5~10分钟	快走
SMR：小腿三头肌、髂胫束、背阔肌	1	30秒	每个疼痛区域保持30秒
静态拉伸：小腿三头肌、屈髋肌群、背阔肌	1	30秒	每次拉伸保持30秒

指导要点：

美国国家运动医学学会

肌肉肥大训练；阶段4，即最大力量训练。阶段2使用超级组技巧（稳定性／力量），并结合大训练量，持续约4周；阶段3强调最大限度地增加肌肉体积，重点是大训练量结合短时间休息，持续约4周；阶段4重点关注增加对身体组织施加的负荷，持续约4周。

第三层是爆发力，目的是提高力的产生速率。已有证据表明，为了发展最佳水平的爆发力，应该进行使用重负荷和以高速度使用轻负荷的训练。爆发力层级包含一个训练阶段：阶段5，即爆发力训练。该阶段既关注力，也关注速度，它们是提高爆发力的两个因素，该阶段持续约4周。

OPT™模型应用

我们已介绍了训练计划设计、周期化和OPT™模型的概念。训练计划设计的定义是创造出一个目的明确的系统或计划，以实现训练目标。周期化是科学基础，让健身专业人员可以战略性规范和设计训练计划，而不会对身体造成不适当的压力。

OPT™模型是一个成熟、易用的周期化系统，可用于为具有不同目标的客户创建训练计划。尽管对这些概念的理解是至关重要的，但最重要的是能够在多种情况下针对不同的客户运用这些信息。本节将阐述如何针对减脂、增加瘦体重和提升整体运动表现等目标来应用OPT™模型。

应用OPT™模型减少体脂

减少体脂的目标要求客户贯彻一个简单的原则，即燃烧的热量比摄入的热量多（见第17章"营养"）。要增加热量消耗，最好的办法就是多动。负重训练结合心肺功能训练可以维持甚至增加瘦体重，从而提供极为有效的燃烧热量的手段。更多的活动和更大的瘦肌肉组织导致在训练和日常生活中燃烧更多的热量。抗阻训练也可以带来额外的益处：增加肌肉力量。

下列计划展示了如何针对以减少体脂为目标的客户使用OPT™模型。图14.5是一个年度计划示例。因为目标并不包括最大力量或爆发力，客户

	阶段	1月	2月	3月	4月	5月	6月	7月	8月	9月	10月	11月	12月
稳定性	1	X		X		X		X		X		X	
力量	2		X		X		X		X		X		X
	3												
	4												
爆发力	5												
心肺功能		X	X	X	X	X	X	X	X	X	X	X	X

图14.5　目标为降低体脂的年度计划

只需在OPT™模型的阶段1和阶段2中循环，而阶段3是一个可选阶段（没有列出）。阶段3将重点放在肌肉肥大上，如果客户愿意，进行阶段3的训练有助于增加力量和瘦体重。并不是所有想减重的客户都必须进行阶段3的训练，只有当客户在经过前两个阶段的训练获得提高后还想增加瘦体重的时候，才应进入这个阶段。客户首先开始阶段1的训练，以保证稳定肌有适当的肌肉平衡和耐力。在该阶段停留大约4周后，客户可以进入阶段2的训练。

此外，心肺功能训练将与OPT™模型结合使用，帮助减重客户燃烧热量并提高健康水平。随着客户的体能水平不断提高，客户可以逐步完成心肺功能训练的第一阶段、第二阶段和第三阶段（见第8章）。

在这个年度计划的余下部分中，可以看到客户在阶段1和阶段2中不停循环（图14.5）。阶段2的训练将代谢要求和训练量提高数倍，以增加热量消耗。阶段1让客户可以获得适当的恢复时间，然后再次进入阶段2。心肺功能训练每月都可以进行。在阶段1中，客户可能倾向于做更多心肺功能练习（结合负重训练），在没有阶段2中的相对较高强度的负重训练的情况下，仍能维持高水平的热量消耗。这也将让客户的心肺功能训练实现适当的周期化。

图14.6展示了1月的月计划。该计划是一个每周3天的训练计划，训练分别安排在周一、周三和周五。然而，也可以很容易地将该计划改为每周训练2次。心肺功能训练可以在训练日进行（或根据客户的日程选择一周中的其他任意时间）。

图14.7展示了2月的月计划。与上一个月类似，该计划是一个每周3天的训练计划，训练分别安排在周一、周三和周五。同样，很容易地将该计划改为每周2次。心肺功能训练可以在训练日进行（或根据客户的日程选择一周中的其他任意时间）。

应用OPT™模型增加瘦体重（肌肉肥大）

简单地说，肌肉肥大就是肌肉体积的慢性变大。为了实现这个目标，训练计划需要逐渐提高训练量（更多的组数、重复次数）和强度，以使肌

周		1							2							3							4					
星期	一	二	三	四	五	六	日	一	二	三	四	五	六	日	一	二	三	四	五	六	日	一	二	三	四	五	六	日
阶段1	X		X		X			X		X		X			X		X		X			X		X		X		
阶段2																												
阶段3																												
阶段4																												
阶段5																												
心肺功能	X		X		X			X		X		X			X		X		X			X		X		X		

图14.6　目标为降低体脂的月计划，1月——阶段1：稳定性耐力

周		1							2							3							4						
星期	一	二	三	四	五	六	日	一	二	三	四	五	六	日	一	二	三	四	五	六	日	一	二	三	四	五	六	日
阶段1																												
阶段2	X		X		X			X		X		X			X		X		X			X		X		X		
阶段3																												
阶段4																												
阶段5																												
心肺功能	X		X		X			X		X		X			X		X		X			X		X		X		

图14.7　目标为降低体脂的月计划，2月——阶段2：力量耐力

肉的细胞成分再生并产生更大的体积。下列训练计划展示了如何针对以增加瘦体重为目标的客户使用OPT™模型。以肌肉肥大为目标的客户可以在OPT™模型的前4个训练阶段中循环，具体取决于客户的需求。

图14.8展示了年度计划。客户首先开始阶段1的训练，以保证稳定肌有适当的肌肉平衡和耐力。在该阶段停留大约4周后，客户可以进入阶段2的训练。阶段1对于该客户非常重要，因为它帮助结缔组织和肌肉为该目标所需要的更高训练要求做好准备。没有充分的准备，损伤就会不期而至。年度计划的剩余部分显示，客户在阶段2至阶段4中循环。阶段2将强调更大的力量耐力和训练量，让客户为阶段3和阶段4的更高要求做好准备。

阶段3以最大限度地提高肌肉肥大为目标，对身体施加更大量的压力，迫使导致肌肉肥大的细胞发生变化。阶段4用于提高力量能力，让客户可以在未来使用更大的负重进行训练。这将等同于更高的训练量和更大程度的肌肉肥大。返回阶段1让客户可以获得适当的恢复，然后再次进入阶段2至阶段4。心肺功能训练可以每月进行，以保证心肺系统的高效，促进最佳组织恢复。

图14.9展示了1月的月计划（阶段1）。该计划是一个每周3天的训练

	阶段	1月	2月	3月	4月	5月	6月	7月	8月	9月	10月	11月	12月
稳定性	1	X						X					
力量	2		X		X				X				X
	3			X		X				X		X	
	4						X				X		
爆发力	5												
心肺功能		X	X	X	X	X	X	X	X	X	X	X	X

图14.8　目标为增肌的年度计划

周	\multicolumn 1							2							3							4						
星期	一	二	三	四	五	六	日	一	二	三	四	五	六	日	一	二	三	四	五	六	日	一	二	三	四	五	六	日
阶段1	X		X		X			X		X		X			X		X		X			X		X		X		
阶段2																												
阶段3																												
阶段4																												
阶段5																												
心肺功能	X		X		X			X		X		X			X		X		X			X		X		X		

图14.9 目标为增肌的月计划，1月——阶段1：稳定性耐力

计划，训练分别安排在周一、周三和周五。心肺功能训练可以在训练日进行（或根据客户的日程选择其他时间）。

图14.10展示了2月的月计划（阶段2）。与上一个月相似，该计划是一个每周3天的训练计划，训练分别安排在周一、周三和周五。可以很容

周	1							2							3							4						
星期	一	二	三	四	五	六	日	一	二	三	四	五	六	日	一	二	三	四	五	六	日	一	二	三	四	五	六	日
阶段1																												
阶段2	X		X		X			X		X		X			X		X		X			X		X		X		
阶段3																												
阶段4																												
阶段5																												
心肺功能	X		X		X			X		X		X			X		X		X			X		X		X		

图14.10 目标为增肌的月计划，2月——阶段2：力量耐力

周	1							2							3							4						
星期	一	二	三	四	五	六	日	一	二	三	四	五	六	日	一	二	三	四	五	六	日	一	二	三	四	五	六	日
阶段1																												
阶段2																												
阶段3	X	X		X	X			X	X		X	X			X	X		X	X			X	X		X	X		
阶段4																												
阶段5																												
心肺功能																												

图14.11 目标为增肌的月计划，3月——阶段3：肌肉肥大

易地将这个月计划改为每周进行4次，针对各身体部分使用分化训练。心肺功能训练可以在训练日进行（或根据客户的日程选择其他时间）。

图14.11展示了3月的月计划（阶段3）。该计划是一个每周4天的训练计划（分化训练），训练分别安排在周一、周二、周四和周五。心肺功能训练可以在训练日进行（或根据客户的日程选择其他时间）。

在4月和5月，客户将分别重复阶段2和阶段3。

图14.12展示了6月的月计划（阶段4）。该计划是一个每周4天的训练计划（分化训练），训练分别安排在周一、周二、周四和周五。心肺功能训练可以在训练日进行（或根据客户的日程选择其他时间）。

应用OPT™模型提升整体运动表现

以提升整体运动表现为目标，要求客户提高整体本体感受、力量和功率输出（或力的产生速率）。训练将需要从稳定性进阶至爆发力训练阶段。

下述训练计划展示了如何针对以提升整体运动表现为目标的客户使用OPT™模型。客户可以在整个OPT™模型中循环，具体取决于客户的需求。然而，对于典型的客户来说，最重要的是阶段1、阶段2和阶段5。因为阶段3专门以最大限度地提高肌肉肥大为目标，对于提升整体运动表现

周	1							2							3							4						
星期	一	二	三	四	五	六	日	一	二	三	四	五	六	日	一	二	三	四	五	六	日	一	二	三	四	五	六	日
阶段1																												
阶段2																												
阶段3																												
阶段4	X	X		X	X			X	X		X	X			X	X		X	X			X	X		X	X		
阶段5																												
心肺功能																												

图14.12　目标为增肌的月计划，6月——阶段4：最大力量

	阶段	1月	2月	3月	4月	5月	6月	7月	8月	9月	10月	11月	12月
稳定性	1	X		X		X		X		X		X	
力量	2		X	X	X	X	X	X	X	X	X	X	X
	3												
	4												
爆发力	5			X	X	X	X	X	X	X	X	X	X
心肺功能		X	X	X	X	X	X	X	X	X	X	X	X

图14.13　目标为提升整体运动表现的年度计划

来说并不是必要的。如有必要，可适度使用阶段4帮助提升阶段5训练适应优化所需的初始力量水平。

图14.13展示了年度计划。客户首先开始阶段1的训练，以保证稳定肌有适当的肌肉平衡和耐力。在该阶段停留大约4周后，客户可以进入阶段2的训练。阶段1对于该客户来说非常重要，因为它帮助结缔组织和肌肉为该目标所需要的更高训练要求做好准备。没有充分的准备，损伤就会不期而至。年度计划的剩余部分显示，客户在阶段1、阶段2和阶段5循环。阶段2将提升整体力量耐力，让客户为阶段5的更高要求做好准备。如前所述，也可以使用阶段4来提高客户的力量，但对于一般运动表现来说并不是非常必要的。

从3月开始，在同一个月和同一周中使用阶段1或阶段2和阶段5。这是一种混合式的周期化，被称作波动周期。波动周期让客户可以在一周中以不同的强度进行训练，一旦实现特定的体能水平，就可以引发多种适应[106]。在这个计划中，稳定性（阶段1）、力量（阶段2）和爆发力（阶段5）都会一起训练。心肺功能训练可以在训练日进行（或根据客户的日程选择其他时间）。重要的是，高强度的心肺功能训练不宜和高强度的OPT™训练在一天中进行。高强度的OPT™训练（阶段5）应搭配低强度的心肺功能训练（阶段1）。相反，高强度的心肺功能训练（阶段3）应搭配低强度的OPT™训练（阶段1）。

图14.14展示了1月的月计划。该计划是一个每周3天的训练计划，训练分别安排在周一、周三和周五。心肺功能训练可以在训练日进行（或根据客户的日程选择其他时间）。

图14.15展示了2月的月计划。与上一个月相似，该计划是一个每周3天的训练计划，训练分别安排在周一、周三和周五。可以很容易地将这个月计划改为每周进行4次，针对各身体部分使用分化训练。心肺功能训练可以在训练日进行（或根据客户的日程选择其他时间）。

图14.16展示了3月的月计划。与上一个月相似，该计划是一个每周

周	1							2							3							4						
星期	一	二	三	四	五	六	日	一	二	三	四	五	六	日	一	二	三	四	五	六	日	一	二	三	四	五	六	日
阶段1	X		X		X			X		X		X			X		X		X			X		X		X		
阶段2																												
阶段3																												
阶段4																												
阶段5																												
心肺功能	X		X		X			X		X		X			X		X		X			X		X		X		

图14.14　目标为提升整体运动表现的月计划，1月——阶段1：稳定性耐力

周	1							2							3							4						
星期	一	二	三	四	五	六	日	一	二	三	四	五	六	日	一	二	三	四	五	六	日	一	二	三	四	五	六	日
阶段1																												
阶段2	X		X		X			X		X		X			X		X		X			X		X		X		
阶段3																												
阶段4																												
阶段5																												
心肺功能	X		X		X			X		X		X			X		X		X			X		X		X		

图14.15　目标为提升整体运动表现的月计划，2月——阶段2：力量耐力

周	1							2							3							4						
星期	一	二	三	四	五	六	日	一	二	三	四	五	六	日	一	二	三	四	五	六	日	一	二	三	四	五	六	日
阶段1			X							X							X							X				
阶段2	X							X							X							X						
阶段3																												
阶段4																												
阶段5					X							X							X							X		
心肺功能	X		X		X			X		X		X			X		X		X			X		X		X		

图14.16　目标为提升整体运动表现的月计划，3月——混合阶段1、阶段2和阶段5

3天的训练计划，训练分别安排在周一、周三和周五。在这个月里，阶段1、阶段2和阶段5会在同一周中都有安排。这有助于以较慢、更温和的节奏和较低的每周训练量来引入爆发力训练，同时可以保证增加爆发力所需的最佳水平的稳定性和力量。心肺功能训练可以在训练日进行（或根据客户的日程选择其他时间）。

填写模板

现在，OPT™模板的所有必要组成部分都已经讨论过了，抗阻训练部分也可以"对号入座"了。OPT™系统的重要性就在于提供一个可遵循的系统化格式。在填写OPT™模板的抗阻训练部分时，只需要选择客户应该进行的训练阶段即可。这样，所有的主要关键变量都已经预先确定。因此，组数、重复次数、强度、重复节奏和休息间隔都已经设定好了。在"练习"一栏里，只需选择适合所需身体部分以及特定训练阶段准则的练习。例如，阶段2（力量耐力）包括一个力量练习，随后是一个稳定性练习。因此，在"胸部"部分，卧推之后是稳定球俯卧撑，这就会是合理的

练习选择。

利用第13章（抗阻训练）中的内容，健身专业人员可以选择一种特别的训练体系（例如，使用循环训练或者垂直负载方法）来增加训练的强度。如果客户每周2至6天训练，就可以对不同的身体部分使用分化训练。从本质上说，训练的可能性是无止境的，只受限于创造力。然而，最重要的是要遵循OPT™模型的生理学指南。

以减少体脂、增加瘦体重和提高整体运动表现为目标的示例训练计划模板请参阅附录。

🟩 小结

OPT™模型是一个有规划的体能训练体系，可以用于为不同目标的客户创建训练计划。私人教练必须能够在不同情况下针对不同的客户运用这些信息。OPT™模型可以用于减少体脂，增加瘦体重和提高整体运动表现。

为了减少体脂，客户必须坚持燃烧的热量比摄入的热量多。客户将进行4周的阶段1训练，以保证稳定肌有适当的肌肉平衡和耐力。年度计划的剩余部分显示客户在阶段1和阶段2中循环（代谢需求和更多的训练量有助于消耗更多的热量）。阶段3对于减脂客户是可选的。每个月都应进行心肺功能训练，以提高心肺系统效率，并增加热量消耗。

为了增加瘦体重，客户必须增加训练量，以增加肌肉体积。客户将进行4周的阶段1训练，以保证稳定肌有适当的肌肉平衡和耐力。年度计划的剩余部分显示，客户循环进行阶段1（恢复时间）、阶段2（更大的力量耐力和训练量）、阶段3（更大的压力，以产生肌肉肥大）和阶段4（提高力量，配合更高的训练量，并进一步促进肌肉肥大）。心肺训练可以每个月进行一次，以确保心肺系统是高效的，并促进最佳的组织恢复能力。

为了提高整体运动表现，客户必须提高整体本体感受、力量和力的产生速率。训练将使用整个OPT™模型，但对于典型客户来说，阶段1、阶段2和阶段5是最重要的。客户将进行4周的阶段1训练，以保证稳定肌有适当的肌肉平衡和耐力。年度计划的剩余部分显示，客户循环进行阶段1、阶段2和阶段5的训练。在前4个月之后，开始运用波动周期，在同一个月和同一周中都要进行稳定性训练（阶段1）、力量训练（阶段2）和爆发力训练（阶段5）。心肺功能训练也可以每个月都进行。

参考文献

（1）Hakkinen K, Kraemer WJ, Newton RU, Alen M. Changes in electromyographic activity, muscle fibre and force production characteristics during heavy resistance/power strength training in middle-aged and older men and women. *Acta Physiol Scand.* 2001; 171: 51-62.

（2）Hakkinen K, Pakarinen A, Hannonen P, et al. Effects of strength training on muscle strength, cross-sectional area, maximal electromyographic activity, and serum hormones in premenopausal women with fibromyalgia. *J Rheumatol.* 2002; 29: 1287-1295.

（3）Hass CJ, Garzarella L, de Hoyos D, Pollock ML. Single versus multiple sets in long-term recreational weight-lifters. *Med Sci Sports Exerc.* 2000; 32: 235-242.

（4）Izquierdo M, Hakkinen K, Ibanez J, et al. Effects of strength training on muscle power and serum hormones in middle-aged and older men. *J Appl Physiol.* 2001; 90: 1497-1507.

（5）Kraemer WJ, Hakkinen K, Triplett-Mcbride NT, et al. Physiological changes with periodized resistance training in women tennis players. *Med Sci Sports Exerc.* 2003; 35: 157-168.

（6）Kraemer WJ, Mazzetti SA, Nindl BC. Effect of resistance training on women's strength/power and occupational performances. *Med Sci Sports Exerc.* 2001; 33: 1011-1025.

（7）Kraemer WJ, Ratamess N, Fry AC, et al. Influence of resistance training volume and periodization on physiological and performance adaptations in collegiate women tennis players. *Am J Sports Med.* 2000; 28: 626-633.

（8）Kraemer WJ, Ratamess NA. Fundamentals of resistance training: progression and exercise prescription. *Med Sci Sports Exerc.* 2004; 36: 674-688.

（9）Mazzetti SA, Kraemer WJ, Volek JS, et al. The influence of direct supervision of resistance training on strength performance. *Med Sci Sports Exerc.* 2000; 32: 1175-1184.

（10）Rhea MR, Alvar BA, Ball SD, Burkett LN. Three sets of weight training superior to 1 set with equal intensity for eliciting strength. *J Strength Cond Res.* 2002; 16: 525-529.

（11）Rhea MR, Ball SD, Phillips WT, Burkett LN. A comparison of linear and daily undulating periodized programs with equated volume and intensity for strength. *J Strength Cond Res.* 2002; 16: 250-255.

（12）Rhea MR, Phillips WT, Burkett LN, et al. A comparison of linear and daily undulating periodized programs with equated volume and intensity for local muscular endurance. *J Strength Cond Res.* 2003; 17: 82-87.

（13）Baker D. Improving vertical jump performance through general, special and specific strength training: a brief review. *J Strength Cond Res.* 1996; 10: 131-136.

（14）Bruhn S, Kullmann N, Gollhofer A. The effects of a sensorimotor training and a strength training on postural stabilisation, maximum isometric contraction and jump performance. *Int J Sports Med.* 2004; 25: 56-60.

（15）Caraffa A, Cerulli G, Projetti M, Aisa G, Rizzo A. Prevention of anterior cruciate ligament injuries in soccer. A prospective controlled study of proprioceptive training. *Knee Surg Sports Traumatol Arthrosc.* 1996; 4: 19-21.

（16）Cosio-Lima LM, Reynolds KL, Winter C, Paolone V, Jones MT. Effects of physioball and conventional floor exercises on early phase adaptations in back and abdominal core stability and balance in women. *J Strength Cond Res.* 2003; 17: 721-725.

（17）Hanten WP, Olson SL, Butts NL, Nowicki AL. Effectiveness of a home program of ischemic pressure followed by sustained stretch for treatment of myofascial trigger points. *Phys Ther.* 2000; 80: 997-1003.

（18）Hewett TE, Lindenfeld TN, Riccobene JV, Noyes FR. The effect of neuromuscular training on the incidence of knee injury in female athletes. A prospective study. *Am J Sports Med.* 1999; 27: 699-706.

（19）Junge A, Rosch D, Peterson L, Graf-Baumann T, Dvorak J. Prevention of soccer injuries: a prospective intervention study in youth amateur players. *Am J Sports Med.* 2002; 30: 652-659.

（20）Kokkonen J, Nelson AG, Eldredge C, Winchester JB. Chronic static stretching improves exercise performance. *Med Sci Sports Exerc.* 2007; 39: 1825-1831.

（21）Luebbers PE, Potteiger JA, Hulver MW, Thyfault JP, Carper MJ, Lockwood RH. Effects of plyometric training and recovery on vertical jump performance and anaerobic power. *J Strength Cond Res.* 2003; 17: 704-709.

（22）Mandelbaum BR, Silvers HJ, Wantanabe DS, et al. Effectiveness of a neuromuscular and proprioception training program in preventing anterior cruciate ligament injuries in female athletes: a 2-year follow-up. *Am J Sports Med.* 2005; 33: 1003-1110.

（23）Myer GD, Ford KR, Brent JL, Hewett TE. The effects of plyometric vs. dynamic stabilization and balance training on power, balance, and landing force in female athletes. *J Strength Cond Res.* 2006; 20: 345-353.

（24）Paterno MV, Myer GD, Ford KR, Hewett TE. Neuromuscular training improves single-limb stability in young female athletes. *J Orthop Sports Phys Ther.* 2004; 34: 305-316.

（25）Rimmer E, Sleivert G. Effects of a plyometrics intervention program on sprint performance. *J Strength Cond Res.* 2000; 14: 295-301.

（26）1ompson CJ, Cobb KM, Blackwell J. Functional training improves club head speed and functional fitness in older golfers. *J Strength Cond Res.* 2007; 21: 131-137.

（27）Vera-Garcia FJ, Grenier SG, McGill SM. Abdominal muscle response during curl-ups on both stable and labile surfaces. *Phys Ther.* 2000; 80: 564-569.

（28）Willson JD, Ireland ML, Davis I. Core strength and

lower extremity alignment during single leg squats. *Med Sci Sports Exerc*. 2006; 38: 945–952.

（29）Wilson GD, Murphy AJ, Giorgi A. Weight and plyo-metric training: effects on eccentric and concentric force production. *Can J Appl Physiol*. 1996: 301–315.

（30）Witvrouw E, Danneels L, Asselman P, D'Have T, Cambier D. Muscle flexibility as a risk factor for developing muscle injuries in male professional soccer players. A prospective study. *Am J Sports Med*. 2003; 31: 41–46.

（31）Blazevich AJ, Gill ND, Bronks R, Newton RU. Train-ing-specific muscle architecture adaptation after 5-wk training in athletes. *Med Sci Sports Exerc*. 2003; 35: 2013–2022.

（32）Campos GE, Luecke TJ, Wendeln HK, et al. Muscular adaptations in response to three different resistance-training regimens: specificity of repetition maximum training zones. *Eur J Appl Physiol*. 2002; 88: 50–60.

（33）Hakkinen A, Sokka T, Kotaniemi A, Hannonen P. A randomized two-year study of the effects of dynamic strength training on muscle strength, disease activity, functional capacity, and bone mineral density in early rheumatoid arthritis. *Arthritis Rheum*. 2001; 44: 515–522.

（34）Hakkinen K, Alen M, Kraemer WJ, et al. Neuromuscular adaptations during concurrent strength and endurance training versus strength training. *Eur J Appl Physiol*. 2003; 89: 42–52.

（35）Harber MP, Fry AC, Rubin MR, Smith JC, Weiss LW. Skeletal muscle and hormonal adaptations to circuit weight training in untrained men. *Scand J Med Sci Sports*. 2004; 14: 176–185.

（36）Kraemer WJ, Nindl BC, Ratamess NA, et al. Changes in muscle hypertrophy in women with periodized resistance training. *Med Sci Sports Exerc*. 2004; 36: 697–708.

（37）Marx JO, Ratamess NA, Nindl BC, et al. Low-volume circuit versus high-volume periodized resistance training in women. *Med Sci Sports Exerc*. 2001; 33: 635–643.

（38）McCall GE, Byrnes WC, Fleck SJ, Dickinson A, Kraemer WJ. Acute and chronic hormonal responses to resistance training designed to promote muscle hypertrophy. *Can J Appl Physiol*. 1999; 24: 96–107.

（39）Tan B. Manipulating resistance training program variables to optimize maximum strength in men: a review. *J Strength Cond Res*. 1999; 13: 289–304.

（40）Willardson JM. A brief review: factors affecting the length of the rest interval between resistance exercise sets. *J Strength Cond Res*. 2006; 20: 978–984.

（41）Fleck SJ, Kraemer WJ. *Designing Resistance Training Programs*. 2nd ed. Champaign, IL: Human Kinetics; 1997.

（42）Kraemer WJ, Adams K, Cafarelli E, et al. American College of Sports Medicine position stand. Progression models in resistance training for healthy adults. *Med Sci Sports Exerc*. 2002; 34: 364–380.

（43）Spiering BA, Kraemer WJ. Resistance exercise pres-cription. In: Chandler TJ, Brown LE, eds. *Conditioning for Strength and Human Performance*. Baltimore, MD: Wolters Kluwer, Lippincott Willams & Wilkins, 2008: 273–291.

（44）Baker D, Wilson G, Carlyon R. Periodization: the effects on strength of manipulating volume and intensity. *J Strength Cond Res*. 1994; 8: 235–242.

（45）Rhea MR, Alvar BA, Burkett LN, Ball SD. A meta-analysis to determine the dose response relationship for strength development. *Med Sci Sports Exerc*. 2003; 35: 456–464.

（46）Rhea MR, Alvar BA, Burkett LN. Single versus multiple sets for strength: a meta-analysis to address the contro-versy. *Res Q Exerc Sport*. 2002; 73: 485–488.

（47）Peterson MD, Rhea MR, Alvar BA. Maximizing strength development in athletes: a meta-analysis to determine the doseresponse relationship. *J Strength Cond Res*. 2004; 18: 377–382.

（48）Krieger JW. Single versus multiple sets of resistance exercise: a meta-regression. *J Strength Cond Res*. 2009; 23: 1890–1901.

（49）Krieger JW. Single vs. multiple sets of resistance exercise for muscle hypertrophy: a meta-analysis. *J Strength Cond Res*. 2010; 24: 1150–1159.

（50）Hakkinen K, Pakarinen A, Alen M. Neuromuscular and hormonal responses in elite athletes to two succe-ssive strength training sessions in one day. *Eur J Appl Physiol*. 1988; 57: 133–139.

（51）Bompa TO. Variations of periodization of strength. *Strength Cond J*. 1996; 18: 58–61.

（52）Anderson K, Behm DG. The impact of instability resistance training on balance and stability. *Sports Med*. 2005; 35: 43–53.

（53）Behm DG. Neuromuscular implications and appli-cations of resistance training. *J Strength Cond Res*. 1995; 9: 264–274.

（54）Behm DG, Anderson KG. The role of instability with resistance training. *J Strength Cond Res*. 2006; 20: 716–722.

（55）Kornecki, S., Kebel A, Siemieński A. Muscular co-operation during joint stabilisation, as reflected by EMG. *Eur J Appl Physiol*. 2001; 84: 453–461.

（56）Ogita F, Stam RP, Tazawa HO, Toussaint HM, Hollander AP. Oxygen uptake in one-legged and two-legged exercise. *Med Sci Sports Exerc*. 2000; 32: 1737–1742.

（57）Williford HN, Olson MS, Gauger S, Duey WJ, Blessing DL. Cardiovascular and metabolic costs of forward, backward, and lateral motion. *Med Sci Sports Exerc*. 1998; 30: 1419–1423.

（58）Cressey EM, West CA, Tiberio DP, Kraemer WJ, Maresh CM. The effects of ten weeks of lower-body unstable surface training on markers of athletic performance. *J Strength Cond Res*. 2007; 21: 561–567.

（59）Lagally KM, Cordero J, Good J, Brown DD, McCaw ST. Physiologic and metabolic responses to a continuous functional resistance exercise workout. *J Strength Cond Res*. 2009; 23: 373–379.

（60）Willardson JM, Burkett LN. The effect of rest interval length on the sustainability of squat and bench press repetitions. *J Strength Cond Res*. 2006; 20: 400–403.

（61）Baker JS, Graham MR, Davies B. Metabolic consequences of resistive force selection during cycle ergometry exercise. *Res Sports Med*. 2007; 15: 1–11.

（62）Chandler TJ, Arnold CE. Bioenergetics. In: Chandler TJ, Brown LE, eds. *Conditioning for Strength and Human Performance*. Baltimore, MD: Wolters Kluwer, Lippincott Williams & Wilkiins; 2008:3–19.

（63）Tesch PA, Karlsson J. Lactate in fast and slow twitch skeletal muscle fibres of man during isometric contraction. *Acta Physiol Scand*. 1977; 99: 230–236.

（64）Harris RC, Edwards RH, Hultman E, Nordesjö LO, Nylind B, Sahlin K. The time course of phosphorylcreatine resynthesis during recovery of the quadriceps muscle in man. *Pflugers Archiv*. 1976; 367: 137–142.

（65）Brooks GA, Fahey TD, White TP. *Exercise Physiology: Human Bioenergetics and its Application*. Mountain View, CA: Mayfield Publishing Company; 1996.

（66）Fitts RH. Cellular mechanisms of muscle fatigue. *Physiol Rev*. 1994; 74: 49–94.

（67）Hakkinen K. Neuromuscular adaptation during strength training, aging, detraining and immobilization. *Crit Rev Phys Med*. 1994; 6: 161–198.

（68）Kaneko M, Ito A, Fuchimoto T, Toyooka J. Effects of running speed on the mechanical power and efficiency of sprint- and distance-runners. *Nippon Seirigaku Zasshi*. 1983; 45: 711–713.

（69）Hickson RC, Rosenkoetter MA. Reduced training frequencies and maintenance of increased aerobic power. *Med Sci Sports Exerc*. 1981; 13: 13–16.

（70）Mujika I, Padilla S. Detraining: loss of training-induced physiological and performance adaptations. Part I: Short term insufficient training stimulus. *Sports Med*. 2000; 30: 79–87.

（71）Mujika I, Padilla S. Detraining: loss of training-induced physiological and performance adaptations. Part II: Long term insufficient training stimulus. *Sports Med*. 2000; 30: 145–154.

（72）Kraemer WJ, Fleck SJ, Callister R, et al. Training responses of plasma beta-endorphin, adrenocorticotropin, and cortisol. *Med Sci Sports Exerc*. 1989; 21: 146–153.

（73）Kraemer WJ, Marchitelli L, Gordon SE, et al. Hormonal growth factor responses to heavy resistance protocols. *J Appl Physiol*. 1990; 69: 1442–1450.

（74）Kraemer WJ, Patton JF, Gordon SE, et al. Compatibility of high-intensity strength and endurance training on hormonal and skeletal muscle adaptations. *J Appl Physiol*. 1995; 78: 976–989.

（75）Kraemer WJ, Ratamess NA. Physiology of resistance training. *Orthop Clin J North Am*. 2000; 9: 467–513.

（76）Bompa TO. *Periodization of Strength: The New Wave in Strength Training*. Toronto, ON: Verita Publishing, Inc; 1993.

（77）Enoka RM. Muscle strength and its development: new perspectives. *Sports Med*. 1988; 6: 146–168.

（78）Sale DG. Neural adaptation to resistance training. *Med Sci Sports Exerc*. 1988; 20(Suppl): S135–145.

（79）Behm DG, Anderson K, Curnew RS. Muscle force and activation under stable and unstable conditions. *J Strength Cond Res*. 2002; 16: 416–422.

（80）Heitkamp HC, Horstmann T, Mayer F, Weller J, Dickhuth HH. Gain in strength and muscular balance after balance training. *Int J Sports Med*. 2001; 22: 285–290.

（81）Azegami M, Ohira M, Miyoshi K, et al. Effect of single and multijoint lower extremity muscle strength on the functional capacity and ADL/IADL status in Japanese community-dwelling older adults. *Nurs Health Sci*. 2007; 9: 168–176.

（82）Carter AB, Kaminski TW, Douex AT Jr, Knight CA, Richards JG. Effects of high volume upper extremity plyometric training on throwing velocity and functional strength ratios of the shoulder rotators in collegiate baseball players. *J Strength Cond Res*. 2007; 21: 208–215.

（83）Chimera NJ, Swanik KA, Swanik CB, Straub SJ. Effects of plyometric training on muscle-activation strategies and performance in female athletes. *J Athl Train*. 2004; 39: 24–31.

（84）Hoffman JR, Ratamess NA, Cooper JJ, Kang J, Chilakos A, Faigenbaum AD. Comparison of loaded and unloaded jump squat training on strength/power performance in college football players. *J Strength Cond Res*. 2005; 19: 810–815.

（85）Markovic G. Does plyometric training improve vertical jump height? A meta-analytical review. *Br J Sports Med*. 2007; 41: 349–355.

（86）Markovic G, Jukic I, Milanovic D, Metikos D. Effects of sprint and plyometric training on muscle function and athletic performance. *J Strength Cond Res*. 2007; 21: 543–549.

（87）Matavulj D, Kukolj M, Ugarkovic D, Tihanyi J, Jaric S. Effects of plyometric training on jumping performance in junior basketball players. *J Sports Med Phys Fitness*. 2001; 41: 159–164.

（88）Newton RU, Kraemer WJ, Häkkinen K. Effects of ballistic training on preseason preparation of elite volleyball players. *Med Sci Sports Exerc*. 1999; 31: 323–330.

（89）Saunders PU, Telford RD, Pyne DB, et al. Short-term plyometric training improves running economy in highly trained middle and long distance runners. *J Strength Cond Res*. 2006; 20: 947–954.

（90）Spurrs RW, Murphy AJ, Watsford ML. The effect of plyometric training on distance running performance. *Eur J Appl Physiol*. 2003; 89: 1–7.

（91）Stemm JD, Jacobson BH. Comparison of landand aquatic-based plyometric training on vertical jump performance. *J Strength Cond Res*. 2007; 21: 568–571.

（92）Toumi H, Best TM, Martin A, F' Guyer S, Poumarat G. Effects of eccentric phase velocity of plyometric training on the vertical jump. *Int J Sports Med*. 2004; 25: 391–398.

（93）Wilson GJ, Newton RU, Murphy AJ, Humphries BJ. The optimal training load for the development of dynamic athletic performance. *Med Sci Sports Exerc*. 1993: 1279–1286.

（94）Young WB, Wilson GJ, Byrne C. A comparison of drop jump training methods: effects on leg extensor strength qualities and jumping performance. *Int J Sports Med*. 1999; 20: 295–303.

（95）Plisk SS, Stone MH. Periodization strategies. *Strength Cond J*. 2003; 25: 19–37.

（96）Graham J. Periodization research adn an example application. *Strength Cond J*. 2002; 24: 62–70.

（97）Wolf B, Feys H, Weerdt D, et al. Effect of a physical therapeutic intervention for balance problems in the elderly: a singleblind, randomized, controlled multicentre trial. *Clin Rehab*. 2001: 15: 624–636.

（98）Fitzgerald GK, Childs JD, Ridge TM, Irrgang JJ. Agility and perturbation training for a physically active individual with knee osteoarthritis. *Phys Ther*. 2002; 82: 372–382.

（99）Luoto S, Aalto H, Taimela S, Hurri H, Pyykko I, Alaranta H. One footed and externally disturbed two footed postural control in patients with chronic low back pain and health control subjects. A controlled study with follow–up. *Spine*. 1998; 23: 2081–2089.

（100）Borsa PA, Lephart SM, Kocher MS, Lephart SP. Functional assessment and rehabilitation of shoulder proprioception for glenohumeral instability. *J Sports Rehab*. 1994; 3: 84–104.

（101）Hirsch M, Toole T, Maitland CG, Rider RA. The effects of balance training and high–intensity resistance training on persons with idiopathic Parkinson's disease. *Arch Phys Med Rehab*. 2003; 84: 1109–1117.

（102）Ebben WP, Blackard DO. Complex training with combined explosive weight and plyometric exercises. *Olympic Coach*. 1997; 7: 11–12.

（103）Newton RU, Hakkinen K, Hakkinen A, McCormick M, Volek J, Kraemer WJ. Mixed–methods resistance training increases power and strength of young and older men. *Med Sci Sports Exerc*. 2002; 34: 1367–1375.

（104）Schmidtbleicher D. Training for power events. In: Chem PV, ed. *Strength and Power in Sports*. Boston: Backwell Scientific; 1992: 381–96.

（105）Crewther B, Cronin J, Keogh J. Possible stimuli for strength and power adaptation: acute mechanical responses. *Sports Med*. 2005; 35: 967–989.

（106）Herrick AB, Stone WJ. The effects of periodization versus progressive resistance exercise on upper and lower body strength in women. *J Strength Cond Res*. 1996; 10: 72–76.

第15章

练习方式简介

学完本章，你应该能够掌握如下内容。

☑ 定义和描述如何安全有效地使用所选择的练习训练方法，包含各种抗阻训练形式和本体感受训练工具。

☑ 描述如何安全有效地将这些练习训练工具融入各种客户的训练计划中。

☑ 描述如何在最佳运动表现训练（OPT™）模型中系统地使用这些练习训练工具。

抗阻训练工具简介

私人教练、客户及健身房会员都在寻找更有效的新方法来训练和保持积极性。因此，私人教练要学习如何将各种抗阻训练工具有效地融入新的或已有的训练计划当中，以帮助客户保持积极性，并实现其健康和体能目标。在第13章中可以找到关于抗阻训练的详细讨论，其中包含更多抗阻训练的练习。

可用于发展力量的抗阻训练工具有许多。在力量训练计划中最常用的阻力形式是以自由重量（哑铃、杠铃）、体重、可选配重式器械和绳索装置等形式出现的实际负荷。此外，也可以通过使用弹力绳或弹力带，以弹力形式产生阻力。本节介绍关于流行的抗阻训练工具的基本信息、它们的益处，以及这些工具最常用于OPT™模型中的哪些阶段。

力量训练器械

力量训练器械在健身房中很常见，对于初级的新客户来说通常是很好的抗阻训练方法。大多数的力量训练器械都简单易用，而且通常不像哑铃和杠铃那么令人生畏。由于大部分的新手缺乏抗阻训练的经验，力量训练器械为这些新手提供了比自由重量更安全有效的选择。使用力量训练器械的目的是将练习者保持在一个固定的运动平面内，这样可以限制过大的活动范围，从而避免不必要的肌肉骨骼压力过大的情况。力量训练器械对于稳定性不足或有其他功能限制的客户（如老年人）来说也是很好的力量工具选择。大部分力量训练器械还有另一个好处，就是它们让客户简单地拉动插销或转动表盘就能够快速调整负荷。因此，初级举重练习者常常使用力量训练器械来完成超级组训练和循环训练。最后，在使用力量训练器械进行许多抗阻练习时可以不需要保护者。

尽管力量训练器械有时不那么令人生畏，但是它们也有一些缺点。一般认为力量器械在提高核心稳定性和神经肌肉效率方面（适当的动作模式）不如自由重量，因为它们提供人为的支持，而不是由核心肌群提供稳定性[1]。力量训练器械通常不能用于进行上下肢同时参与的多关节动作[1]。不是所有力量训练器械的设计都适合所有人的身材，这也就会降低练习的效果，并可能会增加对关节的压力。最后，力量训练器械都在一个运动平面内工作，可能限制客户在所有运动平面内发展力量的能力[1]。

在最初的训练阶段中，表观健康的成年人可能有必要使用力量训练器械来提供更安全的环境，并提供符合其当前身体能力的力量训练选择。最终，通过正确的指导和教育，私人教练应努力帮助客户进阶到本体感受丰富的环境（例如以俯卧、仰卧和站立姿势使用哑铃），同时强调多运动平面，提高整体稳定性和多平面神经肌肉协调性，以更好地适应日常生活中遇到的运动需求。例如，客户可以在训练的第一周里使用胸部推举机，以适应抗阻练习，然后进阶到哑铃卧推（图15.1）。后者让客户使用一个新的姿势（仰卧），并且使用哑铃来迫使客户必须通过其核心肌群让自己在长凳上保持稳定，并且对肩部稳定性提出更高的要求以控制负荷。下一个进阶可能就是稳定球哑铃卧推（图15.1）。在稳定哑铃的时候，稳定球对核心肌群提出了更高的要求。必须强调的是，所使用的练习工具一

图15.1 从胸前推器械开始的进阶过程

定要与客户的目标、需求和能力相匹配。力量训练器械的优缺点见表15.1。

表15.1	力量器械和自由重量的优缺点	
	优点	缺点
力量器械	对某些客户来说可能不那么令人生畏	许多器械不允许使用者进行全身练习
	可以针对康复和健美目标强调某些肌群	主要在一个运动平面内移动
	在一个配重架中提供多种强度（负荷）	几乎没有对核心稳定系统提供挑战
	不需要保护者	不是提高运动表现的理想形式
	对有特殊需求的客户提供额外支持	器械不适合所有身材（高、矮或肥胖的客户可能很难适应器械）
	保持客户在固定的运动平面内，从而限制过大的活动范围	比其他力量训练工具更贵
自由重量	可用于强调某个肌肉群或多个目标肌肉群	需要保护者
	能提高运动表现	对于未掌握技术要领的初级客户来说可能会太难而无法进行
	能挑战核心稳定系统	需要多种哑铃和杠铃来改变训练强度（重量）
	能提高动态关节稳定性和本体感受	潜在的危险性更大
	让客户可以在多运动平面内移动	对某些客户来说可能会令人生畏

　　由于力量训练器械可用于满足各种人群的各种目标，可以在OPT™模型的所有阶段（阶段1~5）中有效地使用它们。然而，在OPT™模型的阶段1中，私人教练应努力帮助客户从力量训练器械进阶到本体感受丰富的环境。

自由重量（杠铃、哑铃）

　　各种人群都可以使用杠铃和哑铃这些自由重量来实现体能、健康和运动表现的目标。自由重量让人可以在所有运动平面（矢状面、冠状面、水平面）内进行练习，完成日常生活或体育运动中会经历的各种幅度和活动范围的动作。综合所有这些动作将增强动作学习效果，并提高整体的神经肌肉效率和运动表现[1]。而且，许多自由重量练习只需从双侧升级到单侧，就可以在核心稳定性和本体感受方面提出更高的要求。例如，哑铃卧推练习可以从双臂升级到双臂交替，然后到单臂，在一个练习中提供多种变化（图15.2）。最后，自由重量练习让人可以进行涉及整条动力链的多关节（复杂）动作。进行复杂练习需要更多的能量，也就能够让人在更短的时间内消耗更多的热量[1]。这对于追求身体成分变化的客户来说是理想的选择。

　　尽管自由重量能提供很多的益处，例如提高姿势稳定性、力量、肌肉体积和爆发力，但是对于还未完全掌握练习技术要领（控制和稳定）的新手练习者来说会有潜在的危险。如果某些练习难以使用自由重量进行，则

图15.2 哑铃卧推进阶

可能需要退阶到力量训练器械，直至力量和协调性达到基准水平。在这段时间之后，可以将自由重量练习重新加入训练计划中，以进一步增强稳定性、力量和爆发力。此外，许多自由重量训练（特别是过头举重）往往都需要一个保护者，以保证正确的练习技术要领和安全性。表15.1列出了自由重量的优缺点。其使用有多种方式，可以实现多种目标，并且几乎所有群体都可以使用，所以在OPT™模型的所有阶段（阶段1~5）中都可以有效地使用它们。

你知道吗？

保护措施

私人教练必须熟练掌握各种保护措施，以确保所有抗阻训练课对于客户来说都是安全有效的。研究显示，可以通过增加教育、器械安全警示和正确的保护措施来减少与训练相关的损伤[2]。以下是适当保护措施的操作要点。

◆ 在开始一组练习之前，确定客户要进行多少次重复。

◆ 保护者永远不应从客户手上拿走负荷（除非有重物即将掉落或失去控制的危险）。有经验的保护者只是提供足够的辅助，让客户成功完成举重练习。

◆ 保护位置在客户的手腕，而不是肘关节，特别是客户在使用哑铃时。托住客户的肘关节并不能阻止肘关节的屈曲和向内陷（特别是在哑铃卧推、上斜哑铃卧推和哑铃过头推举的过程中）。

◆ 保护者应提供足够的辅助，让客户成功通过"粘滞点"，完成举重练习。

◆ 在力量训练器械练习的保护过程中，永远不要将手放在配重下方。

绳索拉力器

绳索拉力器对于体能和运动表现有诸多益处，因为它能实现与自由重量相近的动作自由度，但大多数练习并不需要保护者。可以调整绳索拉力器，为所有身体部位提供阻力，这对于发展稳定性、肌肉耐力、肌肉肥大、力量和爆发力都很有效。使用绳索拉力器时，很重要的一点是确保绳索的拉力线与做功肌群的拉力线平行。记住，关节活动是由肌肉拉动骨骼产生的，肌肉不能主动地推。因此，每一个绳索练习都必须与肌肉的自然拉力线相匹配。例如，在进行肱二头肌弯举（肘关节屈曲）时，绳索应在垂直方向提供阻力，对抗肘关节屈曲（将肘关节拉向伸展，见图15.3）。反过来也一样，比如站姿肱三头肌伸展练习（图15.4），而此时阻力的方向应对抗肘关节伸展（将肘关节拉向屈曲）。在站姿绳索划船时（肩关节伸展，肩胛骨后缩），阻力应对抗肩关节伸展和肩胛骨回缩（将肩关节拉向屈曲，使肩胛骨前伸，见图15.5）。在站姿绳索胸前推时（肩关节水平内收），阻力应对抗肩关节水平内收（将肩关节拉向水平外展，见图15.6）。

由于绳索拉力器有着与自由重量相似的多种使用方式，并且几乎所有群体都可以使用，所以在OPT™模型的所有阶段（阶段1~5）中都可以有效地使用它们。绳索拉力器是挑战核心的极佳选择，它让客户以站姿进行练习，而不是保持在许多器械练习中的坐姿。

弹性阻力（弹力绳和弹力带）

弹性抗阻训练是比较便宜的抗阻训练方式。各种形式的弹性抗阻训练都可用于提高本体感受要求、肌肉耐力和关节稳定性。弹性抗阻训练可能不是提高最大力量的理想选择，但是研究显示，它对于以健身和康复为目

图15.3 绳索肱二头肌弯举

图15.4 绳索肱三头肌伸展

图15.5　站姿绳索划船

图15.6　站姿绳索胸前推

标的肌肉力量和肌肉耐力提高是非常有益的[3,4]。

　　弹性抗阻训练技术让客户在训练过程中可以在多个运动平面内活动，通常可以增加关节活动范围（ROM）（而力量训练器械则只允许在一个运动平面内活动）。客户也可以通过改变弹力带固定点的高度而调整阻力的角度（拉力线），并无缝地结合若干个练习。客户也可以用弹力绳和弹力带进行模仿运动项目的专项动作（例如高尔夫挥杆和网球正手击球）的抗阻练习。

　　弹力带有各种颜色、形状和粗细。颜色分类体系用于区分橡胶的粗细，因此也可用于标示弹力绳和弹力带的阻力。弹性阻力就像橡皮筋那样，弹力绳越粗，拉长的阻力就越大，因此需要越大的力来拉长它。弹力带应当极少被拉长至超过其静息长度的250%[5]。如果弹力绳提供的阻力不足，客户就需要更换更粗的弹力绳或使用两条同样的中等阻力的弹力绳。需要注意的是，与细管或中等粗细的弹力绳相比，较粗的弹力绳在动作中会更早达到其弹力的极限。这可能会影响客户在全活动范围内执行动作的能力。这也可能会对某些关节姿势造成过大的压力。因此，有时使用两条中等弹力绳作为升级是更好的解决办法。

　　弹力绳或弹力带存在的问题之一是，在橡胶被拉长至全活动范围的过程中，其张力（阻力）会改变。例如，在进行弹力绳肱二头肌弯举练习时，开始和结束时的弹力绳张力（阻力）会有显著差异，意味着张力（阻力）并不是恒定的（图15.7）。弹力绳的机械拉长特性根据其粗细、使用年限、使用频率、被拉长的速度而有所不同。因此，很难准确地知道所使用的弹力绳或弹力带的阻力。尽管在健身环境中使用的以颜色分类的弹力带不可能精确地量化阻力，但是有研究已经准确地制订了在各拉长阶段预测阻力的线性方程[6]。需要注意的是，不同的弹力带生产厂商使用不同的颜色分类体系，因此，在使用不同品牌的弹性阻力器材时，一定要查看其颜色分类体系，以确保选择合适的阻力。

图15.7

弹力绳肱二头肌弯举

因为弹性阻力如此多功能，所以各种环境中的健康和健身专业人员都在让客户使用弹性阻力，包括健康俱乐部、训练营、运动表现中心和康复诊所。除了它的通用性外，弹性阻力与自由重量相比的最大优势是便宜和便携。弹性阻力带很轻，可随身携带。例如，商务出差的人士、度假者和家庭私人教练都能受益于弹性阻力所提供的好处。

与绳索拉力器相似，弹性阻力有多种使用方式，并且几乎所有群体都可以使用。在OPT™模型的阶段1、阶段2和阶段5中都可以有效地使用它们。如前所述，弹性抗阻训练并不是训练肌肉肥大（阶段3）和最大力量（阶段4）的理想工具，因为这两个阶段的训练需要高强度（大的重量）让肌肉骨骼系统超负荷。在OPT™模型的阶段5中，弹力绳可以在要求爆发式动作的爆发力练习（例如弹力绳快速下蹲）中提供阻力（图15.8）。

药球

药球是按照重量和尺寸进行分类的重量球，由不同的材料制成。药球

图15.8

弹力绳快速下蹲

是最早的抗阻训练手段之一，使用记录可以追溯到 3 000 年前的希腊人和埃及人。药球这个名称来源于古代医师在康复疗程中的使用。几百年来，药球一直与瓶状棒（Indian club）、哑铃和棍棒（wand）并称为"健身四骑士"[7]。药球在今天依然很受欢迎，因为它可抛可接，并且可以在不同运动平面中以不同速度为不同的动作提供阻力。药球可以像其他抗阻训练器材一样用于增加负荷，例如药球下蹲（图15.9）；它也可以增加练习的不稳定性，如药球俯卧撑（图15.10）。

　　药球训练可以在各种群体的训练计划中用于提高肌肉力量、肌肉耐力和爆发力，或者帮助损伤后康复[7-9]。私教客户可享受药球的多功能训练，而运动员往往受益于抛接药球这种动态爆发力训练。培养爆发力是使用药球训练的独特益处，因为动作速度对于发展爆发力非常关键。在理想的训练环境中，应该达到最大动作速度，以发展爆发力，以运动表现为目标的训练尤其如此[10,11]。药球是非常有用的工具，因为它让动作尽可能以爆发的形式发生，而不需要离心减速。例如，在跪姿药球胸前传球时，你可以在动作的末端释放药球，因此实现向心爆发力的充分发展（图15.11）。以爆发方式进行的大多数自由重量练习（如快速卧推）需要练习者在接近动作的末端时让负荷减速（否则重物就会被抛向空中），因此无法在整个活动范围内完全释放爆发力。研究发现，爆发式药球动作结合抗阻训练对于

图15.9

药球下蹲

图15.10　药球俯卧撑

图15.11
跪姿药球胸前传球

提高动作速度和影响运动表现的其他因素非常有效[10-13]。

使用药球来发展爆发力时，重要的一点是要评估药球设计使用的目的并挑选能够安全有效地完成所需目标的药球。药球一般由硬橡胶、皮革或类似皮革的其他材料制造。其重量一般为1至30磅。高速动作需要比较轻的球，通常低于练习者体重的10%。橡胶药球最好用于要弹回来的活动，例如将橡胶药球弹到墙上或掷到墙上。重要的是在实施抛接药球的训练计划前，私人教练一定要评估顾客、运动环境以及顾客药球训练的实践水平。

壶铃训练

壶铃是一个带有手柄的，底部扁平的铸铁球。壶铃最初是在市场和农场中作为称重的砝码，后来被俄罗斯军队用作体能和力量训练的工具。俄语中的壶铃是giyra，其重量范围从非常轻的8磅（约3.6千克）左右到竞技级重量140磅（约63.5千克）左右。壶铃与哑铃、杠铃或药球都不同，其质量中心不在手柄，这就需要更大的力量和更好的协调性，并且在特定的动作中要同时募集更多的稳定肌和原动肌。摆动类的动作尤其如此，这是壶铃训练的基础（图15.12）。无论用双手、单手、双手交替握，还是放开再握住的动作，壶铃训练的各种动作和姿势都可以提高练习者的技巧、协调性、神经肌肉控制、动态力量和乐趣。各种变式让练习者在动态地减少力和爆发式地产生力的过程中完成一次有趣、充满挑战和高效的训练。

壶铃训练的益处

壶铃训练的益处有很多，适用于想在健康和体能的各个方面均有所提高的客户，也适用于职业运动员和奥林匹克运动员。这些益处包括以下方面[14-18]。

◆ 提高运动能力、协调性和平衡能力。

◆ 提高精神的注意力和身体耐力。

◆ 增加摄氧量。

图15.12

双臂壶铃摇摆

◆ 提高全身的体能（与孤立的训练相比）。
◆ 募集身体后侧链（小腿后侧、腘绳肌、臀肌、竖脊肌）。
◆ 增强核心稳定性和肌肉耐力。
◆ 增强力量和爆发力。
◆ 增加握力。
◆ 增加代谢需求和热量消耗。

你知道吗？

壶铃训练能增加耐力

壶铃训练的掷、接、加速和减速动作需要很高的代谢，从而产生更强的耐力。通过同时训练体能的多个方面，训练的强度大大增加，也就消耗更多的热量。在基础的摇摆练习中就能感觉到心肺系统的压力。

壶铃训练计划的设计策略

与任何的训练方法一样，必须掌握正确的姿势和技术要领才可以避免受伤。对于壶铃训练所需的技能，需要细致的针对性练习，开始时要有合格的壶铃教练提供指导。若正确进行，大部分的壶铃练习会涉及多关节活动和多个肌群。从稳定肌到原动肌的使用都需要和谐与同步，这等同于肌肉耐力和精神毅力。如果没有内在的专注和有意识的技术练习，就可能会受伤。在每个练习中用精湛的技术去打磨所有技能在壶铃训练中非常重要。强调身体后链，从基本点开始练习，并在每一次重复中保持完美的姿态，这些必须是重中之重。练习臀肌和背阔肌收缩以及腹部收缩和腹部绷紧的正确技能，必须持之以恒且小心谨慎。因此，许多的壶铃动作都要求练习者必须符合一定的条件，而且这种工具并不适合所有的群体。

此外，与所有练习一样，在增加数量和重量前必须保证动作质量，一定要注意5个动力链检查点（图15.13）。

1. *足*：双脚大约与肩同宽，脚尖朝向正前方。

2. *膝*：与第二、第三脚趾对齐（避免内翻或外翻）。

3. *髋*：骨盆保持水平，腰椎在中立位。

4. *肩*：肩关节向下沉并轻微向后收，以激活肩胛骨稳定肌。

5. *头*：颈椎处在中立位（下巴微收）。

更多的安全和正确姿势的指南包括：使用高质量的防滑粉保护双手，有足够的橡胶地板空间或使用室外训练场地，并且不要佩戴手套。

在OPT™模型中可以有效地融入壶铃练习，特别是在阶段1、阶段2和阶段5。例如，在阶段1中可用于提高稳定性的一个壶铃练习是俯卧交替划船（图15.14）。在阶段2中，可以用俯卧交替划船加坐姿绳索划船的超级组（图15.15）。在阶段5中，可以用下蹲接过头推举加壶铃抓举的超级组（图15.16）。在附录B中可以找到使用壶铃的OPT™模型训练计划示例。

自重训练

自重练习不需要哑铃、杠铃和力量训练器械等额外的负荷。练习者自

图15.13

壶铃的5个动力链检查点

图15.14

俯卧交替划船

图15.15

超级组：坐姿绳索划船
加俯卧交替划船

图15.16

超级组：下蹲接过头推
举加壶铃抓举

身的体重和地心引力就为动作提供了阻力。常见的自重力量练习包括俯卧撑、引体向上、自重深蹲和仰卧起坐。自重练习通常用于核心、平衡与快速伸缩复合训练（见第9~11章）。

记忆要点

闭链练习涉及肢体（手和脚）在固定位置的动作，因此练习者施加的力不够大，无法克服阻力（如地面或不可移动的物体）。闭链练习的例子有俯卧撑、引体向上和深蹲。

开链练习涉及肢体（手和脚）不在固定位置的动作，因此练习者施加的力足够大，可以克服阻力（如杠铃或哑铃）。开链练习的例子有卧推、背阔肌下拉和器械腿屈伸练习。

通过进行自重训练的练习，练习者可以学习如何在所有运动平面内训练，并有可能增强动觉意识，因为大部分的自重训练都是闭链练习。与开链练习相比，闭链练习可能带来更多运动单位的激活和同步[19,20]。此外，自重训练非常便捷，这对于经常出差或不喜欢健身俱乐部环境的人来说是额外的好处。

悬吊式自重训练

悬吊式训练器材是自重训练的一个创新性方法，它利用绳子和织带，让用户可以在进行各种练习时与自己的体重对抗。悬吊式训练器材是一个独特的训练概念，让私人教练可以修改练习，以满足几乎任何客户的需求。悬吊式动作与传统练习的区别是：用户的手或脚由单点固定的绳带提供支撑，而身体的对侧接触地面，使动作的加载或卸载可以满足用户的需求和目标（图15.17）。悬吊式训练器材让客户可以调节身体姿势和稳定性，在本体感受丰富的环境中进行多平面、多关节练习。

悬吊式自重训练的益处

悬吊式自重训练带来的生理益处包括以下方面[21-25]。

◆ 增加肌肉的激活。
◆ 减少对脊柱的压缩负荷。
◆ 提升运动表现。
◆ 有可能增加热量消耗。
◆ 提高心肺功能水平。

私人教练如果接受过悬吊式自重训练的恰当培训，能正确设计和指导客户的训练，那么这种练习就会变成一个非常有用的方法。可以向客户教授正确的动作模式，增强稳定性与核心力量，并获得代谢方面的益处。由于该训练模式的稳定性要求，悬吊式自重练习是OPT™模型的阶段1和阶段2中的理想练习。例如，在阶段1中，你可以把悬吊式俯卧撑作为胸部稳定性练习（图15.18）。在阶段2中，你可以使用超级组，在进行杠铃卧

图15.17

TRX悬吊式训练器材

图15.18

TRX悬吊式俯卧撑

推后进行悬吊式俯卧撑（图15.19）。在附录B中可以找到结合了NASM的OPT™模型的悬吊式自重训练计划示例。

小结

有多种抗阻训练工具可以用来发展耐力、力量和爆发力。不同类型的力量训练方法之间的主要区别在于所使用的阻力类型。虽然在力量训练计划中最常用的阻力形式是实际的重物，包括自由重量（杠铃和哑铃）或配重器械，但阻力也会以多种其他形式出现，包括弹力带和弹力绳、药球和壶铃，一个人自身的体重也可以提供发展力量所需的阻力。

图15.19

超级组：杠铃卧推加TRX悬吊式俯卧撑

本体感受训练工具简介

本体感受被定义为感觉身体位置和肢体运动的所有机械感受器对中枢神经系统的累积性感觉输入。换句话说，本体感受是神经系统接收的信息，让人知道自己的身体姿势和身体动作。提高该信息的传递速度和质量能强化动作学习，改善动作模式并提高整体运动表现。在健身业内流行的本体感受训练工具包含稳定球、BOSU球和全身振动训练器。要了解其他本体感受训练工具，请复习第10章。

稳定球

稳定球也被称为瑞士球，它常用于各种训练机构中，适合广大的健身人群。稳定球由瑞士物理治疗师苏珊·克莱因–沃格巴克博士（Dr. Susanne Klein–Vogleback）推广，用于帮助成年人治疗骨科问题[26]。美国的物理治疗师开始观察并运用这一技术，将这种训练器材称为"瑞士球"[27]。大多数稳定球的原材料是软质的聚氯乙烯（PVC），有多种尺寸（表15.2）。它们主要用于提高练习的稳定性要求，但也可以在下蹲动作中巩固正确的身体姿势。

表15.2	稳定球的尺寸表
身高	**建议的尺寸**[a]
≤5'0"（152.4厘米）	45厘米
5'1"（154.94厘米）至5'7"（170.18厘米）	55厘米
5'8"（172.72厘米）至6'（182.88厘米）	65厘米
>6'（182.88厘米）	75厘米

a：这只是建议的尺寸。球的尺寸选择标准是：使用者可以舒服地坐在球上面，同时双膝弯曲成90°，双脚平放在地面上。

正确地使用稳定球来取代更为稳定的表面（如健身长凳、椅子和地板）可以提高核心肌群的力量和稳定性[28–30]。稳定球的球形提供了不稳定的支撑基础，迫使练习者根据球的细微变动而不断调整其身体姿势。最流行的稳定球使用形式是在各种俯卧（图15.20）和仰卧（图15.21）练习中用它来代替传统的平板凳。稳定球也可以在坐姿练习中用于增强姿势意识（图15.22）。然而，如果尚未掌握良好的平衡或控制，稳定球可能会带来危险，所以，一定要评估相关个人的风险与回报，并遵循所有的安全指导原则（表15.3）。我们永远不建议站在稳定球上。

稳定球最适用于需要增加稳定性刺激的客户。与任何练习技术一样，从稳定平面到不稳定平面的进阶也应遵循恰当的进阶方式。例如，如果客户能在地面或平板凳等稳定平面上保持平板支撑，那么稳定球可以增加该

图15.20 俯卧姿势

图15.21 仰卧姿势

图15.22 坐姿

表15.3	稳定球安全指导原则
使用前检查过程	检查稳定球是否有任何损坏、撕裂、磨损点等
	确保稳定球是充满气的（应当感到"坚实"）
	选择防爆稳定球
	检查承重能力，不要超过建议重量
稳定球的正确使用	只在远离练习器械、家具或其他器材的开放空间中使用稳定球
	保持稳定球远离直接的热源，如长时间的阳光直射、取暖器和壁炉
	训练时不要穿戴容易刺破稳定球的尖锐物品，例如珠宝
	不要在稳定球上进行任何站姿练习
	初次使用稳定球时，私人教练可能需要扶住稳定球，提供额外的稳定性，以确保正确的练习技术要领，并且让客户无须担心摔倒
	儿童应只在适当的成人监护下才使用稳定球
	在所有练习过程中都要保持正确的姿势（5个动力链检查点）

练习的强度和难度（图15.23）。此外，由于稳定球的球体形状，它在某些练习中可以增大活动范围，例如稳定球上做卷腹之于传统的地板上做卷腹（图15.24）。与在地面上进行卷腹相比，由于球的圆形轮廓，在球上进行卷腹让脊柱的伸展幅度更大，因此可以增加腹肌在更大活动范围中的力量[29]。对于有骨科因素限制（如下背痛）的客户，稳定球因其弧度而在直立活动过程中提供更好的舒适度和支撑，最著名的例子就是稳定球靠墙深蹲（图15.25）。进行稳定球靠墙深蹲能帮助客户学习正确的动作模式，并获得下蹲动作所必需的稳定性和力量。

除非通过使用稳定球可以缓解骨关节的限制，否则，建议平衡性较差的新手练习者首先在稳定表面上进行练习，再升级到稳定球等比较不稳定

图15.23

稳定球平板支撑

图15.24 地面卷腹与稳定球卷腹

图15.25 稳定球靠墙深蹲

的环境，在 OPT™ 模型的阶段 1 中尤其如此。如前面所提到的，球的不稳定性质可能会给平衡能力和本体感受较差的客户带来摔倒的危险。此外，对于要在练习中以产生最大力量为目标的客户，不建议使用稳定球作为支撑基础；因此，对于使用大负荷（85% 至 100% 的 1RM）的最大力量抗阻练习，不建议采用稳定球训练[31]。

BOSU 球

BOSU球是贴合在固体塑料平面上的充气半圆形橡胶球。它看起来就像切掉一半的稳定球。这个命名是"Both Sides Up"的首字母缩写，意味着使用这个器材时，可以让任意一面朝上。当平面朝下时，圆顶提供类似于稳定球的表面，提供稳定性的挑战，但又有足够站在上面的稳定性（图15.26）。当圆面朝下时，半圆形在地面提供不稳定的表面，而平面朝上则提供一个平台，让手或脚能放在上面进行上肢和下肢练习（图15.27）。

BOSU球训练通过减少稳定性而提高练习的强度。与稳定球不同，站在BOSU球上相对安全，所以这是训练下肢平衡和稳定性的实用器材。与站在稳定表面相比，站在不稳定表面上训练已被证明能增加神经肌肉活动，这意味着增加平衡、稳定性和力量，对于预防损伤和康复治疗特别有效[31-33]。由于BOSU球的独特外形和功能，它提供了适合多种人群的多种练习。如同使用稳定球那样，应遵循从稳定、有支撑的环境到更不稳定的BOSU球平台的合理进阶，以确保安全。BOSU球因其稳定性要求而成为在OPT™模型的阶段1和阶段2使用的理想工具。此外，在阶段5（爆发力训练）中也可使用BOSU球进行某些快速伸缩复合练习。例如，在阶段1中，你可以使用BOSU球过头推举作为肩部稳定性练习（图15.28）。在阶段2

图15.26

BOSU球深蹲（圆面）

图15.27

BOSU球俯卧撑（平面）

中，可以使用腿举加BOSU球深蹲的超级组（图15.29）。在阶段5中，可以使用卧推加BOSU球快速伸缩复合俯卧撑的超级组（图15.30）。

振动训练

振动训练通常被称为全身振动训练（WBV），是由苏联科学家研发的，用于减少宇航员在太空中的肌肉和骨质的流失。苏联航天工程师知

图15.28

BOSU球肩上推举

图15.29

超级组：腿举加BOSU球深蹲

图15.30 超级组：卧推加BOSU球快速伸缩复合俯卧撑

道，长期处在太空失重环境中会导致肌肉力量和骨密度的流失。他们发现，在宇航员出发上太空之前，让宇航员接受振动训练可以增加他们的骨密度和肌肉力量，并有助于预防太空飞行的一些有害影响。振动训练如今在健身行业内成为流行的训练形式，这是由于据研究报道，它在多个方面都有积极的效果，包括在练习过程中刺激肌纤维更大程度地参与，使瘦体重增长加快、体重减轻以及身体成分变化。

振动训练一般在一个平台上进行（图15.31），（主要）产生垂直的正弦振动（平滑的重复振荡），从而刺激与紧张性振动反射相当的肌肉收缩。研究显示，在振动平台上训练会导致类似于传统抗阻训练所产生的力量增加[34-36]。改变振动台的频率（振动频率）和振幅（移动的幅度）能创造所谓的加速度，类似于地球的地心引力。例如，我们的身体习惯于地球的重力（被定义为一个重力）并对其做出反应。身体所经受的重力取决于质量（重量），所以通过增加质量（例如举起哑铃和杠铃），身体要发展力量来应对重力的增加。振动训练改变了加速度，因此创造出一个环境，在无须对肌肉骨骼系统增加额外负荷的情况下增大重力，身体因此而受到刺激并增加力量。

然而，并不是所有振动形式都能引出同样的效果。一项特殊的研究显示，振幅必须达到某个下限才会刺激身体产生适应。这并不奇怪，因为任何训练形式都要达到一定的强度才会刺激身体产生适应[34]。身体对振动训练的刺激做出的反应同样还是遵循与传统的力量和爆发力训练相同的原则。身体在振动平台上可以采用站姿、跪姿、卧姿或使用辅助绳索（图15.32），在不同的生物学和物理学水平引起身体的一系列链式反应。这些反应所涉及的不同系统包括骨骼和结缔组织系统、神经肌肉系统、血管系统和内分泌系统。这些复杂的系统互相作用，对训练环境提供必要的反应[36]。

图15.31

Power Plate 振动平台

图15.32 全身振动练习姿势

振动训练的益处

一些研究已证明振动训练让人体产生有利适应，其中一些有利适应如下[35,37-52]。

◆ 提高心血管和循环系统的功能。

◆ 缓解肌肉酸痛。

◆ 减轻体重和提高代谢率。

◆ 增加骨密度。

◆ 增加柔韧性和活动范围。

◆ 提高整体健康水平，降低帕金森症、多样硬化症和肌纤维痛的潜在风险。

训练计划的设计策略

和所有训练形式一样，振动训练器材、强度和训练方案的正确使用将决定其益处和效果，同时降低身体组织的损伤和伤病的风险。振动训练不仅仅与重力的大小有关，器械的正确使用也同样重要。研究支持这样的理论，即长时间暴露在剧烈振动中可能是一个风险因素，例如在交通、建筑和军队等行业工作的人[53-56]。然而，身体姿势和肌肉张力也是重要的考虑因素。当肌肉处在紧张状态时，往往能够更好地吸收振动，并因此降低损伤的风险。大部分的振动训练计划要求客户处于主动发力（例如，膝关节半屈曲地站在平台上）而不是静止的状态，这意味着肌肉处于收缩状态，产生阻尼，限制振动的传递[57]。这就好比因职业要求而举起重物之于特定形式的力量训练。力量训练时，关注的重点是正确的练习技术要领和恰当的关键变量（例如组数和重复次数），以尽可能降低损伤的风险以及提高运动表现及体能适应。一项研究显示，当以每节训练课最长30分钟，并且每周3次来进行振动训练时，风险可以忽略不计[58]。

振动训练要从低强度、低频率和短时间的训练课开始。身体获得温和的刺激，足以产生调整性适应，但不会使身体系统超负荷。随着时间的推移，可以采用其他进阶训练计划中同样的方式来增加强度和持续时间。无论目标是提升整体健康水平、身体成分还是运动表现，一旦身体适应了刺激，就需要改变或强化训练计划，以继续提高运动表现。WBV训练可以在OPT™模型的大部分阶段中使用。例如，在阶段1中，你可以双手撑在振动平台上进行平板支撑（核心稳定性练习）（图15.33）。在阶段2中，你可以进行超级组：杠铃下蹲，然后踏上振动平台并保持单腿平衡（图15.34）。在阶段5中，你可以进行超级组：振动平台绳索划船，然后双手过顶投掷药球（图15.35）。在附录B中可以找到NASM的OPT™模型（阶段1、阶段2、阶段3和阶段5）结合WBV训练计划的示例。

图15.33

Power Plate 平板支撑

图15.34   超级组：杠铃深蹲加Power Plate上台阶至平衡

图15.35

超级组：Power Plate绳索划船加双手过顶投掷药球

小结

本体感受被定义为感觉身体位置和肢体运动的所有机械感受器对中枢神经系统的累积性感觉输入。提高该信息的传递速度和质量能够强化动作学习，改善动作模式并提高整体运动表现。在健身业内流行的本体感受训练工具包含稳定球、BOSU球和全身振动平台。所有这些工具都可以很容易地在OPT™模型中实施。

参考文献

（1）Stone M, Plisk S, Collins D. Training principles: evaluation of modes and methods of resistance training—a coaching perspective. *Sports Biomech*. 2002; 1(1): 79–103.

（2）Lombardi VP, Troxel RK. U.S. injuries and deaths associated with weight training. *Med Sci Sports Exerc*. 2003; 35(5): S203.

（3）Colado JC, Garcia–Masso X, Pellicer M, Alakhdar Y, Benavent J, Cabeza–Ruiz R. A comparison of elastic tubing and isotonic resistance exercises. *Int J Sports Med*. 2010; 31(11): 810–817.

（4）Andersen LL, Andersen CH, Mortensen OS, Poulsen OM, Bjørnlund IB, Zebis MK. Muscle activation and perceived loading during rehabilitation exercises: comparison of dumbbells and elastic resistance. *Phys Ther*. 2010; 90(4): 538–549.

（5）Page P. Dosing of elastic resistance exercise. In: Page P, Ellenbecker TS, eds. *The Scientific and Clinical Application of Elastic Resistance*. Champaign, IL: Human Kinetics; 2003. p. 21–36.

（6）Thomas M, Müller T, Busse MW. Quantification of tension in Thera–Band and Cando tubing at different strains and starting lengths. *J Sports Med Phys Fitness*. 2005; 45(2): 188–198.

（7）Jespersen, M, Potvin AN. *The Great Medicine Ball Handbook: The Quick Reference Guide to Medicine Ball Exercises*. Surrey, B.C.: Productive Fitness Products; 2002.

（8）Faigenbaum AD, Mediate P. Effects of medicine ball training on fitness performance of high–school physical education students. *Phys Educ*. 2006; 63(3): 160–167.

（9）Paterno MV, Myer GD, Ford KR, Hewett TE. Neuromuscular training improves single–limb stability in young female athletes. *J Orthop Sports Phys Ther*. 2004; 34(6): 305–316.

（10）McBride JM, Triplett–McBride T, Davie A, Newton RU. A comparison of strength and power characteristics between power lifters, Olympic lifters, and sprinters. *J Strength Cond Res*. 1999; 13(1): 58–66.

（11）Kaneko M, Fuchimoto T, Toji H, Suei K. Training effect of different loads on the force–velocity relationship and mechanical power output in human muscle. *Scand J Sports Sci*. 1983; 5: 50–55.

（12）Fletcher IM, Hartwell M. Effect of an 8–week combined weights and plyometrics training program on golf drive performance. *J Strength Cond Res*. 2004; 18(1): 59–62.

（13）Szymanski DJ, Szymanksi JM, Bradford TJ, Schade RL, Pascoe DD. Effect of twelve weeks of medicine ball training on high school baseball players [published correction appears in *J Strength Cond Res* 2007;21(4):1002]. *J*

Strength Cond Res. 2007; 21(3): 894–901.

（14）Manocchia P, Spierer DK, Minichiello J, Braut S, Castro J, Markowitz R. Transference of kettlebell training to traditional Olympic weight lifting and muscular endurance. *J Strength Cond Res*. 2010; 24: 1.

（15）Tichonov VF, Sukovey AV, Leonov DV. *Basic Weight Sport*. Moscow: Russian Sport; 2009.

（16）Jay K. *Viking Warrior Conditioning*. St. Paul, MN: Dragon Door Publication, Inc; 2009.

（17）Castellano J. Metabolic demand of a kettlebell workout routine. *Med Sci Sports Exerc*. 2009; 41(5): 137–138.

（18）Tsatsouline P. *Enter the Kettlebell! Strength Secret of The Soviet Supermen*. St. Paul, MN: Dragon Door Publication, Inc; 2006.

（19）Augustsson J, Esko A, Thomeé R, Svantesson U. Weight training of the thigh muscles using closed vs. open kinetic chain exercises: A comparison of performance enhancement. *J Orthop Sports Phys Ther*. 1998; 27(1): 3–8.

（20）Brindle TJ, Nyland J, Ford K, Coppola A, Shapiro R. Electromyographic comparison of standard and modified closedchain isometric knee extension exercises. *J Strength Cond Res*. 2002; 16(1): 129–134.

（21）Beach TA, Howarth SJ, Callaghan JP. Muscular contribution to low-back loading and stiffness during standard and suspended push-ups. *Hum Mov Sci*. 2008; 27(3): 457–472.

（22）Fenwick CM, Brown SH, McGill SM. Comparison of different rowing exercises: trunk muscle activation and lumbar spine motion, load, and stiffness. *J Strength Cond Res*. 2009; 23(2): 350–358.

（23）Aartun J, Ervin M, Halewood Z, et al. An evaluation of the TRX Suspension Training System. Presented at the American College of Sports Medicine. Seattle, WA; 2009.

（24）Dudgeon WD, Aartun JD, Herrin J, Thomas DD, Scheett TP. Metabolic responses during and following a suspension training workout. *Med Sci Sports Exerc*. 2010; 42(5 Suppl): 695–696.

（25）Scheett TP, Aartun JD, Thomas DD, Herrin J, Dudgeon WD. Physiological markers as a gauge of intensity for suspension training exercise. *Med Sci Sports Exerc*. 2010; 42(5 Suppl): 696.

（26）Klein-Vogelback S. *Functional Kinetics: Observing, Analyzing, and Teaching Human Movement*. Heidelberg: Springer-Verlag; 1990.

（27）Carrière B. *The Swiss Ball: Theory, Basic Exercises and Clinical Application*. New York, NY: Springer-Verlag; 1998.

（28）Carter JM, Beam WC, McMahan SG, Barr ML, Brown LE. The effects of stability ball training on spinal stability in sedentary individuals. *J Strength Cond Res*. 2006; 20(2): 429–435.

（29）Sternlicht E, Rugg S, Fujii LL, Tomomitsu KF, Seki MM. Electromyographic comparison of a stability ball crunch with a traditional crunch. *J Strength Cond Res*. 2007; 21(2): 506–509.

（30）Vera-Garcia FJ, Grenier SG, McGill SM. Abdominal muscle response during curl ups on both stable and labile surfaces. *Phys Ther*. 2000; 80(6): 564–569.

（31）Anderson KG, Behm DG. Maintenance of EMG activity and loss of force output with instability. *J Strength Cond Res*. 2005; 19(3): 193–201.

（32）Fitzgerald GK, Axe MJ, Snyder-Mackler L. The efficacy of perturbation training in nonoperative anterior cruciate ligament rehabilitation programs for physical active Individuals. *Phys Ther*. 2000; 80(2): 128–140.

（33）Myer GD, Ford KR, McLean SG, Hewett TE. The effects of plyometric versus dynamic stabilization and balance training on lower extremity biomechanics. *Am J Sports Med*. 2006; 34(3): 445–455.

（34）Delecluse C, Roelants M, Verschueren S. Strength increase after whole-body vibration compared with resistance training. *Med Sci Sports Exerc*. 2003; 35(6): 1033–1041.

（35）Roelants M, Delecluse C, Goris M, Verschueren S. Effects of 24 weeks of whole body vibration training on body composition and muscle strength in untrained females. *Int J Sports Med*. 2004; 25(1): 1–5.

（36）Prisby RD, Lafage-Proust MH, Malaval L, Belli A, Vico L. Effects of whole body vibration on the skeleton and other organ systems in man and animal models: what we know and what we need to know. *Ageing Res Rev*. 2008; 7(4): 319–329.

（37）Lohman EB 3rd, Petrofsky JS, Maloney-Hinds C, Betts-Schwab H, Thorpe D. The effect of whole body vibration on lower extremity skin blood flow in normal subjects. *Med Sci Monit*. 2007; 13(2): CR71–6.

（38）Maloney-Hinds C, Petrofsky JS, Zimmerman G. The effect of 30 Hz vs. 50 Hz passive vibration and duration of vibration on skin blood flow in the arm. *Med Sci Monit*. 2008; 14(3): CR112–116.

（39）Bakhtiary AH, Safavi-Farokhi Z, Aminian-Far A. Influence of vibration on delayed onset of muscle soreness following eccentric exercise. *Br J Sports Med*. 2007; 41(3): 145–148.

（40）Fjeldstad C, Palmer IJ, Bemben MG, Bemben DA. Wholebody vibration augments resistance training effects on body composition in postmenopausal women. *Maturitas*. 2009; 63(1): 79–83.

（41）Vissers D, Verrijken A, Mertens I, et al. Effect of long-term whole body vibration training on visceral adipose tissue: a preliminary report. *Obes Facts*. 2010; 3(2): 93–100.

（42）Stengel SV, Kemmler W, Bebenek M, Engelke K, Kalender WA. Effects of whole body vibration training on different devices on bone mineral density. *Med Sci Sports Exerc*. 2010 Oct 26 [Epub ahead of print].

（43）Slatkovska L, Alibhai SM, Beyene J, Cheung AM. Effect of whole-body vibration on BMD: a systematic review and meta-analysis. *Osteoporos Int*. 2010; 21(12): 1969–1980.

（44）Humphries B, Fenning A, Dugan E, Guinane J, MacRae K. Whole-body vibration effects on bone mineral density in women with or without resistance training. *Aviat Space Environ Med*. 2009; 80(12): 1025–1031.

（45）Di Giminiani R, Manno R, Scrimaglio R, Sementilli

G, Tihanyi J. Effects of individualized whole-body vibration on muscle flexibility and mechanical power. *J Sports Med Phys Fitness*. 2010; 50(2): 139–151.

(46) Feland JB, Hawks M, Hopkins JT, Hunter I, Johnson AW, Eggett DL. Whole body vibration as an adjunct to static stretching. *Int J Sports Med*. 2010; 31(8): 584–589.

(47) Jacobs PL, Burns P. Acute enhancement of lower-extremity dynamic strength and flexibility with whole-body vibration. *J Strength Cond Res*. 2009; 23(1): 51–57.

(48) Dolny DG, Reyes GF. Whole body vibration exercise: training and benefits. *Curr Sports Med Rep*. 2008; 7(3): 152–157.

(49) King LK, Almeida QJ, Ahonen H. Short-term effects of vibration therapy on motor impairments in Parkinson's disease. *Neuro Rehabilitation*. 2009; 25(4): 297–306.

(50) Wunderer K, Schabrun SM, Chipchase LS. Effects of whole body vibration on strength and functional mobility in multiple sclerosis. *Physiother Theory Pract*. 2010; 26(6): 374–384.

(51) Schuhfried O, Mittermaier C, Jovanovic T, Pieber K, Paternostro-Sluga T. Effects of whole-body vibration in patients with multiple sclerosis: a pilot study. *Clin Rehabil*. 2005; 19(8): 834–842.

(52) Sañudo B, de Hoyo M, Carrasco L, et al. The effect of 6-weeks exercise programme and whole body vibration on strength and quality of life in women with fibromyalgia: a randomised study. *Clin Exp Rheumatol*. 2010 Nov 24 [Epub ahead of print].

(53) Coggins MA, Van Lente E, McCallig M, Paddan G, Moore K. Evaluation of hand-arm and whole-body vibrations in construction and property management. *Ann Occup Hyg*. 2010; 54(8): 904–914.

(54) Viikari-Juntura E, Riihimäki H, Tola S, Videman T, Mutanen P. Neck trouble in machine operating, dynamic physical work and sedentary work: a prospective study on occupational and individual risk factors. *J Clin Epidemiol*. 1994; 47(12): 1411–1422.

(55) Rozali A, Rampal KG, Shamsul Bahri MT, et al. Low back pain and association with whole body vibration among military armoured vehicle drivers in Malaysia. *Med J Malaysia*. 2009; 64(3): 197–204.

(56) Miyashita K, Morioka I, Tanabe T, Iwata H, Takeda S. Symptoms of construction workers exposed to whole body vibration and local vibration. *Int Arch Occup Environ Health*. 1992; 64(5): 347–351.

(57) Roelants M. Effect of vibration training on muscle performance and velocity-related mechanical muscle characteristics [thesis]. Katholieke Universiteit Leuven, Leuven, Belgium; 2006.

(58) Issurin VB, Liebermann DG, Tenenbaum G. Effect of vibratory stimulation training on maximal force and flexibility. *J Sports Sci*. 1994; 12(6): 561–566.

慢性疾病和活动或功能受限

学完本章，你应该能够掌握如下内容。

☑ 定义和描述特定慢性疾病的形成原因和症状。

☑ 描述选定的与健康和年龄相关的活动及功能限制的特点。

☑ 了解本章所讨论的疾病如何影响 OPT™ 模型中的运动训练变量。

☑ 了解患有慢性疾病或者其活动或功能受限的客户与表面上健康的客户相比，对练习的急性和慢性反应有何不同。

☑ 描述如何为慢性疾病及活动或功能受限的客户进行训练计划设计。

目前本书的内容都侧重于针对表面上健康的成年人在练习方面的考虑。本章提供有关为特定慢性疾病及活动或功能受限的客户评估和设计运动训练计划的重要信息和建议。在开始阅读本章中的材料时，重要的是要注意：针对表面上健康的成年人的运动训练原则往往与患有慢性疾病及活动或功能受限的客户的运动训练原则不同，或需要视健康状况进行修改。通常需要对已知冠心病患者的运动训练原则进行重大修改，但对于表面上健康的老年客户则几乎不需要任何修改。

本章简要概述在寻求私人训练服务的客户中常见的特定慢性疾病和活动或功能限制。本章中讨论的情况并不全面。本章还有很多未涉及的慢性疾病、活动或功能限制，需要为这类情况的客户（如患有神经肌肉疾病或者精神障碍的客户）修改标准的运动评估和处方程序。关于慢性疾病和活动或功能限制的客户的运动考虑的其他更全面资源可以参考其他文献[1-3]。

年龄的因素

青少年健身计划和服务（包括私人训练服务）是健康俱乐部产业中增长最快的部分之一。术语"青少年"是指6到20岁的儿童和青年。即使一组儿童或者青年的年龄相同，但是他们在生长、发育和身体成熟度方面会有个人差异，因此他们各自对运动的反应会有相当大的差异。已出版的青少年健身和运动训练指南的重点主要集中在运动专项的训练上。然而，鉴于儿童肥胖症和糖尿病患病率的惊人增长，现在的青少年健身指南更侧重于推广健康生活方式和提高与健康相关的身体素质[4]。最新的建议指出，儿童和青年每天应至少进行60分钟的身体活动。儿童和青年每天应参加有氧、肌肉强化和骨骼强化的活动，以提高健康水平和降低患慢性疾病的风险。基于美国儿童肥胖症和糖尿病患病率的快速增长，美国国家运动和体育教育协会（National Association for Sport and Physical Education，NASPE）已经修改其关于身体活动的说明，现在还建议5到12岁的儿童每天进行60分钟的运动和数小时的身体活动[5]。有关青少年运动测试和训练的指南还有许多其他资源可供参考[6,7]。

儿童和成人的生理差异

在生理上，儿童和成人之间存在着根本区别，理解这一点尤为重要。虽然青少年可以产生和成人相似的运动训练效果，但是他们的反应、适应和进阶不同于成人。虽然青少年和成人对运动的反应和适应不同，就训练目的而言，青少年仍然可以使用OPT™模型，但是青少年的进阶与其生理能力相对应。私人教练应该了解儿童和成人的重要生理差异，这些差异会影响到青少年对运动的反应和适应能力。这些差异包括以下方面（表16.1）[8]。

◆ 峰值摄氧量：儿童在最大强度练习中一般不会表现出摄氧量的平台期，所以"峰值摄氧量"术语比VO_{2max}或最大摄氧量更合适。去除体重差异后，青少年男性的峰值摄氧量和成年男性相近，青少年女性与成年女性相比则略高。力的产生（或力量）方面也存在相似的关系。

◆ 次最大需氧量（或动作经济性）：和成人相比，儿童在次最大强度练习中的效率较低，并且运动往往占峰值摄氧量更高的比例。

◆ 儿童不能产生足够的糖酵解酶来维持多轮高强度练习。

◆ 儿童的体温调节系统不成熟，对高温高湿的环境响应慢，排汗能力有限。

由于峰值摄氧量水平相对较高，儿童进行耐力活动的能力相当强，这让他们能接受OPT™模型的稳定性层级（阶段1）中的训练。然而，儿童不能承受湿热环境中的训练，因为儿童的次最大需氧量比成人高，绝对排汗率比成人低。儿童在湿热环境中的高强度练习应该控制在30分钟之内，包含休息时间。和成人一样，在运动前、运动中和运动后补充足够的水分对于青少年也非常重要。与持续的低强度耐力活动不同，儿童在参加短时间（10至90秒）高强度的无氧运动时有明显的劣势，因为他们的糖酵解酶较少，而糖酵解酶是支持持续无氧爆发力所必需的。从安全和训练的角度来考虑，儿童在进行高强度的训练后应安排足够的休息时间。

表16.1	青少年的生理和训练考虑因素		
生理的考虑	运动的影响 （与成人对比）	健康和体能的考虑	体育与运动训练的考虑
"峰值VO_2"（去除体重差异后）与成人相近	能够相对较好地进行耐力任务	小学生在一周中大部分或所有的日子里的体育活动时间达到60分钟，强调适合其发育水平的活动[5]	每个适应期的有氧训练量的增量不能超过10%（如果每周训练量是200分钟，在增加训练强度之前将训练时间增加到220分钟）
步行和跑步时，儿童的次最大需氧量高于成人	在持续较高强度的任务中，更容易疲劳和体温升高	对于青少年参加的中高强度的活动，每天共60分钟，每周至少3天，或者每周3天参加剧烈运动	对超过10秒的高强度无氧运动的耐受性较差（阶段2或者阶段3的训练，要在高强度的训练轮次之间安排足够的休息和恢复时间）
糖酵解酶低于成人	长时间（10至90秒）高强度运动的能力降低	针对肌肉体能的抗阻训练：1至2组，8至10个练习每个练习重复8至12次	抗阻训练应该着重于本体感受、技能和可控的动作。发展力量的抗阻练习每组不能超过8次重复，以增强肌肉耐力为目标则不能超过20次
排汗率	对极端环境（尤其是湿热环境）的耐受力降低	每周2至3天，持续时间30分钟，用于热身和放松的时间不计算在内	每周2至3天，如果要增加负荷，应先增加重复次数，再增加阻力

VO_2＝氧耗。

青少年的抗阻训练

　　研究已经表明，抗阻训练对于儿童和青年是安全和有效的[9]。和许多流行的运动（橄榄球、足球和篮球）相比，针对提高健康和体能水平的青少年抗阻训练所导致的损伤风险更低[10,11]。在青少年中，与抗阻训练有关的最常见损伤是扭伤（韧带损伤）和拉伤（肌腱或肌肉的损伤），原因一般是缺乏具有资格人员的监督、技术动作不完善和不恰当的进阶锻炼。青少年在参加任何活动和体育运动（包括抗阻训练）过程中可能也确实会发生损伤。但是在观察青少年抗阻训练效果且设计合理的科学研究中，并没有报告过损伤[9]。此外，在该领域中大部分已发表的研究报告都显示，进行抗阻训练的青年和儿童除了获得通常与生长和发育相关的好处之外，他们的力量水平都得到了显著提高[12,13]。

　　最近翻查文献发现，未经训练的儿童在为期8周的渐进式抗阻训练后，其力量平均提升了30%至40%[9]。青少年抗阻训练已证明可提高运动技能（如短跑和跳跃）、身体成分和骨密度[9,12,13]。青少年经过抗阻训练后获得的力量和运动表现的提升似乎是由于神经的适应，而不是肌肉肥大[9]。目前已经出版了大量有关如何为儿童和青年设计抗阻训练计划的指南、建议和书籍[9,14]。

当为青少年客户设计运动训练计划时，关键是要用第6章中的多种动作评估方法去评估任何可能的动作缺陷。来自动作测评的信息可以帮助健身专业人员设计个性化的阶段1稳定性耐力计划。从阶段2到阶段5的进阶取决于成熟度、动态姿势控制（柔韧性和稳定性）和他们当时对训练的反应。设计和实施青少年的运动训练计划时，其中一项最重要的考虑是训练的安全性和趣味性。针对青少年健身训练的建议如表16.1和表16.2所示。

表16.2	青少年的基本运动指导原则
方式	步行、跑步、游戏、活动、运动、水中活动、抗阻训练
频率	一周5至7天
强度	中等到高强度的心肺功能训练
持续时间	每天60分钟
动作评估	过头深蹲 10个俯卧撑（如不能完成10个，尽可能多做） 单腿站立（如果可以忍受，每条腿进行3至5次单腿下蹲）
柔韧性	遵循每个训练阶段中特定的柔韧性体系
抗阻训练	1至2组，以40%至70%的强度重复8至12次，每周2至3天 应当掌握OPT™模型的阶段1，然后再升级 根据动态姿势控制能力和持证治疗师的建议，阶段2至阶段5留作成熟期青少年的计划
特殊考虑因素	青少年的进阶应该基于姿势控制能力，而不是根据训练中可以使用的重量。 让运动变得有趣

老年人

到21世纪中叶时，估计全美大约有8 700万或者大约21%的人口将会达到或者超过65岁[15]。由于人口的老龄化，我们不得不面对死亡、寿命和生活质量的问题。人类平均寿命的增加对于私人教练而言非常具有意义。因为运动在提高和保持身体功能独立性方面的作用越来越被人们所熟知和接受，私人教练的机会将继续增加。

不幸的是，对于老年人而言，年老变成了退化和丧失功能性能力的同义词，但这是个错误的认识[15]。与年龄相关的典型退化形式包括骨质疏松症、关节炎（骨性关节炎）[16,17]、下背痛和肥胖[20]。虽然在随后的章节中会介绍针对那些与衰老相关的慢性疾病的特别建议，但是针对表面上健康的老年人的考虑因素可以为私人教练提供一些基本知识，为该群体有效地评估和设计训练计划。

动脉硬化　动脉血管硬化（失去弹性）的通用术语。

动脉粥样硬化　脂肪斑块在动脉血管的堆积导致血管狭窄，血流量减少。

外周血管病　血管受阻或者阻塞，通常是由动脉粥样硬化引起的。

很重要的一点是区分衰老过程中各种正常的生理变化和病理性（与疾病相关）生理变化。例如，在静息时和练习过程中往往会出现血压升高的情况，可能是自然的原因，也可能是疾病引起的，或者两者兼有。**动脉硬化**是一种衰老的正常生理过程，它导致动脉的弹性和韧性变差，从而对血液流动产生更大的阻力，因此血压升高。另外，主要由于不良生活方式（吸烟、肥胖和久坐的生活习惯等）引起的**动脉粥样硬化**则因斑块积聚在动脉血管壁内，阻碍血液流动，从而导致阻力和血压的上升。

另一个和疾病相关的高血压原因是**外周血管病**，是指在外周动脉血管（尤其是小腿的动脉）中形成的斑块。血压水平在120/80毫米汞柱至139/89毫米汞柱之间就会被认为是高血压前期，应注意监测，如果患者的血压继续上升或者还有其他的心脏病风险因素，就应该介绍给医生。不论客户年龄如何，如果其血压读数达到或者高于140/90毫米汞柱，就应该介绍给医生做进一步评估。

尽管存在与衰老相关的生理功能的正常下降，患有或者未患有其他慢性疾病的老年人和表面上健康的年轻成人对于运动有着相同的反应。与衰老相关的正常生理变化和功能变化包括以下方面。

◆ 最大可达到的心率。

◆ 心输出量。

◆ 肌肉质量。

◆ 平衡。

◆ 协调（神经肌肉效率）。

◆ 结缔组织的弹性。

◆ 骨密度。

与衰老相关的正常生理变化和异常病理变化都会影响对运动训练的反应。与衰老相关的退行性过程会导致老年人功能性能力的下降，包括肌肉力量和耐力、心肺功能以及本体感受神经反应的显著下降[1,21]。受退行性衰老影响的最重要和最基本的功能活动之一是行走。在自己的环境中自由移动能力的下降不仅让一个人在身体和心理上的独立性降低，还会加速退化病变过程[22]。能否进行日常生活的正常活动（ADL，比如洗澡、进食、做家务和休闲活动）是帮助确定一个人的功能状态的指标。

患有一种或者多种退行性疾病的人往往由于害怕受伤或者感觉不适而避免参加抗阻训练或者有氧训练[23]。然而，研究已证明肌肉骨骼系统的退化并不完全与年龄有关，随着年龄增加而出现的肌肉力量下降和功能性限制是可以通过采取相关措施来预防的[24-26]。也有证据表明，造成老年人功能性能力下降的许多结构性缺陷（包括肌肉力量和神经本体感觉的丧失）可以通过参加常规的身体活动和锻炼而得到减缓甚至逆转。

通过坚持运用OPT™模型，私人教练可以对老年人的整体健康产生巨大的影响。在开始任何运动训练之前，老年人必须完成身体活动准备问卷（PAR-Q），以及过头深蹲评估、坐下站起来或单腿站立等动作评估。在"老年人体能测试"（senior fitness test）中的评估有助于提供个人的动作质量和进行日常活动的能力的相关信息。对于老年人来说，柔韧性评估和训练也是重要的考虑因素，因为老年人往往因其结缔组织弹性下降而减少活动，增加受伤的风险。只要有足够的能力进行必要的动作，则建议老年人进行自我肌筋膜放松和静态拉伸。此外，可以建议进行一些简单的主动拉伸或动态拉伸，以帮助客户在热身阶段开始活动其关节。

对于老年人来说，心肺功能训练的阶段Ⅰ和Ⅱ是合适的训练层级。然而，必须特别关注服用某些处方药物的老年人和患有慢性疾病的老年人，并且他们的训练进阶过程也要循序渐进。OPT™模型的阶段1适用于老年人，不要急于进阶，重点应该放在稳定性训练（核心、平衡，并进阶到站姿抗阻练习）上，然后再进阶到阶段2至阶段5。设计老年人运动计划时，私人教练必须特别注意参与者的安全。私人教练所安排的练习与客户的运动能力契合得越好，运动计划就越安全有效。所有的练习在进行过程中都应该使用准确的技术要领和动力链控制，以最大限度地减少损伤的风险。与往常一样，每当遇到有关老年客户的问题时，我们鼓励私人教练向有执照的医生咨询。

表16.3和表16.4列出了表面上健康的老年人的生理考虑因素及其训练意义。还有其他资源可以提供关于与衰老有关的正常生理变化及其对运动训练的影响的更多详细的说明[1]。

表16.3　老年人的生理和训练考虑因素	
生理的考虑	健康和健身训练的影响
最大摄氧量、最大运动心率和肺部功能指标都将随着年龄增长而降低	初始练习负荷要低，并更慢地逐渐进阶到每周3至5天 持续时间：20至45分钟 强度：峰值的45%至80%
随着年龄的增长，体脂率会增加，骨的质量和体重都会减少	建议使用抗阻训练，初始重量要低，进阶要更慢（例如，1至3组的8至10个练习，重复8至20次，训练课时间长度为20至30分钟）
平衡、步态以及神经肌肉协调可能受损	练习工具的选择和升级应该注意防止跌倒和足部的问题 有氧运动的选择包括固定式或卧式自行车、水上运动或带扶手支撑的跑步机 抗阻训练的选择包括坐姿器械训练，进阶到站姿练习
老年人中，已确诊和未被发现的心脏病发生率均较高	运动过程中的脉搏评估很重要，注意慢性疾病的体征和症状也同样重要
心律不齐更加频繁	仔细分析药物使用和可能的锻炼效果

表16.4	老年人的基本运动指导原则
模式	固定式或卧式自行车、水上运动，或带扶手支撑的跑步机
频率	每周3至5天中等强度的活动或者每周3天高强度活动
强度	峰值VO_2的40%至85%
持续时间	每天30至60分钟或者每轮8至10分钟
动作评估	推、拉、过头深蹲，或坐下站起来 单腿平衡站立
柔韧性	自我肌筋膜放松和动态拉伸
抗阻训练	1至3组，每组重复8至20次，强度为40%至80%，每周3至5天 在升级之前应该掌握OPT^{TM}模型的阶段1 阶段2至5应该基于动态姿势控制和持照医生的建议
特殊考虑因素	进阶的过程应该缓慢，受到仔细的监控，并基于姿势控制 如果可能的话，练习应该向自由坐姿（无支撑）或站姿进阶 确保客户正常呼吸，并避免像瓦氏动作（Valsalva maneuver）那样屏住呼吸 若客户因其他病况而无法承受SMR或静态拉伸，请进行缓慢而有节奏的主动拉伸或动态拉伸

SMR=自我肌筋膜放松；VO_2=氧耗量。

小结

　　鼓励儿童和青年每天参加60分钟的中等至高强度的体育活动。与成人相比，儿童的峰值摄氧量、排汗率和对极端温度的忍受力往往都更低。不鼓励儿童参加高强度或大量的有氧或无氧训练。青少年健身训练应该侧重于通过结合身体活动、抗阻训练和强调技能及动作控制的有氧训练来发展的生理适应。

　　至于老年人，重要的是要记住，随着衰老而出现的普通生理功能的下降是正常且可预测的。老年人的静息血压和运动血压可能更高，而最大心率和心输出量则较低。老年客户的抗阻练习建议为每周3至5天，使用较轻的重量和较慢的进阶。

肥胖

肥胖 皮下脂肪超过瘦体重的情况。

　　肥胖在美国乃至所有其他工业化国家中是增长得最快的健康问题。目前，大约66%的20岁以上的美国人超重。大约34%的美国人肥胖，这大约相当于7 200万人。肥胖是一种复杂的病症，与多种慢性疾病、情绪问题和社会问题相关。

身体质量指数

身体质量指数（BMI）被用于基于一个人的身高来估算其体重的范围。因为测量和计算简便，所以它是判定一个人是否过轻、超重或者肥胖的最常用评估工具。BMI的定义是体重（千克）除以身高（米）的平方。例如，客户的体重是200磅（约为91千克），身高是70英寸（约为1.78米，其平方约为3.16米²），那么他的BMI就是28.71（91千克/3.16米²）。因为BMI没有实际测量身体成分，所以可能还要使用皮褶厚度或者围度测量等其他技术来协助制订切合实际的减重目标，并向客户反馈信息。但这些技术对于肥胖患者可能并不适合，因为使用皮褶卡钳来评估体脂可能是一个很敏感的问题。BMI虽然不是一个完美的指标，但是它确实为前后对比与合理的目标设定提供了可靠的数值。比如，一旦计算出BMI，就可以将根据较低的BMI计算出的要达到的体重设定为现实的目标。BMI为18.5到24.9被视为正常范围，而25到29.9为超重，30及以上则是肥胖。在美国成年人中，估计三分之二的BMI达到或者超过了25，三分之一的BMI达到或者超过了30。在成年人和青少年中，患慢性疾病的风险均随BMI的上升而成比例增加。

肥胖的原因

虽然肥胖的原因复杂多样，但很少有人会不同意主要问题出在能量平衡（摄入的热量太多，消耗的热量太少）。由于肥胖是一个复杂的医学问题，所以重要的是，私人教练要么与其肥胖客户密切合作，要么将客户介绍给可以提供准确且可实现的饮食建议的注册营养师（或其他合格的持照专业人员）。

有研究表明，在生活中长期久坐不动的成年人每10年将会损失约5磅肌肉，同时每10年增加15磅脂肪[27]。除上述列举的数据以外，普通成年人在30至80岁之间会减少15%的无脂肪质量（FFM）。在调查与年龄相关的脂肪增加时，确定了身体脂肪并不是与年龄相关的问题，而是与个人每周运动小时数相关[28]。对于久坐不动的人群的研究表明，在影响男性身体脂肪储存量的因素中，日常活动水平占75%[29]。

肥胖和运动训练

有规律的身体活动和锻炼是长期成功减重的最重要因素之一。重要的是要注意，肥胖和病态肥胖的客户在运动中可能会出现一些特殊的问题。比如，有研究显示了体重和步态力学之间的关联。在一项对200多名75岁女性进行的研究中，平衡、肌肉力量和步态之间的关系是：无论其肌肉力量水平如何，体重较大的受试者表现出较差的平衡能力、较慢的步速和较短的步幅[30]。肥胖客户的运动训练应该主要集中在能量消耗、平衡和本体感受训练上，帮助他们消耗热量，提高平衡能力和步态力学。通过在本体感受丰富的环境（可控、不稳定）中进行练习，身体被迫募集更多的肌肉来稳定身体，并有可能消耗更多热量[31,32]。

为了有效地减轻体重，肥胖客户在每节训练课中应消耗200到300千卡（热量），结合体育活动和锻炼，以每周消耗至少1 250千卡的能量为目标。然后逐渐将初始的运动能量消耗目标增加到每周2 000千卡。旨在帮助减轻体重的任何运动计划中都可以逐渐加入抗阻训练，但是应始终优先使用持续的长期有氧耐力活动。研究表明，循环抗阻训练与快速步行在相同的时间范围内产生几乎完全一致的能量消耗[33]。在任何减重计划中，抗阻训练都是十分重要的组成部分，因为抗阻训练有助于增加瘦体重，这最终会导致更高的代谢率并改善身体成分。针对表面上健康的成年人的运动训练指导原则也同样适用于为肥胖客户设计有氧和抗阻训练计划。应始终进行健康评估和动作评估，以便建立初始的计划设计目标和参数。评估肥胖客户是一项挑战，但是关于肥胖人群的体能评估有很多非常好的资源[1]。第6章中介绍的一些体能评估可用于肥胖人群，如推、拉和下蹲评估等。对于肥胖客户，进行用于评估或者训练的抗阻训练练习时最好采用站姿或坐姿，并配合绳索和训练弹力绳等工具，或者使用自重练习。另外，相比单腿下蹲而言，单腿平衡评估可能更适合肥胖客户。柔韧性练习也应该以站姿或坐姿进行。例如，推荐使用站姿屈髋肌拉伸（而不是跪姿屈髋肌拉伸）、站姿腘绳肌拉伸、扶墙小腿拉伸和坐姿髋内收肌拉伸。使用自我肌筋膜放松时要谨慎，可能需要避免使用或让客户在家进行（详见"肥胖客户训练时的心理问题"）。

核心和平衡训练对于肥胖人群也很重要，因为他们平衡能力不足，行走速度慢，这两点对于运动都很重要。私人教练在让肥胖客户采用仰卧或者俯卧姿势时必须谨慎，因为他们容易对练习出现低血压或高血压的反应。让肥胖客户以站姿进行练习对他们来说可能更适合也更舒服。例如，相对于仰卧起坐而言，上斜平板支撑（**图16.1**）或者站姿药球转身（**图16.2**）可能更适合某些肥胖客户。抗阻训练的练习应该从坐姿开始，然后进阶到站姿。

OPT™模型中的阶段1和阶段2适合肥胖人群。私人教练应确保客户在抗阻训练的练习过程中能正确地呼吸，避免在练习过程中扭伤或者抓杠太紧，否则会导致血压升高。

肥胖客户训练时的心理问题

肥胖是一种特殊的慢性疾病，因为它会影响到一个人情绪舒适感和自尊心[34]。肥胖对个人的情绪与社会方面的影响不亚于其对身体方面的改变。在训练肥胖客户时，私人教练必须非常关注肥胖的心理影响，确保客户在社交和情绪上有安全感。私人教练在关心肥胖客户身体健康的同时照顾到客户的感受，有助于建立双方之间的信任，并协助客户坚持减重和训练计划。

图16.1　上斜平板支撑

图16.2　站姿药球转身

适当的练习选择和姿势对于客户的舒适感很重要。例如，大器械训练对肥胖客户来说不是很合适，因为进入和离开器械可能需要很好的灵活性。与器械相比，哑铃、绳索或训练弹力绳练习更适合。使用自我肌筋膜放松要谨慎，因为很多肥胖客户不太愿意躺在地上或者在地上滚动。因此，建议某些练习在客户自己家的私密环境中进行，或者在健康俱乐部中能够提供隐私的空间内进行。另外，建议肥胖客户参与重量支撑式练习（如骑自行车或游泳），以减小对骨关节的压力。然而，步行往往是许多肥胖客户首选的活动，同时也是他们易于参与和坚持的活动。所以，如果步行的好处（尤其是客户的依从性）超过观察到或感知到的骨关节损伤的风险，步行可作为首选练习。对肥胖客户提供服务时，私人教练一定要十分清楚他们在运动过程中的所有情况，包括姿势、训练机构中能够提供更好保护隐私的场地位置和运动器材的选择。肥胖客户的练习考虑因素如表16.5和表16.6所示。

表16.5	超重或肥胖人群的生理和训练考虑因素
生理的考虑	健康和体能的考虑
可能有其他的合并症（确诊或未确诊），包括高血压、心血管病或者糖尿病	初步筛查应该要明确潜在的未确诊合并症是否存在
最大摄氧量和通气（无氧）阈值通常降低	考虑使用重量支撑式工具进行测试和训练（比如功率自行车、游泳）。如果客户没有这些限制，考虑使用步行训练计划，以提高依从性
并存的饮食能妨碍运动能力，并导致显著的瘦体重流失	训练开始的阶段着重于低强度的活动，逐步增加训练时间（在可承受范围内增加到60分钟）和频率（每周5到7天），然后再开始增加锻炼的强度。 锻炼强度不应超过锻炼能力的80%，每周热量消耗最少1 250千卡，在可承受范围内逐渐增加至2 000千卡
身体成分的测量（静流称重、皮褶卡钳）可能无法准确地反映超重或者肥胖的程度	BMI、体重和身体围度是减重的建议衡量指标

表16.6	超重或者肥胖人群的基本运动指导原则
模式	低强度或踏板有氧运动（如在跑步机上步行、划船、固定式自行车和水上活动）
频率	每周最少5天
强度	最大心率的60%至80%。使用对话测试[a]来确定劳累程度 第一阶段的心肺练习进阶到第二阶段（如果有必要，强度可调整至最大心率的40%至70%）
持续时间	每天40至60分钟。每天两节训练课，每节20至30分钟
评估	推、拉、深蹲 单腿平衡（如果可承受）
柔韧性	SMR（只有在客户愿意的情况下使用） 柔韧性连续体
抗阻训练	每周2至3天，每次1至3组，每组重复10至15次 阶段1和阶段2适合以循环训练进行（可以使用较高的重复次数，比如20次）
特殊考虑因素	确保客户的舒适感——注意姿势以及客户在训练机构中的位置 练习应该以站姿或坐姿进行 可能有其他慢性疾病；若遇到这种情况，应获得由其私人医生签署的健康说明同意书

a：对话测试是健康和健身专业人员在无法通过心率来评估强度时所采用的衡量强度的方法。如果客户能够在练习过程中轻松地对话，那么客户可能处于较低的训练心率范围。如果客户难以记住一句话，那么其心率可能很高。根据个人的反应和练习状态，相应地调整强度。

SMR＝自我肌筋膜放松。

小结

在美国，肥胖是增长最快的健康问题。私人教练必须时刻准备着而且愿意和肥胖客户合作。一旦确定BMI，就可以讨论切合实际的减重和运动目标。当为超重和肥胖的客户设计训练计划时，应考虑所坚持的运动类型和锻炼量。如果骨关节损伤的风险较低，通常会建议步行。为了有效地减重，每次有氧运动的合理能量消耗目标应该是200到300千卡，并且结合锻炼和身体活动的目标应该是每周至少消耗1250千卡。另外，在任何促进减重的运动方案中都应该包括抗阻训练。虽然抗阻训练燃烧的热量一般少于有氧练习，但是抗阻练习却可以维持瘦体重，这有助于维持代谢和改善身体成分。正常体重客户的抗阻训练指导原则也应适用于肥胖人群，重点是正确的姿态、呼吸和技术要领。

糖尿病 因缺乏胰岛素引起的慢性代谢紊乱，减少对碳水化合物的使用并增加对脂肪和蛋白质的使用。

糖尿病

糖尿病是一种代谢紊乱，表现为身体不能产生足够的胰岛素（1型）或者身体不能对所产生的胰岛素做出正常的反应（2型）。在美国，估计有2 360万儿童和成人（总人口的7.8%）患有糖尿病，每年新增确诊病例160

万[35]。在美国，糖尿病是第7大致死原因，并且可能会提高心脏病、高血压、成年失明患病率的风险[35]。研究显示，30岁之前患有糖尿病的人在40岁以前死亡的概率是未患病者的20倍[30]。

糖尿病有两个主要分型：1型（胰岛素依赖型糖尿病）和2型（非胰岛素依赖型糖尿病）。尽管2型被称为非胰岛素依赖型糖尿病，但是一些2型患者不能控制其血糖水平，还需要额外的胰岛素。2型糖尿病和儿童与成人的肥胖度高度相关。

1型糖尿病常见于儿童、青少年和青壮年。若患有1型糖尿病，胰腺中名称为β细胞的特殊细胞停止产生胰岛素，引起血糖水平升高，导致高血糖。为了控制血糖水平，1型糖尿病患者必须注射胰岛素来补偿胰腺分泌不足。运动加快细胞利用葡萄糖的速率，这意味着可能需要通过运动来调节胰岛素水平。如果1型糖尿病患者在运动前后和运动过程中不能控制其血糖水平（通过胰岛素注射和食用碳水化合物），血糖水平会迅速下降，引起一种被称为低血糖的症状，表现为虚弱、头晕和昏厥。虽然胰岛素、合理的饮食和运动是1型糖尿病患者的主要处方内容，但在运动过程中依然要密切关注，以保证其安全。

2型糖尿病和肥胖（尤其是腹部肥胖）相关。美国成人2型糖尿病的发病率和流行率近年来急剧上升。儿童2型糖尿病发病率上升是个值得关注的公共健康问题，其成因与腹部肥胖以及自愿性体育活动的减少有关。2型糖尿病患者通常可以分泌足够的胰岛素，但其细胞抵抗胰岛素（存在的胰岛素不能将足量的血糖转移到细胞中）。这种情况会导致高血糖。慢性高血糖与一系列可能会损害肾脏、心脏、神经、眼睛和循环系统的疾病有关。虽然2型糖尿病患者并不像1型患者那样出现大幅度血糖波动的情况，但仍然要注意相关的症状，并且要特别关注使用胰岛素药物的2型糖尿病患者。

运动和糖尿病

无论是哪一种类型的糖尿病患者，运动的最重要目标就是控制葡萄糖水平；而对于2型糖尿病患者，目标还包括减重。运动训练对于这两个目标都会有效，因为锻炼骨骼肌能提高对循环葡萄糖的摄取量，具有与胰岛素相似的作用。研究表明，运动能提高各种葡萄糖指标，包括组织敏感性、更好的葡萄糖耐受性，甚至降低胰岛素的需求量[1,36]。因此，已证明运动对预防2型糖尿病有非常积极的作用。

在与糖尿病患者合作时，要遵循特定的运动指导原则和建议，包括在运动期间或运动之后预防低血糖和高血糖事件的策略，以及基于静息血糖水平或症状延迟练习的策略。在大多数情况下，排除其他与健康有关的问题，糖尿病患者与缺乏运动和体重过大的人群拥有类似的运动管理目标。步行是肥胖客户的首选练习形式，但把步行推荐给糖尿病客户时一定要谨慎，防止出现可能导致足部感染的水泡和微小创伤。还应特别注意向糖尿病患者提供有关在运动前和运动后的碳水化合物摄入量和胰岛素使用的建议，以降低发生低血糖或高血糖事件的风险。

糖尿病客户的运动指导原则和肥胖客户的运动指导原则类似，因为很多2型糖尿病患者也有肥胖的问题。在这种情况下，建议每日运动，以实现更稳定的葡萄糖管理和最大限度地提高热量消耗（表16.7和表16.8）。低强度的练习活动可降低损伤的风险，但建议在健康和体能的整体运动计划中应包括抗阻训练。应遵循如第6章所述的评估过程。可以按照建议使用柔韧性练习，但是应特别注意自我肌筋膜放松，因为这对于周围神经病变（腿和脚的保护性感觉丧失）的患者是禁忌。如果客户正在接受医生或糖尿病教育者的护理，就要向相关持照人员咨询关于自我肌筋膜放松（泡沫轴滚动）的建议。OPT™模型的阶段1和阶段2适合糖尿病人群；然而，快速伸缩复合训练可能不适合。

表16.7	糖尿病患者的生理和训练考虑因素	
生理的考虑	健康和体能的考虑	运动和训练的考虑
经常与合并症有关（包括心血管疾病、肥胖和高血压）	2型糖尿病，训练计划应该以每周消耗1 000至2 000千卡为目标，根据承受能力进阶，以最大限度地减重和保护心脏	合并症的筛查非常重要
运动能产生和胰岛素相似的效果	运动引发低血糖的风险增加	请注意低血糖的征兆和症状
在运动后若干小时或者运动过程中可能会出现低血糖	对于那些最近被确诊的客户，应在运动之前、期间和之后测量血糖	在低血糖事件后必须恢复葡萄糖水平，以防止夜间低血糖的发生
服用β阻滞剂的客户可能无法识别低血糖的症状和征兆	减少胰岛素和增加碳水化合物摄入量可能是必要的，并且与运动强度和持续时间成比例	运动前可能需要大幅减少胰岛素剂量。运动前和运动中可能需要摄取碳水化合物
在高温中运动可能会掩盖低血糖的征兆	建议运动后补充碳水化合物	训练开始的阶段应强调低强度，逐步增加训练时间（在可承受范围内增加到60分钟）和频率（每周5到7天）。开始的强度不应该高于锻炼能力的90%
增加视网膜病变的危险	注意低血糖的征兆和症状	可以遵循正常体重健康成人的抗阻训练指导原则（比如，1至3组，8至10个练习，每组重复10至15次，每星期2至3天）
周围神经病变可能会增加步态异常的风险和易被忽视的足部水泡感染	谨慎使用负重练习，穿合适的鞋子	每天检查脚上是否有水泡、皮肤有无损伤、鞋子是否合适

表16.8	糖尿病患者的基本运动指导原则
模式	低强度活动（例如自行车、在跑步机上步行、低强度或者踏板有氧活动）
频率	每周4至7天
强度	最大心率的50%至90% 根据医生建议，第一阶段的心肺练习（如果有必要，可以调整至最大心率的40%至70%）进阶到第二和第三阶段
持续时间	20至60分钟
评估	推、拉、过头深蹲 单腿平衡或单腿下蹲
柔韧性	柔韧性连续体
抗阻训练	每周2至3天，每次1至3组，每组重复10至15次 OPT™模型的阶段1和阶段2（可以使用较高的重复次数，比如20次）
特殊考虑因素	确保客户有合适的鞋子，让客户和医师检查双脚是否有水泡或异常的磨损模式 建议客户或训练班学员准备一些小零食（快速提供碳水化合物）供运动中补充，以避免突然发生低血糖 使用SMR要特别注意，并遵循执业医师的建议 避免过量的快速伸缩复合训练，对典型客户不建议高强度的训练

SMR=自我肌筋膜放松。

小结

　　糖尿病会损害身体有效分泌和利用胰岛素的能力。1型糖尿病（胰岛素依赖型糖尿病）常见于年龄较小的人群。如果1型糖尿病患者在运动前后和运动过程中不控制其血糖水平（通过胰岛素注射和食用碳水化合物），血糖水平会迅速上升或下降，引起高血糖或者低血糖，后者会导致乏力、头晕和昏厥。2型糖尿病（非胰岛素依赖型糖尿病）与肥胖（尤其是腹部肥胖）有关。2型糖尿病患者通常可以产生足够数量的胰岛素，但其细胞抵抗胰岛素，从而导致高血糖。

　　运动对于血糖控制和减重都是有效的。糖尿病患者可参考肥胖成人的运动指导原则，因为很多2型糖尿病客户也肥胖，建议每日都要运动，以实现更稳定的葡萄糖控制和热量消耗。要避免负重活动（至少在最初阶段时要如此），以防止出现导致足部感染的水泡和脚部微小创伤。应强调在运动前后都要补充碳水化合物和使用胰岛素，以降低运动后发生高血糖或者低血糖的风险。

　　遵循肥胖成人的运动指导原则，使用低强度的运动模式。谨慎使用自我肌筋膜放松，这对于足部和腿部保护性感觉缺失的人来说都是禁忌。OPT™模型的阶段1和阶段2适合糖尿病患者，但是快速伸缩复合训练并不适合。

高血压

血压被定义为血液对血管（特别是动脉）壁施加的压力。血压因心跳的力度、动脉壁的弹性、血量和血黏度以及个人的健康、年龄和身体状况而异。高血压是一种表现为动脉血压持续异常过高（静息收缩压≥140毫米汞柱或者舒张压≥90毫米汞柱）的常见内科疾病。如果客户在不同日子里测量的静息血压出现静息收缩压≥140毫米汞柱或者舒张压≥90毫米汞柱的次数为两次或以上，或者客户正在服用药物来控制血压，则认为该客户患有高血压（HTN）。最近的指导原则规定：静息血压在120/80到135/85毫米汞柱的人可被认定为高血压前期，应鼓励他们通过恰当的生活方式调整来降低血压。大多数人认为正常的血压是120/80毫米汞柱，但是美国心脏协会已经将正常血压的定义改为"低于120/80毫米汞柱"。最常见的高血压致因包括吸烟、高脂（尤其是饱和脂肪）饮食和体重过大。高血压的健康风险是众所周知的，它可以增加中风、心血管疾病、慢性心脏衰竭和肾衰竭的发病风险。

最常见的控制高血压的传统方法是服用降压药物。虽然已经证实药物非常有效，但是全面改变个人生活方式（包括有规律的身体活动、饮食、戒烟等）也被证明可以降低血压，并有可能消除使用药物的需要。

研究显示，运动对降低已升高的血压有一定的影响：收缩压和舒张压都可以平均降低10毫米汞柱[37-39]。运动可以帮助身体对身体活动或其他生理压力源产生更加适当的响应。血压的变化看上去并不明显，但是血压只要降低一点都表明整体健康的风险下降，并且这很重要。就降低血压而言，已证实低到中等强度的心肺练习和高强度活动同样有效。这对患有高血压的老年人或者肥胖人群以及无法进行高强度练习的人来说非常重要。

同样重要的是，要强调降低血压的整体计划的重要性，计划中包括运动、饮食、减重（如果适用），并且最重要的是，如果客户正在接受医生的治疗，就一定要遵从医疗计划。我们鼓励私人教练对所有客户强调按处方服用药物的重要性。

私人教练应该评估客户对运动的心率响应，可以在次最大强度练习测试中测量心率，或者甚至在舒适的练习负荷中进行简单的心率评估。高血压人群经常服用的药物会改变对运动的心率响应，大部分情况下，这些药物使得对运动的心率反应变迟钝，因此训练心率的预测公式或估算值就会无效。我们同样鼓励私人教练学习如何精准评估其所有客户的静息血压和运动血压，其中对高血压客户进行血压评估尤为重要。美国心脏协会和美国红十字会等本地组织或者本地的医院可以提供学习测量血压的课程。

在运动训练课的全过程中都要注意高血压客户的身体姿势，这是非常重要的。像肥胖和糖尿病的客户一样，身体姿势对于高血压客户在运动前、中、后的血压反应有很大的影响。仰卧或者俯卧姿势（尤其是头部低于心脏时）往往使血压增加，因此这些姿势是禁忌。例如，若要强化臀大肌，站姿绳索髋伸展（图16.3）练习就比仰卧臀桥（图16.4）更合适。重要的是要注意，高血压客户在运动中既可能发生高血压反应，也可能发生低血压反应，尤其是应考虑到药物作用、身体姿势和练习选择的影响。

在评估高血压客户时，私人教练可遵循第6章中的指导原则。如果客户可以承受，单腿平衡（下蹲）评估也可能是有益的。如果有可能，所有其他练习都应该以坐姿或站姿进行（表16.9和表16.10）。客户可以使用完整的柔韧性连续体；然而，静态拉伸和主动拉伸可能最容易、最安全。禁止使用泡沫轴滚动，因为这要求客户躺下。心肺耐力训练应该着重于第一阶段，只有在获得医生许可后方可继续进阶。

表16.9 高血压客户的生理和训练考虑因素

生理的考虑	健康和体能、体育和运动训练的考虑
对运动的血压反应可能因运动的模式和强度水平而变化，并且反应会更大	建议在最初采用持续低强度（50%至85%的锻炼能力）的有氧运动方案。频率和持续时间参数应该是每周3至5天，每天20至45分钟。如果还需要减重，则额外增加整体练习量
尽管服用药物，但客户仍可能出现运动前高血压	抗阻训练应该包括交替心肺训练或者循环训练。避免瓦氏动作（憋气），强调有节奏的呼吸，以及针对肌肉适能设计的计划（比如，8至10个练习，1至3组，每组10至20次重复，每周2至3天）
高血压通常与其他并发症有关，包括肥胖、心血管疾病和糖尿病	并发症的筛查是很重要的。运动应该以每周1 500至2 000千卡的热量消耗为目标，在可承受范围内进阶，最大限度地减重和保护心血管系统
一些治疗高血压的药物（如β阻滞剂）会减慢静息心率和心率对运动的反应	对于服用影响心率药物的客户，在练习中不能使用预测最大心率或估算值。反之，应该使用实际心率反应或者对话测试。普遍接受的运动血压禁忌包括200毫米汞柱的SBP和115毫米汞柱的DBP。一定要查阅健身机构可能在现场提供的其他更低的指引值

SBP=收缩压；DBP=舒张压。

图16.3　站姿绳索髋伸展　　图16.4　仰卧臀桥

表16.10	高血压人群的基本运动指导原则
模式	固定自行车、在跑步机上行走、划船机
频率	每周3至7天
强度	最大心率的50%至85% 第一阶段的心肺练习进阶到第二阶段（如果有必要，可以调整至最大心率的40%至70%）
持续时间	30至60分钟
评估	推、拉、过头深蹲 单腿平衡（如果可承受，下蹲）
柔韧性	以站姿或者坐姿进行静态拉伸和主动拉伸
抗阻训练	1至3组，每组10至20次重复，每星期2至3天 OPT™模型的阶段1和阶段2 在等长和向心收缩部分，节奏不能超过1秒（比如，4/1/1，而不是4/2/1） 可以选择使用循环训练或者PHA负重训练法，配合适当的休息间隔
特殊考虑因素	避免举重物或者瓦氏动作——确保客户正常呼吸 训练时，不要让客户过于用力握住器械或者握紧拳头 调整节奏，避免过长时间的等长和向心肌肉收缩 以站姿或坐姿进行练习 允许客户慢慢站起来，避免出现头晕 让客户循序渐进

PHA=交替心肺训练。

站姿核心练习优于仰卧核心练习。例如，进行站姿绳索躯干旋转（图16.5），或者站姿眼镜蛇式练习（图16.6）。高血压人群要谨慎使用快速伸缩复合训练。

抗阻训练也应该以站姿或者坐姿进行。OPT™模型的阶段1和阶段2适合高血压人群，但进阶应缓慢。训练计划应该以循环风格或者交替心肺训练（PHA）体系（见第13章）来进行，以分配上下肢之间的血液流量。

图16.5 站姿绳索躯干旋转

图16.6 站姿眼镜蛇式

私人教练应始终确保高血压客户在使用练习器械时正常呼吸，并避免瓦氏动作或者过于用力握住（握得太紧）器械，否则会大幅增加血压。当客户从坐姿或卧姿站起来时，私人教练一定要密切注意，因为客户可能会头晕。

瓦氏动作　一个人试图在闭合声门（气管）时用力呼气，以免空气通过口腔或鼻子排出，例如举起很重的物体时就会使用这种方法。瓦氏动作会阻碍静脉血液回流到心脏。

小结

正常血压的标准是不超过120/80毫米汞柱。高血压被定义为血压达到或超过140/90毫米汞柱，而血压在120/80至135/85毫米汞柱之间则被认为是高血压前期。可以通过心肺功能训练、饮食和其他生活方式的改变来控制高血压；然而，鼓励客户按照医嘱服用处方中的所有药物。

高血压患者应参加低强度有氧运动，避开高强度、大运动量的抗阻训练。鼓励私人教练测量并密切关注高血压客户在运动中的心率变化，而不要依赖于估算值或预测公式。

在与高血压客户合作时还要注意其身体姿势，这是非常重要的；仰卧或者俯卧（尤其是头部低于心脏）是禁忌。高血压客户的大部分练习应以坐姿或站姿进行。可以使用完整的柔韧性连续体，但静态或者主动拉伸可能是最容易、最安全的。自我肌筋膜放松法可能要禁止，具体取决于身体姿势。心肺训练应该着重于第一阶段，仅在医生允许后才进阶。对高血压人群使用快速伸缩复合训练应该谨慎。抗阻训练也应以坐姿或站姿进行。OPT™模型的阶段1和阶段2适合高血压患者。训练计划应以循环方式执行或者使用交替心肺训练（PHA）体系。

冠心病

尽管冠心病（CHD）的死亡率在1996~2006年期间有显著的下降（29.2%），但冠心病在男性和女性中都仍然是死亡和残疾的主要原因。CHD是由动脉粥样硬化（斑块形成）引起的，动脉粥样硬化导致冠状动脉狭窄，最终导致心绞痛（胸痛）、心肌梗死（突发心脏病），或两种情况一起发作[40]。CHD的主要原因就是不良的生活方式，如吸烟、饮食不当和缺乏身体活动。从医疗角度来说，治疗冠心病的重点主要集中在改善冠状动脉内壁的健康，即所谓的斑块"稳定化"。治疗CHD的另一个主要重点是医疗管理，除了药物以外，还涉及积极的生活方式干预，包括改善饮食、更多运动、戒烟和减轻压力等方法。

越来越多已确诊和未确诊的冠心病患者向健康和健身专业人员（包括私人教练）寻求关于运动训练的建议。在冠心病患者参与的运动计划中，严重心血管并发症，甚至死亡的风险都较低。CHD客户的运动风险降低的原因是他们应接受其医生和健身专业人员的仔细筛查和健康状况跟踪。尽管如此，私人教练也一定要意识到心脏病客户的存在，并且在认识到运动可以给心脏病客户带来一定风险的前提下，设计有效的运动计划（表16.11）。

表16.11	冠心病患者的生理和训练考虑因素	
生理的考虑	**健康和体能、运动和训练的考虑**
心脏病的性质决定了运动水平，超过这个水平是很危险的	必须确定运动安全上限，最好是通过心率来确定 对患有心脏病的客户，永远不应该用心率预测公式来估算心率。咨询他们的医生
患有心脏病的客户可能不会出现心绞痛（和胸痛相当）或者其他警示性征兆	客户必须能够监测脉搏或者通过准确的监控仪器，以保持在运动安全上限以内
在潜在的疾病和药物使用的影响下，运动的心率反应和年龄预测公式几乎总是有很大差异，并且前者往往会较低	虽然症状始终应该是减少或者停止运动的首要标志，但是有些客户可能不会有症状这一告警系统，所以监测心率就更加重要
客户可能有其他并发症（如糖尿病、高血压、外周血管疾病或肥胖症）	并发症的筛查很重要，并且要基于这些诊断修改运动计划
峰值摄氧量（以及通气阈值）往往会因为心脏泵受损和外周肌肉功能失调而下降	运动处方应该从低强度开始，并且以经过认证的运动生理学家或接受过专业培训的物理治疗师的建议为基础 应该遵循有氧训练指导原则，每周3至5天，每天最少20分钟，强度为最大能力的40%至85%，但是要低于医生建议的运动安全上限 通常建议以每周消耗1 500至2 000千卡的热量为目标，并在可承受范围内进阶，以最大限度地保护心脏 当患者超过3个月在有氧训练中没有出现症状并且适应锻炼之后，就可以开始抗阻训练 建议使用循环训练形式，8至10个练习，1至3组，每组10至20次重复，强调呼吸的控制以及按需要安排组间休息

有些患有CHD的客户在完成心脏康复计划后开始健身计划。不管CHD客户是否已完成心脏康复计划，私人教练都必须清楚地了解客户的疾病、用药情况，最重要的是要知道客户的医生所规定的运动安全上限和任何其他限制。私人教练在获取这些信息时一定不能马虎，并且只有在获得这些信息后才可以让客户参加训练。在很多情况下，可以通过客户获得这些信息。

客户必须能够找到并测量他们自己的脉搏或者使用精确的监测仪器，以保持在其运动安全上限以内。重要的是要注意，在这个人群中，运动的心率反应与使用预测公式计算出来的结果有很大的差异，前者往往会更低。虽然症状始终应该是减少或者停止运动的首要标志，但冠心病患者表现出来的征兆和症状会有很大差异，因此要注意跟踪心率、主观疲劳感觉量表（RPE）和冠心病恶化的征兆（如心绞痛）。这项工作变得越来越重要。另一个有用的工具是使用主观疲劳感觉量表来评估运动强度（表16.12），这让私人教练在不评估心率的情况下也可以测量运动强度。

表16.12	主观疲劳感觉量表		
原始量表	类别-比例量表		
6		0.0 根本没用力	没有强度
7	非常非常轻松	0.3	
8		0.5 极弱	刚刚能感觉到
9	非常轻松	0.7	
10		1.0 非常弱	
11	相当轻松	1.5	
12		2.0 弱	轻
13	有点难	2.5	
14		3.0 中等	
15	难	4.0	
16		5.0 强	重
17	非常难	6.0	
18		7.0 非常强	
19	非常非常难	8.0	
20		9.0	
		10.0 极强	最大的强度
		11.0	
		绝对最大值	能达到的最高值

　　患有稳定型冠心病的客户（尤其是已经参与了心脏康复计划的客户）应该知道或者学习过运动的重要性和好处，包括降低死亡率，增强运动承受能力、肌肉力量，减少心绞痛和心脏衰竭的症状，以及改善心理状态和社交适应性。还有证据证明，如果适当使用强化教育、运动、咨询和降脂药物的多因素干预计划，可能会减慢（甚至逆转）心脏病的发展[41,42]。

　　私人教练必须注意不要夸大运动作为其中一方面干预的好处，并且必须向客户强调多学科方法对于治疗心脏疾病的重要性。然而，运动是非常重要的，并且可以在大多数健康和健身环境中安全地进行（表16.13）。私人教练应遵循第6章中的指导原则对CHD客户进行评估。如果客户可以承受，那么单腿平衡（或者下蹲）练习也很用。如果有可能，所有其他练习均应以坐姿或站姿进行。客户应该以站姿或坐姿进行静态拉伸或者主动拉伸，因为这两种拉伸可能既是最容易也是最安全的。请咨询持照医师关于自我肌筋膜放松的具体建议。心肺功能训练应该着重于第一阶段，并只在医生的建议下才进阶。

　　核心练习最好以站姿进行。例子包括在斜面上进行平板支撑、站姿绳索躯干旋转或站姿眼镜蛇式练习（双腿或者单腿）。在开始锻炼的前几个月，不建议对此类人群使用快速伸缩复合训练。

表16.13	冠心病患者的基本运动指导原则
模式	大肌肉群的活动，比如固定自行车、在跑步机上行走或划船
频率	每周3至5天
强度	最大心率储备的40%至85% 由于药物可能影响心率，所以对话测试也会更加合适 心肺训练第一阶段
持续时间	5至10分钟的热身，随后是20至40分钟的练习，然后是5至10分钟的放松
评估	推、拉、过头深蹲 单腿平衡（如果能承受，下蹲）
柔韧性	以站姿或坐姿进行静态拉伸或者主动拉伸
抗阻训练	1至3组，每组10至20次重复，每周2至3天 OPT™模型的阶段1和阶段2 在等长和向心收缩部分，节奏不能超过1秒（比如，4/1/1，而不是4/2/1） 可以选择使用循环或者PHA负重训练，配合适当的休息间隔
特殊考虑因素	请注意，客户也可能有其他疾病，如糖尿病、高血压、外周血管疾病或肥胖 修改节奏，避免过长时间的等长和向心肌肉活动 避免举重物或者瓦氏动作——确保客户正常地呼吸 以站姿或坐姿进行练习 练习要慢慢地进阶

PHA=交替心肺训练。

抗阻训练也应该以坐姿或站姿进行。OPT™模型的阶段1和阶段2将会适合冠心病人群。应以循环方式或者PHA训练体系（见第13章）进行训练计划。健康和健身专业人员应始终确保客户正常地呼吸，在练习中没有过于拼命或者过分用力握住（握得太紧）运动器材，否则会导致血压上升。

小结

冠心病（CHD）在男性和女性中都是死亡和残疾的主要原因。CHD是由动脉粥样硬化（斑块形成）引起的，动脉粥样硬化导致冠状动脉狭窄，最终导致心绞痛（胸痛）、心肌梗死（突发心脏病），或两种情况一起发作。在运动计划中，心血管并发症的发生率很低；但是私人教练也一定要意识到心脏病客户的存在，并且在认识到运动可以给心脏病客户带来一定风险的前提下，设计有效的运动计划。

私人教练都必须清楚地了解客户的疾病、用药情况以及客户的医生所规定的运动安全上限。在获得这些信息之前，一定不能开始训练。建议使用低强度的有氧练习，每周的热量消耗目标是1 500至2 000千卡。患者至少在3个月的运动中没有出现任何问题之后，才可以开始抗阻训练。大多数练习应该以坐姿或站姿进行。柔韧性练习应仅限于以坐姿或者站姿进行的静态拉伸或者主动拉伸。自我肌筋膜放松应该事先取得医生的同意。心肺训练应该侧重于第一阶段，并只在医生同意后才进阶。对于该人群，在训练的最初几个月里不建议使用快速伸缩复合训练。抗阻训练也应该以坐姿或者站姿进行。OPT™模型的阶段1和阶段2适合冠心病人群。训练计划应以循环方式或者PHA训练体系执行。

骨质疏松

骨质减少是骨密度（BMD）低于正常水平的一种状态，被认为是骨质疏松的先兆，而骨质疏松是BMD减少的骨骼疾病，骨骼微结构被破坏，并且骨骼中的实际蛋白质发生了改变。骨质疏松有两种类型或类别：1型（原发性）和2型（继发性）。原发性骨质疏松症与正常衰老相关，可归因于雌激素和黄体酮的分泌减少，这两种激素都与调节骨质减少的速度有关。继发性骨质疏松症由破坏正常骨骼重建的某些身体状况或药物引起，包括酗酒、吸烟、某些疾病或某些药物。两种类型的骨质疏松都是可治疗的，并且男性和女性都会发病。私人教练遇到越来越多患有骨质减少和骨质疏松的客户，因为这些患者在寻求帮助，希望通过运动减缓甚至逆转这种状况。虽然客户绝大多数都是女性，但事实上，男性也会患有这两种疾病。

1型骨质疏松常见于绝经妇女，原因是缺乏雌激素（通常继发于更年期）。该疾病的特征是骨吸收（去除旧骨）增加，同时骨重建（形成新骨）下降，最终导致骨质密度的下降。

骨质疏松一般影响股骨颈和腰椎。这些结构都被认为是核心的一部分，位于承受了大部分力量的身体区域。因此，骨密度的下降让核心变得脆弱，从而更容易受伤（如骨折）。研究显示，50岁以上的绝经后的女性髋关节骨折的概率每5年就翻倍[43]。如今在美国估计有1 000万人患有骨质疏松，大约3 400万人骨量较低，使其将来患骨质疏松的风险更高。另外，受骨质疏松影响的人数每年超过2 500万，导致大约150万例髋关节骨折。而这150万例髋关节骨折中，只有20%的患者能恢复到正常功能状态[43,44]。

影响骨质疏松的风险因素有很多。其中最重要的一个因素是峰值骨质量（或密度）。峰值骨质量是一个人在其一生中能够达到的骨质量最大值。新骨的形成（重建）是对肌肉骨骼系统施加压力的结果。为了维持持续的骨重建，人们必须保持足够活跃，以确保身体承受足够的压力。对于努力达到峰值骨质量的青少年和年轻成人特别重要。

其他的风险因素包括缺乏体育活动、吸烟、酗酒、膳食中的钙摄入量低。私人教练的关键是要认识到，可以通过一个全面的健康和健身计划对这些因素产生积极的影响（表16.14）。除了运动计划以外，也应该鼓励

骨质减少　骨骼的钙化或密度降低，以及骨量减少。

骨质疏松　骨量和骨密度降低，并且骨头之间的间隙增大，导致孔隙和脆性。

客户增加膳食中的钙摄入量，减少酒精的摄入量，并且戒烟。

表16.14	骨质疏松人群的生理和运动考虑因素
生理的考虑	**健康和体能、体育和运动训练的考虑**
最大摄氧量和通气阈值往往低于正常人，这是慢性功能失调的结果	典型的运动负荷应该和体能标准一致：40%至70%的最大锻炼能力，每周3至5天，每节训练课20至30分钟
步态和平衡可能会受到负面影响	由于生理和身体的限制，要采用低强度、重量支撑式、强调平衡训练的运动计划
慢性腰椎骨折可能导致明显的下背痛	对于骨质疏松（并且没有运动禁忌）的客户，建议采用抗阻训练来增加骨质量 已证实负荷超过75%的1RM能够提升骨密度，但是客户必须适当地进阶，以能够承受这些负荷 建议采用循环训练的形式，8至10个练习，1组，8至12次重复，按需安排间隔休息时间
年龄、疾病、体格和功能失调都可能使客户有摔倒的风险	对于严重骨质疏松的客户，运动方式应该变成水中活动，以减少负重骨折的风险。如果不能实施水中运动，则使用其他重量支撑式练习（比如自行车），并关注征兆和症状 巩固能够促进骨骼健康的其他生活方式和行为，包括戒烟、减少饮酒和增加饮食中的钙摄入量

1RM=最大肌力。

　　就身体活动而言，无论客户患有骨质减少还是骨质疏松，都一定要确定客户达到可以参加负重活动（行走、慢跑、跳舞、爬楼梯等）或者抗阻训练的程度。例如，练习的好处是通过对骨骼施加压力（负重训练或者更重的抗阻训练）来增加骨质，而进一步骨质减少可能导致骨折风险，这两者之间应该存在平衡。有研究已经证明，参加抗阻训练的人与不参加抗阻训练的人相比，前者的骨密度更高[45]。然而，研究亦显示，抗阻训练导致的骨密度提高幅度不超过5%，一些研究人员认为这个提高幅度并不足以阻止骨折的发生[45]。事实上，据估计，骨密度必须增加20%才能消除骨折。因此，建议训练重点是预防摔倒，而不是单纯注重力量。抗阻训练可以增加骨密度，而柔韧性、核心和平衡训练则增强本体感受，所以，结合这两种训练的运动方案（如OPT™模型所示）也许能更好地满足这一人群的需求（表16.15）。

　　在对该人群使用OPT™模型时，私人教练应该采取一些预防措施；例如，如果客户在没有辅助的情况下展示出良好的移动能力，则应进行动作评估（过头深蹲、单腿下蹲或者平衡、推和拉）。如果客户表现不佳，则在评估和运动计划中最好使用更加稳定、基于器械的练习。对该人群要尽可能严格地注意动力链检查点，但是要认识到，他们的姿势可能会有一些无法纠正的退行性改变。尝试让客户达到其理想姿势，而不是一般意义上的理想姿势，并记住要让此类客户以坐姿或站姿进行练习。

表16.15	骨质疏松人群的基本运动指导原则
模式	带扶手支撑的跑步机
频率	每周2至5天
强度	最大心率的50%至90% 心肺训练的第一阶段进阶到第二阶段
持续时间	每天20至60分钟或者每轮8至10分钟
评估	推、拉、过头深蹲，或坐下再站起来（如果能承受）
柔韧性	静态拉伸和主动拉伸
抗阻训练	1至3组，以85%的最大强度每组8至20次重复，每周2至3天 在进阶前应该掌握OPT™模型的阶段1和阶段2
特殊考虑因素	进阶应该缓慢，密切监控，并以姿势控制基础 如果有可能，练习应向着自由坐姿或站姿（无支撑）进阶 练习重点是髋关节、大腿、背部和双臂 在下蹲或者腿举练习中避免让脊柱承受过重的负荷 确保客户以正常方式呼吸，避免出现瓦氏动作中屏住呼吸的情况

VO_2=氧耗。

柔韧性练习只限于静态拉伸和主动拉伸。使用自我肌筋膜放松对于该人群来说可能是禁忌。心肺训练应该从第一阶段开始（如果能承受，要包含步行计划）。负重活动可能对于增加骨密度更有益。应依据医生的建议和客户的能力进阶到第二阶段的心肺功能训练。

站姿核心练习的例子有在斜面上进行平板支撑或站姿眼镜蛇式练习。其他例子还有站姿绳索躯干旋转或药球转身。对于卷腹或者脊柱屈曲的动作要谨慎。注意关节活动范围，并咨询持照医生。一般不建议该人群使用快速伸缩复合训练。

抗阻训练也应该以坐姿或站姿进行。OPT™模型的阶段1和阶段2将适合该人群。研究表明，需要较高强度（75%至85%）才可以刺激骨的形成。此外，似乎负荷（而不是重复次数）是骨形成的决定因素[45]。然而，为了让动力链对这些较高的强度有适当的准备，健康和健身专业人员应该帮助客户逐步完成OPT™模型。平衡能力不足有可能导致客户摔倒和髋部骨折，稳定性训练对于提高平衡能力也很重要。一般需要6个月持续以相对高的强度进行训练才能实现增强骨质的效果。如果此类客户不能适当地进阶（遵循OPT™模型），可能会受伤并且会退步。针对属于该人群的客户的运动训练计划应该以循环方式进行或者遵循PHA训练体系（见第13章），重点是髋、大腿、背部和双臂。练习应进阶至采用站姿，这有助于增加对髋、大腿和背部的压力，同时提高对平衡的要求。这两部分对于克服骨质疏松的影响都很重要。

小结

骨质减少是骨密度（BMD）低于正常水平的一种状态，被认为是骨质疏松的先兆，而骨质疏松是BMD减少的骨骼疾病，骨骼微结构被破坏，并且骨骼中的实际蛋白质发生了改变。体育活动不足、吸烟、酗酒、膳食中钙摄入量低，这些都是增加骨质疏松风险的因素。除了运动以外，应鼓励客户增加饮食中的钙摄入量，减少酒精的摄入量和戒烟。

如果客户被诊断为骨质疏松，医生必须确定客户达到可以参加负重活动或者抗阻训练的程度。运动旨在增加骨质密度和减少未来骨折的潜在风险。抗阻训练可以增加骨密度，而柔韧性、核心和平衡训练则增强本体感受，所以，强烈建议该人群采用结合这两种训练的运动计划，前提是其医生已同意并且训练前的评估结果已经明确他们可以参加这些运动。

如果属于该人群的客户在没有辅助的情况下展示出良好的移动能力，则要以进行第6章中讨论过的动作评估（过头深蹲、单腿下蹲、推和拉）。如果客户表现不佳，则在评估动作质量时和在运动计划中应使用更加稳定、基于器械的练习。应遵循动力链检查要点，并考虑到姿势中会有一些无法纠正的退行性改变。应该以坐姿或站姿进行练习。

柔韧性练习应只限于坐姿或站姿的静态拉伸和主动拉伸。自我肌筋膜放松对于该人群可能是禁忌。心肺训练应该从第一阶段开始（如果能承受，要包含步行计划）。应依据医生的建议和客户的能力进阶到第二阶段的心肺功能训练。对于卷腹或者有大幅度脊柱屈曲的动作要谨慎。不建议该人群使用快速伸缩复合训练。抗阻训练也应该以坐姿或站姿进行。OPT™模型的阶段1和阶段2适合该人群。需要6个月持续以相对高强度并适当进阶的训练才会对骨质有效果。这意味着客户需要长期坚持运动计划。训练计划应以循环方式进行或使用PHA训练体系，重点是髋、大腿、背部和双臂，并且练习应进阶至采用站姿。

关节炎

关节炎　关节慢性炎症。

关节炎是一种主要影响身体关节的炎症状态。在美国成人中，关节炎是导致身体残疾的主要原因，并且与严重的活动受限、工作能力丧失、生活质量下降和高昂的医疗保健费用相关。目前估计美国成年人口中有21.6%（4 640万人）患有关节炎[46]。关节炎有两种常见类型：骨关节炎和类风湿关节炎。

骨关节炎　由于创伤或其他病症，导致软骨变软、磨损或变薄的关节炎。

骨关节炎是由关节内的软骨退化引起的。缺乏软骨的这种情况在关节骨的表面上造成磨损，从而在关节处引起炎症和疼痛。最容易发病的关节是手、膝、髋和脊柱。

类风湿关节炎是一种退行性关节疾病，身体的免疫系统错误地攻击自身组织（即关节或者器官内的组织）。这可能在多个关节中引起炎症反应，导致疼痛和僵硬。其症状是全身性的，可能影响多个关节和器官系统。常见的发病关节包括手、脚、腕和膝关节。其特征是晨僵，持续半个多小时，可以是急性或者慢性，最终会导致关节的完整性被破坏。

类风湿关节炎 主要影响结缔组织的关节炎，使得关节软组织增厚，并且滑膜组织延伸至关节软骨已经被侵蚀的地方。

私人教练一定要了解类风湿关节炎和骨关节炎的区别，并且注意急性类风湿关节炎发作的征兆和症状。在关节炎发作的时候，即使柔韧性训练也可能需要被推迟（表16.16）。

表16.16	关节炎人群的生理和训练考虑因素
生理的考虑	健康和体能、体育和运动训练的考虑
最大摄氧量和通气阈值往往会更低，这是由于疼痛和关节发炎而减少了运动	采用多节训练课或循环训练形式（使用跑步机、椭圆机，或者手臂和腿部的循环）优于高强度、单一工具的运动形式。有氧运动的一般训练原则（峰值锻炼能力的60%至80%，每周3至5天）适用。运动时长应该累计达30分钟，遵循间歇训练或循环训练形式，每周3至5天
药物能够明显影响骨骼和肌肉的健康	在锻炼计划中尽可能纳入功能性活动
对锻炼的承受能力会受到急性关节炎发作的影响	要注意可能与急性关节炎发作相关的征兆和症状，一旦发现就应决定停止或改变训练，持续超过1小时的关节疼痛应改变运动形式
类风湿关节炎的典型症状是晨僵	类风湿关节炎客户要避免过早的晨练
评估并发症是否存在，特别是骨质疏松症	在可以承受的情况下，建议采用抗阻训练，以疼痛为参考指标。开始时重复次数很少，随着肌肉适能的提高而逐渐增加重复次数（比如，10至12次重复，1组，8至10个练习，每周2至3天，然后增加负重）

私人教练还应该密切关注关节炎客户的进阶，以评估运动计划对关节疼痛的作用。若在某练习后疼痛持续超过1小时，则表明需要修改该练习或从计划中删除该练习。此外，要避免强度较高或者重复次数较多的练习，以减缓关节炎症恶化。就这方面而言，低训练量的循环计划或多节训练课的形式会适用于关节炎客户（表16.17）。

健康和健身专业人员要注意关节炎客户的服药情况。随着时间的推移，口服糖皮质激素的客户可能会骨质疏松，体重增加，并且如果有消化道出血史的客户，可能会贫血。类固醇也会增加骨折的风险。研究表明，患有骨关节炎的人会出现力量和本体感受的降低。研究显示，患有关节炎的人站立时平衡能力下降，膝关节伸肌力量的下降是骨关节炎的典型表现。研究指出，患有骨关节炎的人的力量和本体感受会下降。研究还表明，关节炎患者在站立时的平衡能力下降，并且伸膝肌的力量减弱是预测骨关节炎的有力指标[47,48]。此外，研究人员已经指出，骨关节炎患者表现出伸膝肌的肌肉抑制增加，并且不能有效地激活其伸膝肌群至最佳水平[49,50]。平衡（本体感受）和肌肉力量是行走的重要部分，因此，这些部位的任何不足都有可能对人的运动能力和进行日常生活活动的能力产生负面影响。这一观点得到了一项研究的支持，该研究显示，有跌倒史的老人的动态平衡能力显著下降[51]。

表16.17	关节炎人群的基本运动指导原则
模式	在跑步机上行走，固定自行车，划船，低强度或踏板有氧运动
频率	每周3至5天
强度	最大心率的60%至80% 心肺功能训练的第一阶段进阶至第二阶段（如果有需要，可以下降到最大心率的40%至70%）
持续时间	30分钟
评估	推、拉、过头深蹲 单腿平衡或者单腿下蹲（如果可以承受）
柔韧性	SMR、静态拉伸和主动拉伸
抗阻训练	1至3组，每组10至12次重复，每周2至3次 OPT™模型的阶段1，减少重复次数（10至12次） 可以使用循环方式或者PHA训练体系
特殊考虑因素	避免上举重物和高重复次数 保持无痛的活动范围 只有在客户能够承受的情况下才使用SMR 开始时可能需要只运动5分钟，并逐渐增加时间，具体取决于病情的严重程度

SMR=自我肌筋膜放松；PHA=交替心肺训练。

　　关节炎患者要避免剧烈运动，这曾是一种常见的做法；然而，关于训练对关节炎症状的影响的研究导致了观点的转变[52,53]。有一项研究显示，12周的力量训练计划缓解了关节炎的症状[53]；而另一项研究证明，4周的训练方案（包括本体感受训练）帮助中度肌肉抑制患者减少了肌肉抑制，并增强了肌肉力量[49]。因此，建议关节炎客户参加遵循OPT™方法制订的定期锻炼计划，以增加稳定性和力量，同时也增加日常生活的活动。尽管关节炎客户在运动中会有一定的风险，但对于因关节炎而出现关节限制的患者来说，恢复功能性灵活性和耐力是非常重要的。由于肌肉萎缩和缺乏组织柔韧性，患者的活动量不足，使关节炎的症状（如关节疼痛和僵硬）加重。因此，练习要循序渐进，以坐姿（无支撑）或者站姿进行练习，这将提高客户的功能能力和平衡。

　　采用有系统的方法进行评估和提供活动建议，这是非常重要的，可以减少突发症状。遵循第6章中的评估指导原则，注意客户在这些评估中表现的无痛活动范围。通过运动来提升肌肉力量和加强柔韧性，有助于减少和关节炎相关的症状。可以使用静态和主动的拉伸形式，并且以坐姿或者站姿进行也许更容易。如果可以承受，也可以使用自我肌筋膜放松。心肺功能训练应该在第一阶段开始，逐渐进阶至第二或者第三阶段，具体取决于客户的能力和医生的建议。核心和平衡练习对于这类客户来说非常重要，它们可以增加关节稳定性和平衡。不建议关节炎客户做快速伸缩复合训练。对该人群应使用OPT™模型的阶段1的训练，但要调整重复次数（10至12次），以避免大重量的重复性负荷增加对受影响关节的压力。

小结

关节炎是一种主要影响全身关节的炎症状态。最常见的两种关节炎是骨关节炎和类风湿关节炎。骨关节炎是由关节内的软骨退化引起的。类风湿关节炎是一种全身性退行性关节疾病，身体的免疫系统错误地攻击自身在关节或者器官内的组织，在多个关节中引起炎症反应，导致疼痛和僵硬。通过运动增强肌肉力量并提高柔韧性可以减少关节炎症状。然而，健康和健身专业人员必须了解急性风湿性关节炎发作的征兆和症状。在关节炎发作的时候，甚至柔韧性训练也无法进行。此外，某个练习后的疼痛持续超过1小时就意味着应该修改或者从锻炼程序中取消该练习。私人教练要注意客户的服药情况，尤其是口服糖皮质激素和类固醇。

患有骨关节炎的客户的力量和本体感受会降低，有时伸膝肌力量还会下降。由于肌肉萎缩和缺乏组织柔韧性，患者的活动量不足，使关节炎的症状（如关节疼痛和僵硬）加重。为了提高功能性能力和平衡能力，练习要循序渐进，因此要以坐姿（无支撑）或者站姿进行练习。

柔韧性练习应增强肌肉力量和提高柔韧性。可以使用静态和主动的拉伸形式，并且以坐姿或者站姿进行也许更容易。如果可以承受，也可以进行自我肌筋膜放松。心肺功能训练应该在第一阶段开始，逐渐进阶至第二或者第三阶段，具体取决于客户的能力和医生的建议。核心和平衡练习对于这类客户来说非常重要。不建议关节炎客户使用快速伸缩复合训练。对该人群应使用OPT™模型的阶段1的训练，但要调整重复次数（10至12次），以避免大重量的重复性负荷增加对受影响关节的压力。

癌症

癌症是美国人的第二大致死病因，每年有超过50万例死亡，仅次于心血管疾病。据估计，美国男性在其一生中罹患癌症的可能性是44%，女性则为38%[54]。

由于诊断和治疗技术的提高，癌症患者的生活质量得以提高，并且其寿命会更长。近年来，很多研究都记录了运动在治疗癌症方面的积极作用，包括提升有氧和肌肉适能、维持瘦体重、减少疲劳、提高生活质量以及对情绪和自我意识的积极作用[1]。因为癌症不是单一疾病，而是具有相

癌症 恶性肿瘤（大多数侵入周围组织）中的任何一种，可能转移到几个部位，在被切除后有可能复发，并导致患者死亡，除非得到充分治疗。

同特征（细胞分裂、增殖和死亡）的一类疾病，所以它有很多不同的征兆和症状。本节只是概括说明运动对于防治癌症的作用。有几个很好的资源含有丰富的信息可供查阅[1]。

癌症客户使用的药物会产生严重的副作用，如外周神经损伤、心肺问题、骨骼肌变性（肌肉无力和消瘦）、贫血以及频繁的恶心。另外，癌症及其治疗手段往往会导致生活质量的下降。私人教练必须对癌症治疗的各种不良反应有所了解和考虑，因为它们可能比大多数其他慢性疾病的治疗副作用大得多（表16.18）。

表16.18	癌症人群的生理和训练考虑因素
生理的考虑	**健康和体能、体育和运动训练的考虑**
疲劳和身体虚弱很常见	有氧练习应以低至中等强度（峰值锻炼能力的40%至50%）进行，每星期3至5天，采用典型的有氧运动模式（根据患者的偏好选择跑步机、椭圆机、自行车）特别是避免在癌症治疗期间进行高强度训练
过度疲劳可能会导致整体活动减少	使用间歇性训练，有氧训练累计时间达到20至30分钟
免疫功能下降	可以进行抗阻训练（每组8至10个练习，10至15次重复直到疲劳，每周2至3天）
瘦肌肉量减少	评估，对活动范围和平衡能力的下降提供干预

在癌症患者的恢复过程中，运动是很重要的干预手段。它可以提升锻炼承受能力，减少癌症相关的细胞风险和改善生活质量。尤其是低至中等强度、中等持续时间的运动，可以对免疫系统有更积极的影响（和高强度、长时间运动对比）[55]。但是研究也表明，中到高的身体运动水平似乎和某些癌症的发病率和死亡率下降有关系[56]。

此类人群的训练计划应该遵循OPT™模型（表16.19）。对于癌症患者的评估过程应遵循第6章中的指导原则。推、拉和过头深蹲的具体评估应该能够代表客户的能力水平。如果客户不能进行单腿下蹲，建议使用单腿平衡评估。柔韧性练习应该包括静态拉伸和主动拉伸。如果客户没有禁止使用自我肌筋膜放松的并发症，也可以使用这种练习。如果有任何疑问，请咨询医生。接受化疗或放射治疗的客户不建议进行自我肌筋膜放松。心肺训练对该人群来说非常重要，但是可能不得不从5分钟的第一阶段训练开始，逐渐进阶到30分钟，每周3至5天。第二和第三阶段训练前应征得客户医生的同意。

核心和平衡训练对于该人群来说至关重要。这些练习将有助于恢复可能已经丧失（原因是治疗导致活动量不足）的日常生活活动所必需的稳定性。客户应在稳定性、力量和爆发力模型中循序渐进，直到客户已经取得足够的进步，可以每周进行3次完整的阶段1锻炼，才建议使用快速伸缩复合训练。该人群的抗阻训练将包括OPT™模型的阶段1和阶段2。随着客户的进步，在获得其医生同意后，才能使用其他阶段的训练。

表16.19	癌症患者的基本运动指导原则
模式	在跑步机上行走，固定自行车，划船，低强度或踏板有氧运动
频率	每周3至5天
强度	最大心率储备的50%至70% 心肺功能训练的第一阶段进阶至第二阶段（如果有需要，可以下降到最大心率的40%至70%）
持续时间	每节训练课15至30分钟（可以从只有5分钟开始）
评估	推、拉、过头深蹲 单腿平衡（如果可以承受）
柔韧性	SMR、静态拉伸及主动拉伸
抗阻训练	1至3组，每组10至15次重复，每周2至3天 OPT™模型的阶段1和阶段2 可以使用循环训练或者PHA训练体系
特殊考虑因素	在训练的初始阶段避免举重物 允许足够的休息时间，并且让客户缓慢进阶 只有在客户可承受的情况下才可以使用SMR，正在接受化疗或放射治疗的客户要避免使用SMR 开始时可能需要只进行5分钟的运动，以后逐渐增加时间，取决于病情的严重程度和疲劳程度

SMR=自我肌筋膜放松；PHA=交替心肺训练。

小结

　　癌症是美国第二大致死病因，但癌症患者数量已大幅上升。运动在治疗癌症方面有一些积极的作用。运动是一项非常重要的干预方式，能够提高患者对运动的承受能力，降低和癌症有关的细胞风险，并提升生活质量。癌症患者使用的药物可能会产生严重的副作用。此外，癌症及其治疗手段往往会导致生活质量的下降。癌症治疗的各种不良反应可能比大多数其他慢性疾病的治疗副作用大得多。

　　在癌症患者的恢复过程中，遵循OPT™模型的低至中等强度、中等持续时间的运动对免疫系统有积极的影响。研究也表明，中到高的身体运动水平似乎和某些癌症的发病率和死亡率下降有关系。对癌症患者的评估过程应该遵循第6章中的体能评估指导原则。推、拉和过头深蹲的具体评估应该能够代表客户的能力水平。如果客户有能力，也建议使用单腿平衡评估。柔韧性练习应该包括静态拉伸和主动拉伸。如果客户没有禁止其使用自我肌筋膜放松的情况（如化疗或放射治疗），也可以使用这种练习。心肺训练对该人群来说非常重要，但是可能不得不从5分钟的第一阶段训练开始，逐渐进阶到30分钟，每周3至5天。第二和第三阶段训练前应征得客户医生的同意。核心和平衡训练对于该人群来说至关重要。直到客户已经取得足够的进步，可以每周进行3次完整的阶段1锻炼，才建议使用快速伸缩复合训练。该人群的抗阻训练将包括OPT™模型的阶段1和阶段2的训练。随着客户的进步，在获得其医生同意后，才能使用其他阶段的训练。

运动和怀孕

男女在运动过程中的生理差异已有非常详细的记录。大多数观察到的男女之间的运动表现差异可以通过身体结构、肌肉质量、瘦体重和体脂肪比例以及在较小程度上的血液化学的差异来解释。当调整身体成分的测量指标时，生理和运动表现的参数差距都会显著缩小或完全消失（表16.20）。

表16.20	怀孕女性的生理和训练考虑因素
生理的考虑	**健康和体能、体育和运动训练的考虑**
禁忌证包括：第二至第三孕期的持续性出血，以及在当前或以前的妊娠过程中有子宫颈闭锁不全或者胎儿宫内发育迟缓、妊娠高血压、胎膜早破或早产的病历记录	仔细筛查潜在的运动禁忌证
有氧运动可用的氧气减少	应该每周3至5天进行低到中等强度的有氧运动（峰值锻炼能力的40%至50%），着重于无负重练习（比如游泳、骑自行车），但也可以选择某些适当的跑步机或椭圆机训练模式
在剧烈运动过程中，姿势会影响血液流向子宫	避免仰卧练习，尤其是在孕早期之后
即使不运动，怀孕也会让每天的代谢需求提高300千卡，以维持能量平衡	建议足够的热量摄入，以抵消锻炼的消耗
高风险妊娠考虑因素包括：年龄超过35岁、流产史、糖尿病、甲状腺疾病、贫血、肥胖和久坐不动的生活方式	目前尚未出版专门针对孕妇运动的抗阻、柔韧性或平衡训练的指南。运动强度应低于有氧处方的规定（峰值锻炼能力的40%至50%），并仔细注意所述的特殊考虑因素和禁忌症，在训练计划中加入这些组成部分可能会有帮助。对于抗阻训练，如果医生同意，则建议采用循环训练的形式，每个练习1至3组，每组12至15次重复，强调呼吸控制和组间的按需休息 建议在运动时穿着容易散热的衣物 产后运动应类似于孕期的运动指南，因为在怀孕期间发生的生理变化可能会保持长达6周

有大量的研究记录表明，怀孕期间运动对母亲和发育中的胎儿在生理和健康方面都有良好的影响。人们担心血液循环加快、体温调节变化或氧气供应减少会让胎儿受到伤害，但通过适当的预防措施可以将这种担心降

至最低。普遍的共识是，大部分的休闲活动都适合所有的孕妇。怀孕前就已经参加锻炼计划的人可以继续中等强度的运动，直到第三孕期，此时建议合理减少活动[57]。

胎儿逐渐长大，这可能会改变孕妇的姿势，使柔韧性和核心训练变得重要，特别是核心－稳定性练习，有助于提高骨盆肌肉组织的力量。随着准妈妈的孕期进展（第二孕期和第三孕期，或者12周后），不建议采用俯卧（趴）或仰卧（躺）的姿势进行练习，也不建议使用无法控制的躯干扭转动作。而且，也不建议在器械上进行髋外展和髋内收等抗阻练习。孕妇的心血管系统也会有相应的变化，降低其锻炼能力，导致心肺训练计划要进行必要的调整，并且在有氧活动中恰当地补充水分也变得更加重要。最后，私人教练应该知道，女性在生育期间很容易出现恶心、头晕和昏厥。怀孕的女性如果出现任何上述症状，并且伴有腹痛（或者宫缩）、呼吸过于短促、出血或羊水渗漏，就应该立即停止运动[57]。

在产后阶段，女性可能会急于参加锻炼计划，想恢复至怀孕前的生理状态和身材。私人教练必须谨慎地建议客户，怀孕期间发生的变化可能会保持一个月到一个半月的时间。理想状况下，应鼓励产后女性重新学习姿势、关节力线对齐、肌肉不平衡、稳定性、运动技能以及深层核心稳定肌（例如腹横肌、腹内斜肌和盆底肌群）的募集。应该推迟并循序渐进地参与较剧烈的锻炼计划。

私人教练应该遵循第6章中的评估指导原则，使用坐姿和站姿评估（表16.21）。如果客户有足够的能力，也可以进行单腿下蹲评估。柔韧性练习应以坐姿和站姿进行，在第二和第三孕期中尤其如此。应使用静态拉伸和主动拉伸，如果可以承受，也可以使用自我肌筋膜放松。但是，不应对有酸痛感的静脉曲张部位或有肿胀的部位（如小腿）进行自我肌筋膜放松。在怀孕的中后期（第二和第三孕期），不建议以仰卧或者俯卧姿势进行自我肌筋膜放松练习。心肺训练应主要由第一阶段的练习组成，并且只有获得医生的建议时才进入第二阶段。怀孕前较少运动的女性应该从15分钟的连续有氧活动开始，逐步进阶到30分钟的低到中等强度的有氧活动。不建议该人群在第一孕期之后采用快速伸缩复合训练。在第一孕期中可以使用OPT™模型的阶段1和阶段2，建议在第二和第三孕期只使用阶段1。

小结

适当的预防措施能够最大限度地降低怀孕期间运动带来的风险，包括血液循环加快、体温调节变化或氧气供应减少。大多数休闲娱乐活动都适合所有孕妇，并且鼓励在第三孕期前进行中等水平的锻炼。在产后期，应循序渐进地执行较大强度的锻炼计划。

表16.21	怀孕女性的基本运动指导原则
模式	低强度或踏板有氧运动（要避免产生震动的动作），在跑步机上行走，固定自行车，水中活动
频率	每周3至5天
强度	第一阶段，并且只有获得医生的建议时才进阶到第二阶段
持续时间	每天15至30分钟。可能需要从只有5分钟的练习开始，并逐步增加至30分钟，具体取决于病情的严重程度
评估	推、拉、过头深蹲 单腿下蹲或者单腿平衡
柔韧性	静态拉伸、主动拉伸和SMR
抗阻训练	每周2至3天，使用轻负荷，12至15次重复 OPT™模型的阶段1和阶段2（在第一孕期后只使用阶段1）
特殊考虑因素	怀孕12周后，避免采用俯卧（趴）或仰卧（躺）姿势的练习 禁止对静脉曲张和肿胀区域使用SMR 在第二和第三孕期内，不建议进行快速伸缩复合训练

SMR=自我肌筋膜放松。

　　私人教练应该遵循第6章中的评估指导原则，使用坐姿或站姿评估。单腿下蹲评估的进行取决于怀孕时间。在第二和第三孕期，单腿平衡评估可能更适合。柔韧性练习应以坐姿或站姿进行，尤其是在第二和第三孕期，应使用静态拉伸和动态拉伸。自我肌筋膜放松也可以使用，但客户应避免在静脉曲张或任何有肿胀的地方使用泡沫滚轴。心肺训练应主要由第一阶段的练习组成。不建议该人群在第一孕期之后进行快速伸缩复合训练。在第一孕期中可以使用OPT™模型的阶段1和阶段2，建议在第二和第三孕期中只使用阶段1。

慢性肺疾病

限制性肺疾病 肺组织纤维化，导致肺部扩张能力降低的疾病。

阻塞性肺疾病 通过肺部的气流被改变的疾病，原因通常是黏液的产生导致气道阻塞。

　　近几十年来，美国吸烟人数已经逐步下降；然而，它依然是导致死亡并且可预防的原因之一，也是慢性肺疾病发展的主要风险因素之一。慢性肺疾病主要分成两大类：限制性和阻塞性。在**限制性肺疾病**或失调中，肺组织可能呈纤维化，并因此功能失调（比如肺纤维化或石棉肺）。患者肺部扩张的能力由于某些原因（如肋骨骨折、神经肌肉疾病甚至肥胖）而降低。在**阻塞性肺疾病**中，肺组织可能是正常的，但是气流受限。阻塞性肺疾病主要有哮喘、慢性支气管炎和肺气肿。这些疾病的基本特征是慢性炎症（主要由吸烟引起，但哮喘也可能由环境刺激引起）和气道阻塞（原因是黏液的产生）。囊性纤维化是另一种以黏液分泌过多为特征的疾病，但这是一种遗传性疾病。

对于限制性和阻塞性肺疾病，运动中可能出现的损伤都是类似的（表16.22）。问题包括通气减少和气体交换能力的降低（导致有氧能力、耐力和血氧饱和度下降）。患有肺疾病的客户在低强度的运动中就会疲劳，经常会气短（或呼吸困难）。肺气肿患者常常体重过轻，表现出总体肌肉萎缩，并可能伴有颈部肌肉肥大（被过度使用，以辅助费力的呼吸）。慢性支气管炎患者可能刚好相反：超重和桶状的胸部。

表16.22 肺疾病人群的生理和训练的考虑因素	
生理的考虑	健康和体能、体育和运动训练的考虑
肺疾病经常与其他并发症有关，包括心血管疾病	筛查是否存在其他并发症
在肺部交换气体的能力降低，导致血氧饱和度下降，并在低负荷时出现明显的呼吸困难	如果可能，经过适当的培训，使用脉搏血氧仪确定血氧饱和度水平脉搏血氧饱和度值应高于90%，而且一定要高于85%。不管症状如何，低于这个水平的值都应禁止继续运动
慢性功能失调导致有氧体能下降，降低肌肉能力	有氧运动处方应该视客户呼吸短促的情况而定。锻炼负荷为峰值锻炼能力的40%至60%，每周3至5天，在可承受的范围内练习20至45分钟，这是可以实现的。可能必须采用休息得比较频繁的间歇性训练，以达到足够的整体运动时间
与下肢练习相比，上肢练习可能会导致呼吸困难和疲劳比预期更早出现	应根据疲劳程度仔细设计并修改上肢练习计划抗阻训练可能会有帮助，遵循保守的指导原则建议PHA形式的循环训练（8至10个练习，1组，每个练习重复8至15次），强调呼吸控制和组间按需休息
客户可能会有明显的肌肉萎缩和较轻的体重（BMI<18）	如果客户很瘦，一定要建议适当的热量摄入，以补偿锻炼的消耗
客户可能需要补充氧气	教练在锻炼过程中可能不会调整氧气流量。氧气流量也被认为是一种药物。如果客户在运动中出现不正常的呼吸困难或血氧饱和度下降的迹象，停止运动，并向客户的医生咨询

BMI=身体质量指数；PHA=交替心肺训练。

一般来说，针对这些客户的练习与适合一般人的练习相似（表16.23）。对于该人群，运动能够提升功能能力，减少呼吸困难的症状，还有许多其他生理和心理上的好处[58]。利用下肢的心肺训练和耐力训练似乎是最容易承受的。上肢运动会增加对辅助呼吸肌的压力，这些肌肉在运动过程中参与稳定上肢[59]。因此，在为这一人群制订运动计划时应该谨慎，确保有充足的休息时间。建议使用交替心肺训练（PHA）体系。

在一些客户中，呼吸肌训练能够明显改善与呼吸有关的工作。与患有肺疾病的客户合作的健康和健身专业人员应该就这些干预进行相关咨询，看看是否可以用它来补充普通运动计划。如需了解更多信息，可以阅读美国心血管和肺部疾病康复协会出版的关于肺疾病客户的运动评估和训练的综合指南[59]。

表16.23	肺疾病人群的基本运动指导原则
模式	在跑步机上行走、固定自行车、踏步机和椭圆机
频率	每周3至5天
强度	峰值锻炼能力的40%至60%
持续时间	锻炼20至45分钟
评估	推、拉、过头深蹲 单腿下蹲或者平衡
柔韧性	静态或者主动拉伸和SMR
抗阻训练	1组，8至15次重复，每周2至3天 建议OPT™模型的阶段1 建议PHA训练体系
特殊考虑因素	上肢练习会导致呼吸困难的增加，必须加以监控 允许练习之间有足够的休息时间

SMR=自我肌筋膜放松；PHA=交替心肺训练。

小结

慢性肺疾病主要分成两大类：限制性和阻塞性。在限制性肺疾病或失调中，肺组织可能呈纤维化，肺部扩张的能力由于某些原因而降低。在阻塞性肺疾病中，肺组织可能是正常的，但是气流受限。两种类型都会导致通气量的减少和气体交换能力的降低。

患有肺疾病的客户经常会气短（呼吸困难），在低强度的运动中就容易疲劳。运动能够提升功能性能力，减少呼吸困难的症状。在一些客户中，呼吸肌训练能够明显改善与呼吸有关的工作。

一般来说，针对这些客户的练习与适合一般人的练习相似。下肢的心肺训练和耐力训练的下肢练习似乎是最容易承受的。需要保持充足的组间休息时间。建议使用交替心肺训练（PHA）体系。

间歇性跛行/外周动脉疾病

间歇性跛行 外周动脉疾病引起的症状表现。

外周动脉疾病 一种以负责向下肢供血的主要动脉狭窄为特征的病症。

间歇性跛行是由外周动脉疾病（PAD）引起的症状表现的名称。术语"外周血管疾病"也常用于描述由活动诱发的症状，这些症状是该疾病的特征。从本质上讲，间歇性跛行的特征是在轻度运动中由于对下肢的血液供应（氧气）下降而导致蹒跚、跛行或小腿疼痛。外周动脉疾病的特征是负责向下肢供血的主要动脉变窄。

PAD客户在运动中的主要限制因素是腿部疼痛。私人教练面临的一个问题是，要能够区分客户是受到真正的间歇性跛行症状的限制，还是可能因为功能退化而出现类似的腿部症状（如紧张、痉挛和疼痛）（表16.24）。如果客户已确诊患有PAD，这些症状很可能的确是间歇性跛行的表现，但它们仍然可能与功能退化有关[60]。向客户的医生咨询相关的身体情况。如果在运动中疼痛一直持续，私人教练必须立即将客户介绍给医生。

表16.24　间歇性跛行或PAD患者的生理和训练考虑因素	
生理的考虑	健康和体能、体育和运动训练的考虑
PAD患者经常还患有冠状动脉病或糖尿病	对于同时患有冠状动脉疾病的客户，不要超过既定的心率上限（通常用步行测试确定该上限，而腿部疼痛是其中的限制因素） 若转换工具使得腿部疼痛不会限制运动，可能会导致更高（可能不适合）的心脏工作负荷 如果可能的话，首选步行作为连续运动的形式 运动的总持续时间应该力求达到20至30分钟，每轮练习至少连续10分钟，每周3至5天，逐步进阶至每天都运动
吸烟会让PAD明显恶化，并降低运动的承受能力	强烈建议戒烟。如果客户继续吸烟，运动前至少1小时不允许吸烟
PAD经常导致有氧能力和耐力的下降	注重有氧练习活动，重点放在行走上
抗阻训练能够提升整体身体功能，但可能无法解决PAD的限制	抗阻练习应该是有氧练习的补充，而不是取代有氧练习 建议采用循环训练形式（比如，8至10个练习，1至3组，每组8至12次重复，逐渐进阶到12至20次重复） 可能必须采用间歇性训练，根据疼痛耐受性来确定强度 典型的指导原则建议练习至出现中等到严重的不适感，休息到不适感消退，重复直至到达总的锻炼时间（20至30分钟） 始终进行并发症筛查

PAD=外周动脉疾病。

虽然经验能够帮助私人教练更准确地区分疾病和功能退化，但是从很多方面来说，这并不重要。在面对限制因素时，私人教练仍然应该制订能够改善身体功能的训练方案[60]。对于外周血管疾病或功能退化，应使用相似的间歇性运动形式，并且练习轮次之间的休息时间要按需安排（表16.25）。由于PAD与冠心病及糖尿病有关，健康和健身专业人员应该注意是否还有其他并发症，并且怀疑可能依然存在未被确诊的此类并发症。因此，对于患有PAD的客户，必须获得医生对运动的同意书。

锻炼计划应遵循OPT™方法，使用第6章中建议的评估过程。在动作评估中的重复次数可能需要下调，具体取决于客户的能力。让客户感觉舒适并且能适应这个过程，从而确保训练的依从性，这很重要。对该人群应使用静态拉伸和主动拉伸。目前尚未发布自我肌筋膜放松的指导原则，建议对该人群不要使用这种练习，除非获得持照医生的同意。建议使用OPT™

模型的阶段 1 的训练。动作重复次数可能需要从 8 至 12 次开始（低于这些阶段的要求），并缓慢进阶到 12 至 20 次。练习轮次最初可以从 5 至 10 分钟的活动开始，缓慢进阶到 20 至 30 分钟。

表16.25	间歇性跛行/PAD 的基本运动指导原则
模式	在跑步机上行走是首选，也可以使用固定自行车、踏步机和椭圆机
频率	每周 3 至 5 天，进阶到每天
强度	最大心率的 50% 至 85%
持续时间	进阶到 20 至 30 分钟
评估	推、拉、过头深蹲 单腿下蹲或者平衡
柔韧性	静态拉伸和主动拉伸
抗阻训练	1 至 3 组，每组 8 至 12 次重复，每周 2 至 3 天，缓慢增加到 12 至 20 次重复 建议 OPT™ 模型的阶段 1
特殊考虑因素	允许练习之间有足够的休息时间 训练可以从 5 至 10 分钟的活动开始 让客户缓慢地进阶

小结

间歇性跛行是由 PAD 引起的症状表现的名称。当腿部肌肉活动增加时，PAD 导致的症状是氧气供应不能满足需求。针对 PAD 的锻炼应该减轻症状，引起可以增加局部血液循环的刺激。主要的限制因素是腿部疼痛。健康和健身专业人员必须区分真正的间歇性跛行和功能性退化导致的腿部症状。如果客户已确诊患有 PAD，这些症状很可能的确是间歇性跛行的表现，但它们仍然可能与功能性退化有关。

建议采用间歇性锻炼形式，并且在练习轮次之间按需要安排休息时间。对于患有 PAD 的客户，必须获得医生对锻炼的同意书。锻炼计划应遵循 OPT™ 方法，使用第 6 章中讨论过的体能评估。在动作评估中的重复次数可能需要下调，具体取决于客户的能力。对该人群应使用静态拉伸和主动拉伸，不建议进行自我肌筋膜放松。应使用 OPT™ 模型的阶段 1 的训练。动作重复次数可能需要从 8 至 12 次开始，并缓慢进阶到 12 至 20 次。练习轮次最初可以从 5 至 10 分钟的活动开始，缓慢进阶到 20 至 30 分钟。

参考文献

（1）*ACSM's Exercise Management for Persons with Chronic Diseases and Disabilities*. 3rd ed. Champaign, IL: Human Kinetics; 2009.

（2）*ACSM's Resource Manual for Guidelines for Graded Exercise and Prescription*. 6th ed. Philadelphia: Lippincott Williams & Wilkins; 2010.

（3）*ACSM's Resources for Clinical Exercise Physiology*. 2nd ed. Philadelphia: Lippincott Williams & Wilkins; 2009.

（4）US Department of Health and Human Services (USDHHS). *2008 Physical Activity Guidelines for Americans*. Washington, DC: USDHHS; 2008.

（5）Corbin C, Pangrazi R. *Physical Activity for Children: A Statement of Guidelines for Children Ages 5-12*. Reston VA: National Association for Sport and Physical Education; 2004.

（6）Shaping America's Youth. Childhood, Teenage, and Youth Obesity, Nutrition, Health and Exercise Statistics and Grants. Accessed October 20, 2010.

（7）*ACSM's Guidelines for Graded Exercise and Prescription*. 8th ed. Philadelphia: Lippincott Williams & Wilkins; 2009.

（8）Saltarelli W. Children. In: Ehrman JK, Gordon PM, Visich PS, Keteyian SJ, eds. *Clinical Exercise Physiology*. 2nd ed. Champaign, IL: Human Kinetics; 2009: 111–134.

（9）Faigenbaum AD, Kraemer WJ, Blimkie CJ, et al. Youth resistance training: updated position statement paper from the National Strength And Conditioning Association. *J Strength Cond Res*. 2009; 23(5 Suppl): S60–79.

（10）US Consumer Product Safety Commission. *National Electronic Injury Surveillance System*. Washington, DC: Director of Epidemiology, National Injury Information Clearinghouse; 1987.

（11）Haff GG. Roundtable discussion: youth resistance training. *Strength Cond J*. 2003; 25(1): 49–64.

（12）Falk B, Tenenbaum G. The effectiveness of resistance training in children: a meta-analysis. *Sports Med*. 1996; 22: 176–186.

（13）Payne V, Morrow J, Johnson L. Resistance training in children and youth: a meta-analysis. *Res Q Exerc Sport*. 1997; 68: 80–89.

（14）Roberts S, Ciapponi T, Lytle R. *Developing Strength in Children and Adolescents*. Reston, VA: National Association for Sport and Physical Education; 2008.

（15）Federal Interagency Forum on Aging-Related Statistics. *Older Americans 2008: Key Indicators of Well-Being*. Federal Interagency Forum on Aging-Related Statistics, Washington, DC: US Government Printing Office; March 2008.

（16）CDC. *Targeting Arthritis: Reducing Disability for 43 Million Americans: at a Glance 2006*. Atlanta, GA: US Department of Health and Human Services, CDC; 2006.

（17）Hootman J, Helmick C. Projections of US prevalence of arthritis and associated activity limitations. *Arthritis Rheum*. 2006; 54: 226–229.

（18）National Center for Health Statistics. Chartbook on Trends in the Health of Americans, 2006; Special Feature: Pain. Accessed October 20, 2010.

（19）Chronic low-back pain on the rise: study finds "alarming increase" in prevalence. *Science Daily*. Feb 18, 2009.

（20）Ogden CL, Carroll MD, McDowell MA, Flegal KM. *Obesity Among Adults in the United States—No Statistically Significant Change Since 2003-2004*. NCHS data brief no 1. Hyattsville, MD: National Center for Health Statistics; 2007.

（21）Goble DJ, Coxon JP, Wenderoth N, Van Impe A, Swinnen, SP. Proprioceptive sensibility in the elderly: degeneration, functional consequences and plastic-adaptive processes. *Neurosci Biobehav Rev*. 2009; 33(3): 271–278.

（22）Hertling D, Kessler RM. *Management of Common Musculoskeletal Disorders: Physical Therapy Principles and Methods*. Baltimore, MD: Lippincott, Williams & Wilkins; 2006.

（23）Wescott WL, Baechle TR. *Strength Training for Seniors*. Champaign, IL: Human Kinetics; 1999: 1–2.

（24）Humphries BD. Strength training for bone, muscle and hormones. ACSM Current Comment. Accessed October 20, 2010.

（25）Johnston AP, De Lisio M, Parise G. Resistance training, sarcopenia, and the mitochondrial theory of aging. *Appl Physiol Nutr Metab*. 2008; 33(1): 191–199.

（26）Roth SM, Ferrell RF, Hurley BF. Strength training for the prevention and treatment of sarcopenia. *J Nutr Health Aging*. 2000; 4(3): 143–155.

（27）Evans W, Rosenberg I. *Biomarkers*. New York: Simon and Schuster; 1992.

（28）Meredith CN, Zackin MJ, Frontera WR, Evans WJ. Body composition and aerobic capacity in young and middle-aged endurance-trained men. *Med Sci Sports Exerc*. 1987; 19: 557–563.

（29）Drewnowski A, Darmon N. The economics of obesity: dietary energy density and energy cost. *Am J Clin Nutr*. 2005; 82 (1 Suppl): 265S–73S.

（30）Slemenda C, Heilman DK, Brandt KD, et al. Reduced quadriceps strength relative to body weight. A risk factor for knee osteoarthritis in women? *Arthritis Rheum*. 1998; 41: 1951–1959.

（31）Ogita F, Stam RP, Tazawa HO, Toussaint HM, Hollander AP. Oxygen uptake in one-legged and two-legged exercise. Med Sci Sports Exerc. 2000; 32(10): 1737–1742.

（32）Lagally KM, Cordero J, Good J, Brown DD, McCaw ST. Physiologic and metabolic responses to a continuous functional resistance exercise workout. *J Strength Cond Res*. 2009; 23(2): 373–379.

（33）Catenacci VA, Ogden LG, Stuht J, et al. Physical activity patterns in the National Weight Control Registry. *Obesity*. 2008; 16: 153–161.

（34）Vaidya V. Psychosocial aspects of obesity. *Adv Psychosom Med*. 2006; 27: 73–85.

（35）American Diabetes Association. Diabetes statistics.

Accessed October 20, 2010.

（36）American Diabetes Association. Diabetes mellitus and exercise. *Diabetes Care*. 2002; 25(Suppl 1): s64.

（37）Joint National Committee of Prevention, Detection, Evaluation, and Treatment of High Blood Pressure. The sixth report of the Joint National Committee of Prevention, Detection, Evaluation, and Treatment of High Blood Pressure. *Arch Int Med*. 1997; 157: 2413–2446.

（38）Tsai JC, Yang HY, Wang WH, et al. The beneficial effect of regular endurance exercise training on blood pressure and quality of life in patients with hypertension. *Clin Exp Hypertens*. 2004; 26(3): 255–265.

（39）Ketelhut RG, Franz IW, Scholze J. Regular exercise as an effective approach in antihypertensive therapy. *Med Sci Sports Exerc*. 2004; 36(1): 4–8.

（40）American Heart Association. *Heart Disease and Stroke Statistics 2007 update. Dallas*, Tx: American Heart Association; 2007.

（41）Ornish D, Scherwitz L, Billings J, et al. Intensive lifestyle changes for reversal of coronary heart disease: five–year follow–up of the Lifestyle Heart Trial. *JAMA*. 1998; 280: 2001–2007.

（42）Pischke CR, Weidner G, Scherwitz L, Ornish D. Long–term effects of lifestyle changes on well–being and cardiac variables among CHD patients. *Health Psychol*. 2008; 27(5): 584–592.

（43）Banks E, Reeves G, Beral V, Balkwill A, Liu B, Roddam A. Hip fracture incidence in relation to age, menopausal status, and age at menopause: prospective analysis. *PLoS Med*. 2009; 6(11): e1000181.

（44）1e National Osteoporosis Foundation. Fast Facts on Osteoporosis. Accessed October 20, 2010.

（45）Layne JE, Nelson ME. The effects of progressive resistance training on bone density: a review. *Med Sci Sports Exerc*. 1999; 31(1): 25–30.

（46）Centers for Disease Control and Prevention (CDC). Prevalence of doctor–diagnosed arthritis and arthritis–attributable activity limitation—United States, 2003–2005. *MMWR Morb Mortal Wkly Rep*. 2006; 55(40): 1089–1092.

（47）Slemenda C, Heilman DK, Brandt KD, et al. Reduced quadriceps strength relative to body weight. A risk factor for knee osteoarthritis in women? *Arthritis Rheum*. 1998;

41: 1951–1959.

（48）Slemenda C, Brandt KD, Heilman DK, et al. Quadriceps weakness and osteoarthritis of the knee. *Ann Int Med*. 1997; 17: 97–104.

（49）Hurley MV, Scott DL, Rees J, Newham DJ. Sensori–motor changes and functional performance in patients with knee osteoarthritis. *Ann Rheum Disord*. 1997; 56: 641–648.

（50）O' Reilly SC, Jones A, Muir KR, Doherty M. Quadriceps weakness in knee osteoarthritis: the effect on pain and disability. *Ann Rheum Disord*. 1998; 57: 588–594.

（51）Pai YC, Rogers MW, Patton J, Cain TD, Hanke TA. Static versus dynamic predictions of protective stepping following waist–pull perturbations in young and older adults. *J Biomech*. 1998; 31(12): 1111–1118.

（52）Hurley MV, Jones DW, Newham DJ. Arthrogenic quadriceps inhibition and rehabilitation of patients with extensive traumatic knee injuries. *Clin Sci*. 1994; 86: 305–310.

（53）[Anonymous] Never too late to build up your muscle. *Tufts Univ Diet Nutr Lett*. 1994; 12(September): 6–7.

（54）American Cancer Society. *Cancer Facts and Figures 2010*. Atlanta, GA: American Cancer Society; 2010.

（55）Woods JA, Davis JM, Smith JA, Nieman DC. Exercise and cellular innate immune function. *Med Sci Sports Exerc*. 1999; 31: 57–66.

（56）Segal R, Johnson D, Smith J, et al. Structured exercise improves physical functioning in women with stages I and II breast cancer: results of a randomized controlled trial. *J Clin Oncol*. 2001; 19(3): 657–665.

（57）1e American College of Obstetricians and Gynecologists. *Exercise During Pregnancy*. Washington, DC: The American College of Obstetricians and Gynecologists; 2003.

（58）Ries AL, Carlin BW, Carrieri–Kohlman V, et al. Pulmonary rehabilitation: joint ACCP/AACVPR evidence-based guidelines. *Chest*. 1997; 112: 1363–1396.

（59）*American Association of Cardiovascular and Pulmonary Rehabilitation Guidelines for Pulmonary Rehabilitation Programs*. 3rd ed. Champaign, IL: Human Kinetics; 2004.

（60）Greenland PG. Clinical significance, detection, and medical treatment for peripheral arterial disease. *J Cardiopulm Rehabil*. 2002; 22(2): 73–79.

营养与补剂

营养

学完本章，你应该能够掌握如下内容。

☑ 描述宏量营养素及其功能。

☑ 阐述个人饮食摄入中的宏量营养素成分是如何影响饱腹感、依从性、日常能量消耗和体重控制的。

☑ 为优化健康状况提供基本的营养建议。

☑ 针对宏量营养素和成功改变身体成分的关系，回答问题，处理问题，并消除误解。

营养简介

掌握基本的营养概念和应用知识对于理解人体动作系统如何正常运作是很重要的，同时也让私人教练能够为其客户设计个性化的综合训练计划。NASM认为积累有关基本营养概念和应用的基础知识，是所有私人教练的重要特征和必备条件。本章回顾基本的营养概念及其与人体动作系统的关系，尤其是在运动过程中和运动后的营养。本章中介绍的内容还可以进一步帮助私人教练在为客户提出营养建议或指导时提供科学理论基础。

定义

营养 生物摄入食物成分并将其用于组织的生长和修复的过程。

营养是动物或植物摄入食物成分并将其用于组织的生长和修复的所有过程[1]。这个非常基本的定义并没有开始说明饮食在个人的健康、外表、运动表现和幸福感方面的作用。私人教练对营养的基本理解对于其客户的安全和成功来说非常重要。针对个人规划的营养策略能够增强训练刺激的效果，提高健康水平和运动能力，减少疾病的风险，提高能量水平，并帮助客户实现身体成分的有利改变。本章的内容帮助读者理解营养的基础知识，以及营养如何帮助那些表面上健康的客户实现其个人的健康和体能目标。本章提供的信息并非为高风险客户提供咨询服务或医治与健康相关的疾病所必需的知识或技能。私人教练必须建立由其所在地区的合格医疗保健专业人员（医师、营养师饮食失调专家和其他保健专业人员）组成的人际网络，让他们可以介绍有健康或医疗相关问题的客户。这样的安排是互利的，因为这些保健专业人员经常需要将其客户介绍给合格的私人教练进行锻炼指导。

执业标准和执业范围：私人教练与持照营养师

私人教练应熟悉营养的概念。营养策略与运动相结合将帮助客户达到预期的效果。但重要的是要认识和尊重每个专业领域的执业范围。在营养领域中具有合法执业资格的专业人员是注册营养师（Registered Dietician，RD）。注册营养师是专业的饮食和营养专家，接受过大量的培训，并达到特定的标准。表17.1列出了注册营养师的教育和专业要求。注册营养师都必须拥有"注册营养师"证书。

表17.1	注册营养师的教育和专业要求
学士学位	RD在经过认证的学院或大学通过饮食教育认证委员会（CADE）批准的教育课程获得其学位
受监督的执业计划	RD完成一个CADE认证计划，一般需要6至12个月时间，重点开展对临床和社区营养，以及食品服务管理的实践和研究。这个计划通常与研究生的学习相结合
国家级考试	完成受监督的执业计划后，学员必须通过国家级考试才能获得RD证书
继续教育	必须完成继续教育的要求才能保证RD证书的有效性

RD=注册营养师。

营养的实践（更正式的名称为饮食学）受美国国家职业资格认证计划和各州的职业执照法律法规监管。目前，美国有46个州有具体的法律明确规定营养和膳食职业的执业范围。如果没有获得必备的执照和证明，从事相关的工作是违反法律的。有些健康护理从业者（除注册营养师以外）经常提供营养建议；但他们通常持有州授予的护士或医生的执照，因此受到州的法律和法规的保护。私人教练并不是持照的保健专业人员（除非他们接受过额外的训练和教育），但经常向其客户提供营养建议。因此，所有私人教练都必须了解与之相关的执业标准和执业范围。

应该对营养和体重管理的基本知识有一个总体的了解，才可以教育客户并提供这方面的一般性指导。私人教练有可能是客户带着营养问题咨询的第一个人，所以能自信地阐明营养、体能和体重控制之间的关系非常重要。但是，提供个人营养评估、饮食计划或者食疗建议的工作最好还是留给注册营养师或其他具备资质的持照专业人员。计算、咨询或制订个性化营养计划或体重管理计划所需的技能和能力超出了私人教练的训练和专业知识范畴[2]。如果客户患有肥胖、糖尿病、心脏疾病、过敏或高血压等健康和医疗问题，这一点就变得尤为重要。**表17.2**列出了私人教练应准备与客户讨论的营养主题。

表17.2	健身专业人员的营养主题讨论示例
准备食物的方法	饮食指南系统，例如食物指南金字塔、MyPlate
健康的零食	碳水化合物、蛋白质和脂肪的基本知识
关于慢性疾病与缺乏或过量摄入某种营养物质之间的关系的统计数据	食物或补剂中含有的营养物质
作为必需营养素的维生素和矿物质	水和水合状态的重要性

能量与身体成分

公共卫生专家预测，到2015年，将有75%的美国成年人超重或肥胖[3]。人们对快速减重解决方法的强烈需求催生了许多关于锻炼和饮食的神话，并导致各种快速减重法、时尚饮食方法和无效的锻炼方法及器械的过度商业化[4-6]。私人教练必须了解关于减重和饮食常见的误区和这些的神话，并且能够教授客户安全有效的饮食和减重方法。对饮食和减重的大多数常见错误认识如果没有被消除，它们通常会阻碍客户的进步，并且可能会对健康造成严重的负面影响。

增加和减少体重的真相非常简单。摄入的能量少于消耗的能量，体重就会降低。反过来，摄入的能量多于消耗的能量，体重就会增加[7,8]。但影响上述两种场景的因素却非常多。我们现如今生活的环境中，不断出现各种可口美味的食物（增加了能量摄入），同时生活习惯越来越趋向于久坐不动（减少了能量消耗），综合来看，这两个方面对美国肥胖率的不断攀升有着重要的作用[9]。

接下来将会讨论日常能量需求、宏量营养素的种类（蛋白质、碳水化合物和脂肪）、宏量营养素的作用和营养建议，还会探讨有关节食、减重和运动的许多常见的误解。我们讨论这些主题是因为它们涉及一些常见的目标，如实现身体成分的良性发展和提高运动表现。

小结

饮食对于每个人的健康、外形、能量、运动表现、对运动的反应以及整体幸福感来说都非常重要。私人教练不应该为客户提供个性化的饮食建议或为客户的营养配方提供咨询，特别是涉及高风险客户治疗疾病的建议和咨询；私人教练应该将其客户介绍给具备资质的健康护理专业人员。但是，我们鼓励私人教练帮助教育客户做出健康的食物选择。大多数寻求私人教练服务的客户经常会对饮食、营养和减重有许多错误认识。至关重要的是，私人教练通过提供有关安全有效的节食、减重和营养方法的事实信息来帮助教育客户。

每日能量需求

卡（calorie，首字母为 c）是能量的单位，1 卡的定义是使 1 克水升高 1 摄氏度所需要的热能量。大卡（Calorie，首字母为 C）或千卡（kcal）等于 1 000 卡。

估算的总能量消耗（TEE）又称每日总能量消耗（TDEE），其定义是在典型的一天中平均消耗的能量的量（单位卡）。TEE 实际上是 3 个不同的能量组成部分的总和。

◆ *静息代谢率（RMR）*：在静息状态下消耗的能量；代表维持血液循环、呼吸和温度调节等重要身体功能所需的最低的能量。RMR 通常占 TEE 的 70%。

◆ *食物热效应（TEF）*：由于处理食物（消化）供储存和使用，所以在 RMR 之上增加的能量的消耗。TEF 通常占 TEE 的 6% 至 10%。

◆ *身体活动能量消耗*：在 RMR 和 TEF 之上增加的与身体活动相关的能量消耗量。身体活动约占 TEE 的 20%。

静息代谢率

对于久坐不动的人，RMR 占每日能量消耗的 70% 左右，不同的人之间会存在差异。RMR 会受很多因素影响，包括年龄、性别、遗传、激素变化、身体形态、身体成分、温度、海拔、疾病、药物、食物和咖啡因摄入以及吸烟。无法改变的常见因素是性别、年龄和遗传。无脂肪质量的轻微增加就会让 RMR 逐渐增加；因此，如果无脂肪质量（FFM）增加或减少，据说运动会间接地对 RMR 产生积极影响。暂时性地改变 RMR 的因素包括激素变化、运动、环境温度、海拔、咖啡因摄入和吸烟。

慢性或急性疾病、激素变化和某些类型的药物也能够影响 RMR。激素变化会增加或减少 RMR[10]。例如，甲状腺激素可以影响全身多种代谢功能，其中包括脂肪和碳水化合物的代谢以及人体生长。甲状腺激素对能量消耗有持续的作用，并且影响全身的每个细胞。高浓度的甲状腺激素会导致 RMR 增加，而甲状腺激素浓度低于正常水平则会导致 RMR 降低。根据美国临床内分泌学家协会的报告，2 700 万美国人患有与甲状腺有关的疾病，但超过一半仍未确诊[11]。另外一种内分泌失调是糖尿病，也是美国第 7 大致死因素。2007 年，已经确诊的糖尿病例造成的花费高达 1 740 亿美你知道吗?

静息代谢率（RMR）和基础代谢（BMR）经常互换使用，但是BMR是不同的。受试者在药物代谢研究病房或代谢室内经过了一夜并且已经禁食12小时之后再进行测量，此时使用的术语就是BMR。RMR的测量则是受试者在家里过了一夜，被别人开车送到研究实验室之后进行测量。RMR和BMR通常存在10%的差异。

元[12]。正因如此，健身专业人员在为客户提供营养建议的时候要保持谨慎，并将客户介绍给注册营养师和符合资质的保健专业人员。

一些药物已被证明也会改变RMR。例如，一些心脏病药物会让RMR降低4%至12%，化疗则会让RMR降低6%至11%，长期使用人体生长激素会让RMR增加12%，而甲状腺功能减退症所用的甲状腺药物可使RMR增加多达17%[13,14]。私人教练必须注意其客户可能长期使用的任何药物，这些药物可能影响个人的代谢率。关于运动对RMR的影响，有一些研究已经证明了以下几点[13-16]。

◆ 运动后10至90分钟内，能量消耗会增加，具体取决于锻炼的强度和持续时间。

◆ 规律性的长期运动可能会略微影响RMR。

◆ 运动锻炼引起的FFM改变可以增加或减少RMR。

为了避免静息代谢率的降低，客户应避免使用饥饿节食疗法，否则可能造成骨骼肌细胞的损失。应该鼓励他们增加或保持肌肉，在生活中积极运动。在衰老过程中保持肌肉质量尤其重要，因为与年龄有关的RMR下降有一部分是由肌肉减少导致的[17]。

食物热效应

我们吃东西时，食物被机械地消化并在消化道中移动。营养素从肠道输送到血液，并通过血液输送至全身。餐后的所有这些过程都需要消耗能量，这些能量是可测量的。餐后所增加的能量消耗被称为食物热效应（TEF），占总能量消耗的6%至10%，具体取决于饮食的频率和其所包含的成分。

身体活动能量消耗

除了静息代谢以外，任何身体活动都需要消耗能量。即使久坐不动的人群只是进行适度的日常身体活动（包括个人护理和其他必要的日常动作），他们的能量消耗也会超过RMR。参与体育运动和锻炼可以显著增加除RMR以外的能量消耗。身体活动占个人TEE的20%或更多，但各人的具体比例存在非常大的差异，具体取决于个人目前的体能水平以及所参与的身体活动或运动的类型、强度和持续时间。与RMR和TEF相比，身体活动受到的影响更大，而RMR和TEF在很大程度上是相对稳定的。

估算的每日总能量消耗

要估算总能量消耗（TEE），其中一个最常用的方法是先估算RMR，然后用RMR乘以相应的活动因子。有很多不同的预测方程式可用于估算RMR。绝大多数情况下，这些简化的方程式可以比较合理地估算出TEE。以下是一个简化的TEE计算示例。

第1步：体重（磅）×10＝RMR

第2步：RMR×活动因子（表17.3）＝TEE

表17.3	19岁或以上普通身材的成年人在各种活动水平的身体活动因子	
非常轻微	坐姿或者站姿的活动、办公室工作、开车、烹饪；没有剧烈活动	1.2~1.3
低活跃度	除了久坐的生活方式之外，还有30分钟中等活动（相当于在30分钟内步行2英里）；大多数上班族有额外规划好的锻炼程序	1.5~1.6
活跃	在低活跃度的活动之外，还有另外3小时的活动（例如每小时骑自行车10至12英里、每小时步行4.5英里）	1.6~1.7
高强度活动	有计划的剧烈活动，如体力劳动者、全职运动员、辛苦的职业（例如钢铁工人或路政工人）	1.9~2.1

资料来源：Food and Nutrition Board. Dietary Reference Intakes for Energy, Carbohydrates, Fiber, Fat, Protein, and Amino Acids (Macronutrients). Washington, DC: National Academy of Sciences; 2002.

例如，非常活跃的180磅男性

◆ 第1步：180（磅）×10 = 1800 RMR

◆ 第2步：1 800（RMR）×2.1（活动因子）= 3 780 每日消耗的能量（TEE）

即使是最常用的公式也会高估或低估静息代谢和总能量消耗，其误差可能高达20%。因此在应用预测方程式来计算RMR时应该谨慎。私人教练可用于估算TEE的其他选择包括在线计算器，例如美国农业部提供的网站或者私人教练可以寻求注册营养师的指导。

同时必须注意到，能量的需求随不同的生命阶段、身体活动水平和疾病而发生变化，大多数人合理的体重管理应包括定期监测体重状况、每周或每月称重或进行身体成分评估。这样做可以立即发现任何无谓的体重增加，从而防止悄悄发生的肥胖和相关的健康并发症。

蛋白质

蛋白质的首要功能是构成并修复人体组织和结构。蛋白质还参与激素、酶以及其他调节肽的合成。此外，如果饮食中的能量或碳水化合物摄入不足的话，蛋白质还可以用作能量[18]。

蛋白质 通过肽键连接的氨基酸。

蛋白质的结构

蛋白质由通过肽键连接在一起的氨基酸组成。身体使用大约20种氨基酸来构建其许多不同的蛋白质[19]。正如特定的字母顺序可构成特定的单词，按不同的顺序排列氨基酸就构成了人体内无数的氨基酸（从肌动蛋白等肌肉蛋白质到构成眼球的蛋白质）。

氨基酸有两大类：必需氨基酸和非必需氨基酸（表17.4）。

表17.4 氨基酸		
必需氨基酸	**非必需氨基酸**	**半必需氨基酸**
异亮氨酸	丙氨酸	精氨酸
亮氨酸	天冬酰胺酸	组氨酸
赖氨酸	天冬氨酸	
蛋氨酸	半胱氨酸	
苯丙氨酸	谷氨酸	
苏氨酸	谷氨酰胺	
色氨酸	甘氨酸	
缬氨酸	脯氨酸	
	丝氨酸	
	酪氨酸	

必需氨基酸不能在人体内制造（或制造量不足）。因此，必须从食物或一些其他外部来源获取它们。有8种必需氨基酸。第二大类的氨基酸被称为"非必需"氨基酸，原因是人体可以通过饮食中的氮、碳水化合物片段和脂肪来制造它们[18]。精氨酸和组氨酸被称为半必需氨基酸，基于这两种氨基酸在人体中的合成率。看起来，人体制造这些氨基酸的速度不足以支持生长（特别是儿童）。

消化、吸收和利用

蛋白质必须首先被分解成基本的氨基酸，然后才能被人体用于构建或修复组织，或用作能量基质。氨基酸在经过消化和被肠道吸收后的命运取决于身体的内环境稳定需求，其范围可以包括组织再生或组织增生，以及需要能量。图17.1展示了消化、吸收和合成的过程。

摄入的蛋白质进入胃部后遇到盐酸（HCl），盐酸会使蛋白质分解（或变质），使得消化酶可以开始拆解肽键。此外，胃蛋白酶开始将蛋白链切割成更小的多肽（含有几个氨基酸的链）和单个氨基酸。这些蛋白质片段离开胃部并进入小肠时，胰蛋白酶和肠蛋白酶将会继续分解蛋白质片段。

然后，所产生的二肽、三肽和单个氨基酸通过肠壁被吸收进入肠上皮细胞，并释放到供应给肝脏的血液中（图17.2）。一旦进入血液中，游离形式的氨基酸的命运就会有几种可能：它们可以用于蛋白质合成（构建和修复组织或结构）、作为直接能量或潜在能量（转化为脂肪储存）。

嘴和食道
咀嚼和吞咽整个蛋白质分子

胃
打开蛋白质链（使蛋白质变质），
并将蛋白质链切割成肽链

小肠
将肽链进一步分解成三肽、
二肽和氨基酸

小肠壁（吸收细胞）
将三肽和二肽分解成氨基酸并
吸收氨基酸

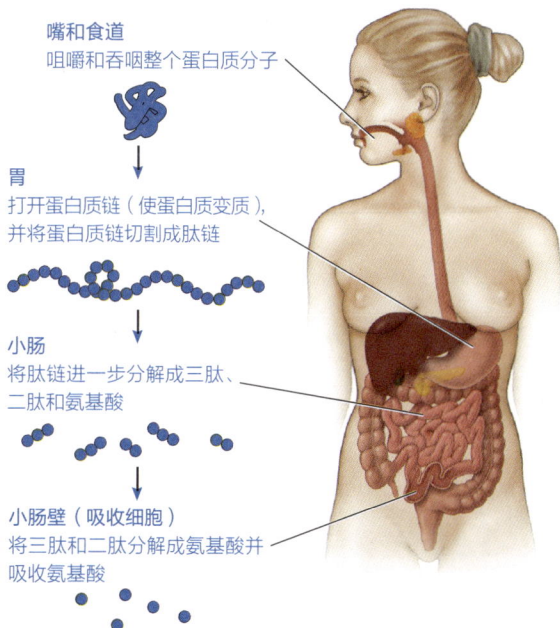

图17.1

蛋白质消化、吸收和内
源性合成

肠腔

门脉血

二肽

刷状缘膜

三肽

基底外测膜

四肽

氨基酸

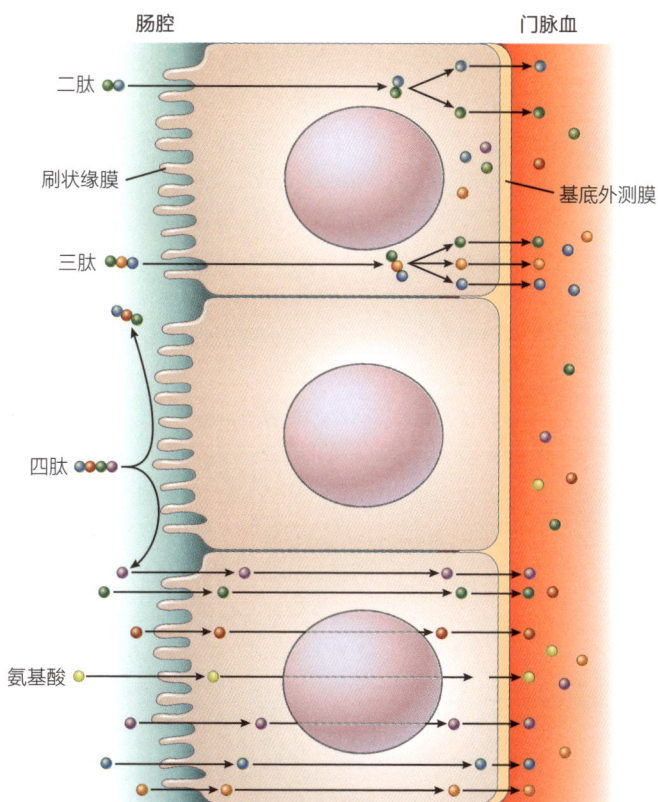

图17.2

氨基酸吸收

氨基酸作为直接能量

人体对能量的需求是持续不断的，尤其是大脑和神经系统，更是持续地需要葡萄糖。如果碳水化合物或总能量摄入过低，人体有能力使用氨基酸（来自膳食或身体的蛋白质）来提供能量[20,21]。氨基酸首先脱氨（即脱除氨基），使得余下的碳架可用于产生用作能量的葡萄糖或酮体。被脱除的氨基产生氨，这是一种有毒化合物，在肝脏中被转化为尿素，并通过肾脏随尿液排出。

氨基酸作为潜在能量（脂肪）

如果蛋白质摄入量超过合成需求，并且能量需求已得到满足，那么来自膳食蛋白质的氨基酸被脱氨，其碳碎片可以作为脂肪储存。在美国人中，蛋白质和能量摄入一般来说都远远超过需求，使蛋白质对个人的脂肪储备做出极大的贡献[6]。

食物中的蛋白质

膳食中的蛋白质是运输氨基酸的工具。肉类、水果、蔬菜、谷物、乳制品，甚至是补剂都为我们提供了人体必需的氨基酸。如果某种食物以恰当比例提供全部必需氨基酸，则称之为完全蛋白质；如果某种食物源中的一种或多种必需氨基酸的含量较低或缺失，则称之为不完全蛋白质。缺失或以最小量存在的必需氨基酸被称为该蛋白质的限制因子。因为蛋白质合成的过程遵循有或无的定律，全部氨基酸都必须存在于制造蛋白质的结构中，否则当细胞耗尽有限的氨基酸时，蛋白质合成就会停止[22]。

有若干种方法可以量化蛋白质满足这些必需氨基酸需求的能力。用来评估膳食蛋白质的术语包括蛋白质效率比（PEER）、蛋白质净利用值（NPU）和生物价值（BV）[18]。主流媒体和补剂制造商在讨论蛋白质来源时，经常使用BV作为指标。从本质上讲，BV是衡量蛋白质质量的指标，也是衡量其满足人体必需氨基酸需求程度的指标。得分越高，通过该渠道所获取的蛋白质就越能满足人体氨基酸的需求。但BV是一个经常被人误用的概念，尤其是被那些蛋白质补剂的市场营销人员。人们被误导去相信，食用特殊制高BV蛋白质将让已经摄取足够蛋白质的人肌肉变得更大，或更快速地增肌。然而，超出需求摄取的蛋白质不会迫使人体释放出以前尚未开发的增长肌肉能力[23,24]。其实，如果一个人仅食用非常高BV的蛋白质，那么用更少的蛋白质就可以满足其氨基酸需求。相反，如果一个人选择的膳食主要由较低BV的蛋白质来源组成，那么其总蛋白质需求将会增加（图17.3）。

完全蛋白质的主要来源是动物来源、乳制品和肉类（表17.5）。不完全蛋白质的来源包括谷物、豆类、坚果、种子和其他蔬菜类。大麦、玉米

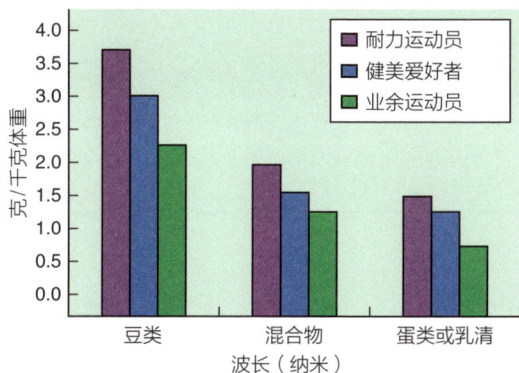

图中纵轴：克/千克体重，刻度 0.0、0.5、1.0、1.5、2.0、2.5、3.0、3.5、4.0

图例：
- 耐力运动员
- 健美爱好者
- 业余运动员

横轴：豆类　混合物　蛋类或乳清
波长（纳米）

图17.3 适应阶段的蛋白质需求。人体需要有一个理想的氨基酸模式来满足维持生命和生长的需求，该图说明了构成该氨基酸模式所需的不同类型的蛋白质的大致数量。假定总能量要求已通过膳食碳水化合物和脂肪得到满足，即使摄取的蛋白质超出了该分量，也不会导致力量或肌肉尺寸的增加。当蛋白质超过生长、维持生命或修复所需的量时，身体就会将其存储为脂肪或糖原，或将其转换为其他含氮化合物

面、燕麦、荞麦、意大利面、黑麦、小麦、蚕豆、扁豆、干豌豆、花生、鹰嘴豆、豆制品、芝麻、葵花籽、核桃、腰果、南瓜子和其他坚果都是不完全蛋白质的主要来源。可以通过适当搭配不同的不完全蛋白质，提供所有必需氨基酸并形成完全蛋白质（表17.5）。

表17.5	完全蛋白质食物来源
全蛋	酸奶和即食麦片
牛奶和牛奶制品	牛奶加麦片
肉类	扁豆和面包
鱼	玉米饼加豆类，或者豆卷饼
大米和豆类	通心粉和奶酪
花生酱加全麦面包	鹰嘴豆泥（鹰嘴豆和芝麻酱）配面包
葵花籽和花生	豆类汤加全麦饼干

少量完全蛋白质（如乳制品）与植物性食物搭配时，以及来自植物性食物的不完全蛋白质来源（如大米和豆类）组合在一起时，都可以提高蛋白质的质量。

影响蛋白质需求的因素

有几个因素会影响蛋白质需求，包括个人的日常运动和身体活动水平、日常能量摄入、身体成分目标和运动表现目标。

运动

有氧运动和无氧运动都能以不同方式影响蛋白质需求。运动使得恢复过程中的氨基酸氧化和蛋白质转化为瘦体重的比率均有所提高。由于不同类型的练习会有不同的影响，因此，两种运动都参加的人可能比单纯进行某一种运动的人有更高的蛋白质需求[25,26]。

能量摄入

因为蛋白质可用于组织修复与合成，也能被用作能量，因此蛋白质需求将随着总能量摄入的减少而增加[27,28]。由于总能量摄入量减少，单靠碳水化合物和脂肪摄入量可能不再满足能量需求，因此必须使用蛋白质来提供能量。目标是用碳水化合物和脂肪满足大部分能量需求，省下蛋白质用于组织的修复和生长。这就是为什么通常会说碳水化合物可以"节省蛋白质"。如果没有摄入足够的碳水化合物和脂肪（在低热量或低碳水化合物饮食中或在健美比赛准备过程中经常可以见到），则默认会使用更多的蛋白质作为能量。对于减少整体脂肪或肌肉肥大感兴趣的人经常错误地模仿健美爱好者接受的高蛋白饮食。但是在适当的情况下，短暂地使用这些饮食方法是有效果的。

负能量平衡

对于追求减少体脂的客户来说，其目标要求在达到目标之前保持能量赤字。在负能量平衡的过程中，使用氨基酸来帮助产生能量，术语为糖原异生化。有氧和无氧运动会消耗葡萄糖，增加糖原异生。糖原异生的增加是通过从结构蛋白质释放支链和其他氨基酸来实现的，以保持运动过程中的葡萄糖的体内稳态[29–32]。低热量饮食建立了不太理想的糖原储备，而在运动过程中又增加了对糖原的需求，使得蛋白质的能量利用率被提高[33,34]。通过增加饮食中的蛋白质可以减少在负能量平衡中的瘦体重损失，从而更快地恢复氮平衡。很多研究已经表明，运动可以放大低热量饮食中蛋白质利用率增加的效果[28,35–40]。

蛋白质和健美爱好者

健美爱好者在正能量平衡（如休赛季）中应该遵循力量型运动员的蛋白质摄入建议。但是，在负能量平衡（将体脂含量降低到满足比赛要求）过程中，蛋白质需求将大幅增加。为了达到比赛级体脂肪水平，能量摄入量不断降低，同时运动（如心肺训练、负重训练和姿态练习）增加。

比赛级体脂水平通常是不健康的，也无法长期保持。该训练方案的每个组成部分都可能对蛋白质需求有累加效应。当能量消耗增加而食物供给减少的时候，相关的人体生存机制可能在此期间变得非常活跃，迫使持续减少食物摄入，以达到目标[41,42]。但是，由于其合成代谢的要求，蛋白质摄入量不能降低。事实上，在比赛前的最后几周，必须增加蛋白质摄入。在此期间，身体必须可以选择使用可获得的食物来提供能量或肌肉支持。身体没有选择饮食中的碳水化合物或脂肪，使它们成为不重要的能量来源。因此，在剧烈强度的训练期间，蛋白质摄入量可能大幅增加，在理论上，这样做可以减少瘦组织的分解流失[28-40]。

客户在比赛前的最后几周中以蛋白质作为其能量的主要来源，这是相当常见的情况。但在休赛季，运动员回归到正常的饮食（或蛋白质达到合成代谢需要，并且能量需求主要用碳水化合物和脂肪来满足）和正常的能量平衡。回归正常的饮食习惯比常年保持高蛋白质摄入更能促进肌肉增长[43-45]。事实上，在高强度抗阻训练后1小时，似乎食用碳水化合物（1克/千克体重或0.5克/磅体重）（而不是蛋白质）可以抑制肌蛋白分解，并导致蛋白质正平衡[44]。

增加肌肉需要多少蛋白质[46]？

◆ 在骨骼肌中，水分大约占72%，蛋白质约占22%，脂肪、糖原和矿物质大约占6%，1磅的肌肉组织中大约含有100克蛋白质。

◆ 理论上说，运动员必须每日额外摄入14克蛋白质，但是绝大多数专家认为，瘦体重增加的唯一最重要因素（当然要辅以抗阻训练）是摄入足够的能量。

◆ 因此，为了保证人体有足够的能量用于增加瘦体重，除了满足维持生命的需求，每天还要再摄入200至400卡（每天每千克体重3至5卡或每磅体重1.5至2.5卡），再加上摄入少量额外的蛋白质。

蛋白质对饱腹感的影响

除了上述因素之外，还可以调整蛋白质摄入量来帮助获得饱腹感（吃饱的感觉）。蛋白质对饱腹感所起的作用是一个重要的考虑因素。像所有的宏量营养素那样，蛋白质激活特定的饱腹感机制，并且可能比脂肪和碳水化合物更能引起饱腹感。不论是人还是动物，蛋白质引起的食物摄入抑制作用比其能量成分单独引起的抑制作用更强，这就意味着蛋白质对饱腹感有直接的影响[47]。在对鼠和人体的研究中发现，预先摄入蛋白质可以抑制食物摄入长达几小时，并且抑制程度高于由脂肪和碳水化合物构成的相近能量预先摄入[48-52]。寻求减少脂肪的人可能会受益于蛋白质的饱腹感特性，使其不觉得饥饿并且全天充满活力。这可以有助于客户坚持执行计划[53,54]。

蛋白质摄入建议

蛋白质的推荐摄入量（Recommended Dietary Allowance，RDA）为0.8克/千克/天。对成年人来说，蛋白质的可接受宏量营养素分配比例范围（Acceptable Macronutrient Distribution Range）是总能量摄入量的10%至35%。

表17.6列出了适合大多数运动员和锻炼者的建议[56]。

表17.6	建议蛋白质摄入量
活动水平	**每天每千克体重的蛋白质克数**
久坐不动（成年人）	0.8（0.4克/磅体重）
力量项目运动员	1.2~1.7（0.5~0.8克/磅体重）
耐力项目运动员	1.2~1.4（0.5~0.6克/磅体重）

这些蛋白质建议范围为总能量摄入量的10%到35%，这不仅考虑到不同目标和活动的差异，而且考虑到在饱腹感和运动表现方面的生物个体性。有些人对略高或略低的蛋白质摄入反应更好，这可能有助于坚持达到和保持目标所需的能量。如蛋白质摄入量较低的人可能需要补充。无论蛋白质相对于总能量摄入量的最终比例是多少，蛋白质摄入量仍然应该大约落在每千克的克数范围内。换句话说，减脂（或低热量）并参加力量训练和有氧训练的小个子可能有较高的蛋白质比例（约25%），但仍然在适当的绝对蛋白质范围（1.2至1.7克/千克体重/天）内。

长期高蛋白饮食的不良影响

高蛋白饮食通常被定义为饮食中来自蛋白质的能量占总能量摄入量的35%以上，或是运动员的蛋白质RDA的3倍。长期高蛋白饮食可能会造成较高的饱和脂肪摄入和较低的膳食纤维摄入，而这两点都是心脏疾病和某些癌症的风险因素[57,58]。此外，由于肾脏需要更努力地工作，以消除所产生的更多尿素，所以在向具有肾病史（如肾功能不全或肾结石）的人群建议高蛋白摄入时，应始终小心谨慎。

在文献中，高蛋白饮食对骨骼健康的影响一直存在争议，有报告称高蛋白摄入可能增加尿钙的流失。该领域的早期研究人员推测，在高蛋白饮食中，骨骼是尿钙排出增加的原因。科斯泰德等人（Kerstetter et al.）[59]发现，低蛋白饮食（0.7克/千克体重）导致两种激素的增加，这两种激素的合作可以提升血钙水平。激素水平的上升表明低蛋白质饮食可能会降低钙的吸收。但是，随后的评估发现，在低蛋白质饮食（0.7克/千克体重）的过程中，有18%的钙被吸收；而在高蛋白饮食（2.1克/千克体重）的过程中，钙的吸收上升到26%[60]。因此，似乎是当人们遵循高蛋白饮食时，肠道内的钙吸收增加可能在所观察到的钙增加中占绝大部分[60-62]。

此外，摄入大量蛋白质后，需要摄入更多液体。蛋白质代谢所需要的水分大约是脂肪和碳水化合物代谢所需水分的7倍[63]。低碳水化合物的摄入通常伴随着高蛋白饮食（特别适合减轻体重），这可能导致糖原储存减少，抑制运动表现，并可能造成脱水。因此，对高蛋白质饮食的主要担心是脱水现象，因为尿素氮循环处理饮食中的氮，并且通过泌尿系统排出水分。仅仅3%的脱水就可能会损害运动表现，所以摄入额外蛋白质的运动员和活跃人士应定期称重，以确保自己有充足的水分。

蛋白质特性综述

1克蛋白质能产生4千卡热量。蛋白质必须被完全分解（分解为基本的氨基酸）才可以被利用。

来自蛋白质的氨基酸被身体用于以下方面。

◆ 合成构成人体组织的蛋白质。
◆ 转化成葡萄糖提供能量（很多种氨基酸都能转化成葡萄糖）。
◆ 提供氨基形式的氮，以构建非必需氨基酸。
◆ 转化成脂肪储存。

在以下条件下，氨基酸不用于构建蛋白质。

◆ 碳水化合物和脂肪未能提供足够的能量。
◆ 由于只摄入不完全蛋白质，必需氨基酸的水平一直过低或缺失。
◆ 超过必需的蛋白质总量。

人体合成内源性蛋白质必须满足下列条件。

◆ 有适量的所有必需氨基酸和非必需氨基酸。
◆ 有充足的外源性蛋白质供应（提供氨基，用于合成非必需氨基酸）。
◆ 充足的碳水化合物和脂肪用于产生能量（节省蛋白质）。

运动员和锻炼者的蛋白质摄入建议如下。

◆ 1.2克/千克体重至1.7克/千克体重，具体取决于目标、活动、蛋白质来源和总能量摄入量。
◆ 一般落在总能量摄入量的10%至35%的范围之内。

长期高蛋白饮食（超过RDA的3倍）可能会造成以下问题。

◆ 更高的饱和脂肪摄入和低的膳食纤维摄入。
◆ 产生更多尿素。
◆ 糖原储存减少。
◆ 可能造成脱水。

小结

蛋白质需求会受到无氧运动、有氧运动、总能量摄入量和碳水化合物摄入量等因素的影响。在负能量平衡（或能量赤字）的过程中，氨基酸被用于协助产生能量（或者糖原异生），因此蛋白质需求会急剧增加。蛋白质摄入也有助于寻求减脂的人增加饱腹感，使他们不感觉饥饿，并且全天精力充沛。蛋白质的推荐量为0.8克/千克体重/天。但是对于运动员来说，推荐量为1.2克/千克体重/天至1.7克/千克体重/天。

一般不建议运动员使用蛋白质补剂。没有足够的证据证明使用蛋白质补剂可以取代食物，也无法证明摄入超过需求量的蛋白质有助于提高运动表现或成年人骨骼肌肉肥大。但是补充性的蛋白质也有其作用，例如以下几点。

- 在负重训练前后快速让氨基酸进入血液
- 在食源性蛋白质无法满足的情况下，替代全部食源性蛋白质以帮助减轻体重。
- 帮助健美运动员、摔跤运动员或其他对体重敏感的运动员准备比赛。

碳水化合物

碳水化合物是包括碳、氢和氧的化合物，一般被分为糖（简单）、淀粉（复杂）和纤维。正如食品标签上显示的那样，糖的定义是任何单糖或双糖[64]。

碳水化合物 碳、氢和氧的中性化合物（如糖、淀粉和纤维），构成动物的大部分食物。

单糖是一个糖的基本单位，多个单糖连接起来形成淀粉（植物中碳水化合物的储存形式）和糖原（动物中储存碳水化合物的物质，又被称为动物淀粉）。单糖包括葡萄糖（经常称之为血糖）、果糖和半乳糖。双糖（两个糖的基本单位）包括蔗糖（或普通糖）、乳糖和麦芽糖。

多糖是多个单糖单位连接在一起的长链，在含有淀粉和纤维的食物中可以找到多糖。这些食物通常被称为复合碳水化合物，包括植物、种子和根中的淀粉。复合碳水化合物主要是淀粉和纤维，淀粉被消化后成为葡萄糖。膳食纤维是植物中不能被人类肠道酶消化的部分，并经过小肠和结肠，在那里作为粪便物质被排出，或发酵后被肠道细菌用作养料[65]。

碳水化合物是人体功能和肌肉用力的主要能量来源。这一事实导致可用的和储存的碳水化合物被快速消耗，并造成对这种宏量营养素的持续性的需求。碳水化合物也有助于调节蛋白质和脂肪的消化和利用[66,67]。

消化、吸收和利用

碳水化合物主要以单糖、淀粉和纤维的形式存在于食物中。简单的糖（例如蜂蜜和水果中的糖）非常容易被消化。双糖（例如食糖）则需要一些消化作用，但与淀粉（比如全谷物中的淀粉）等复杂的糖相比还差得很远。淀粉需要长时间的酶作用才能被分解成单糖（例如葡萄糖），以供利用。纤维素通常可以在水果和蔬菜的表皮中发现，基本上是人类难以消化的，并且对饮食没有什么能量价值。然而，它确实提供了肠道蠕动所必需的物质，并有助于排便[68,69]。

摄入的碳水化合物使血糖升高，并且有促进胰岛素分泌的伴随作用，这两种作用的速度的量化指标被称为升糖指数（GI）（**表17.7**）。通过空腹单独摄入某种食物可以测定该食物的GI。蛋白质、其他碳水化合物和脂肪的混合餐可以改变单一食物的升糖效应[70]。通过表17.8可以看出，升糖指数较低的食物是复合碳水化合物的良好来源，并且富含纤维，整体营养价值较高。

表17.7	升糖指数
高	≥70
中	56~69
低	≤55

表17.8 各种食物的升糖指数（GI）

低		中		高	
食物	GI	食物	GI	食物	GI
花生	14	苹果汁	40	救生圈什果糖	70
原味酸奶	14	士力架	41	白面包	70
大豆	18	桃	42	百吉饼	72
豌豆	22	胡萝卜	47	西瓜	72
樱桃	22	糙米	50	爆米花	72
大麦	25	草莓酱	51	全麦饼干	74
葡萄柚	25	能量棒	53	炸薯条	75
香肠	28	橙汁	53	葡萄坚果	75
黑豆	30	蜂蜜	55	碎小麦	75
扁豆	30	皮塔面包	57	佳得乐	78
脱脂牛奶	32	纯燕麦片	58	玉米片	81
意大利宽面条	32	菠萝	59	年糕	82
鹰嘴豆	33	甘薯	61	椒盐脆饼	83
巧克力牛奶	32	可口可乐	63	烤土豆	85
全麦意大利面	37	葡萄干	64	方便米饭	87
苹果	38	哈密瓜	65	无麸质面包	90
斑豆	39	全麦面包	67	枣	103

在消化和吸收的过程中，所有双糖和多糖最终都分解为简单糖，例如葡萄糖或果糖（图17.4）。然而，果糖必须在肝脏中转化为葡萄糖，然后才可用于产生能量。部分葡萄糖（或者血糖）被大脑组织、神经系统和肌肉用作燃料。因为人类是阶段性进食的，所以有小部分葡萄糖在餐后被转化成糖原，并储存在肝脏和肌肉中。所有剩余的糖都被转化成脂肪，作为能量的储备来源分布在人体中。如果总能量摄入超过能量消耗，任何多余的碳水化合物、膳食脂肪或蛋白质都会被作为体脂储存起来，直到能量消

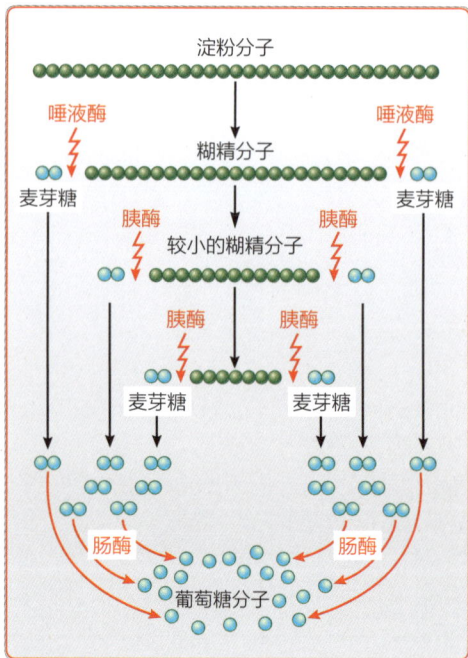

图17.4

大淀粉分子在消化过程中被酶逐渐分解

耗再次超过能量摄入。

纤维对健康的作用

　　膳食复合碳水化合物的最大贡献之一是纤维。心脏病和某些类型癌症的发病率降低与膳食纤维摄入量的增加有关[71,72]。纤维是一种不能被消化的碳水化合物。膳食纤维有两种：可溶性和不可溶性。可溶性纤维可以溶于水，并在消化道内形成一种凝胶状物质。可溶性纤维有很多益处，包括调节血糖水平和降低胆固醇。可溶性纤维的良好来源包括燕麦和燕麦片、豆类（豌豆、蚕豆、扁豆等）、大麦以及许多未煮过的水果和蔬菜（尤其是橙、苹果和胡萝卜）。

　　不可溶性纤维不能在水中吸收，也不溶于水。它在穿过整个消化道的过程中基本保持原来的状态。不可溶性纤维对消化道健康有很多益处，包括降低结直肠癌、痔疮和便秘的风险和发生率。大部分不可溶性纤维来自于谷物麸皮层。对年轻男性和女性的纤维建议摄入量分别为每日38克和每日25克[73]。纤维的其他益处包括以下方面[72-77]。

- ◆ 提供饮食中的体积，从而增加食物的饱腹感
- ◆ 一些纤维素会推迟胃排空，进一步增加饱腹感[78]
- ◆ 预防便秘，有助于肠道规律性活动
- ◆ 降低血胆固醇，从而降低心脏病和动脉疾病的风险

◆ 调节身体对葡萄糖的吸收（包括糖尿病），也许是因为纤维被认为能够控制碳水化合物的消化和同化速率

◆ 高纤维饮食被证明可以在进食后长达5小时内对血糖水平发挥调节作用

碳水化合物和运动表现

摄入碳水化合物对于最大限度地提高运动表现来说至关重要。在进行高强度、短时间的活动（无氧）的时候，肌肉所需要的能量依靠肌糖原提供。在以中等强度（60%的最大摄氧量）进行的耐力练习（有氧）中，肌糖原提供大约50%的能量需求。在高强度有氧运动中（大于79%的最大摄氧量），肌糖原几乎提供全部的能量需求[79]。

锻炼时长也会影响用于产生能量的糖原量。随着活动的时间增加，可利用的葡萄糖和糖原减少，更加依靠脂肪作为燃烧来源。此外，可以推测，如果运动时间明显增加，则运动强度必定会降低，从而减少糖原的使用。但是，这并不意味着长时间进行低强度活动是降低体脂的最佳方法。如果锻炼会产生能量赤字，那么到了一定程度，人体自然会利用体脂储存来补偿赤字[80]。

归根结底，运动表现的限制因素是碳水化合物的可用性："在碳水化合物火焰中燃烧脂肪"。也就是说，如果没有足够的碳水化合物来维持三羧酸循环活动，就无法最大限度地提高脂肪利用率[66,67]。当耐力运动员"到达极限"时，是肝糖原和肌糖原严重下降而引起疲劳的结果。即使有足够的氧气输送到肌肉，并且可以从脂肪储存中获取大量的潜在能量，也会发生这种情况[81]。

碳水化合物摄入建议

建议每天摄入6克/千克体重到10克/千克的碳水化合物[56]。根据美国医学研究所的研究，成人的碳水化合物可接受宏量营养素分配比例范围是45%至65%的总能量摄入[55]。复合碳水化合物（如全谷物、新鲜水果和蔬菜）应该构成大部分能量，因为它们具有高密度营养（提供B族维生素、铁和纤维）的性质。

饮食中的碳水化合物量会影响运动表现。高碳水化合物饮食会利用更多糖原作为燃料，而高脂肪饮食则会利用更多脂肪作为燃料[80]。但是，高脂肪饮食会降低糖原的合成[82,83]。这尤其要引起采取减少能量摄入的饮食方式的人的注意[84]。对于耐力运动员来说，富含碳水化合物的饮食会增加糖原储存，并有利于运动表现和恢复[85,86]。尽管一些研究显示，运动表现的提升与高脂肪饮食有关，但是这种运动表现的提升通常出现在以相对低强度（低于70%的最大摄氧量）进行的练习中[83,87]。随着运动的强度增加，高强度练习的运动表现最终会受到损害[88-90]。

运动前

若运动时间超过1小时，建议在运动之前2至4小时进食高碳水化合物。这样在运动之前将会有适当的胃排空时间。这种方式对于在上午进行的训练来说特别有帮助，因为此时糖原储存会降低80%之多[80]。如果由于时间限制而无法这样做，可以使用液体膳食（如膳食替代配方）。这些配方的一个优点在于可以加快胃排空的速度。某项研究建议在运动前1到4小时之间的碳水化合物摄入量相应为1克/千克体重到4.5克/千克体重[91]。在该研究中，运动前4小时摄入4.5克/千克体重的实验组的运动表现提升了约15%[91]。为了避免肠胃不适，在临近训练课前摄入的食物量应少一些。

碳水化合物加载

对于持续时间超过90分钟的耐力练习（例如马拉松），肌糖原储存会耗尽。这种消耗会限制耐力运动表现。碳水化合物加载又称糖原超量补偿，是在耐力比赛前用于增加肌糖原储存的一种方法。这种做法可以让肌糖原储存几乎翻倍，从而提高耐力[92]。

一直以来，为期一周的计划包括4天的糖原消耗（通过大约10%的能量的低碳水化合物饮食和力竭性运动），随后是3天的休息和高碳水化合物饮食（大约90%的能量）。这种方法存在很多缺点，包括会出现低血糖期、焦躁、更容易受伤以及难以执行。在1981年，一项研究提出了一个改良方法（表17.9），这种方法可以实现同样的目标，更易于执行，并且负面影响较少[93]。

表17.9	糖原加载时间表[a]	
比赛前的天数	运动强度和持续时间	碳水化合物摄入量
6天	70%~75%的最大摄氧量，90分钟	4克/千克体重
4至5天	70%~75%的最大摄氧量，40分钟	4克/千克体重
2至3天	70%~75%的最大摄氧量，20分钟	10克/千克体重
1天	休息	10克/千克体重

a: 患有糖尿病或甘油三酯指标过高的运动员在使用这个计划之前应该咨询医师。

在比赛前让肌糖原储存最大化可以推迟肌糖原耗尽的时间，从而提高运动员的爆发力、运动表现、力量和速度。尽管如此，在运动前的糖原加载却不一定能提高运动表现。一些运动员在尝试使用糖原加载的时候会出现极度的肠胃不适，包括腹泻。因此，饮食中应包含相对低脂肪和低纤维素的熟悉食物，以尽量减少肠胃不适。因为肌糖原和水分的增多会让腿部肌肉变得更重，很多运动员会抱怨感觉身子沉沉的，行动迟缓，并且其体重可能略微增加。运动员应该在试验糖原加载后再决定是否用这种方法来准备比赛。

运动中

对于持续1小时以上的运动，运动中的碳水化合物补充可以帮助向糖原储存逐渐减少的工作肌肉提供葡萄糖。这种方法还能保持血糖水平，让到达力竭点的时间推迟20到60分钟[94~97]。建议耐力运动员每小时摄入30至60克的碳水化合物，以达到上述目标。流行的运动饮料是非常理想的选择，并能补充体液流失，也有利于运动表现。单独补充碳水化合物和水分都可以让运动员获益，若同时补充，两者的益处可以叠加。

一项研究表明，在1小时高强度的自行车骑行过程中，摄入含79克碳水化合物的1 330毫升水分可以让运动表现提高12%[98]。含有钾和钠的运动饮料有助于补充电解质，而碳水化合物则提供能量。对于持续1小时以上的运动，建议摄入含有6%至8%的碳水化合物的运动饮料[56]。

运动后

重复的艰苦训练日会消耗人体的糖原储存。高碳水化合物摄入有助于补充糖原储存；但是，为了达到最佳的恢复效果，摄入碳水化合物的时机也非常重要。建议在完成训练后30分钟内补充1.5克/千克体重的碳水化合物，以使糖原补充量最大化[99]。即使推迟2小时摄入碳水化合物也会造成肌糖原合成减少66%[100]。由于流向肌肉的血流量增加，并且细胞对胰岛素作用的敏感性增加，训练后的体内环境可能会加快糖原补充[80]。建议每2小时额外补充一餐1.5克/千克体重的碳水化合物，以完全恢复肌糖原水平[99]。

改变身体成分

对于想要减脂或增肌的人来说，碳水化合物通常应该占其宏量营养素能量的最大比例。碳水化合物提供了饮食的多样性、有价值的营养元素和食物分量。复合碳水化合物的饱腹感价值对于那些采用能量赤字饮食的、以减脂为目标的人来说非常重要[100~102]。对于绝大多数中等活跃度的成年人来说，建议摄入碳水化合物的比例为总量的45%至65%，这将提供足够的食物量，并为产生能量和有成效的锻炼提供所需的燃料[55]。

尽管低碳水化合物饮食非常流行，并且在碳水化合物摄入的种类和时机上似乎永远存在错误的认识，但是如果一个人想要减脂，并没有必要减少食物中的碳水化合物比例（见本章下一部分：碳水化合物和增重）。最近有一项研究探讨了对特定食物产生的升糖反应，其研究结果表明，以低升糖指数的碳水化合物为中心的饮食可能有助于预防肥胖、冠心病、结肠癌和乳腺癌[71,72]。

体重的增加或减少主要与总能量摄入有关，而不是饮食中宏量营养素的构成有关。低碳水化合物饮食带来的体重减轻可归因于两个因素：低热量摄入和无脂肪质量（FFM）的减少[103]。如果一个人开始在自己的饮食中减少富含碳水化合物的食物，能量摄入降低就是一个不可避免的结果。随着能量摄入的减少，糖原储存也会减少。糖原中每减少1克葡萄糖，就会带走2.7克水分[104]。在开始低碳水化合物饮食的第一周，肌糖原（包括水分）的这种损失会相当明显，并且让体重秤上的数字下降得更多。这就是为什么各种低碳水化合物时尚饮食法可以承诺在极短时间内大幅减轻体重。要成功地获得长期减重的效果，就必须有切合实际的饮食，而不是严格限制或忽略某一种宏量营养素[105]。

碳水化合物和增重：真相

人们已投入了大量的时间、精力和资源去研究碳水化合物摄入和美国肥胖率上升的关联。各种指控都是耳熟能详的："碳水化合物让你变胖"，还有"尽管美国人降低了脂肪摄入量，却仍旧越来越胖"。

"第三次全美健康与营养调查"（the Third National Health and Nutrition Examination Survey，NHANES III）的数据总结了1988年至1991年的美国人营养模式，揭示出通过脂肪摄入的能量确实从总能量摄入量的36%（NHANES II，1976年至1980年）下降至34%[106]。但是，如果以总脂肪摄入量（克每人每天）为指标，而不单单以在能量摄入中所占的百分比来考虑，数据显示，美国人在过去几年中的脂肪摄入量基本保持不变[107]。此外，这些数据可能还没有准确地反映出美国人的脂肪摄入量，因为许多人可能故意少报了脂肪摄入量，他们认为脂肪对健康有负面的含义[64]。来自NHANES III的数据还显示出总能量摄入有所增加。这是过多能量摄入导致脂肪储存增加的证据。

在回顾美国人的饮食摄入数据时，我们注意到很有意思的一点是，与现在相比，在20世纪的头10年中，作为能量摄入的碳水化合物的比例更高，并且摄入的脂肪比例更低，但我们现在所经历的肥胖在当时并不普遍[108]。仅仅是最近20年，肥胖的人数才有了显著的增长。数据证明，有两个主要变量导致了肥胖人数的激增：能量摄入的增加和能量消耗的减少[108,109]。据估计，超过75%的美国成年人并没有每日参加30分钟低至中等强度的体育活动[110]。

世纪之初，碳水化合物摄入占总能量的百分比较高，而脂肪的百分比则较低，肥胖问题并不像如今那么严重。现在，总脂肪摄入量增加、碳水化合物摄入量降低，而肥胖已经达到流行病的程度[111,112]。此外，能量摄入已增加，但是能量消耗却降低了。事实非常清楚：美国不断增长的肥胖问题的直接原因并不是碳水化合物摄入，而是能量失衡。

碳水化合物特性综述

1克碳水化合物能够产生4千卡热量。碳水化合物为身体提供以下支持。

◆ 脂肪和蛋白质所不能提供的营养（来自复合碳水化合物）。

◆ 饱腹感，因为保持糖原储存充足，并增加食物体积。

◆ 适当的细胞液平衡，使细胞效率最大化。

◆ 适当的血糖水平，前提是持续摄入低升糖指数的碳水化合物。

◆ 节省蛋白质用于增肌。

身体需要碳水化合物，原因如下。

◆ 碳水化合物是完美且首选的能量物质。

◆ 碳水化合物一直在被消耗，因此需要对其及时补充。

◆ 中枢神经系统的某些部分只依靠碳水化合物提供能量。

◆ 碳水化合物能高效地燃烧和利用脂肪及蛋白质。

建议的碳水化合物摄入如下。

◆ 日常饮食应包括25至35克纤维。

◆ 根据偏好、运动表现和饱腹感，碳水化合物摄入量通常应该占总能量摄入量的45%至65%。

◆ 应在满足蛋白质和脂肪需求后，再估算碳水化合物摄入建议值。

◆ 水果、全谷物和蔬菜都是非常好的纤维来源。

小结

碳水化合物是人体功能和肌肉发力的主要能量来源。碳水化合物是包含碳、氢和氧的化合物，通常分为糖（简单）、淀粉（复杂）和纤维。单糖是一个糖的基本单位（如葡萄糖、果糖或半乳糖），多个单糖连接起来形成淀粉和糖原。双糖（两个糖的基本单位）包括蔗糖、乳糖和麦芽糖。多糖是含有淀粉和纤维的食物。这些食物通常被称为复合碳水化合物。碳水化合物有助于调节蛋白质和脂肪的消化及利用率。

GI是摄入的碳水化合物使血糖升高并影响胰岛素分泌的速度。升糖指数较低的食物是良好的复合碳水化合物来源，同时也具有较高的纤维含量和整体营养价值。如果总能量摄入超过能量消耗，所有多余的碳水化合物、膳食脂肪或蛋白质都会转化成体脂储存起来，供有需要时使用。

纤维是膳食复合碳水化合物最大的贡献之一。心脏病和某些类型癌症的发病率的降低与膳食纤维素摄入量的增加有关。此外，纤维还有许多其他益处，包括饱腹感、肠道健康和调节人体对葡萄糖的吸收。

碳水化合物的可用性对于健身爱好者和最佳运动表现是至关重要的，因为肌肉所需要的能量依靠肌糖原提供。运动的持续时间和强度影响用于产生能量的糖原量。如果没有充足的碳水化合物，就无法达到最大的脂肪利用。

建议饮食中应含有6克/千克体重/天至10克/千克体重/天的碳水化合物。复合碳水化合物（例如全谷物和新鲜的水果及蔬菜）应该构成绝大部分的能量，因为它们具有高密度营养（提供B族维生素、铁和纤维）的特质。

若运动时间超过1小时，建议在运动之前2至4小时进食高碳水化合物膳食。对于持续时间超过90分钟的耐力运动，可以使用碳水化合物加载的方法在耐力比赛前增加肌糖原储存。对于持续1小时以上的运动，耐力运动员应每小时摄入30至60克的碳水化合物（可以包括运动饮料）。建议在运动后30分钟内补充1.5克/千克体重的碳水化合物。建议每2小时额外补充一餐1.5克/千克体重的碳水化合物，以完全恢复肌糖原水平。

对于想要减脂或增肌的人来说，碳水化合物通常应该占其宏量营养素能量的最大比例。根据美国医学研究所的研究，成人的碳水化合物摄入的可接受宏量营养素分配比例范围是总能量摄入的45%至65%。如果要减脂，并没有必要减少食物中的碳水化合物比例和富含碳水化合物的全食物。美国不断增长的肥胖问题的直接原因并不是碳水化合物摄入，而是能量失衡。

脂类

脂类 一类化合物的总称，包括甘油三酯（脂肪和油）、磷脂和甾醇类。

脂类是一类化合物的总称，包括甘油三酯（脂肪和油）、磷脂和甾醇类。在食物所含的脂类中，95%是脂肪和油。在人体内储存的脂类中，99%是甘油三酯[113]。从结构上来说，甘油三酯是连接到甘油主链上的3个脂肪酸（图17.5）。

脂肪酸

脂肪酸分为饱和脂肪酸和不饱和脂肪酸（图17.6）。根据其不饱和的程度，不饱和脂肪酸还可以被进一步划分。如果脂肪酸在其碳链上含有一个双键，则被称为单不饱和脂肪酸。如果脂肪酸分子中含有多个不饱和点，则被称为多不饱和脂肪酸。

多不饱和脂肪酸提供重要的必需脂肪酸（即不能由身体制造，但是对于适当的健康和正常功能必不可少的脂肪）[114]。饱和脂肪酸被认为是心脏疾病的风险因素，因为它们会引起坏胆固醇水平（低密度脂蛋白，LDL）上升，而不饱和脂肪酸则与好胆固醇（高密度脂蛋白，HDL）的增加和心脏病风险降低有关[115,116]。单不饱和脂肪酸（存在于橄榄油和菜籽油中）和 ω-3脂肪酸（存在于鲑鱼等冷水鱼中）等多不饱和脂肪酸被认为对血脂分布产生有利的影响，并可能在心脏病、高血压、关节炎和癌症的治疗和预防中有一定的作用[115,116]（表17.10）。在当今食品供应中普遍存在的另一种脂肪酸是反式脂肪酸，这是氢化（即在不饱和脂肪酸中加入氢的过程，使其在室温下变硬并延长食品保质期）的结果。反式脂肪酸已被证明

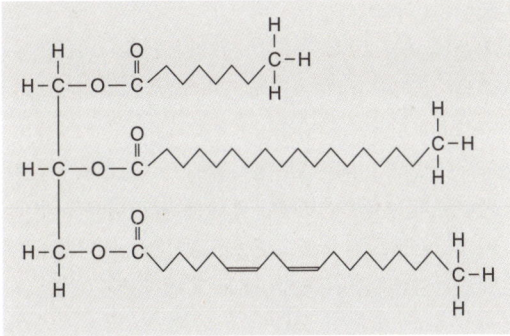

图 17.5

甘油三酯分子

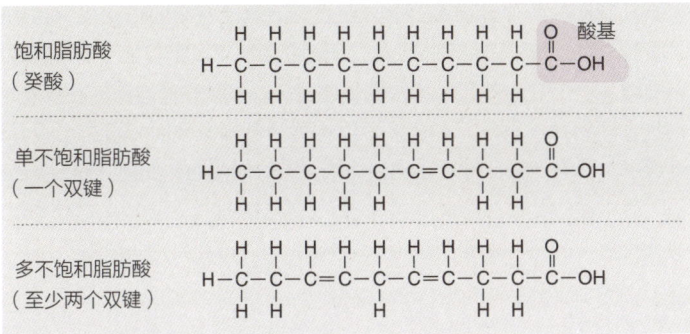

图 17.6

脂肪酸

能增加LDL胆固醇，降低HDL胆固醇，就像饱和脂肪酸一样[117-119]。

表17.10 脂肪酸的食物来源和类型

单不饱和脂肪酸	多不饱和脂肪酸	饱和脂肪酸	反式脂肪酸
橄榄油、菜籽油、花生油、鳄梨、花生、杏仁、开心果	植物油：红花籽油、大豆油、玉米油和葵花籽油 ω-3脂肪酸：鲱鱼、鲭鱼、鲑鱼、沙丁鱼、亚麻籽 大多数坚果和种子	肉类、禽肉、猪油、黄油、奶酪、奶油、鸡蛋、全脂奶 热带油：椰子油，棕榈油和棕榈仁油 许多烘焙食品	条状人造黄油、起酥油 油炸食品：炸鸡、甜甜圈 快餐 许多烘焙食品和糕点

脂类的功能

脂类（或脂肪）是饮食中最集中的能量来源。1克脂肪在氧化时可以产生大约9千卡的热量，是每克碳水化合物或蛋白质所提供热量的2倍多。除了提供能量以外，脂肪还充当脂溶性维生素A、维生素D、维生素E和维生素K的载体。维生素D可以促进钙的吸收，帮助人体组织（尤其是骨骼和牙齿）利用钙。脂肪在胡萝卜素转化成维生素A的过程中也有重要的作用[120]。脂类参与了以下工作[120]。

◆ 细胞膜的结构和功能。

◆ 激素的前体。

◆ 细胞信号。

◆ 细胞中营养素的调节和排出。

◆ 包围并保护肾脏、心脏和肝脏等器官并让它们保持在原位。

◆ 隔绝环境温度对身体的影响，并保持身体热量。

◆ 通过减缓胃部盐酸的分泌，延长消化过程，使餐后的饱腹感更持久

◆ 开始释放导致饱腹感的激素，即胆囊收缩素（CCK）。

消化、吸收和利用

膳食脂肪的消化从口腔开始，经过胃，最终在小肠内完成。在肠道内，脂肪与胆汁相互作用而被乳化，使得胰腺酶可以将甘油三酯分解成两个脂肪酸和一个甘油单酯。这些成分通过肠壁被吸收进血液。在肠壁中，它们被重新组合成甘油三酯，然后以被称为乳糜微粒的脂蛋白形式释放到淋巴中。乳糜微粒从淋巴移动到血液。通过脂蛋白脂肪酶（LPL）的作用，乳糜微粒的甘油三酯成分被除去，所释放的脂肪酸被人体组织吸收。甘油三酯全天不断地循环进出组织，包括肌肉、器官和脂肪细胞。

建议

客户必须摄入足够的能量来达到饱腹感，以实现减脂和能量平衡，否则最终会导致过度饮食。目标是让客户的饮食始终符合健康指南。根据美国医学研究所的研究，成人的脂肪摄入的可接受宏量营养素分配比例范围是总能量摄入的20%至35%[55]。建议运动员从脂肪摄入20%至25%的总能量，但是，似乎没有证据显示从脂肪摄入的能量低于15%的总能量会有益于健康或运动表现[56]。相反，高脂肪饮食也无助于减重或保持体重，并且似乎使身体更容易将摄入的能量转化成体脂[121-123]。

脂肪产生的热效应低于其他宏量营养素[124]。食物热效应（TEF）是指摄入某种食物后发生的代谢率升高。一般来说，TEF占摄入能量的10%[114]。随着脂肪在食物中的比例增加，释放出的热量减少。相反，随着碳水化合物在食物中的比例增加，TEF也增加。将膳食脂肪转化为体脂储存的代谢成本低。只需要消耗膳食脂肪中3%的能量就可以将它转化成体脂储存。相比较而言，需要消耗碳水化合物中23%的能量才可以将它转化成体脂储存[124]。

脂肪和饱腹感

膳食脂肪刺激CCK的分泌，CCK是一种发出饱腹感信号的激素。除此以外，脂肪会减慢食物的消化过程（并因此减慢营养元素进入血流），有助于稳定血糖水平。减少血糖水平波动同样有助于保持饱腹感。然而，超过

35%的能量来自脂肪的饮食会失去由高碳水化合物饮食所提供的食物量。换句话说，一汤匙油和一大碗配无脂酱汁的沙拉可能含有相同的能量。因为饱腹感不仅与总能量摄入有关，所以少量但高能量含量的饮食可能无法满足其他外周饱食机制（咀嚼、吞咽、胃胀），导致过食（摄食过量）[125]。

运动中的脂肪补充

大体上来说，脂肪的消化和吸收非常缓慢。长链甘油三酯（LCT）构成了大部分膳食脂肪（16至18个碳），必须经过前文所述的消化和吸收过程才能被人体利用。然而，中链甘油三酯（MCT）可以被更快吸收。此外，MCT不需要通过乳糜微粒运输，可以直接通过门静脉进入体循环，提供随时可用的浓缩能量来源[114]。有人提出，MCT可以在运动中提供碳水化合物以外的一种外源性能量来源，从而有利于耐力运动表现，并且MCT增加血浆游离脂肪酸（FFA），节省肌糖原[126,127]。但是，对训练有素的耐力运动员进行的一些研究发现，MCT摄入并不会改变脂肪代谢、节省肌糖原或提高运动表现[128,129]。高得克等人（Goedecke et al.）[130]发现，摄入MCT实际上会损害超耐力自行车运动员的运动表现。运动表现受损可能与MCT方案引起的肠胃不适有关。

胰岛素抵抗和肥胖

有人断言碳水化合物是代谢综合征（或X综合征）的罪魁祸首，并因此而导致体重增加，高蛋白质、低碳水化合物饮食的拥护者因这个错误的断言而获益匪浅。代谢综合征是以肥胖、胰岛素抵抗、高血压、血脂异常为特征的一系列症状，导致心血管疾病的风险增加。X综合征通常与肥胖（尤其是腹部肥胖）、高脂肪饮食以及久坐的生活方式有关[131–134]。

与这些因素相关的共同特性是高水平的循环游离脂肪酸（FFA）。在FFA浓度较高的情况下，人体将偏向于使用它们作为能量，降低葡萄糖氧化和糖原合成，并抑制葡萄糖的转运[131]。其结果是长期升高的血糖水平，被称为高血糖症。如果患有高血糖症，胰岛素分泌也会增加，造成过多血糖被转化成其他产物，例如糖蛋白和脂肪酸。

这些事实本身似乎会让人更加相信是碳水化合物导致了健康问题。事实上，一个健康的人需要摄入比例极高的简单碳水化合物（如蔗糖）和脂肪，维持能量过剩或者超重的状态，才可以长期升高血糖。虽然有一些证据表明，某种遗传因素可能会引起胰岛素抵抗（IR），在能量摄入没有超过消耗的情况下，仅仅是IR本身并不会造成体重增加[7,135,136]。事实上，肥胖本身就是造成胰岛素抵抗的风险因素，反过来并不成立[137]。

那么，IR的常见原因是什么？如果一个人持续性过度饮食，多余的能量被转化成脂肪储存，会造成脂肪细胞体积增大。增大的脂肪细胞本身就会抵抗胰岛素，从而导致FFA大量出现，这将使人体倾向于利用脂肪来产生能量，而牺牲葡萄糖[138]。这形成一个恶性循环，超重导致IR，而IR使利用葡萄糖的能力受损。血糖水平升高，胰岛素水平升高，胆固醇、甘油三酯和血压也升高。雪上加霜的是，葡萄糖进入肌肉细胞的能力受损，使得肌糖原储存更低，这会增加食欲，刺激人吃得更多，从而增加脂肪储存，加剧IR，如此循环往复。

正如大量研究指出，高脂肪饮食与肥胖有关，并因此与胰岛素抵抗和糖尿病有关[138-140]。但必须注意到，吃脂肪本身并不会让人变胖（同样也适用于碳水化合物），除非其摄入超过了能量需求。但是，采用高脂肪饮食可能更容易摄入过多能量（或者食欲过盛），因为脂肪的能量密度非常高。当摄入大量高能量密度食物再加上多余的能量和久坐不动的生活方式时，就不难想象血液中含有大量脂肪酸。

高脂肪饮食导致过量摄入能量、肥胖、IR，并最终导致非胰岛素依赖型糖尿病，而碳水化合物也会造成IR并因此导致肥胖。相比较而言，前者的可能性要大得多。唯一的解决方法是，饮食中含有适量的能量，纤维蔬菜或淀粉类碳水化合物的比例高，并且要运动。事实上，一项对2型糖尿病患者、IR患者和正常体重的人进行的研究发现，3周的高碳水化合物、低脂饮食配合运动计划可以显著地降低胰岛素水平[141]。

也许将问题归咎于碳水化合物是很省事的；随着肥胖人口的持续增加，美国人体重增加问题的简单解决方案肯定会大受欢迎。我们现在的环境创造了一个鼓励人类有机体发展的社会。大多数人都可以享用非常可口且高能量的食物，而如今的工作和娱乐需求并不需要太多的身体活动。表面上，解决肥胖问题很简单：多动，少吃。但是，社会、生理和心理因素的影响使这个简单的计划进行起来却非常困难。尽管这样，任何解决方案最终都是提供一个途径去增加能量消耗，减少能量摄入，或两者相结合。

脂类特性综述

1克脂肪产生9千卡的能量。脂肪一般来说不溶于水。脂肪存在于所有的细胞中：在脂肪和神经组织中较多，在上皮和肌肉组织中较少。脂肪酸分为饱和脂肪酸、多不饱和脂肪酸和单不饱和脂肪酸。人体需要脂肪来参与以下活动。

- ◆ 提供能量。
- ◆ 结构和细胞膜功能。
- ◆ 激素的前体。
- ◆ 细胞信号。
- ◆ 调节细胞中的营养素的摄入和排出。

建议的脂肪摄入如下。

- ◆ 成人的脂肪摄入的可接受宏量营养素分配比例范围是总能量摄入的20%至35%（运动员20%至25%）。

◆ 从脂肪摄入低于15%的能量似乎不会有益于健康或运动表现。

◆ 多不饱和脂肪相对饱和脂肪的比例高是理想的。

◆ 脂肪比例超过35%会导致过度摄食（食物量不足），往往会减缓新陈代谢。

小结

脂类是一类化合物的总称，包括甘油三酯（脂肪和油）、磷脂和甾醇类。在食物和人体内的大部分脂类是甘油三酯，它是连接到甘油主链上的三个脂肪酸（饱和或不饱和）。多不饱和脂肪酸提供重要的必需脂肪酸。饱和脂肪酸与反式脂肪酸被认为是心脏疾病的风险因素，因为它们提高坏胆固醇（LDL）水平；而不饱和脂肪酸则与好胆固醇（HDL）水平上升及心脏疾病风险下降有关。

脂类是饮食中最集中的能量来源。1克脂肪产生大约9千卡的能量。脂类也调节和排出营养素，并充当维生素A、维生素D(有助于钙的吸收)、维生素E和K的载体。脂肪还有很多其他益处，包括细胞膜的结构和功能、保持体温、辅助消化过程以及饱腹感。膳食脂肪的消化从口腔开始，经过胃，最终在小肠内完成。甘油三酯全天不断地循环进出组织。成人的脂肪摄入的可接受宏量营养素分配比例范围是总能量摄入的20%至35%。脂肪产生的热效应低于其他宏量营养素，只需要消耗其3%的能量就可以将它转化成体脂储存。脂肪的消化和吸收非常缓慢。因此，若以提高耐力运动表现为目标，不建议使用中链甘油三酯作为补剂。

代谢综合征是以肥胖和胰岛素抵抗为特征的一系列症状。但是，在能量摄入没有超过消耗的情况下，仅仅是胰岛素抵抗本身并不会造成体重增加。肥胖本身就是造成胰岛素抵抗的风险因素，反过来并不成立。

水

久坐不动的男性和女性每天的水分平均摄入量应该分别为3.0升（大约13杯）和2.2升（大约9杯）[55]。参加减脂计划的人还应按照每超出理想体重25磅多喝8盎司（1盎司为29.57毫升，以后不再标注）水的标准，摄入额外的水分。如果运动的强度较大，或居住在炎热的环境中，也应该增加水分摄入。

水的重要性

水对生命本身至关重要；它占成年人体重的约60%。可能数周甚至数年才会导致宏量营养素、维生素和矿物质等营养的不足，但是如果没有水，人只能生存几天。摄入足够的水分对身体有以下益处[142]。

◆ 内分泌腺功能改善。

◆ 体液潴留减轻。

◆ 肝功能改善，提高使用脂肪供能的比例。

◆ 恢复自然的口渴感。

◆ 代谢功能改善。

◆ 将营养素分配到全身。

◆ 体温调节能力提升。

◆ 维持血量。

水和运动表现

保持适当水合状态的重要性再怎么强调都不为过。人体不能适应脱水状态，脱水会损害所有生理功能。表17.11列出了脱水的影响。研究显示，即使只有相当于体重的2%的体液流失也会对循环功能产生负面影响，并降低运动表现水平[143-146]。但是，如果日常的锻炼及水分和食物的摄入都遵循相当规律的模式，那么平均体重就是非常好的身体水合状态指标。如果认识到这点，一些超耐力跑步比赛的组织者就可以强制要求参赛者在比赛路线上的补给站称量体重，并要求参赛者补充足够的液体，恢复之前的体重，然后才允许继续比赛。

表17.11 　脱水的影响	
血量减少	心率升高
运动表现下降	钠潴留
血压降低	心输出量降低
出汗率降低	流向皮肤的血液减少
核心温度升高	自感疲劳度增加
水分潴留	肌糖原的使用增加

口渴并不能单独作为需要多少水分的良好指标。运动员的液体摄入量若持续不足，只能勉强补充大约50%的因汗液流失的水分。跟踪应该摄入多少水分的一个良好方法是首先确定日常的平均体重。将平均体重作为水量充足（或正常）状态的标准。补充水分直到体重达到或稍稍高于标准体重，再开始训练课或耐力比赛。在运动过程中喝足够的水、果汁或运动饮料，以保持开始时的体重[143]。

运动员补充水分的指导原则如下[56]。

◆ 运动开始前2小时，摄入14至22盎司液体。

◆ 运动中每15至20分钟喝6至12盎司液体。

◆ 应该喝冷饮，因为可以更快速地完成胃排空。

◆ 如果运动超过60分钟，使用运动饮料（其碳水化合物最多8%）既可以补充体液，也可以补充逐渐减少的肌糖原储存。

◆ 当运动不超过60分钟时，专家建议以水来补液体。

◆ 目标是补充通过汗液和尿液流失的液体。

◆ 一轮练习结束后，按每磅体重摄入16至24盎司液体为标准补充水分，在一天两练等需要快速补液的情况下尤其如此。

小结

久坐不动的男性和女性每天的水分平均摄入量应该分别为3.0升和2.2升。参加减脂计划的人还应按照每超出理想体重25磅多喝8盎司水的标准，摄入额外的水分。如果运动的强度较大，或居住在炎热的环境中，也应该增加水分摄入。人体不能适应脱水状态，脱水会损害所有生理功能。即使只有相当于体重的2%的体液流失也会对循环功能产生负面影响，并降低运动表现水平。

摄入足够的水分将改善体温调节能力、代谢功能和肝脏功能。此外，还可以将营养素分配到全身，维持血量，并减轻体液潴留。口渴并不能单独作为需要多少水分的良好指标。应确定日常的平均体重并以该数字作为水量充足状态的标准。运动开始前2小时，摄入14至22盎司液体，并在运动中每15至20分钟喝6至12盎司液体。最后，在一轮练习结束后，按每磅体重摄入16至24盎司液体为标准补充水分。

改变身体成分

改变身体成分的基本营养指南 [55, 56, 147]

减脂

◆ 少量减少从食物和饮料摄入的能量，增加身体活动。

◆ 全天和每餐分配蛋白质、碳水化合物和脂肪。

◆ 从饱和脂肪摄入的能量少于10%。

◆ 选择全谷物和富含纤维的水果和蔬菜，而不是精磨谷物和简单糖（因为纤维和淀粉的复杂结构有助于饥饿的控制）。

◆ 控制酒精摄入。

◆ 一天规划不少于4餐，最多6餐。这有助于在全天控制饥饿感，使血糖波动量小化并提高能量水平。

◆ 避免空热量和深加工食物，因为这些食物含许多能量，并且很难提供饱腹感。

◆ 摄入充足的水（每天最少9至13杯）。

◆ 让客户保持称重和计算饮食至少一周以上。这样可以让客户更了解能量值和分量，并减少低报能量的可能性。

增加瘦体重

◆ 每日4至6餐。对膳食的胰岛素反应会刺激蛋白质合成。

◆ 利用之前提到的技巧，在全天分配蛋白质摄入量。

◆ 要牢记运动后的机会窗口期。运动后90分钟内摄入蛋白质和碳水化合物有助于恢复和蛋白质合成，使增肌效果最大化。最容易的实现方法可能是液体代餐配方，这些配方因为已经预消化而能够被快速吸收。而一般的食物可能需要数小时才可以被消化和吸收，错过了这个窗口。

◆ 不要忽视碳水化合物和脂肪的重要性。如果要增加瘦体重，不仅仅需要蛋白质。

常见问题

碳水化合物会让人变胖吗

答案是否定的。碳水化合物是必需营养素。它们为身体、脂肪代谢提供能量，节约肌肉蛋白，同时提供必需的纤维、维生素和矿物质。任何营养素（碳水化合物、脂肪和蛋白质）或酒精的摄入只要超过了日常能量需求，都会造成体重增加。

选择碳水化合物时要选择中或者低升糖指数并富含纤维的食物，它们直接有助于饱腹感、血糖调节和能量平衡。过度摄入糖、精加工的碳水化合物和高升糖指数的食物会引起血糖无法控制地剧增，并出现低能量和食欲增加的情况。因此，为了避免饥饿感，推荐选择没有经过加工处理的全食物碳水化合物来源，例如蔬菜、富含淀粉的蔬菜、全果实和谷物，为身体提供纤维、维生素和矿物质，实现健康地减重。此外，碳水化合物对于在力量训练、爆发力训练、有氧和无氧运动及体能训练的前后及训练过程中的糖原补充是必不可少的。成人的碳水化合物摄入的可接受宏量营养素分配比例范围是总能量摄入的45%至65%。表17.12列出了几种流行饮食方案中的碳水化合物含量。

表17.12　几种流行饮食方案中的碳水化合物含量	
碳水化合物百分比	**饮食方案**
小于21%非常低	• 阿特金斯饮食法（Atkins diet） • 蛋白质能量计划（Protein power plan） • 生酮饮食（Ketogenic diet）
21%~42%低	• 区域饮食法（Zone diet） • 碳水化合物上瘾者饮食法（Carbohydrate addicts diet） • 腹肌饮食法（Abs diet） • 南滩饮食法（South Beach diet） • 打败糖罐子（Sugar busters） • 睾酮饮食法（Testosterone diet）
43%~50%中等	• 普通美国人的饮食
51%~60% 中等较高	• RDA 食物金字塔 • 平腹饮食法（Flat belly diet） • 地中海饮食（Mediterranean diet）
大于60%高	• 迪恩欧尼斯（Dean Ornish） • 普利京饮食法（Pritikin diet）

资料来源：Haff GG, Whitley A. Low carbohydrate diets and high intensity anaerobic exercise. *Strength Cond*. 2002;24(4):42-53；and *Essentials and Sports Nutrition and Supplementation*. Totowa, NJ: Humana Press; 2008:282.

晚上吃东西会让人变胖吗

体重增加是因为吃的能量经常超过燃烧的能量，而不是因为什么时候吃。有很多人的作息规律和偏好都是晚上很晚才吃饭，然后就上床睡觉，甚至睡觉中间醒来再吃点东西。如果有人在这种作息安排下体重增加，原因就是他们摄入了过多的能量，而不是时间。

人体内并没有一种酶会"看着手表"，在晚上7时后优先将营养物质（特别是碳水化合物）储存为脂肪。我们都可以摄入一定数量的能量而不增加体重。只要我们不超过这个数字，体重增加就不会发生。想象一下这种情况：根据你的身高、体重和活动水平，你知道自己在24小时内燃烧2 750卡。你这一天很忙，自从吃了350卡的早餐之后，就没有时间吃饭了。漫长的一天过去，回家之后，你饥饿难耐。晚上9时，你吃了一顿1 000卡的晚餐。加上350卡的早餐，你这一天总共摄入了1 350卡。晚饭之后，你筋疲力尽，马上去睡觉。你会因此增加体重么？肯定不会。因为你燃烧的能量比摄入的能量还多1 400卡。所以，如果你想减少或保持体重，那你就要弄清一天需要摄入多少能量，并且以自己感觉最好且不会产生饥饿的方式分配这些能量和食物。

哪种方法的减重效果最好，低脂-高碳水化合物饮食还是高蛋白-低碳水化合物饮食

如果要减少体重，最好的既不是低脂-高碳水化合物饮食，也不是高蛋白-低碳水化合物饮食。当摄入的能量少于消耗的能量的时候，体重就会减少。无数的研究已探讨或比较过各种流行的减重饮食方案。曾有一项研究探讨了使用4种流行减重饮食方案的肥胖受试者的减重效果：阿特金斯饮食法、区域饮食法、慧俪轻体（Weight Watchers）以及欧尼斯计划。无论采用哪一种饮食方案，受试者在一年后的体重平均值相同。阿特金斯饮食法是非常低碳水化合物、高脂肪和高蛋白的饮食，而欧尼斯计划则是高碳水化合物和极低脂肪的饮食，两者都是限制比较严格的饮食方案，受试者无法坚持而退出的比率较高。就完成这项研究的人而言，不管采用哪一种饮食方案，在一年后的体重都减少5至7磅。饮食方案越严格（如阿特金斯饮食法和欧尼斯计划），受试者就越难坚持（即退出比率越高）[148]。

根据研究，低碳水化合物和高蛋白饮食与能量相当的低脂肪和高碳水化合物饮食相比，采用前者的人在最初会减重得更快。但在12个月后，总体减重效果会很接近[149]。

因为每个人都有不同的反应，对所有人都推荐"一种"减重计划并不是合适的做法。减重的主要目标是在降低体脂的同时保持或增加FFM和肌肉组织的比例，从而提升健康状况。如果在减重过程中可以增加FFM和肌肉，就会更容易保持RMR和减脂。保持肌肉对于力量和进行日常生活中的身体活动来说也非常重要。

只要锻炼，就可以随心所欲地吃东西吗

每日热量消耗中的大部分并不是花在锻炼上的时间，而是24小时内的总能量消耗。大约3 500卡的热量等于1磅体脂，因此，为了每周减少1至2磅，客户必须保持每天500至1 000卡的平均能量赤字。但是，一个人可能会通过运动燃烧250卡的能量，并将当天的其余时间都花在久坐活动上。没有用于产生能源的能量被转化为脂肪储存。因此，假如一个人每天的食量比其身体维持正常运作所需的热量多100卡，经过35天后，理论上他会增加1磅脂肪。即使每天只是比日常维持生命需求多10卡，也可以在350天后增加1磅的体重！

饥饿（非常低能量）饮食有哪些风险

本章回顾了减重的生理机制，并且确定为了成功减重，必须创造能量赤字。但是，私人教练应该警惕其客户采用过低能量的饮食。大多数营养专家不建议任何低于1 200卡的能量摄入量，甚至对活跃的或非常大块头的人来说，这个数字也可能太低。

只有在医学专业人员的监督下，才应该采用非常低热量的饮食（VLCD）。VLCD是一种医生监督的饮食方案，通常使用商业配方来促进肥胖患者的快速减重。这些配方通常是液体奶昔或能量棒，在数周或数月内代替所有的食物摄入量。VLCD配方需要含有适当水平的维生素和微量营养素，以确保患者达到其营养需求。采用VLCD的人每天最多消耗大约800卡[150]。

VLCD配方不同于杂货店或药店出售的代餐配方，这些代餐配方只是替代一天中的一两餐。能量棒、主菜或奶昔等非处方代餐应只是每日能量中的一部分。有大量的证据（包括最近的元分析）支持使用代餐来减轻和保持体重[151]。

当在适当的医疗监管下使用时，VLCD可以帮助中度至极度肥胖的患者产生显著的短期减重。VLCD应该是包括行为疗法、营养咨询和身体活动在内的综合性减重治疗计划的一部分。此外，使用VLCD进行长期保持减重的效果较差，并没有优于其他形式的肥胖治疗。在VLCD治疗方案中纳入行为疗法和身体活动似乎有助于保持减重[149]。

采用限制过于严格的饮食方案的一些风险包括以下方面。

◆ 增加营养不良的风险。

◆ 能量不足，无法完成必要的健身计划。

◆ 一种行为上的"钟摆"摆动——无法以适度的方式重新引入"禁止食物"。

◆ 许多在4至16周内坚持VLCD的患者报告有轻微副作用，比如疲劳、便秘、恶心或腹泻。最常见的严重副作用是胆结石形成。肥胖的人（特别是女性）患胆结石的风险更高，而在快速减重期间的发病率甚至更高[151]。

健身专业人员应该劝阻限制过于严苛的方案（提倡每天少于1 000至1 200卡），并且支持通过更健康的饮食、更少分量和增加活动来实现安全、可维持的减重。

摄入高蛋白质饮食的增肌效果最好吗

身体需要合适数量的蛋白质、碳水化合物和脂肪才可以生长、保养和修复自身，包括瘦体重的增长。氨基酸是蛋白质的组成部分，被用作人体的构建材料。无论是"构建"激素、抗体、酶还是肱二头肌，身体都根据需要依靠其氨基酸储备来构建蛋白质。抗阻训练（以及在一定程度上，全部运动）增加人体对修复材料的需求。因此，活跃的人比久坐的人需要更多蛋白质。虽然健身房的经验是建议高达每磅体重2克蛋白质，但针对力量运动员的基于科学的建议范围是每磅体重0.5到0.8克蛋白质（每千克体重1.2到1.7克蛋白质）[56]。

为什么健美运动员认为他们需要大量的蛋白质？也许这个传说源于许多凶猛强壮的动物是食肉动物的事实，也许它只是肌肉与制造肌肉的材料之间的联系那么简单。无论如何，适量的蛋白质（和必要的抗阻训练）将支持肌肉肥大，并且超过总能量需求的蛋白质将被储存为体脂。

小结

私人教练占据了极有利的位置去解开营养和减重运动世界的"谜团"。通过使用学术资源和来自有资格来源的权威建议，私人教练可以教育其客户，并使他们能够做出健康的行为改变。本章讲述了一些在运动环境中听到的常见误解，但是明天又会带来新的误解和潮流。健康和健身专业人员有责任阅读最新的研究成果，调查和消除新发现的错误，帮助客户"消化"科学知识。

参考文献

（1）*Webster's Ninth New Collegiate Dictionary*. Springfield, MA: Merriam–Webster Inc; 1991.

（2）Sass C, Eickhoff–Shemek JM, Manore MM, Kruskall, LJ. Crossing the line: understanding the scope of practice between registered dietitians and health/fitness professionals. *ACSM Health Fitness J*. 2007; 11(3): 12–19.

（3）Wang Y, Beydoun MA. The obesity epidemic in the United States—gender, age, socioeconomic, racial/ethnic, and geographic characteristics: a systematic review and meta–regression analysis. *Epidemiol Rev*. 2007; 29: 6–28.

（4）[No authors listed] Clinical guidelines on the identification, evaluation, and treatment of overweight and obesity in adults—the evidence report. National Institutes of Health [published correction appears in *Obes Res* 1998;6(6):464]. *Obes Res*. 1998; 6(Suppl 2): 51S–209S.

（5）Walsh MF, Flynn TJ. A 54–month evaluation of a popular very low calorie diet program. *J Fam Pract*. 1995; 41(3): 231–236.

（6）[No authors listed] Position of the American Dietetic Association: weight management. *J Am Diet Assoc*. 1997; 97(1): 71–74.

（7）Faires VM. *Thermodynamics*. New York, NY: Mac–millan; 1967.

（8）Jensen MD. Diet effects on fatty acid metabolism in lean and obese humans. *Am J Clin Nutr*. 1998; 67(3 Suppl): 531S–4S.

（9）Agricultural Research Service. Fat intake continues to drop; veggies, fruits still low in the US diet. *Res News*. 1996.

（10）Levine JA. Measurement of energy expenditure. *Public Health Nutr*. 2005; 8(7A): 1123–1132.

（11）Facts About iyroid Disease (2005). Accessed October 31, 2010.

（12）American Diabetes Association—Diabetes Statistics (2007). Accessed October 31, 2010.

（13）Dickerson RN, Roth–Yousey L. Medication effects on metabolic rate: a systematic review (part 1). *J Am Diet Assoc*. 2005; 105: 835–843.

（14）Dickerson RN, Roth–Yousey L, Medication effects on metabolic rate: a systematic review (part 2). *J Am Diet Assoc*. 2005; 105: 1002–1009.

（15）Mole PA. Impact of energy intake and exercise on resting metabolic rate. *Sports Med*. 1990; 10(2): 72–87.

（16）Thompson J, Manore MM. Predicted and measured resting metabolic rate of male and female endurance athletes. *J Am Diet Assoc*. 1996; 96(1): 30–34.

（17）Speakman JR, Westerterp KR. Associations between energy demands, physical activity, and body composition in adult humans between 18 and 96 y of age. *Am J Clin Nutr*. 2010; 92(4): 826–834.

（18）Shils ME, Young VR. *Modern Nutrition in Health and Disease*. 7th ed. Philadelphia, PA: Lea & Febiger; 1988.

（19）Rose WC, Haines WJ, Warner DT. The amino acid requirements of man. V. The role of lysine, arginine, and tryptophan. *J Biol Chem*. 1954; 206: 421–430.

（20）Martineau A, Lecavalier L, Falardeau P, Chiasson, JL. Simultaneous determination of glucose turnover, alanine turnover, and gluconeogenesis in human using a double stable–isotope–labeled tracer infusion and gas chromatography–mass spectrometry analysis. *Anal Biochem*. 1985; 151(2): 495–503.

（21）Berdanier CD. *Advanced Nutrition: Macronutrients*. Boca Raton, FL: CRC Press; 1995.

（22）Block RJ, Mitchell HH. The correlation of the amino acid composition of proteins with their nutritive value. *Nutr Abstr Rev*. 1946; 16: 249–278.

（23）Tarnopolsky MA, Atkinson SA, MacDougall JD, Chesley A, Phillip S, Schwarcz HP. Evaluation of protein requirements for trained strength athletes. *J Appl Physiol*. 1992; 73(5): 1986–1995.

（24）Lemon PW, Tarnolpolsky MA, MacDougall JD,

Atkinson SA. Protein requirements and muscle mass/strength changes during intensive training in novice bodybuilders. *J Appl Physiol*. 1992; 73(2): 767–775.

（25）Keul J. The relationship between circulation and metabolism during exercise. *Med Sci Sports*. 1973; 5: 209–219.

（26）Keul J, Doll E, Keppler D. *Energy Metabolism of Human Muscle*. Baltimore, MD: University Park Press; 1972.

（27）Wahlberg JL, Leidy MK, Sturgill DJ, Hinkle DE, Ritchey SJ, Sebolt DR. Macronutrient content of a hypoenergy diet affects nitrogen retention and muscle function in weight lifters. *Int J Sports Med*. 1988; 9(4): 261–266.

（28）Piatti PM, Monti F, Fermo I, et al. Hypocaloric high-protein diet improves glucose oxidation and spares lean body mass: comparison to hypocaloric high-carbohydrate diet. *Metabolism*. 1994; 43(12): 1481–1487.

（29）Ruderman NB. Muscle amino acid metabolism and gluconeogenesis. *Annu Rev Med*. 1975; 26: 245–258.

（30）Harper AE, Miller RH, Block KP. Branched-chain amino acid metabolism. *Annu Rev Nutr*. 1984; 4: 409–454.

（31）Hood DA, Terjung RL. Amino acid metabolism during exercise and following endurance training. *Sports Med*. 1990; 9(1): 23–35.

（32）Ahlborg G, Felig P, Hagenfeldt L, Hendler R, Wahren J. Substrate turnover during prolonged exercise in man. Splanchnic and leg metabolism of glucose, free fatty acids, and amino acids. *J Clin Invest*. 1974; 53(4): 1080–1090.

（33）Lemon PW, Mullin JP. Effect of initial muscle glycogen levels on protein catabolism during exercise. *J Appl Physiol*. 1980; 48(4): 624–629.

（34）White TP, Brooks GA. [U–14C]glucose, –alanine, and –leucine oxidation in rats at rest and two intensities of running. *Am J Physiol*. 1981; 240(2): E155–165.

（35）Knapik J, Meredith C, Jones B, Fielding R, Young V, Evans W. Leucine metabolism during fasting and exercise. *J Appl Physiol*. 1991; 70(1): 43–47.

（36）Young VR. Metabolic and nutritional aspects of physical exercise. *Fed Proc*. 1985; 44: 341.

（37）Allison JB, Bird JC. Elimination of nitrogen from the body. In: Munro HN, Allison JB, eds. *Mammalian Protein Metabolism*, Vol 1. New York, NY: Academic Press; 1964. 483–412.

（38）Munro HN. Historical introduction: the origin and growth of our present concepts of protein metabolism. In: Munro HN, Allison JB, eds. *Mammalian Protein Metabolism*, Vol 1. New York, NY: Academic Press; 1964.

（39）Waterlow JC, Garlick PJ, Millward DJ. *Protein Turnover in Mammalian Tissues and in the Whole Body*. New York, NY: North-Holland; 1978.

（40）Kurzer MS, Calloway DH. Nitrate and nitrogen balances in men. *Am J Clin Nutr*. 1981; 34(7): 1305–1313.

（41）Minghelli G, Schutz Y, Charbonnier A, Whitehead R, Jéquier E. Twenty-four-hour energy expenditure and basal metabolic rate measured in a whole-body indirect calorimeter in Gambian men. *Am J Clin Nutr*. 1990; 51(4): 563–570.

（42）Spruce N. Plateaus and energy expenditure. Increased difficulty in attending fat or weight loss goals in healthy subjects. *J Natl Intramural Recreat Sports Assoc*. 1997; 22(1): 24–28.

（43）Spiller GA, Jensen CD, Pattison TS, Chuck CS, Whittam JH, Scala J. Effect of protein dose on serum glucose and insulin response to sugars. *Am J Clin Nutr*. 1987; 46(3): 474–480.

（44）Zawadzki KM, Yaspelkis BB 3rd, Ivy JL. Carbohydrate-protein complex increases the rate of muscle glycogen storage after exercise. *J Appl Physiol*. 1992; 72(5): 1854–1859.

（45）Roy BD, Tarnopolsky MA. Influence of differing macronutrient intakes on muscle glycogen resynthesis after resistance exercise. *J Appl Physiol*. 1998; 84(3): 890–896.

（46）Ziegenfuss TN, Landis J. Protein. In: Antonio J, Kalman D, Stout J, Greenwood M, Willoughby D, Haff G, eds. *Essentials of Sports Nutrition and Supplements*. Totowa NJ: Humana Press; 2008: 251–266.

（47）Anderson GH, Li ET, Glanville NT. Brain mechanisms and the quantitative and qualitative aspects of food intake. *Brain Res Bull*. 1984; 12(2): 167–173.

（48）Gellebter AA. Effects of equicaloric loads of protein, fat and carbohydrate on food intake in the rat and man. *Physiol Behav*. 1979; 22: 267–273.

（49）Van Zeggeren A, Li ET. Food intake and choice in lean and obese Zucker rats after intragastric carbohydrate preloads. *J Nutr*. 1990; 120(3): 309–316.

（50）Li ET, Anderson GH. Meal composition influences subsequent food selection in the young rat. *Physiol Behav*. 1982; 29(5): 779–783.

（51）Booth DA, Chase A, Campbell AT. Relative effectiveness of protein in the late stages of appetite suppression in man. *Physiol Behav*. 1970; 5(11): 1299–1302.

（52）Barkeling B, Rössner S, Björvell H. Effects of a high-protein meal (meat) and a high-carbohydrate meal (vegetarian) on satiety measured by automated computerized monitoring of subsequent food intake, motivation to eat and food preferences. *Int J Obes*. 1990; 14(9): 743–751.

（53）Wurtman RJ, Wurtman JJ. Carbohydrate craving, obesity and brain serotonin. *Appetite*. 1986; 7(Suppl): 99–103.

（54）Drewnoski A, Oomura Y, Tarui S, Inoue S, Shmazu T, eds. *Progress in Obesity Research*. London: John Libbey; 1990.

（55）Manore MM. Exercise and the Institute of Medicine recommendations for nutrition. *Curr Sports Med Rep*. 2005; 4(4): 193–198.

（56）Rodriguez NR, DiMarco NM, Langley S; American Dietetic Association; Dietitians of Canada; American College of Sports Medicine. Position of the American Dietetic Association, Dietitians of Canada, and the American College of Sports Medicine: Nutrition and athletic performance. *J Am Diet Assoc*. 2009; 109(3): 509–527.

（57）Lichtenstein AH, Kennedy E, Barrier P, et al. Dietary

fat consumption and health. *Nutr Rev.* 1998; 56(5 pt 2): S3–S19.

（58）Hu FB, Stampfer MJ, Manson JE, et al. Dietary fat intake and the risk of coronary heart disease in women. *N Engl J Med.* 1997; 337(21): 1491–1499.

（59）Kerstetter JE, Cas Dm, Mitnick ME, et al. Increased circulating concentrations of parathyroid hormone in healthy, young women consuming a protein restricted diet. *Am J Clin Nutr.* 1997; 66: 1188–1196.

（60）Kerstetter JE, O'Brien KO, Insogna KI. Dietary protein affects intestinal calcium absorption. *Am J Clin Nutr.* 1998; 68: 859–865.

（61）Kerstetter JE, Svastisalee CM, Caseria DM, Mitnick ME, Insogna KL. A threshold for low–protein–diet–induced elevations in parathyroid hormone. *Am J Clin Nutr.* 2000; 72: 168–173.

（62）Manore M, Meyer N, Thompson J. *Sports Nutrition for Health and Performance.* 2nd ed. Champlaign, IL: Human Kinetics; 2009.

（63）Smolin LA, Grosvenor MB. *Nutrition Science and Applications.* Orlando, FL: Saunders College Publishing; 1994.

（64）Rolls BJ, Hill JO. *Carbohydrate and Weight Management.* Washington, DC: ILSI Press; 1998.

（65）Jenkindrup AF, Jentjens R. Oxidation of carbohydrate feedings during prolonged exercise: current thoughts, guidelines and directions for future research. *Sports Med.* 2000; 29(6): 407–464.

（66）Turcoatte LP, Hespel PJ, Graham TE, Richter EA. Impaired plasma FFA oxidation imposed by extreme CHO deficiency in contracting rat skeletal muscle. *J Appl Physiol.* 1994; 77(2): 517–525.

（67）Sahlin K, Katz A, Broberg S. Tricarboxylic acid cycle intermediates in human muscle during prolonged exercise. *Am J Physiol.* 1990; 259(5 Pt 1): C834–841.

（68）Jenkins DJ, Vuksan V, Kendall CW, et al. Physiological effects of resistant starches on fecal bulk, short chain fatty acids, blood lipids and glycemic index. *J Am Coll Nutr.* 1998; 17(6): 609–616.

（69）Lewis SJ, Heaton KW. Increasing butyrate concentration in the distal colon by accelerating intestinal transit. *Gut.* 1997; 41(2): 245–251.

（70）Järvi AE, Karlström BE, Granfeldt YE, Björck IM, Vessby BO, Asp NG. The influence of food structure on postprandial metabolism in patients with non–insulin–dependent diabetes mellitus. *Am J Clin Nutr.* 1995; 61(4): 837–842.

（71）Anderson JW, Smith BM, Gustafson NJ. Health benefits and practical aspects of high–fiber diets. Am *J Clin Nutr.* 1994; 59(5 Suppl): 1242S–1247S.

（72）Wolk A, Manson JE, Stampfer MJ, et al. Long–term intake of dietary fiber and decreased risk of coronary heart disease among women. *JAMA.* 1999; 281(21): 1998–2004.

（73）Ryan–Harshman M, Aldoori W. New dietary reference intakes for macronutrients and fibre. *Can Fam Physician.* 2006; 52: 177–179.

（74）Aldoori WH, Giovanucci EL, Rockett HR, Sampson L, Rimm EB, Willett WC. A prospective study of dietary fiber types and symptomatic diverticular disease in men. *J Nutr.* 1998; 128(4): 714–719.

（75）Rimm EB, Ascherio A, Giovanucci E, Spiegelman D, Stampfer MJ, Willett WC. Vegetable, fruit, and cereal fiber intake and risk of coronary heart disease among men. *JAMA.* 1996; 275(6): 447–451.

（76）Anderson JW, Smith BM, Gustafson NJ. Health benefits and practical aspects of high–fiber diets. *Am J Clin Nutr.* 1994; 59(5 Suppl): 1242S–1247S.

（77）Howe GR, Benito E, Castelleto R, et al. Dietary intake of fiber and decreased risk of cancers of the colon and rectum: evidence from the combined analysis of 13 case–control studies. *J Natl Cancer Inst.* 1992; 84(24): 1887–1896.

（78）Fernstrom JD, Miller GD. *Appetite and Body Weight Regulation.* Boca Raton, FL: CRC Press; 1994.

（79）Romijn JA, Coyle EF, Sidossis LS, et al. Regulation of endogenous fat and carbohydrate metabolism in relation to exercise intensity and duration. *Am J Physiol.* 1993; 265(3 Pt 1): E380–391.

（80）Berning JR, Steen SN. *Nutrition for Sport and Exercise.* Gaithersburg, MD: Aspen Publishers; 1998.

（81）McArdle WD, Katch FI, Katch VL. *Sports and Exercise Nutrition.* 3rd ed. Baltimore MD: Lippincott Williams & Wilkins; 2008.

（82）Phinney SD, Bistrian BR, Evans WJ, Gervino E, Blackburn GL. The human metabolic response to chronic ketosis without caloric restriction: preservation of sub–maximal exercise capability with reduced carbo–hydrate oxidation. *Metabolism.* 1983; 32: 769–776.

（83）Lambert EV, Speechly DP, Dennis SC, Noakes TD. Enhanced endurance in trained cyclists during moderate intensity exercise following 2 weeks adaptation to a high–fat diet. *Eur J Appl Physiol Occup Physiol.* 1994; 69(4): 287–293.

（84）Pendergast DR, Horvath PJ, Leddy JJ, Venkatraman JT. The role of dietary fat on performance, metabolism, and health. *Am J Sports Med.* 1996; 24(6 Suppl): S53–58.

（85）Fallowfield JL, Williams C. Carbohydrate intake and recovery from prolonged exercise. *Int J Sports Nutr.* 1993; 3(2): 150–164.

（86）Simonsen JC, Sherman WM, Lamb DR, Dernbach AR, Doyle JA, Strauss R. Dietary carbohydrate, muscle glycogen, and power output during rowing training. *J Appl Physiol.* 1991; 70(4): 1500–1505.

（87）Lambert EV, Hawley JA, Goedecke J, Noakes TD, Dennis SC. Nutritional strategies for promoting fat utilization and delaying the onset of fatigue during prolonged exercise. *J Sports Sci.* 1997; 15(3): 315–324.

（88）Langfort J, Zarzeczny R, Pilis W, Nazar K, Kaciuba–Uscitko H. The effect of a low–carbohydrate diet on performance, hormonal and metabolic responses to a 30–s bout of supramaximal exercise. *Eur J Appl Physiol Occup Physiol.* 1997; 76(2): 128–133.

（89）Balsom PD, Gaitanos GC, Söderlund K, Ekblom B. High intensity exercise and muscle glycogen availability in humans. *Acta Physiol Scand.* 1999; 165(4): 337–345.

（90）Helge JW, Richter EA, Kiens B. Interaction of training and diet on metabolism and endurance during exercise in man. *J Physiol (Lond)*. 1996; 492(Pt 1): 293–306.

（91） Sherman WM, Brodowicz G, Wright DA, Allen WK, Simonsen J, Dernbach A. Effects of 4 h preexercise carbohydrate feedings on cycling performance. *Med Sci Sports Exerc*. 1989; 21: 598–604.

（92） Karlsson J, Saltin B. Diet, muscle glycogen, and endurance performance. *J Appl Physiol*. 1971; 31: 203–206.

（93） Sherman WM, Costill DL, Fink WJ, Miller JM. The effect of exercise and diet manipulation on muscle glycogen and its subsequent use during performance. *Int J Sports Med*. 1981; 2(2): 114–118.

（94） Coyle EF, Hagberg JM, Hurley BF, Martin WH, Ehsani AA, Holloszy JO. Carbohydrate feeding during prolonged strenuous exercise can delay fatigue. *J Appl Physiol*. 1983; 55(1 Pt 1): 230–235.

（95） Coyle EF, Coggan AR, Hemmert WK, Ivy JL. Muscle glycogen utilization during prolonged strenuous exercise when fed carbohydrate. *J Appl Physiol*. 1986; 61(1): 165–172.

（96） Wilber RL, Moffatt RJ. Influence of carbohydrate ingestion on blood glucose and performance in runners. *Int J Sports Nutr*. 1992; 2(4): 317–327.

（97） Convertino VA, Armstrong LE, Coyle EF, et al. American College of Sports Medicine position stand: exercise and fluid replacement. *Med Sci Sports Exerc*. 1996; 28: i–vii.

（98） Below PR, Mora–Rodríguez R, González–Alonso J, Coyle EF. Fluid and carbohydrate ingestion independently improve performance during 1 h of intense exercise. *Med Sci Sports Exerc*. 1995; 27(2): 200–210.

（99） Ivy JL, Lee MC, Broznick JT Jr, Reed MJ. Muscle glycogen storage after different amounts of carbohydrate ingestion. *J Appl Physiol*. 1988; 65(5): 2018–2023.

（100） Liljeberg HG, Akergerg AK, Björck IM. Effect of the glycemic index and content of indigestible carbohydrates of cereal–based breakfast meals on glucose tolerance at lunch in healthy subjects. *Am J Clin Nutr*. 1999; 69(4): 647–655.

（101） Raben A, Tagliabue A, Christensen NJ, Madsen J, Holst JJ, Astrup A. Resistant starch: the effect on postprandial glycemia, hormonal response, and satiety. *Am J Clin Nutr*. 1994; 60(4): 544–551.

（102） Raben A, Christensen NJ, Madsen J, Holst JJ, Astrup A. Decreased postprandial thermogenesis and fat oxidation but increased fullness after a high–fiber meal compared with a low–fiber meal. *Am J Clin Nutr*. 1994; 59(6): 1386–1394.

（103） Yang MU, Van Itallie TB. Composition of weight lost during short–term weight reduction. Metabolic responses of obese subjects to starvation and low–calorie ketogenic and nonketogenic diets. *J Clin Invest*. 1976; 58(3): 722–730.

（104） Karlsson J, Saltin B. Lactate, ATP, and CP in working muscles during exhaustive exercise in man. *J Appl Physiol*. 1970; 29(5): 596–602.

（105） Shick SM, Wing RR, Klem ML, McGuire MT, Hill JO, Seagle H. Persons successful at long–term weight loss and maintenance continue to consume a low–energy, low–fat diet. *J Am Diet Assoc*. 1998; 98(4):

408–413.

（106） McDowell MA, Briefel RR, Alaimo K, et al. Energy intakes of persons ages 2 months and over in the United States: Third National Health and Nutrition Examination Survey, Phase 1, 1988–91. *Adv Data*. 1994; 24(255): 1–24.

（107） Ernst ND, Obarzanek E, Clark MB, Briefel RR, Brown CD, Donato K. Cardiovascular health risks related to overweight. *J Am Diet Assoc*. 1997; 97(7 Suppl): S47–51.

（108） US Department of Agriculture, Center for Nutrition Policy and Promotion. *Nutrient Content of the US Food Supply, 1909-94. Home Economics Research Report No.53*. Washington, DC: US Department of Agriculture, Center for Nutrition Policy and Promotion; 1997.

（109） US Department of Health and Human Services. *Physical Activity and Health: A Report of the Surgeon General*. Atlanta, GA: Centers for Disease Control and Prevention, 1996.

（110） Lambert E, Bohlmann IMT, Cowling K. Physical activity for health: understanding the epidemiological evidence for risk benefits. *Int J Sports Med*. 2001; 1: (5).

（111） Flegal KM, Carroll MD, Kuczmarski RJ, Johnson CL. Overweight and obesity in the United States: prevalence and trends, 1960–1994. *Int J Obes Relat Metab Disord*. 1998; 22(1): 39–47.

（112） Ogden CL, Carroll MD, McDowell MA, Flegal KM. *Obesity Among Adults in the United States—No Statistically Significant Change Since 2003-2004. NCHS Data Brief No 1*. Hyattsville, MD: National Center for Health Statistics; 2007.

（113） Whitney EN, Rolfes SR. *Understanding Nutrition*. St. Paul, MN: West Publishing; 1996.

（114） Groff JL, Gropper SS, Hunt SM. *Advanced Nutrition and Human Metabolism*. St. Paul, MN: West Publishing; 1995.

（115） Simopoulos AP. Omega–3 fatty acids in health and disease and in growth and development. *Am J Clin Nutr*. 1991; 54(3): 438–463.

（116） Simopoulos AP. Omega–3 fatty acids in the prevention–management of cardiovascular disease. *Can J Physiol Pharmacol*. 1997; 75(3): 234–239.

（117） Lichtenstein AH, Ausman LM, Jalbert SM, Schaefer EJ. Effects of different forms of dietary hydrogenated fats on serum lipoprotein cholesterol levels [published correction appears in *N Engl J Med*. 1999; 341(11): 856]. *N Engl J Med*. 1999; 340(25): 1933–1940.

（118） Tatò F. Trans–fatty acids in the diet: a coronary risk factor? *Eur J Med Res*. 1995; 1(2): 118–122.

（119） Ascherio A, Willett WC. Health effects of trans fatty acids. *Am J Clin Nutr*. 1997; 66(4 Suppl): 1006S–1010S.

（120） [NRC] National Research Council. *Recommended Dietary Allowances*. 10th ed. Washington, DC: National Academy Press; 1989.

（121） Lissner L, Levitsky DA, Strupp BJ, Kalkwarf HJ, Roe DA. Dietary fat and the regulation of energy intake in human subjects. *Am J Clin Nutr*. 1987; 46(6): 886–892.

（122） Lissner L, Heitmann BL. The dietary fat:carbohydrate ratio in relation to body weight. *Curr Opin Lipidol*.

1995; 6(1): 8–13.

（123）Horton TJ, Drougas H, Reed GW, Peters JC, Hill JO. Fat and carbohydrate overfeeding in humans: different effects on energy storage. *Am J Clin Nutr*. 1995; 62(1): 19–29.

（124）Leveille GA, Cloutier PF. Isocaloric diets: effects of dietary changes. *Am J Clin Nutr*. 1987; 45(1 Suppl): 158–163.

（125）Stubbs RJ, Ritz P, Coward WA, Prentice AM. Covert manipulation of the ratio of dietary fat to carbohydrate and energy density: effect on food intake and energy balance in free living men eating ad libitum. *Am J Clin Nutr*. 1995; 62(2): 330–337.

（126）Jeukendrup AE, Saris WH, Schrauwen P, Brouns F, Wagenmakers AJ. Metabolic availability of medium–chain triglycerides coingested with carbohydrates during prolonged exercise. *J Appl Physiol*. 1995; 79(3): 756–762.

（127）Van Zyl CG, Lambert EV, Hawley JA, Noakes TD, Dennis SC. Effects of medium–chain triglyceride ingestion on fuel metabolism and cycling performance. *J Appl Physiol*. 1996; 80(6): 2217–2225.

（128）Misell LM, Lagomarcino ND, Schuster V, Kern M. Chronic medium–chain triacylglycerol consumption and endurance performance in trained runners. *J Sports Med Phys Fitness*. 2001; 41(2): 210–215.

（129）Horowitz JF, Mora–Rodriguez R, Byerley LO, Coyle EF. Preexercise medium chain triglyceride ingestion does not alter muscle glycogen use during exercise. *J Appl Physiol*. 2000; 88(1): 219–225.

（130）Goedecke JH, Clarke VR, Noakes TD, Lambert EV. The effects of medium–chain triacylglycerol and carbo–hydrate ingestion on ultra–endurance exercise perfor–mance. *Int J Sport Nutr. Exerc Metab*. 2005; 15(1): 15–27.

（131）Shepherd PR, Kahn BB. Glucose transporters and insulin action—implications for insulin resistance and diabetes mellitus. *N Engl J Med*. 1999; 341(4): 248–257.

（132）Buemann B, Tremblay A. Effects of exercise training on abdominal obesity and related metabolic complications. *Sports Med*. 1996; 21(3): 191–212.

（133）Pandolfi C, Pellegrini L, Sbalzarini G, Mercantini F. Obesity and insulin resistance [in Italian]. *Minerva Med*. 1994; 85(4): 167–171.

（134）Bloomgarden ZT. Insulin resistance: current concepts. *Clin Ther*. 1998; 20(2): 216–231.

（135）Schraer CD, Risica PM, Ebbesson SO, Go OT, Howard BV, Mayer AM. Low fasting insulin levels in Eskimos compared to American Indians: are Eskimos less insulin resistant? *Int J Circumpolar Health*. 1999; 58(4): 272–280.

（136）Beck–Nielsen H. General characteristics of the insulin resistance syndrome: prevalence and heritability. European Group for the Study of Insulin Resistance (EGIR). *Drugs*. 1999; 58(Suppl 1): 7–10.

（137）Pi–Sunyer FX. Medical hazards of obesity. *Ann Intern Med*. 1993; 119(7 Pt 2): 655–660.

（138）Grundy SM. Multifactorial causation of obesity: impli–cations for prevention. *Am J Clin Nutr*. 1998; 67(3 0Suppl): 563S–569S.

（139）Vaag A. On the pathophysiology of late onset non–insulin dependent diabetes mellitus. Current controversies and new insights. *Dan Med Bull*. 1999; 46(3): 197–234.

（140）Parekh PI, Petro AE, Tiller JM, Feinglos MN, Surwit RS. Reversal of diet–induced obesity and diabetes in C57BL/6J mice. *Metabolism*. 1998; 47(9): 1089–1096.

（141）Barnard RJ, Ugianskis EJ, Martin DA, Inkeles SB. Role of diet and exercise in the management of hyperin–sulinemia and associated atherosclerotic risk factors. *Am J Cardiol*. 1992; 69(5): 440–444.

（142）Wolinsky I, Hickson JF. *Nutrition in Exercise and Sport*. Boca Raton, FL: CRC Press; 1994.

（143）Walsh RM, Noakes TD, Hawkey JA, Dennis SC. Impaired high–intensity cycling performance time at low levels of dehydration. *Int J Sports Med*. 1994; 15(7): 392–398.

（144）Casa DJ, Clarkson PM, Roberts WO. American College of Sports Medicine roundtable on hydration and physical activity: consensus statements. *Curr Sports Med Rep*. 2005; 4(3): 115–127.

（145）Cheuvront SN, Carter R III, Sawka MN. Fluid balance and endurance exercise performance. *Curr Sports Med Rep*. 2003; 2(4): 202–208.

（146）Institute of Medicine. Water. In: *Dietary Reference Intakes for Water, Sodium, Chloride, Potassium and Sulfate*. Washington, DC: National Academy Press; 2005: 73–185.

（147）Dietary Guidelines for Guidelines for Americans 2005. US Department of Health and Human Services. US Department of Agriculture. Accessed October 31, 2010.

（148）Dansinger ML, Gleason JA, Griffith JL, Selker HP, Schaefer EJ. Comparison of Atkins, Ornish, Weight Watchers, and Zone diets for weight loss and heart disease risk reduction: a randomized trial. *JAMA*. 2005; 293(1): 43–53.

（149）Foster D, Wyatt HR, Hill JO, et al. A randomized trial of a low carbohydrate diet for obesity. *N Engl J Med*. 2003; 348(21): 2082–2090.

（150）[No authors listed] Very low–calorie diets. National Task Force on the Prevention and Treatment of Obesity, National Institutes of Health. *JAMA*. 1993; 270(8): 967–974.

（151）Heymsfield SB, van Mierlo CAJ, van der Knaap HCM, Heo M, Frier HI. Weight management using a meal replacement strategy: meta and pooling analysis from six studies. *Int J Obes Relat Metab Disord*. 2003; 27: 537–549.

第18章

补剂

学完本章，你应该能够掌握如下内容。

✓ 定义什么是膳食补剂，并且描述其各种类别和用途。

✓ 理解针对优化健康状况的基本补剂建议。

✓ 根据客观、科学的事实回答关于膳食补剂的问题。

✓ 理解术语"机能增进"，并了解用于提高运动表现的常见物质。

膳食补剂

补剂简介

20世纪上半叶，人们发现维生素是食物必不可少的组成部分（与此同时，对人体营养需求有了更加深入的认识），这个发现为含有维生素和矿物质的膳食补剂的发展奠定了基础。

使用膳食补剂的传统原因是为人体补充典型饮食所无法充分提供的营养成分。20世纪中叶，膳食补剂的主要用法是"一日一次"式维生素–矿物质补剂。虽然这仍然是最常用的形式，但膳食补剂行业的快速发展催生了种类繁多的补剂。如今，膳食补剂不仅仅是少数人服用的低剂量维生素–矿物质丸。当代膳食补剂通常含有大量非营养素的化学成分，而人们使用膳食补剂的目的也远非仅仅是满足营养需求。

在美国，膳食补剂的普及率稳步增长，在20世纪90年代，补剂行业的销售额大幅增长。1990年的总销售额估计为33亿美元[1]，而2008年则增长到超过1000亿美元[2]。随着这种快速增长，美国在1994年通过了《膳食补充剂健康和教育法案》，对膳食补剂（dietary supplement）一词提供了详细的法律定义。有关膳食补剂的法律法规从食品和药品的法律法规中独立出来[3]。

什么是膳食补剂

膳食补剂 一种补充或者增加日常饮食摄入的物质。

《膳食补剂健康和教育法案》将**膳食补剂**定义为旨在补充膳食的产品（不包括烟草），并符合以下至少一项标准。

◆ 包含以下一种或多种物质：维生素、矿物质、草本植物或其他植物和氨基酸；通过增加总膳食摄入来补充饮食的膳食物质、浓缩物、代谢物、化学成分或提取物或任何前述成分的组合。

◆ 以片剂、胶囊、粉末、软胶囊、囊形片或液体形式摄取。

◆ 标记为膳食补剂。

◆ 不能代表可用作传统食物或作为餐饮中的唯一食物。

◆ 不能包含被批准为药物或生物制剂的制品。

由于膳食补剂不需要美国食品和药物管理局（FDA）发放的批准许可即可上市销售，而确定膳食补剂的安全性和有效性的全部责任就由制造商和销售商负责，几乎所有尚未被归类为药物的东西都可以被做成片剂、胶囊或粉末形式，并作为膳食补剂进行销售[4]。

使用膳食补剂的理论基础

人们摄入膳食补剂的原因有很多。部分人是为了预防或治疗特定的健康问题。有些人希望可以通过膳食补剂来改善生理或心理的表现，改变身体成分，刺激代谢，控制食欲，或者减缓或逆转与衰老相关的身体结构和功能变化。使用含有广谱微量元素（中低剂量）的膳食补剂对那些日常饮食未能满足其全部营养素需求的人尤其有益[5,6]。多项研究已表明，服用复

你知道吗?

服用膳食补剂的主要原因如下。

1. 低能量的减重饮食。

2. 老年人的低能量饮食。

3. 慢性病预防（例如，钙补剂是为了预防骨质疏松）。

4. 特殊需求，例如怀孕和哺乳期。

5. 极限活动的需求。

6. 加强锻炼后的恢复。

7. 保持正常的免疫功能。

8. 运动训练。

9. 手术前后。

10. 针对特定健康问题的营养治疗处方。

11. 腹腔镜胃绕道手术的术后营养。

12. 由药物引起的营养需求（例如，布洛芬会增加对叶酸的需求）。

合维生素补剂的人患慢性疾病的风险降低[6]。然而，对膳食补剂的总体安全性和有效性的全面回顾突出了一个事实：关于复合维生素补剂的健康效果的科学研究的数量和质量都很有限，我们还需要更多的研究[7]。

此外，还有一些特定的人群可能对膳食补剂有更大的需求。例如，当能量需求随着年龄的增长而下降时，老年人往往不能适当地调整饮食。尽管能量需求量一般随着年龄增长而下降，但对蛋白质、维生素和矿物质的需求并没有下降[8,9]。可以受益于补充营养物质的另一个群体是孕妇或母乳喂养的妇女。然而，由于补剂可能存在毒性或与处方药物有相互作用，上述群体一定要向具有资质的健康专业人员寻求关于补剂的指导，这是非常重要的[10]。因此，无论使用膳食补剂的目标是什么，对于适当使用的考虑因素是相似的。

你知道吗?

饮食中没有包含足够营养素的常见原因如下。
一是食物摄入量不足（尤其是少于每日1 200卡的饮食方案）。
二是饮食紊乱。
饮食紊乱的原因如下。

- 主要食用垃圾（缺乏营养）食品。
- 不吃某一种类的食物。
- 每天只有一顿正餐。
- 饮食不规律（有时低能量饮食，有时高能量）。
- 摄入过多或过少的蛋白质或碳水化合物。
- 厌食症和"挑食"。
- 经济原因导致无法获得多种类的健康食品。

小结

维生素（及多种矿物质）是食物中的重要成分，人体对其需求量小。膳食补剂的普及性近年来已经急剧增加。在1994年，美国国会颁布了DSHEA，为膳食补剂一词提供了详细的法律定义。美国FDA规定，膳食补剂基本上是有标记的药丸、胶囊、片剂或液体，旨在补充饮食，并含有一种或多种维生素、矿物质、植物性药材或氨基酸。几乎所有尚未被归类为药物的东西都可以作为膳食补剂进行销售。摄入少至中等剂量的广谱维生素-矿物质补剂是有益的，对于饮食不能满足所有微量营养素需求的人尤其如此。有证据表明，服用复合维生素补剂的人患慢性疾病的风险更低；然而，这样的研究结果仍存在争议，专家建议通过更多的研究来澄清补剂和疾病之间的关系。

补剂指南

负责任地使用营养膳食补剂的通用指南

膳食补剂既含天然物质，也包含人工合成的物质。尽管膳食补剂被认为比医疗用药更安全，但并非总是如此，曾有健康的人因服用膳食补剂而出现并发症，直接导致死亡。本节将针对如何确定补充营养素的数量是否足够、安全和有益，以及多大剂量可能过度或有害于健康而给出通用指南。

膳食参考摄入量

在美国，美国医学研究所的食品和营养委员会（FNB）和美国国家科学院定期审查最新的营养需求研究，就营养摄入量提供权威性的新建议。1997年，FNB出版了名为"膳食参考摄入量"（DRI）的系列出版物的第一卷，并于2005年出版了最后几卷（**表18.1**）。

表18.1	膳食参考摄入量出版物	
营养素回顾		**出版年份**
钙、磷、镁、维生素D和氟化物		1997[11]
硫胺素、核黄素、烟酸、维生素B_6、叶酸、维生素B_{12}、泛酸、生物素和胆碱		1998[12]
维生素C、维生素E、硒和类胡萝卜素		2000[13]
维生素A、维生素K、砷、硼、铬、铜、碘、铁、锰、钼、镍、钒、硅和锌		2002[14]
能量、碳水化合物、纤维、脂肪、脂肪酸、胆固醇、蛋白质和氨基酸		2005[15]
水、钾、钠、氯化物和硫酸盐		2005[16]

营养素的膳食参考摄入量值为构成足够营养摄入量的饮食方案提供了良好的指导。许多营养素还被确定了过量和有潜在危害的DRI值。DRI旨在估算不同性别、不同年龄组的健康人群的营养需求。应根据孕期和哺乳期妇女的特殊需求调节该值。

表18.2描述的是FNB使用的DRI术语。最常用于评估或制订个人饮食方案的DRI术语是推荐的日摄入量（RDA）、适宜摄入量（AI）和可耐受最高摄入量（UL）（如下所述）[17]。设计健康饮食方案的总体目标是提供的营养素水平代表着适宜摄入的可能性很高（达到RDA或者AI的水平），并且过度摄入的可能性很低（不超过UL值）。

表18.2	膳食参考摄入量术语
术语	定义
平均需要量（EAR）	估计可以满足特定生命阶段和性别群体中的一半健康个体的需求的平均每日营养摄入量水平
推荐的日摄入量（RDA）	足以满足特定生命阶段和性别群体中的几乎所有（97%至98%）健康个体的营养需求的平均每日营养摄入量水平
适宜摄入量（AI）	根据观察到的（或实验确定的）足以满足一个（或多个）健康人群的需求的营养素摄入量近似值或估算值建议的平均每日营养摄入量水平。当无法确定RDA时使用此指标
可耐受最高摄入量（UL）	可能不会对特定生命阶段和性别的群体的几乎所有个体产生不良健康影响的每日平均营养摄入量的最高水平。当摄入量增加至超过UL时，不良健康影响的潜在风险也会增加

表18.3总结了目前确定的维生素和矿物质的成人DRI值，包括UL值和营养素摄入过量可能出现的症状。除了维生素E和镁外，针对来自食物和补剂的每种营养素的总摄入量均设定了UL值。维生素E和镁的UL只针对补剂或药物来源的摄入量设定，不包括膳食摄入量。

表18.3	膳食参考摄入量值（成年男性和女性）与微量营养素的每日摄入量的比较，以及可耐受最高摄入量、安全上限及指导水平[a]				
营养素	RDA/AI（男/女）31至50岁	每日摄入量（食物标签）	UL	SUL或指导水平	过量摄入的潜在影响
维生素A（微克）	900/700	1 500（5 000 IU）	3 000	1 500[c]（5 000 IU）	肝脏受损，骨骼和关节疼痛，皮肤干燥，脱发，头痛，呕吐
β-胡萝卜素（毫克）				7（11 655 IU）	吸烟和暴露于石棉的人患肺癌的风险增加
维生素D（微克）	5[b]	10（400 IU）	50	25（1 000 IU）	大脑及动脉钙化，血钙升高，食欲不振，恶心
维生素E（毫克）	15	20（30 IU）	1 000	540（800 IU）	有凝血缺陷
维生素K（微克）	120/90[b]	80	—	1 000[c]	红细胞受损或贫血，肝脏受损
硫胺素（B₁）（毫克）	1.2/1.1	1.5	—	100[c]	头痛，恶心，烦躁，失眠，脉搏加快，无力（剂量约7 000毫克）
核黄素（B₂）（毫克）	1.3/1.1	1.7	—	40[c]	通常被认为是无害的，尿变黄
烟酸（毫克）	16/14	20	35	500[c]	肝脏受损，潮红，恶心，肠胃问题

表18.3 （续）

营养素	RDA/AI（男/女）31至50岁	每日摄入量（食物标签）	UL	SUL 或指导水平	过量摄入的潜在影响
维生素B$_6$（毫克）	1.3	2	100	10	神经问题，肢体麻木和疼痛
维生素B$_{12}$（微克）	2.4	6	—	2 000[c]	没有口服摄入的毒性报告
叶酸（微克）	400	400	1 000	1 000[c]	掩盖维生素B$_{12}$缺乏症（可导致神经问题）
泛酸（毫克）	5[b]	10	—	200[b]	腹泻和肠胃功能紊乱（约10 000毫克/天）
生物素（微克）	30[b]	300	—	900[c]	没有口服摄入的毒性报告
维生素C（毫克）	90/75	60	2 000	1 000[c]	恶心，腹泻，肾结石
硼（毫克）			20	9.6	对男性和女性的生殖系统产生不良影响
钙（毫克）	1 000[b]	1 000	2 500	1 500[c]	恶心，便秘，肾结石
铬（微克）	35[b]	120		10 000[c]	对肝脏和肾脏产生潜在不利影响，吡啶甲酸形式可能突变
钴（毫克）				1.4[c]	心脏毒性的影响；除作为维生素B$_{12}$以外，不适合用于膳食补剂
铜（微克）	900	2 000	10 000	10 000	肠胃不适，肝脏受损
氟化物（毫克）	4/3[b]		10		骨骼、肾脏、肌肉和神经损伤，仅在专业指导下补充
锗				0[c]	肾毒性，不应该在膳食补剂中使用
碘（微克）	150	150	1 100	500[c]	甲状腺激素浓度升高
铁（毫克）	8/18	18	45	17[c]	肠胃不适，心脏病的风险增加，氧化应激
镁（毫克）	420/320	400	350[d]	400[c]	腹泻
锰（毫克）	2.3/1.8[b]	2	11	4[c]	神经毒性
钼	45	75	2 000	0[c]	痛风症状，关节疼痛，尿酸增加
镍（微克）				260[c]	皮肤对珠宝中的镍的反应更加敏感
磷（毫克）	700	1 000	4 000	250[c]	改变甲状旁腺激素水平，降低骨密度
钾（毫克）				3 700[c]	肠胃损伤
硒（微克）	55	70	400	450	恶心，腹泻，疲劳，脱发和指甲缺损
硅（毫克）				700	低毒性，可能造成肾结石
钒（毫克）			1.8	0	肠胃刺激，疲劳
锌（毫克）	11/8	15	40	25	免疫功能受损，HDL胆固醇低

a：食品和营养委员会，医学研究所（美国）。膳食参考摄入量表。

b：表示适宜摄入量（AI）。

c：表示由英国食品标准局的维生素和矿物质专家组设定的指导水平。这些数字可作为膳食补剂中的营养素的每日摄入水平，潜在敏感的个体在没有医学监督下可以终生每天服用，具有合理的安全性。当证据基础被认为不足以设定SUL时，指导水平是根据有限的数据设定的。SUL和指导水平往往比较保守，对于一些维生素和矿物质来说，有可能在短期内摄入更大的量而没有健康风险。此处提供的值适用于60千克的成年人。请在完整的出版物中查阅以每千克体重表示的数值。此FSA出版物 *Safe Upper Levels for Vitamins and Minerals* 可从相关网站获取。

d：镁的UL代表专门来自药物试剂和膳食补剂的摄入，膳食摄入除外。

RDA=推荐的日摄入量；UL=可耐受最高摄入量；AI=适宜摄入量；SUL=安全上限。

即使是必需营养素，在一定的摄入量水平也有潜在毒性。对于一些营养元素来说，目前还不清楚可能会造成严重副作用的摄入量是多少。另有一些营养素在过量时的副作用已被记录在案。有些营养素的副作用甚至非常严重。在维生素类营养素中，维生素A、维生素D、维生素 B_6 通常以膳食补剂形式提供，过度摄入会产生严重的副作用。例如，受孕期间和怀孕初期的妇女过量摄入维生素A可能会导致先天性缺陷[14]。维生素D过量会导致血管钙化，最终损害肾脏、心脏和肺的功能[11]。过量摄入维生素 B_6会导致感觉神经永久性损伤[12]。

过量摄入矿物质同样会造成健康问题。例如，过量摄入钙（以及不足）会增加患肾结石的风险。过量摄入铁会干扰其他矿物质（如锌）的吸收，并可能引起肠胃刺激[14]。

重要的是要记住，营养需求和UL是为普通健康的人设定的。在某些情况下，药物可能会增加或减少对营养物质的需求。任何正在服用药物的人都可能不再适合使用这些DRI参数。例如，大剂量的抗炎药（如阿司匹林和布洛芬）可能会干扰叶酸的功能，并可能增加对叶酸的需求[12,18]。

就UL而言，对于普通健康的人绝对安全的营养素水平对于那些有特定健康问题的人来说可能会危及生命。例如，含维生素E和维生素K的补剂可能会使接受抗凝治疗（或"血液稀释剂"）的患者的病情复杂化[13,14]。因此，多种药物使用都有可能禁止使用特定的营养补剂，并禁止食用特定营养素含量高的某些食物。因此，有严重健康问题的人，特别是那些服用药物来治疗健康问题的人，应当仅在医生、药剂师或其他具有药物营养相互作用知识的健康专业人员的指导和监管下使用膳食补剂。

当没有为某个营养素确立UL时，并不意味着其高摄入量不会有副作用。相反，这可能意味着目前只有很少的信息可用来确定UL值。美国农业部食品和营养信息中心的网站上提供了DRI值的完整表格。

英国食品标准局的维生素和矿物质专家组编制了另一份关于营养素摄入量上限的权威性出版物。此出版物《维生素和矿物质的安全上限》（Safe Upper Levels for Vitamins and Minerals）提供了8种营养素的"安全上限"（SUL），并为其数据尚未足以设定SUL的22种维生素和矿物质提供了"指导水平"[19]。这些建议摄入量上限专指以膳食补剂形式摄入的量。维生素和矿物质专家组对这些术语的描述如下[19]。

为了确定SUL和指导水平，需要确定潜在敏感的个体在没有医学监督下可以终生每天服用具有合理的安全性的维生素和矿物质的剂量。设定这些摄入量就可以提供一个框架，摄入者可以在这个框架内对摄入量做出明智的决定，并且有信心应该不会造成伤害。所以，这样设定的水平往往是保守的，对于一些维生素和矿物质来说，在较短的时间内可以摄入较大的量而没有健康风险。但是，推断短期的SUL很困难，因为可用的数据有限，并且这些数据与摄入的时间长短有关。虽然敏感度较低的个体可能会在更高的摄入量时仍没有健康风险，但是，只有在敏感个体能够认识到自己的潜在敏感性时，对于这些个体的单独建议才是适当的。

表18.3包括了SUL和指导水平的值，用于与DRI值对比。值得注意的是两种不同方法所确定的值之间的相似性和差异。指导水平以非常有限的数据为基础，不应与SUL值相混淆，也不能用作SUL值。然而，如果没有可用的UL或SUL值，则指导水平可以提供一个合理的参考框架。

显然，底线是最好在足以满足人体需要的范围内摄入营养素。但是在这个适宜范围中的最佳摄入量尚未知晓。某个营养素的最佳摄入量是更接近RDA和AI，还是更接近UL，这是未知的，并且很可能最佳摄入量因营养素而异，也因人而异。

小结

大多数膳食补剂含有强效的天然化学物质，通常被认为比药物更安全。但是，仍然应该采取一些适当使用的预防措施，并遵循指导原则。一系列名为《膳食参考摄入量》的出版物中提供了最新的营养素摄入量建议。

DRI值是普通健康个体摄入某营养素是否足够、过量或可能有害的良好指南。设计健康饮食方案的总体目标是提供的营养素水平达到推荐的日摄入量或适宜摄入量，并且超过可耐受最高摄入量的可能性很低。最佳摄入量因营养素而异，也因人而异。

即使是必需的营养素和矿物质，在一定的摄入量水平也有潜在毒性。对于普通健康人来说绝对安全的营养素水平，对于服用药物的人来说可能需要修改，而对于那些有特定健康问题的人来说可能会危及生命。这些客户应当仅在医生、药剂师或其他具有药物营养相互作用知识的健康专业人员的指导和监管下使用膳食补剂。

膳食补剂的标签

膳食补剂标签上使用的计量单位

膳食补剂标签在"补剂成分"（Supplement Facts）表中列出产品信息，类似于食品上的"营养成分"（Nutrition Facts）（图18.1）。蛋白质、碳水化合物和脂肪一般表示为以"克"为单位的数量，而维生素、矿物质、氨基酸和脂肪酸则通常一般表示为以"毫克"或"微克"为单位的数量。

Supplement facts

Serving Size 1 Capsule

Amount per Capsule	% Daily Value
Calories 20	
Calories from fat 20	
Total Fat 2 g	3%*
Saturated Fat 0.5 g	3%*
Polyunsaturated Fat 1 g	†
Monounsaturated Fat 0.5 g	†
Vitamin A 4250 IU	85%
Vitamin D 425 IU	106%
Omega-3 fatty acids 0.5 g	†

* Percent Daily Values are based on a 2,000 calorie diet.
† Daily Value not established.

Ingredients: Cod liver oil, gelatin, water, and glycerin.

图18.1

膳食补剂标签上使用的补剂成分表示例

除了要求在补剂成分表中列出营养物质含量以外，膳食补剂还必须提供所列出的每种营养素的"％每日价值"（％ Daily Value）。每日价值（DV）是专门为食品标签确定的，旨在为消费者提供一个参考框架，指出食品或补剂中的营养物质含量相对于建议摄入量的大致比例。维生素和矿物质的DV值是基于1968年成人RDA计算的（如果针对男性和女性的RDA之间存在差异，则使用两者中较高的建议量）。因此，如果某个产品标明某种营养素的%DV值是50，则表示一个成年人将获得该营养素的一般每日推荐量的约50%。

补剂成分表中列出的营养素的含量和DV是指在标签顶部标注的分量中所含的量。在图18.1中，分量是一个胶囊。然而，有些产品所标注的分量可能多于一个胶囊、丸剂、片剂等。补剂的很多成分没有DV。在这种情况下，成分表底部会注明"每日价值未确定"（Daily Value not established）。自1968年以来，尽管RDA已经修订过数次，但DV却一直没有变化。当DV被用作变动范围内的一般指南时，仍然是有效的。但是，已经出现一些问题，可能会导致DV的修订，以更贴近最新的营养建议。例如，铁的DV是18毫克/天，是根据经期女性的需求来制订的。针对男性的最新RDA是8毫克/天。因此，如果膳食补剂提供的铁是100%的DV，则它为男性提供了两倍以上的RDA。

维生素A、维生素D和维生素E的量在补剂标签上以国际单位（IU）来表示。表18.4将这3种营养素以微克或毫克数表示的RDA值与等量的IU表示值进行了比较。该表还显示，在食品和补剂营养标签上用作参考量的DV与分别针对男性和女性的大部分最新RDA值并不相等。上述3种维生素的DV均超过了成年男性和女性的最新RDA。尤其值得注意的是，维生素A的DV实际上等于由英国的维生素和矿物质专家委员会设定的SUL值。其他微量元素的DV与最新建议值的对比见表18.4。

表18.4	维生素A、维生素D和维生素E的RDA成人值与可耐受最高摄入量、安全上限和用于食品及补剂标签的每日价值的比较			
维生素	男性的RDA	女性的RDA	成人UL/SUL	标签上的DV
维生素A（微克）	900	700	3 000/1 500	—
维生素A（IU）a	3 000	2 333	10 000/5 000	5 000
维生素D（微克）	5	5	50/25	—
维生素D（IU）	200	200	2 000/1 000	400
维生素E（微克）	15	15	1 000/540	—
维生素E（IU）b	22	22	1 490/800	30

a：以视黄醇（通常为棕榈酸视黄酯）的形式。
b：基于天然维生素E（D-α-生育酚）。
RDA=推荐的日摄入量；UL=可耐受最高摄入量；SUL=安全上限；DV=每日价值。

小结

膳食补剂标签在"补剂成分"表中列出产品信息，表示为以毫克、微克或IU为单位的数量；同时还提供所列出的每种营养素的"％每日价值"。维生素和矿物质的DV以1968年的成人RDA为基础，仍然有效。但是有些营养素已经不符合最新的建议值（例如维生素A、维生素D、维生素E和铁）。

维生素和矿物质补剂

很多膳食补剂被用来提高整体健康水平或降低多种疾病的风险。最常用的补剂是复合维生素和矿物质补剂，旨在补偿在个人饮食中可能有限的营养素。复合维生素/矿物质补剂中的营养素含量的合理性因个体的需求和来自其他渠道的营养素摄入量而不同。作为一般的经验法则，复合维生素/矿物质补剂中的大多数营养素的安全摄入量应该是大约100％的DV。然而，这个一般法则也有一些明显的例外。

如果维生素A在补剂中以视黄醇（通常表示为"棕榈酸视黄酯"或"维生素A棕榈酸酯"）的形式，而不是以胡萝卜素的形式存在，则应少于100%的DV。视黄醇（而不是β-胡萝卜素）的高摄入量与老年女性髋部骨折发生率增加有关[20]。另外，如上所述，受孕期间和怀孕初期的妇女过量摄入视黄醇会增加先天性缺陷的风险[14]。

膳食补剂中包含大剂量的β-胡萝卜素也存在问题[21]。两项大型的干预试验报告说，在每天服用20至30毫克β-胡萝卜素补剂的吸烟者中，肺癌发病率更高[22,23]。但是，一项有22 071名医师参与的大型研究则报告说，在每日摄入50毫克β-胡萝卜素的患者中，癌症发病率或死亡率并没有影响，并发现补剂能够帮助最初血液中β-胡萝卜素水平较低的人减少前列腺癌的发病率[24]。还有另一项在中国进行的大型研究发现，每日补充15毫克β-胡萝卜素，结合50微克的硒和30毫克的α-生育酚，可能使癌症风险降低13%，主要是由于胃癌发病率下降[25]。因此，含β-胡萝卜素的补剂仍然存在争议，而且在吸烟者中似乎是最明显的禁忌。

在复合维生素/矿物质补剂中的钙含量应该较低或者不存在，因为按照100%的RDA来计算，即1克（1 000毫克）元素钙，这会使得补剂药丸太大而难以吞咽。其次，为了达到最佳的吸收效果，最好全天每隔一段时间随餐摄入钙，而不是一次摄入100%的每日需求量[26]。最后，过量摄入钙及其他矿物质，可能降低一些重要的微量元素的吸收[11]。

在B族维生素中，烟酸、维生素B_6和叶酸都有UL值。对烟酸和叶酸来说，成人的UL仅仅分别是其RDA值的2.2倍和2.5倍。维生素B_6的UL是100毫克，是RDA的77倍。但是，FSA的维生素和矿物质专家组设定的每日摄入补充性维生素B_6的SUL仅仅是10毫克/天[19]。该值仅仅是美国食品和营养委员会设定的UL值的十分之一，其设定基于一个假设：成人终生按此SUL摄入补充性维生素B_6仍然是安全的[19]。

一些B族维生素（维生素B_1、维生素B_2、维生素B_{12}、泛酸和生物素）没有UL值，因为缺乏有关其副作用的数据[12]。对于这些营养素，FSA的维生素和矿物质专家组确定了指导摄入量，这至少是一个比较合理的参考框架（表18.2）[19]。

缺乏维生素和矿物质会削弱进行身体活动的能力和欲望。此外，许多营养素的缺乏会导致精神和情绪问题。显然，缺铁已被证明对身体和心理功能都有不利影响[27,28]。此外，缺乏一些B族维生素会影响心理功能和情绪状态。其中最典型的症状也许是由于缺乏维生素B_{12}引起的，这在老年人和拒绝食用动物食品的人群中最常见[29,30]。在老年人中，由于缺乏维生素B_{12}导致的精神和情绪变化经常被误认为是阿尔茨海默病和其他痴呆性疾病。如果在缺乏状态的早期得到纠正，则情况可以逆转，否则，神经损伤和痴呆症状可能无法逆转。然而，纠正措施将会阻止问题的进一步恶化，并可能使一些症状逆转。因为吸收不良是缺乏维生素B_{12}的常见原因，所以通常的治疗是每月注射维生素。但也有一些研究显示，大剂量的口服补剂（200微克/天至2 000微克/天）可能与注射同样有效[31-33]。

为一个人选择各种营养素均为合理含量的复合维生素和矿物质补剂并不是一项简单的工作。复合维生素/矿物质补剂出现某些营养元素含量超过UL或SUL值的情况并不罕见。表18.3中的信息可以提供一些合理的指引。请注意，与其他营养素相比，某些营养素的摄入上限（UL、SUL和指导水平）与RDA或AI值更加接近。

表18.5对比了4种营养素的DV（在食品和膳食补剂标签上的参考值）与最新的建议摄入水平和上限。因为这些营养素的建议摄入水平非常接近常见的建议上限，人们更有可能从补剂和强化食品中过量摄入这些营养素。尽管已知道维生素D毒性的影响，但维生素D研究人员目前建议，在维生素的膳食参考摄入量的下一次修订中，要大幅提高建议摄入量和可耐受最高摄入量[34,35]。

表18.5	膳食补剂中最有可能剂量过大的营养素
维生素A	如果膳食补剂含100%的每日价值，那么其维生素A的含量是女性RDA的2倍，但只相当于UL的一半，并且等于指导水平
维生素D	如果膳食补剂含100%的每日价值，那么其维生素D的含量是AI的2倍。UL是DV的5倍，SUL是DV的2.5倍（注意：维生素D研究人员目前建议维生素D的AI值和UL值都应上升至远高于最新建议值的水平）
铁	如果膳食补剂含100%的每日价值，那么其铁元素含量等于女性RDA值，是男性RDA的2倍多。UL只是比DV的2倍多一点，而指导水平比DV低1毫克
锌	如果膳食补剂含100%的每日价值，那么其锌元素含量几乎是女性RDA的2倍。UL只是比DV的2倍多一点，SUL则比DV的2倍少一点

补剂中各种营养素含量到底是多少才最适合某个人的需求，取决于这个人的饮食中的营养素含量。尽管有相反的说法，但今天的食物供应并不缺乏营养。当然，人们有可能选择主要由过度精加工的食物构成的饮食方案，提供有限的维生素和矿物质，以及大量能量。但随着强化食品（早餐谷物、能量棒、蛋白粉以及有钙强化选项的几乎所有食品）越来越多，即使没有服用膳食补剂，也有可能过量摄入某些营养素。因此，应该在典型饮食的条件下做出关于使用饮食膳食补剂的决定，并且要特别注意强化了维生素和矿物质的食物。

用于特定适应的膳食补剂的预防措施

1. 大多数人可能会受益于使用复合维生素和矿物质配方（并配合单独的钙补剂），以最有效地补充适当的饮食。

2. 如果摄入或者制造得当，特定的营养素化合物让身体能够以最大能力工作，而不会干扰其自然生理规律。

3. 膳食补剂的使用效果可能因个人的营养素膳食摄入量、生理特点和心理特点而异。用于生产补剂的制造方法和原材料也可能会影响效果。

4. 普通人不应使用膳食补剂作为医药用途，除非具备资质的健康专业人员建议这样做。此类从业人员应拥有使用处方药和天然化合物来治疗疾病和症状的经验，并经过研究才选择出最安全和最有效的治疗。

小结

最常用的补剂是复合维生素补剂，补偿在个人饮食中可能有限的营养素。缺乏维生素和矿物质会削弱进行身体活动的能力和欲望，还会导致精神和情绪问题。

作为一般的经验法则，复合维生素/矿物质补剂中的大多数营养素的安全摄入量应该是大约100%的DV。然而，也有一些例外，包括以下方面。

◆ 维生素A（如果仅作为视黄醇存在）应该低于100%的DV。
◆ β-胡萝卜素对于吸烟者是禁忌。
◆ 复合维生素/矿物质补剂中的钙含量应该较低或者不存在。

人们更有可能从补剂和强化食品中过量摄入以下营养素。

◆ 维生素A。
◆ 维生素D。
◆ 铁。
◆ 锌。

随着强化食品（早餐谷物、能量棒、蛋白粉以及有钙强化选项的几乎所有食品）越来越多，即使没有服用膳食补剂，也有可能过量摄入某些营养素。因此，应该在典型饮食的条件下做出关于使用饮食膳食补剂的决定，并且要特别注意强化了维生素和矿物质的食物。

机能增进剂

非营养型机能增进剂简介

机能增进一词的字面意思是产生作用。在流行的用法中，机能增进剂是提高运动表现的东西。运动员和健身爱好者千方百计地提高他们的运动表现和训练能力。有些人声称机能增进剂是合理的，另外一些人则不这么认为。要判断哪些辅助补剂可能是安全和有效的，哪些主要是基于伪科学的、不合理的营销炒作，这对于健身专业人员、运动员、训练员和教练可能是极大的挑战。富于创造力的英国运动补剂研究员罗恩·莫恩（Ron Maughan）博士就使用机能增进剂提高运动表现提出了一个合理的规律：“如果它有效的话，它可能会被禁止。如果它没有被禁止的话，它可能是无效的。”

本节概述了一些比较流行的被宣传为机能增进剂的物质。私人教练应该对流行的机能增进剂有一个总体的了解，才可以教育客户，并提供这方面的一般性指导。健身专业人员有可能是客户带着补剂问题咨询的第一个人，所以能自信地阐明机能增进剂、体能和运动表现之间的关系非常重要。但是，为客户提供个人营养评估、膳食计划或运动补剂建议的工作最好还是留给注册营养师（RD）。这意味着，具有资格的注册营养师应该成为所有健身专业人员的重要合作伙伴。如果客户患有肥胖、糖尿病、心脏疾病、过敏或高血压等健康和医疗问题，这一点就变得尤为重要。

肌酸补剂

对于很多运动项目而言，增加肌肉质量和力量是主要目标。运动员和健身爱好者尝试了各种各样的天然物质与合成物质（都有非法或合法的产品），以帮助增强身体对力量训练的自然反应。力量运动员和健美运动员常用的一种合法补剂是肌酸。肌酸由氨基酸甲硫氨酸、甘氨酸和精氨酸在人体内自然合成。在静息的骨骼肌中，约有三分之二的肌酸以磷酸化形式存在，可以从ADP（腺苷二磷酸）快速再生ATP（三磷酸腺苷），以保持高强度的肌肉工作约10秒。含肌酸的补剂可以提升肌肉的肌酸水平，并提高特定类型的短时高强度肌肉工作。当肌酸补剂与力量训练计划结合时，已经证明可以增加肌肉质量、力量和无氧运动表现[36]。典型的剂量方案从每天20克开始，维持5至7天，以快速增加肌肉肌酸。接着是每天2至5克的维持阶段，以保持最大肌肉肌酸水平。作为力量训练计划的一部分，肌酸补剂在最初通常会导致体重增加4至5磅，这可能是由于肌酸在肌肉合成蛋白质的同时会吸收水分[37]。

维持剂量的肌酸（每天2至5克的维持阶段）对于普通健康人来说显然在5年内是安全的。但更长时间使用的副作用目前还不清楚。肾脏有问题的人应该仅在医生指导下使用肌酸补剂[38]。与碳水化合物一起摄入肌酸补剂可以增强肌肉对肌酸的摄取，并且有可能使肌肉水平提升至高于没有同时摄入碳水化合物时的水平[39]。肌酸补剂在各种神经肌肉疾病和神经退行性疾病中的几种治疗用途正在进行研究，现在已知肌酸在正常脑功能中起着重要作用[37]。

主要的体育管理机构并没有禁止肌酸补剂；然而，全国大学体育协会（NCAA）的规则禁止机构直接向运动员提供肌酸补剂。肌酸的使用在体育界非常广泛，并且难以建立对这种天然化合物的异常水平的合理测试程序。有人认为，肌酸加载与碳水化合物加载没什么不一样，因为肌酸是一种天然存在于动物性食品（如红肉）中的物质[40]。

兴奋剂（咖啡因）

运动员和健身爱好者尝试过各种各样合法或非法的兴奋剂，以求获得可能的机能增进效果。这些兴奋剂包括咖啡因和麻黄碱的植物来源及合成来源，还有管制药品。由于兴奋剂可以影响身体机能和精神状态，许多不同类型的体育项目的运动员都试图通过使用兴奋剂来获得机能增进的益处。

很多人认为咖啡因是世界上最为广泛使用的药物，通常在咖啡、茶、可可和其他添加了咖啡因的饮料中摄取。巧克力等食物和多种植物补剂中也提供咖啡因。咖啡因是主要影响中枢神经系统、心脏和骨骼肌的兴奋剂。

大部分精心控制的研究已经证明了来自咖啡因的机能增进效果，当训练有素的运动员进行耐力练习（超过1小时）或持续约5分钟的高强度短时练习时，测试效果特别明显。然而，对于持续90秒或更短时间的冲刺式练习的运动表现则似乎并没有机能增进的效果[41]。

当咖啡因的剂量约为每千克体重3至6毫克，并且在运动前约1小时摄取时，可观察到最有效的机能增进反应。对于一个70千克的人（约155磅），该剂量相当于210到420毫克的咖啡因。以咖啡为例，16盎司的黑咖啡的咖啡因可能在200到350毫克之间。咖啡的咖啡因含量因咖啡的种类、使用量和煮咖啡的过程而有很大差异。超过6毫克/千克体重的咖啡因剂量一般会显示出较少的运动表现益处，并且副作用的风险会更高[41]。

不同的人体验到的咖啡因潜在副作用会有很大的差异。可能的副作用包括众所周知的失眠症和紧张，以及不太为人所知的恶心、心跳加速、呼吸困难、抽搐和尿量增加等。已报告的其他症状包括头痛、胸痛和心律不齐[38]。

禁用的兴奋剂

世界反兴奋剂机构（The World Anti-Doping Agency）列出了超过50种在体育比赛中禁止使用的兴奋剂。清单中包括安非他明和麻黄素，以及一些其他不太为人熟知的具有相似化学结构或生化效果的药品和物质[42]。这些兴奋剂的很多副作用都一样，包括行为改变（特别是更具攻击性）、头痛、心脏功能受损、体温过高，甚至死亡。长期使用这些非法兴奋剂可能导致成瘾，以及与脱瘾期有关的问题[43]。

激素原

多种含有激素前体的膳食补剂已被用于促进增加力量和肌肉质量。总体而言，一般来说，对这些物质的研究已经证明，它们对于青少年和中年运动员没有益处，并且有明显的潜在风险。脱氢表雄酮（DHEA）是在人体内自然产生的，可以作为雄烯二酮的前体，后者可以转化成睾酮或雌激素。有一些证据表明，自然产生的DHEA水平较低的老年人可以受益于DHEA补剂[44]。然而，血清DHEA水平高与多种健康风险（如癌症）有关[45]。因此，建议在医疗监督下补充DHEA。老年运动员最有可能受益于DHEA补剂的医疗用途。

雄烯二酮是人体可以转化为睾酮或雌激素的一种化合物，已被广泛用于提高男性睾酮水平。由于雄烯二酮补剂已被证明在男性中提高雌激素水平的幅度比提高睾酮水平的幅度更大[46]，因此进行了一系列研究，希望通过同时补充被认为可抑制从雄烯二酮形成雌激素的天然化合物，在理论上有利于睾酮生成。然而，这些抑制剂（刺蒺藜、白杨素、吲哚-3-甲醇和锯棕榈）的组合未能提高从雄烯二酮产生睾酮的水平[47]。这些激素前体和阻滞剂明显缺乏潜在益处，而且会对人体自然的激素分泌产生影响，因此运动员和健身爱好者们应该避免在没有严格医疗监管的情况下使用这些产品。而且，这些物质中的大部分都被列入"世界反兴奋剂条例"（World Anti-doping Code）的禁药清单[42]。尽管有很多炒作，但雄烯二酮不太可能帮助任何正常健康的运动员增进机能，并且其潜在的不利因素显然是不值得为之冒险的。

雄激素合成代谢类固醇

雄激素合成代谢类固醇是旨在模拟睾酮的作用的药物。这类药物长期被运动员滥用，所有主要的运动组织都禁止使用该类药物。有证据显示，这类药物可以促进肌肉质量和力量的增长，并减少身体脂肪。然而，这些有益的改变是冒着对健康有严重不良影响的风险完成的[48,49]。即使在停药后，对健康的这些不良影响仍然有一部分会持续存在。特别值得关注的是，青少年使用雄激素合成代谢类固醇可引起骨骼中生长板提前闭合，并妨碍正常身高的发育。表18.6总结了使用雄性激素合成代谢类固醇的潜在不良影响。

机能增进剂的伦理和法律问题

当决定探索潜在机能增进剂的使用时，运动员将面临具有挑战性的决定。大多数运动员的第一个问题是"它有效吗"，这个问题的答案并不总是那么简单，通常严重依赖于身体活动的类型或个人寻求提高的身体适应以及参与研究的受试人群。实际上，第一个问题应该是"它安全吗"，这个问题的答案同样不总是那么简单或明显，并且必须考虑到可能影响特定个人的安全的多个独立变量。很重要的一个问题是"它是否合法或合乎伦理"。同样，答案不简单。即使看似普通的植物性产品也可能含有禁用的药物活性化合物，并可导致针对禁用物质的血液检测结果为阳性。一项分析了超过600种非激素营养补剂的国际研究发现，约15%的补剂含有未申报的雄激素合成代谢类固醇，可能引起兴奋剂测试阳性。在一些国家，

20%到25%的补剂受到污染[50]。因此，可能有资格参加药检的精英运动员必须在选择补剂时特别小心。但所有的运动员都需要注意，因为药检正在超出国际比赛和职业比赛，并进入校际赛场。

表18.6	使用雄激素合成代谢类固醇的潜在副作用的部分清单[a]	
男性	**女性[b]**
痔疮	发展出男性体征
体毛增多	增加面部和身体的毛发
脱发	声线变沉（更像男声）
男性乳房发育症（女性样乳房和乳头肿大）	更具攻击性
易怒	食欲增加
攻击性行为	痔疮
性欲增强或减弱	性欲变化
情绪变化极端（从良好到沮丧）	脱发
食欲增强	阴毛生长变化
失眠	体液潴留
体液潴留	月经不规律
睾丸萎缩	胸部变小
减少精子生成和不孕	阴蒂增大
前列腺增大	
血压升高	
HDL胆固醇降低	
LDL胆固醇上升	
中风	
葡萄糖耐量降低	

a：由于个体差异以及使用的类固醇的剂量和类型的不同，不良影响可能会有所不同。
b：关于女性的可用数据有限。
HDL＝高密度脂蛋白；LDL＝低密度脂蛋白。

使用非法物质提高运动成绩的诱惑对很多竞技运动员来说是很大的。各种体育项目的管理机构在伦理上必然会对违禁物质的使用实行管制。不幸的是，许多伟大运动员的声誉因非法使用违禁物质而被玷污。各体育项目为了维护自己的声誉，其管理机构有义务针对违禁物质的使用制定条例，并严格进行。

小结

为了在高水平竞赛中尽可能地提高个人潜能，需要在已知的健康指导下利用所有可用资源。没有什么可以替代一个合适的训练方案和态度，也没有神奇的药丸可以让任何人变成世界级的运动员。然而，当运动员已尽可能从食物摄取、天赋、训练和积极性中取得其最大收获时，以适当的剂量、形式和时间表使用的特定化合物可以提供安全和可行的手段，帮助运动员在训练和比赛期间发挥最大潜力并提高成绩。例如，当肌酸补剂与力量训练计划结合时，已经证明可以增加肌肉质量、力量和无氧运动表现。请记住，每个人摄入类似特定化合物的结果都可能会有所不同，因为这些结果可能与使用它们的竞技运动员的生理和心理状态有关。但是，所有的运动员和健身爱好者都应该避免使用禁用物质，如雄激素合成代谢类固醇。当决定探索使用潜在的机能增进剂时，运动员或健身爱好者应该问3个简单的问题：它有效吗？它安全吗？它符合伦理和法规吗？

参考文献

（1）Kurtzweil P. An FDA guide to dietary supplements. FDA Consum. 1998; 32: 28–35.

（2）Nutrition Business Journal's 2009 Archived Annual U.S. Nutrition Industry Overview Web Seminar. Penton Media, 2009.

（3）U.S. 103rd Congress. Dietary Supplement Health and Education Act of 1994. Public Law 103–417.

（4）U.S. Food and Drug Administration, Center for Food Safety and Applied Nutrition. Dietary Supplement Health and Education Act of 1994. December 1, 1995.

（5）Fletcher RH, Fairfield KM. Vitamins for chronic disease prevention in adults: clinical applications. *JAMA*. 2002; 287(23): 3127–3129.

（6）Fairfield KM, Fletcher RH. Vitamins for chronic disease prevention in adults: scientific review. *JAMA*. 2002; 287(23): 3116–3126.

（7）Huang HY, Caballero B, Chang S, et al. Multivitamin/ mineral supplements and prevention of chronic disease. *Evid Rep Technol Assess*. 2006; 139: 1–117.

（8）Drewnowski A, Shultz JM. Impact of aging on eating behaviors, food choices, nutrition, and health status. *J Nutr Health Aging*. 2001; 5(2): 75–79.

（9）Bidlack WR, Smith CH. Nutritional requirements of the aged. *Crit Rev Food Sci Nutr*. 1988; 27(3): 189–218.

（10）Gunderson EP. Nutrition during pregnancy for the physically active woman. *Clin Obstet Gynecol*. 2003; 46(2): 390–402.

（11）Food and Nutrition Board, Institute of Medicine. *Dietary Reference Intakes for Calcium, Phosphorus, Magnesium, Vitamin D, and Fluoride*. Washington, DC: National Academy Press; 1997.

（12）Food and Nutrition Board, Institute of Medicine. *Dietary Reference Intakes for Thiamin, Riboflavin, Niacin, Vitamin B-6, Folate, Vitamin B-12, Pantothenic Acid, Biotin, and Choline*. Washington, DC: National Academy Press; 1998.

（13）Food and Nutrition Board, Institute of Medicine. *Dietary Reference Intakes for Vitamin C, Vitamin E, Selenium, and Carotenoids*. Washington, DC: National Academy Press; 2000.

（14）Food and Nutrition Board, Institute of Medicine. *Dietary Reference Intakes for Vitamin A, Vitamin K, Arsenic, Boron, Chromium, Copper, Iodine, Iron, Manganese, Molybdenum, Nickel, Silicon, Vanadium, and Zinc*. Washington, DC: National Academy Press; 2001.

（15）Food and Nutrition Board, Institute of Medicine. *Dietary Reference Intakes for Energy, Carbohydrate, Fiber, Fat, Fatty Acids, Cholesterol, Protein, and Amino Acids*. Washington, DC: National Academy Press; 2005.

（16）Food and Nutrition Board, Institute of Medicine. *Dietary Reference Intakes for Water, Potassium, Sodium, Chloride, and Sulfate*. Washington, DC: National Academy Press; 2005.

（17）Food and Nutrition Board, Institute of Medicine. *Dietary Reference Intakes: Applications in Dietary Planning*. (prepublication copy/uncorrected proofs) Washington, DC: National Academy Press; 2003.

（18）Baggott JE, Morgan SL, Ha T, Vaughn WH, Hine RJ. Inhibition of folate–dependent enzymes by non–steroidal anti–inflammatory drugs. *Biochem J*. 1992; 282(Pt 1): 197–202.

（19）Expert Group on Vitamins and Minerals. Safe Upper Levels for Vitamins and Minerals. Food Standards Agency, United Kingdom, May 2003.

（20）Feskanich D, Singh V, Willett WC, Colditz GA. Vitamin A intake and hip fractures among postmenopausal women. *JAMA*. 2002; 287(1): 47–54.

（21）Albanes D, Heinonen OP, Taylor PR, et al. Alpha-tocopherol and beta–carotene supplements and lung cancer incidence in the Alpha–Tocopherol, Beta–Carotene Cancer Prevention Study: effects of baseline characteristics and study compliance. *J Natl Cancer Inst*. 1996; 88: 1560–1570.

（22）Pryor WA, Stahl W, Rock CL. Beta carotene: from biochemistry to clinical trials. *Nutr Rev*. 2000; 58(2 Pt 1): 39–53.

（23）Omen GS, Goodman G, 1ornquist M, et al. The Beta-Carotene and Retinol Efficacy Trial (CARET) for chemoprevention of lung cancer in high risk populations: smokers and asbestos–exposed workers. *Cancer Res*. 1994; 54: 2038–2043.

（24）Cook N, Lee IM, Manson J, et al. Effects of 12 years of betacarotene supplementation on cancer incidence in the Physician's Health Study (PHS). *Am J Epidemiol*. 1999; 149: 270–279.

（25）Blot WJ, Li JY, Taylor PR, et al. Nutritional inter–vention trials in Linxian, China: supplementation with specific vitamin/mineral combinations, cancer incidence, and disease specific mortality in the general population. *J Natl Cancer Inst*. 1993; 85: 1483–1492.

（26）Heaney RP, Weaver CM, Fitzsimmons ML. Influence of calcium load on absorption fraction. *J Bone Miner Res*. 1990; 5(11): 1135–1138.

（27）Benton D, Donohoe RT. The effects of nutrients on mood. *Public Health Nutr*. 1999; 2(3A): 403–409.

（28）Risser WL, Lee EJ, Poindexter HB, et al. Iron deficiency in female athletes: its prevalence and impact on perfor–mance. *Med Sci Sports Exerc*. 1988; 20(2): 116–121.

（29）Carmel R. Current concepts in cobalamin deficiency. *Annu Rev Med*. 2000; 51: 357–375.

（30）Carmel R, Melnyk S, James SJ. Cobalamin deficiency with and without neurologic abnormalities: differences in homocysteine and methionine metabolism. *Blood*. 2003; 101(8): 3302–3308.

（31）Andres E, Kaltenbach G, Noel E, et al. Efficacy of short–term oral cobalamin therapy for the treatment of cobalamin deficiencies related to food–cobalamin malabsorption: a study of 30 patients. *Clin Lab Haematol*. 2003; 25(3): 161–166.

（32）Andres E, Perrin AE, Demangeat C, et al. The syndrome of food–cobalamin malabsorption revisited in a department of internal medicine. A monocentric cohort study of 80 patients. *Eur J Intern Med*. 2003; 14(4): 221–226.

（33）Oh R, Brown DL. Vitamin B12 deficiency. *Am Fam Physician*. 2003; 67(5): 979–986.

（34）Leidig–Bruckner G, Roth HJ, Bruckner T, Lorenz A, Raue F, Frank–Raue K. Are commonly recommended dosages for vitamin D supplementation too low? Vitamin D status and effects of supplementation on serum 25–hydroxyvitamin D levels: an observational study during clinical practice conditions. *Osteoporos Int*. 2010 Jun 17.

（35）Hathcock JN, Shao A, Vieth R, Heaney R. Risk assess–ment for vitamin D. *Am J Clin Nutr*. 2007; 85(1): 6–18.

（36）Branch JD. Effect of creatine supplementation on body composition and performance: a meta–analysis. *Int J Sport Nutr Exerc Metab*. 2003; 13: 198–226.

（37）Brosnan JT, Brosnan ME. Creatine: endogenous meta–bolite, dietary, and therapeutic supplement. *Annu Rev Nutr*. 2007; 27: 241–261.

（38）Jellin JM, Gregory PJ, Batz F, et al. *Pharmacist's Letter/Prescriber's Letter Natural Medicines Comprehensive Database*. 5th ed. Stockton: 1erapeutic Research Faculty; 2003.

（39）Green AL, Simpson EJ, Littlewood JJ, et al. Carbohy–drate ingestion augments creatine retention during creatine feeding in humans. *Acta Physiol Scand*. 1996; 158: 195–202.

（40）Kreider RB. Creatine. In: Driskell JA, ed. *Sports Nutrition: Fats and Proteins*. Boca Raton, CRC Press; 2007: 165–186.

（41）Spriet LL. Caffeine and performance. *Int J Sport Nutr*. 1995; 5(Suppl): S84–99.

（42）World Anti–Doping Agency. The World Anti–Doping Code: 1e 2008 Prohibited List. Accessed March 20, 2008.

（43）Nuzzo NA, Waller DP. Drug abuse in athletes. In: 1omas JA, ed. *Drugs, Athletes, and Physical Performance*. New York: Plenum Publishing Corporation; 1988; 141–167.

（44）Villareal DT, Holloszy JO. DHEA enhances effects of weight training on muscle mass and strength in elderly women and men. *Am J Physiol Endocrinol Metab*. 2006; 291: E1003–1008.

（45）Johnson MD, Bebb RA, Sirrs SM. Uses of DHEA in aging and other disease states. *Ageing Res Rev*. 2002; 1: 29–41.

（46）King DS, Sharp RL, Vukovich MD, et al. Effect of oral androstenedione on serum testosterone and adaptations to resistance training in young men: a randomized controlled trial. *JAMA*. 1999; 281: 2020–2028.

（47）Brown GA, Vukovich M, King DS. Testosterone pro–hormone supplements. *Med Sci Sports Exerc*. 2006; 38: 1451–1461.

（48）Bahrke MS, Yesalis CE. Abuse of anabolic androgenic steroids and related substances in sport and exercise. *Curr Opin Pharmacol*. 2004; 4: 614–620.

（49）Hartgens F, Kuipers H. Effects of androgenic–anabolic steroids in athletes. *Sports Med*. 2004; 34: 513–54.

（50）Geyer H, Parr MK, Mareck U, et al. Analysis of non–hormonal nutritional supplements for anabolic–androgenic steroids—results of an international study. *Int J Sports Med*. 2004; 25: 124–129.

客户互动和职业发展

生活方式改变与行为指导

学完本章，你应该能够掌握如下内容。

- ☑ 描述积极的客户体验的主要特征。
- ☑ 理解改变的阶段模型。
- ☑ 描述有效沟通技巧的主要特征。
- ☑ 描述有效SMART目标设定技巧的基本元素。

行为指导简介

大多数美国成年人根本没有定期参加足够的锻炼来提升和保持其健康与生活质量。尽管锻炼会带来生理和心理的双重好处，诸如缓解焦虑与抑郁，降低心血管疾病的风险，更加合理地控制体重以及提升自信等，但是人们的活动水平却持续下降[1]。据估计，美国成年人当中超过75%的人不会参加每天30分钟、低到中等强度的身体活动[2]。如果运动的益处确实远多于其不良影响，而目前的工作方法却又收效甚微的话，那么成功的私人教练该如何改变其工作方法，教育客户关于运动行为的利弊并坚持锻炼，从而改变人们对运动的看法？本章将探讨一些有助于激励客户，并使他们更容易接纳运动和坚持运动的基本要素。这些基本要素包括：积极的客户体验的主要特征、开始运动的过程、第一节训练课、有效沟通技巧的重要性、运动的社会影响、运动的常见障碍、促进坚持运动的策略以及运动的心理益处。

客户对教练的期待

私人教练能够对客户产生重大的影响；因此他们有义务为每一名客户设计出行之有效的训练计划，并提供合理的建议。他们的态度、行为以及沟通方式会极大地影响客户是否选择再次参加下一节私教训练课。私人教练要以积极的方式训练客户，支持行为改变的过程，这样可以使客户更愿意坚持锻炼[3]。

私人教练有20秒去建立良好的第一印象。良好的第一印象可以通过以下方式实现。

- ◆ 眼神交流。
- ◆ 介绍自己的姓名并获悉客户的姓名。
- ◆ 微笑。
- ◆ 与客户握手。
- ◆ 记住客户的名字并使用它。
- ◆ 运用良好的肢体语言。

新客户通常会在听声音之前首先注意到教练的肢体语言和面部表情。如果新客户在前20秒内注意到私人教练的肢体语言极为糟糕，或者他的肢体语言与口头表达并不一致，那么就可能对私人教练与潜在新客户之间的关系造成严重的永久性影响。

除了态度、行为以及良好的沟通，下面还列举出私人教练应具备的其他重要品质[4]。

- ◆ 私人教练需要有专业的外表：整齐，干净并且穿着得体。
- ◆ 私人教练需要花时间与新客户建立关系。
- ◆ 客户需要感觉到私人教练在聆听。
- ◆ 私人教练需要始终做好保密工作并保证客户的安全。
- ◆ 私人教练应该友善、热情、体贴，并富有同情心。
- ◆ 私人教练应当与客户完成锻炼流程。
- ◆ 私人教练应示范所有的练习，解释正确的姿态和模式。
- ◆ 私人教练要善于询问，并完成全面的初次评估。

客户对环境的期待

对于私人教练来说，另一项重要的工作是对各类训练环境的选择和安排。私人教练的工作环境反映了他们是什么样的教练，同时也决定了他们会吸引什么类型的客户。

一些可以预测运动参与度和坚持度的关键要素包括以下内容。

- ◆ 为客户提供多重选择。
- ◆ 支持性的培训环境。
- ◆ 交通便利的地点。
- ◆ 会员与私人训练的成本。

除了上述预测运动参与度和坚持度的关键要素以外，积极的客户体验的其他支持要素包括整洁的设施、翔实的计划信息、便捷的登记过程，以及友好且管理有序的辅助工作人员[4]。

小结

　　私人教练能够对人们产生重大的积极影响。私人教练要以积极的方式训练客户，支持行为改变的过程，这样可以使客户更愿意坚持锻炼。他们的态度、行为以及沟通方式会极大地影响客户是否选择再次参加下一节私教训练课。

　　上面列出的客户期待并没有超出可能实现的范围；我们所有提供商品和服务的商家都会有此期待。这些建议与私人教练的经验相结合可以很好地指出他们在与不同客户合作时需要选择的方向。

改变的不同阶段

　　除非人们认为改变健康行为需要一个非常好的理由，否则他们可能不会这样做。做出改变与人的本质背道而驰，并且会违反熟悉的、稳定的、常规的做法。对于大多数人来说，改变既可怕又难以预料。因此，他们一直都在努力维持生活现状，而不愿意打破这种平衡。行为改变的过程通常从存在已知的问题或需要改变时开始。

　　就运动而言，"改变的阶段模型"是使用最为广泛的变化模型之一（图19.1）。健身专业人员已经发现这个模型特别有用，因为它在帮助客户改变身体活动模式时具有良好的操作性[5]。

　　绝大部分私人教练在面对拥有多年定期运动经历和从不锻炼的两类客户时，都会采用不同的训练手段。私人教练需要根据客户对变化的准备程度来调整自己的行动和建议。

图19.1

改变的阶段模型

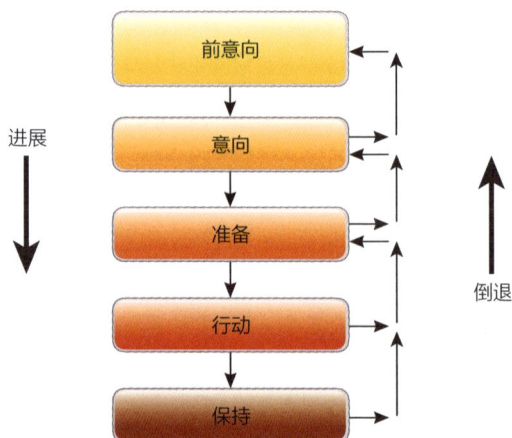

阶段1：前意向

私人教练通常不会看到处于前意向阶段的人。处于该阶段的人无意做出改变。他们不愿意参加锻炼，而且在未来6个月中没有开始运动的打算。针对处于前意向阶段的人，最好的策略是教育。尽管私人教练无法让任何人形成要提高身体活跃度的意愿，但他们可以为这类人士提供建议，使其了解从哪里可以获得相关的信息。吸引人且通俗易懂的教材尤其适合处于前意向阶段的人。如果可以，私人教练应尽可能与此类人群交谈，了解他们对锻炼的想法，并努力扫除他们的误解。

阶段2：意向

处于该阶段的人不会参加锻炼，但正在考虑在未来6个月中变得更加活跃一些。由于意向阶段人群有这种想法，在他们选择的做法以及他们是否选择锻炼这两个方面，私人教练能够对其产生很大的影响。私人教练需要能够用心倾听此阶段人群的需求，并竭尽所能地给予支持。处于意向阶段的人了解运动的成本和益处，但仍存在错误的概念。

对处于意向阶段的人，最好的策略（依然）是教育。处于意向阶段的人需要信息。私人教练需要了解客户对锻炼的利弊有何看法，并针对错误的观念提供获取正确信息的渠道。重要的是要讨论如何处理客户所感知的锻炼弊端。在此阶段中，私人教练应当帮助客户建立激励计划，以养成长期坚持锻炼的习惯。私人教练能够帮助处于意向阶段的人相当迅速地进入变化的准备阶段。

阶段3：准备

处于该阶段的人（偶尔）会运动，但是计划在接下来的一个月里开始定期运动。他们坚信锻炼对健康的益处。处在准备阶段的人可能会对自己希望实现的改变存在不切实际的期望，这往往导致失望并且中途放弃。因此，与准备阶段的人合作时，最好的策略如下。

- ◆ 帮助此阶段的客户澄清切合实际的目标和期望。
- ◆ 帮助客户坚定锻炼重要性的信念。
- ◆ 针对不同的客户讨论最有效的计划。
- ◆ 综合考虑客户的日程、偏好以及健康情况。
- ◆ 询问客户之前锻炼的成功体验。
- ◆ 规避可能造成不适或损伤的练习。
- ◆ 讨论建立一个社交支持网络。

阶段4：行动

在行动阶段的人是活跃的。他们已经开始锻炼，但保持该行为的时间尚未足6个月。为了让客户保持留在行动阶段，其中一些最好的策略是继续为他们提供教育，因为这会加强他们对于运动优点的信念。在这个阶段中，最重要的工作是讨论运动过程中存在的障碍，并预测可能出现的干扰。私人教练需要与其客户合作，制订克服这些障碍及干扰的行动措施。如果时间或者强度成为障碍，私人教练不应为重新制订运动计划而感到担心。

阶段5：保持

处于保持阶段的人已经保持变化达到6个月，甚至更久。尽管他们在其运动规律中已经形成了行为的变化，但他们仍然想回到锻炼较少的旧习惯。有很多良策可以帮助客户坚持锻炼计划。私人教练应当建议客户制订一个维持登记计划，包括强调优势、讨论进度，并帮助他们升级其锻炼计划。根据每个人的偏好给予针对性建议。到达这个阶段的人有时会发展成为指导者和教练。私人教练可以帮助提升个人锻炼的积极性，提供社交支持，并对其运动意图提供强有力的支持[5]。

评估客户的阶段

以下一些问题可以帮助你对客户所处的阶段进行评估[5]。

1. 他们过去有什么身体活动的经验？
2. 最能让他们坚持锻炼计划的因素有哪些？
3. 什么样的训练最没有效果？什么促使他们放弃锻炼计划？
4. 在过去的6个月中，是什么使他们不愿意锻炼？
5. 在面临干扰时，他们如何做到坚持锻炼？缺少时间呢？旅游呢？节假日呢？

如果客户处在保持阶段，问题1至5将提供更全面的信息，帮助指导私人教练与客户的合作。

如果私人教练认为其客户处在锻炼阶段，可以利用问题1、问题2、问题3和问题5；记住，处在这个阶段的客户会努力寻求解决运动障碍的方法。

如果私人教练认为其客户处在准备阶段，那么他们之间的讨论会围绕问题1、问题2、问题3进行。除了这些问题以外，教练还会建议客户设立合理的目标，并帮助他们找到社交支持。

如果私人教练认为其客户处在意向阶段，其任务则是帮助客户为运动做好准备。问题1、问题2、问题3和问题5有助于将客户引向那个方向。

如果私人教练认为其客户处在前意向阶段，那么问题1、问题2、问题3和问题5会提供一些有用的信息，但要准备好提出其他问题。例如，是什么阻止他们变得活跃，或者他们是否知道中等强度的运动并不辛苦，并且仍然提供健康益处[5]。

小结

大多数的健身中心是针对行动阶段和保持阶段的人进行设计的。这些人在心理上已经准备好报名参加健身课程或者聘请私人教练。然而，处在意向阶段或准备阶段的人却没有做好这种心理准备，并且通常会觉得挣扎和想退缩。所以，改变模式的阶段建议为广泛的人群量身定做多种活动，应发挥最大的影响力，特别要针对处在意向阶段和准备阶段的人[5]。作为私人教练，实现和理解这一点很重要。这意味着，私人教练需要运用不同的方法和对话，在整个过程中加强与客户的合作，并且要更有创意。

了解行为变化过程可以帮助私人教练根据其客户所处阶段制订满足需求的方案，而不是假设所有客户的锻炼计划需求都相同或相似。改变模式的阶段鼓励以人为中心的方法，激励客户并帮助他们坚持有可能为他们带来长期成功的锻炼计划。

第一节训练课

私人教练有20秒的时间给客户留下良好的第一印象。在这20秒当中，客户首先会看到什么？通常，客户在听到任何内容之前，首先注意到的是肢体语言。如果私人教练的肢体语言没有表现出欢迎的态度，或者缺乏友善和热情，这20秒的印象可能就不会是积极的。私人教练需要借助肢体语言向客户传递开放、友善和热情的感觉，让客户感到舒适。

如果私人教练用最初20秒留下积极的印象，那么重要的是要继续朝着积极的方向前进。与客户的第一节训练课并不包括立即布置锻炼计划。第一节训练课是双方关系的起点。与客户建立关系首先就要花时间去了解他们是谁，他们的需求和目标是什么。私人教练需要放心地让客户知晓，在第一节训练课中，他们需要花至少30分钟只是交谈并了解对方。在这节训练课里，私人教练要明确客户的运动准备程度，并且判断出客户所处的变化阶段。私人教练正是从首次谈话中开始吸引其客户，与他们沟通并了解他们。私人教练可以从首次谈话中确定客户的需求方向，以及如何与客户进行接下来的合作。

除了要确定客户的运动准备程度以外，为什么还一定要花时间去了解他们呢？这是因为在关系的建立阶段存在着试探和不确定性，以及双方了解彼此的机会。通常关系双方就是在这个试探阶段中决定是否希望保持关系。与客户的关系也需要经历这个试探期。如果客户认为在试探期中并没有得到自己需要的东西，他们就不会再来。如果客户认为在试探期中满足了他们的需求，他们就还会再来。如果你想确保客户会再来，就一定要花时间去了解他们，明白他们对运动的准备程度，了解他们的目标，用心倾听，提供支持，并与他们共同设计其运动计划。

除了评估客户所处的阶段，还要询问客户在身体活动方面的其他经验，并谈论有哪些措施可以最有效地帮助他们坚持锻炼计划、哪些措施的效果最差。在首次谈话中还可以讨论其他一些议题，诸如日常活动（例如，园艺、家务和爬楼梯）以及身体活动对于保持良好的健康状态和预防身体、情绪疾病方面的重要作用等。私人教练应不断地告诉客户更多身体运动是有益的，并解释原因。

讨论健康问题

对于健康问题的讨论是首次谈话中的另一个重点，尤其当客户处在意向阶段和准备阶段的时候。能够围绕客户的健康问题及锻炼的作用进行理性的交谈，这可以激励客户倾向于参加锻炼。

健康问题不仅能激励客户参加锻炼，还能为运动处方确立基础。健康问题或许就是客户联系你的原因。尽管客户可能已经填写过健康问卷或病史调查表，但是仍然十分有必要就健康问题进行口头交流。很多客户可能会忘记写下一些重要的健康信息，在仓促的情况下更是如此。与客户就健康问题进行交流的内容包括：客户目前有哪些健康问题，他们担心可能存在哪些健康问题，以及其家族病史。这些对话也是与客户建立关系的重要部分。这样做让私人教练能够理解客户，倾听客户的忧虑，并向他们传递关爱。

运动有助于预防、延缓以及治疗慢性疾病，有规律的身体活动已经被证明可以缓解许多情绪健康问题的症状[6-8]。减压是人们坚持锻炼计划的主要原因之一。询问客户的压力程度，并告诉他们锻炼也许会带来益处。

明确健身目标

在私人教练已经建立了良好的第一印象并且讨论过健康问题之后，重点就是和客户谈谈健身目标。了解客户希望实现哪些健康改善，并明确客户所说的"感觉更好""更加强壮""改善外表"和"健美"的真正含义，这是十分重要的。这些说法经常有人使用，但它们对于不同的人有着不同的含义。非常重要的是要与客户一起明确这些说法的含义，而不是试图自己解读。让客户口头表达自己的目标也是很重要的，不仅要明确他们对私人教练的目标，还要明确他们对自己的目标。

私人教练一定要理解如何设定目标，并且能够与其客户一同完成设定目标的工作。客户经常会提出一些不切实际的目标，作为私人教练，就一定要能够识别出哪些目标对于客户是不现实的。不切实际的目标会导致健身计划过于苛刻，超出客户的能力范围、生活方式、时间限制或者初始的体能水平。这往往会造成客户放弃锻炼计划或者可能受伤。

私人教练应当利用经验和专业知识帮助其客户设定目标。这些目标（称作SMART目标）应当是具体的（specific）、可测量的（measurable）、可达到的（attainable），并具有现实性（realistic）和时效性（timely）的。鼓励客户建立的目标包括身体技能、心理技能以及锻炼的心理益处。私人教练应当建议客户将自己的目标记录在纸上，并学会时常查看它们。私人教练应与客户一同将目标细化为更小的步骤，以便客户能够在相对较短的时间内完成它们。短时间内达成目标将帮助客户获得成功感[9]。

目标一般分为两种：过程目标和结果目标。帮助客户侧重于过程目标是最重要的。与结果目标相比，客户对过程目标有更强的控制力，如果客户重视过程目标，那么结果自然会水到渠成。在过程中不断体验成功对于客户来说是很大的激励。简单来说，当目标是"参与"时，完成一节训练课就代表着完成了一个目标[10]。

确定何时与客户再次回顾并讨论其目标，也是私人教练的一项重要职责。因为每位客户都不同，有些客户的进步会比其他人更快，所以私人教练要与每一位客户讨论何时及如何回顾和重新评估其目标。还必须让客户知道，每个人的进程都会存在差异。重要的是，要让客户知道，如果有必要，重新设定目标，或者对之前的目标进行增减都是很正常的。

回顾先前的锻炼经历

了解客户的健康问题、体能目标以及回顾先前的锻炼经历对于建立全面的锻炼计划都非常重要。在与客户讨论其先前的锻炼经历时，应当同时涉及他的正面与负面的经历，以及有效和无效的做法。

有效的做法是什么？私人教练应与客户谈谈过去有哪些类型的做法有效，以及哪些因素曾帮助他们坚持锻炼计划。有些客户可能不得不讨论他们年轻时或者小时候的事情。也许客户没有最近的锻炼经历，但是通过让他想起儿童时期积极活动的场景，会引起积极的回忆，并帮助他记起自己也曾经获得过成功。

我们鼓励私人教练与客户交流他们积极的锻炼经历。通常这些积极经历都可以重现成为一种新的体验。如果客户难以从过去的经历中找到积极的情景，那么可以尝试询问以下问题。

◆ 你是否曾在运动后感觉良好？
◆ 你是否曾在一天当中感觉更有活力？
◆ 你是否拥有更好的睡眠质量？
◆ 你是否感觉更加放松？
◆ 你的思维是否变得更加清晰？

接下来可能如下问题。

◆ 你是否在一天当中的某个特定时段的锻炼效果会更好？
◆ 你是否因为参加训练课而获得了更好的锻炼效果？
◆ 你是否曾尝试在锻炼过程中听音乐？
◆ 与他人一同锻炼，你是否更容易坚持锻炼计划？

◆ 使你在运动中获得积极体验的因素有哪些？

◆ 导致你放弃锻炼的因素有哪些？

私人教练在与客户谈论先前的锻炼经历时会发现，过去的锻炼计划失败的原因通常会有很多种。其中一些原因也许是托词，但更多的是一些客户无法逾越的困难和障碍。对于客户来说，了解哪些因素可能会阻碍新的运动计划，这一点很重要。通过预测问题，私人教练可以帮助其客户在情绪上对应对这些问题有更好的准备。

在这个对话阶段，客户也许会提到导致他们放弃锻炼的几个重要因素：锻炼计划难度太大，受伤，锻炼计划过于耗时，以及生活中出现太多复杂的情况。这些是导致客户的锻炼计划失败的关键原因，因此在为客户制订锻炼计划的时候，私人教练一定要始终考虑这些因素。同样重要的是，要将它们记录下来，并时常询问客户是否感觉到这些问题。私人教练应该知道，如果客户感觉到这些问题，他们肯定会中途放弃锻炼计划[3]。

完成计划设计

现在，私人教练应该已经相当了解其客户的健康问题、体能目标以及过去积极和消极的锻炼经历。这些信息应使得教练能够清晰地知道客户的目标方向。在客户的第一节训练课中，此时就是为制订计划奠定基础的时候。客户也应当清楚，私人教练已经从双方对话中了解所有与制定其锻炼计划有关的信息。

在第一节训练课余下的时间里，应当包括向客户征询有关在锻炼计划中加入哪些活动的意见。例如，如果客户对力量训练的计划感兴趣，那么就一定要向他们介绍训练所涉及的各种工具，如力量器械、自由负荷、稳定球、弹力带、药球以及壶铃。在介绍完多种训练工具后，与客户的对话就可以进展到了解客户的喜好，并基于该信息制订训练计划。

最后，私人教练可以让客户完成详细的健康评估过程，确定身体成分、心肺功能和动作质量等客观信息，为计划设计提供更进一步的帮助。如果客户同意进行体能评估，私人教练应在保护客户隐私的地方进行评估，避开其他健身房客户的眼光。然而，如果时间有限，体能评估也可安排在第二天进行（并可以与第一次锻炼衔接起来）。

帮助客户预测过程

对于以前没有运动经历的人来说，开始锻炼计划让人觉得最可怕的部分可能是第一天完全要靠自己。在第一次会面结束之前，教练应与客户就以下内容进行交流：他们是否已经做好了开始的准备；他们是否已配备所需要的所有装备；他们是否知道自己的方向；他们是否还需要更多的信息。

如果客户对健身机构的环境感到陌生，就要与他们谈谈如何融入。在谈话中，向客户介绍加入健身机构的不同类型的会员，这可能是十分重要的。因为当客户知道有其他会员与自己的情况相似时，他们将会更轻松一些。同客户讨论在锻炼中适合穿什么服饰，这也是很重要的。许多人并没有人去教他们穿适当的运动服装，而这是融入健身环境的一个重要方面。知道有其他人与自己的情况相似，并且了解适当的运动服装，能够有效缓解客户的社会性体格焦虑。

和新客户讨论的另一个重要话题是其他锻炼者对其行为的影响。在同一运动环境中，一个人的运动行为可能会受到其他锻炼者的影响。有研究表明，当处于其他人的注视之中时，人们通常会更加努力并表现得更好，这就是所谓的社会助长原理。人们想要给人一种自己和周围的人一样体态健美的印象，并且可能不愿意承认其练习对他们来说比对他们旁边的人要费劲。在自述型研究中，"当旁边有人表现出其练习很轻松时，锻炼者报告的主观疲劳感觉分值（RPE）会比独自锻炼时报告的更低"[11]。私人教练应向客户说明，健身房中其他人可能会对其产生怎样的影响。

小结

在与客户的第一节训练课中，要记住一些非常重要的事项。无论是第一节训练课还是在整个练习的过程当中，与客户的沟通都是很重要的。用心倾听。尽可能让对话保持友好和开放的氛围，并尽可能体谅。当讨论到健康问题时，要教育客户久坐生活习惯的危险性以及与锻炼有关的具体益处。在关于锻炼目标的交谈中，帮助客户识别出对其切实可行的目标。通过帮助客户确定其可以获得成功的领域来建立其自信，还要讨论那些没有效果的做法，向客户保证在制订其锻炼计划时将会考虑这些因素。允许客户参与锻炼计划的最终设计，并帮助他们预测第一天的场景。

有效沟通技巧的重要性

有效的沟通往往决定了私人教练与客户之间建立关系的成败。私人教练一定要了解语言沟通和非语言沟通对其成败的影响。此外，有效沟通技巧是一种后天习得的行为。不论是通过电话还是面对面交流，与客户的关系建立始于初次对话。无论采取何种沟通模式，运用合适的沟通技巧开始与客户建立积极的关系都非常重要。

下面列举了一些技巧，帮助提高与客户的沟通[12]。

◆ 向客户解释重要的策略、步骤以及期望，让客户明白预期要完成的目标。

◆ 要敏锐察觉客户的感受，并与他们有情感上的交流（表达出同理心）。

◆ 根据自己的性格和训练风格，持续与客户进行沟通。

◆ 采用积极的沟通方法，包括鼓励、支持和正向强化。

◆ 以问候和微笑迎接客户。

非语言沟通和语言沟通

在非语言沟通中，一个人的所感所想都体现在其肢体语言中。大部分非语言沟通都表现在面部表情中，例如嘴唇的小动作或者眼神的变化。其他形式的非语言沟通包括外表、态度、手势和身体姿势。人类天生可以察觉到别人细微的非语言变化。很多时候，非语言沟通的问题是如何解读，但通常积极的非语言沟通会产生积极的影响，而消极的非语言沟通会产生消极的影响。非语言沟通的消极作用一般会导致客户不再来。

语言信息必须清晰，才能被正确接收和解释[12]。为此，需要在正确的时间、正确的地点传递信息。不仅如此，听者需要澄清自己从说者那里听到的内容，而说者需要表示同意或向听者重新澄清。

图19.2阐明了说者与听者之间的简明的4步沟通模型。仔细研究该模型，很容易就会发现，几乎每一步都有出错的可能。首先，说者实际想表达的意思并不总是很清楚。说者选择的词句可能不完全准确。说者的沟通方式可以根据语气、语调和发音的变化而有所不同。此外，听者实际听到的可能是说者所要表达的全部内容，也可能只有一部分，或者几乎就没有听到。听者与说者对于同一词语的理解也许截然不同。最终的结果可能是双方之间出现误解[13]。

主动倾听

主动倾听不仅仅是具有良好的沟通技巧。主动倾听的重点是拥有真诚的态度和真正的兴趣去探知客户的观点并深入了解客户。主动倾听要求全神贯注，避免分心，直视说者的眼睛，并且只有在说者说完之后才提供反馈。

在沟通中的主动倾听并不是为了要去说服客户去做某些事情，也不是为了推销锻炼计划或提供正确的信息。主动倾听意味着私人教练对客户的一种尊重和发自内心的关爱，也意味着私人教练希望与客户建立伙伴关系或合作关系。私人教练的目标并不是沟通信息，而应该是与其客户建立关系。这需要对每个客户的观点都保持尊重的态度，并且要真正有兴趣了解

图19.2

语言沟通

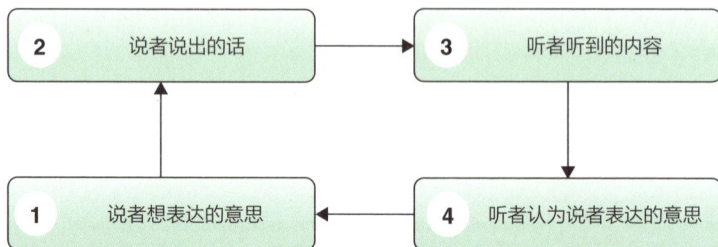

| 2 说者说出的话 | → | 3 听者听到的内容 |

| 1 说者想表达的意思 | ← | 4 听者认为说者表达的意思 |

对方。可以说，沟通双方对运动的理解远比提供正确的信息更为重要。

幸运的是，一些相当简单的沟通策略就可以在建立新关系的过程中，有效地帮助客户感到支持、理解和愉悦。同样这些简单的沟通策略还可以最大限度地减少可能导致与客户关系变得尴尬的分歧。通过尽可能提供支持和减少分歧，私人教练就能够与客户建立联系，并且这种联系正是导致客户坚持锻炼计划的原因。

与客户保持积极的关系让私人教练有机会全力支持其客户坚持锻炼。生活方式的改变极少是突然发生并且没有经过挣扎的。生活方式的逐渐改变通常伴随着一种模式：倒退，停滞，再重新开始。但是，与客户建立的协作关系无疑能够并且将会在此过程中提供支持。

提问

封闭式（指导性）问题可以用一个词回答。虽然封闭式问题很重要（例如，"你叫什么名字"），但开放式（非指导性）问题却能够让客户提供更多的信息。开放式问题不能用一个数字、一个地点，或者"是"或"否"来回答。客户需要详细阐述。开放式问题对于与客户的协作关系的建立非常重要，因为这些问题会引发讨论。开放式问题要求客户表达自己的恐惧、阻碍、挫折以及成功。提出开放式的问题比想象中更困难。在多数日常对话中，我们并不会用到它们。试试去听一段与客户的典型对话，看看你提出了多少个封闭式问题[13]。

反映

反映是表达所听到内容的意义的会话技巧[13]。虽然我们在对话中很少用到反映，但这种技巧既微妙又有力。反映表达出关心，并就自己的理解进行沟通。反映不仅是确保准确理解客户话语的机会，同时也让客户有机会去准确表达自己的所想所感。反映是十分有力的技巧，因为它是主动倾听的标志。如果你觉得反映是一个新的概念，也许可以说反映有点像屈尊俯就的样子。重复客户说的每一个字，或者回顾已介绍过的信息似乎有点多余，但事实并非如此。随着反映变得更加流畅，客户自然而然地将更多信息添加到所反映的内容中。如果足够熟练，教练和客户之间的对话将会滔滔不绝，所有的信息都将来自客户[14]。

总结

总结是一系列的反映。如果教练在与客户进行反映方面做得很好，那么总结应该非常简单。总结将谈话的所有重点汇总在一起，并再次让客户澄清他们说过的话或者是某人对他们说过的话的解读。总结表现出在整个对话过程中更深入的倾听。

认同

认同是对客户及其优势的认可。私人教练必须仔细聆听才知道可以认同的内容。当对客户表示认同的时候，教练必须真诚地对客户个人重视的某些方面表示肯定。例如，对客户的运动服装、运动鞋或者心率监测仪的认可看起来无可厚非，但一般来说，人们在获得对其想法、计划或者技能方面的正面评价时会感觉到更加有力的支持。那么认同与赞美之间有何区别呢？"赞美通常含有隐含的评估判断"[15]。赞美通常是以"我"开头的句子。将"我"改成"你"，将认同从外部优势重新定位到客户的内在特点。认同传达给客户的是对其人格的一种赞许。

征求许可

私人教练通常知道什么信息对于客户来说是重要和有帮助的，但同样重要的是，要认识到他们分享的信息并不总是正确的。时刻牢记，客户支付了费用让私人教练与其分享信息。但是，在与客户分享信息之前，要征求共享该信息的许可，这是很重要的。向客户征求提供建议的许可，这种做法让私人教练作为权威人物的形象变得不那么强硬，并有利于加强决策过程中双方的合作伙伴关系。

在与客户沟通新信息时，要记住一些基本的要领。以下列举了其中的一部分[16]。

◆ 强迫客户接受信息很可能会引起抵触情绪。

◆ 有时教练可能会获得他们认为有利于客户成功的信息；然而，征求许可是很重要的，特别是在客户没有咨询这些信息的情况下。

◆ 通过与其他客户合作的例子提供信息。例如，在我与其他客户的合作中，这是他们觉得有帮助的。

◆ 允许客户不同意或忽略这些意见。

◆ 提供多种选择。

小结

私人教练工作的有效性取决于他们与所有类型的人（包括客户以及同事）之间的沟通能力。私人教练因提供良好的建议而获得薪酬。从某种程度上讲，私人教练提出越多建议，似乎就意味着他越专业。但前提是，只有当私人教练愿意倾听并了解客户的需求时，各种好的建议才会奏效。

近年来的研究证明，比建议更重要的是教练如何与客户进行互动和交往。互动包括与客户建立感情基础，倾听并了解他们的需求以及他们整体的人格。与客户交往涵盖了深化互动必备的技能，包括主动倾听、提问、反映以及认同客户的信念。

社交对运动的影响

社交网络可以强烈影响行为和信念。尝试改变运动行为以及具有强大社会支持的人群通常会更成功。社会支持来自家庭、朋友、同事、私人教练以及其他提供鼓励、支持、责任和陪伴的人。社会支持是促进坚持锻炼的有效因素之一。

在新客户的第一节训练课中，私人教练应与客户探讨他们可能需要或已经获得的社会支持的数量和类型。当谈及先前的成功锻炼经历时，人们可能会提到一位健身同伴、家庭成员或者朋友，或者将这次成功的经历归功于这个人。如果一个对话并没有朝着这个方向进行，就可能要提出以下一些问题：在你曾经获得的成功体验之中是否有其他人的参与？家人和朋友有否帮助你坚持锻炼计划？谁在你的锻炼成功的道路上最重要？毫无疑问，坚持锻炼和成功在一定程度上都归因于社会支持。

有些客户拥有强大的社会支持网络，而有些客户的社会关系却十分有限。对于拥有强大社会支持网络的客户，与他们谈谈如何利用其社会支持。对于社会支持网络有限或完全没有社会支持的客户，私人教练应帮助他们找到坚持锻炼计划所需的社会支持。在健身机构里通常有多种机会可以让私人教练帮助客户找到不同领域的社会支持。一个最简单的方法就是将客户介绍给健身机构里的其他工作人员和会员。对于首次参加锻炼的客户来说，能够与周围其他人结识非常重要。教练同样可以建立小型的健身小组，并鼓励已有的客户邀请朋友、同事、家人参与进来。最后，为小组新进成员组织非正式的对话环节，促进大家之间的交往。

尽管拥有强大社会支持的人可以更成功地坚持锻炼，但有很多人更愿意选择独自锻炼。一般来说，这些人想通过锻炼使自己远离尘嚣，给自己独处的时间，思考，或者释放压力，放松身心。尊重他们对独处和隐私的需求，这十分重要。喜欢独自锻炼的人也许在工作与生活中具有强大的社会支持，让他们能够定期锻炼。

与客户谈论过往成功和失败的锻炼经历，可以帮助客户确定促使他们坚持锻炼所需的社会支持的类型和数量。人们很难将成功的锻炼经历和社会支持关联起来，同样，有些客户也很难将失败的锻炼经历归咎于缺乏社会支持。私人教练一定要帮助客户建立社会支持与锻炼之间的关系[17]。

不同类型的支持包括哪些

帮助客户实现健康和健身目标的支持类型有很多，每一种支持机制都会对客户的成败产生重要影响。其中一些支持机制包括物质支持、情感支持、信息支持以及同伴支持。

物质支持

物质支持是帮助客户坚持锻炼或实现锻炼目标所必需的有形和实际的因素，例如去健身机构的交通工具、照看孩子的保姆或是在健身房举重的保护员等。当物质支持中的某些部分不能给予支持时，可能就转变成障碍。与客户就这些因素展开讨论具有实际意义。如果有切实的东西妨碍其锻炼，人们将无法坚持锻炼计划。例如，客户在缺少交通工具时，他怎么可能保证每天去健身房呢？

情感支持

情感支持是通过鼓励、照顾、同情和关怀来表达的。对客户付出的努力表示赞许，鼓励客户更加努力，并且在客户抱怨肌肉酸痛时表示理解，这些都是情感支持的实例[18]。情感支持可以增强自尊并缓解焦虑。尽管情感支持的含义更为深入，但是对客户表示认同也是其中一种形式。正如之前的讨论，认同是对客户的目标和付出的认可。认同应该是真诚的，并且认同的是对客户有价值的东西。

信息支持

信息支持是客户最初寻求私人教练帮助的主要原因之一。这种支持包括向客户提供有关如何锻炼的指导、忠告或建议以及关于其进展的反馈。我们在关于沟通的一节中讨论过，教练提供信息的方式十分重要。信息支持可以来自于正式资源（私人教练、团体运动指导员或其他健康和健身专业人员等），也可以来自于非正式资源（例如分享其自身锻炼体验的家人和朋友）。

同伴支持

同伴支持大概是最熟悉的一种支持。本节前面讨论过，与社会支持相似，同伴支持包括能够与客户一同锻炼的家人、朋友以及同事。运动过程中的同伴支持可以产生积极的感受，并且可能分散与锻炼相关的负面感受，例如疲劳、疼痛以及乏味。这类的同伴关系也提供友爱和责任的感觉。

团队对锻炼的影响

有很多人的影响力可能会帮助或阻碍客户达到健身和健康目标的能力。其中一些影响力包括配偶、父母、锻炼领袖和参加健身小组的同伴。

家庭

在已发表的研究中，表现出支持态度的配偶和同伴对锻炼行为产生的积极影响已得到一致的证实。例如，在已婚的健康成年人中，与配偶一起参加运动计划的人与独自参加运动计划的已婚人士相比，前者的出席度更高，中途放弃的可能性也更低[18]。

当然，家庭支持也会有若干负面影响。当家人施加压力或让亲人认为锻炼是一种过错时，这个人可能真的会减少锻炼。这种现象被称为行为反应。通常人们不愿被他人操控，如果觉得锻炼并非自愿，而是受到压力和被控制，他们便会做相反的事情。家庭成员同样可能产生负面的支持。锻炼的负面支持包括过度保护。家庭成员可能会过度保护有慢性疾病或残障的人士，家长可能在孩子参与被认为损伤风险较高的身体活动时表现出过度保护。其他形式的负面支持可能包括，由于锻炼而减少了与家人相处的时光和忽视了家庭的责任，使家人认为锻炼是一种过错。

父母

父母支持对于一个正在发育的幼年孩子是很重要的。对成长中的孩子而言，让其明白锻炼的重要性以及缺乏锻炼的负面影响是非常重要的。儿童需要父母树立健康且积极参加身体活动的榜样。这会为孩子带来有规律且熟悉的感觉，这种感觉会陪伴他们一生。除了为孩子做好榜样之外，同样重要的是鼓励孩子参加多种身体活动，并且父母应培养孩子为自己选择适合的身体活动的能力。

锻炼领袖

锻炼领袖的作用与私人教练相似。他们的工作主要是吸引、联络以及了解参加课程的每一位成员。团队运动指导员应自我介绍，询问并记住成员的姓名，认识班里的新成员，并确保他们已经为课程做好了准备，将新成员介绍给班里的老成员，与大家讨论各自的锻炼目标和期望，并在课后对各成员进行回访。富有同情心的锻炼领袖通常对锻炼者具有积极的社会影响力，并可能有助于提高锻炼者对锻炼的自信心、愉悦感和积极性[18]。

体验过社会支持性领导风格的团队锻炼参与者报告以下信息。

◆ 更强的自我效能。
◆ 更多的能量和热情。
◆ 更少的社会性体格焦虑。
◆ 课程的愉悦感更强，并且尝试新事物的能力更强。
◆ 更强的信心。

这样的结果表明能够提供社会支持性的团队锻炼指导员对于参与锻炼课程的成员有着积极影响。因为团队锻炼指导员被视为健康与健身的可信赖来源，许多锻炼者把他们视为榜样。作为榜样，团队锻炼指导员一定要运用自身的影响力推广健康且稳定的锻炼态度和行为。例如，生病或锻炼过度的指导员甚至可能无法发出正确的信息。

健身团队

团队运动中的凝聚力与团队成员是否坚持锻炼计划有关。能够提升团队凝聚力的法则如下：具有鲜明的团队特征，赋予团队成员对特定任务的责任，建立群体规范，提供为团队做出牺牲的机会，以及在上课之前、之中和之后增加社交互动。

规模

研究表明，指导员的作用对于规模最大和最小的班最为明显。在大班里，参与者希望采用一种面向团队的教学方法，即指导员可以对整个团队进行讲演和训练。在小班里，参与者希望并通常会享受到更加针对个人的教学方法，即指导员可以对团队中各个成员逐一地进行交流并加强个体的训练。研究表明，在中等规模的健身班里，尚不清楚到底最适合使用面向团队还是面向个人的方法。研究还指出，参与者的期望与指导员使用的方法之间可能存在偏差。指导员可能并不确定在中等规模的班里什么方法最适用，并且不会坚持使用其中一种方法。这种不一致可能会导致团队和指导员都感到不满意[18]。

构成

有证据表明，团队锻炼课程中的人的特点会影响团队中每位成员的锻炼体验。能够对个人锻炼体验造成影响的一些特点包括性别、同化以及热情。团队锻炼课程的性别组成是影响锻炼者的体验的团队构成因素之一。女士们通常会在主要由男性组成的环境中感到不舒服。所以，有些健康俱乐部决定只为女性提供健身课程。在团队锻炼环境中感觉与团队中其他成员相似，也会影响舒适水平和锻炼积极性。人们更喜欢与体型和能力都相近的人一起锻炼。在团体锻炼环境中感觉能力不足会降低锻炼者的自信心和积极性。私人教练在领导小型团队或训练营时应记住这一点。

在一项针对富有激情、彼此激励以及良好互动的团队锻炼参与者进行的研究中发现，大多数参与者报告加入锻炼团队会更加愉悦，并有更强烈的锻炼意愿。一些首次参与锻炼的人担心自己会感到尴尬，并被团队中的其他成员评头论足。对于这样的团体，其他团体成员的鼓励和关注会产生忸怩不安和焦虑的感觉。对于初次参与锻炼的人来说，重要的是要帮助他们专注于掌握锻炼技能，然后再将他们介绍给富有激情的团队[18]。

小结

私人教练应鼓励客户考虑其社会支持的需要。对于个人而言，考虑在锻炼环境中是否需要支持，以及需要何种类型的支持，这是至关重要的。

有些人或许需要同伴支持，而另一些人需要物质支持。一旦确定其支持需求，私人教练就可以帮助锻炼者确定从哪里获取支持。

其他对锻炼比较重要的社会影响还包括运动指导员和团队锻炼课程。团队运动指导员的重要任务是要形成一个积极的、社会支持性的领导风格，为课程营造充满凝聚力的团队环境，以帮助创造更加自在的团队锻炼体验，避免锻炼者中途放弃。知道这些信息将有助于同客户的交流，并且让你能够更加深入地了解各种人群分别最适合哪种环境。

锻炼的常见障碍

坚持有规律的锻炼计划并非易事，对于那些刚刚开始锻炼的人而言更是如此。每个人都可能有许多困难和阻碍需要克服，例如忙碌的日程、糟糕的社会支持网络以及自信心不足等。然而，有一些切实可行的策略可用于克服健身的常见障碍。

时间

没有时间是不锻炼的最常见理由[19]。通常，仔细看看锻炼者的时间表便会发现，人们所谓的没有时间根本不是真的。锻炼心理学家一般会使用"时间日志"的方法对客户进行观察。时间日志一般是对客户3至4天的日常生活进行追踪记录，看看锻炼者如何利用其时间。在大多数案例中，问题常常出自于锻炼者在一天中优先完成哪些事情。例如，在很多情况下，空闲时间被用于看电视、上网或发送电子邮件。重要的是要能够知道锻炼者在这些事情上面花了多少时间，并且提醒可以减少哪些活动，以挤出时间用来进行身体活动[19,20]。

不切实际的目标

如果目标设定合理，就有助于提升积极性，建立自尊，并让锻炼者看到和感到成功。相反，不切实际的目标就会削弱积极性，降低自尊心，并且无法让锻炼者感知到成功。试图通过不切实际且大强度的锻炼计划来弥补几周或几年没有锻炼的时间是很常见的情况，但这种做法会造成不必要的损伤。

私人教练一定要帮助其客户认清现实。锻炼的新人很难分辨什么是现实的，什么是不现实的。在几周、几个月或几年之后，某件事促使你的客户开始锻炼，但这并不意味着他们知道如何开始，应该做什么，或者为了终生健康而保持锻炼有哪些必要的措施。实际上，许多人在这种情况下都带着太多不切实际的目标而起步过快。例如，在相当短的时间内减掉大量体重是不切实际且不健康的目标。你的职责就是要与客户谈谈以现实且健康的方式去建立减重计划[4]。

缺乏社会支持

社会支持可能是对锻炼最重要的一种社会影响。社会支持是一个人可以从他人那里得到的身体和情感上的慰藉[18]。有证据证明拥有社会支持对于锻炼者的积极性和坚持的价值[21]。社会支持有很多类型：物质、情感、信息和同伴。私人教练需要确定其客户需要什么类型和数量的社会支持来锻炼，这将有助于支持他们目前的锻炼计划和坚持锻炼。

社会性体格焦虑

社会性体格焦虑是对身体形象的担心。在锻炼环境中，这包括体形和服装偏好的差异。有社会性体格焦虑的锻炼者在健身机构中会过分强调其体型与他人体型之间的差异。他们的看法是自己比大多数其他人超重得更厉害，并且身材变形得更严重，然后参加锻炼的能力较差。健身机构一般会针对有相似体型的人来设计锻炼计划，这对于有社会性体格焦虑的人群来说也是个问题。在这种情况下，人们不愿意显得与众不同。

针对在团队锻炼环境中的女性及其锻炼服饰的研究表明，社会性体格焦虑程度较高的女性会站得离指导员更远，穿着暴露程度较低的服装。这些女性会站在团队锻炼课教室的最后一排，并穿着又长大且宽松的锻炼服，这可能是她们用来防止其他人看到和评价其身材的策略。社会性体格焦虑对于许多人来说都是一个真正的问题，尤其是那些刚开始参加锻炼的新人。作为私人教练，你应该尝试与客户合作，帮助他们恢复正常身材。一个建议就是将客户介绍给那些有着相似体型但已经适应同一锻炼环境的人[22]。

对于正在应对社会性体格焦虑的客户来说，至关重要的是与客户谈谈适合锻炼环境的服装，以及在哪里购买这些服装。因为刚开始锻炼的客户可能对这方面的信息一无所知。

便利性

使用健身机构、课程、私人教练和指导员可能因地理位置或缺乏足够的财政资源而受到限制。有时候，健身机构的实际位置的便利性取决于个人的感觉，而不是地点的实际远近。探讨可供客户选择的所有方案，如果在家中锻炼会帮助一些客户，则可以制订一个在锻炼机构之外的、比较经济实惠且在家里可以容易做到的计划[23]。

小结

锻炼总会遇到许多障碍。其中的一些障碍包括时间、不切实际的目标、缺乏社会支持、社会性体格焦虑以及锻炼的便利性。有些障碍真实存在，而有些则来自于感知。对于坚持锻炼的客户来说，他们需要知道自己的障碍，明白这些障碍如何影响其锻炼，并制订一个计划去克服它们。与客户谈谈阻碍他们锻炼的因素，并帮助他们找到解决这些障碍的办法。

提高锻炼坚持性的策略

开始并坚持一项锻炼计划是一段充满挑战但值得付出的美妙体验。然而许多人在尝试新的锻炼计划的头6个月内就会退出，无法坚持健康且积极的生活方式，并且可能需要额外的支持机制[24]。私人教练应认识到那些可以促进其客户坚持锻炼和保持生活方式改变的行为因素与认知因素。

行为策略

行为策略的目标是改变客户的行为和行动，以提高他们的锻炼坚持性，并保持积极锻炼的生活方式。行为策略包括自我管理、目标设定以及自我监督。

自我管理

自我管理的意思是个人管理自己的行为、思想以及情感。自我管理的技巧可以提高一个人审视自己行为、思想和情感并改变无效做法的能力，例如，应对或适应生活方式的改变（与开始或回归一项锻炼计划有关的各种变化）。

行为的自我管理可能包括建立一个现实且易于遵循的初始锻炼计划。个人的行为、思想以及情绪的管理包含了个体如何看待生活以及其自我对话。例如，当人们感到压力时，他们会找出压力的来源并采取行动处理它。

有效的自我管理技巧能够最大限度地自我控制能量，将能量引导至最重要的那些方面。自我管理技巧能够提高发生所希望的行为变化的可能性。这些技巧可以帮助客户使其环境朝着支持他们坚持锻炼计划的方向改变，并帮助客户解决那些可能导致定期锻炼计划失败的困难[17]。

自我管理技巧很少能通过教学习得，并且在通常情况下，客户只有意识到需要自我管理的训练后，才会寻求帮助。例如，有些客户在不想去锻炼的时候也能够说服自己去锻炼，而另一些人在自己不情愿时就很难去锻炼。以下是一些有助于坚持锻炼的自我管理技巧。

目标设定

目标设定是一个过程，包括评估一个人目前的体能或运动表现水平，为一个人未来的体能或运动表现水平创造具体的、可测量的、现实且具有挑战性的目标，并详细说明为实现这个目标应该采取的行动[25]。

在与新客户关于目标设定的最初谈话中，应首先确定长期目标。长期目标应以客户的个人价值观为基础，比如他们想成为什么样的人，以及他们认为什么是重要的。如果客户的目标是其价值观的延伸，他们便会更富有激情和受到鼓舞，并保持专注。运用以下问题也许可以帮助客户建立长期目标[26]。

- ◆ 我想在6个月内完成哪些目标？
- ◆ 我想在明年完成哪些目标？
- ◆ 我想在5年内完成哪些目标？
- ◆ 我的梦想和成就有哪些？

与客户制订目标设定计划的下一部分是通过已经建立的长期目标创造可实现的短期目标。长期目标是由许多短期目标组成的。短期目标不仅可以提供一个有重点的发展路径，并且可以在客户达成每个短期目标时，提升积极性和自信心。短期目标能够让客户专注于当下。建立短期目标的一个要点是帮助客户将目标范围缩小至最重要的目标，以免他们不知所措。

客户的短期目标不仅应该包括身体技能，还应该包括心理技能。例如，你的客户将提升积极性列为目标。你的客户说自己目前的积极性只是2分，但感觉应该为9分。现在，你应该知道，与客户一起设定有关提升积极性的目标是非常重要的。

有效的目标设定来源于首字母缩略词SMART。正如前面所提到的，SMART代表具体的、可测量的、可达成的、现实性和时效性。SMART目标要遵循以下几点原则。

- ◆ 具体的。
  - » 一个具体的目标是明确定义的目标，任何人都可以明白预期结果是什么。目标应包含对要完成的任务的详细描述，客户想完成该任务的时间限期，以及为了完成它需要采取的行动。
- ◆ 可测量的。
  - » 目标要可量化。建立一种方法来评估对每个目标的进展情况。如果目标不能被测量，客户就无法管理它。例如，"我想变得更加好看"就是无法测量的，但是"在12周内体脂减少5%"就是可测量的。
- ◆ 可达成的。
  - » 可实现的目标是具有挑战性的（但不是极端的）目标的正确组合。另外，太容易达成的目标不能让客户尽最大努力，也不能促其成长，因为这样的目标缺乏足够的挑战性。
- ◆ 现实性。
  - » 为了切合实际，目标必须代表着一个人既愿意也能够为之努力的目的。如果一个人真的相信目标是可以达成的，那么这个目标可能具有现实性。确定目标是否现实的其他方法包括回顾客户在过去是否达成过类似的目标，或者询问具备什么条件才可以实现该目标。

◆ 时效性。

》目标应该始终有一个具体的完成日期。这个日期应该具有现实性，但时间跨度不要过大。例如，设定在明天和在3个月内可以实现的目标。

私人教练的目标设定计划的最后一个部分应包括制订一个客户如何实现其目标的行动计划。为此，行动计划要清晰地列出如何实现每一个短期目标。为了制订行动计划，必须回答一些以行动为导向的问题[26]。

◆ 我的目的（目标）是什么？

◆ 何时是完成我的目标的预定日期？

◆ 完成我的目标需要什么资源（金钱、时间、器材和人）？

◆ 为了达成我的目标，我每天需要做什么？

◆ 我的目标的当前状态是什么？

◆ 我可能必须克服哪些困难才能实现我的目标？

目标设定过程的一部分是定期回顾客户的目标以及在实现其目标的过程中可能会遇到的困难。客户的优选事项和情况可能会发生变化，在情况变化时能够调整目标是非常重要的。

设定目标有很多益处。下面列举了部分益处。

◆ 目标将注意力引导至所执行技能的重要元素。

◆ 了解客户的可控范围。

◆ 增强能力。

◆ 满足感。

◆ 自信。

◆ 更加专注。

◆ 提高积极性。

目标设定过程中一些常见的问题如下[26-29]。

◆ 无法使锻炼者相信设定目标的重要性。

◆ 只设定以结果为导向的目标。

◆ 无法设定SMART目标。

◆ 设定过多目标。

◆ 不知道哪些目标要优先。

◆ 没有对目标进行适时的调整。

◆ 缺少支持。

自我监督

自我监督的形式通常是对客户试图改变的行为的每日书面记录。刚开始锻炼的客户或许会选择记录锻炼日志。锻炼日志可以有多种形式：日记、日程表或是健身卡。对客户来说，找到一个有效的、独立的自我监督方法非常重要。教练要建议客户不仅记录时间、练习、消耗的能量和感知心率，还要记录其睡眠时长、食物的种类以及情绪。下面是自我监督的几点益处[25]。

◆ 日志能够让客户有机会看见自己逐渐取得的进步。

◆ 通过看见自身的进步，建立自信心和自尊心，进而提高锻炼的持久性。

◆ 锻炼日志可用作一种问责形式。从这个意义上说，如果客户知道你会要求他们每周出示其锻炼日志，它就有助于保持他们的积极性。

◆ 自我监督鼓励客户诚实地对待自己的活动，这会鼓励他们坚持锻炼计划。

◆ 记录锻炼可以作为一种奖励。

◆ 自我监督帮助客户识别具有挑战性的情况和锻炼的障碍。

认知策略

认知策略旨在改变客户对锻炼和身体活动的想法与态度。认知策略包括积极的自我对话、做好精神准备和意象。

积极的自我对话

刚开始锻炼的人对于锻炼会有很强的消极性且负面的想法。这些想法包括我做不到、太难了，这要花费太多时间，以及太令人痛苦了。帮助客户形成积极的自我对话是非常重要的。下面说明了如何帮助指导锻炼者从消极的状态转变成更积极的状态。

◆ 帮助客户了解其消极的思维过程，列出他们可能对锻炼产生的任何消极想法。

◆ 接下来，帮助客户列出他们对于锻炼可以使用的积极想法清单。例如，我能做到，我感觉很好，我可以继续，以及我将坚持下去。

◆ 训练你的客户发现消极想法，停止消极想法，并将那些消极想法转化成积极想法清单中的某一点。

另一种方法是列出积极的、激励人心的关键词清单，供你的客户用作意识工具，取代那些消极的想法，以保持其积极性[30]。例如，快速、精力充沛、加油、专注以及学会了。

做好精神准备

对于刚开始锻炼的人来说，很难被激励并且为锻炼做好精神准备。因此，有必要为客户提供知识与技巧，让他们能够产生锻炼所必需的积极能量。我们希望新的锻炼者在锻炼前感到兴奋、积极、投入并精力充沛。这些感觉可以激发客户参加锻炼的欲望。

关于为锻炼做好精神准备的对话应包括客户目前在生活中的其他场合可能使用的所有精神准备技巧。使用外部的例子说明你的客户如何为工作、购物或其他项目感到兴奋，这一点很重要。针对锻炼使用这些信息可以有助于更平稳地过渡。

私人教练需要帮助客户列出为锻炼做好精神准备的一系列事物。其中的一些例子包括积极的想法、关键词、意象、特定的食物和音乐等。因为不是所有因素在任何情况下，在所有日子或任何时间都会有效，所以微调包括弄清楚有哪些因素在不同情况、不同日子以及不同时间都会有作用。与客户合作，对在不同情况下都有效的因素进行微调。

与客户保持对话，了解他们是否已经为锻炼做好精神准备，什么因素有效果而什么因素没有效果，这种能力对于确保客户坚持锻炼计划而言非常重要。教练与客户必须重复回顾这些因素，因为它们或许会继续改变。

意象

意象是一种刺激形式。它类似于一种包含各种感觉的真实经历，但是它只会发生在心里。我们在生活中，无论白天还是黑夜都会做梦。在那些梦里，我们会看见千姿百态的画面，包括我们如何传递特定类型的信息、晚餐会吃什么以及如何处理某些特定的情况等。

锻炼意象是一个过程，旨在产生内化体验，以支持或增强锻炼参与。所有你对运动表现和参与的想象都有可能促进积极的行为改变与目标达成。客户可以想象自己带着更大的信心参与其活动。他们可以设想自己在活动中更加放松，并且更好地控制肌肉。他们可以用想象去预演其运动表现，其中有积极的感受和结果。他们可以忍住疼痛和不适。他们能够创造精神高度集中的意象。他们可以想象积极的结果，激励他们继续保持积极性[31]。

在帮助客户形成意象时需要多方面考虑。这个客户是否曾经有过类似的积极经历？如果没有，可以用其他的什么经历来帮助形成客户的意象？如果客户有过类似的积极经历，则使用这个经历作为创造意象的基础。借鉴客户自己过去的经历永远都是最佳的选择。它为客户提供了一种控制感，并且觉得可以克服自己目前遇到的困难并获得成功。教练应配合客户，尽可能写下他们可以记得的过往的积极经历：想法、感受、声音、口味、气味和景象。意象越生动，感觉就会越真实。比如，如果客户觉得去健身房有困难，但是在过去他曾找到克服这个障碍的成功方法，那么这个信息就可以被用上。要保证涵盖整段经历，包括尽可能多的想法、感受、声音、口味、气味和景象。一段完整的意象大约要持续10分钟、15分钟，或者甚至20分钟。

如果客户过往并没有积极的经历，你可以使用电视节目、视频或榜样来帮助客户创建一个意象。在创造这种意象的过程中，要了解这样做对客

锻炼意象　该过程旨在产生内化的体验，以支持或加强锻炼参与。

户有何影响，并了解客户运用此信息的依据。

一旦教练与客户合作创造了一段积极且成功的意象，就是时候想清楚运用它的最佳时机。客户可以在任何时候运用意象，但在他对锻炼缺乏动力或者消沉沮丧的时候运用效果会更加明显。许多客户认为有用的做法是，将其意象录下来（使用CD、手机或iPad），并在车里或睡前拿出来听。

小结

帮助客户提高锻炼坚持性的技巧有许多。其中最为重要的方面是帮助客户找到最适合他们的技巧。这包括行为策略（包含目标设定和自我监督）和一些认知策略（例如积极的自我对话，帮助客户做好锻炼的精神准备，以及建立想象）。这些策略可以单独使用，或者相互结合使用。

锻炼的心理益处

锻炼的心理益处有据可循[6-8]。一些锻炼的心理益处包括促进积极的情绪，减轻压力，改善睡眠，减少抑郁和焦虑。

促进积极的情绪

很多时候，锻炼的人都会报告锻炼后的感觉良好。感觉良好对于不同的人来说有不同的含义，但是它主要表示一种包括满足感在内的积极情绪。客户在锻炼之后往往会觉得精力充沛，从而对生活有更积极的期待。锻炼同样促进放松和减压的感觉，使人更清醒，并提升集中精神和专注的能力，这些都可以带来积极的情绪。

减轻压力

有压力的原因是我们在生活中遇到挑战。它会产生头痛、腹痛等身体症状，也会产生挫折感、压力感、不确定感等情绪症状。锻炼已被证明可以有效地减少压力，并带来短期和长期的影响[3]。很多人表示，因为经常锻炼而感到不那么易怒和烦躁。这一点非常重要，因为愤怒往往会对健康带来很多有害的影响，比如高血压和心脏病。

对于通过锻炼来处理压力的人来说，在白天锻炼的效果最好。晨练会让人为当天可能面对的压力做好准备。午间的锻炼可能让我们从一天的压力中稍作缓解，并在当天余下时间中不那么易怒和烦躁。傍晚或晚间的锻炼能为客户提供缓解一天的紧张和忧虑情绪的方法，有机会在回家和睡觉之前恢复精神。

改善睡眠

很多人报告有规律的锻炼使睡眠变得更好。典型的改善包括入睡更快、深度睡眠时间更长，并且早上醒来后觉得更加精神[3,32]。因为锻炼对压力、焦虑和沮丧有积极的影响，这些全是干扰睡眠的因素，所以锻炼有助于改善睡眠，并减少情绪健康问题。室外锻炼很有益，因为它还提供光照疗法，对睡眠有额外的帮助。夜晚的高质量睡眠有很多重要的好处，例如以下几点。

- ◆ 抵抗与压力相关的疾病并提高免疫力。
- ◆ 精力充沛地开始新的一天。
- ◆ 减少压力感和改善情绪。
- ◆ 让你能体会定期锻炼的所有益处。

减少抑郁和焦虑

研究表明，有规律的锻炼与减少抑郁和焦虑的情绪有关联[3,33]。焦虑是指担心、自我怀疑、恐惧和不确定性的感觉。特质焦虑是一种稳定的人格特质。如果这个人刚开始锻炼，并表现出强烈的特质焦虑，那么他对锻炼的焦虑就会从比较高的水平开始。如果这个人刚开始锻炼，但只表现出轻微的特质焦虑，那么他对锻炼的焦虑水平会从比较低的水平开始。状态焦虑则是因为特定情境引起的暂时的不安状态。例如在马拉松开始之前心跳加快、手心出汗、忐忑不安，这些都是状态焦虑的表现。这导致了某些人只在某些特定的情况下感到焦虑，而并不是一直感到焦虑。如果这个人刚开始锻炼，并表现出强烈的特质焦虑，那么他对锻炼的焦虑就会从比较高的水平开始，且焦虑水平可能会持续增加。如果这个人刚开始锻炼，但只表现出轻微的特质焦虑，那么他对锻炼的焦虑会从比较低的水平开始，但很有可能由于环境的影响而继续上升。

大约有四分之一的美国人患有临床抑郁症。其为人熟知的症状就是消极情绪以及感到没有希望，很多人表现出的症状非常严重，影响其日常生活。锻炼似乎与抑郁症患者心情改善有关。已有研究表明，经常锻炼对于抑郁症的影响最大，对于轻度至中度抑郁症，它可以起到与心理治疗和药物治疗相当的效果。

小结

在锻炼计划中，从业人员的首要目标是让久坐或没有经常锻炼的人接受定期锻炼的计划，同时让经常锻炼的人继续保持活跃[34]。在这个过程中，最初的步骤是让从业人员对客户重视的因素要有一个基本的了解，学习与客户沟通，了解变化阶段，了解接受并坚持锻炼的好处，并且要熟悉客户接受和坚持锻炼可能遇到的困难，为他们提供帮助和指导，鼓励客户有规律地进行锻炼。希望你在读完本章后有以下领悟。

◆ 并非所有人都按照同一种方法锻炼。

◆ 锻炼关心的不再（仅仅）是提供力量训练或心肺训练的计划。

◆ 最有益的锻炼计划是根据个人的性格及其身体和心理需求而制订的。

◆ 锻炼不再被包含在处方中，但与通过良好的沟通建立牢固的关系有关。

对有助于支持客户采用和坚持锻炼计划的指南的共识包括，基于个人性格、环境特点和对个人的障碍采取干预措施[34]。然而，健康和健身专业人员一定要让锻炼富有乐趣，提供社会支持，并让其他参与者可以选择多种多样的活动。

参考文献

（1）Centers for Disease Control and Prevention. Prevalence of self-reported physically active adults—United States, 2007. *MMWR Morb Mortal Wkly Rep*. 2008; 57(48): 1297–1300. Accessed October 25, 2010.

（2）Lambert VE, Bohlmann IMT, Cowling K. Physical activity for health: understanding the epidemiological evidence for risk benefits. *Int J Sports Med*. 2001; 1: 1–15.

（3）Brehm B. *Successful Fitness Motivation Strategies*. Champaign, IL: Human Kinetics; 2004: 91–111.

（4）Anshel MH. *Applied Exercise Psychology: A Practitioners Guide*. New York, NY: Springer Publishing; 2006: 53–66.

（5）Brehm B. *Successful Fitness Motivation Strategies*. Champaign, IL: Human Kinetics; 2004: 21–40.

（6）Knubben K, Reischies FM, Adli M, Schlattmann P, Bauer M, Dimeo F. A randomised, controlled study on the effects of a short-term endurance training programme in patients with major depression. *Br J Sports Med*. 2007; 41(1): 29–33.

（7）Dimeo F, Bauer M, Varahram I, Proest G, Halter U. Benefits from aerobic exercise in patients with major depression: a pilot study. *Br J Sports Med*. 2001; 35(2): 114–117.

（8）Scully D, Kremer J, Meade MM, Graham R, Dudgeon K. Physical exercise and psychological well being: a critical review. *Br J Sports Med*. 1998; 32: 111–120.

（9）Brehm B. *Successful Fitness Motivation Strategies*. Champaign, IL: Human Kinetics; 2004: 41–61.

（10）Annesi JJ. *Enhancing Exercise Motivation: A Guide to Increasing Fitness Center Member Retention*. Los Angeles, CA: Fitness Management Magazine; 1996.

（11）Lox LL, Martin Ginis KA, Petruzzella SJ. *The Psychology of Exercise Integrating Theory and Practice*. Scottsdale, AZ: Holcomb Publishing; 2006: 133.

（12）Weinberg RS, Gould D. *Foundations of Sport and Exercise Psychology*. Champaign, IL: Human Kinetics; 2007: 232.

（13）*YMCA Activate America Listen First: Learn and Implement Workbook*. Chicago, IL: YMCA of the USA; 2007: 1–15.

（14）Fuller C, Taylor P. *A Toolkit of Motivational Skills Encouraging and Supporting Change in Individuals*. Hoboken, NJ: John Wiley & Sons; 2008.

（15）Rosengren DB. *Building Motivational Interviewing Skills: A Practitioner Workbook*. New York, NY: Guilford Press; 2009: 62.

（16）Rosengren DB. *Building Motivational Interviewing Skills: A Practitioner Workbook*. New York, NY: Guilford Press; 2009: 58–87.

（17）Brehm B. *Successful Fitness Motivation Strategies*. Champaign, IL: Human Kinetics; 2004: 63–75.

（18）Lox LL, Martin Ginis KA, Petruzzella SJ. *The Psychology of Exercise: Integrating Theory and Practice*. Scottsdale, AZ: Holcomb Publishing; 2006: 101–138.

（19）Strazdins L, Broom DH, Banwell C, McDonald T, Skeat H. Time limits? Reflecting and responding to time barriers for healthy, active living. *Health Promot Int*. 2010 Oct 15. [Epub ahead of print]

（20）Van Duyn MA, McCrae T, Wingrove BK, et al. Adapting evidence-based strategies to increase physical activity among African Americans, Hispanics, Hmong, and Native Hawaiians: a social marketing approach. *Prev Chronic Dis*. 2007; 4(4): A102.

（21）King AC. Clinical and community interventions to promote and support physical activity participation. In: Dishman RK, ed. *Advances in Exercise Adherence*. Champaign, IL: Human Kinetics; 1994: 183–212.

（22）Bowden RG, Rust DM, Dunsmore S, Briggs J. Changes in social physique anxiety during 16-week physical activity courses. *Psychol Rep*. 2005; 96(3 Pt 1): 690–692.

（23）Anshel MH, Seipel SJ. Self-monitoring and selected measures of aerobic and strength fitness and short-term exercise attendance. *J Sport Behav*. 2009; June. Accessed December 14, 2010.

（24）Mcauley E, Courneya KS, Rudolph DL, Lox CL. Enhancing exercise adherence in middle-aged males and females. *Prev Med*. 1994; 23(4): 498–506.

（25）Lox LL, Martin Ginis KA, Petruzzella SJ. *The Psychology of Exercise: Integrating Theory and Practice*. Scottsdale,

AZ: Holcomb Publishing; 2006: 139–174.

（26）Effective Time Management. Accessed November 1, 2010.

（27）Williams J. *Applied Sport Psychology Personal Growth to Peak Performance*. Mountain View, CA: Mayfield Publishing Company; 1998.

（28）Gavin J. *Exercise and Sports Psychology*. Champaign, IL: Human Kinetics; 2005: 44–45.

（29）Weinberg RS, Gould D. *Foundations of Sport and Exercise Psychology*. Champaign, IL: Human Kinetics; 2007.

（30）McAuley E, Talbot HM, Martinez S. Manipulating self-efficacy in the exercise environment in women: influences on affective responses. *Health Psychol*. 1999; 18(3): 288–294.

（31）Gavin J. *Exercise and Sports Psychology*. Champaign, IL: Human Kinetics; 2005: 46.

（32）Reid KJ, Baron KG, Lu B, Naylor E, Wolfe L, Zee PC. Aerobic exercise improves self-reported sleep and quality of life in older adults with insomnia. *Sleep Med*. 2010; 11(9): 934–940.

（33）Salmon P. Effects of physical exercise on anxiety, depression, and sensitivity to stress: a unifying theory. *Clin Psychol Rev*. 2001; 21(1): 33–61.

（34）Buckworth J, Dishman, RK. *Exercise Psychology*. Champaign, IL: Human Kinetics; 2002.

第20章

开展成功的私人训练业务

学完本章，你应该能够掌握如下内容。

- ☑ 描述不妥协的客户服务的品质与特性。
- ☑ 描述寻找理想工作场所的策略。
- ☑ 了解写简历的过程。
- ☑ 理解营销的4个P。
- ☑ 理解基本的会员销售技巧，包括招揽新客户的策略以及如何快速达成交易。

私人训练业务

尽管产生超出成本的收入（即"赚取利润"）是任何企业的既定目标，但是利润本身并不是企业唯一的或者甚至"纯粹的"目的。创立和经营成功企业的主要目的是建立并维护忠实的客户群体或追随群体。成功企业非常有兴趣了解他们的顾客是谁，例如客户住在哪里，客户来自哪里，客户的喜恶，如何吸引新顾客关注其业务，并且更重要的是，企业如何能让客户复购。无论是作为独立企业主、独立承包人，还是健康俱乐部中的员工，经营成功的私人训练业务都与经营成功的财富500强企业并无区别；座右铭永远是"客户至上"！

当单纯利润成为任何企业的主要关注点时，利润的来源（几乎永远是顾客或消费者）有时便会受到忽视。一旦企业看不到创造利润的来源，其收入即使没有完全消失，也会开始下降并威胁到企业的未来。相反，拥有忠实顾客的组织（以及个人）则重视不断地重塑自己，为客户提供不断增长的价值。长期产生利润在很大程度上是创新和留住老客户的结果。大多数成功的企业都已有清晰定义的使命和远景陈述，明确界定企业的定位和目标；大多数企业都会提到"客户服务"。

优质的客户服务就是除了运营业务的日常活动之外，企业为了吸引客户并让顾客满意而做的全部工作。这些活动的目的是提升客户的满意度。对私人教练而言，良好的客户服务从接触新的潜在客户那一秒就开始了（记住客户也在估量着你）。优质客户服务的终极目标是始终努力满足并尽可能超越客户的期望。满意而愉悦的客户充满幸福感和满足感，他们会向自己的朋友介绍你的名字，并以成为你的客户而感到骄傲和兴奋。更重要的是，客户服务是任何企业取得长期成功的重要因素。

本章向私人教练提供步入私人教练行业的初始步骤、基本的营销策略，以及一个循序渐进的以客户为中心的过程，从而创造优异的价值并发展非常成功的客户群。通过掌握OPT™模型，完成NASM的CPT认证，并在面对客户时运用学到的工具和解决方案，你将能够创造或极大地提升你的个人成功水平。

开始

大多数私人教练都热衷于健身和健康的生活方式。他们喜欢了解新的练习、营养需求以及健身器材。他们坚信这种生活方式，并决定将其作为自己的职业。然而，私人训练远远不只有营养和锻炼。私人训练业务要求销售、市场营销和财务方面的能力。无论私人教练打算独立工作还是在当地的健身俱乐部工作，成功开展私人训练业务都与开展任何其他业务无异；它需要时间、决心、准备，以及周全精密的计划。正如第6章（体能评估）中介绍过的，私人教练必须进行详细和全面的健康评估，根据客户的目标、需求及能力设计个性化的训练计划。同样，为了拥有成功的、以客户为中心且能够获利的事业，私人教练应进行详细的财务评估，并制订符合其需求的战略性业务和营销计划。这一过程的第一步就是教育。

教育的重要性

从业界公认的权威机构获得资格证书应该是有抱负的健身教练的第一个目标。教育是非常重要的，教育内容是私人训练的完整实践范围，包括如何对客户进行适当的评估，以及指导客户进行安全有效的训练。有些组织已从比如国家认证机构委员会（National Commission for Certifying Agencies，NCCA）等认证机构获得认证或者正在申请认证，国际健康、球拍和运动俱乐部协会（International Health Racquet & Sportsclub Association，IHRSA）建议教练应通过此类组织考取资格证书[1]。除了获得资格证书，运动科学相关领域（运动科学、运动生理学、运动机能学、生物力学或体育教育）的大学学位等更高的教育背景也有助于提升在健康、养生和运动处方等方面的市场开拓能力、经验和知识。目前，没有任何政府法规要求私人教练获得资格证书或相关的大学学位；然而，大多数健身房和健康俱乐部都把资格证书作为最低的门槛要求。更多的时候，健身房和健康俱乐部听取IHRSA的建议，要求健身教练获得由第三方认证的资格证书。没有获得认证的资格证书正在成为历史，并且健身界要求如今的健身专业人员需要更多的教育。

记忆要点

实践范围

私人教练是健康和健身方面的专家，他们进行个性化评估，基于有效的科学依据及临床证据为无药物需求或其他特殊需求的客户设计安全、高效、个性化的运动和体能计划。他们为客户提供指导，通过实施训练计划、营养建议和调整生活方式的建议，帮助客户实现其个人健康、体能和运动表现的目标。他们持有有效的急症心脏监护（心肺复苏）证书，能够在紧急情况下做出正确的处理。获得证书的私人教练不诊断和/或治疗疼痛和疾病，并在适当的时候将客户介绍给其他医疗保健专业人员/从业人士。他们时刻遵守《美国国家运动医学学会职业行为准则》。

在哪里工作

一旦完成了获取资格证书的过程，就是时候去找工作了。有许多机构允许逐步培养成为成功的健身专业人员所必需的各类技能。重要的是，要在愉快的氛围中提升在资格证书课程中学到的技能，在这种氛围里，可以完善演讲技巧，建立和谐关系，并学习观察技能。部分此类机构如下。

- ◆ YMCA。
- ◆ 犹太社区中心（JCC）。
- ◆ 本地城镇娱乐及公园服务中心。
- ◆ 女性专属机构。
- ◆ 商业健身俱乐部。

新手教练若在其职业生涯早期便培养了无形技能（即建立和谐关系、保持基本人际关系的技能以及执教），就很可能会取得成功。许多机构提供必要的实践培训，帮助巩固这些技能并确保长期的成功。

一旦健身专业人员具备了基本特质，他们就会渴望在健身领域里获得拥有丰厚收入的职位。尽管大多数人带着帮助他人达成健康目标的满腔热情踏入健身领域，但是收入可观的职位是取得长期成就的基石。一个高薪职业能够让从业人员更加享受工作，因为它确保了稳定的经济基础和个人成长。很多时候，私人教练会被要求出售其服务来获取金钱回报（即利润、奖金或更高的薪水）。

商业健身机构

商业健身机构的生存通常依赖于收入增长和保留会员。私人训练和其他健身服务有时被称为"利润中心"，因为它们增加除基本收入来源以外的收入。通常来说，大多数俱乐部的基本收入来源是会员资格。在这种情况下，私人教练就需要定期向俱乐部会员出售私人训练服务。大多数员工有周、月、季度的业绩要求。在大多数商业健身机构中，薪酬标准采用等级制度，既满足健身俱乐部的需求，也能提高健身专业人员的销售技巧。例如，拥有多个健身领域的资格证书、多年服务经验或较高客户保留率的私人教练通常会得到较高的基本工资或奖金激励。

不是所有的健身机构都一样。有些健身机构并不要求私人教练做销售工作，只要求他们提供健身指导。这些健身机构通常会有会籍顾问，他们负责在俱乐部会员销售点推销健身服务。但是，私人教练不应单纯依赖销售人员，而是应该主动地去争取客户（本章稍后讨论）。

有些商业健身俱乐部也会增加有关先进的运动技术、营养、青少年训练、老年人训练以及推销技术的内部培训。有些俱乐部还投资最新的有关心肺训练、力量训练、平衡性训练和柔韧性训练的器材。这是非常有益的，因为这使得私人教练能够使用最新的器材，并学习与时俱进的健身和体能训练概念。最终，私人教练得到的有关训练器材和训练技巧的信息越多，他们的职业发展就越能迎合市场的需要。巧合的是，私人教练在先进的信息和工具方面的经验和教育越多，他们也越自信。但是，这并不是说只有加入商业健身俱乐部才会有上述收获，因为每个机构都不尽相同。大多数非营利性和营利性机构都根据其预算管理和专长领域而提供不同的培训。

独立承包人

独立承包人是根据合同规定的条款或口头协议向另一实体提供货物和服务的人、企业或公司。与雇员不同，独立承包人不需要定期为雇主工作，只在需要的时候按要求工作。这些人不会获得全职员工的福利，例如健康保险或退休计划，他们根据合同工作。作为独立承包人，私人教练通常会向健身房或健身俱乐部支付费用，以获得在该机构内训练客户的授权。作为独立承包人的私人教练有机会获得非常大的成功，因为他们学习了有助于今后独立经营以及与当地企业建立关系网络所必备的商业技能。尽管独立承包人不是俱乐部的雇员，但他们仍然代表俱乐部提供的业务和服务。作为独立承包人，健身专业人员要学会如何管理自己的时间，在俱乐部里推销自己，以及提升组织技能。这个环境可以作为健身专业人员最终拥有自己的健身机构或工作室的基础。

家庭私人训练

有些私人教练也选择在客户家里与他们合作。这种选择要求健身专业人员在各处奔波并使用便携式器材。客户方便地在自己的家中接受服务，并且健身专业人员也在社区中获得声誉，有机会建立关系网络和获得推荐。这种选择的好处是私人教练没有健身场所的成本（例如，租金、水电费），并且可以自主开发自己的商业模式。在不同客户的地点之间奔波也存在一些弊端。健身专业人员必须使用他的车来运输沉重的设备（稳定球、BOSU球、配重片等），导致油耗增加，距离越远，增加的油费越多。他们也必须提前计划，在客户家里安装器材，这可能也会将训练课延迟到下一个小时。奔波和安装器材的时间使得每次用在一个客户上的时间更长，并且让健身专业人员失去与更多客户合作的机会。大多数私人教练都能成功在方圆一英里的某个范围内建立熟客关系，并且只需要运输几件特定的器材。其他选择包括与制造商建立附属关系，使得客户可以通过健身专业人员购买摆放在家中的健身器材。这些手段证明对健身专业人员很有好处，因为这样可以大幅减少开支和安装时间。

自有健身机构

很多健身专业人员都梦想着做自己的老板。或许每个职业人都怀有这样的梦想，但是根据自己的模式建立企业仍然需要做很多工作。拥有一家健身房或工作室可以是值得付出的尝试，因为对服务的需求对于健身专业人员很有吸引力，并能够带来经济回报。市场营销和人际网络已经由健身教练自行完成，并且目标人群通常是健身专业人员擅长合作的人群。然而，拥有一家健身机构也涉及运营成本、招聘和解雇员工、社区关系网络、公司制度、税收、保险，以及保持不断的客流。大多数选择创业的健身专业人员都经验丰富，并且了解踏入商界与获得成功之间的细微差别。表20.1概述了各种就业机会的优缺点。

表20.1	就业机会的优缺点	
	优点	**缺点**
商业健身俱乐部	• 销售可以提供业务学习的机会 • 提供在多个领域（营养、运动训练、商业等）的内部培训 • 薪酬标准以客户保留率（奖金）和健身专业人员的教育程度为基础 • 最新的健身器材和训练方案	• 销售可能会有月度和季度业绩压力 • 从较低薪酬水平开始，以刺激销售 • 俱乐部决定市场与业务运营
独立承包人	• 健身专业人员可以控制日程安排 • 对市场营销与业务实践有控制权 • 没有场地成本和章程	• 不是俱乐部的雇员，因此没有福利（医疗、假期等） • 俱乐部对业务和营销不会提供完全支持 • 俱乐部或许会按课程费用的比例收取佣金
自有健身机构	• 可以吸引到个性化的客户 • 如果使用正确的业务模式，可以获得经济回报 • 针对目标人群量身打造社会关系网以及营销手段	• 负责运营成本，服从当地条例，承担税收，聘用和解雇员工，建立社区关系网，以及留存客户

健身专业人员的简历

在寻找潜在就业机会的同时，有抱负的私人教练需要写出一流的简历。想要在众多简历中脱颖而出，获得"最理想"的教练职位，私人教练需要一份结构良好的简历。简历是一个销售工具，它介绍健身专业人员的教育、技能和经验，让雇主可以对该名教练可能如何为公司做出贡献一目了然。如果简历没有让其主人被排除在考虑范围之外，它就成功地完成了任务。在很多情况下，雇主可能不到30秒的时间就会决定一份简历应放入"考虑"那一叠还是"拒绝"那一叠。

最有效的简历会明确地指向一个特定的职位（例如私人教练、团队健身指导、总经理），并且针对雇主对此职位的要求进行陈述。知道应聘职位的职责和所需技能有助于有抱负的应聘者围绕这些要点组织和调整自己的简历，以获得关注并在应聘中成功胜出。

有效简历的写作要点

◆ "目的"由一两个简短语句构成，表明就职目标。怀有抱负的私人教练应该强调自己可以提供什么，而不是正在寻求什么。例如，"我是一名值得信赖的健身专业人员，渴望做出积极的改变"与"我正在您的组织中寻求一个健身专业人员的职位"，在递交简历时，后者更加含蓄。

◆ 列出所有的大学学位、健身资格证书、后期的专业方向以及已完成的继续教育课程。

◆ 刚刚毕业的大学生应将其教育经历列在工作经历之前，尤其在他们工作经历有限的情况下。没有或只有一点大学学历的健身专业人员则应首先列出其工作经验。在简历的开始部分罗列出最有吸引力的特点，这有助于给潜在的雇主留下良好的第一印象。

◆ 有抱负的私人教练应列出所有工作经验，以及从中学会的重要、相关且适用的技能，诸如销售、客服、领导力和多任务处理等，这些工作经验并不一定要来自于健身行业。

◆ 在单独的一张纸上列出推荐信。最好利用简历的空间列出重要的技能、经验和学历。你可以在简历的底部标注"推荐信已按要求附上"。

◆ 避免将家庭成员列为推荐人。前任经理、主管、导师以及大学教授都是推荐人的最佳人选。

◆ 避免拼写和语法错误。

◆ 请导师、老师或者朋友检查你的简历。

◆ 使用干净、高质量的8.5英寸×11英寸纸张制作，风格简洁，字体符合阅读习惯。

◆ 在向潜在雇主递交简历之后，有抱负的私人教练应通过电话或电子邮件表示感谢。恰当的跟进行为会给招聘经理留下深刻的印象。

面试

寻找工作的健身专业人员在接受招聘经理的首次面试之前，最好先练习面试技巧。通过请朋友或亲人扮演面试官，有抱负的健身专业人员可以事先对问答进行演练，这样做可以减少焦虑并有助于留下良好的第一印象。面试过程中的回答应当简明、流利且得体。

面试是健身专业人员的展示机会。在面试开始之前，与面试官握手，微笑示意和目光接触也同等重要。谈话过程中，重要的是要谈谈自己的优秀品质。例如，如果作为健身教练的经验有限时，应该谈谈之前的工作及其与私人训练的关联，比如客户服务与销售的经验。私人训练可以涉及许多领域，大多数健身俱乐部都愿意聘请新的教练，只要他们展现出了学习的潜力和热情。

小结

私人训练需要销售、市场营销和财务方面的技能。无论健身专业人员计划独立工作还是在当地的健身俱乐部工作，成功经营私人训练业务都与经营其他业务并无区别。这需要时间、决心、准备以及一个周全细致的计划。

成为认证的私人教练的第一步是教育。教育对于健身专业人员如何正确地评估并指导客户完成安全有效的训练至关重要。有些组织已获得认证或者正在申请认证，IHRSA建议教练应通过此类组织考取资格证书。

一旦完成了获取资格证书的过程，就是时候去找工作了。有许多机构和途径适合有抱负的私人教练，包括YMCA、JCC娱乐和公园服务中心、女性专属机构、商业性机构、独立承包以及自有机构。

想要在众多简历中脱颖而出，获得"最理想"的教练职位，私人教练需要一份结构良好的简历。简历是一个销售工具，它介绍健身专业人员的教育、技能和经验，让雇主可以对该名教练可能如何为公司做出贡献一目了然。最有效的简历会明确地指向一个特定的职位，并且针对雇主对此职位的要求进行陈述。

最后，寻找工作的健身专业人员在正式面试之前，最好先练习面试技巧。面试过程中的回答应当简明、流利且得体。

市场营销基础指导

许多私人教练错误地将市场营销定义为只是为产品或服务做广告。尽管广告是市场营销的一个要素，但它绝不是唯一或最重要的部分。《韦氏词典》(*Merriam Webster's dictionary*) 将市场营销定义为"推广、销售以及传播产品或服务的过程或者技巧"[2]。即便这个定义非常简单，但是它首先阐明了市场营销是如何涵盖以上多个元素，其内涵超越了创作标牌和其他形式的广告。

市场营销是通过向潜在客户传达产品或服务（如私人训练）的特点和优势来推广产品和服务的过程。有效的市场营销需要确认客户的需求，开发适当的产品和服务来满足这些需求，并且以符合成本效益的方式推广服务和解决方案。市场营销的最终目标是深入了解客户的愿望和需求，使销售变得不再重要，因为产品或服务本身对顾客就是一种吸引。

无论是在商业机构中工作，作为独立承包人，还是作为企业主，私人教练都必须制订全面的市场营销计划，以达到业务的完整性。这需要细致地了解潜在客户的愿望、需求、所属群体特征以及社会经济状况。例如，如果私人教练所在的健康俱乐部的主要客户是需要上班的家长和年轻人，那么私人教练就应该根据客户的个人目标以及工作或学校的时间表提供健身服务，例如晨练班和晚练班。相反，如果私人教练的主要客户群体是留在家里的家长和退休人员，那么私人教练就可以在俱乐部通常比较空闲的午后时间为他们提供服务，而这也为俱乐部增加收益。

营销组合（市场营销的4个P）

为了制订成功的营销计划，健身专业人员必须理解营销组合，也就是所谓的"市场营销的4个P"。营销组合是指私人教练可以控制的活动，通过这些活动在目标市场获得他们想要的反响。市场营销的4个P如下。

- ◆ 产品（product）：为客户提供的具体产品或服务。
- ◆ 价格（price）：产品或服务收取的费用，包括批量折扣、季节性定价以及捆绑套餐。
- ◆ 地点（place/distribution）：将产品或服务传播给客户的渠道。
- ◆ 宣传（promotion）：传达有关产品或服务的信息，旨在产生积极的客户响应。一些市场营销的传播策略包括广告、促销、社交媒体和公共关系。

产品

与任何其他业务一样，确定交付给客户的具体产品是很重要的。私人教练提供的大多数服务是按小时或课时出售的，这导致一些人认为被出售的是教练与客户一起的时间。而另一些人可能认为产品是客户通过与教练的合作所接受的教育。这种类型的教育包括如何正确使用器械、如何正确饮食或者如何减重。还有一些人可能会大胆地说，客户训练的动机是买入的产品。

健身专业人员可以提供前面提到的所有服务；然而，最终交付给客户的产品是他们正在努力想实现的结果。如果客户想减重，他可以选择接受私人训练，以便"有去健身房的动机"或者"学习如何正确地运动"；但是，这些途径导致的最终结果都是减重。私人教练一定要始终记住，其职责在于结果而非途径。记住这一点将使你永远不会忘记这个职位的目的和需求。正是当健身专业人员认为他们提供的服务是途径而非结果时，其工作效率就会下降，并且业务也会失去影响力。

开发利基或专长

拥有自己的专长或者利基是帮助私人教练脱颖而出并在竞争市场上提供特色产品的极好方法。获得更多资格证书、高级的专业知识或更高的教育学位让健身专业人员可以向特定客户群提供服务。例如，健身专业人员可以选择成为体重管理、纠正性训练、运动专项的体能训练，甚至是与特定性别或年龄组合作的专家。以某个拥有众多潜在客户并且很少其他教练涉足的特定类别为目标，这就让健身专业人员可以主宰其特定的利基市场，并大幅提高其收入潜力。

价格

私人训练的薪资水平在全国各地有很大的差异，具体取决于许多因素，包括客户的社会经济地位、所提供训练的类型（训练营、小组训练、私人训练）、批量折扣及健身专业人员的教育和经验水平。此外，在人口稠密和富裕的地区的私人训练收费通常比乡村地区更贵。在决定价格标准之前，健身专业人员应研究其所在地区潜在客户的人口和社会经济状况。研究竞争对手的价格也同等重要。基于这些信息，健身专业人员可以为其服务寻找合适的价位。切记，没有"完美价格"这样的东西；不可避免的是，有一小部分客户将无法承受你的服务价格。

地点

地点是指产品或服务在何地以何种方式被分销和出售。对于私人训练，大多数人会想到健身房或健身俱乐部；但是，这个行业呈现出一种新的趋势，让私人教练可以通过多种分销渠道提供其服务。渠道示列如下。

- ◆ 网络指导或电话指导。
- ◆ 青少年运动小组及课外计划。
- ◆ 在当地公园、学校或海滩举办的训练营。
- ◆ 企业健康计划。
- ◆ 运动训练中心。
- ◆ 老年人中心。

宣传

宣传私人训练服务包括将重要的信息传达给潜在客户，从而产生积极的客户响应。一些市场营销传播策略包括传统的广告（例如，印刷广告、海报和小册子）、促销、赞助以及社区服务。此外，基于网络的传播（如专业网站）、在线广告（横幅广告）和社交媒体（例如，Facebook、Twitter和LinkedIn）都是非常有用和有吸引力的媒介，私人教练可以通过它们宣传自己的服务。线上市场营销会是一个帮助私人教练使其投资回报最大化的成功广告形式。另外，社交媒体的独特功能使得私人教练能够做广告并与潜在客户进行实时互动。

宣传可以分为两个独立的实体：推或拉。广告通过引起顾客对服务的关注将客户"拉"向健身专业人员。季节性折扣或批量折扣等激励措施通过鼓励潜在客户大量购买，"推"动私人教练的服务。

小结

许多私人教练错误地将市场营销定义为只是为产品或服务做广告。尽管广告是市场营销的一个要素，但它绝不是唯一或最重要的部分。有效的市场营销需要确认客户的需求，开发适当的产品和服务来满足这些需求，并且以符合成本效益的方式推广服务和解决方案。

为了制订成功的营销计划，健身专业人员必须理解营销组合，也就是所谓的"市场营销的4个P"。营销组合是指私人教练可以控制的活动，通过这些活动在目标市场获得他们想要的反馈。市场营销的4个P如下。

- ◆ 产品（product）：为客户提供的具体产品或服务。
- ◆ 价格（price）：产品或服务收取的费用，包括批量折扣、季节性定价以及捆绑套餐。
- ◆ 地点（place）：将产品或服务传播给客户的渠道。
- ◆ 宣传（promotion）：传达有关产品或服务的信息，旨在产生积极的客户响应。一些市场营销的传播策略包括广告、促销、社交媒体和公共关系。

提供不妥协的客户服务

在健身行业中取得成功并不是以成功获得私人教练职位和对市场营销的基本理解而告终。在很大程度上，成功取决于声誉。与相同职位的所有其他人相比，那些在专业上表现卓著且声誉良好的人会更具竞争优势。不懈追求人们所推崇的卓越、博学和专业性是十分重要的。最好的私人教练以最大限度的诚信行事，绝不接受自己没有尽最大的努力。

为了建立作为优秀私人教练的声誉，必须首先建立不妥协的客户服务的声誉。不妥协的客户服务意味着坚定地向客户提供在其他地方很少遇到的体验及辅助水平，痴迷于成为予人帮助的艺术家。最成功的私人教练从不甘于平庸，从不停止尝试提升自己或其业务，从不退而求其次，并且永远向前看。

需要记住的一个重要商业策略是，大多数（甚至所有）的购买都由情绪决定。去哪里训练，与谁一起训练，客户可以有许多选择。所以，客户如何选择私人教练以他们对特定机构以及在那里工作的私人教练的感觉（通常是第一印象）为基础。这种感觉通常取决于顾客享受到的服务水平以及客户对于所提供价值的看法。那些把不妥协的客户服务视为专业性的最低可接受标准的教练会给客户带来积极的感受。很明显，在服务行业中，关系是最有力的竞争优势。

不妥协的客户服务的指南

在每一天的工作里，总会有陷入各种任务和琐事之中的倾向，这种情形有时会导致忽视大局（即客户）。成功的私人教练从不认为自己的任何一位客户会干扰其工作；相反，这些客户是他们事业立足的全部原因！

下面列出了不妥协的客户服务理念的要点。

1. 抓住每一个机会去接触并了解所有潜在客户。每一次走进俱乐部或者踏进健身房，都是与潜在的新客户建立工作关系并可能最终达成交易的机会。
2. 记住每一分钟都要表现出积极的形象和高水平的专业性。
3. 绝不给客户留下认为某个提问是麻烦、不必要或无知的印象。
4. 通过语言沟通、语调和肢体语言完好地表达想法，结合各种方法共同传达信息。
5. 关注强化工作关系的机会。
6. 不要一味接受顾客的抱怨，还要能够占据主动。

成功的私人教练时常问自己以下的问题：如果我的整个未来都基于这一个客户对现在与我相处的体验的评价之上，我会做什么改变吗？他们也许还会问，我是否已经超出了这位客户的期望？如果这两个问题中有任何一个回答是"否"，那么有责任感的健身专业人员便会继续寻找提升自己的机会。NASM的教育、应用、完整性、解决方案和工具是为这些问题创造"是"答案，以及为客户提供最佳服务和结果的基础。

小结

企业的主要目的是创造并留住客户。运用不妥协的客户服务要点、以客户为中心的过程将创造与众不同的价值水平，并在寻找、积累和留住客户上取得成功。建立优秀与出众的健身专业人员的声誉，然后建立提供不妥协的客户服务的声誉，给每一个俱乐部会员留下积极的印象。

客户的购买决定以自己对于某个特定的健身机构及其健身专业人员的感受为基础。这些感受会因客户接受到的服务水平以及对所提供价值的感知而受到影响。因此，客户从来都不是工作的干扰，而是工作背后的全部目的。每一位客户的体验都应该被视为可能影响健身专业人员的整个职业生涯，因事实的确如此。

明白你的客户是谁

健身客户可能出于多种原因去寻求私人教练的服务，包括希望让自己的外表再好看、提高运动表现或者强身健体，以及提高在日常生活中的身体能力。无论客户出于何种原因去找私人教练，最终的动机都是想提高自己的生活质量。

先进的技术并不等同于更加健康，尽管这是一个被广泛认同的假设。如果说技术与健康有任何关系的话，因为先进的技术取代了日常运动的很多方面，实际上它比其他因素对健康造成了更大的危害。身体活动的减少直接提高了肥胖、糖尿病、心脏病、肌肉骨骼功能障碍及其他各种慢性病的风险和发病率[3-8]。很明显，人们对专业化、个性化的身体训练的需求正在增加。私人健身训练可能曾经被认为是奢侈品，但现在它正在成为一种必需品。在不久的将来，健康维护可能在健身行业的成功和发展中起到举足轻重的作用。NASM认证的私人教练将有资格提供OPT™系统和工具，为客户带来显著的效果。

在如今的久坐习惯下，谁是潜在的客户？所有人！很难想象有人不想拥有更好的外表和感觉、更高水平的运动表现，变得更健康、更自信，享受更高的生活质量，减少慢性疼痛。

接近潜在客户

很多时候，没有经验的年轻私人教练，甚至具有丰富经验的私人教练，都没有发挥出自己全部的潜力，因为他们不懂得如何推销自己。他们将销售自己的服务与传统意义上的销售（如卖车、卖音响设备）混淆了，实际上，这并不是真正的销售。与其用一种消极的态度来看待销售，正在学习吸引新客户的私人教练应当把销售看作自我推销。私人教练所做的一切实际上就是向其他人证实他们已经知道的东西，即他们才是"精英中的精英"。

学习自我推销的第一步就是不要害怕接近潜在的新客户，特别是你第一次见面的客户。笔直地站起来，平静并自信地走向客户，无须开口就能让客户知道你是这里最棒的私人教练，如果他想看到成效，就需要和你在一起！记住，私人教练可以改变客户的人生，这是一个神圣的责任。

通过以下做法，大方地提供不妥协的客户服务。

◆ 在训练时或工作时向每一位会员说声"您好"。

◆ 与每一位会员进行眼神交流，微笑并保持风度。

◆ 给会员们递上毛巾或饮水。

◆ 多走动，清洁运动器材，保证运动场地无可挑剔，并代表最高的场地外观标准。

◆ 不要躲在健身台、计算机或是杂志后面。

◆ 至少要向会员简单介绍一下自己的名字，并询问对方的名字。

◆ 让会员知道，你在这里就是为了照顾任何的客户需求，以提升俱乐部的体验。放心来吧！

◆ 与新会员的第一次互动应该专业、愉快，最重要的是没有胁迫感。

◆ 一旦你与一位新会员有了第一次接触，你便能更好地提供有价值的帮助。如果会员没有正确进行某个练习，告诉他这个练习的好处。然后，提出可以帮助他"最大限度地提升该练习的效果"。告诉对方你刚刚参加过一个研讨会或是读了一本书（一定要是真实的），其中为他所做的练习提供了一种替代方法。如果该会员说"不用了，谢谢"，就不要再打扰他。而如果他说"好的"，那么就针对该练习提供具体的帮助，并阐明该会员将获得的与其目标直接相关的好处。在整个训练的过程中继续为他提供帮助。

还有一些方法已经证明会让会员立即感到为难。如果潜在客户已对他的练习或者能力形成信念体系或者判断，都非常不愿意接受任何可能挑战其现有观念的方法。你应当避免以下这些开场白。

◆ 我可以提个建议吗？

◆ 我能推荐你一个更好的练习方法吗？

◆ 我能告诉你另一种技巧吗？

◆ 让我来向你示范正确的方法。

◆ 我能帮你吗？

◆ 你做这个练习的目的是什么？

创造价值

私人训练需求的增加并不能保证所有健身专业人员都能成功。仅仅因为人们有需求或意愿，并不代表着他们就会行动。在客户的眼中，服务的价值必须高于其成本。成本指的是这项服务的价格，以及训练所需的时间、精力和承诺。而且，很多人都会因为惧怕失败而有所保留。健身专业人员有责任创造并展示其服务的价值。

为了成功地吸引并留住客户，私人教练一定要熟悉《NASM-BOC职业行为准则》，而且他们必须采用本文列出的系统方法。

除了遵守《NASM-BOC职业行为准则》，NASM私人教练还应该具备以下能力。

◆ 熟练使用NASM的综合体能评估（包括主观和客观的信息）以及各种动作观察，从而准确评估每个人的需求和目标。

◆ 有能力设计OPT™训练计划，并准确填写OPT™模板。

◆ 向客户说明训练计划的每一项组成部分与其目标和需求的联系。

◆ 能够演示练习，并为类型广泛的客户实施个性化的训练计划。

◆ 向客户演示OPT™系统如何为他们带来的最大的益处。

客户需要信任自己选择的私人教练，相信他能帮助自己实现其个人健康目标。重要的是要记住，OPT™系统是通往成功的地图和保证训练效果的系统化方法。

你知道吗?

《NASM-BOC职业行为准则》

为了遵守并坚持《NASM-BOC职业行为准则》，私人教练必须做好如下工作。

1. 通过继续教育保持自身能力。

2. 坚持安全和符合伦理的训练实践。

3. 坚持严格的设施维护（如器材、安全、布局、消毒）。

4. 了解针对训练多种客户（如年龄、性别、文化背景和能力）的特殊考虑的实践范围。

5. 清楚了解私人教练的角色和职业限制（如介绍给注册营养师、专职医疗保健专业人员）。

6. 坚持专业性和符合伦理的业务实践。

   a. 责任保险

   b. 记录留档

   c. 医生同意书

   d. 外貌和着装

   e. 守时

   f. 性骚扰防范规避意识

   g. 客户保密［如HIPAA（健康保险携带与责任法案）］

如需查看完整的《NASM职业行为准则》，请访问NASM官网。

小结

客户可能出于多种原因去寻求私人教练的服务，最终的动机都是想提高自己的生活质量。在如今的久坐习惯下，每一个人都可以被视为潜在客户。无数人都想拥有更好的外表和感觉、更高水平的运动表现，变得更健康、更自信，享受更高的生活质量，减少慢性疼痛。私人训练正在逐渐成为一种必需品，健康维护可能很快就会在健身行业的成功和发展中起到举足轻重的作用。

然而，仅仅因为人们有需求或意愿，并不代表着他们就会行动。私人训练服务的价值必须高于其价格、时间、精力和承诺。健身专业人员有责任创造并展示该价值。

私人教练在接触潜在的新客户时需要积极主动，避免说一些让会员感到不舒服的话，例如"我能向您建议一个更好的方法吗"。与之相反，可以做下面的这些事情。

◆ 巡视健身房，并向每一位会员说声"您好"，为他们递上毛巾和饮水，确保各处都保持整洁和安全。

◆ 向会员介绍你自己，并询问他们的名字，让他们知道你能帮助他们解决其任何需求。

◆ 避免过度教育新客户。然而，如果会员没有正确进行练习，则找出对他来说很重要的练习有何意义，然后帮他"最大限度地提升练习效果"。观察动作和姿势，以进行筛查，并使用OPT™模型来为客户定制练习和其他建议。继续在整个训练过程中为潜在客户提供协助。

为了获得客户，健身专业人员必须使用OPT™系统作为走向成功的地图，利用它的系统化方法，通过以下几点确保结果。

◆ 利用NASM的综合健康评估和动作观察，根据具体客户的需求和目标准确评估和设计训练计划。

◆ 设计OPT™训练计划，并准确填写OPT™模板。

◆ 向客户解释OPT™系统如何为其提供最大的益处，以及训练计划的每一项组成部分与个人目标和需求的联系。

◆ 向新客户先进行讲解，再做动作示范。

销售技巧

高水准的客户服务有可能反过来增加私人训练的销售。对于私人教练来说，这意味着销售给客户。然而，销售有很多负面的内涵。许多私人教练不愿意主动提出销售请求，因为他们把销售与遭受拒绝或做一些道德上错误的事情联系在一起。

销量并不是通过操纵他人来创造的，而是通过关心和专业性。利用OPT™解决方案和工具，通过健身专业人员的服务能够获得许多与运动表现、健康、自尊和生活质量有关的益处。事实是，如果潜在的客户不购买，他们就不能受益于这些服务。销售是帮助客户取得成果的第一个重要步骤。

取得成功的 10 步

私人教练是否会拥有一份优质的客户名单，取决于他们有没有学会在工作时自我推销。依赖销售顾问对所有的潜在客户进行定位是一种错误的做法，私人教练不应该犯这种错误，因为这是一种依赖于别人的生产力的理念，导致私人教练放弃了每周向客户推销自己的机会。

根据你的理想年收入目标制订计划。使用下面的 10 个步骤和相应的问题来指导这个计划的设计。

第 1 步：理想的年收入是多少？

年收入目标是 12 个月内可实现的月收入总额。明确理想的年收入目标后，请继续第 2 步。

例如，根据其开销和生活方式，克里斯蒂希望作为健身教练每年可以收入 40 000 美元。

第 2 步：为了实现年收入目标，每周必须有多少收入？

将理想年收入除以 50，算出每周需要的收入（不要除以全年的 52 周，使用 50 周是为了有 2 周留给休假、生病、陪审义务等）。

例如，克里斯蒂将 40 000 美元除以 50，结果等于 800 美元。她知道，为了实现她的目标，每周需要达到 800 美元的收入。

第 3 步：为了实现每周的目标，需要上多少课时？

为了达到每周收入目标，每周需要多少客户，或是上多少课时？为了得到这个数字，将每周目标除以每个课时的收入。

例如，克里斯蒂将 800 美元除以每小时 25 元。现在，克里斯蒂知道，为了实现她的目标，每周需要上 32 课时。

同时，以当前每周的平均收费课时数除以当前已签约的客户数。

例如，克里斯蒂目前每周上 20 课时，拥有 11 名常规客户。进行除法后得到的数字是 1.82。那么，克里斯蒂将她 32 课时的目标除以 1.82，计算出她需要至少 18 名客户才能达到她的目标收入。

第 4 步：成交率是多少？

私人教练需要计算出自己的成交率。这个数字是由他在健身房帮助过的客户的总数和购买训练课程的客户数量比较得出的。

例如，克里斯蒂检查她的签约日志，确定在过去 30 天内，她共与 60

名会员交谈过。在这60名会员中，她成功地与5名会员（作为其客户）签约。她用5除以60，得出她的成交率是8%。

第5步：获得新客户的时间范围是多大？

不切实际的时间范围很有可能带来挫折和失望。然而，如果时间范围太大，它就不能创造出业绩最大化所必需的紧迫感。

例如，克里斯蒂现在拥有11名客户，而她需要至少18名客户来实现其目标，她决定自己还需要获得至少7名客户。她决定要在3周内获得7名新客户。

第6步：总共需要接触多少潜在客户才能在设定的时间范围内获得客户？

请将所需要的新客户数量除以成交率。

例如，克里斯蒂想要7名新客户，她的成交率是8%。她将7除以8%，结果是87.5。那么克里斯蒂在接下来的3周内至少需要与88名会员进行高质量的沟通，以实现获得7名新客户的目标。

将需要接触的客户总量划分为每周增量，从而更好地管理这个过程。

例如，克里斯蒂在3周内需要接触至少88名会员。她将88除以3，并明白她每周需要接触大约30名会员。

第7步：每天需要接触多少潜在客户？

进一步将每周需要接触的会员数量划分为每天的增量，从而为每个工作日制订精确的目标。

例如，克里斯蒂的目标是每周接触30名会员。她每周工作5天。所以，她将30除以5，得出她每天只需要和6名会员交谈，这个数字比她最初的预期更加容易掌控。

第8步：工作日的每个小时需要接触多少位潜在客户？

继续将每天需要接触的会员数量划分为每个小时的增量，从而为在健身房的每个小时制订一个简单且可靠的计划。

例如，现在克里斯蒂知道自己每天只需要接触6名会员，她将这个数字除以她每天实际在健身房的时间。她一般在每天8小时的工作时间内有4课时。她还需要半小时吃午饭，通常还有一次半小时的迎新会。这样，她每天还有3小时的空闲时间可用于接触6名会员的目标。克里斯蒂在将3除以6以后，她明白，为了实现她的目标，她必须每30分钟与一名会员交谈。

对于这个时间段内的每次接触，为所接触的会员提供可测量的个性化帮助。这些接触即使没有转变为成功的销售，也会增加宝贵的未来潜在客户群。

第9步：向每一名接触的会员询问其联系方式。

NASM认证的私人教练拥有个性化评估、OPT™计划设计和练习选择等核心竞争力。这些私人教练自然有能力为与其有联系的任何会员提供个性化和以结果为导向的体验。

如果与某会员建立了融洽的关系，不要害怕向其索取联系方式。提议通过一些练习来帮助他实现所讨论的目标。与该会员联系，并安排时间，在他下次来俱乐部时协助他实施新的练习。

第10步：跟进。

现在应该很清楚，每一个练习都是一项评估。不管会员正在俱乐部进行何种练习，都要根据在一般的动作和姿态观察中的5个动力链检查点，记下你所了解的情况。写下并保存每一名会员的详细记录。在24小时之内，向该会员寄出一张手写的感谢卡，感谢他在俱乐部中与你一起度过的时光。这样做很优雅和体贴，并让会员记住你。

预计感谢卡会在2至3天后到达，然后在初次接触的一周之后向该会员致电。在电话中，努力实现以下目标。

- ◆ 确认该会员已收到了感谢卡。
- ◆ 以个人名义感谢他的配合。
- ◆ 让该会员知道你有考虑过他的目标，并愿意回顾一些对其有帮助的练习。
- ◆ 说清楚这只需要在他下次来俱乐部时占用大约10分钟的时间。
- ◆ 确定他下一次来俱乐部的时间。
- ◆ 在他的下一次到访时，安排一次非正式的碰面。

当你再次见到这名会员时，请确保做到以下几点。

- ◆ 在俱乐部内帮助他进行几个练习，并向其解释这些练习与他的目标有何联系。
- ◆ 为该会员提供一次更全面的评估、个性化的计划设计以及一节单独的训练课，以使他目前看到的效果最大化。
- ◆ 直接询问该会员是否愿意购买一个阶段的课程。

提出销售请求

大部分销售机会都因为没有向客户提出请求而失去。未能完成销售可以归结为以下4个原因中的一个或多个。

1. 这一单销售没有足够的价值。
2. 关系不够融洽，让潜在客户犹豫。
3. 健康或健身专业人员没有坚定地提出销售请求。
4. 潜在客户确实不具备购买的能力。

前3个原因都是直接可控的。很多私人教练都能够提供更高的价值，并且拥有突出的人格魅力，但是他们没有向客户提出销售请求，因为他们害怕被拒绝。

完成上述10个步骤之后，直接向客户提出销售请求，10名会员中有9名会说不。这看起来可能让人十分泄气。但是，即使只有10%的成交率，业内数以千计的私人教练仍然能够发展起稳定的客户群。如果私人教练能够与客户建立融洽的关系，充分理解为什么客户的目标对他如此重要，进行彻底的评估，并提出正确的训练计划建议，那么被拒绝的可能性就会大大降低。

私人教练：莎拉，我们已经明确了对你来说最重要的那些方面，并且制订了OPT™计划来帮助你实现目标。让我们来看看OPT™模板，我将向你讲解一下各个部分。如果你有任何问题，请直接提问。如果你觉得自己已经明白，那我们今天就开始吧。

当潜在客户同意接受一项产品、训练计划或私人训练课程时，请按照以下步骤来进行。

1. 完成销售交易。
2. 在48小时内安排客户的首次预约。
3. 在24小时内向客户寄出感谢卡。
4. 在首次预约之前要打电话确认。
5. 回顾客户的目标，并简要重申他将如何实现这些目标。
6. 恭喜客户，并承认客户迈出了实现其目标的第一步。

如果潜在客户拒绝接受预约或购买服务时，私人教练应该做到以下几点。

◆ 继续保持专业性并提供帮助。
◆ 感谢这名潜在客户参与课程。
◆ 确保获得这名潜在客户的联系方式。
◆ 要求在几周后给他打电话询问训练计划的状态。
◆ 立刻寄出感谢卡。
◆ 在每日工作计划中，安排一次14天后的跟进电话。
◆ 每30天，给这位潜在客户寄出与其目标有关的信息（例如剪报、旅游杂志、健身网站等处的相关要点）。
◆ 确保跟进上述所有任务。
◆ 记录接触过程中的每一点。

成功的私人教练要不断保持联系。他们知道，今天说的"不"并不代表永远都是"不"。他们意识到，联系就等同于机会，联系得越多，就越有机会帮助他人改变人生。最后，这些人知道，当越来越多的人将他们视为"专家"资源时，他们的口碑基础就会越大。

小结

私人教练必须在健身房内多走动，与客户打招呼，熟悉起来并建立关系，并最终完成交易。利用以下10个步骤的计划来实现整体目标。

1. 选择理想的年收入目标。
2. 确定每周要有多少收入才可以实现年收入目标。
3. 计算出每周需要上多少课时才可以实现周收入目标（以及需要多少客户来上这些课时）。
4. 计算成交率。
5. 决定获得新客户的时间范围。
6. 决定一共需要接触多少位潜在客户才能在上述时间范围内获得目标客户数量，并在该数字基础上计算出每周的接触率。
7. 将每周的接触率划分为每天的增量。
8. 进一步将每天的增量划分为每小时需要接触的人数。
9. 向所接触的每一名会员索取联系方式。
10. 利用感谢卡和电话回访来跟进，并在客户的下一次到访时，安排一次非正式的碰面。

大部分销售失败是因为没有去询问客户是否愿意购买服务。销售是帮助客户受益于私人训练服务的第一个重要步骤。如果私人教练能够与客户建立融洽的关系，对客户目标感同身受，进行彻底的评估，并提出正确的OPT™计划建议，那么被拒绝的可能性就会大大降低。无论潜在客户对产品说"是"还是"否"，很重要的就是保持专业性和继续提供帮助，获取客户的联系方式，立即寄出感谢卡，打电话回访，保持联系，并保持跟进，最后，记录接触过程中的每一点。今天说的"不"并不代表永远都是"不"。拥有一大批视健身专业人员为"专家"资源的人肯定会扩大他/她的口碑基础。越多的接触创造越多的机会。

参考文献

（1）The International Health, Racquet & Sportsclub Association. Accessed January 24, 2010.

（2）Merriam-Webster's Dictionary. Accessed January 24, 2010.

（3）Haskell WL, Lee IM, Pate RR, et al. American College of Sports Medicine, American Heart Association. Physical Activity and Public Health: Updated Recommendation for Adults from the American College of Sports Medicine and the American Heart Association; *Med Sci Sports Exerc*. 2007; Aug; 39(8): 1423–1434.

（4）Pedersen BK, Saltin B. Evidence for prescribing exercise as therapy in chronic disease. *Scand J Med Sci Sports*. 2006; 16 (Suppl 1): 3–63.

（5）Sherman SE, Agostino RBD, Silbershatz H, Kannel WB. Comparison of past versus recent physical activity in the prevention of premature death and coronary artery disease. *Am Heart J*. 1999; 138: 900–907.

（6）Centers for Disease Control and Prevention. Prevalence of physical activity, including lifestyle activities among adults—United States, 2000–2001. *MMWR Morb Mortal Wkly Rep*. 2003; 52(32): 764–769.

（7）Zack MM, Moriarty DG, Stroup DF, Ford ES, Mokdad AH. Worsening trends in adult health–related quality of life and self–rated health—United States, 1993–2001. *Public Health Rep*. 2004; 119(5): 493–505.

（8）Harkness EF, Macfarlane GJ, Silman AJ, McBeth J. Is musculoskeletal pain more common now than 40 years ago? Two population–based cross–sectional studies. *Rheumatology (Oxford)*. 2005; 44(7): 890–895.

动作练习库

柔韧性

自我肌筋膜放松

腓骨肌群

腘绳肌

柔韧性 _续_

股四头肌

胸椎

静态拉伸

比目鱼肌

90/90腘绳肌

仰卧股二头肌

站姿股二头肌

柔韧性 续

坐姿稳定球髋内收肌

大收肌

仰卧梨状肌

竖脊肌

肩胛提肌

胸锁乳突肌

主动分离式拉伸

比目鱼肌（外旋/内旋）

90/90 腘绳肌

仰卧股二头肌

柔韧性 续

坐姿稳定球髋内收肌

大收肌

柔韧性 *续*

肩胛提肌

胸锁乳突肌

柔韧性 续

动态拉伸

药球转体

弓步旋转

俄罗斯转体

摆腿：从前到后

摆腿：从一侧到另一侧

俯卧撑加转体

核心

核心-稳定性

稳定球臀桥

跪撑对侧肢体上举

稳定球眼镜蛇式

侧平板支撑

核心-力量

举膝

绳索上举

核心 续

绳索下伐

俯卧抬腿

核心-爆发力

侧身斜抛药球

双手过头掷

向后伸展掷药球

平衡

平衡－稳定性

单腿站立的手臂和腿部运动

单腿风车

平衡－力量

绳索辅助的单腿下蹲

平衡 续

反向弓步至平衡站立

平衡–爆发力

本体稳定性感受单腿跳：矢状面

平衡 续

本体稳定性感受单腿跳：冠状面

本体稳定性感受单腿跳：水平面

快速伸缩复合

快速伸缩复合-稳定性

锥筒稳定性双腿跳：矢状面

锥筒稳定性双腿跳：冠状面

锥筒稳定性双腿跳：水平面

快速伸缩复合-力量

跳绳

弓步跳

快速伸缩复合 续

重复跳上跳箱

快速伸缩复合-爆发力

踏箱跑：矢状面

踏箱跑：冠状面

阻力

全身-稳定性

单腿下蹲触地，弯举，过头推举

单腿罗马尼亚硬拉，弯举，过头推举

单腿下蹲转划船

全身-力量

上台阶过头推举：矢状面

罗马尼亚硬拉，耸肩，提踵

阻力 续

全身-爆发力

哑铃抓举

俯撑腿屈伸（波比跳）

壶铃高翻接上挺

阻力 续

胸部-稳定性

稳定球俯卧撑：双手支撑在球上

站姿绳索胸前推

胸部-力量

上斜哑铃卧推

上斜杠铃卧推

阻力 *续*

胸部-爆发力

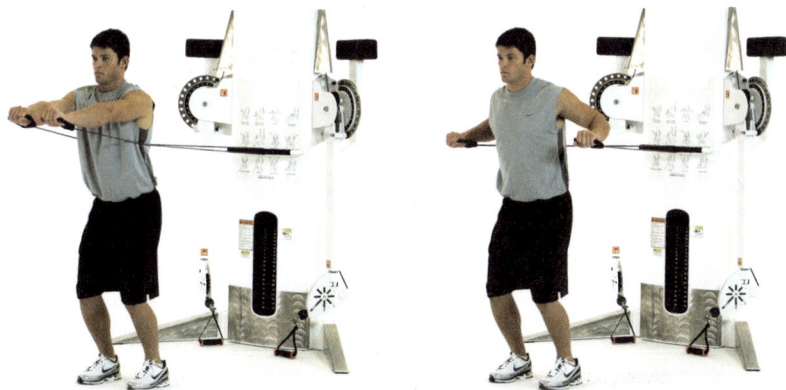

弹力绳胸前快推

快速伸缩复合俯卧撑

背部-稳定性

单腿下拉

阻力 续

稳定球眼镜蛇式

壶铃俯撑式划船

背部-力量

直臂下拉

引体向上

阻力 续

支撑式哑铃划船

背部－爆发力

伐木式投掷

弹力绳快速划船

肩部－稳定性

单腿过头推举

阻力 续

稳定球组合一

稳定球组合二

肩部－力量

坐姿哑铃侧平举

阻力 *续*

耸肩

站姿哑铃肩关节屈曲

肩部-爆发力

过头抛球

弹力绳肩上快推

阻力 续

肱二头肌-稳定性

单腿绳索弯举

单腿锤式弯举

肱二头肌-力量

坐姿锤式弯举

站姿杠铃弯举

阻力 续

肱三头肌-稳定性

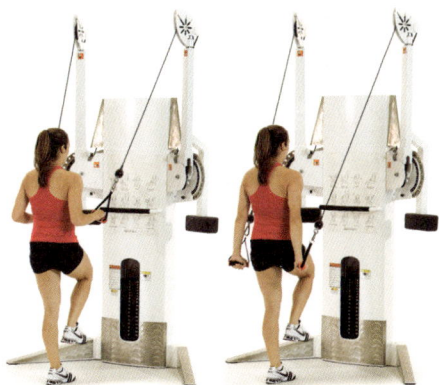

单腿绳索下压

窄距俯卧撑

肱三头肌-力量

仰卧板凳杠铃肱三头肌伸展

窄握卧推

腿部-稳定性

绳索下蹲

BOSU球下蹲

阻力 *续*

稳定球勾腿

腿部-力量

罗马尼亚硬拉

绳索勾腿

绳索腿伸展

阻力 *续*

腿部-爆发力

爆发式上台阶

弓步跳

跳上跳箱

OPT™ 训练计划

专家姓名：布莱恩·萨顿

客户姓名：约翰·史密斯	日期：6/01/13
目标：减脂	阶段：1 稳定性耐力

热身

练习	组数	持续时间	指导要点
SMR：小腿三头肌、髂胫束、背阔肌	1	30秒	每个疼痛区域保持30秒
静态拉伸：小腿三头肌、屈髋肌群、背阔肌	1	30秒	每次拉伸保持30秒
跑步机	1	5至10分钟	快走转慢跑

核心/平衡/快速伸缩复合训练

练习	组数	次数	节奏	休息	指导要点
仰卧臀桥	2	15	慢	0	循环
俯卧眼镜蛇式	2	15	慢	0	
单腿平衡伸展：冠状面	2	8	慢	0	每条腿伸展8次
蹲跳至稳定支撑	2	5	慢	90秒	保持落地姿势3至5秒

速度、敏捷性和快速反应训练

练习	组数	次数	休息	指导要点
可选				
可选				

抗阻训练

练习		组数	次数	节奏	休息	指导要点
全身	稳定球下蹲，弯举转肩上推举	2	15	慢	0	垂直负载
胸	稳定球哑铃卧推	2	15	慢	0	
背	站姿绳索划船	2	15	慢	0	
肩	单腿哑铃肩胛骨外展	2	15	慢	0	
肱二头肌	可选					
肱三头肌	可选					
腿	上台阶至平衡	2	15	慢	60秒	

冷身

练习	组数	持续时间	指导要点
跑步机（可选）	1	5至10分钟	快走：逐渐减速
SMR：小腿三头肌、髂胫束、背阔肌	1	30秒	每个疼痛区域保持30秒
静态拉伸：小腿三头肌、屈髋肌群、背阔肌	1	30秒	每次拉伸保持30秒

指导要点：

美国国家运动医学学会

专家姓名：布莱恩·萨顿

NASM

客户姓名：约翰·史密斯	日期：7/01/13
目标：减脂	阶段：2 力量耐力

热身

练习	组数	持续时间	指导要点
SMR：小腿三头肌、髂胫束、背阔肌	1	30秒	每个疼痛区域保持30秒
主动拉伸：小腿三头肌、屈髋肌群、背阔肌	1	10次	每次拉伸保持1~2秒
跑步机	1	5至10分钟	

核心/平衡/快速伸缩复合训练

练习	组数	次数	节奏	休息	指导要点
稳定球卷腹	2	10	中等	0	循环
背部伸展	2	10	中等	0	
单腿下蹲	2	10	中等	0	
蹲跳	2	10	中等	60秒	

速度、敏捷性和快速反应训练

练习	组数	次数	休息	指导要点
可选				
可选				

抗阻训练

练习		组数	次数	节奏	休息	指导要点
全身	*可选*					
胸	卧推		12	中等	0	垂直负载
	俯卧撑	2	12	慢	0	
背	背阔肌下拉		12	中等	0	
	稳定球哑铃划船	2	12	慢	0	
肩	器械肩上推举		12	中等	0	
	单腿哑铃肩胛骨外展	2	12	慢	0	
肱二头肌	*可选*					
肱三头肌	*可选*					
腿	腿举		12	中等	0	
	上台阶至平衡	2	12	慢	60秒	

冷身

练习	组数	持续时间	指导要点
跑步机（*可选*）	1	5至10分钟	快走；逐渐减速
SMR：小腿三头肌、髂胫束、背阔肌	1	30秒	每个疼痛区域保持30秒
静态拉伸：小腿三头肌、屈髋肌群、背阔肌	1	30秒	每次拉伸保持30秒

指导要点： 每个身体部位的抗阻练习将以超级组方式来进行。

美国国家运动医学学会

专家姓名：布莱恩·萨顿

客户姓名：约翰·史密斯		日期：6/01/13
目标：增加瘦体重		阶段：1 稳定性耐力

热身

练习	组数	持续时间	指导要点
SMR：小腿三头肌、髂胫束、背阔肌	1	30秒	每个疼痛区域保持30秒
静态拉伸：小腿三头肌、屈髋肌群、背阔肌	1	30秒	每次拉伸保持30秒
跑步机	1	5至10分钟	快走转慢跑

核心/平衡/快速伸缩复合训练

练习	组数	次数	节奏	休息	指导要点
平板支撑	2	不适用	慢	0	坚持所要求的时间
仰卧臀桥	2	15	慢	0	
单腿平衡伸展：冠状面	2	8	慢	60秒	每条腿伸展8次

速度、敏捷性和快速反应训练

练习	组数	次数	休息	指导要点
可选				
可选				

抗阻训练

练习		组数	次数	节奏	休息	指导要点
全身	*可选*					
胸	稳定球哑铃卧推	2	15	慢	0	垂直负载
背	站姿绳索划船	2	15	慢	0	
肩	单腿肩胛骨外展	2	15	慢	0	
肱二头肌	单腿杠铃弯举	2	15	慢	0	
肱三头肌	仰卧稳定球哑铃肱三头肌伸展	2	15	慢	0	
腿	稳定球下蹲	2	15	慢	90秒	

冷身

练习	组数	持续时间	指导要点
跑步机（可选）	1	5至10分钟	快走；逐渐减速
SMR：小腿三头肌、髂胫束、背阔肌	1	30秒	每个疼痛区域保持30秒
静态拉伸：小腿三头肌、屈髋肌群、背阔肌	1	30秒	每次拉伸保持30秒

指导要点：

专家姓名：布莱恩·萨顿

客户姓名：约翰·史密斯	日期：7/01/13
目标：增加瘦体重	阶段：2 力量耐力

热身

练习	组数	持续时间	指导要点
SMR：小腿三头肌、髂胫束、背阔肌	1	30秒	每个疼痛区域保持30秒
主动拉伸：小腿三头肌、屈髋肌群、背阔肌	1	10次	每次拉伸保持1~2秒
跑步机	1	5至10分钟	快走转慢跑

核心/平衡/快速伸缩复合训练

练习	组数	次数	节奏	休息	指导要点
稳定球卷腹	2	12	中等	0	循环
背部伸展	2	12	中等	0	
单腿下蹲	2	12	中等	0	
蹲跳	2	8	中等	60秒	

速度、敏捷性和快速反应训练

练习	组数	次数	休息	指导要点
可选				
可选				

抗阻训练

练习		组数	次数	节奏	休息	指导要点
全身	可选					
胸	平板哑铃卧推		10	中等	0	超级组
	稳定球哑铃卧推	2	10	慢	60秒	
背	坐姿绳索划船		10	中等	0	超级组
	稳定球哑铃划船	2	10	慢	60秒	
肩	站姿哑铃肩上推举		10	中等	0	超级组
	单腿肩胛骨外展	2	10	慢	60秒	
肱二头肌	器械弯举		10	中等	0	超级组
	单腿哑铃弯举	2	10	慢	60秒	
肱三头肌	绳索屈臂下压		10	中等	0	超级组
	俯卧稳定球哑铃肱三头肌伸展	2	10	慢	60秒	
腿	腿举		10	中等	0	超级组
	稳定球下蹲	2	10	慢	60秒	

冷身

练习	组数	持续时间	指导要点
跑步机（可选）	1	5至10分钟	快走；逐渐减速
SMR：小腿三头肌、髂胫束、背阔肌	1	30秒	每个疼痛区域保持30秒
静态拉伸：小腿三头肌、屈髋肌群、背阔肌	1	30秒	每次拉伸保持30秒

指导要点： 每个身体部位的抗阻练习将以超级组方式来进行。抗阻计划可分为2、3或4天的锻炼程序。例如，3天的程序：第1天胸/背，第2天腿，第3天肩/肱二头肌/肱三头肌。

美国国家运动医学学会

专家姓名：布莱恩·萨顿

客户姓名：约翰·史密斯	日期：8/01/13
目标：瘦体重（背、肱二头肌和腿）	阶段：3 肌肉肥大

热身

练习	组数	持续时间	指导要点
SMR：小腿三头肌、髂胫束、背阔肌	1	30秒	每个疼痛区域保持30秒
主动拉伸：小腿三头肌、屈髋肌群、背阔肌	1	10次	每次拉伸保持1~2秒
跑步机	1	5至10分钟	快走转慢跑

核心/平衡/快速伸缩复合训练

练习	组数	次数	节奏	休息	指导要点
反向卷腹	2	12	中等	0	
绳索转体	2	12	中等	60秒	

速度、敏捷性和快速反应训练

练习	组数	次数	休息	指导要点
可选				
可选				

抗阻训练

练习		组数	次数	节奏	休息	指导要点
全身						
胸						
背	背阔肌下拉	3	8	中等	60秒	水平负载
	坐姿绳索划船	3	8	中等	60秒	
肩						
肱二头肌	坐姿哑铃弯举	3	8	中等	60秒	
	坐姿锤式弯举	3	8	中等	60秒	
肱三头肌						
腿	杠铃下蹲	3	8	中等	60秒	
	罗马尼亚硬拉	3	8	中等	60秒	

冷身

练习	组数	持续时间	指导要点
跑步机（可选）	1	5至10分钟	快走；逐渐减速
SMR：小腿三头肌、髂胫束、背阔肌	1	30秒	每个疼痛区域保持30秒
静态拉伸：小腿三头肌、屈髋肌群、背阔肌	1	30秒	每次拉伸保持30秒

指导要点：放松时可能需要额外拉伸背部、肱二头肌和腿部。

专家姓名：布莱恩·萨顿

| 客户姓名：约翰·史密斯 | | | | | 日期：8/03/13 |
| 目标：瘦体重（胸、肩和肱三头肌） | | | | | 阶段：3 肌肉肥大 |

热身

练习	组数	持续时间	指导要点
SMR：小腿三头肌、髂胫束、背阔肌	1	30秒	每个疼痛区域保持30秒
主动拉伸：小腿三头肌、屈髋肌群、背阔肌	1	10次	每次拉伸保持1~2秒
跑步机	1	5至10分钟	快走转慢跑

核心/平衡/快速伸缩复合训练

练习	组数	次数	节奏	休息	指导要点
稳定球卷腹	2	12	中等	0	循环
背部伸展	2	12	中等	60秒	

速度、敏捷性和快速反应训练

练习	组数	次数	休息	指导要点
可选				
可选				

抗阻训练

练习		组数	次数	节奏	休息	指导要点
全身						
胸	杠铃卧推	3	8	中等	60秒	水平负载
	上斜哑铃卧推	3	8	中等	60秒	
背						
肩	坐姿哑铃肩上推举	3	8	中等	60秒	
	坐姿哑铃侧平举	3	8	中等	60秒	
肱二头肌						
肱三头肌	绳索下压	3	8	中等	60秒	
	仰卧长凳杠铃肱三头肌伸展	3	8	中等	60秒	
腿						

冷身

练习	组数	持续时间	指导要点
跑步机（可选）	1	5至10分钟	快走；逐渐减速
SMR：小腿三头肌、髂胫束、背阔肌	1	30秒	每个疼痛区域保持30秒
静态拉伸：小腿三头肌、屈髋肌群、背阔肌	1	30秒	每次拉伸保持30秒

指导要点：放松时可能需要额外拉伸胸部、肩部和肱三头肌。

美国国家运动医学学会

专家姓名：布莱恩·萨顿　　　　　　　　　　　　　　　　　　*NASM*

客户姓名：约翰·史密斯	日期：9/03/13

目标：瘦体重（背、肱二头肌和腿）	阶段：4 最大力量

热身

练习	组数	持续时间	指导要点
SMR：小腿三头肌、髂胫束、背阔肌	1	30秒	每个疼痛区域保持30秒
主动拉伸：小腿三头肌、屈髋肌群、背阔肌	1	10次	每次拉伸保持1~2秒
跑步机	1	5至10分钟	快走转慢跑

核心/平衡/快速伸缩复合训练

练习	组数	次数	节奏	休息	指导要点
稳定球卷腹	2	8	中等	0	循环
反向卷腹	2	8	中等	60秒	

速度、敏捷性和快速反应训练

练习	组数	次数	休息	指导要点
可选				
可选				

抗阻训练

练习		组数	次数	节奏	休息	指导要点
全身						
胸						
背	坐姿划船	5	5	爆发	3分钟	水平负载
	背阔肌下拉	5	5	爆发	3分钟	
肩						
肱二头肌	站姿杠铃弯举	5	5	爆发	3分钟	
肱三头肌						
腿	杠铃下蹲	5	5	爆发	3分钟	
	俄罗斯硬拉	5	5	爆发	3分钟	
	站姿提踵	5	5	爆发	3分钟	

冷身

练习	组数	持续时间	指导要点
跑步机（*可选*）	1	5至10分钟	快走；逐渐减速
SMR：小腿三头肌、髂胫束、背阔肌	1	30秒	每个疼痛区域保持30秒
静态拉伸：小腿三头肌、屈髋肌群、背阔肌	1	30秒	每次拉伸保持30秒

指导要点：放松时可能需要额外拉伸背部、肱二头肌和腿部。

专家姓名：布莱恩·萨顿

客户姓名：约翰·史密斯	日期：9/01/13

目标：瘦体重（胸、肩、肱三头肌）	阶段：4 最大力量

热身

练习	组数	持续时间	指导要点
SMR：小腿三头肌、髂胫束、背阔肌	1	30秒	每个疼痛区域保持30秒
主动拉伸：小腿三头肌、屈髋肌群、背阔肌	1	10次	每次拉伸保持1~2秒
跑步机	1	5至10分钟	快走转慢跑

核心/平衡/快速伸缩复合训练

练习	组数	次数	节奏	休息	指导要点
绳索转体	2	8	中等	0	循环
背部伸展	2	8	中等	60秒	

速度、敏捷性和快速反应训练

练习	组数	次数	休息	指导要点
可选				
可选				

抗阻训练

练习		组数	次数	节奏	休息	指导要点
全身						
胸	卧推	5	5	爆发	3分钟	水平负载
	上斜卧推	5	5	爆发	3分钟	
背						
肩	杠铃硬推	5	5	爆发	3分钟	
肱二头肌						
肱三头肌	绳索下压	5	5	爆发	3分钟	
腿						

冷身

练习	组数	持续时间	指导要点
跑步机（可选）	1	5至10分钟	快走；逐渐减速
SMR：小腿三头肌、髂胫束、背阔肌	1	30秒	每个疼痛区域保持30秒
静态拉伸：小腿三头肌、屈髋肌群、背阔肌	1	30秒	每次拉伸保持30秒

指导要点：放松时可能需要额外拉伸胸部、肩部和肱三头肌。

专家姓名：布莱恩·萨顿　　　　　　　　　　　　　　NASM

客户姓名：约翰·史密斯	日期：6/01/13
目标：整体运动表现	阶段：1 稳定性耐力

热身

练习	组数	持续时间	指导要点
SMR：小腿三头肌、髂胫束、背阔肌	1	30秒	每个疼痛区域保持30秒
静态拉伸：小腿三头肌、屈髋肌群、背阔肌	1	30秒	每次拉伸保持30秒
跑步机	1	5至10分钟	快走转慢跑

核心/平衡/快速伸缩复合训练

练习	组数	次数	节奏	休息	指导要点
平板支撑	2	不适用	慢	0	坚持所要求的时间
仰卧臀桥	2	15	慢	0	
单腿抛接	2	8	慢	0	每侧抛8次
跳上跳箱至稳定支撑	2	5	慢	60秒	保持落地姿势3至5秒

速度、敏捷性和快速反应训练

练习	组数	次数	休息	指导要点
速度梯：一进、两进、侧滑步	2	不适用	60秒	
方形训练	2	不适用	60秒	

抗阻训练

练习		组数	次数	节奏	休息	指导要点
全身	稳定球下蹲，弯举转肩上推举	2	15	慢	0	垂直负载
胸	稳定球哑铃卧推	2	15	慢	0	
背	单腿绳索划船	2	15	慢	0	
肩	单腿哑铃肩胛骨外展	2	15	慢	0	
肱二头肌	*可选*					
肱三头肌	*可选*					
腿	上台阶至平衡	2	15	慢	90秒	

冷身

练习	组数	持续时间	指导要点
跑步机（*可选*）	1	5至10分钟	快走；逐渐减速
SMR：小腿三头肌、髂胫束、背阔肌	1	30秒	每个疼痛区域保持30秒
静态拉伸：小腿三头肌、屈髋肌群、背阔肌	1	30秒	每次拉伸保持30秒

指导要点：

美国国家运动医学学会

专家姓名：布莱恩·萨顿

客户姓名：约翰·史密斯	日期：7/01/13
目标：整体运动表现	阶段：2 力量耐力

热身

练习	组数	持续时间	指导要点
SMR：小腿三头肌、髂胫束、背阔肌	1	30秒	每个疼痛区域保持30秒
主动拉伸：小腿三头肌、屈髋肌群、背阔肌	1	10次	每次拉伸保持1~2秒
动态拉伸：囚徒下蹲、弹力带行走、俯卧撑加转体	1	10次	动态拉伸将取代通常的心肺功能热身

核心/平衡/快速伸缩复合训练

练习	组数	次数	节奏	休息	指导要点
稳定球卷腹	2	10	中等	0	循环
单腿罗马尼亚硬拉	2	10	中等	0	
蹲跳	2	10	中等	60秒	

速度、敏捷性和快速反应训练

练习	组数	次数	休息	指导要点
速度梯：一进、两进、侧滑步、之字步、进-进-出-出	2	不适用	60秒	
T形训练	2	不适用	60秒	

抗阻训练

练习		组数	次数	节奏	休息	指导要点
全身	可选					
胸	卧推		10	中等	0	垂直负载
	俯卧撑	2	10	慢	60秒	
背	背阔肌下拉		10	中等	0	
	稳定球哑铃划船	2	10	慢	60秒	
肩	坐姿哑铃肩上推举		10	中等	0	
	单腿肩胛骨外展	2	10	慢	60秒	
肱二头肌	可选					
肱三头肌	可选					
腿	腿举		10	中等	0	
	上台阶至平衡	2	10	慢	60秒	

冷身

练习	组数	持续时间	指导要点
跑步机（可选）	1	5至10分钟	快走；逐渐减速
SMR：小腿三头肌、髂胫束、背阔肌	1	30秒	每个疼痛区域保持30秒
静态拉伸：小腿三头肌、屈髋肌群、背阔肌	1	30秒	每次拉伸保持30秒

指导要点： 每个身体部位的抗阻练习将作为超级组来进行。

专家姓名：布莱恩·萨顿

客户姓名：约翰·史密斯	日期：8/01/13
目标：整体运动表现	阶段：5 爆发力

热身

练习	组数	持续时间	指导要点
SMR：小腿三头肌、髂胫束、背阔肌	1	30秒	每个疼痛区域保持30秒
动态拉伸：弹力带行走、多平面弓步、药球上举和伐木	1	10次	

核心/平衡/快速伸缩复合训练

练习	组数	次数	节奏	休息	指导要点
稳定球上拉掷药球	2	12	快	0	循环
转身胸前传球	2	12	快	0	
多平面单腿跳至稳定支撑	2	10	中等	60秒	

速度、敏捷性和快速反应训练

练习	组数	次数	休息	指导要点
速度梯：一进、两进、侧滑步、阿里滑步、之字、进-进-出-出	2	不适用	60秒	
5-10-5训练	2	不适用	60秒	

抗阻训练

练习		组数	次数	节奏	休息	指导要点
全身	可选	3				
胸	卧推		5		0	
	快速伸缩复合俯卧撑	3	10	爆发	2分钟	超级组
背	背阔肌下拉		5		0	
	双手过顶投掷药球	3	10	爆发	2分钟	超级组
肩	坐姿哑铃肩上推举		5		0	
	双手过顶投掷药球	3	10	爆发	2分钟	超级组
肱二头肌	可选					
肱三头肌	可选					
腿	杠铃深蹲		5		0	
	团身跳	3	10	爆发	2分钟	超级组

冷身

练习	组数	持续时间	指导要点
跑步机（可选）	1	5至10分钟	快走；逐渐减速
SMR：小腿三头肌、髂胫束、背阔肌	1	30秒	每个疼痛区域保持30秒
静态拉伸：小腿三头肌、屈髋肌群、背阔肌	1	30秒	每次拉伸保持30秒

指导要点：每个身体部位的抗阻练习将作为超级组以垂直负载方式来进行。

美国国家运动医学学会

专家姓名：布莱恩·萨顿

客户姓名：约翰·史密斯　　　　　　　　　　　　　　　日期：6/01/13

目标：悬吊式（TRX）训练计划　　　　　　　　　　　阶段：1 稳定性耐力

热身

练习	组数	持续时间	指导要点
SMR：小腿三头肌、髂胫束、背阔肌	1	30秒	每个疼痛区域保持30秒
静态拉伸：小腿三头肌、屈髋肌群、背阔肌	1	30秒	每次拉伸保持30秒
跑步机	1	5至10分钟	快走转慢跑

核心/平衡/快速伸缩复合训练

练习	组数	次数	节奏	休息	指导要点
仰卧臀桥	2	15	慢	0	循环
俯卧眼镜蛇式	2	15	慢	0	
单腿平衡伸展：冠状面	2	8	慢	0	每条腿伸展8次
蹲跳至稳定支撑	2	5	慢	60秒	保持落地姿势3至5秒

速度、敏捷性和快速反应训练

练习	组数	次数	休息	指导要点
可选				
可选				

抗阻训练

练习		组数	次数	节奏	休息	指导要点
全身	可选					
胸	TRX胸前推：双腿前后错开	2	15	慢	0	垂直负载
背	TRX低位划船：双腿前后错开	2	15	慢	0	
肩	TRX "Y" 形三角肌飞鸟	2	15	慢	0	
肱二头肌	TRX高位肱二头肌弯曲	2	15	慢	0	
肱三头肌	TRX肱三头肌臂屈伸	2	15	慢	0	
腿	TRX下蹲	2	15	慢	90秒	

冷身

练习	组数	持续时间	指导要点
跑步机（可选）	1	5至10分钟	快走；逐渐减速
SMR：小腿三头肌、髂胫束、背阔肌	1	30秒	每个疼痛区域保持30秒
静态拉伸：小腿三头肌、屈髋肌群、背阔肌	1	30秒	每次拉伸保持30秒

指导要点：此训练计划着重于稳定性耐力训练。它组合了TRX悬吊式自重练习和传统练习。

专家姓名：布莱恩·萨顿					NASM

客户姓名：约翰·史密斯				日期：7/01/13	
目标：悬吊式（TRX）训练计划				**阶段：2 力量耐力**	

热身

练习	组数	持续时间	指导要点
SMR：小腿三头肌、髂胫束、背阔肌	1	30秒	每个疼痛区域保持30秒
主动拉伸：小腿三头肌、屈髋肌群、背阔肌	1	10次	每次拉伸保持1~2秒
跑步机	1	5至10分钟	

核心/平衡/快速伸缩复合训练

练习	组数	次数	节奏	休息	指导要点
稳定球卷腹	2	10	中等	0	循环
单腿下蹲	2	10	中等	0	
蹲跳	2	10	中等	60秒	

速度、敏捷性和快速反应训练

练习	组数	次数	休息	指导要点
可选				
可选				

抗阻训练

练习		组数	次数	节奏	休息	指导要点
全身	可选	2				
胸	卧推		12	中等	0	垂直负载
	TRX胸前推：单腿	2	12	慢	60秒	
背	背阔肌下拉		12	中等	0	
	TRX反向划船	2	12	慢	60秒	
肩	器械肩上推举		12	中等	0	
	TRX"T"形三角肌飞鸟	2	12	慢	60秒	
肱二头肌	可选					
肱三头肌	可选					
腿	腿举		12	中等	0	
	TRX收髋	2	12	慢	60秒	

冷身

练习	组数	持续时间	指导要点
跑步机（可选）	1	5至10分钟	快走；逐渐减速
SMR：小腿三头肌、髂胫束、背阔肌	1	30秒	每个疼痛区域保持30秒
静态拉伸：小腿三头肌、屈髋肌群、背阔肌	1	30秒	每次拉伸保持30秒

指导要点： 此训练计划着重于力量耐力训练。它组合了TRX悬吊式自重练习和传统练习。每个身体部位的抗阻练习将作为超级组来进行。

美国国家运动医学学会

专家姓名：布莱恩·萨顿　　　　　　　　　　　　NASM

客户姓名：约翰·史密斯	日期：6/01/13
目标：振动（Power Plate）	阶段：1 稳定性耐力

热身

练习	组数	持续时间	指导要点
SMR：小腿三头肌、髂胫束、背阔肌	1	30秒	每个疼痛区域保持30秒
静态拉伸：小腿三头肌、屈髋肌群、背阔肌	1	30秒	每次拉伸保持30秒
跑步机	1	5至10分钟	快走转慢跑

核心/平衡/快速伸缩复合训练

练习	组数	时间/次数	频率/节奏	振幅	休息	指导要点
平板支撑	2	30秒	30赫兹	低	0秒	循环
稳定球仰卧臀桥	2	12次	慢	不适用	0秒	
多平面单腿平衡伸展	2	30秒	30赫兹	低	60秒	每条腿15秒

速度、敏捷性和快速反应训练

练习	组数	次数	休息	指导要点
可选				
可选				

抗阻训练

练习		组数	时间/次数	频率/节奏	振幅	休息	指导要点
全身	稳定球下蹲，弯举接肩上推举	2	15次	慢	不适用	0秒	
胸	俯卧撑	2	30秒	30赫兹	低	0秒	双手放在振动平台上，双脚在台阶上
背	站姿绳索划船	2	15次	慢	不适用	0秒	
肩	单腿哑铃肩胛骨外展	2	15次	慢	不适用	0秒	
肱二头肌	可选						
肱三头肌	可选						
腿	上台阶至平衡：矢状面	2	30秒	30赫兹	低	90秒	

冷身

练习	组数	持续时间	频率	振幅	指导要点
跑步机（可选）	1	5至10分钟	不适用	不适用	快走
SMR：小腿三头肌、髂胫束、背阔肌	1	60秒	35赫兹	高	
静态拉伸：小腿三头肌、屈髋肌群、背阔肌	1	30秒	30赫兹	低	

指导要点：此训练计划着重于稳定性耐力训练。它组合了Power Plate练习和传统练习。以垂直负载（循环）方式进行所有抗阻练习。

美国国家运动医学学会

专家姓名：布莱恩·萨顿　　　　　　　　　　　　　　NASM

客户姓名：约翰·史密斯	日期：7/01/13
目标：振动（Power Plate）	阶段：2 力量耐力

热身

练习	组数	持续时间	指导要点
SMR：小腿三头肌、髂胫束、背阔肌	1	30秒	每个疼痛区域保持30秒
主动拉伸：小腿三头肌、屈髋肌群、背阔肌	1	10次	每次拉伸保持1~2秒
跑步机	1	5至10分钟	快走转慢跑

核心/平衡/快速伸缩复合训练

练习	组数	时间/次数	频率/节奏	振幅	休息	指导要点
稳定球卷腹	2	12次	中等	不适用	0秒	循环
单腿下蹲	2	45秒	35赫兹	低	0秒	每条腿45秒
蹲跳	2	10次	中等	不适用	60秒	

速度、敏捷性和快速反应训练

练习	组数	次数	休息	指导要点
可选				
可选				

抗阻训练

练习		组数	时间/次数	频率/节奏	振幅	休息	指导要点
全身	可选						
胸	卧推		12次	中等	不适用	0秒	双手放在振动平
	俯卧撑	2	12次	40赫兹	低	30秒	台上
背	等速划船（不使用器械）		30秒	40赫兹	低	0秒	使用带子
	单腿绳索划船	2	12次	中等	不适用	30秒	
肩	哑铃肩上推举		12次	中等	不适用	0秒	
	振动平台哑铃肩胛骨外展	2	30秒	30赫兹	低	30秒	
肱二头肌	可选						
肱三头肌	可选						
腿	等速硬拉		30秒	40赫兹	低	0秒	使用带子
	单腿罗马尼亚硬拉	2	12次	慢	不适用	30秒	

冷身

练习	组数	持续时间	频率	振幅	指导要点
跑步机（可选）	1	5至10分钟	不适用	不适用	快走
按摩：小腿三头肌、髂胫束、背阔肌	1	60秒	35赫兹	高	
静态拉伸：小腿三头肌、屈髋肌群、背阔肌	1	30秒	30赫兹	低	

指导要点：此训练计划着重于力量耐力训练。它组合了Power Plate练习和传统练习。每个身体部位的抗阻练习将作为超级组来进行。

专家姓名：布莱恩·萨顿

客户姓名：约翰·史密斯	日期：8/01/13

目标：振动（Power Plate）	阶段：3 肌肉肥大

热身

练习	组数	持续时间	指导要点
SMR：小腿三头肌、髂胫束、背阔肌	1	30秒	每个疼痛区域保持30秒
主动拉伸：小腿三头肌、屈髋肌群、背阔肌	1	10次	每次拉伸保持1~2秒
跑步机	1	5至10分钟	快走转慢跑

核心/平衡/快速伸缩复合训练

练习	组数	时间/次数	频率/节奏	振幅	休息	指导要点
稳定球卷腹	2	10次	中等	不适用	0秒	循环
绳索转体	2	10次	中等	不适用	0秒	
单腿罗马尼亚硬拉	2	45秒	35赫兹	低	60秒	每侧45秒

速度、敏捷性和快速反应训练

练习	组数	次数	休息	指导要点
可选				
可选				

抗阻训练

练习		组数	时间/次数	频率/节奏	振幅	休息	指导要点
全身	可选						
胸	卧推	3	8次	中等	不适用	30秒	
背	背阔肌下拉	3	8次	中等	不适用	30秒	
肩	侧平举	3	45秒	30赫兹	高	30秒	使用带子
肱二头肌	肱二头肌弯举	3	45秒	30赫兹	高	30秒	使用带子
肱三头肌	俯身臂屈伸	3	45秒	30赫兹	高	30秒	使用带子
腿	哑铃弓步：矢状面	3	8次	中等	不适用	30秒	

冷身

练习	组数	持续时间	频率	振幅	指导要点
跑步机（可选）	1	5至10分钟	不适用	不适用	快走
按摩：小腿三头肌、髂胫束、背阔肌	1	60秒	35赫兹	高	
静态拉伸：小腿三头肌、屈髋肌群、背阔肌	1	30秒	30赫兹	低	

指导要点：此训练计划着重于肌肉肥大训练。它组合了Power Plate练习和传统练习。

专家姓名：布莱恩·萨顿　　　NASM

客户姓名：约翰·史密斯	日期：9/01/13
目标：振动（Power Plate）	阶段：5 爆发力

热身

练习	组数	持续时间	指导要点
SMR：小腿三头肌、髂胫束、背阔肌	1	30秒	每个疼痛区域保持30秒
动态拉伸：囚徒下蹲、弹力带横向走、俯卧撑加转体	1	10次	

核心/平衡/快速伸缩复合训练

练习	组数	次数	节奏	休息	指导要点
稳定球上拉掷药球	2	12	爆发	0	
单腿跳至稳定支撑	2	10	中等	60秒	每侧10次

速度、敏捷性和快速反应训练

练习	组数	次数	休息	指导要点
可选				
可选				

抗阻训练

练习		组数	时间/次数	频率/节奏	振幅	休息	指导要点
全身	可选						
胸	卧推 快速伸缩复合俯卧撑	3	5次 45秒	爆发 30赫兹	不适用 低	0 2分钟	
背	背阔肌下拉 双手过顶投掷药球	3	5次 45秒	爆发 30赫兹	不适用 高	0 2分钟	站在器械上
肩	坐姿肩上推举 身前斜抛药球	3	5次 45秒	爆发 30赫兹	不适用 高	0 2分钟	站在器械上
肱二头肌	可选						
肱三头肌	可选		5次				
腿	硬拉 团身跳	3	5次 10次	爆发 爆发	不适用 不适用	0 2分钟	

冷身

练习	组数	持续时间	频率	振幅	指导要点
跑步机（可选）	1	5至10分钟	不适用	不适用	快走
按摩：小腿三头肌、髂胫束、背阔肌	1	60秒	35赫兹	高	
静态拉伸：小腿三头肌、屈髋肌群、背阔肌	1	30秒	30赫兹	低	

指导要点：此训练计划着重于爆发力训练。它组合了 Power Plate 练习和传统练习。每个身体部位的抗阻练习将作为超级组来进行。

美国国家运动医学学会

专家姓名：布莱恩·萨顿

客户姓名：约翰·史密斯	日期：6/01/13
目标：壶铃训练计划	阶段：1 稳定性耐力

热身

练习	组数	持续时间	指导要点
SMR：小腿三头肌、髂胫束、背阔肌	1	30秒	每个疼痛区域保持30秒
静态拉伸：小腿三头肌、屈髋肌群、背阔肌	1	30秒	每次拉伸保持30秒
跑步机	1	5至10分钟	快走转慢跑

核心/平衡/快速伸缩复合训练

练习	组数	次数	节奏	休息	指导要点
仰卧臀桥	1	15	慢	0	循环
平板支撑	1	不适用	不适用	0	坚持所要求的时间
单腿平衡伸展：冠状面	1	8	慢	0	每条腿伸展8次
蹲跳至稳定支撑	1	5	慢	60秒	保持落地姿势3至5秒

速度、敏捷性和快速反应训练

练习	组数	次数	休息	指导要点
可选				
可选				

抗阻训练

练习		组数	次数	节奏	休息	指导要点
全身	双臂壶铃摇摆	2	12	中等	30秒	无法以慢节奏进行壶铃摇摆
胸	俯卧撑：双手放在壶铃上	2	15	慢	30秒	
背	壶铃俯卧交替划船	2	15	慢	30秒	
肩	壶铃单腿过头推举：单臂	2	15	慢	30秒	
肱二头肌	可选	2	15	慢	30秒	
肱三头肌	可选	2	15	慢	30秒	
腿	壶铃单腿下蹲触脚尖	2	15	慢	30秒	

冷身

练习	组数	持续时间	指导要点
跑步机（可选）	1	5至10分钟	快走；逐渐减速
SMR：小腿三头肌、髂胫束、背阔肌	1	30秒	每个疼痛区域保持30秒
静态拉伸：小腿三头肌、屈髋肌群、背阔肌	1	30秒	每次拉伸保持30秒

指导要点：进行壶铃摇摆时双臂伸直，让壶铃沿平滑的弧线向上移动并远离身体。让壶铃沿相同的路线上下移动，在底部稍做缓冲。保持背部和髋关节处在中立位，并确保臀部、核心和腿部在摆动中发力。

美国国家运动医学学会

专家姓名：布莱恩·萨顿　　　　　　　　　　　　　　　　　　NASM

客户姓名：约翰·史密斯	日期：7/01/13
目标：壶铃训练计划	阶段：2 力量耐力

热身

练习	组数	持续时间	指导要点
SMR：小腿三头肌、髂胫束、背阔肌	1	30秒	每个疼痛区域保持30秒
主动拉伸：小腿三头肌、屈髋肌群、背阔肌	1	10次	每次拉伸保持1~2秒
跑步机	1	5至10分钟	

核心/平衡/快速伸缩复合训练

练习	组数	次数	节奏	休息	指导要点
稳定球卷腹	2	10	中等	0	循环
背部伸展	2	10	中等	0	
壶铃单腿罗马尼亚硬拉	2	10	中等	0	
蹲跳	2	10	中等	60秒	

速度、敏捷性和快速反应训练

练习	组数	次数	休息	指导要点
可选				
可选				

抗阻训练

练习		组数	次数	节奏	休息	指导要点
全身	可选					垂直负载
胸	卧推		10	中等	0	
	壶铃地面推举：双臂交替	2	12	慢	60秒	
背	绳索划船		10	中等	0	
	壶铃俯卧交替划船	2	12	慢	60秒	
肩	器械肩上推举		10	中等	0	
	壶铃单腿过头推举	2	12	慢	60秒	
肱二头肌	可选					
肱三头肌	可选					
腿	腿举		10	中等	0	
	壶铃单腿下蹲触脚尖	2	12	慢	60秒	

放松

练习	组数	持续时间	指导要点
跑步机（可选）	1	5至10分钟	快走；逐渐减速
SMR：小腿三头肌、髂胫束、背阔肌	1	30秒	每个疼痛区域保持30秒
静态拉伸：小腿三头肌、屈髋肌群、背阔肌	1	30秒	每次拉伸保持30秒

指导要点：每个身体部位的抗阻练习将作为超级组以垂直负载的方式来进行。

专家姓名：布莱恩·萨顿

客户姓名：约翰·史密斯	日期：8/01/13
目标：壶铃训练计划	阶段：5 爆发力

热身

练习	组数	持续时间	指导要点
SMR：小腿三头肌、髂胫束、背阔肌	1	30秒	每个疼痛区域保持30秒
动态拉伸：弹力带行走、多平面弓步、药球上举和伐木	1	10次	

核心/平衡/快速伸缩复合训练

练习	组数	次数	节奏	休息	指导要点
稳定球上拉掷药球	2	12	爆发	0	循环
多平面单腿跳至稳定支撑	2	10	中等	60秒	

速度、敏捷性和快速反应训练

练习	组数	次数	休息	指导要点
可选				
可选				

抗阻训练

练习		组数	次数	节奏	休息	指导要点
全身	可选					
胸	杠铃卧推	3	5		0	
	转身胸前传球		10	爆发	2分钟	超级组
背	壶铃划船：单臂	3	5		0	
	双手过顶投掷药球		10	爆发	2分钟	超级组
肩	站姿壶铃过头推举	3	5		0	
	身前斜抛药球		10	爆发	2分钟	超级组
肱二头肌	可选					
肱三头肌	可选					
腿	壶铃弓步：矢状面	3	5		0	
	蹲跳		10	爆发	2分钟	超级组

冷身

练习	组数	持续时间	指导要点
跑步机（可选）	1	5至10分钟	快走；逐渐减速
SMR：小腿三头肌、髂胫束、背阔肌	1	30秒	每个疼痛区域保持30秒
静态拉伸：小腿三头肌、屈髋肌群、背阔肌	1	30秒	每次拉伸保持30秒

指导要点： 此训练计划着重于爆发力训练。它组合了壶铃练习和传统练习。每个身体部位的抗阻练习将作为超级组来进行。

美国国家运动医学学会

最大肌力转换

磅	10次重复	9次重复	8次重复	7次重复	6次重复	5次重复	4次重复	3次重复	2次重复
5	7	6	6	6	6	6	6	5	5
10	13	13	13	12	12	11	11	11	11
15	20	19	19	18	18	17	17	16	16
20	27	26	25	24	24	23	22	22	21
25	33	32	31	30	29	29	28	27	26
30	40	39	38	36	35	34	33	32	32
35	47	45	44	42	41	40	39	38	37
40	53	52	50	48	47	46	44	43	42
45	60	58	56	55	53	51	50	49	47
50	67	65	63	61	59	57	56	54	53
55	73	71	69	67	65	63	61	59	58
60	80	77	75	73	71	69	67	65	63
65	87	84	81	79	76	74	72	70	68
70	93	90	88	85	82	80	78	76	74
75	100	97	94	91	88	86	83	81	79
80	107	103	100	97	94	91	89	86	84
85	113	110	106	103	100	97	94	92	89
90	120	116	113	109	106	103	100	97	95
95	127	123	119	115	112	109	106	103	100
100	133	129	125	121	118	114	111	108	105

（续）

磅	10次重复	9次重复	8次重复	7次重复	6次重复	5次重复	4次重复	3次重复	2次重复
105	140	135	131	127	124	120	117	114	111
110	147	142	138	133	129	126	122	119	116
115	153	148	144	139	135	131	128	124	121
120	160	155	150	145	141	137	133	130	126
125	167	161	156	152	147	143	139	135	132
130	173	168	163	158	153	149	144	141	137
135	180	174	169	164	159	154	150	146	142
140	187	181	175	170	165	160	156	151	147
145	193	187	181	176	171	166	161	157	153
150	200	194	188	182	176	171	167	162	158
155	207	200	194	188	182	177	172	168	163
160	213	206	200	194	188	183	178	173	168
165	220	213	206	200	194	189	183	178	174
170	227	219	213	206	200	194	189	184	179
175	233	226	219	212	206	200	194	189	184
180	240	232	225	218	212	206	200	195	189
185	247	239	231	224	218	211	206	200	195
190	253	245	238	230	224	217	211	205	200
195	260	252	244	236	229	223	217	211	205
200	267	258	250	242	235	229	222	216	211
205	273	265	256	248	241	234	228	222	216
210	280	271	263	255	247	240	233	227	221
215	287	277	269	261	253	246	239	232	226
220	293	284	275	267	259	251	244	238	232
225	300	290	281	273	265	257	250	243	237
230	307	297	288	279	271	263	256	249	242
235	313	303	294	285	276	269	261	254	247
240	320	310	300	291	282	274	267	259	253
245	327	316	306	297	288	280	272	265	258
250	333	323	313	303	294	286	278	270	263

（续）

磅	10次重复	9次重复	8次重复	7次重复	6次重复	5次重复	4次重复	3次重复	2次重复
255	340	329	319	309	300	291	283	276	268
260	347	335	325	315	306	297	289	281	274
265	353	342	331	321	312	303	294	286	279
270	360	348	338	327	318	309	300	292	284
275	367	355	344	333	324	314	306	297	289
280	373	361	350	339	329	320	311	303	295
285	380	368	356	345	335	326	317	308	300
290	387	374	363	352	341	331	322	314	305
295	393	381	369	358	347	337	328	319	311
300	400	387	375	364	353	343	333	324	316
305	407	394	381	370	359	349	339	330	321
310	413	400	388	376	365	354	344	335	326
315	420	406	394	382	371	360	350	341	332
320	427	413	400	388	376	366	356	346	337
325	433	419	406	394	382	371	361	351	342
330	440	426	413	400	388	377	367	357	347
335	447	432	419	406	394	383	372	362	353
340	453	439	425	412	400	389	378	368	358
345	460	445	431	418	406	394	383	373	363
350	467	452	438	424	412	400	389	378	368
355	473	458	444	430	418	406	394	384	374
360	480	465	450	436	424	411	400	389	379
365	487	471	456	442	429	417	406	395	384
370	493	477	463	448	435	423	411	400	389
375	500	484	469	455	441	429	417	405	395
380	507	490	475	461	447	434	422	411	400
385	513	497	481	467	453	440	428	416	405
390	520	503	488	473	459	446	433	422	411
395	527	510	494	479	465	451	439	427	416
400	533	516	500	485	471	457	444	432	421
405	540	523	506	491	476	463	450	438	426

（续）

磅	10次重复	9次重复	8次重复	7次重复	6次重复	5次重复	4次重复	3次重复	2次重复
410	547	529	513	497	482	469	456	443	432
415	553	535	519	503	488	474	461	449	437
420	560	542	525	509	494	480	467	454	442
425	567	548	531	515	500	486	472	459	447
430	573	555	538	521	506	491	478	465	453
435	580	561	544	527	512	497	483	470	458
440	587	568	550	533	518	503	489	476	463
445	593	574	556	539	524	509	494	481	468
450	600	581	563	545	529	514	500	486	474
455	607	587	569	552	535	520	506	492	479
460	613	594	575	558	541	526	511	497	484
465	620	600	581	564	547	531	517	503	489
470	627	606	588	570	553	537	522	508	495
475	633	613	594	576	559	543	528	514	500
480	640	619	600	582	565	549	533	519	505
485	647	626	606	588	571	554	539	524	511
490	653	632	613	594	576	560	544	530	516
495	660	639	619	600	582	566	550	535	521
500	667	645	625	606	588	571	556	541	526
505	673	652	631	612	594	577	561	546	532
510	680	658	638	618	600	583	567	551	537
515	687	665	644	624	606	589	572	557	542
520	693	671	650	630	612	594	578	562	547
525	700	677	656	636	618	600	583	568	553
530	707	684	663	642	624	606	589	573	558
535	713	690	669	648	629	611	594	578	563
540	720	697	675	655	635	617	600	584	568
545	727	703	681	661	641	623	606	589	574
550	733	710	688	667	647	629	611	595	579
555	740	716	694	673	653	634	617	600	584

（续）

磅	10次重复	9次重复	8次重复	7次重复	6次重复	5次重复	4次重复	3次重复	2次重复
560	747	723	700	679	659	640	622	605	589
565	753	729	706	685	665	646	628	611	595
570	760	735	713	691	671	651	633	616	600
575	767	742	719	697	676	657	639	622	605
580	773	748	725	703	682	663	644	627	611
585	780	755	731	709	688	669	650	632	616
590	787	761	738	715	694	674	656	638	621
595	793	768	744	721	700	680	661	643	626
600	800	774	750	727	706	686	667	649	632
605	807	781	756	733	712	691	672	654	637
610	813	787	763	739	718	697	678	659	642
615	820	794	769	745	724	703	683	665	647
620	827	800	775	752	729	709	689	670	653
625	833	806	781	758	735	714	694	676	658
630	840	813	788	764	741	720	700	681	663
635	847	819	794	770	747	726	706	686	668
640	853	826	800	776	753	731	711	692	674
645	860	832	806	782	759	737	717	697	679
650	867	839	813	788	765	743	722	703	684
655	873	845	819	794	771	749	728	708	689
660	880	852	825	800	776	754	733	714	695
665	887	858	831	806	782	760	739	719	700
670	893	865	838	812	788	766	744	724	705
675	900	871	844	818	794	771	750	730	711
680	907	877	850	824	800	777	756	735	716
685	913	884	856	830	806	783	761	741	721
690	920	890	863	836	812	789	767	746	726
695	927	897	869	842	818	794	772	751	732
700	933	903	875	848	824	800	778	757	737
705	940	910	881	855	829	806	783	762	742
710	947	916	888	861	835	811	789	768	747

（续）

磅	10次重复	9次重复	8次重复	7次重复	6次重复	5次重复	4次重复	3次重复	2次重复
715	953	923	894	867	841	817	794	773	753
720	960	929	900	873	847	823	800	778	758
725	967	935	906	879	853	829	806	784	763
730	973	942	913	885	859	834	811	789	768
735	980	948	919	891	865	840	817	795	774
740	987	955	925	897	871	846	822	800	779
745	993	961	931	903	876	851	828	805	784
750	1 000	968	938	909	882	857	833	811	789
755	1 007	974	944	915	888	863	839	816	795
760	1 013	981	950	921	894	869	844	822	800
765	1 020	987	956	927	900	874	850	827	805
770	1 027	994	963	933	906	880	856	832	811
775	1 033	1 000	969	939	912	886	861	838	816
780	1 040	1 006	975	945	918	891	867	843	821
785	1 047	1 013	981	952	924	897	872	849	826
790	1 053	1 019	988	958	929	903	878	854	832
795	1 060	1 026	994	964	935	909	883	859	837
800	1 067	1 032	1 000	970	941	914	889	865	842
805	1 073	1 039	1 006	976	947	920	894	870	847
810	1 080	1 045	1 013	982	953	926	900	876	853
815	1 087	1 052	1 019	988	959	931	906	881	858
820	1 093	1 058	1 025	994	965	937	911	886	863
825	1 100	1 065	1 031	1 000	971	943	917	892	868
830	1 107	1 071	1 038	1 006	976	949	922	897	874
835	1 113	1 077	1 044	1 012	982	954	928	903	879
840	1 120	1 084	1 050	1 018	988	960	933	908	884
845	1 127	1 090	1 056	1 024	994	966	939	914	889
850	1 133	1 097	1 063	1 030	1 000	971	944	919	895
855	1 140	1 103	1 069	1 036	1 006	977	950	924	900
900	1 200	1 161	1 125	1 091	1 059	1 029	1 000	973	947

（续）

磅	10次重复	9次重复	8次重复	7次重复	6次重复	5次重复	4次重复	3次重复	2次重复
905	1 207	1168	1 131	1 097	1 065	1 034	1 006	978	953
910	1 213	1174	1 138	1 103	1 071	1 040	1 011	984	958
915	1 220	1181	1 144	1 109	1 076	1 046	1 017	989	963
920	1 227	1187	1 150	1 115	1 082	1 051	1 022	995	968
925	1 233	1194	1 156	1 121	1 088	1 057	1 028	1 000	974
930	1 240	1 200	1 163	1 127	1 094	1 063	1 033	1 005	979
935	1 247	1 206	1 169	1 133	1 100	1 069	1 039	1 011	984
940	1 253	1 213	1 175	1 139	1 106	1 074	1 044	1 016	989
945	1 260	1 219	1 181	1 145	1 112	1 080	1 050	1 022	995
950	1 267	1 226	1 188	1 152	1 118	1 086	1 056	1 027	1 000
955	1 273	1 232	1 194	1 158	1 124	1 091	1 061	1 032	1 005
960	1 280	1 239	1 200	1 164	1 129	1 097	1 067	1 038	1 011
965	1 287	1 245	1 206	1 170	1 135	1 103	1 072	1 043	1 016
970	1 293	1 252	1 213	1 176	1 141	1 109	1 078	1 049	1 021
975	1 300	1 258	1 219	1 182	1 147	1 114	1 083	1 054	1 026
980	1 307	1 265	1 225	1 188	1 153	1 120	1 089	1 059	1 032
985	1 313	1 271	1 231	1 194	1 159	1 126	1 094	1 065	1 037
990	1 320	1 277	1 238	1 200	1 165	1 131	1 100	1 070	1 042
995	1 327	1 284	1 244	1 206	1 171	1 137	1 106	1 076	1 047
1 000	1 333	1 290	1 250	1 212	1 176	1 143	1 111	1 081	1 053

肌肉系统

　　对肌肉的传统认知是，它们主要以向心的方式在一个运动平面上发生运动。但是，为了更有效地理解运动，必须观察在所有运动平面中的肌肉工作以及所有的肌肉活动方式。接下来将介绍人体动作系统的主要肌肉的独立功能（向心收缩）和整体功能（离心收缩和等长收缩）。

　　对每块肌肉的介绍主要包括起止点和功能。起止点是指肌肉附着处的解剖位置（通常是骨骼）。起点是指在收缩过程中保持相对固定的近端附着部位。止点是指肌肉在可移动的骨头上的远端附着部位。

小腿肌群

胫骨前肌

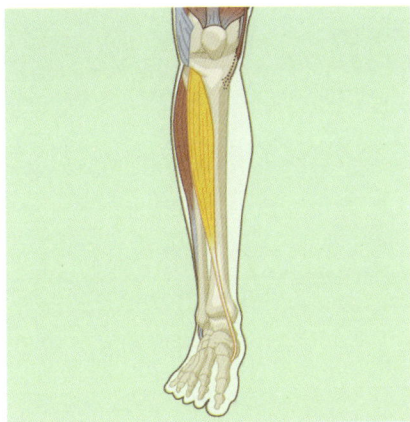

起点
- 胫骨的外侧髁和胫骨外侧表面的近端三分之二段

止点
- 内侧楔骨内侧面以及第一跖骨底部

独立功能
- 向心式地加快足背屈和内翻

整体功能
- 离心式地减慢足跖屈和外翻
- 等长式地稳定足弓

胫骨后肌

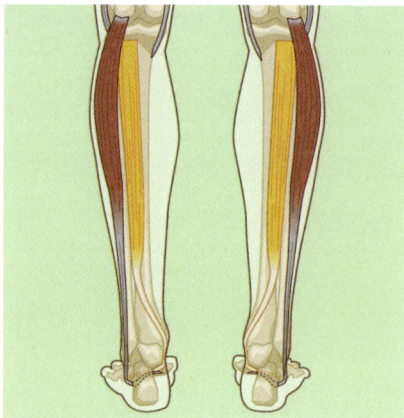

起点
- 胫骨和腓骨后表面的近端三分之二段

止点
- 主要止点在舟骨粗隆和内侧楔骨

独立功能
- 向心式地加快足跖屈和内翻

整体功能
- 离心式地减慢足背屈和外翻
- 等长式地稳定足弓

比目鱼肌

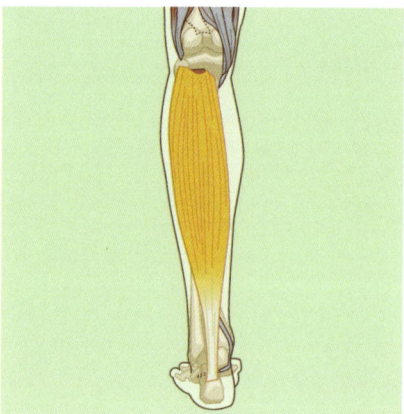

起点
- 腓骨和胫骨的后侧上部

止点
- 经跟腱止于跟骨

独立功能
- 向心式地加快足跖屈

整体功能
- 离心式地减慢足背屈
- 等长式地稳定足踝

腓肠肌

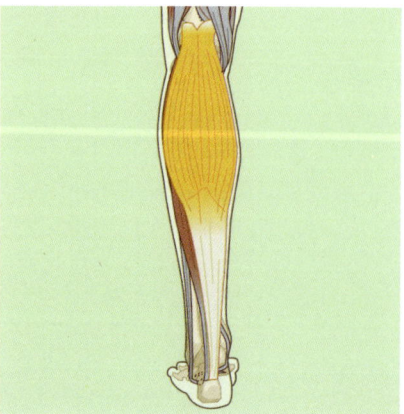

起点
- 外侧和内侧股骨髁的后面

止点
- 经跟腱止于跟骨

独立功能
- 向心式地加快足跖屈

整体功能
- 离心式地减慢足背屈
- 等长式地稳定足踝

腓骨长肌

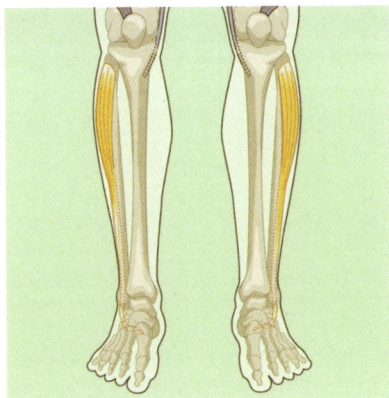

起点

- 腓骨外侧表面的近端三分之二段

止点

- 内侧楔骨和第一跖骨底部

独立功能

- 向心式地加速足跖屈和外翻

整体功能

- 离心式地减慢踝关节背屈
- 等长式地稳定足踝

腘绳肌

股二头肌长头

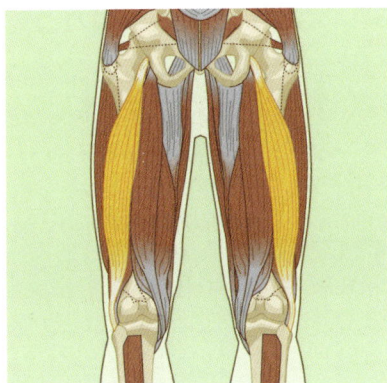

起点

- 骨盆的坐骨结节和骶结节韧带的一部分

止点

- 腓骨头

独立功能

- 向心式地加快膝关节屈曲、髋关节伸展及小腿外旋

整体功能

- 离心式地减慢膝关节伸展
- 离心式地减慢髋关节屈曲
- 在步态周期的支撑中期，离心式地减慢小腿内旋
- 等长式地稳定腰椎－骨盆－髋关节复合体和膝关节

股二头肌短头

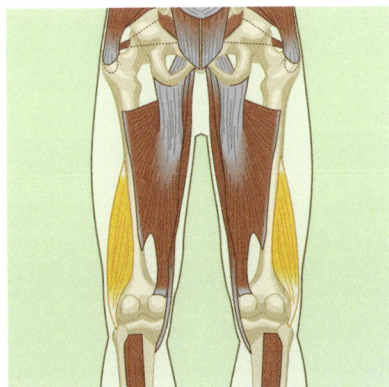

起点

- 股骨后部的上端三分之一段

止点

- 腓骨头

独立功能

- 向心式地加快膝关节屈曲和小腿外旋

整体功能

- 离心式地减慢膝关节伸展
- 离心式地减慢小腿内旋
- 等长式地稳定膝关节

半膜肌

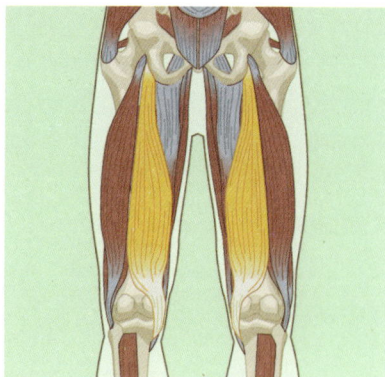

起点

- 骨盆的坐骨结节

止点

- 胫骨内侧髁的后部

独立功能

- 向心式地加快膝关节屈曲、髋关节伸展和小腿内旋

整体功能

- 离心式地减慢膝关节伸展
- 离心式地减慢髋关节屈曲
- 离心式地减慢小腿外旋
- 等长式地稳定腰椎－骨盆－髋关节复合体和膝关节

半腱肌

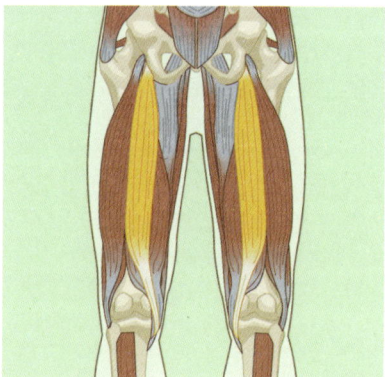

起点

- 骨盆的坐骨结节和骶结节韧带的一部分

止点

- 胫骨内侧髁的近端面（鹅足区）

独立功能

- 向心式地加快膝关节屈曲、髋关节伸展和小腿内旋

整体功能

- 离心式地减慢膝关节伸展
- 离心式地减慢髋关节屈曲
- 离心式地减慢小腿外旋
- 等长式地稳定腰椎－骨盆－髋关节复合体和膝关节

股四头肌

股外侧肌

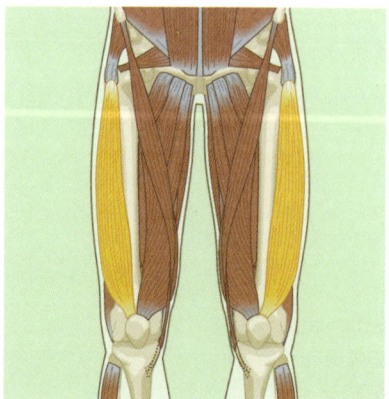

起点

- 股骨大转子的前缘与下缘，臀肌粗隆外侧区域及股骨粗线外侧唇

止点

- 髌骨的底部和胫骨粗隆

独立功能

- 向心式地加快膝关节伸展

整体功能

- 离心式地减慢膝关节屈曲
- 等长式地稳定膝关节

股内侧肌

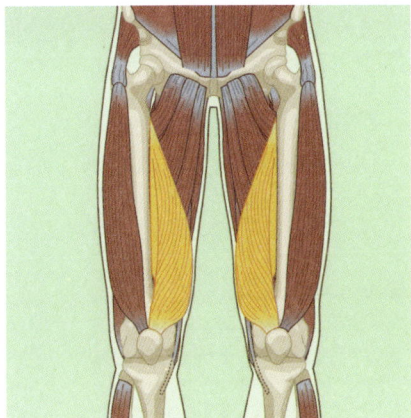

起点

- 股骨粗线内侧唇

止点

- 髌骨的底部和胫骨粗隆

独立功能

- 向心式地加快膝关节伸展

整体功能

- 离心式地减慢膝关节屈曲
- 等长式地稳定膝关节

股中间肌

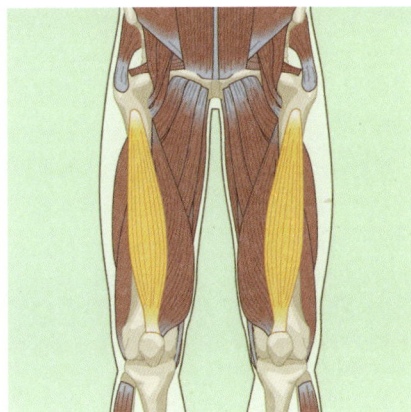

起点

- 股骨的上端三分之二段的前外侧区域

止点

- 髌骨的底部和胫骨粗隆

独立功能

- 向心式地加快膝关节伸展

整体功能

- 离心式地减慢膝关节屈曲
- 等长式地稳定膝关节

股直肌

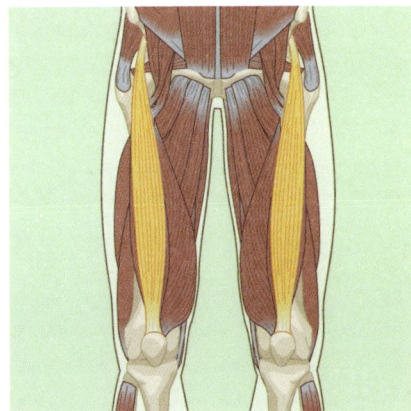

起点

- 骨盆的髂前下棘

止点

- 髌骨的底部和胫骨粗隆

独立功能

- 向心式地加快膝关节伸展和髋关节屈曲

整体功能

- 离心式地减慢膝关节屈曲和髋关节伸展
- 等长式地稳定腰椎－骨盆－髋关节复合体和膝关节

髋部肌群

长收肌

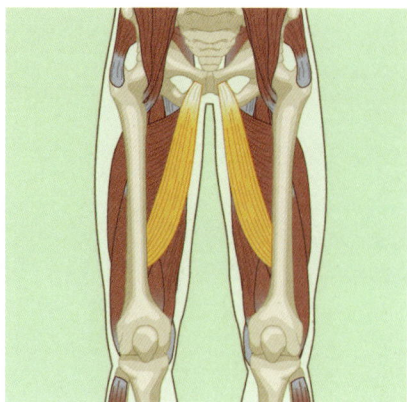

起点
- 骨盆的耻骨下支的前面

止点
- 股骨粗线的中部

独立功能
- 向心式地加快髋关节内收、屈曲

整体功能
- 离心式地减慢髋关节外展、伸展
- 等长式地稳定腰椎－骨盆－髋关节复合体

大收肌上部纤维

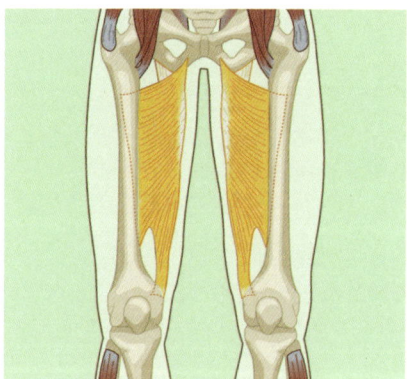

起点
- 骨盆的坐骨支

止点
- 股骨粗线

独立功能
- 向心式地加快髋关节内收、屈曲

整体功能
- 离心式地减慢髋关节外展、伸展
- 动态式地稳定腰椎－骨盆－髋关节复合体

大收肌下部纤维

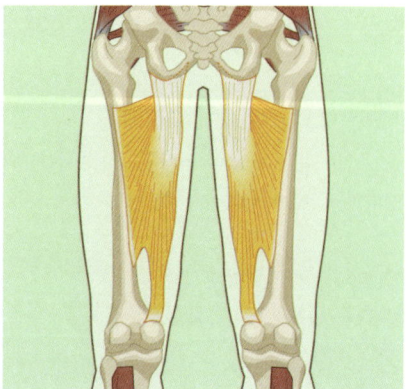

起点
- 骨盆的坐骨结节

止点
- 股骨内上髁

独立功能
- 向心式地加快髋关节内收、伸展

整体功能
- 离心式地减慢髋关节外展、屈曲
- 等长式地稳定腰椎－骨盆－髋关节复合体

短收肌

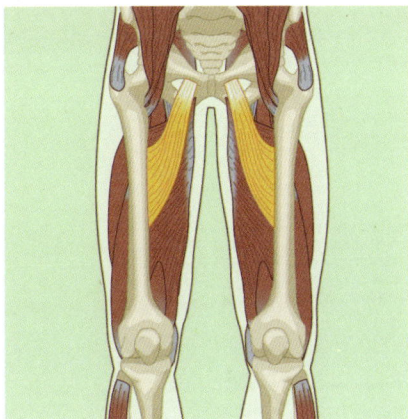

起点

- 骨盆的耻骨下支的前面

止点

- 股骨粗线的近端三分之一段

独立功能

- 向心式地加快髋关节内收、屈曲

整体功能

- 离心式地减慢髋关节外展、伸展
- 等长式地稳定腰椎－骨盆－髋关节复合体

股薄肌

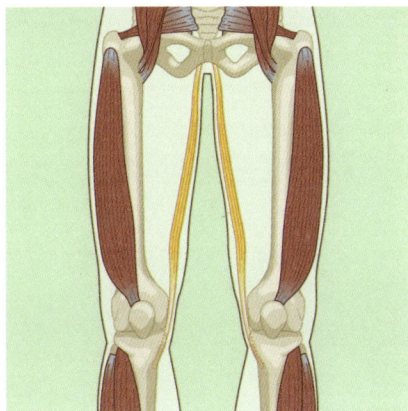

起点

- 耻骨的下部主体的前部

止点

- 胫骨近端内侧面（鹅足区）

独立功能

- 向心式地加快髋关节内收、屈曲
- 协助胫骨内旋

整体功能

- 离心式地减慢髋关节外展、伸展
- 等长式地稳定腰椎－骨盆－髋关节复合体和膝关节

耻骨肌

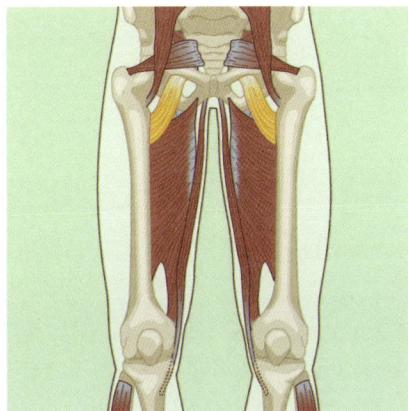

起点

- 骨盆的耻骨上支

止点

- 股骨上部的后表面

独立功能

- 向心式地加快髋关节内收、屈曲

整体功能

- 离心式地减慢髋关节外展、伸展
- 等长式地稳定腰椎－骨盆－髋关节复合体

臀中肌

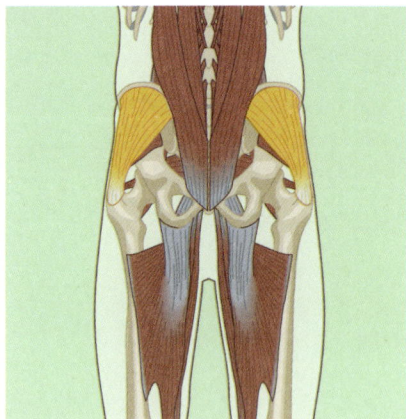

起点

- 骨盆的髂骨的外表面

止点

- 股骨大转子的外侧面

独立功能

- 向心式地加快髋关节外展和内旋（前部纤维）
- 向心式地加快髋关节外展和外旋（后部纤维）

整体功能

- 离心式地减慢髋关节内收和外旋（前部纤维）
- 离心式地减慢髋关节内收和内旋（后部纤维）
- 等长式地稳定腰椎－骨盆－髋关节复合体

臀小肌

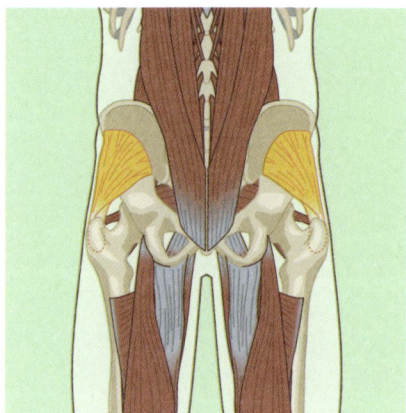

起点

- 臀前线与臀下线之间的髂骨

止点

- 股骨大转子

独立功能

- 向心式地加快髋关节外展和内旋（前部纤维）
- 向心式地加快髋关节外展和外旋（后部纤维）

整体功能

- 离心式地减慢髋关节内收和外旋（前部纤维）
- 离心式地减慢髋关节内收和内旋（后部纤维）
- 等长式地稳定腰椎－骨盆－髋关节复合体

臀大肌

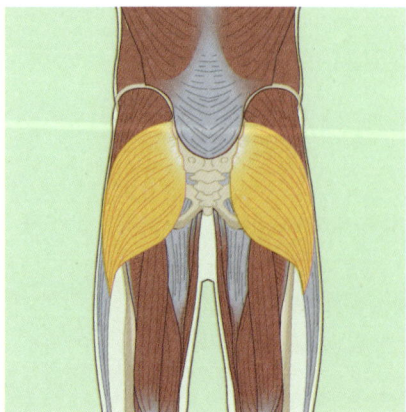

起点

- 骨盆的髂骨外侧，骶骨和尾骨的后侧，以及骶结节和骶髂后韧带的一部分

止点

- 臀肌粗隆和髂胫束

独立功能

- 向心式地加快髋关节伸展和外旋

整体功能

- 离心式地减慢髋关节屈曲和内旋
- 通过髂胫束减慢胫骨内旋
- 等长式地稳定腰椎－骨盆－髋关节复合体

阔筋膜张肌（包括髂胫束）

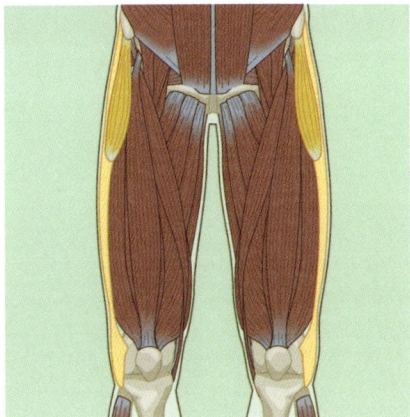

起点

- 髂嵴的外表面和髂前上棘后面

止点

- 髂胫束的近端三分之一段

独立功能

- 向心式地加快髋关节屈曲、外展和内旋

整体功能

- 离心式地减慢髋关节伸展、内收和外旋
- 等长式地稳定腰椎－骨盆－髋关节复合体

腰大肌

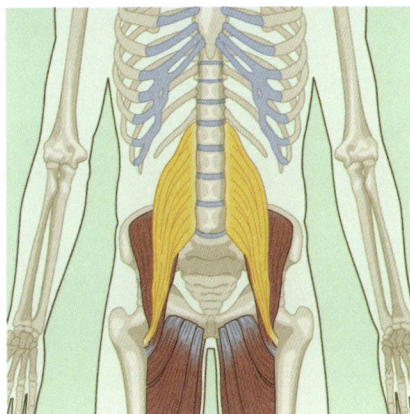

起点

- 最后一节胸椎和所有腰椎的横突和椎体，包括椎间盘

止点

- 股骨小转子

独立功能

- 向心式地加快髋关节屈曲和外旋
- 向心式地屈曲和旋转腰椎

整体功能

- 离心式地减慢髋关节内旋
- 离心式地减慢髋关节伸展
- 等长式地稳定腰椎－骨盆－髋关节复合体

髂肌

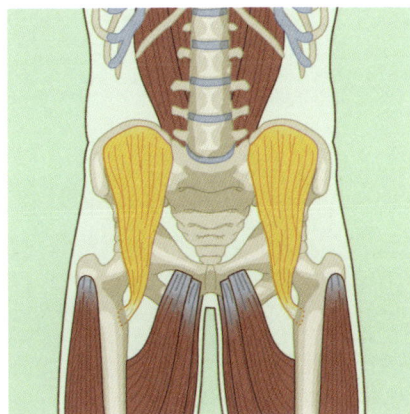

起点

- 髂窝的上端三分之二段和髂嵴的内侧唇

止点

- 股骨小转子

独立功能

- 向心式地加快髋关节屈曲和外旋

整体功能

- 离心式地减慢髋关节伸展和内旋
- 等长式地稳定腰椎－骨盆－髋关节复合体

缝匠肌

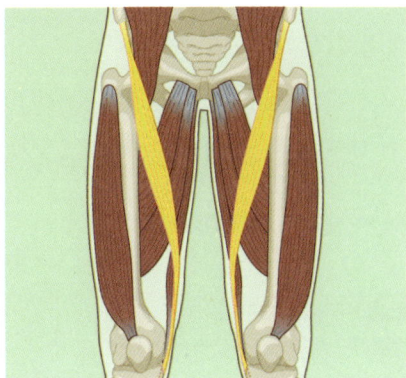

起点
- 骨盆的髂前上棘

止点
- 胫骨的近端内侧面

独立功能
- 向心式地加快髋关节屈曲、外旋
- 向心式地加快膝关节屈曲和内旋

整体功能
- 离心式地减慢髋关节伸展和内旋
- 离心式地减慢膝关节伸展和外旋
- 等长式地稳定腰椎－骨盆－髋关节复合体和膝关节

梨状肌

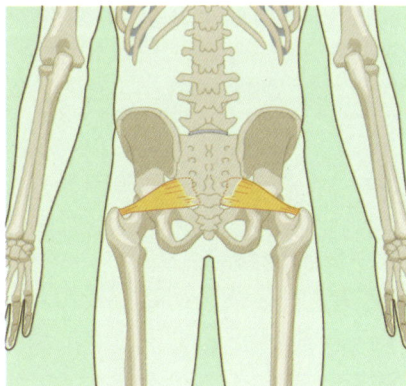

起点
- 骶骨前部

止点
- 股骨大转子

独立功能
- 向心式地加快髋关节外旋、外展和伸展

整体功能
- 离心式地减慢髋关节内旋、内收和屈曲
- 等长式地稳定髋关节和骶髂关节

腹部肌群

腹直肌

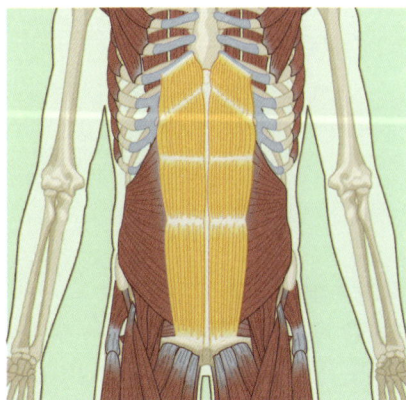

起点
- 骨盆的耻骨联合

止点
- 第5至第7肋骨
- 胸骨的剑突

独立功能
- 向心式地加快脊柱屈曲、侧屈

整体功能
- 离心式地减慢脊柱伸展、侧屈
- 等长式地稳定腰椎－骨盆－髋关节复合体

腹外斜肌

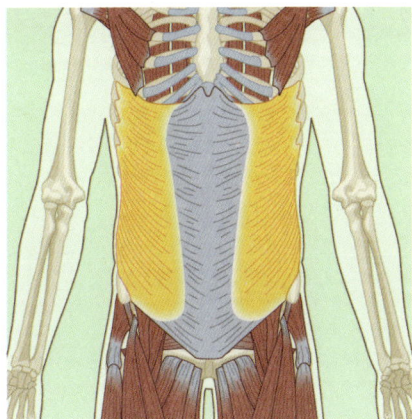

起点

- 第5至第12肋骨的外表面

止点

- 骨盆的髂嵴前部、腹白线，以及对侧的腹直肌鞘

独立功能

- 向心式地加快脊柱屈曲、侧屈和对侧旋转

整体功能

- 离心式地减慢脊柱伸展、侧屈和旋转
- 等长式地稳定腰椎－骨盆－髋关节复合体

腹内斜肌

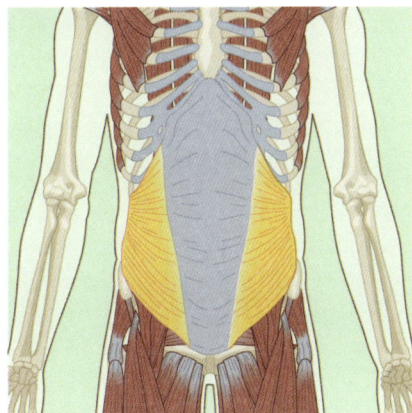

起点

- 骨盆的髂嵴前端三分之二段和胸腰筋膜

止点

- 第10至第12肋骨、腹白线，以及对侧的腹直肌鞘

独立功能

- 向心式地加快脊柱屈曲、侧屈和同侧旋转

整体功能

- 离心式地减慢脊柱伸展、侧屈和旋转
- 等长式地稳定腰椎－骨盆－髋关节复合体

腹横肌

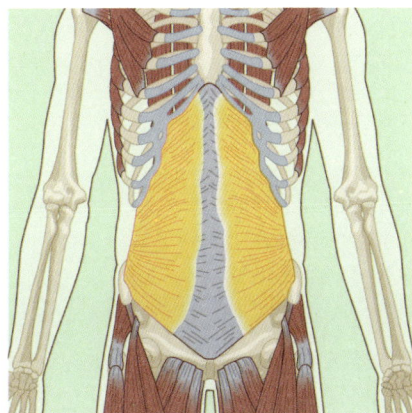

起点

- 第7至第12肋骨，骨盆的髂嵴前端三分之二段和胸腰筋膜

止点

- 腹白线和对侧的腹直肌鞘

独立功能

- 增加腹内压力
- 保护腹部脏器

整体功能

- 等长式地稳定腰椎－骨盆－髋关节复合体

膈肌

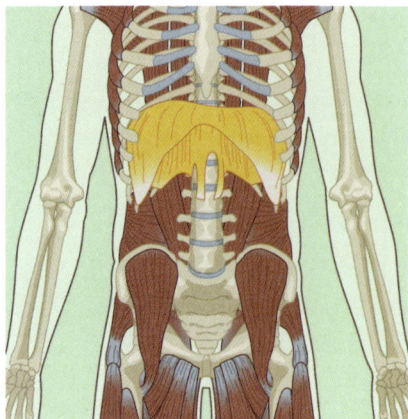

起点
- 肋部：第6至第12肋骨的软骨和邻近骨质区域的内表面
- 胸骨部：剑突后侧
- 腰部：（1）覆盖在腰方肌和腰大肌外表面的两个腱膜弓；（2）起源于L1至L3椎体

止点
- 中心腱

独立功能
- 向心式地向下牵拉中心腱，增加胸腔容积

整体功能
- 稳定腰椎－骨盆－髋关节复合体

背部肌群

浅表竖脊肌：髂肋肌、最长肌和棘肌

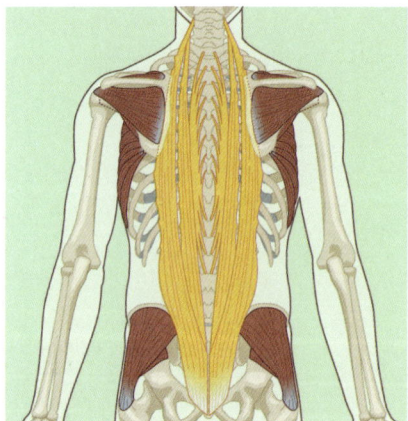

在肌群中所属分组
- 腰部（腰椎）
- 胸部（胸椎）
- 颈部（颈椎）

共同的起点
- 骨盆的髂嵴
- 骶骨
- T1至L5的棘突和横突

止点

髂肋肌
- 腰部：第7至第12肋骨的下缘
- 胸部：第1至第6肋骨的上缘
- 颈部：C4至C6的横突

最长肌
- 胸部：T1至T12的横突；第2至第12肋骨
- 颈部：C2至C6的横突
- 头部：颅骨乳突

棘肌
- 胸部：T4至T7的棘突
- 颈部：C2至C3的棘突
- 头部：在颅骨的枕骨的上项线和下项线之间

独立功能
- 向心式地加快脊柱伸展、旋转和侧屈

整体功能
- 离心式地减慢脊柱屈曲、旋转和侧屈
- 在功能性运动中动态地稳定脊柱

腰方肌

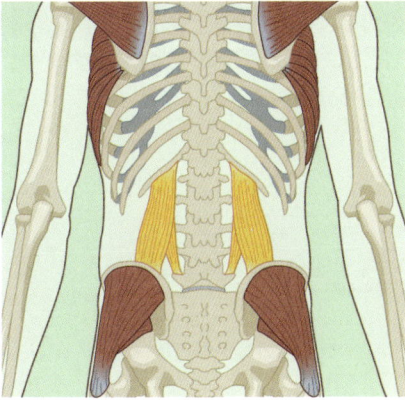

起点
- 骨盆的髂嵴

止点
- 第12肋骨
- L1至L4的横突

独立功能
- 向心式地加快脊柱侧屈

整体功能
- 离心式地减慢脊柱向对侧屈曲
- 等长式地稳定腰椎－骨盆－髋关节复合体

多裂肌

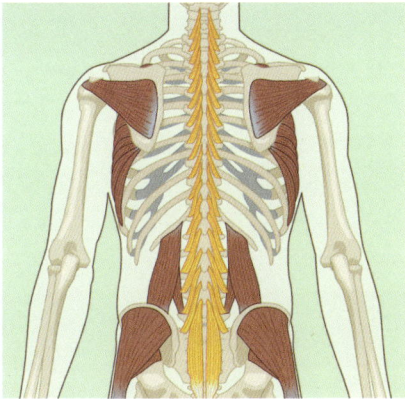

起点
- 骶骨的后部
- 腰椎、胸椎和颈椎的骨性突起

止点
- 起点上方第1至第4椎体的棘突

独立功能
- 向心式地加快脊柱伸展和向对侧旋转

整体功能
- 离心式地减慢脊柱屈曲和旋转
- 等长式地稳定脊柱

背阔肌

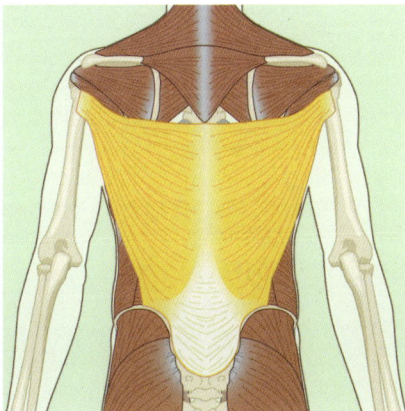

起点
- T7至T12的棘突
- 骨盆的髂嵴
- 胸腰筋膜
- 第9至第12肋骨

止点
- 肩胛下角
- 肱骨结节间沟

独立功能
- 向心式地加快肩关节伸展、内收和内旋

整体功能
- 离心式地减慢肩关节屈曲、外展和外旋
- 等长式地稳定腰椎－骨盆－髋关节复合体和肩关节

肩部肌群

前锯肌

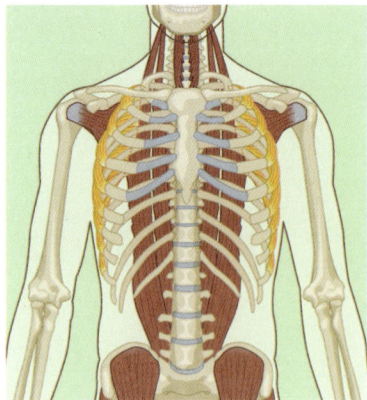

起点

- 第1至第9肋骨

止点

- 肩胛骨的内侧缘

独立功能

- 向心式地加快肩胛骨前伸

整体功能

- 离心式地减慢肩胛骨回缩
- 等长式地稳定肩胛骨

大菱形肌

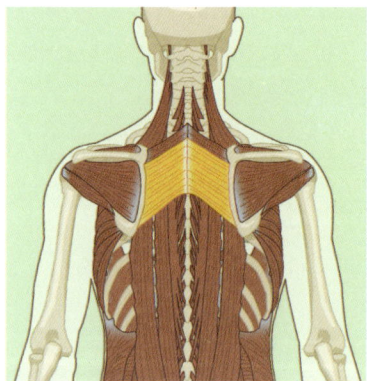

起点

- T2至T5的棘突

止点

- 肩胛骨的内侧缘

独立功能

- 向心式地加快肩胛骨回缩和向下旋转

整体功能

- 离心式地减慢肩胛骨前伸和向上旋转
- 等长式地稳定肩胛骨

小菱形肌

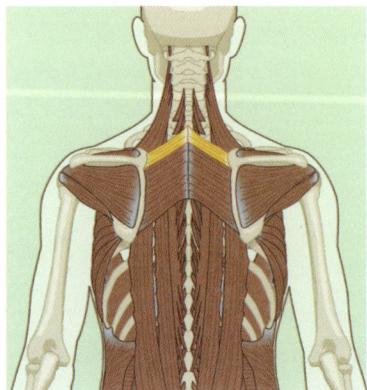

起点

- C7至T1的棘突

止点

- 肩胛骨的内侧缘

独立功能

- 向心式地加速肩胛骨回缩和向下旋转

整体功能

- 离心式地减慢肩胛骨前伸和向上旋转
- 等长式地稳定肩胛骨

下斜方肌

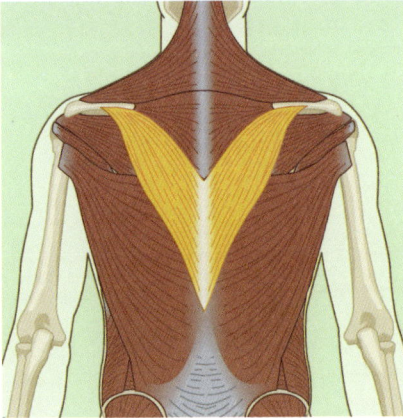

起点

- T6至T12的棘突

止点

- 肩胛冈

独立功能

- 向心式地加速肩胛骨下抑

整体功能

- 离心式地减慢肩胛骨上提
- 等长式地稳定肩胛骨

中斜方肌

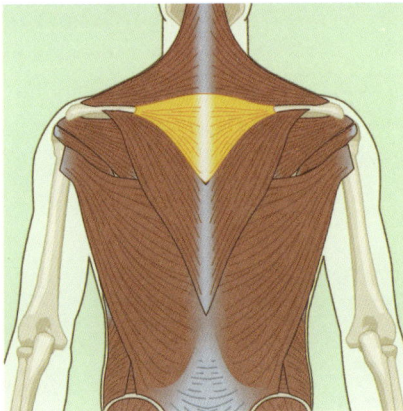

起点

- T1至T5的棘突

止点

- 肩胛的肩峰
- 肩胛冈上部

独立功能

- 向心式地加速肩胛骨回缩

整体功能

- 离心式地减慢肩胛骨前伸
- 等长式地稳定肩胛骨

上斜方肌

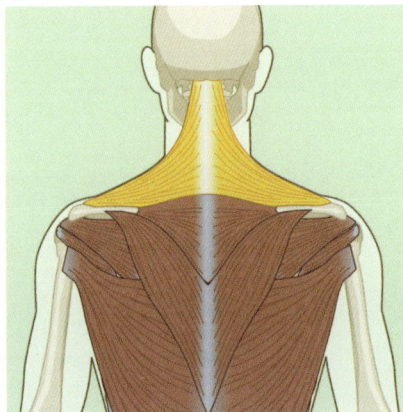

起点

- 颅骨的枕外隆突
- C7的棘突

止点

- 锁骨的外侧三分之一段
- 肩峰

独立功能

- 向心式地加快颈椎伸展、侧屈和旋转
- 向心式地加快肩胛骨上提

整体功能

- 离心式地减慢颈椎屈曲、侧屈和旋转
- 离心式地减慢肩胛骨下抑
- 等长式地稳定颈椎和肩胛骨

胸大肌

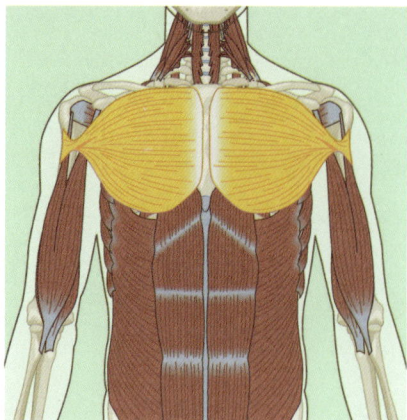

起点

- 锁骨部：锁骨的前表面
- 胸肋部：胸骨的前表面，第1至第6肋骨的软骨

止点

- 肱骨大结节

独立功能

- 向心式地加快肩关节屈曲（锁骨纤维）、水平内收和内旋

整体功能

- 离心式地减慢肩关节伸展、水平外展和外旋
- 等长式地稳定肩带

胸小肌

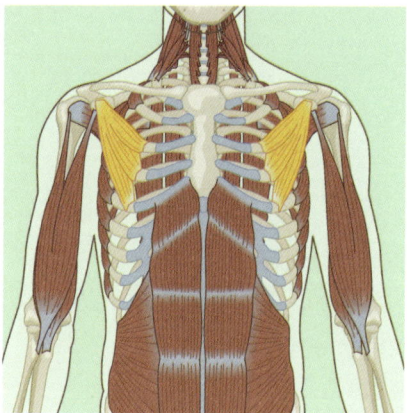

起点

- 第3至第5肋骨

止点

- 肩胛骨喙突

独立功能

- 向心式地加快肩胛骨前伸

整体功能

- 离心式地减慢肩胛骨回缩
- 等长式地稳定肩带

三角肌前束

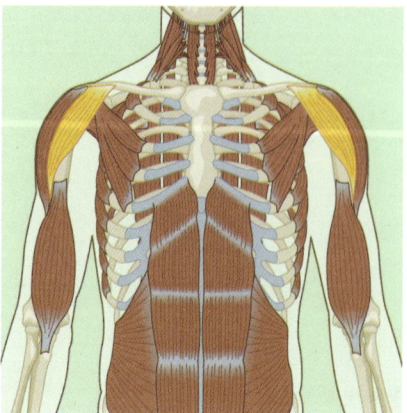

起点

- 锁骨的外侧三分之一段

止点

- 肱骨的三角肌粗隆

独立功能

- 向心式地加快肩关节屈曲和内旋

整体功能

- 离心式地减慢肩关节伸展和外旋
- 等长式地稳定肩带

三角肌中束

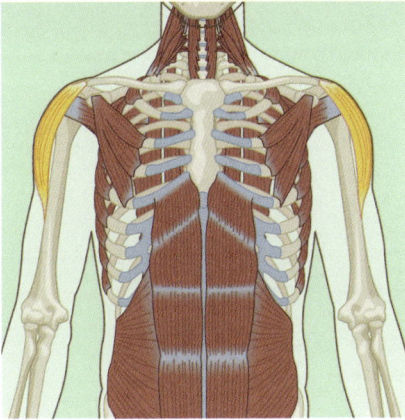

起点

- 肩胛骨的肩峰

止点

- 肱骨的三角肌粗隆

独立功能

- 向心式地加快肩关节外展

整体功能

- 离心式地减慢肩关节内收
- 等长式地稳定肩带

三角肌后束

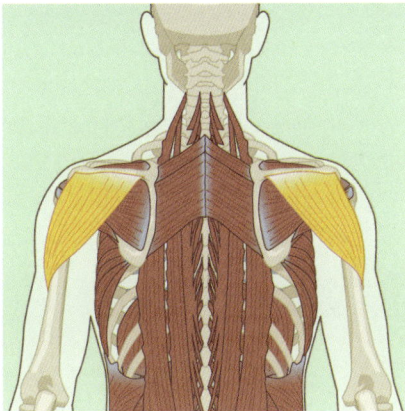

起点

- 肩胛冈

止点

- 肱骨的三角肌粗隆

独立功能

- 向心式地加快肩关节伸展和外旋

整体功能

- 离心式地减慢肩关节屈曲和内旋
- 等长式地稳定肩带

大圆肌

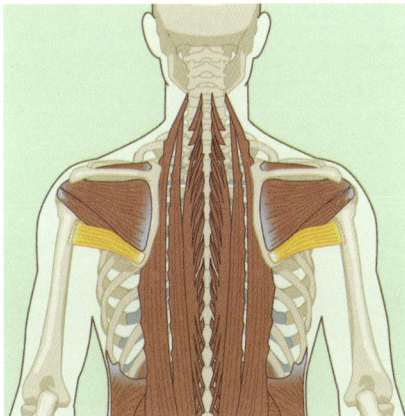

起点

- 肩胛下角

止点

- 肱骨小结节

独立功能

- 向心式地加快肩关节内旋、内收和伸展

整体功能

- 离心式地减慢肩关节外旋、外展和屈曲
- 等长式地稳定肩带

肩袖肌群

小圆肌

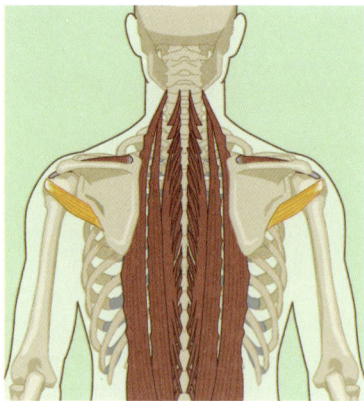

起点

- 肩胛骨的外侧缘

止点

- 肱骨大结节

独立功能

- 向心式地加快肩关节外旋

整体功能

- 离心式地减慢肩关节内旋
- 等长式地稳定肩带

冈下肌

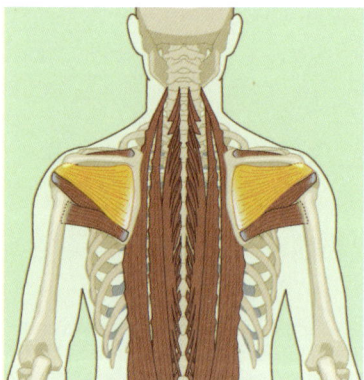

起点

- 肩胛骨的冈下窝

止点

- 肱骨大结节的中部

独立功能

- 向心式地加快肩关节外旋

整体功能

- 离心式地减慢肩关节内旋
- 等长式地稳定肩带

肩胛下肌

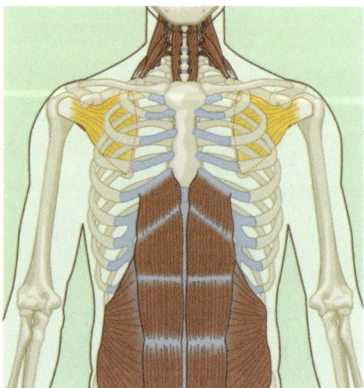

起点

- 肩胛骨的肩胛下窝

止点

- 肱骨小结节

独立功能

- 向心式地加快肩关节内旋

整体功能

- 离心式地减慢肩关节外旋
- 等长式地稳定肩带

冈上肌

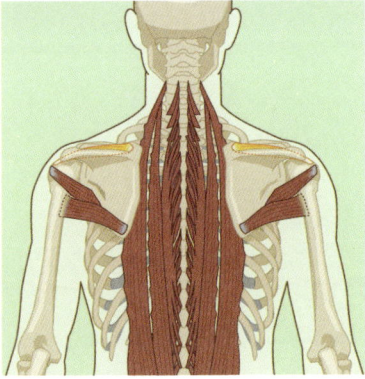

起点

- 肩胛骨的冈上窝

止点

- 肱骨大结节的上部

独立功能

- 向心式地加快肩关节外展

整体功能

- 离心式地减慢肩关节内收
- 等长式地稳定肩带

手臂肌群

肱二头肌

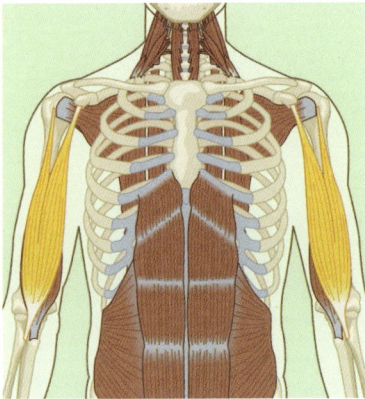

起点

- 短头：肩胛骨的喙突
- 长头：肩胛骨盂上结节

止点

- 桡骨粗隆

独立功能

- 向心式地加快肘关节屈曲、桡尺关节旋后和肩关节屈曲

整体功能

- 离心式地减慢肘关节伸展、桡尺关节旋前和肩关节伸展
- 等长式地稳定肘关节和肩带

肱三头肌

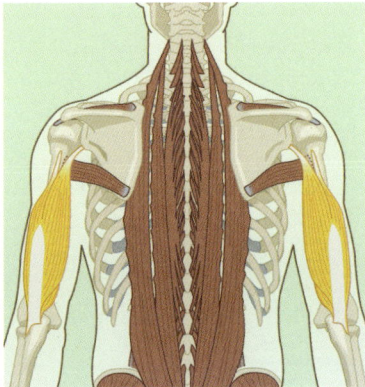

起点

- 长头：肩胛骨的盂下结节
- 外侧头：肱骨后部
- 内侧头：肱骨后部

止点

- 尺骨的鹰嘴

独立功能

- 向心式地加快肘关节伸展和肩关节伸展

整体功能

- 离心式地减慢肘关节屈曲和肩关节屈曲
- 等长式地稳定肘关节和肩带

肱桡肌

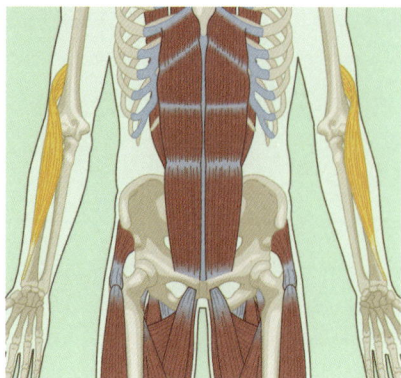

起点
- 肱骨的外上髁

止点
- 桡骨茎突

独立功能
- 向心式地加快肘关节屈曲

整体功能
- 离心式地减慢肘关节伸展
- 等长式地稳定肘关节

肱肌

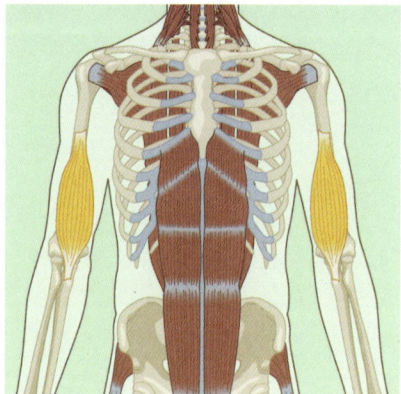

起点
- 肱骨的前表面的下半部分

止点
- 尺骨粗隆和冠突

独立功能
- 向心式地加快肘关节屈曲

整体功能
- 离心式地减慢肘关节伸展
- 等长式地稳定肘关节

颈部肌群

肩胛提肌

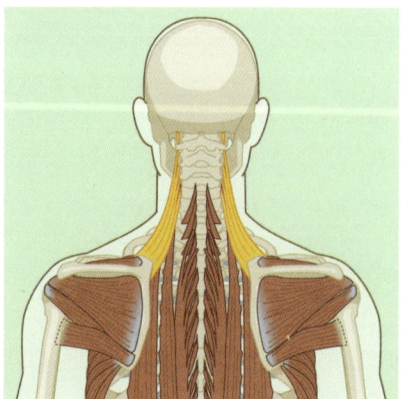

起点
- C1至C4的横突

止点
- 肩胛骨上角和内侧缘上部

独立功能
- 当肩胛骨固定时，向心式地加快颈椎伸展、侧屈和向同侧旋转
- 当颈椎固定时，协助肩胛骨的上提和向下旋转

整体功能
- 当肩胛骨固定时，离心式地减慢颈椎屈曲、侧屈和向对侧旋转
- 当颈椎固定时，离心式地减慢肩胛骨下抑和向上旋转
- 稳定颈椎和肩胛骨

胸锁乳突肌

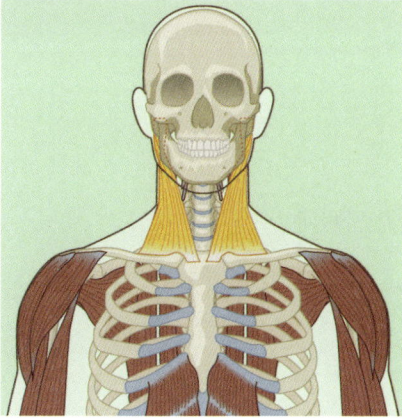

起点
- 胸骨头：胸骨柄顶部
- 锁骨头：锁骨内侧三分之一段

止点
- 乳突和枕骨的上项线外侧

独立功能
- 向心式地加快颈椎屈曲、旋转和侧屈

整体功能
- 离心式地减慢颈椎伸展、旋转和侧屈
- 等长式地稳定颈椎和肩锁关节

斜角肌

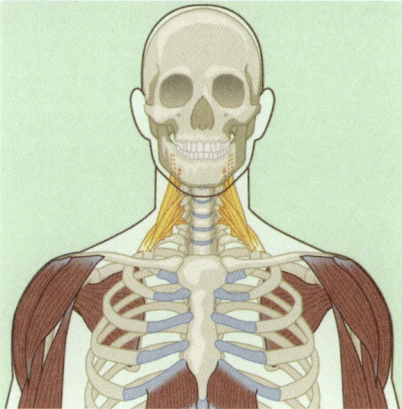

起点
- C3至C7的横突

止点
- 第1和第2肋骨

独立功能
- 向心式地加快颈椎屈曲、旋转和侧屈
- 吸气过程中协助肋骨上提

整体功能
- 离心式地减慢颈椎伸展、旋转和侧屈
- 等长式地稳定颈椎

颈长肌

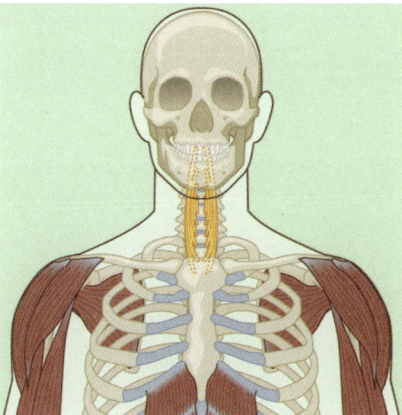

起点
- T1至T3的前部

止点
- C1的前部和外侧

独立功能
- 向心式地加快颈椎屈曲、侧屈和向同侧旋转

整体功能
- 离心式地减慢颈椎伸展、侧屈和向对侧旋转
- 等长式地稳定颈椎

头长肌

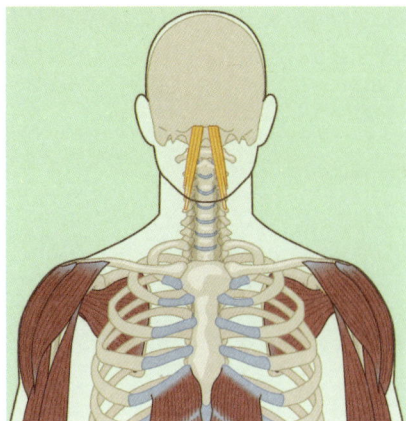

起点

- C3至C6的横突

止点

- 枕骨底部

独立功能

- 向心式地加快颈椎屈曲和侧屈

整体功能

- 离心式地减慢颈椎伸展
- 等长式地稳定颈椎

考试准备材料

体能评估的考虑因素

确定运动强度的最大心率法

传统的公式"220-年龄"一直被用来确定最大心率（HRmax）。最新的研究已表明，在运动生理学及相关领域中使用这个公式的科学价值并不大。因此，"208-（0.7×年龄）"的回归公式已被采纳。这个公式使用起来非常简单，并且可以很容易地作为测量心肺训练强度的一般性初始手段。健身专业人员应该记住，这个公式或任何其他简单公式的计算结果都不是正式的HRmax值。

> **快速检查** 测量客户脉搏的方案是什么？

怀孕人群的评估调整

在第二和第三孕期的评估调整如下。

- ◆ 应避免爆发力和速度评估。
- ◆ 俯卧撑评估应修改为以跪姿进行。
- ◆ 单腿下蹲评估应修改为单腿平衡。
- ◆ OHS（卵巢过度刺激综合征）患者的ROM（活动范围）应减小。

> **快速检查** 心率和血压的正常值是多少？

肥胖人群的评估调整

肥胖人群的调整考虑因素如下。

- ◆ 罗克波特步行测试是该人群的首选心肺功能评估。
- ◆ 应考虑用单腿平衡来代替单腿下蹲。
- ◆ 应该考虑在长凳上或用跪姿进行俯卧撑测试。

常见伤病的评估调整

患有背部疼痛的客户评估调整如下。

- ◆ 在过头深蹲、推和拉的评估过程中要注意观察骨盆是否向前或向后旋转，因为这可能表明核心力量较弱。

快速检查 在过头深蹲、单腿下蹲、推和拉的评估中，会出现哪些代偿以及潜在功能障碍的肌肉有哪些？

◆ 由于对核心的要求较高，俯卧撑姿势可能会太困难。在这种情况下，客户可能更适合以跪姿或将双手放在长凳上进行此评估。有肩伤史的客户评估调整如下。

◆ 注意观察在过头深蹲的过程中手臂是否向前落下，和/或在推和拉的评估过程中是否出现肩膀上提和头部向前移动。

◆ 让肩关节承受大量压力的姿势可能需要被剔除或调整，以减轻对该区域的压力。

足、踝和膝关节代偿的其他考虑因素

在过头深蹲和单腿下蹲评估中看到的代偿可以确定是否应该进行其他评估。例如，在单腿下蹲评估中膝关节内收幅度过大的运动员可能不应进行沙克技巧测试，因为不仅客户的表现会受到影响，而且由于评估的动态性质，损伤风险也会增加。如果该评估对于客户的训练计划设计及其运动项目的要求来说很关键，则另一种选择可以是使用双腿（而不是单腿）进行沙克技巧测试。在这种情况下，健身专业人员会在评估表上注明，为了满足客户的需求，已经对该评估进行了修改。

对于腰椎-骨盆-髋关节复合体代偿的其他考虑因素

快速检查 客观评估和主观评估之间有何区别？

重力是一个持续向下的作用力，可以对核心的要求产生很大的影响，对于俯卧姿势尤其如此。通过减少身体杠杆相对于重力的长度，可以操纵重力以降低对核心的要求。为此，可以让人采用倾斜的姿势（例如，双手撑在长凳上，双脚撑在地上），或者使枢轴点更靠近重心（例如，进行俯卧类评估时让双膝跪在地板上）。

运动表现评估

以下是健身专业人员针对寻求提高运动表现的客户所使用的其他运动表现评估。

目的	纵跳测试的目的是评估下肢爆发力
姿势	客户以身体侧面朝向墙壁站立，靠近墙壁的手向上伸直。保持双脚平放在地面上，标记或记录手指尖的位置。这就是所谓的站立摸高
动作	1. 然后客户站得离墙壁远一点，垂直跳起（没有助跑踏跳）尽可能高，用双臂和双腿协助将身体向上弹起，并用手摸墙壁 2. 标记客户摸到的位置 3. 站立摸高与跳跃高度之间的距离差就是得分。跳3次，记录其中得分最高的一次 4. 在重新评估时，其跳跃高度应该更高

纵跳测试

40码短跑

40码

40码短跑

快速检查　什么是身体成分测试，有哪些常用的测试方案？

目的	40码短跑的目的是评估加速和速度。该评估最好在至少60码的跑道或场地上进行。专业人员还应该有一块秒表，并需要两个相距40码的锥筒
姿势	客户以舒适、静止的3点支撑姿势开始，前脚在起跑线后面。在起跑之前，这个起始姿势应该保持3秒
动作	1. 准备就绪后，客户向终点的锥筒冲刺 2. 从客户的第一个动作开始计时，并在客户的胸部越过终点锥筒的时刻停止计时 3. 一般来说，允许进行两次测试，记录最佳时间 4. 在重新评估时，其时间应该更短

职业运动员往返跑测试

职业运动员往返跑测试

快速检查　你应该什么时候进行客户的围度测量？

目的	职业运动员往返跑测试的目的是评估速度、爆发力、身体控制以及改变方向的能力（敏捷性）。健身专业人员需要1块秒表和3个锥筒。该评估应该在平坦、不滑的表面上进行
姿势	沿着一条线放置3个标记锥筒，两两相隔5码。客户站在中间的锥筒处
动作	1. 在听到口令"跑"时，客户转身向右侧跑5码，用右手摸标志线 2. 然后，客户向左边跑10码，用左手摸另一条标志线 3. 最后，客户转身跑过起跑线/终点线（中间的锥筒），完成测试 4. 记录3次测试中的最好成绩 5. 在重新评估时，其时间应该更短

LEFT测试

快速检查　什么是肌肉活动、关节活动、运动平面、戴维斯定律和肌丝滑行理论？

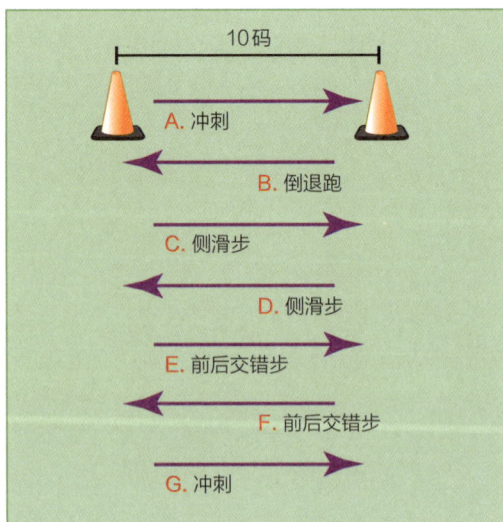

LEFT 测试

目的	LEFT 测试的目的是评估敏捷性、加速、减速和神经肌肉控制。健身专业人员将需要一块秒表和两个标记锥筒。该评估应该在平坦、不滑的表面上进行
姿势	两个标记锥筒相距 10 码放置
动作	1. 在听到口令"跑"时，客户从锥筒 1 向锥筒 2 冲刺，用倒退跑回到锥筒 1，用侧滑步到锥筒 2 再到锥筒 1，用前后交错步到锥筒 2 再到锥筒 1，最后冲刺回到锥筒 2，完成测试 2. 记录时间 3. 在重新评估时，其时间应该更短

步态评估

目的	在步行过程中对动态姿势进行评估
姿势	在跑步机上以零度倾斜用舒适的速度步行
动作	1. 从前面看，观察脚和膝关节。双脚应保持朝向正前方，膝关节与脚尖对齐。从侧面看，观察下背部、肩部和头部。下背部应该保持中立的前凸曲线。肩膀和头部也应该是中立的。从后面看，观察脚和腰椎-骨盆-髋关节复合体（LPHC）。双脚应保持朝向正前方，LPHC 应保持水平。记录时间。 2. 脚：双脚是否变平和/或向外旋转？ 3. 膝：双膝是否内扣？ 4. LPHC：是否存在塌腰？ 5. 肩和头：是否存在圆肩？头部是否前伸？ 6. LPHC：骨盆旋转幅度是否过大？髋部是否有一侧抬起的情况？

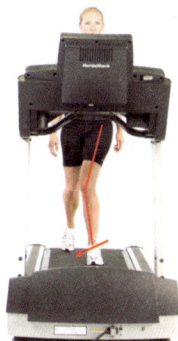

步态跑步机步行评估代偿：双脚变平/双膝内扣

步态跑步机步行评估代偿：塌腰

步态跑步机步行评估代偿：圆肩

步态跑步机步行评估代偿：头部前伸

步态跑步机步行评估代偿：双脚变平和/或向外转

步态跑步机步行评估代偿：骨盆旋转

步态跑步机步行评估代偿：一侧髋抬起

快速检查 什么是协同主导？

双脚向外转代偿的客户的心肺训练考虑因素

以下是为双脚向外转的客户建议的心肺训练活动。

◆ 跑步机：客户可以在完成柔韧性练习之后使用跑步机，前提是速度水平让他们可以专注于保持5个动力链检查点恰当排列。

◆ 椭圆机：当客户在椭圆机上时，脚可以朝向正前方，并且垫子有助于保持该姿势。

◆ 划船机：脚处于不需要太多控制的姿势。

◆ 沃萨攀爬器：其使用的脚垫可以帮助保持中立的脚部姿势。

表E.1 步态评估的动力链代偿

检查点	代偿	可能过度活跃的肌肉	可能不够活跃的肌肉
脚	变平	腓骨侧肌群 腓肠肌外侧头 股二头肌（短头） 阔筋膜张肌	胫骨前肌 胫骨后肌 腓肠肌内侧头 臀中肌
	向外转	比目鱼肌 腓肠肌外侧头 股二头肌（短头） 阔筋膜张肌	腓肠肌内侧头 内侧腘绳肌 臀中肌/臀大肌 股薄肌 缝匠肌 腘肌
膝	内扣（外翻）	髋内收肌 股二头肌（短头） 阔筋膜张肌 腓肠肌外侧头 股外侧肌	腓肠肌内侧头 内侧腘绳肌 臀中肌/臀大肌 股内侧肌斜行纤维部分 胫骨前肌 胫骨后肌

表E.1	步态评估的动力链代偿（续）		
检查点	代偿	可能过度活跃的肌肉	可能不够活跃的肌肉
LPHC	塌腰	屈髋肌群 竖脊肌 背阔肌	臀大肌 核心稳定肌群 腘绳肌
	过度旋转	腹外斜肌 髋内收肌 腘绳肌	臀中肌 深层核心稳定肌群
	髋抬起	腰方肌（对侧） 阔筋膜张肌 臀小肌（同侧）	髋内收肌（同侧） 臀中肌（同侧）
肩	圆肩	胸肌 背阔肌	中斜方肌和下斜方肌 肩袖
头	头部前伸	上斜方肌 肩胛提肌 胸锁乳突肌	深层颈屈肌

手臂向前落下或圆肩姿势的客户的心肺训练考虑因素

快速检查　什么是交互抑制？

在以下练习中，保持良好的上身姿势是具有挑战性的。

◆ 固定式自行车/骑行：以竖直姿势骑自行车对于有上半身代偿的客户更好。

◆ 爬楼机：站直对于上半身更好，学会将身体重量正确放到腿上。

◆ 跑步机：确保客户避免抓住跑步机扶手，导致将上半身向前拉成代偿姿势。

◆ 任何配备电视机的器械：如果电视机位置太高，使用者的头部可能不得不过度伸展，导致头部前伸。

与心脏康复后的客户合作

心脏康复是一个不同于OPT™模型的过程，有4个阶段，对于那些经历过心脏病发作、心脏瓣膜修复、动脉搭桥手术、血管成形术或患有慢性胸痛的患者非常重要。

心脏康复第一阶段	在医疗机构进行的心脏康复治疗通常是为期12周共36次的门诊就诊，其中包括直接监督的运动和关于改变生活方式的教育
心脏康复第二阶段	由医师开具的处方决定是否要继续在直接的监督下做进一步的康复。可以再持续12周，同样在心脏康复治疗环境中进行
心脏康复第三至四阶段	自我调节的方案，涉及训练的方向和动力，以维持生活方式的转变和健康的行为。这些阶段可以在医疗机构之外进行，但需要医生和健身专业人员之间保持交流，以确保安全

运动计划设计的概念

快速检查　在运动计划设计中如何运用评估?

渐进式抗阻练习

渐进式抗阻练习的原则表明,抗阻训练计划应该从轻负荷开始,并随着力量适应的实现而增加负荷。

将波动周期应用于OPT™模型

以波形的非线性方式使用OPT™模型的两种形式如下。

◆ 使用由OPT™模型的各个阶段组成的每周周期。

◆ 使用由OPT™模型的一个阶段组成的每周周期,但强度和训练量在一周内会有所变化。

快速检查　在OPT™模型中的所有训练阶段和训练模式有哪些关键变量?

核心训练的考虑因素

核心练习应该考虑以下因素。

◆ *仰卧臀桥*:为了激活正确的肌肉,客户应该将脚移动到与髋同宽的位置,并保持朝向正前方,以避免激活髋内收肌。

◆ *平板支撑*:在平板支撑时手和手臂的常见姿势是将双手并拢,肩关节内旋。但在进行平板支撑练习时,双臂应该相互平行。

平衡训练的考虑因素

单腿平衡练习应考虑以下因素。

◆ *注意脚的向外转*:平衡性训练的挑战增大时,脚会向外转,试图增大支撑基础。

◆ *注意骨盆的前倾*:单腿平衡是一项对髋关节和脊柱周围的肌肉要求极高的练习。因此,往往会看到客户在这个练习的过程中表现出在髋关节处的代偿。在单腿站立期间,臀肌需要与腹部肌肉一起工作,以保持髋关节和站立腿的正确姿势。

抗阻训练的考虑因素

抗阻训练应考虑以下因素。

◆ *注意脚的向外转*:在双脚前后错开的站姿中,后腿向外转的情况很常见,这会使脚向外转的代偿更严重。后腿应该是伸直的,如果有必要,客户可以将后腿变成三关节伸展姿势。

◆ *注意骨盆的前倾*:如果屈髋肌限制了这个动作,那么髋的前部可能会被向下拉,加重代偿情况。

◆ *注意手臂的向前落下*:进行多次重复的背阔肌下拉、引体向上或大负荷的胸部练习可能会加重代偿情况。如果客户已形成骨盆前倾的习惯，则应避免过头顶的动作，直到背阔肌和胸肌已经恢复适当的延展性。

客户的家庭作业

家庭作业应该包括对客户有吸引力并且能帮助他们实现目标的练习。在说服客户完成家庭作业时，应该考虑几个不同的因素。

- *客户对家庭作业的态度。* 尽量避免"家庭作业"常常带来的消极内涵。重要的是要让客户意识到重复练习使他们进步得更快。
- *客户目标。* 许多追求减肥目标的客户对运动缺乏积极性，甚至会感到焦虑。有些人能够被动员去健身房，在没有教练的情况下进行一个小时的锻炼，而另一些人则可能更喜欢做柔韧性和轻量的心肺运动，比如在小区内散步。
- *任务难度。* 为了鼓励完成家庭作业，训练应该从简单的任务开始，健身专业人员应定期评估客户是否准备好接受更复杂的练习。

快速检查 心肺阶段训练有哪些关键变量、目标和理论基础？

教练模板和记录保存

为了跟踪每个客户的进度，重要的是保存每节训练课的记录。该记录将成为客户现在和将来的资产。对于健身专业人员来说，这是经营好其业务的基础。翔实的信息记录不能确保成功，但如果没有它们，是不可能成功的。

训练模板应跟踪如下5项内容。

- 训练阶段。
- 练习选择。
- 强度。
- 训练量。
- 效果。

快速检查 针对特殊人群的训练计划设计有哪些修改？

动作和肌肉平衡

肌肉不平衡在很大程度上可以归因于客户的生活方式和日常活动模式。如果日常习惯是不良的，无论做多少泡沫轴练习、拉伸或力量练习，都无法纠正。若客户经过一个月的适当训练后却没有进步，就往往会看到这种情况。如果过头深蹲评估没有进步，则需要考虑训练计划设计，或健身专业人员需要解决在健身房之外发生的日常模式。

健身专业人员应该教导其客户每天进行基本任务时如何做动作。就肌肉不平衡而言，最重要的考虑因素可能是让客户学会不在健身房时如何正确做动作。这将要求健身专业人员为客户布置针对特定动作的家庭作业。

练习选择——常见的练习

对大多数人有效的 10 个练习

仰卧臀桥	让臀肌发力，臀肌应该是非常有力的肌肉
平板支撑	教授稳定脊柱的肌肉参与发力
肩胛骨外展	安全的肩部练习，在承担最主要功能的运动平面上使用整个肩带
单腿平衡伸展	一旦客户能够协调肌肉活动，这是向大多数客户推荐的初始练习
蹲跳至稳定支撑	只要客户可以安全地进行，使用时可以有任何动作补偿
背部划船	划船运动将会教肩胛骨回缩和下抑，并且可以强化通常力量较弱的肌肉
下蹲接划船	使用人体两个最大的肌群（背部和臀部），以及核心周围的所有肌肉
下蹲	下蹲需要许多非常大的肌肉发力，还需要一些非常重要的关节有适当的活动范围
弓步	可以将弓步视为一种缩小了支撑面积的深蹲，两者都需要用到许多相同的肌肉和活动范围
硬拉	对于那些活动范围不足，无法进行深蹲，但仍需要锻炼其臀部肌肉的客户来说，硬拉是非常重要的

快速检查 在 OPT™ 模型中如何对练习进行进阶、退阶和分类？

快速检查 什么是三重伸展，什么时候使用它？

应避免的练习

代偿和在具体的动作代偿被纠正以前要避免的练习

双脚向外转	• 提踵：因为小腿后侧肌群缩短和过度活跃，双脚通常会向外转
双膝内扣	• 髋内收器械练习：因为髋内收肌已经过度活跃，所以膝关节内扣
	• 髋外展器械练习：髋外展器械练习可能呈现出膝关节的内扣
	• 腿部伸展器械练习：腿部伸展器械练习侧重于股四头肌。因此，孤立地练习股四头肌会使动作出现代偿，可能会使膝关节内扣的情况更糟糕
骨盆前倾	• 腿举：用器械进行腿举练习可以避免臀部肌肉发力，从而充分训练股四头肌
	• 髋内收器械练习：一些髋内收肌（耻骨肌和短收肌）也可作为屈髋肌。孤立训练髋内收肌可能会使得代偿变得更严重
	• 抬腿练习：在骨盆前倾时，屈髋肌过度活跃。用这个练习增强屈髋肌的力量可能会加剧这种动作出现功能障碍
	• 腿屈伸：腿伸展旨在孤立训练股四头肌。不建议在有骨盆前倾的情况下孤立训练股四头肌
	• 腿举：无法正确地进行该练习的原因可能包括股四头肌和屈髋肌的柔韧性不足，腘绳肌的力量较弱，以及下背部肌肉过度活跃；这些全部表现为骨盆前倾
双臂向前落下	• 背阔肌下拉：在进行背阔肌力量练习之前，应该先训练控制使肩胛骨上回旋的肌肉
	• 推胸器械练习：推胸练习经常使用相当大的重量。这会增加原动肌的力量，而不会提供所需的稳定性
	• 肩上推举：肩上推举并不是有害的，但是如果背阔肌缺乏柔韧性，则客户为了成功进行肩上推举可能会出现塌腰

快速检查 你如何安全有效地保护、提示和修改各种练习？

快速检查 什么是柔韧性体系？如何在 OPT™ 模型中运用它？

水合概念

表E.2　建议水分摄入量	
性别或运动状态	**建议摄入量**
女性	每天2.7升（91盎司）
男性	每天3.7升（125盎司）
运动前2小时	14至20盎司
运动前15分钟	16盎司，如果可以忍受
运动中	每15至20分钟4至8盎司，或每小时16至32盎司
运动后	减轻的每千克（2.2磅）体重50盎司

资料来源：*Dietary Reference Intakes*，Institute of Medicine，2004

快速检查　包括宏量营养素百分比和一大卡热量分别对应多少克不同宏量营养素在内的营养指南叫什么？

表E.3　水分摄入和流失的平衡			
水分摄入		**水分流失**	
来源	摄入	来源	流失
食物	600至800毫升	尿液	900至1 200毫升
饮料	1 000毫升	轻度出汗	400毫升
代谢水分（来自消化）	200至300毫升	肺	300毫升
		粪便	200毫升
总计	1 800至2 100毫升	总计	1 800至2 100毫升

资料来源：Hewlings & Medeiros，2011.

表E.4　脱水体征		
口干	头痛	心跳加快
嗜睡或疲倦	便秘	呼吸急促
口渴	头晕	发烧
尿量减少	眼窝深陷	神志失常
皮肤干燥	低血压	神志不清

快速检查　每种宏量营养素应在什么时候摄入才可以让你获得最大的运动表现益处？

快速检查　你如何运用常见的解剖方向术语（内侧、近端、上、下等）？

表E.5	补液和运动的指南

运动前

比赛前数天要确保摄入大量液体（尿液颜色应淡）

运动前2小时摄入14至20盎司（1.75~2.5杯）的液体

运动前15分钟左右摄入16盎司（如果可以忍受）

喝水或运动饮料，而不是苏打水或果汁

含6%的碳水化合物饮料（任何流行的运动饮料）可以加快液体吸收

冷的水或液体被吸收得更快

运动中

每15至20分钟喝4至8盎司（0.5~1杯）或每小时16至32盎司的液体

如果天气非常热，可能需要更多液体

摄入的液体中若每33盎司水含500至700克钠，可加快液体补充

对于持续时间超过60分钟的运动，建议喝含6%至8%葡萄糖的运动饮料

苏打水、茶和果汁不是理想的饮品，并可能导致出现与期望相反的效果

喝没有电解质的纯净水也可能会造成问题

如果不喜欢运动饮料，可以和水服用电解质药片和/或吃一些食物

运动后

每减轻1千克体重应补充50盎司的液体

对于持续时间超过1小时的运动，喝含钠和葡萄糖的饮料会促进快速补液

资料来源：American College of Sports Medicine. (2009). ACSM position stand: Exercise and fluid replacement. *Medicine and Science in Sports and Exercise*, 39(2), 377-390.

健身科技和趋势

手机应用程序

快速检查　应该向客户提供什么营养指导来帮助他们减重？

在私人训练服务中利用手机应用程序的优势如下。

◆ 当客户在旅途中时提供指导，甚至提供远程私人训练。

◆ 可以通过应用程序组织和跟踪练习顺序（提供练习技术要领的可视化示范），可以规定组数、重复次数，甚至休息时间，这使得客户可以在度假、出差或不在健身房时自行完成训练。

◆ 无论是面对面还是远程指导训练，专业人员都可以使用这些应用程序来监控负荷。

◆ 通过使用社交网络有利于获得专业人员和周边社区的鼓励和鞭策。

◆ 营养应用程序还可以提供有价值的信息，并协助客户在一整天/周保持良好的习惯。

活动跟踪器

快速检查　腱梭和肌梭之间有什么区别？

这些应用程序或设备可以跟踪动作并提供有关身体活动模式的信息。通过全天监控其客户的身体活动，健身专业人员可以帮助引导人们进行更

多活动，并促进更快地获得成效。一些活动跟踪器可以监测心率，这对于健身专业人员来说可能是有价值的数据。在训练期间和休息期间的心率降低意味着心肺系统更高效和更健康。有些活动跟踪器可以跟踪睡眠模式，从而能够评估睡眠质量，并根据需要修改训练计划。健身专业人员应向客户解释如何利用各种手机应用程序，以及为什么使用这些应用程序是有益的。

社交媒体

　　健身专业人员应该考虑不同的受众，每一种表现机会都可以帮助他们获取受众，所以应当策略性地使用每一次的表现机会。每个社交媒体都是一种廉价而强大的个人训练服务宣传方法，并为健身专业人员提供了定位自己的独特机会。社交媒体有助于发展专业人员与其客户之间的关系。

　　利用社交媒体推进私人训练业务的主要目标如下。

- ◆ 在健身房外与现有和潜在的客户联系。
- ◆ 给客户建立专业且领先的印象。
- ◆ 分享有关服务、活动和训练机会的信息。

　　利用社交媒体推进私人训练业务的其他目标如下。

- ◆ 鼓励和激励客户。
- ◆ 提供教育信息。
- ◆ 显示行业内相关的信息。
- ◆ 建立可信度。

　　以下是可以帮助专业人员获得可信度的教育帖子示例。

- ◆ 讨论各种形式的练习技术要领的短视频。
- ◆ 讨论最新研究论文的博客文章。
- ◆ 克服健身障碍的创新性方法的建议。
- ◆ 针对特定人群（如减重或老年人）的训练策略建议。
- ◆ 针对各种客户的训练计划示例。
- ◆ 介绍健身专业人员的训练计划设计方法的理念陈述，以及如何根据个人需求修改计划的案例。
- ◆ 每天的健身提示。

快速检查　心脏的结构如何，血液如何流过心脏？

新兴技术

　　确定哪些健身趋势只是一时的风尚、哪些技术将会蓬勃发展，这有助于在健身行业中提前规划。不幸的是，可能很难真正了解未来几年消费者将会被什么吸引。

　　可穿戴技术似乎仍然会是人们最有兴趣并且会继续发展的健身技术领域［沃格尔（Vogel），2015；苏秀（Suciu），2013］。可以与智能手机同步，以实时跟踪和显示锻炼习惯的设备可能是一个快速增长的领域，而新开发的应用程序和每个设备可监视的生理变量也越来越多。我们预测健身应用

快速检查　什么是SMART目标？

程序的开发将继续下去，特别是现在应用程序开发人员越来越容易接触到健身专业人员了。

针对客户成果的行为变化策略

自信

自信可以使训练更好地坚持下去，这反过来又会提升信心，进而导致增加训练。因此，健身专业人员应该努力建立其客户的信心，让他们能够开始并坚持训练。

自信的来源	
运动表现成就	这是最有力的自信来源。它侧重于个人的任务进步和成功，而不是与其他人进行比较
榜样	看着其他类似的人成功地进行所期望的任务也可以增加一个人对自己能够完成任务的信心
口头说服	被其他人（例如健身专业人员、教练、朋友）说服他可以成功地进行任务
想象	当人们想象自己进行任务时，就会增加他们对进行任务的实际能力的信心

动机式晤谈法

快速检查 跨理论模型（Transtheoretical Model）有哪些不同的阶段？你如何识别它们？

动机式晤谈法被定义为一种以人为中心的合作指导形式，以引起并强化发生改变的动机。这项技巧的基础是一种移情的、以人为中心的风格，强调唤起和加强客户自身对健康变化的动机。

动机式晤谈法涉及4个领域的知识和技能［罗尔尼克（Rollnick），米勒（Miller）和巴特勒（Butler），2007］。

- ◆ 表达同理心。
- ◆ 帮助客户认识到价值观和问题行为之间的差距（阐明差异）。
- ◆ 重视客户的困难阻力，让客户认识到这是正常的情况。
- ◆ 支持客户的自我效能。

快速检查 主动倾听的目的是什么？

动机式晤谈法的精神可以在以下与健身有关的原则中得到体现［布雷肯（Breckon），2002］。

- ◆ 表达客户自己的矛盾心理（运动与不运动）是客户的任务，而不是健身专业人员的任务。
- ◆ 改变的动机是从客户那里发起的。
- ◆ 做好改变的准备并不是客户的特质，而是人际互动的变化性的产物（健身专业人员假设的客户的改变意愿可能会比实际上大）。

自主-支持式辅导

自主-支持式辅导风格着重于创造强调自我提高的环境，而不是击败别人（即直接竞争）。

健身专业人员可以通过以下方式支持客户的自主性。

◆ 在有限范围内提供多个选择。

◆ 提供训练活动结构的理论基础。

◆ 承认客户的感受和观点。

◆ 为客户创造展示主动性的机会。

◆ 避免公开的控制和批评。

◆ 提供详细的反馈。

◆ 在整个训练计划中限制客户的自我意识（即注重自己的提高，而不是与其他人进行比较）。

行为改变方法

通过有效地运用这些工具，客户将能够更好地实现长期行为变化。下面的方法和技术被证明可以成功地改变行为 [迪什曼（Dishman）和巴克沃（Buckworth），1997]。

提示

◆ 提示是启动行为的信号。

◆ 提示可以是口头的、身体的或象征性的。

◆ 口头提示可以是鼓励客户的口号或短语。

◆ 身体提示可能是帮助别人在某个练习中克服"粘滞点"。

◆ 象征性提示通常提醒一个人开始或继续某行为，比如前一天晚上留下训练装备，以激励身体活动。

◆ 目标是增加对期望行为的信号，并减少竞争行为的信号。

合约

◆ 概述具体行为，并确定履行（或疏忽）的结果的书面陈述被称为合约。

◆ 合约通常指定行为变化的期望、责任和意外事件。

◆ 合约的目的是帮助客户采取行动，制订实现目标的标准，并提供说明结果的手段 [坎佛（Kanfer）和加利克（Gaelick），1986]。

◆ 合约增加个人的公开承诺，并增强自我控制的意识。

绘制出勤和参加的图表

◆ 公共报告策略。

◆ 运动表现或出勤图表通常以一种所有相关人员都容易理解的形式来表示数据。

◆ 用图表直观地显示进度是非常有帮助的，因为客户可以注意到行

快速检查　健身专业人员的执业范围是什么？它如何应用于营养、行为改变和诊断？

快速检查　NASM认证的私人教练的行为准则和职业责任是什么？

为和运动表现的细微变化。

◆ 这个公开信息让健身专业人员和其他客户都可以赞扬和鼓励在图表上的客户。

提供关于进展的反馈

◆ 利用个人固有的兴趣达到某些成果，可以对已经取得的进展提供定期的积极反馈。

◆ 所提供的反馈包括进行所讨论行为的具体信息。

认知-行为方法

这种方法的重点是帮助他人解决当前问题的方法。最终，重点将放在解决对个人成长不利的思想和行为上。

关联与解离

◆ 涉及最终会影响行为的想法。

◆ 关联发生于关注身体内部反馈（例如，他们的肌肉感觉或他们的呼吸感觉）的时候。

◆ 解离发生于关注外部环境（例如，注意风景多么漂亮，或者在运动时听音乐）的时候。

社交支持

◆ 指个人对另一个人参与训练计划的积极态度。

内在方法

快速检查 NASM教练每年需要多少个CEU（继续教育课程）？

◆ 强调运动的内在享受和乐趣，使其成为期待的东西——而不仅仅是减重等外部目标的手段［基米希克（Kimiecik），2002］。

◆ 专业人员应该帮助客户找到他们喜欢的活动。

记录保存

保存准确的记录是健身专业人员工作中的重要组成部分，既出于商业目的，也可用于设计和实施训练。细节对于经营成功的长期业务非常重要。

健身专业人员通常会连续见几个客户，这使得在每个人的档案中写下训练大纲更为重要。这份工作涉及许多其他重要的责任，将所有内容都留在记忆里可能很难。使用图表/文件夹，并在训练课过程中或课后马上做笔记，可以让健身专业人士工作得更好、更高效。健身专业人员不仅要记录客户的目标训练结果，还要记录在训练过程中讨论的内容。

快速检查 私人教练有哪些好的参考信息来源？

◆ 他们感觉如何？

◆ 他们这一周或这一个月的目标是什么？

◆ 他们有没有出现新的疼痛？

　　健身专业人员应保存两种类型的记录。第一类与客户的进展有关。不同的客户具有不同的能力、需求和目标；这些信息都是个性化的，并且应该每日、每周或每月进行跟踪，具体以最适合客户的方式而定。专业人员应该保留的另一类记录与教练工作的业务方面有关。

　　记录的具体内容将根据工作职责而有所不同，但以下是每天、每周、每月或每年进行的一些典型记录。

- ◆ 工作天数。
- ◆ 平均收入（每小时）。
- ◆ 休息天数。
- ◆ 取消/重新预约的客户小时数。
- ◆ 已支付费用后取消的预约百分比。
- ◆ 驾驶里程（对于家庭客户）。
- ◆ 平均课时数。
- ◆ 在健身房中工作但没有得到报酬的平均时间。

考试最佳实践和准备

研究方法

　　有多种策略可用于研究在CPT课程中学到的内容，以准备参加认证考试。使用的研究方法应最大限度地提高保留和回忆所学信息的能力。然而，无论采取何种研究方法，都一定要以动觉的方式为CPT考试做好准备。这将使你可以在参加CPT考试时有相似的记忆唤起。

动觉学习的例子

　　进行一个孤立的肌肉收缩会给你第一手的体验，了解有问题的肌肉有何感觉。所以，如果你被一个有关测试问题肌肉的概念题给困住，你可以通过练习该肌肉的动作来唤醒你的记忆。

心理准备清单

- ◆ 不要试图在考试前一晚学习所有的东西。你的日程安排要有足够的时间研究和复习CPT材料。
- ◆ 在考试前要有8小时的睡眠时间。获得足够的休息是非常重要的，这样才能够在考试中集中精神。
- ◆ 在考试前要吃一点东西。确保你有足够的精力坚持完成考试，这对于你的专注能力至关重要。

采用最佳的考试操作

- ◆ 专注于你面前的试题。
- ◆ 如果你不知道答案，做标记并继续做后面的题目。在一个你不懂的问题上花时间不会有什么好处。
- ◆ 别担心别人是否先于你完成。第一个还是最后一个完成与你的分数无关。充分利用分配给你的时间。
- ◆ 所有的问题都是多选题，并且答案中有4个选项。
- ◆ CPT考试题目侧重于客观标准而不是主观标准。

词汇表

A

A带（A-Band） 在肌小节中，肌球蛋白丝占主导地位并且与肌动蛋白丝有少许重叠的区域。

外展（abduction） 冠状面上，远离身体中线的动作。

加速（acceleration） 当肌肉施加的力比承受的力更大时，肌肉会缩短；也被称为向心收缩或力的产生。

酸中毒（acidosis） 氢的过量积累，引起血液和肌肉的酸度增加。

肌动蛋白（actin） 肌动蛋白是两种主要的肌丝之一，是与肌球蛋白一起作用产生肌肉收缩的"细"丝。

动作电位（action potential） 让神经元可以传递信息的神经冲动。

主动柔韧性（active flexibility） 原动肌和协同肌在其功能性拮抗肌被拉长的同时使肢体在整个活动范围内移动的能力。

主动分离式拉伸（active-isolated stretch） 使用原动肌和协同肌将关节动态地移动到一定活动范围内的过程。

关键变量（acute variables） 训练计划的重要组成部分，用于指定每个练习的执行方式。

适应（adaptive） 能够为特定的用途改变。

内收（adduction） 冠状面上，靠近身体中线的动作。

二磷酸腺苷（adenosine diphosphate，ADP） 存在于所有细胞中的一种高能化合物，能够用于合成三磷酸腺苷（ATP）。

三磷酸腺苷（adenosine triphosphate，ATP） 人体细胞内能量的储存和传递单位。

适宜摄入量（adequate intake，AI） 基于观察到的（或实验获得的）能够满足一个（或多个）健康人群的需求的营养素摄入量近似值或估算值建议的平均每日营养摄入量水平。当无法确定RDA时使用此指标。

高级阶段（advanced stage） 动态模式视角理论的第二阶段，学习者在此阶段中获得更高效地改变和操纵动作以适应环境变化的能力。

有氧（aerobic） 需要氧气的活动。

传入神经元（afferent neurons） （又被称为感受神经元）它们从环境收集传入的感觉信息，并将其传递到中枢神经系统。

敏捷性（agility） 在保持正确姿势的情况下，快速地加速、减速、稳定和改变方向的能力。

主动肌（agonist） 在关节活动中主要产生动作的肌肉，又称原动肌。

警戒（alarm reaction） 一般适应综合征（GAS）的第一阶段，是对压力源的初始反应。

交互抑制改变（altered reciprocal inhibition） 肌肉抑制的概念，由紧张的原动肌抑制其功能性拮抗肌而引起。

缓冲阶段（amortization phase） 肌肉在从离心（减少力和储存能量）到向心（力的产生）肌肉活动的过渡中经历的电—机械延迟。

无氧（anaerobic） 不需要氧气的活动。

无氧阈值（anaerobic threshold） 在高强度活动过程中，当人体不能再满足其对氧气的需求，并且无氧代谢占主导地位的时间点；也被称为乳酸阈值。

解剖位置（anatomic locations） 指描述身体位置的术语。

解剖姿势（anatomic position） 身体直立，手臂放于身体两侧，掌心向前。解剖姿势在解剖学中非常重要，因为它是解剖术语的参照姿势。解剖术语（如前和后、内和外、内收和外展）都是以解剖姿势为准的。

年度计划（annual plan） 时间跨度为1年的总体训练计划，显示客户何时进展到不同阶段。

拮抗肌（antagonist） 与原动肌（主动肌）直接对抗的肌肉。

前（腹侧）（anterior [ventral]） 身体的前方。

主动脉半月瓣（aortic semilunar valve） 控制血液从左心室流到通向全身的主动脉。

附肢骨骼（appendicular skeleton） 骨骼系统的一部分，包括上肢和下肢。

动脉（arteries） 将血液输送出心脏的血管。

小动脉（arterioles） 动脉的小终端分支，终止于毛细血管。

动脉硬化（arteriosclerosis） 指动脉血管硬化（失去弹性）的通用术语。

关节炎（arthritis） 关节的慢性炎症。

关节运动学（arthrokinematics） 1.关节的运动。2.身体关节的活动。

关节运动功能障碍（arthrokinetic dysfunction） 1.关节处作用力发生改变的生物力学和神经肌肉功能障碍，导致关节活动异常和本体感觉异常。2.关节处作用力改变，导致肌肉活动异常和在关节处的神经肌肉信息传输受损。

关节运动抑制（arthrokinetic inhibition） 当关节功能障碍抑制围绕关节的肌肉时发生的神经肌肉现象。

关节（透明）软骨[articular（hyaline）cartilage] 覆盖骨的关节面的软骨。

关节连接（articulation） 骨骼、肌肉和结缔组织的连接点，是动作发生的位置；也被称为关节。

评估（assessment）　确定某物的重要性、大小或价值的过程。

关联阶段（association stage）　Fitt的第二个阶段，学习者通过练习更好地保持其动作的一致性。

动脉粥样硬化（atherosclerosis）　1.身体的大动脉和中等大小的血管的堵塞、变窄和硬化。动脉粥样硬化会导致中风、心脏病、眼睛问题和肾脏问题。2.动脉中脂肪斑块的积聚导致血管变窄和血流量减少。

气压（atmospheric pressure）　每天在空气中的压力。

房室（AV）结[atrioventricular（AV）node]　数量较少的一种特殊的心肌纤维，位于右心房壁上，接受来自窦房结发出的心跳脉冲信号，并将其传导至心室壁。

房室瓣（atrioventricular valves）　使适当的血液量从心房流到心室。

心房（atrium）　心脏上部的腔体，从血管接收血液，并将血液泵入心室。

扩展反馈（augmented feedback）　由健身专业人员、录像带或心率监测器等外部来源提供的信息。

自主抑制（autogenic inhibition）　当感受张力的神经冲动大于引起肌肉收缩的神经冲动时就会发生的过程，这个过程对肌梭起抑制作用。

自主阶段（autonomous stage）　fitt的第三个动作学习阶段，学习者将技能提高到无意识水平。

中轴骨骼（axial skeleton）　骨骼系统的一部分，由颅骨、胸廓和脊柱组成。

轴突（axon）　细胞体的圆柱形突出，将神经冲动传递给其他神经元或效应物部位。

B

后侧力学（backside mechanics）　在冲刺过程中后腿和骨盆的恰当排列，包括踝关节跖屈、膝关节伸展、髋关节伸展和骨盆中立位。

平衡（balance）　1.让身体的质量中心或重力线维持或返回其支撑基础上方的能力。2.身体处于均衡和静止的状态，这意味着没有线性或角度性的位移。

球窝关节（ball-and-socket joint）　灵活性最好的关节，可以在所有3个平面内运动。例子包括肩关节和髋关节。

基底神经节（basal ganglia）　大脑下半区的一部分，有助于启动和控制重复性的自主动作，例如步行和跑步。

β氧化[beta-oxidation（β-oxidation）]　将甘油三酯分解成更小的底物，即游离脂肪酸（FFA），游离脂肪酸转化为酰基辅酶A分子进入三羧酸循环并最终产生ATP。

二尖瓣[bicuspid（mitral）valve]　控制血液从左心房流到左心室的两个瓣膜。

生物能量连续体（bioenergetic continuum） 动力链用于产生ATP的3条主要途径。

生物能学（bioenergetics） 对人体内的能量的研究。

生物力学（biomechanics） 1.利用物理原理对作用力在生物体内如何相互作用进行的定量研究。2.有关作用于人体的内部和外部的力以及这些作用力所产生的影响的科学。

双羽状肌纤维（bipenniform muscle fibers） 从长肌腱的两侧延伸出来的短、斜肌纤维组成的肌纤维。例如股直肌。

血液（blood） 在心脏、动脉、毛细血管和静脉中循环的液体，将营养物质和氧气运送到身体的各个部位，同时排出体内的废物。

血脂（blood lipids） 又被称为胆固醇和甘油三酯，存在于血液中的高密度脂蛋白（HDL）和低密度脂蛋白（LDL）的分子中。

血管（blood vessels） 由中空管道形成的网络，可以让血液在全身循环。

骨骼（bones） 为肌肉提供附着点，保护重要的器官。

支撑（bracing） 在同时收缩腹部、腰部和臀部的肌肉时发生。

脑干（brainstem） 从大脑到身体以及从身体到大脑的感觉神经与运动神经之间的联系。

C

能量（calorie） 将1克水的温度升高1℃所需的热能量。

大卡（calorie） 表达能量等于1 000卡的单位。将1千克或1升水的温度升高1℃所需的热能量。

癌症（cancer） 恶性肿瘤（大多数侵入周围组织）中的任何一种，可能转移到几个部位，在被切除后有可能复发，并导致患者死亡，除非得到充分治疗。

毛细血管（capillaries） 最小的血管，在血液和组织之间进行化学物质和水分交换的场所。

碳水化合物（carbohydrates） 1.碳、氢和氧的有机复合物，包括淀粉类、纤维素和糖类，是能量的一个重要来源。所有的碳水化合物在人体内最终分解成葡萄糖——一种单糖。2.碳、氢和氧的中性化合物（如糖、淀粉和纤维素），构成动物的大部分食物。

心肌（cardiac muscle） 心脏肌肉。

心输出量[cardiac output（Q）] 心率×每搏输出量，表示心脏的整体表现。

心肺功能（cardiorespiratory fitness） 人体循环系统和呼吸系统在持续体力活动过程中将富氧血提供给骨骼肌的能力。

心肺系统（cardiorespiratory system） 一个由呼吸系统和心血管系统组成的人体系统。

心肺功能训练（cardiorespiratory training） 涉及心肺系统并对其造成压力的任何身体活动。

心血管控制中心[cardiovascular control center（CVC）] 根据所有相关结构的反馈，指挥增加或减少心输出量和外周阻力的冲动。

心血管系统（cardiovascular system） 一个由心脏、血液和血管组成的人体系统。

细胞体（cell body） 神经元的部分，包含细胞核、溶酶体、线粒体和一个高尔基复合体。

中枢控制器（central controller） 通过操纵交感神经系统和副交感神经系统来控制心率、左心室收缩力和动脉血压。

中枢神经系统（central nervous system） 神经系统的组成部分，包括大脑和脊髓。

小脑（cerebellum） 大脑下半区的一部分，将来自身体和外部环境的感觉信息与来自大脑皮层的运动信息进行比较，以确保顺畅、协调的动作。

大脑皮层（cerebral cortex） 中枢神经系统的一部分，由额叶、顶叶、枕叶和颞叶组成。

颈椎（cervical spine） 包含组成颈部的7块椎骨的脊椎区域。

链（chain） 链接在一起或连续的系统。

化学感受器（chemoreceptors） 对化学作用（嗅觉和味觉）做出反应的感受器。

阻塞性肺疾病（chronic obstructive lung disease） 通过肺部的气流被改变的疾病，原因通常是黏液的产生导致气道阻塞。

循环训练体系（circuit training system） 由按照顺序依次进行的一系列练习组成，并且每个练习间的休息时间要尽量短。

协同收缩（co-contraction） 在一个力偶中的肌肉一起收缩。

认知阶段（cognitive stage） fitt的第一个动作学习阶段，描述学习者如何花费大量的时间思考他们将要进行什么。

胶原（collagen） 在结缔组织中发现的提供抗张强度的蛋白质。与弹性蛋白不同，胶原不是很有弹性。

复合组（compound-sets） 包括进行互为拮抗的肌肉的两个练习。例如，一组卧推后是绳索划船（胸部/背部）。

向心肌肉活动（concentric muscle action） 发生于肌肉力量大于阻力时，引起肌肉的缩短。

导气道（conduction passageway） 由空气进入呼吸道之前所经过的所有结构组成。

骨节（condyles） 从骨头中伸出来，为肌肉、肌腱和韧带提供附着点的隆包；也被称为突起、上髁、结节和转子。

髁状关节（condyloid joint） 在这种关节中，一块骨头的髁突恰好放入同另外一块骨头的椭圆腔内，从而形成该关节。例子包括膝关节。

对侧（contralateral） 位于身体相反的一侧。

可控的不稳定性（controlled instability） 训练环境是不稳定的，其不稳定性可以由个人安全地控制。

核心（core） 1. 身体的中心及所有动作的起始点。2. 构成腰椎－骨盆－髋关节复合体（LPHC）的结构，包括腰椎、骨盆带、腹部以及髋关节。

核心力量（core strength） 腰椎－骨盆－髋关节复合体肌肉组织控制个体不断改变重心的能力。

冠状面（coronal plane） 想象将人体分为前后两半的平面。

纠正柔韧性（corrective flexibility） 旨在改善肌肉不平衡和改变的关节运动。

磷酸肌酸（creatine phosphate） 储存在细胞中的高能磷酸盐分子，可立即用于再合成ATP。

累积损伤周期（cumulative injury cycle） 在该周期中，受伤会引发炎症、肌肉痉挛、粘连、神经肌肉控制改变和肌肉不平衡。

D

戴维斯定律（davis's law） 指出软组织会沿着应力线复制。

减速（decelerate） 当肌肉发出的力量小于施加于其上的力量时，肌肉会拉长；也被称为离心肌肉活动或力的减少。

体能差（deconditioned） 一种身体素质下降的状态，可能包括肌肉不平衡、柔韧性下降，或者核心和关节稳定性差。

树突（dendrites） 神经元的一部分，负责从其他结构收集信息。

凹陷（depressions） 骨头扁平状或锯齿状的部分，可以作为肌肉的附着点。

延迟性肌肉酸痛（delayed-onset muscle soreness） 在高强度练习或不习惯的体育活动之后24到72小时内会感觉到的疼痛或不适。

糖尿病（diabetes mellitus） 因缺乏胰岛素而引起的慢性代谢紊乱，导致对碳水化合物的使用减少，以及对脂肪和蛋白质的使用增加。

骨干（diaphysis） 长骨的干部。

膳食补剂（dietary supplement） 一种补充或增加日常饮食摄入的物质。

弥散（diffusion） 氧气从外部环境进入人体组织的过程。

远端（distal） 离身体中心或参考点更远的位置。

背侧（dorsal） 指背部或身体后部的位置。

背屈（dorsiflexion） 当用于描述脚踝时，是指在脚踝处弯曲，向上移动脚前部的能力。

动态平衡（dynamic balance） 在各种条件下移动和改变方向而不会摔

倒的能力。

腹部"吸入"（drawing-in maneuver） 1.激活腹横肌、多裂肌、盆底肌和膈肌，以提供核心稳定性。2.通过把肚脐往脊柱方向缩紧来募集局部核心稳定肌的一种策略。

动态功能柔韧性（dynamic functional flexibility） 在整个活动范围内的多平面软组织延展能力和最佳神经肌肉效率。

动态关节稳定性（dynamic joint stabilization） 在功能性多平面动作过程中稳定关节的肌肉，以产生最佳稳定性的能力。

动态模式视角（dynamic pattern perspective，DPP） 该理论认为动作模式是由多个系统（神经、肌肉、骨骼、机械、环境、过去的经验等）之间的综合相互作用而产生的。

动态活动范围（dynamic range of motion） 综合了柔韧性和神经系统高效控制此活动范围的能力。

动态稳定性（dynamic stabilization） 肌肉发出的力量等于施加于其上的力量；也被称为等长收缩。

动态拉伸（dynamic stretching） 1.利用肌肉产生的力量和身体的动量，关节通过完整的可用活动范围。2.肌肉的主动伸展，利用力的产生和动量使关节在完整的可用活动范围内移动。

E

离心肌肉活动（eccentric muscle action） 离心肌肉活动发生于当肌肉张力增加但同时被拉长时。

效应物（effectors） 由神经系统支配的任何结构，包括器官、腺体、肌肉组织、结缔组织、血管、骨髓等。

传出神经元（efferent neurons） 将神经冲动从大脑和脊髓传送至效应物部位（如肌肉或腺体）的神经元；也被称为运动神经元。

弹性蛋白（elastin） 在结缔组织中发现的具有弹性的蛋白质。

同理心（empathy） 没有亲身经历过同样的情况而觉察、理解和体恤他人的思想、情绪和体验的行动。

内分泌系统（endocrine system） 人体内负责产生激素的腺体系统。

肌内膜（endomysium） 最深层的结缔组织，包裹单条肌纤维。

耐力强度（endurance strength） 长时间产生和维持作用力的能力。

能量（energy） 进行工作的能力。

利用能量（energy-utilizing） 某些储存单元（ATP）从产生能量的来源收集能量，然后将能量转移到可以使用该能量的部位。

乐趣（enjoyment） 通过进行体育活动获得愉悦感的程度。

上髁（epicondyle） 从骨头中伸出来，为肌肉、肌腱和韧带提供附着点的隆包；也被称为骨节、突起、结节和转子。

肌外膜（epimysium） 筋膜下面包裹着肌肉的一层结缔组织。

骨骺板（epiphyseal plates） 连接骨干和骨骺的长骨区域。它是一层细分的软骨细胞，骨干长度的增加就在其中发生。

骨骺（epiphysis） 长骨的末端，主要由骨松质组成，是大部分红骨髓（参与红细胞生成）的聚集地。它们也是骨骼生长的主要部位。

均衡（equilibrium） 相互对立的作用力、影响或行动之间相对平衡的情况。

红血球（erythrocytes） 红血细胞。

平均需要量（estimated average requirement，EAR） 估计可以满足特定生命阶段和性别群体中一半健康个体的需求的平均每日营养摄入量水平。

外翻（eversion） 跟骨下部向外侧移动的动作。

运动后过量氧耗（excess postexercise oxygen consumption，EPOC） 运动后的人体代谢水平升高的状态。

兴奋收缩耦联（excitation-contraction coupling） 神经刺激产生肌肉收缩的过程。

锻炼意象（exercise imagery） 是一个过程，旨在产生内化的体验，以支持或增强锻炼参与。

运动代谢（exercise metabolism） 运动时与人体内独特的生理变化和需求相关的生物能变化。

练习顺序（exercise order） 指锻炼过程中进行练习的顺序。

练习选择（exercise selection） 为客户的训练计划选择适当的练习的过程。

疲惫（exhaustion） 一般适应综合征（GAS）的第三阶段，长时间的压力或不可承受的压力会导致身体系统力竭或不适。

专家阶段（expert stage） 动态模式视角模型的第三阶段，在该阶段中，学习者现在专注于以最高效的方式识别和协调其关节活动。

呼气（expiration） 主动或被动地放松呼吸肌群，将气体排出体外的过程。

爆发式力量（explosive strength） 一旦开始某个运动模式，就大幅度提高力的产生的能力。

延展性（extensibility） 被拉长或被拉伸的能力。

延展（extension） 相邻两个节段夹角增大的伸直动作。

外部反馈（external feedback） 来自外部的信息，例如健身专业人员、录像带、镜子或心率监测器等，是对内部环境的补充。

外旋（external rotation） 关节向离开人体中线的方向旋转。

F

扇形肌肉（fan-shaped muscle） 其肌纤维排列是肌纤维从一端的狭

窄的附着点斜伸到另一端的宽广的附着点。例如胸大肌。

筋膜（fascia） 包裹肌肉的最外层的结缔组织。

肌束（fascicle） 包含肌原纤维的一组肌纤维。

快肌纤维（fast twitch fibers） 也可以用术语IIA和IIB来表征的肌纤维。这些纤维含有较少的毛细血管、线粒体和肌红蛋白。这些纤维比Ⅰ型纤维疲劳得更快。

脂肪（fat） 3种主要食物种类之一，也是人体能量的来源之一。脂肪帮助人体利用某些维生素，并保持皮肤健康。它们也是身体的能量储备。在食物中有两种脂肪类型：饱和脂肪与不饱和脂肪。

反馈（feedback） 1.使用感官信息和感觉运动整合来帮助动力链发展动作模式的永久性神经表征。2.使用感官信息和感觉运动整合来帮助人体动作系统进行动作学习。

扁平骨（flat bones） 参与保护人体内部结构，并为肌肉提供附着点的一类骨。例子包括胸骨和肩胛骨。

柔韧性（flexibility） 能使关节达到最大活动度的所有软组织的正常延展性。

柔韧性训练（flexibility training） 身体的体能训练，综合在所有3个运动平面上的各种拉伸，以产生最大的组织延展能力。

屈曲（flexion） 相邻两个节段夹角减小的弯曲动作。

力（force） 一个物体对另一个物体的作用，导致其中一个物体的加速或减速。

力偶（force-couple） 肌群共同移动，产生围绕关节的动作。

力–速度曲线（force-velocity curve） 肌肉随着速度的增加而产生力的能力。

有形成分（formed elements） 指包括红细胞、白细胞和血小板在内的血液细胞成分。

窝（fossa） 骨骼的凹陷或锯齿状的部分，可能是肌肉附着部位；也被称为凹陷。

频率（frequency） 在一定时间范围内的训练课的次数。

额叶（frontal lobe） 大脑皮层的一部分，包含规划和控制自主动作所必需的结构。

冠状面（frontal plane） 想象将人体分为前后两半的平面。

前侧力学（frontside mechanics） 在冲刺过程中前腿和骨盆的恰当排列，包括踝关节背屈、膝关节屈曲、髋关节屈曲和骨盆中立位。

左旋糖（fructose） 被称为果糖；在水果、蜂蜜和糖浆以及某些蔬菜中发现的简单糖类碳水化合物的一种。

功能效率（functional efficiency） 神经系统和肌肉系统在以最有效的方式移动的同时对动力链施加最少压力的能力。

功能柔韧性（functional flexibility） 以最佳的神经肌肉控制实现在整个活动范围内综合的、多平面的软组织延展能力。

功能性力量（functional strength） 神经肌肉系统在多平面环境中高效地进行动态的离心收缩、等长收缩和向心收缩的能力。

梭形肌（fusiform） 整个肌腹两端逐渐变细的肌纤维排列。例子包括肱二头肌。

G

一般适应综合征（general adaptation syndrome，GAS） 1.动力链对所承担的要求做出反应和适应的一种综合征。2.用来描述人体对压力的反应和适应的术语。

通用动作程序（generalized motor program，GMP） 适用于不同类别的动作或行动（如过顶投掷、踢或跑步）的一种运动程序。

一般性热身（general warm-up） 1.动作不一定包括特定于后续将要进行的体育活动的动作。2.低强度练习，包括的动作不一定与后续将要进行的较剧烈的练习相关。

滑动关节（gliding joint） 一种非轴关节，其运动方向为前后或侧向。例子包括手的腕关节和小平面关节。

糖异生（gluconeogenesis） 从非碳水化合物来源（如氨基酸）形成葡萄糖。

葡萄糖（glucose） 人体用碳水化合物、脂肪和少量蛋白质制造的一种简单糖，是人体的主要燃料来源。

升糖指数（glycemic index） 基于食物对血糖的影响与标准参考食物的影响相比较，对含碳水化合物的食物进行的排名。

糖原（glycogen） 复杂的碳水化合物分子，用于在肝脏和肌肉细胞中储存碳水化合物。当需要碳水化合物能量时，糖原转化为葡萄糖，被肌肉细胞利用。

腱梭（golgi tendon organs） 对肌肉张力变化及其变化速率十分敏感的感受器。

测角评估（goniometric assessment） 测量角度指标和关节活动范围的技术。

重力（gravity） 地球和在地球上的物体之间的吸引力。

地面反作用力（ground reaction force，GRF） 每走一步都会有大小相等且方向相反的作用力被施加到身体上。

H

心脏（heart） 一个中空的肌肉器官，通过有节奏的收缩使血液在人体内循环。

心率（heart rate，HR）　心脏泵血的速率。

血红蛋白（hemoglobin）　红血细胞的携氧成分，也使血液呈现红色。

层次理论（hierarchical theories）　该理论提出，动作的所有计划和实施来自一个或多个更高级的脑部中心。

铰链关节（hinge joint）　一个单轴关节，只能在一个运动平面内产生运动。例子包括肘关节和踝关节。

爱好（hobbies）　客户可能喜欢定期参与的活动，但不一定是身体活动。

体内稳态（homeostasis）　生物体或细胞通过调节其生理过程维持内部平衡的能力或倾向。

水平外展（horizontal abduction）　上肢或下肢在水平面上从前面向侧面运动。

水平内收（horizontal adduction）　上肢或下肢在水平面上从侧面向前面运动。

水平负载（horizontal loading）　完成一个练习（或身体部位）的所有组数，然后才开始下一个练习（或身体部位）。

人体动作科学（human movement science）　对功能解剖学、功能生物力学、动作学习和动作控制的研究。

人体动作系统（human movement system）　神经系统、肌肉系统和骨骼系统的组合及相互关系。

高胆固醇血症（hypercholesterolemia）　血液中的胆固醇长期处于高水平。

高血糖（hyperglycemia）　血糖水平异常的高。

高脂血症（hyperlipidemia）　血脂（如甘油三酯、胆固醇）水平升高。

过伸（hyperextension）　关节伸展超过正常活动度范围。

高血压（hypertension）　动脉血压持续升高，如果维持在足够高的水平，就可能会导致心血管或终末器官损害。

肥大（hypertrophy）　骨骼肌纤维的增大，以克服来自大量张力的作用力。

H区（H-zone）　只有肌球蛋白丝存在的肌小节区域。

I

I带（I-band）　只有肌动蛋白丝存在的肌小节区域。

下（inferior）　参照点下方的位置。

止点（insertion）　相较于起点，附着在肌肉活动部分的另一端。

吸气（inspiration）　呼吸肌群主动收缩，将气体吸入人体内的过程。

胰岛素（insulin）　胰脏分泌的一种蛋白质激素，帮助葡萄糖离开血液并进入体内细胞，葡萄糖在细胞中可以被用作能量和营养。

综合心肺功能训练（integrated cardiorespiratory training）　心肺训练计划系统化地帮助客户循序渐进地完成不同阶段，通过对心肺系统施加压力，达到生理适应、身体适应和运动表现适应的最佳水平。

综合体能档案（integrated fitness profile）　一个解决问题的系统化方法，为健身专业人员提供有关练习选择和关键变量选择的明智决策的基础。

综合柔韧性训练（integrated flexibility training）　整合多种柔韧性技术的多方面方法，以实现在所有运动平面中的最佳软组织延展能力。

综合运动表现模式（integrated performance paradigm）　为了高效地移动，必须首先减速（离心），稳定（等长），然后加速（向心）。

综合训练（integrated training）　运用包括综合柔韧性训练、综合心肺训练、神经肌肉稳定性（平衡）、核心稳定性、反应性神经肌肉训练（爆发力）以及综合力量训练在内的所有训练形式的概念。

整合（神经系统的功能）[integrative（function of nervous system）]　神经系统分析和解读感觉信息的能力，从而使人体做出正确的决定，产生适当的反应。

强度（intensity）　特定活动对人体生理刺激的程度。

间歇性跛行（intermittent claudication）　外周动脉疾病引起的症状表现。

内部反馈（internal feedback）　人体利用感官信息反应性地监控运动和环境的过程。

内旋（internal rotation）　关节朝向人体中线旋转。

中间神经元（interneurons）　将神经冲动从一个神经元传送至另一个神经元。

肌肉间协调（intermuscular coordination）　神经肌肉系统让所有肌肉能够适当地激活并在适当的时间一起工作的能力。

肌内协调（intramuscular coordination）　神经肌肉系统在一块肌肉内实现最佳水平的运动单位募集和同步的能力。

肺内压力（intrapulmonary pressure）　胸腔内的压力。

内翻（inversion）　跟骨下部向内侧移动的动作。

同侧（ipsilateral）　位于身体相同的一侧。

不规则骨（irregular bones）　具有其独特的形状和功能，与其他类型的骨骼的特征不符的一类骨骼。例子包括椎骨和盆骨。

等速肌肉活动（isokinetic muscle action）　肌肉在整个关节活动范围内以恒定速度缩短。

等长肌肉活动（isometric muscle action）　发生于肌肉力量与受到的阻力相等时，肌肉长度没有明显变化。

J

关节（joints）　骨骼、肌肉和结缔组织的接合处，是动作发生的位置，也被称为关节连接。

关节活动（joint motion） 在一个平面中绕垂直于该平面的轴发生的移动。

关节感受器（joint receptors） 围绕在关节周围的感受器，对关节压力、加速和减速反应灵敏。

关节僵硬（joint stiffness） 抵抗不必要的移动。

K

千卡（kilocalorie） 表达能量等于1 000卡的单位。将1千克或1升水的温度升高1℃所需的热能量。

动力（kinetic） 作用力。

动力链（kinetic chain） 神经系统、肌肉系统和骨骼系统的组合及相互关系。

表现回馈（knowledge of performance，KP） 一种反馈方法，提供有关所进行动作模式质量的信息的反馈方法。

结果回馈（knowledge of results，KR） 一种反馈方法，在动作完成后告知客户有关其表现的结果。

脊柱后凸（kyphosis） 脊柱的胸部区域大幅度地向外弯曲，导致上背部呈弧形。

L

乳酸（lactic acid） 由燃烧葡萄糖细胞在其供氧不足时产生的酸。

外侧（lateral） 朝向身体外部的位置。

侧屈（lateral flexion） 脊柱（颈椎、胸椎或腰椎）从一侧向另一侧弯曲。

加速定律（law of acceleration） 物体的加速与导致加速的力的大小直接成正比，与力的方向相同，与物体的大小成反比。

作用力与反作用力定律（law of action-reaction） 一个物体产生的每一个作用力都会产生一个大小相等、方向相反的作用力。

万有引力定律（law of gravitation） 两个物体相互吸引，引力的大小与其质量直接成正比，与其距离的平方成反比。

热力学定律（law of thermodynamics） 只有在燃烧的能量大于摄入的能量的情况下才能减轻体重。

长度-张力关系（length-tension relationship） 肌肉的静息长度和在此长度时肌肉产生的张力。

白细胞（leukocytes） 白色的血细胞。

韧带（ligament） 将骨头连接在一起的主要结缔组织，它能够保持身体稳定，为神经系统提供信号输入，起到引导作用，并限制不当的关节活动。

极限力量（limit strength） 肌肉在一次收缩中可以产生的最大力量。

脂类（lipids） 一类化合物的总称，包括甘油三酯（脂肪和油）、磷脂和留醇类。

长骨（long bones） 特点是其主体呈长管状，两端形状不规则或膨大的骨骼。例子包括锁骨和肱骨。

纵向肌肉纤维（longitudinal muscle fiber） 其纤维平行于拉力线的肌纤维排列。例子将包括缝匠肌。

大脑下半区（lower-brain） 大脑的一部分，包括脑干、基底神经节和小脑。

下肢姿势变形（lower-extremity postural distortion） 一个人的腰椎前凸幅度增加且骨盆前倾。

腰椎（lumbar spine） 脊椎的部分，通常被称为腰背部。脊柱的腰段于胸部和骨盆之间。

腰椎-骨盆-髋关节复合体（lumbo-pelvic-hip complex） 包括腰椎和胸椎、骨盆带和髋关节等解剖结构。

腰椎-骨盆-髋姿势变形（lumbo-pelvic-hip postural distortion） 一个人的关节力学改变，导致腰部伸展幅度增大，并且髋关节伸展幅度减小。

M

最大摄氧量（maximal oxygen consumption，VO_{2max}） 在最大的体力消耗下输送和利用氧气的最高速率。

最大力量（maximal strength） 一个人的肌肉在一次自发的努力中产生的最大作用力，与力的产生速率无关。

力学的专项性（mechanical specificity） 1.用不同的重量和动作来增加身体某些部位的力量或耐力的专项肌肉练习。2.要求身体承受的重量和完成的动作。

机械感受器（mechanoreceptors） 负责感受身体组织的变形的感受器。

内侧（medial） 靠近身体中线的位置。

胸腔纵隔（mediastinum） 胸部内双肺之间的空间，包含除双肺之外的所有胸部器官。

骨髓腔（medullar cavity） 骨干的中央腔，存储骨髓。

代谢的专项性（metabolic specificity） 1.用不同程度的能量来增强耐力、力量或爆发力的专项肌肉练习。2.对身体提出的能量要求。

代谢（metabolism） 人体内发生的用于维持自身的所有化学反应。这一过程中营养物质被人体获取、运输、利用和处理。

线粒体（mitochondria） 线粒体是细胞的主要能量来源。线粒体将营养物质转化为能量，还会进行许多其他特殊的任务。

M线（M-line） 肌小节的一部分，其中肌球蛋白细丝与被称为肌动蛋白的非常细的肌丝连接，并且为肌小节的结构产生锚点。

模式（mode） 所进行练习的类型。

动量（momentum） 物体的大小（质量）和速度（它正在移动的速率）的乘积。

月计划（monthly plan） 时间跨度为一个月的总体训练计划，显示每一周中的每一天需要进行哪个阶段的练习。

动作行为（motor behavior） 1.神经系统、骨骼系统和肌肉系统进行交互，对来自内部环境和外部环境的感官信息产生可观察到的机械反应的方式。2.对内部环境和外部环境刺激的动作反应。

动作控制（motor control） 1.神经系统用于收集感官信息，并将其与以往的经验结合起来产生动作反应的相关结构和机制。2.中枢神经系统如何整合内部和外部感官信息与以往的经验，从而产生动作反应。

动作发展（motor development） 在整个生命周期内，动作行为随时间而发生的变化。

运动（神经系统的功能）[motor（function of nervous system）] 神经肌肉对感官信息的反应。

动作学习（motor learning） 通过练习和经验整合动作控制过程，使动作能力发生相对永久的变化以产生熟练的动作。

运动（传出）神经元[motor（efferent）neurons] 将神经冲动从大脑和脊髓传送至效应物部位。

运动单位（motor unit） 运动神经元和由它支配的所有的肌纤维。

多羽状肌（multipenniform） 有多个肌腱与斜行肌纤维的肌肉。

多组式体系（multiple-set system） 该体系中的同一个练习要进行多组。

多感官环境（multisensory condition） 对本体感受器和机械感受器提供更强刺激的训练环境。

肌肉活动方式（muscle action spectrum） 包括向心、离心和等长活动的肌肉活动范围。

肌纤维排列（muscle fiber arrangement） 指的是纤维相对于肌腱的位置。

肌纤维募集（muscle fiber recruitment） 指为了响应针对特定动作创造力量而募集肌肉纤维或运动单位的模式。

肌肉肥大（muscle hypertrophy） 1.表征为单条肌纤维的横截面积的增加，并且相信是由肌原纤维蛋白质的增加引起的。2.骨骼肌纤维的增大，以克服来自大量张力的作用力。

肌肉不平衡（muscle imbalance） 关节周围肌肉长度的改变。

肌梭（muscle spindles） 对肌肉长度的变化及其变化速率很敏感的感受器。

肌肉协同效应（muscle synergies） 中枢神经系统募集肌群产生动作。

肌肉耐力（muscular endurance） 1.更长时间保持肌肉收缩的能力。2.长时间产生力和维持力的能力。

肌肉系统（muscular system） 使骨骼运动的一系列肌肉。

肌原纤维（myofibrils） 肌肉的一部分，包含肌丝。

肌丝（myofilaments） 肌肉、肌动蛋白和肌球蛋白的收缩成分。

肌球蛋白（myosin） 两种主要肌纤维之一，被称为粗丝，与肌动蛋白一起产生肌肉收缩。

N

神经系统（nervous system） 由数十亿细胞组成的集合体，专门在人体内部提供一个信息交流的网络。

神经激活（neural activation） 由神经刺激产生的肌肉收缩。

神经适应（neural adaptation） 对力量训练的适应，肌肉接受神经系统的直接指挥。

神经肌肉效率（neuromuscular efficiency） 1.神经肌肉系统使所有肌肉能够在所有运动平面上有效地协同工作的能力。2.神经肌肉系统使原动肌、拮抗肌和稳定肌能够协同工作，在所有3个运动平面中产生、减少和动态稳定整条动力链的能力。

神经肌肉接点（neuromuscular junction） 神经元与肌肉接触的位点，以使动作电位可以继续其冲动。

神经肌肉的专项性（neuromuscular specificity） 1.用不同的速度和形式来提高神经肌肉效率的专项肌肉练习。2.收缩的速度和练习的选择。

神经元（neuron） 神经系统的功能单位。

神经递质（neurotransmitters） 跨越神经肌肉接点（神经突触），将电脉冲从神经传递至肌肉的化学信使。

中和肌群（neutralizer） 对抗其他肌肉的不必要动作的肌肉。

损伤性刺激感受器（nociceptors） 对疼痛做出反应的感受器。

非滑膜关节（nonsynovial joints） 没有关节腔、纤维性结缔组织或软骨组织的关节。

新手阶段（novice stage） 动态模式视角模型的第一阶段，其中学习者通过最小化关节运动的具体时间来简化动作，这往往导致动作僵硬和忽动忽停。

营养（nutrition） 生物体摄入食物并将其用于组织的生长和修复的过程。

O

肥胖（obesity） 1.明显超重的状态，指一个人的身体质量指数达到30及以上，或者其体重超过其身高的建议体重至少30磅。2.皮下脂肪超过瘦体重的状态。

枕叶（occipital lobe） 大脑皮层中与视觉有关的一部分。

最佳力量（optimal strength） 个人进行功能性活动所需要的理想力量水平。

最佳运动表现训练（optimum performance training™，OPT™） 一个系统化的综合功能性训练计划，同时提高个人的生物运动能力，并建立高水平的功能性力量、神经肌肉效率和动态柔韧性。

起点（origin） 与止点相比，更固定、更位于中央位置或更大的肌肉附着点。

骨关节炎（osteoarthritis） 由创伤或其他病症导致软骨变软、磨损或变薄的关节炎。

成骨细胞（osteoblasts） 一种主要负责骨生成的细胞。

破骨细胞（osteoclasts） 一种可以移除骨组织的骨细胞。

骨质减少（osteopenia） 骨骼的钙化或密度降低，以及骨量减少。

骨质疏松（osteoporosis） 骨量和骨密度降低，并且骨头之间的间隙增大，导致孔隙和脆性。

过度训练（overtraining） 训练频率、训练量或训练强度过大，导致疲劳（缺乏适当的休息和恢复也会导致疲劳）。

超重（overweight） 指一个人的身体质量指数介于25和29之间，或者其体重超过其身高的建议体重25至30磅。

摄氧量（oxygen uptake） 身体对氧气的使用。

摄氧量储备（oxygen uptake reserve，VO_2R） 最大摄氧量与静息摄氧量之差。

P

顶叶（parietal lobe） 大脑皮层中与感官信息有关的一部分。

超负荷模式（pattern overload） 1.通过相同运动模式移动的重复性身体活动，随着时间的推移对身体施加相同的压力。2.一直重复相同的运动模式，给身体造成异常的压力。

知觉（perception） 整合感官信息与过去的经验或记忆。

肌束膜（perimysium） 包裹肌束的结缔组织。

周期化（periodization） 训练计划拆分为更小的渐进阶段。

骨膜（periosteum） 由纤维结缔组织组成的致密膜，紧紧包裹（覆盖）除关节面外所有骨结构的表面。关节面是由滑膜覆盖的。

外周动脉疾病（peripheral arterial disease） 一种以负责向下肢供血的主要动脉狭窄为特征的病症。

交替心肺训练体系（peripheral heart action system，PHA） 循环训练的一个变化，客户连续进行4到6个练习，休息30到45秒，然后继续下一个不同的练习序列，并继续该模式。

周围神经系统（peripheral nervous system） 遍及全身的脑神经和脊神经。

外周血管病（peripheral vascular disease） 血管受阻或者阻塞，通常是由动脉粥样硬化引起的。

训练阶段（phases of training） 将属于3个训练基石的训练进阶划分为更小的部分。

光感受器（photoreceptors） 对光（视觉）做出反应的感受器。

身体活动准备问卷（physical activity readiness questionnaire，PAR-Q） 旨在帮助确定一个人适合低、中等还是高活动水平的调查问卷。

车轴关节（pivot joint） 允许主要发生在水平面中的运动。例子包括颅骨底部的寰枢关节和桡尺近侧关节。

运动平面（plane of motion） 指在其中进行练习的平面（矢状面、冠状面或水平面）。

跖屈（plantarflexion） 使脚趾指向地面的踝关节运动。

血浆（plasma） 血液的液态含水成分。

快速伸缩复合（反应性）训练[plyometric（reactive）training] 产生快速且非常有力的动作的练习，这些动作涉及离心肌肉活动，紧接着是爆发性的向心肌肉活动。

后（背侧）[posterior（dorsal）] 身体的后方。

骨盆后倾（posterior pelvic tilt） 骨盆向后旋转的动作。

姿势变形模式（postural distortion patterns） 肌肉不平衡的可预测模式。

姿势平衡（postural equilibrium） 有效保持全身各部位平衡的能力。

姿势（posture） 可以实现动力链的对齐和功能的身体位置和方位。

爆发力（power） 神经肌肉系统在最短时间内产生最大肌力的能力。

怀孕（pregnancy） 女性体内有未出生的小孩的状态。

预程序化（preprogrammed） 健康人的肌肉在运动前自动独立于其他肌肉发生的激活。

原动肌（prime mover） 作为最初和主要的动力来源的肌肉。

个性化原则（principle of individualism） 指的是训练计划对于作为其设计对象的客户的独特性。

过载原则（principle of overload） 意味着必须提供一个超过动力链的

当前能力的训练刺激，以引起最佳的身体适应、生理适应和运动表现适应。

渐进性原则（principle of progression） 指的是有意识地根据动力链的生理能力和客户的目标来设计训练计划的进阶。

专项性原则或专项特异性适应（SAID原则）[principle of specificity or specific adaptation to imposed demands（said principle）] 身体将适应对它施加的具体要求的原则。

突起（processes） 从骨头中伸出来，为肌肉、肌腱和韧带提供附着点的隆包。

训练计划设计（program design） 创建一个具有针对性的系统或计划，帮助个体实现特定的目标。

旋前（pronation） 与力的减少相关的3个平面运动。

本体感受（proprioception） 感觉身体姿势和肢体运动的所有机械感受器对中枢神经系统的累积感觉输入。

本体感受丰富环境（proprioceptively enriched environment） 一种不稳定（但可控制）的物理势态，在这种状态下进行练习会使身体利用其内部的平衡和稳定机制。

蛋白质（protein） 通过肽键连接的氨基酸，由碳、氢、氮、氧组成，通常还有硫。

近端（proximal） 离身体中心或参照点更近的位置。

肺动脉（pulmonary arteries） 脱氧的血液通过这些动脉从右心室泵入肺部。

肺毛细血管（pulmonary capillaries） 围绕着肺泡囊。当氧气充满囊时，氧气扩散穿过毛细血管膜进入血流。

肺半月瓣（pulmonary semilunar valve） 控制血液从右心室流向肺动脉，进入肺部。

金字塔体系（pyramid system） 涉及一个三角形或梯级状的方法，每组的重量递增或递减。

丙酮酸（pyruvate） 无氧糖酵解的副产物。

Q

四边形肌纤维（quadrilateral muscle fiber） 肌纤维的排列通常是扁平的，并且有四面。例子包括菱形肌。

快速反应（quickness） 在功能性活动中，以最大的发力速率，在全部运动平面上，从所有身体姿势做出反应并改变身体姿势的能力。

R

活动范围（range of motion） 练习过程中身体或身体部位移动的范围。

融洽（rapport） 以相似、一致或和谐为特征的关系方面。

频率编码（rate coding） 在所有预期的运动单位被激活之后，通过增加来自运动神经元的传入冲动的频率可以放大肌力。

力的产生速率（rate of force production） 肌肉在最短的时间内输出最大的力的能力。

反应性力量（reactive strength） 神经肌肉系统快速高效地从离心收缩转换为向心收缩的能力。

反应性训练（reactive training） 使用快速且非常有力的动作的练习，这些动作所涉及的爆发性向心肌肉收缩之前是离心肌肉活动。

交互抑制（reciprocal inhibition） 一块肌肉的收缩与其拮抗肌的放松同时发生，使动作可以发生。

推荐的日摄入量（recommended dietary allowance，RDA） 足以满足特定生命阶段和性别群体中的几乎所有（97%至98%）健康个体的营养需求的平均每日营养摄入量水平。

娱乐休闲（recreation） 客户在其工作环境之外的身体活动。

相对柔韧性（relative flexibility） 身体在功能动作模式中寻找最小阻力路径的倾向性。

相对力量（relative strength） 个体每单位体重可以产生的最大的力，与力的增长时间无关。

重建（remodeling） 骨头吸收和生成的过程。

重复（repetition） 一个练习的一次完整动作。

重复节奏（repetition tempo） 进行每次重复的速度。

抵抗（resistance development） 一般适应综合征（GAS）的第二阶段，身体提高其适应压力源的功能性能力。

呼吸道（respiratory passageway） 收集来自导气道的空气。

呼吸泵（respiratory pump） 由骨骼结构（骨头）和软组织（肌肉）合作，保证实现适当的呼吸机制，并在吸气时帮助血液泵回心脏。

呼吸系统（respiratory system） 一个由器官（肺和呼吸道）组成的系统，将氧气从外部环境收集到体内，并将氧气传输至血液中。

休息间隔（rest interval） 组间用于恢复的时间。

限制性肺疾病（restrictive lung disease） 肺组织纤维化，导致肺部扩张能力降低的疾病。

类风湿关节炎（rheumatoid arthritis） 主要影响结缔组织的关节炎，使关节软组织增厚，并且滑膜组织延伸至关节软骨已经被侵蚀的地方。

滚动（roll） 描绘一个关节面在另一个关节面上滚动的关节运动。例子包括在下蹲动作中，股骨髁在胫骨髁上的运动。

根本原因分析（root cause analysis） 一种逐步询问问题，发现错误的最初原因的方法。

旋转运动（rotary motion）　骨围绕关节的运动。

S

鞍状关节（saddle joint）　一块骨头形似马鞍，另一块关节骨跨在两边，就好像一名骑手；唯一的例子是拇指的腕掌关节。

矢状面（sagittal plane）　想象中将人体分为左右两半的平面。

肌纤维膜（sarcolemma）　包裹肌纤维的质膜。

肌小节（sarcomere）　肌肉的功能性单位，使肌肉产生收缩，并包含由肌动蛋白和肌球蛋白组成的重叠部分。

肌浆（sarcoplasm）　在肌纤维膜中的细胞成分，含有糖原、脂肪、矿物质和氧。

肩胛骨下抑（scapular depression）　肩胛骨向下运动。

肩胛骨上提（scapular elevation）　肩胛骨向上运动。

肩胛骨前伸（scapular protraction）　肩胛骨外展，离开中线。

肩胛骨回缩（scapular retraction）　肩胛骨内收，向中线靠拢。

自我肌筋膜放松（self-myofascial release）　侧重于身体的筋膜系统的另一种柔韧性形式。

自组织（self-organization）　这个基于动态模式视角的理论为身体提供了克服施加于其上的变化的能力。

半月瓣（semilunar valves）　允许从心室到主动脉和肺动脉的适当血液流动。

感觉（sensation）　感受器接收感官信息并将之转移到脊髓（进行反射运动行为）或转移到更高的皮质区域（进行处理）的过程。

感觉运动整合（sensorimotor integration）　1.神经系统收集并解读感官信息，以预测、选择并进行正确的动作反应的能力。2.神经系统和肌肉系统协作收集、解读信息和进行动作。

感受器（sensors）　向中枢控制器和心血管控制系统提供来自效应物的反馈。它们包括压力感受器、化学感受器和肌肉传入器。

感觉反馈（sensory feedback）　人体利用感官信息反应性地监控运动和环境的过程。

感觉（神经系统的功能）[sensory（function of nervous system）]　神经系统感知内外部环境变化的能力。

组（set）　由连续的重复次数构成。

感受（传入）神经元[sensory（afferent）neurons]　将神经冲动从效应物部位（例如肌肉和器官）通过感受器传送至大脑和脊髓。

短骨（short bones）　其形状几近为立方体的一类骨骼。例子包括腕骨和跗骨。

单组式体系（single-set system）　每个练习进行一组，通常以缓慢、受控的节奏重复8到12次。

窦房（SA）结[sinoatrial（SA）node]　心脏组织的一个特殊区域，位于右心房，它产生确定心率的电脉冲；通常被称为心脏的起搏器。

骨骼系统（skeletal system）构成人体框架，包括骨骼和关节。

皮褶卡钳（skin-fold caliper）　一种用于测量皮褶的厚度的仪器，有两条可调节的腿。

滑动（slide）　描述一个关节面在另一个关节面上滑动的关节运动。例如，在伸膝动作中，胫骨髁在股骨髁上的运动。

肌丝滑行理论（sliding filament theory）　提出在肌小节内发生细丝收缩的过程。

慢肌纤维（slow twitch fibers）　表示 I 型肌纤维的另一个术语，其特征是具有更多的毛细血管、线粒体和肌红蛋白。通常发现这些纤维比快肌纤维的耐力更好。

针对性热身（specific warm-up）　低强度练习，包括的动作模仿后续将要进行的较剧烈的练习中所包含的动作。

速度（speed）　尽可能快地将身体向一个预定方向移动的能力。

速度力量（speed strength）　神经肌肉系统在尽可能短的时间内产生尽可能大的力的能力。

转动（spin）　描述一个关节表面围绕另一个关节旋转的关节运动。例子包括在前臂内旋和外旋时，桡骨头围绕肱骨末端旋转的运动。

分化训练体系（split-routine system）　在不同的日子分别训练不同身体部位的一种训练体系。

稳定性（stability）　身体在动作过程中保持姿势平衡和支撑关节的能力。

稳定性耐力（stabilization endurance）　动力链的稳定机制维持适当的稳定性水平，以更长时间保持神经肌肉效率的能力。

稳定性力量（stabilization strength）　稳定肌在功能性活动期间提供动态关节稳定性和姿势平衡的能力。

稳定肌（stabilizer）　在原动肌和协同肌进行动作模式时支撑身体或保持身体稳定的肌肉。

初始力量（starting strength）　在动作开始时产生高水平的力量的能力。

静态拉伸（static stretching）　被动地将肌肉拉向紧张点，并保持拉伸至少30秒的过程。

力量（strength）　神经肌肉系统产生内部张力以克服外部阻力的能力。

力量耐力（strength endurance）　身体长时间反复产生高水平的力量的能力。

步幅（stride length）　迈出一步所覆盖的距离。

步频（stride rate）　在一定时间（或距离）中迈步的次数。

每搏输出量（stroke volume，SV）　每次收缩泵出心脏的血量。

结构效率（structural efficiency）　肌肉系统和骨骼系统的结构性对齐，让身体能够相对于其重心保持平衡。

主观（subjective）　由客户提供的信息。

底物（substrates）　酶作用的物质。

蔗糖（sucrose）　通常被称为食糖，它是由葡萄糖和果糖组成的分子。

沟（sulcus）　骨头中让软组织可以穿过的槽。

上（superior）　参照点上方的位置。

超级组（superset）　连续进行的两个练习的组合，中间没有任何休息时间。

旋后（supination）　与力的产生相关的三平面运动。

仰卧（supine）　躺。

不动关节（synarthrosis joint）　没有任何关节腔和纤维结缔组织的关节。例子包括头骨的骨缝和耻骨联合。

协同肌（synergist）　在功能性运动模式中协助原动肌的肌肉。

协同主导（synergistic dominance）　1.协同肌接管力量较弱或受到抑制的原动肌的功能。2.在不适当的肌肉接管力量较弱或受到抑制的原动肌的功能时发生的一种神经肌肉现象。

滑膜关节（synovial joints）　通过关节囊和韧带连接在一起，与人体动作最为密切的关节。

T

颞叶（temporal lobe）　大脑皮层中与听力有关的一部分。

肌腱（tendons）　将肌肉附着在骨头上的结缔组织，为肌肉提供附着点，以产生力。

肌腱炎（tendonitis）　肌腱或腱鞘中的炎症。

胸椎（thoracic spine）　躯干中部连接到肋骨的12块椎骨。

时间（time）　个人参与某项活动的时间长度。

可耐受最高摄入量（tolerable upper intake level，UL）　可能不会对特定生命阶段和性别的群体的几乎所有个体产生不良健康影响的每日平均营养摄入量的最高水平。当摄入量增加至超过UL时，不良健康影响的潜在风险也会增加。

力矩（torque）　1.任何作用力引起围绕轴旋转的能力。2.产生旋转的力。常用力矩单位是牛顿·米。

训练时长（training duration）　从训练开始至训练结束的时间范围，或者在一个训练阶段中所花费的时间长度。

训练频率（training frequency）　在一定时间段内（通常指1周）的训练课次数。

训练强度（training intensity）　个人的努力与其最大努力相比较的程度，通常以百分比表示。

训练计划（training plan） 健身专业人员为了实现客户的目标而创建的具体计划，其中详细规定训练的形式、训练时长、未来的变化以及要进行的具体练习。

训练量（training volume） 在指定时间段内进行的训练总量。

训练迁移效果（transfer-of-training effect） 练习与实际活动越相似，对现实生活环境的影响就越大。

水平面（transverse plane） 想象中将人体分为上下两半的平面。

三尖瓣（tricuspid valve） 控制从右心房到右心室的血流量。

甘油三酯（triglycerides） 在食物和人体中存在的大多数脂肪的化学或底物形式。

三组式体系（tri-sets system） 非常类似于超级组的一个体系，区别是背对背进行3个练习，其间只有极短的休息时间或完全不休息。

转子（trochanter） 从骨头中伸出来，为肌肉、肌腱和韧带提供附着点的隆包；也被称为骨节、突起、结节和上髁。

结节（tubercle） 从骨头中伸出来，为肌肉、肌腱和韧带提供附着点的隆包；也被称为骨节、突起、上髁和转子。

类型（type） 一个人参加的身体活动的类型或模式。

U

单羽状肌肉纤维（unipenniform muscle fiber） 从长肌腱的一侧延伸出来的短、斜肌纤维组成的肌肉纤维。例如胫骨后肌。

上肢姿势变形（upper-extremity postural distortion） 一个人表现出头部前伸、圆肩的姿势。

V

瓦氏动作（valsalva maneuver） 一个人试图在闭合声门（气管）时用力呼气，以免空气通过口腔或鼻子排出，例如，举起很重的物体时就会使用这种方法。瓦氏动作会阻碍静脉血液回流到心脏。

静脉（veins） 将血液从毛细血管运输回心脏的血管。

换气呼吸（ventilation） 将空气移入和移出身体的实际过程。

通气阈值（ventilatory threshold） 在分级运动中通气量增加与氧气摄取不成比例的点，意味着从以有氧能量生产为主转向无氧能量生产。

腹侧（ventral） 身体的前方。

心室（ventricles） 心脏下部的腔，从相应的心房接收血液，然后将血液泵入动脉。

小静脉（venules） 非常小的静脉，连接毛细血管和较大的静脉。

脊柱（vertebral column） 一系列不规则形状的骨头组成的柱状结构，也是脊髓所在地。

垂直负载（vertical loading）　在训练中每组练习都改变所训练的身体部位，先训练上肢，再训练下肢。

最大摄氧量（VO_{2max}）　在最大的体力消耗下输送和利用氧气的最高速率。

W

周计划（weekly plan）　时间跨度为1周的具体锻炼的训练计划，并显示这一周中的每一天需要进行哪些练习。

译者介绍

沈兆喆，北京体育大学体育教育训练学硕士，国家体育总局训练局体能康复中心体能训练师；曾不同时期与多支国家队和优秀运动员合作；参与编著《身体功能训练动作手册》；译有《速度训练：理论要点、动作练习与运动专项训练计划》《腰肌解剖学：缓解疼痛的腰肌保护与修复练习》等书。

JUZPLAY®运动表现训练是一家以运动表现训练为主的教育培训机构和大型训练中心，是运动表现领域专业的综合性领导机构。它将趣味元素与运动训练相结合，采用与世界顶尖运动员相同的训练方法，根据个人不同需求，制订出各有侧重、行之有效的特色化训练方案，协助训练者提升运动表现。

此外，JUZPLAY®运动表现训练是美国国家运动医学学会（NASM）官方授权的教育培训机构，2014年首度将NASM认证课程引进中国，目前开展了NASM-CPT认证私人教练课程、NASM-CES纠正训练专项认证课程和NASM-PES运动表现提升专项认证课程。

审校者介绍

肖月，英国曼彻斯特大学笔译与口译研究硕士。2017年加入JUZPLAY®运动表现训练，现任专业翻译兼运营执行。2017年在JUZPLAY®同学会上担任前中国国家女子排球队运动表现训练首席专家雷特·拉尔森（Rett Larson）的课堂翻译。2018～2019年连续担任CHINA FIT春季大会现场翻译。参与2018年"《周期：运动训练理论与方法》论坛"课件资料审校，以及国内专家与图德·邦帕（Tudor Bompa）教授"巅峰对话"和邦帕教授签书会现场翻译。2019年先后担任NASM首期FEC导师培训营（FEC Workshop）现场翻译、邦帕教授在TBI图德·邦帕学院P-PS & P-SCE双认证课程和读者见面会上的现场翻译、MJP工作坊（MJP Workshop）现场翻译，以及FIBO CHINA 2019现场翻译。累计担任数十场NASM-CPT认证私人教练课程、NASM-CES纠正训练专项认证课程、NASM-PES运动表现提升专项认证课程，以及Precision Nutrition精准营养教育认证课程、MJP-CNDS青少年运动表现训练专家课程、PPSC无痛运动表现训练专家认证课程、负荷管理工作坊（Load Management Workshop）的现场翻译，并参与上述课程的教学资料翻译及/或审校。

朱筱漪，英国曼彻斯特大学高翻院同声传译以及笔译与口译研究双硕士。2018年加入JUZPLAY®运动表现训练，现任专业翻译兼市场执行。参与2018年"《周期：运动训练理论与方法》论坛"课件资料审校，以及国内专家与图德·邦帕（Tudor Bompa）教授"巅峰对话"和邦帕教授签书会现场翻译。2018～2019年先后担任MJP工作坊（MJP Workshop）以及Precision Nutrition精准营养教育认证课程的现场翻译，累计担任多场NASM-CPT认证私人教练课程、NASM-CES纠正训练专项认证课程以及MJP-CNDS青少年运动表现训练专家课程的现场翻译，并参与上述课程的教学资料翻译及/或审校。